繁荣需要财富，维护执掌公平。
法治市场经济，呼唤双轮驱动。

刘纪鹏

法商管理学

BUSINESS MANAGEMENT
OF
LEGAL ENTITY

刘纪鹏　编著

人民东方出版传媒
東方出版社

图书在版编目（CIP）数据

法商管理学 / 刘纪鹏 编著 . —北京：东方出版社，2019.11
ISBN 978-7-5207-1240-8

Ⅰ . ①法… Ⅱ . ①刘… Ⅲ . ①企业法—研究—中国 Ⅳ . ① D922.291.914

中国版本图书馆 CIP 数据核字（2019）第 229274 号

法商管理学

（FASHANG GUANLIXUE）

编　　著：刘纪鹏
责任编辑：李　烨　袁　园
出　　版：东方出版社
发　　行：人民东方出版传媒有限公司
地　　址：北京市朝阳区西坝河北里 51 号
邮　　编：100028
印　　刷：北京市大兴县新魏印刷厂
版　　次：2019 年 11 月第 1 版
印　　次：2020 年 4 月第 2 次印刷
开　　本：710 毫米 ×1000 毫米　1/16
印　　张：53.75
字　　数：708 千字
书　　号：ISBN 978-7-5207-1240-8
定　　价：128.00 元
发行电话：（010）85924663　85924644　85924641

谨把此书献给孔丹理事长、宋志平副理事长领导的中国政法大学商学院理事会全体理事，你们的支持是商学院进步的动力和完成此书的智慧源泉。

中国政法大学商学院首届理事会第一次会议合影

中国政法大学商学院首届理事会第二次会议合影

中国政法大学商学院首届理事会理事名单

序号	姓名	职务
1	孔丹	中信改革发展研究基金会理事长，中信集团原董事长
2	宋志平	中国上市公司协会会长，中国建材集团董事长
3	卢志强	全国政协原常委，中国泛海集团董事长
4	王健林	全国政协原常委，大连万达集团董事长
5	洪崎	中国民生银行董事长
6	周渝波	中国国新控股有限责任公司党委书记、董事长
7	张大中	国美电器董事局主席，大中投资公司董事长
8	张瑞敏	海尔集团董事局主席兼首席执行官
9	蔡鄂生	全国政协委员，中国银行业监督管理委员会原副主席
10	李小雪	中国证券监督管理委员会原副主席
11	李克穆	全国政协常委，中国保险监督管理委员会原副主席
12	杨凯生	全国政协委员，中国工商银行原行长
13	蒲坚	中信集团原副总经理
14	王波明	财讯传媒集团董事局主席，《财经》杂志总编
15	张红力	全国政协委员，中国工商银行原副行长
16	洪磊	中国证券投资基金业协会党委书记、会长
17	安青松	中国证券业协会党委书记、执行副会长
18	姚峰	杭州市委常委、副市长
19	李正强	大连商品交易所党委书记、理事长
20	朱文彬	中国证监会资本市场学院党委书记
21	巴曙松	香港交易所首席中国经济学家
22	贾康	全国政协委员，中国政法大学资本金融研究院教授
23	贺强	全国政协委员，中央财经大学证券期货研究所所长
24	熊衍贵	江西民营企业家协会会长
25	向松祚	中国人民大学国际货币研究所副所长
26	林义相	中国证券业协会原副会长，天相投顾公司董事长
27	杨健	中国人民大学金融信息中心主任
28	王国刚	中国社科院学部委员，金融研究所所长
29	胡明	中国政法大学党委书记
30	黄进	中国政法大学原校长
31	时建中	中国政法大学副校长
32	李曙光	中国政法大学研究生院院长
33	刘纪鹏	中国政法大学商学院院长、资本金融研究院院长

序　言

改革开放四十余年，中国实现了由计划经济向市场经济的转型。站在新的历史起点，在全面依法治国的背景下发展中国特色社会主义市场经济，需要在追求效率的同时兼顾公平，在经济和商业活动中重视法律规范和法治原则，最终走向法治经济。

在这一进程中，"法"与"商"如何结合正日益成为一个重要的议题。对于政法类高校的商学院，既有研究法商结合问题得天独厚的优势，又面临着开辟法商结合新学科的使命，更肩负着培养法商复合型人才的责任。

纪鹏同志编著的这本《法商管理学》是我 2019 年 5 月就任中国政法大学校长以来，见到的第一个重要学术成果。我始终坚信，学科建设是一个长期任务，需要持续不断的努力。这本著作的出版既是法商学科建设迈出的重要一步，填补了法商结合领域的空白，也是法大商学院两年来突破旧体制、极富创造性改革的成果。在短短的两年时间内，商学院以"一主两翼，融合创新，培养社会需要的复合型人才"为理念，在一系列改革措施的有力推动下，形成了"七系一所一中心"的新的学术管理体系，其中，法商管理系的建立，正是法商结合在学科体系建设上的一次有益探索。商学院是我履新后调研的第一个学院，我曾在调研座谈会上说过："正是商学院领导和老师们积极进取的精神状态和持之以恒的辛勤付出，给商学院带来了翻天覆地的变化，为法大'双一流'学科建设做出了贡献。"

我长期以来专注行政法学研究，认为回应法治实践中的新现象、新问题是行政法学研究的重要使命，为国家治理体系变革提供有力的解释框架是行政法学科承担的时代重任。这一观点与这本《法商管理学》所倡导的“法律要为经济服务，理论要为实践服务，规范要为国情服务”的方法论不谋而合。可以说，关注现实问题、回应现实需求是一个学科长期保持生命力的一条主要经验。正因如此，相信这本书必将为法治经济中企业所面临的挑战提供应对框架，也会为培养法商结合、一专多能的优秀人才起到积极作用。

是为序。

马怀德

2019 年 8 月 20 日于北京

自 序

一、《法商管理学》的写作背景

1. 临危受命——起步艰难的商学院

2016 年 12 月，已届退休年龄的我却上了岗，中国政法大学石亚军书记和黄进校长“五顾茅庐”，请我出任法大商学院院长，之所以“五顾茅庐”，是因为几乎所有朋友都劝我“别蹚这浑水”，岂能不犹豫再三？60 岁出任院长，这在全国不是唯一，也是法大的例外，法大领导不惜“违背”干部任命惯例也要请我出山，这说明了什么呢？只能说明前行之处是一座“虎山”，有“人被虎吃”的风险。

果不其然，校组织部部长把我带到商学院教师的见面会上，刚一散会，与想象中的一样，院班子成员和办公室负责人无人睬我，倒是一群老师围上来找我签字，无人签字，他们报不了销，出不了国，干不了事。可我刚到此处，两眼一抹黑，这字怎能签呢？连续数天，没有任何人向我做工作交接，见不着一纸文字档案，更没有任何办公室行政人员露面。中国政法大学被誉为“中国法学最高学府”。可谁能想象，最高学府里的商学院成立 18 年，教职员工和学生 2100 多人，却处在连续三年没有院长的状态，全院士气低落，人心涣散，基础管理之差难以想象。

我找人谈话调研，可连个办公室都没有，于是我找到院党委书记，对他说：“得给我安排一间办公室，如果我在资本金融研究院办公室找人谈话，大家就更认为我是‘飞鸽’牌的了。”我这才在商学院有了落脚之处，是一间东、南两面暴晒，里边管道林立，不装修就没人用的墙角房间。

全院上下没几个人相信，新院长在这种困境中能真干、能干长、能扭转局面。实事求是地说，临近退休年龄的书记和校长请我来就是当个“维持会长”，不要让商学院在这关键的两年再惹麻烦，压根儿没指望我能解决商学院历史遗留的诸多矛盾，这把年纪，你就是有这心，也没这力呀。就是在这样的环境下，我走上了商学院院长的岗位。

2. 纲举目张——重构商学院学科体系

尽管我深知校领导派我到商学院，只是希望我维持商学院别再给学校添乱，并没指望我干成什么大事，可是我人过花甲，已步入了过一年少一年的人生阶段，岂肯在院长的位置上徒有其名，虚度年华？

我的人生经历也决定了我不可能在此混日子。我 1983 年考入中国社会科学院工业经济研究所，师从著名管理大师蒋一苇先生。1986 年毕业后留所任副处级学术秘书。1989 年，被上级调到中信国际研究所任公司制度研究室主任，随后又先后担任由经叔平同志任董事长的中国国际经济咨询公司的董事和中信贸易公司的襄理。1992 年，由国家体改委安排，由荣毅仁同志批准，由国家体改委下面的中国证券市场研究设计中心（简称“联办”）和中国国际信托投资公司等 7 个单位出资，组建了北京标准股份制咨询公司，我任董事长，当时的《人民日报》《经济日报》《光明日报》都对中国首家从事资本市场股改、融资上市咨询业务的公司做了报道。截至 1997 年，在不到 5 年的时间里，我主持做了近 210 家企业股改和管理咨询的案例，被当时的媒体称为“企业股改第一人”（见《中国科技信息》杂志，1997 年第 3 期），这个称谓一直延续到今天。

拥有我这样经历背景的人岂肯当“维持会长”？来商学院前后，总有人问我，您不愁名利，讨这份苦图什么？事实上，我图的是马斯洛的人生最高需求——自我实现。我同意出任商学院院长的一个重要原因是，我要把它当作咨询生涯的一个重要案例。我认为，实现在企业、医院、大学三个领域的咨询，才是咨询专家的完美境界，而后两者我至今还没实现。

带着我的博士生刘彪整整调研了3个月，与70多位师生进行了120多次谈话，形成了我的改革方案。2017年3月8日，我和刘彪在中国政法大学的校长办公会上汇报了我的施政纲领，即从学科体系改革入手，继而推进教材、教程改革，最后实现案例库建设的“三年三步走”战略。汇报的结束语是：六十老人，无欲则刚，受人之托，忠人之事，不成功，便成仁。

由于我提的改革方案与传统体制相冲之处甚多，而校领导再看我这背水一战的架势，绝无任何妥协的可能，最终决定把商学院作为中国政法大学教学改革试点，探索新的改革路径，而批准了我的改革方案。

我为什么坚持要提出从商学院的学科体系改革入手呢？商学院的问题多如牛毛，而核心问题是人，解决人的问题又是最难的，只能巧妙地从体制入手。管理体制改革的提法过于敏感，于是引出了从学科体系入手，拉开“三年三步走”战略的序幕。

从学科体系入手，首要之事就是改商学院的“所－院”组织结构为“系－院”学科体系（详见图1）。

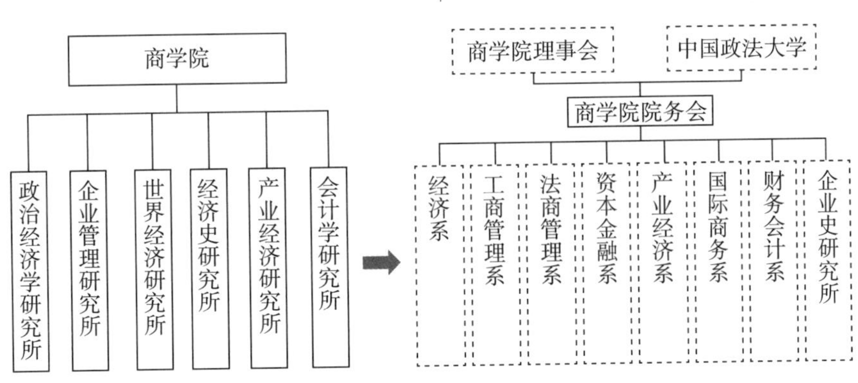

图1　中国政法大学商学院学科体系改革：从“六所”到“七系一所一中心”

值得一提的是，“七系一所一中心”的学科组织中有两个世界首创、一个中国第一。

第一个世界首创是资本金融系，我把现代金融体系分为货币金融和资本金融。资本金融是我的独创概念，有别于传统的以货币市场为基础，以商业银行为主导的间接债权融资形式的货币金融体系。资本金融是指以资本市场为基础，以投资银行为主导，以直接股权为主要形式的投、融资体系（详见图 2）[①]。

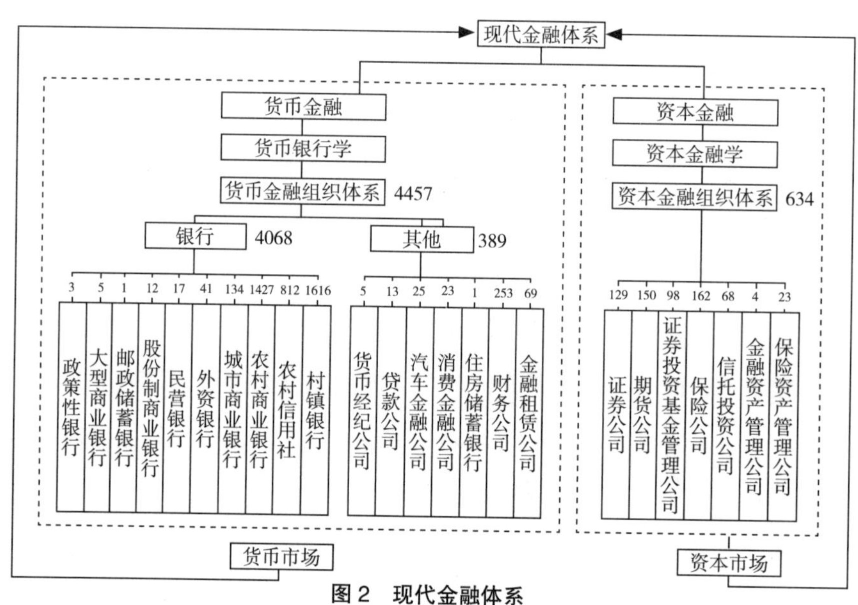

图 2　现代金融体系

注：图中数字为对应机构数目

我认为，长期以来，现代金融体系的理论支撑就是货币银行学，这显然是不够的。资本和投资同样是现代金融的核心内容，但资本金融和货币金融截然不同，货币金融强调的是货币和融资，而资本金融更侧重资本和投资。因此，不加区分地认为货币金融和资本金融都是现代金融，并都以货币银行学作为理论基础是落后的，是不能适应现代金融以直接股权投、融资为主要表现形式的现实需求的。这一不足，绝不仅仅导致现代金融理论上裹足不前，更重要的是带来实践中的危害，重融

① 在现代金融体系中，货币金融业务主要包括信贷业务、资管计划、信托计划、融资租赁等类型，而资本金融业务主要包括股票融资、债券融资、股权融资、衍生品交易等类型。

资、轻投资，投资人利益得不到保护，产生不了财富效应，股市成了圈钱者的天堂，投资者的地狱。究其原因，中国证监会的 8 任主席，无一例外，都是商业银行行长出身，当家人看不到资本金融和货币金融的区别，正是导致中国股市长期沉沦的原因之一。

不仅要看到资本金融是现代金融的核心内容，还要看到股权融资和资本金融才是现代金融的生命力所在。而对商学院和商科体系的教改创新来说，资本金融才更接地气，学以致用，更符合商学院的本色教学。因此，以资本金融学为理论基础建立资本金融系，更符合商学院以企业工商管理为核心的教育方向。所以，中国政法大学商学院首创资本金融系，在理论上创新，在实践中可行。

第二个世界首创是法商管理系。现代市场经济就是法治市场经济，法治市场经济需要法律为经济服务。中国 40 余年的改革始终是经济实践走在前面，“摸着石头过河”，但经济改革深处是产权，产权制度的保证是法律，所以“法商结合”，经济实践在前面探索，法律制度在后面做保证，就成为必然。通过组建法商管理系，探索“法商结合”的创新模式，就成了法科类大学商学院组建法商管理系的必然选择。可法商具体怎样结合，法商管理系因何施教？大幕已然拉开，更待演员登场。所以说，法商学、法商管理学的诞生迫在眉睫。

第三是一个“中国第一”，是指我把商学院的经济史研究所改成了企业史研究所，这在全国高校是个首创。要在资源有限的条件下形成自己的优势，必须紧紧围绕商学院的特点，突出重点：就是把世界 400 多年的金融史和公司史、中国改革开放 40 余年的金融史和企业史作为法大商学院企业史研究所的使命。

此外，我还明确提出了中国政法大学商学院的办学理念，就是“一主两翼，融合创新，培养社会需要的复合型人才”。所谓“一主”，即遵循以工商管理为核心的商学院的普世准则；“两翼”的“左翼”是以资本金融系为代表的“融商管理”，“右翼”是以法商管理系为代表的“法商管理”，法大商学院的改革就是要突出“一主两翼”。

所谓融合创新，就是引领当今世界发展的理论和实践，杂交出优势，边缘交叉学科是未来理论发展及指导实践的创新点，无论是法商结合的学科理论之间，还是经济与法律实践的融合创新，甚至包括东西方不同体制国家的互相借鉴都是如此。融合创新是人类物质文明和精神文明的发展方向，法大商学院的培养方向就是，懂融合创新的社会需要的复合型人才。

3. 上下求索——《法商管理学》的艰难选择

“一主两翼”，特在“两翼”，创在“两翼”。商学院要靠“一主两翼”腾飞，必须围绕“两翼”开展创新，除了学科搭建，还需要《资本金融学》和《法商管理学》作为支撑资本金融系和法商管理系的理论基础。没有这两本书，“两翼”难以展翅飞翔，两个系就成了空架子，因此由两本书支撑两个系就成了生存之战，志在必得。《资本金融学》和《法商管理学》就是在这种背景下提上了日程。

支撑“左翼”的《资本金融学》，经过我多年的积累和研究已经基本成型。资本金融学的理论体系包括四个层面：第一个层面是多层次资本市场和多元投资产品，第二层面是证券、信托、基金公司等 6 类非商业银行的资本金融机构，第三层面是“以产品经营为体，资本经营为用”产融结合的公司金融，第四个层面是企业家和高净值人群的家事金融。《资本金融学》首战告捷，至今已 4 次再版。

支撑“右翼”的《法商管理学》却步履维艰，尽管法商结合的概念大家谈了已有十几年，但其内涵却空洞无物，“只闻楼梯响，不见人下来”，之所以如此，关键还是在于对法商结合不知从何入手。由于法商结合点多、面广，从开始我就意识到，仅靠商学院和政法大学的资源，取巧进行法与商的简单拼凑是不行的。必须集中我拥有的社会资源和近 30 年在咨询和教学实践活动中所积累的研究成果才行，所以我邀请了史密夫斐尔律师事务所高级合伙人邹兆麟律师写作企业境外上市和避税港，毕马威澳大利亚业务前全国总监吕天禹先生写作境外投资中的税务合规与税务筹划，全国企业合规委员会副主席王志乐教授写作法商合规管理，中国基金业协会的洪磊会长完善基金章节，北京大成律师事务所高级合伙人吕良彪律师写作企业家刑事风险防范，工商伦理部分则邀请了南开大学商学院前副院长齐善鸿教授写作初稿。

除此之外，法商结合学以致用方面，我把多年来从事管理咨询的很多课件内容用上了，而在法人理论的创作上，我人生要写的收山之作《法人资本论》的部分内容也被用进了这本《法商管理学》。

尽管如此，这本《法商管理学》尤其是概论部分的写作之艰辛仍远远超出我的想象，时间跨度整整两年，召开了几十次研讨会，创作人员也是不断地调整，集中了一波又一波的力量，才最终完成了这世界上第一本《法商管理学》。

二、《法商管理学》的写作过程

写作《法商管理学》的过程中最难的是什么？此前，法商仅仅是一个简单拼合的概念，一无主体，二无行为，"法"与"商"的界面泾渭分明，法律和管理"双峰并立"，既见不到法商融合的内容，更见不到"法商管理"的踪影，这让法商管理学的研究和写作无从入手。因此，《法商管理学》的写作几乎是从零开始，为了揭示法商结合的内在联系和创新法商融合的理论体系，可谓绞尽脑汁，《法商管理学》写作的难点主要集中在以下 5 个方面。

1. 指导思想——简单拼凑还是融合创新、自成体系？

从贯穿本书的指导思想上看，我作为主编，首先思考的问题就是，《法商管理学》如何真正实现法学、经济学和管理学的交叉融合创新？是简单地把商法学和微观经济学、工商管理学等现成的理论拼凑，还是在坚持中国国情和国际规范相结合，法律与经济相结合，理论与实践相结合基础上的自成一体？我选择的当然是后者。

《法商管理学》的写作要坚持这"三个结合"，就不能简单拼凑、照搬西方或者采用"拿来主义"。此外，我认为更重要的是，"法律要为经济服务，理论要为实践服务，规范要为国情服务"，这三个方面是创作

《法商管理学》重要的方法论，必须在写作中一以贯之。

2. 融合创新——以“法”为主还是以“商”为主?

如何实现法商结合？有三种选择。第一种是简单拼凑，把商法和工商管理简单拼凑。在刚开始编这本书时，我确实是想把经济法和经济学的相关内容拼合起来，但是在探索和明确了法商管理的内涵之后，我就放弃了拼合的想法，与其写成“两张皮”，还不如不写。第二种是以“法”为主，以“商”为辅，因为法商的概念 Law and Business 源于西方国家大学里的法学院，而非商学院，例如，哈佛大学法学院的“Law and Business Program”。所以法商著作应以“法”为主，符合历史，源于西方。第三种是我主张的，倡导法律为经济服务，因此要以“商”为主，以“法”为辅，而以“商”为主的突破点就是创作《法商管理学》，这也符合我商学院院长的身份。

谈到法商结合，我一生就是在法商结合的理论与实践中游走的。从作为中国最高学术研究部门的中国社科院到中国证券市场研究设计中心“联办”，再到首都经贸大学和中国政法大学，我从学管理出身到转行研究金融，又转到法律界，直接参与全国人民代表大会《公司法》《证券法》《基金法》《期货法》《国资法》的修改和起草，尤其是在 20 世纪 80 年代至 90 年代研究法人所有权和参与制定《股份制定向募集规范意见》的过程中，与沈四宝、梁慧星、王保树、周渝波、李曙光、赵旭东等法律专家经常交流，获益颇丰。

在中国40余年的改革中，随着改革和工作的需要，我也是跨管理、金融和法律三界，在转型中摸索法商结合。我深刻体会到，中国改革始终是实践走在理论前头，经济走在法律前头，经济是法律的先行官，法律是经济的守护神。我这样的跨界经历，决定了《法商管理学》这本书，既要有超前的学术理论，又要有实用的应用价值。这本书不仅仅是要作为商学院的教材给学生们讲，还要作为法商结合的学术著作供学者读，更重要的是给作为中国市场经济脊梁的企业家用，所以这本《法商管理学》一箭三雕，其本身就是把理论与实践相结合、学以致用的典型作品。

当然，我认为探索法商结合的著作可以体现在两本书上，一本是以商和管理为主，侧重工商伦理、企业管理、法人治理和公司法治等方面的《法商管理学》，另一本则是以法为主，侧重商法的《法商学》。我的经历和使命就是完成《法商管理学》，而《法商学》的创作则只能拜托民商法方面的教授担纲了。

3. 独树一帜——明确以公众公司和基金作为法商主体

法商主体如何确立？经过反复研究和讨论，我最终决定，把现代股份公司、公众公司和公司型基金以及契约型、合伙型两类基金中的基金管理公司等法商企业作为法商管理学研究的重点。

随着新产业经济时代、资本经济时代和全球化时代的到来，传统企业逐渐向公众公司、跨国公司转型，成为主导社会发展、引导市场经济的最先进的形态，在市场经济发展中起着主导作用。这一类型的现代商事法人独立承担责任，所有权与经营权分离，具有公众性与社会化的特征，无疑是向传统的独资与合伙企业提出了挑战，也引发了安然、世通、银广夏、康得新等上市公司的法人治理、法人犯罪、公司法治等一系列独特的法商问题。法商结合必须从发展和规范两个角度锁定股份公司和基金。因此，与传统负无限连带责任的企业组织（如独资企业、合伙企业）不同，无论是从对促进人类文明发展的重要性来看，还是从具有公众性和“破坏性”来看，都决定了本书应以公司和基金这两类企业作为重点。

此外还必须看到企业家是市场经济的引领者和创新者，是推动市场经济发展的主角。因此，法商管理学不仅要研究公司和基金主体，还必须包含企业家行为规范。

4. 推陈出新——以法商行为的四个内涵为纲确立全书架构

伴随着市场经济从商品经济向资本经济的演变，传统的企业管理已经不能完全解决公司法人所有权和管理权分离后所滋生的“主人不在家，保姆当家”的内部人控制问题，以及现代公众公司和股份公司最易发生的违法违规问题，法人所有权向经济学界、法学界和管理学界提出了前所未有的挑战。如何约束法人、制约“保姆”和保护投资人，仅靠传统企业管理和法人治理是不够的，还必须提出工商伦理和公司法治作为制度性的完善。

研究表明，解决现代公司的问题，不仅要通过法人治理建立起公司的“组织法”，形成法商企业内部权力科学分配与制衡机制；还要通过工商伦理提高企业家的道德理念，通过公司法治实现企业合规经营与风险控制。写作《法商管理学》，提出的重要理念是，让工商伦理挺在公司法治之前，法商企业需要从法治约束提升到“君子爱财取之有道”的哲学伦理指引下的自觉和自为，最终实现企业系统价值最大化。

本书创新提出，法商管理包括企业管理、工商伦理、法人治理和公司法治四个内涵，并将法商管理定义为，法商管理是以公司、基金两类狭义法商实体和广义法商实体中的企业家为对象，以公司法治为主线，在法商伦理与法人治理基础上实现企业系统价值最大化的全过程管理。正是在四个内涵和法商管理定义的基础上，最终形成了本书八篇共三十五章的结构。

5. 集思广益——明确本书的英文名称

《法商管理学》的英文名称非常重要，为此我们集思广益，数易其名，最初我们想用“Law and Business”，目前大多数谈“法商结合”的文章，也都这样翻译。我们经过反复探讨发现，这种结合源于国外大学的法学院，例如，哈佛大学法学院“Law and Business Program”（法与商研究项目），但无论是哈佛大学商学院还是其他商学院的学科体系设置中，我们都没有看到“Law and Business”这样的学科体系和相关项目。哈佛大学法学院的这一项目和学科，主要培养与商业领域相关的职业律师或企业的法律顾问，而我们商学院的法商管理学要培养的是懂法、守法的战略型企业家和主要高管人员，尤其倡导在卓越的企业高管团队中要设法务总监、合规总监，与财务总监并列，这与哈佛的法与商研究项目是截然不同的。

由于“Law and Business”的英文原译就是拼合，因此，法商结合的中国现状也是法学和商学的简单拼合也就不足为怪了。法商融合创新，要合二为一，自成体系，首先要摒弃“Law and Business”这个用词。

由于法商管理学的关键突破点是，对法商管理的定义和两类法商主体的确立，以及对四个法商行为范畴的规范；同时明确了法商管理学“以管理为主，以法律为辅”的指导思想，因此，法商主体的英文确立为“Legal Entity”，法商行为的英文确立为“Lawful Business”，而法商管理学则翻译为“Business Management of Legal Entity”。

三、编写人员分工

本书的写作，具体分工如下。

刘纪鹏负责《法商管理学》名称，以及框架目录、主要观点与核心内容的总体设计。

第一篇：概论。刘纪鹏撰写第一章、第二章、第三章和第四章。

第二篇：企业形态与法商实体。刘纪鹏、华忆昕、熊金武撰写第五章；刘纪鹏、华忆昕撰写第六章；刘纪鹏、杨俊峰撰写第七章；刘纪鹏、胡历芳撰写第八章；刘纪鹏、刘彪撰写第九章。

第三篇：法商伦理与契约精神。程碧波、熊金武、杨俊峰撰写第十章；熊金武、齐善鸿撰写第十一章；刘志雄、胡继晔、许恒撰写第十二章；刘志雄、程碧波、顾凡、许恒、华忆昕撰写第十三章。

第四篇：法商治理与激励。刘纪鹏、华忆昕撰写第十四章；胡历芳、唱小溪撰写第十五章；刘纪鹏、刘彪、胡历芳撰写第十六章；刘纪鹏、刘志强、刘彪撰写第十七章；刘纪鹏、刘彪撰写第十八章；胡继晔撰写第十九章。

第五篇：法商运营。王玲、王振凯撰写第二十章；程碧波、刘纪鹏撰写第二十一章；刘纪鹏、李建伟、胡历芳、孟令星撰写第二十二章；许恒、刘纪鹏撰写第二十三章；邹兆麟撰写第二十四章。

第六篇：法商合规管理。王志乐、郭凌晨撰写第二十五章；吕天禹撰写第二十六章；刘继峰、许恒撰写第二十七章；刘志雄、李东方、华忆昕、许恒撰写第二十八章。

第七篇：法商风险防范。唱小溪撰写第二十九章；张苏彤撰写第三十章；邹兆麟撰写第三十一章。

第八篇：企业家财富管理与风险防范。程碧波撰写第三十二章；陈汉撰写第三十三章；王涌撰写第三十四章；吕良彪、熊金武撰写第三十五章。

刘纪鹏、胡历芳、刘彪、程碧波、熊金武统稿全书。

结语

20世纪90年代，诞生了以北大光华和清华经管为代表的学术型商学院；2000年后，中国又诞生了以长江、中欧为代表的实战型商学院。我殷切希望能把法大商学院办成一所理论与实践相结合的融合型商学院，而这本《法商管理学》就是将理论与实践相融合的一部著作。

本书一是在法商、法人等学术理论上实现了突破，可供学者进行专业探讨；二是总结归纳了很多实践做法，对法商企业和企业家有指导意义；三是强调公司合规和风险控制，可供监管部门借鉴；四是尤其适合作为立格联盟的中国9所政法类大学的商学院教材。

由于本书是世界上第一本《法商管理学》，而对法商结合的主体和行为模式需要不断探索，日臻完善。期待本书能在法商融合创新的实践中发挥作用，并对法商管理学术理论的探索起到抛砖引玉之效用，最终在理论和实践两方面把法商结合的探索不断引向深入。

刘纪鹏

2019年8月12日

真情坦露——我的自白

出任院长两年半的时间，在商学院理事会和法大校领导的支持下，在全体教职员工的共同努力下，各项改革已然初见成效，“一博两硕”和两个二级学科先后获批，为商学院的学科发展拓展了广阔的空间。第一，理论经济学一级博士点获得了批准；第二，在工商管理专硕（MBA）的基础上，又获批了金融专硕和国际商务专硕两个资格；第三，在本书即将付梓出版之际，又成功获批了创新经济学二级博士点，商业大数据分析二级硕士学位点；第四，学院成功获批理论经济学博士后点；第五，MBA 的第一志愿率已从我来之前的不到 20% 上升到 77%；第六，本科生的学科体系特别是成思危菁英班的教学改革方案已完成。总之，各项指标都取得了明显的进步。

对此，法大前党委书记石亚军情深意笃地对我说：“纪鹏，你的运气真好，到商学院之后什么都顺。”听了这话我心里不知是个什么滋味，哪怕您说“是愚公精神感动了上帝”也好啊。可瞬间我想开了，领导这是在以最高方式赞扬我，两年来商学院不仅没再让领导“闹心”，还取得这些令人想不到的成就，这不是在变相赞扬我有“神之助的超人之力”嘛。

其实这两年商学院做的大量基础管理工作并不为人知，商学院同人都知道我的一句话：“要像办公司那样办商学院。”凡有客人到商学院来访，我最爱炫耀两样：一是商学院教学和行政管理的 16 本管理流程，二是每年 11 月下旬召开的商学院年度预算规划会议。我一直希望两位领导给我一次机会，向校务会做一次商学院改革试点汇报，兴许对领导会有些启示。但直到他俩退下来，我这愿望也未实现。

在中国的财经类和综合类大学办商学院易，在政法类大学办商学院难。政法类大学有两个特点：一是从中国的国情出发政法合一，二是校领导班子政法当家。以中国政法大学为例，13 个学院中有 10 个是法科类的学院，校班子里并不配备学经济的副校长，学校的一流学科建设规划中只提法学、政治学、社会学，商学院代表的经济学连前三名都排不上。上面没有人，隔行如隔山，一旦沟通不畅，领导好心但没办成好事的情况就发生了。商学院在法大并不同法学类学院那样被重视，这是可以理解的。尽管国际法专家、法大前任校长黄进教授不止一次对我充满厚望和期待地说，“我有个心愿，要把政法大学办成像伦敦政治经济学院那样的大学”。我则回答说：“那样的话商学院就能名副其实地发挥作用了，但前提是要把中国政法大学的名称改成中国法商大学才行，可这怎么能行呢，中国政法大学这几个字是小平同志题写的，格外珍贵，连我自己都不会同意。”可现实中，我一点都感受不到商学院在政法大学里能和法科类的学院平起平坐。事实上，在我上任之初的调研中，教师就反映，商学院在法大抬不起头来。实事求是地说，这只能怨我们自己做得不好。尽管如此，我也时常跟校领导调侃说，商学院在法大不是“正宫”，是“偏房”，“偏房”要成器，先得讨领导和“正宫”欢喜，所以商学院两年前就开办了蓟门法治金融论坛，请国内外名家来讲，至今已经举办了 78 期，出了 5 本文辑，在校内外深受喜爱。

我受命于危难之时的商学院，是受领导之托，帮助商学院渡难关来的，这一目标已然实现，商学院基本走上正轨。就我个人来说，填补了我咨询生涯中大学改革和管理咨询案例的空白。对他人的承诺，对己的自我实现均已完成，我已向校领导正式提交辞呈，急流勇退。

在我的任内，除了和法商系的同人完成《法商管理学》，我还制定了由经济系牵头写作《宏观法经济学》《微观法经济学》，工商管理系牵头写作《情商学》的计划，现在看来要完成全部计划，时间已然非常紧迫，好在《法商管理学》率先完成了突破。这本书就像自己的孩子，抚养之艰辛，感情之深厚，无论是商学院的改革还是写作这本书，都让我对商学院和法商管理学科产生感情。我不由自主地就想利用《法商管理学》的前言，把在商学院两年多的酸甜苦辣写出来。我深知，这是我在商学院人生历程中对外坦露心声的唯一机会。

本书开篇以这种独特的真情流露的方式写成，因此这篇的题目叫作“真情坦露——我的自白”，恳望大家给予理解。

刘纪鹏

2019 年 8 月 12 日

目 录
CONTENTS

第一篇 概 论

第十一章　企业法人人格与法商伦理

第十二章　契约精神与信义义务

第五篇 法商运营

第六篇　法商合规管理

第二十七章　垄断与不正当竞争的法律规制

第二十八章　证券信息披露与违规行为分析

第七篇　法商风险防范

第二十九章　企业危机公关与紧急风险应对

第三十章　法务会计与舞弊风险管理

第三十一章　境外投资中的避税港法律风险防范

第八篇　企业家财富管理与风险防范

第一篇

概 论

第一章　法商管理学诞生的背景

第一节　市场经济环境催生法商管理学

自1978年改革开放以来，历经40余年的发展，中国成功实现了由计划经济向市场经济的转型，成为中国特色社会主义市场经济国家。市场经济体制包括宏观运行机制和微观运行载体两个层次，中国的市场经济无论是从创新宏观运行机制的角度，还是从再造微观运行载体的角度，都在呼唤法商管理学这一新生学科。

从宏观来看，建立市场经济的运行机制，让市场发挥决定性作用，是中国经济体制改革不可动摇的方向。市场经济建设必须充分尊重市场规律，防止垄断，保护消费者权益，国有企业要同民营企业、外资公司一样，公平地参与市场竞争，这都需要一个健全的法治市场经济环境。现代市场经济必然是在法治轨道上运行的经济，市场经济完成资源优化配置的前提就是建立依法平等竞争的经济体制和经济环境。无论是作为市场主体的企业所开展的各种经济活动，还是作为宏观调控部门的政府所进行的各项政策干预活动，都必须依据法律，所以说市场经济的宏观运行机制催生了法商管理学。

从微观来看，建立法人所有制基础上的现代公众公司运行载体，是国有企业和民营企业实行股份制改革的共同发展模式。通过社会融资，打造股权多元化的现代公众公司，需要正确处理公众公司与投资人、债权人、消费者、劳动者等利益相关者之间的公共关系，从企业内部来说，必须从传统的工商管理跨域到法商管理。

从国际环境来看，打造法治市场经济不仅是中国宏观经济体制改革的需要，也是"一带一路"倡议构建人类命运共同体的进程中，尊重国际市场普遍规律、遵守国际贸易准则与合规运营的必然趋势。市场经济从商品经济时代进入新产业经济时代、资本经济时代、全球化时代，客观上要求传统企业向公众公司、跨国公司转变，因此传统企业必须从本土产业链向全球产业链过渡。对此，中国需要通过三个转变来扩大对外开放：一是要从投资输入国的思维向投资输出国的思维转变，二是要从民族工业思维向全球工业思维转变，三是要从传统的“御敌于国门之外”的传统安全观向“你中有我，我中有你”的新安全观转变。这些思维转变都需要落实到中国特色社会主义市场经济与国际规范的市场化准则、法律规范的有效对接上，因此也需要法商管理学。

市场经济建立在契约基础上，契约精神以信用为基础，以法治为准绳，从传统的企业管理创新到现代的法人治理完善，从传统的工商伦理到现代的企业社会责任，从传统的企业文化到现代的公司法治，从传统的政商关系到现代企业的法商关系，都决定了法与商的结合是实现法治市场经济的有效途径。市场经济不断发展变化的过程中，也出现了许多亟待解决的新问题，不仅宏观的法治环境要对违法违规的企业进行处罚和法治管理，而且还要从企业工商伦理的角度引导在全球有影响力的公众公司。这都是传统的工商管理学所做不到的，迫切要求现代管理学做出创新性的回应，所以说市场经济环境催生了现代法商管理学。

第二节　公平效率社会呼唤法商管理学

当前，中国社会的主要矛盾已经转化为“人民日益增长的美好生活需要和不平衡不充分的发展之间的矛盾”。解决“不充分”的办法就是，在法治市场经济中，通过合理的制度安排，调动人们创新发展的积极性和提高私人财产权的安全感，通过提高效率来解放和发展生产力，“做大蛋糕”，为公平社会奠定坚实的物质基础。而解决“不平衡”的办法就是，当“蛋糕做大”后，从法律的角度建立合理“分配蛋糕”的国家税收体系和社会保障体系。中国特色社会主义市场经济，就是要通过完善改革，在制度上防止贫富差距过大的两极分化引发社会不稳定，最终目标是建设在效率基础上兼顾公平的理想社会。

公平是衡量一个国家社会进步与成熟的重要标志之一。中国特色社会主义主张的是在效率基础上的公平，而不是在贫穷基础上的公平，更不是搞平均主义。中国改革开放初期，为了解放和发展生产力，调动民众的积极性和创造性，鼓励一部分人先富起来，于是制定了"效率优先、兼顾公平"的政策，这是符合国情的，因为发展经济是促进社会公平的基础。随着中国国力的强大和小康社会的初步形成，贫富差别、区域差距呈现逐步扩大的态势。此时，必须保证国民收入在国民之间的合理分配，减少贫富差距（可以采用洛伦茨曲线和基尼系数衡量收入分配的不平等程度，详见图 1–1）。而要正确处理好公平和效率的关系，就必须在经济活动中引入法及法的精神，在提高经济效率的同时，完善公平分配制度的法律保障。

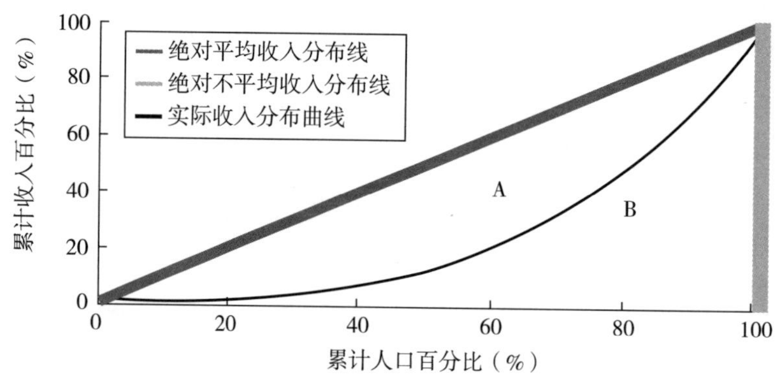

图 1–1　洛伦茨曲线和基尼系数示意图

注：（1）洛伦茨曲线指的是在一个国之内，以"最贫穷的人口计算起一直到最富有人口"的人口百分比对应各个人口百分比的收入百分比的点组成的曲线。洛伦茨曲线反映了收入分配的不平等程度；弯曲程度越大，收入分配越不平等，反之亦然。

（2）连接洛伦茨曲线的起始点，形成的三角形的面积代表收入总额，洛伦茨曲线把收入总额分为了 A、B 两个部分，基尼系数 =A/（A+B），也就是不平均分配收入占全部收入比例。

基尼系数是国际上通用的衡量一个国家或地区居民收入差距的常用指标。基尼系数低于 0.2，收入趋于绝对平均；位于 0.3–0.4 之间，收入分配合理；位于 0.4–0.5 之间，收入差距过大；超过 0.5，则表明收入悬殊，两极分化。

经济效率取决于现代法商企业作为微观运行载体，在宏观市场运行机制中对资源的优化配置所发挥的作用。企业是市场经济文明的创造者和推动者；企业家作为微观运行载体的领军人，是现代法商企业的决策者和指挥官。而法商管理的主要对象正是现代法商企业和企业家，在现代公司和企业家当中推行法商管理，通过对法律制度的完善，促使公司在追求效率的同时，履行社会责任，实现帕累托改进，无疑将对建设在效率基础上兼顾公平的社会起到重要作用。法商管理要让现代法商企业和企业家认识到，只有从法律的角度兼顾公平，其所追求的效率才能持续，要从工商伦理和公司法治两个维度，牢固树立建设兼顾效率与公平的社会的使命感和责任感。

公平和效率是推动现代市场经济向前平衡发展的两个轮子，不可失衡。现代法治市场经济，就是在经济上追求效率的同时兼顾公平，通过法与商结合，用法来保障公平。在效率和公平的关系上，要把公平的价值理念置于更加突出的位置。对企业和企业家来说，也必须思考公平与效率之间的平衡关系，既要看到公平与效率表象上的对立，更要看到二者在更高层次上的统一。

第三节　新型政商关系期待法商管理学

政治制度、法律法规会影响企业家的预期、企业家的行为及其资源配置。好的制度激励企业家配置更多的创新生产；坏的制度则会使企业家选择寻租，建立裙带关系，发展权贵资本。由此可见，政商环境是决定经济发展的重要因素之一。改革开放初期，世界各国对中国由计划经济体制迈入市场经济的决心持观望态度，于是邓小平在人民大会堂福建厅宴请了 5 位原工商业巨子：胡厥文、胡子昂、荣毅仁、周叔弢和古耕虞，希望原工商业者出来经商办企业，这才有了中国市场经济的大发展。例如，荣毅仁创办了中国第一家信托投资公司——中国国际信托投资公司，今日的“中信”已经成为中国最大的多元化产业集团之一。

1980年后，邓小平先后在三次讲话中提到“傻子瓜子”年广久，保护了民营企业家的创业实践，提振了民营企业家的信心。2000年以后，民营企业家在全国人大代表和全国政协委员中所占的比例进一步提高，社会地位和政治地位也得到显著提升。

在国有企业方面，计划经济时期形成的权力过于集中、政企不分、以政代企的情况得到了改善，逐步扩大了企业在生产和经营方面的自主权，构建了市场经济主体，逐步在国有企业中引入了产权清晰、权责明确、政企分开、管理科学的现代企业制度，形成了较好的营商环境。尤其值得一提的是，改革开放以后，伴随着市场经济体制的不断完善，各类法律法规也陆续颁布实施，营造了良好的法治环境。《中华人民共和国物权法》(简称《物权法》)、《中华人民共和国公司法》(简称《公司法》) 和《中华人民共和国证券法》(简称《证券法》) 等法律的实施，在规范了企业行为的同时，也为企业和投资者提供了保护。

政府和企业作为市场经济资源配置的主体，二者必然发生联系，于是便构成了政商关系产生的逻辑起点。但传统的政商关系常常陷入两难境地——清的政商关系不密切，而亲的政商关系又滋生腐败，这样的结果缘于两个特定原因。政府方面：现有的市场环境中，政府拥有过多的行政审批权，商业必须依附于政府或者官员，拉关系、搞腐败就成了一个必然选项。政府官员手中的行政权力过多，是导致民营企业家“跑‘部’前进”、贿赂腐蚀官员的根本症结所在。企业方面：当前中国的民营企业大多是独资企业、家族企业的私企形态，内部管理制度缺少平衡制约机制，随意性强，信息披露不充分，这也导致“亲”“清”的政商关系难以建立。

政商关系之所以长期陷于这种“清了就不亲，亲了就不清”的两难境地，本质上是因为过去仅仅从微观层面、道德规范方面看待政商关系，把这一关系建立在了政府官员和企业家个人基础上。试图把“亲”“清”政商关系建立在企业家和政府官员个人基础上的改革思路，必然会导致亲则不清，清则不亲，难以走出困境。市场经济中的政商关系不仅需要政治领导人的改革理念与人格魅力，需要政治领导人把企业家当成自己人，给企业家吃“定心丸”，更需要政治领导人从制度和法律层面保护企业家，让企业家安心于市场经济的创新与发展中，最终实现从传统政商关系到新型法商关系的跨越。打造新型法商关系可以从三个方面出发。

一是市场环境。建立法治市场环境，用法治政府和企业的关系取代政府官员和企业家个人的关系，全面推动依法治国，降低企业制度性交易成本，促进实体经济发展，发挥企业家的作用，创造积极有利的外部环境，促进企业家队伍成长和民营经济发展。

二是政府层面。简政放权，从冗杂的制度入手“釜底抽薪”，削减不必要的行政权力，更多地由市场的“无形之手”配置资源。让政府在市场经济做裁判员，维护市场公平秩序，而不是做教练员，直接对比赛“指手画脚”，从制度上杜绝以权谋私和权力腐败。

三是企业层面。构建现代的政商主体和法商主体。随着商事组织形态的演进，现代公司主体拥有更完善的治理结构和明确的管理制度，有效地约束了职业经理人和企业家，因此无论是国有独资企业还是私人家族企业，都必然要向以“法人之商”为基础的现代股份公司转型，让公司法人成为现代政商关系和法商关系的主体。

第四节　企业工商伦理需要法商管理学

传统商业社会主要依靠伦理规范，法律规范并不明显。法合于礼，礼入于法，最终礼法融合，“礼”成为儒家维护宗法血缘关系和宗法等级制度的重要工具，“法”则是统治阶级直接制定的强制性规范。迈入法治市场经济时代，商业伦理不再是简单的礼教，而是与法治息息相关。在企业法商管理的进程中，我们不仅要引入法律来约束公司，更重要的是建立法商的道德理念，建立法商的伦理意识，实现从自然人的商道向法人的商道的转变，这就构成了全新的法商伦理体系。法商伦理研究商业行为中有关法治的伦理问题，寻求商业行为与道德伦理、法律规范的统一。

现代市场经济中竞争加大，企业不仅会面对来自经营决策、融资手段、汇率、利率的经营风险，而且会面对企业管理者腐败、会计制度不严格、违规违法、损害公共利益、污染环境、违规经营等多方面的管理与法律风险。在这种背景下，现代企业需要从单纯的价值追求目标向稳健经营、规避风险、履行社会责任等不同层面的综合目标转变，但注重“义利之辩”的经典工商伦理始终是优秀企业和企业家的重要指导。《增广贤文》中写道：“君子爱财，取之有道。”即有钱有地位虽然是人人都向往的，但必须用“有道”的方式取得，这种伦理观念既是优良传统，也是现代法商伦理的重要组成部分[①]。

关于法律和伦理的关系，法学中的自然法学派认为，作为现象的法律规范和法律条文，天然地受制于隐藏于其背后的道德、伦理、宗教等源头。如果没有这个本质和源头，即使具备法律条文的形式特征，也不具备法律应有的约束力，企业和个人自然可以不遵守它。信奉法律实证主义的法学家们则认为，法律和道德之间并没有必然的联系。不同于上述两种争锋相对的观点，法商伦理观认为，在现代法治市场经济中，伦理与法治相互融合，伦理扬善，法律抑恶，相辅相成。对企业来说，应该把这种法商伦理融入自己的价值体系和企业文化中，用于指导企业处理与各利益相关者的关系。因为只有恪守商道、遵守法律、符合法商伦理的商业活动才能可持续，商业主体才能基业长青。

值得一提的是，法律和伦理虽然共同指导着企业的行为，但法律毕竟是一种人们迫不得已遵守的准则，而只有强调伦理和道德才能让法商自觉自愿地执行和遵守。因此法商管理学中必须纳入伦理、契约精神，诚实守信等工商伦理观念，让伦理挺在法治前面，帮助法商企业和企业家建立正确的工商伦理观。

① 《增广贤文》又名《古今贤文》，是中国明代时期编写的儿童启蒙书目。

第五节　现代法人治理需要法商管理学

法人治理伴随公司制企业的诞生而产生，随着现代公司的快速发展，所有权和管理权两权分离所带来的治理问题也日益突出。面对各类法人治理问题，1999 年，世界经济合作与发展组织（Organization for Economic Co-operation and Development，OECD）联合各国政府、有关国际组织和私营部门，共同制定了《公司治理原则》，并提出了“法人治理是提高经济效率、促进经济增长以及增强投资者信心的一个关键要素”。

在现代企业运行中，合理的法人治理是降低企业负外部性的核心举措。负外部性及负外部性成本不仅存在于企业外部，也存在于企业内部。例如，股东与经理人、股东与其他利益相关者、大股东与小股东三组关系间的利益冲突所产生的成本，都不无例外地被涵盖在交易费用的集合中，而完善的法人治理可以在最大限度上降低企业内部交易费用。

传统的工商管理和法人治理注重企业利润最大化，但在现代公司成为市场经济运行主体的背景下，由于资金来源的社会化、风险的社会化，同时由于两权分离，“保姆当家”成为现代公司普遍的管理和治理模式。从 20 世纪 30 年代企业所有权与经营权分离发展，法人治理问题已提出了 80 多年，仅仅从股东会、董事会、监事会谈法人治理显然不够。法商管理不仅要把与企业相关的独立董事制度、信息披露制度、关联交易法则等重要的制度性规则联系起来，还必须重点开展对职业经理人（“保姆”）、发行人和大股东的教育。法商管理认为，必须把来自治理的风险防范和保护投资者的利益放到重要地位，通过有效的激励相容机制，促使董事会和经理层追求符合公司和股东利益的目标，从而实现企业系统价值最大化。相信约束职业经理人操守的规范办法还将陆续出台，真正实现保护投资者，以法治手段把现代法人治理推向新阶段。

第二章　法商的内涵、特征及使命

第一节　法商新概念的提出

一、“法商”与“法商融合”溯源

“法商”作为一个简单拼合的概念，最早出现在1913年，当时国立北京大学将原有的法政科与商科合并，设立了“法商”科。1937年，国立北京大学、国立清华大学和南开大学南迁到湖南长沙，共同组建了国立西南联合大学的前身——国立长沙临时大学，将原来三所大学性质相近的系进行合并，组建了四个学院，法商学院就是其中之一，但当时的“法商”仅仅是法科和商科的行政组合。1994年，广东省筹办广东法商大学，中山大学的程信和教授提出了“法商融合论”和建立“法商学”的主张[①]，但是，由于广东法商大学并没有筹建起来，因此“法商学”并未诞生。

2002年,《中南政法学院学报》改名为《法商研究》，该刊虽使用了“法商”一词，但刊载的都是法学文章，名为“法商”，实为“商法”。法商仍看不出是一个完整统一的创新概念，它既不是一个有机融合的新学科，更谈不上具备完整的理论体系。

2014年，中国政法类大学的商学院在西北政法大学召开“立格联盟”(Legal Alliance，截至2019年8月，包含9所政法类大学）首届商学院院长联席会，共同探讨新常态经济和依法治国背景下商学院的定位、学科建设、专业设置、科学研究、人才培养、法商应用等问题。这次会议提出了市场经济就是法治经济，因此法商应成为研究的主要议

① 程信和．法商融合论［J］．中山大学学报，1994（4）．

题，政法类大学的商学院要建立突出法商结合特色的商学院。在这种宏观与微观的双重背景下，“法商”和“法商结合”这两个概念越来越多地被人们所使用。然而十多年过去了，如何理解“法商”这个概念和如何实现法与商的有机融合，始终没有在理论上得到突破，学科体系也没有完成有机组合，甚至连基础的概念也没有达成共识。

面对综合性大学和财经类院校中的商学院的先发优势，如何结合法学优势创办出具有自身特色的商学院，成为所有政法类大学所面临的共同问题。正是在这种背景下，如何体现政法类大学商学院独特的优势，把“法商结合”这一空洞的概念真正落地；如何在“法商融合”的办学理念与模式上实现突破，在学科体系建设与教程、教材的编写上真正体现法与经济、法与金融、法与管理的创新融合，成为首先要解决的问题。

二、“法商”新概念的提出

随着近年来法律服务经济的需要，法律在商业领域中的作用日益凸显，从法人治理入手，进行企业法治建设，逐渐成为现代企业管理的重要组成部分。与此同时，随着市场经济的不断推进，高校学科要适应市场经济的发展，融合创新，培养社会需要的复合型人才也日益成为一种共识，成为教育改革的重中之重。

2017 年 3 月，中国政法大学商学院对在六个研究所基础上所办的商学院的“所—院”体系，进行了彻底的学科体系改革，形成了“七系

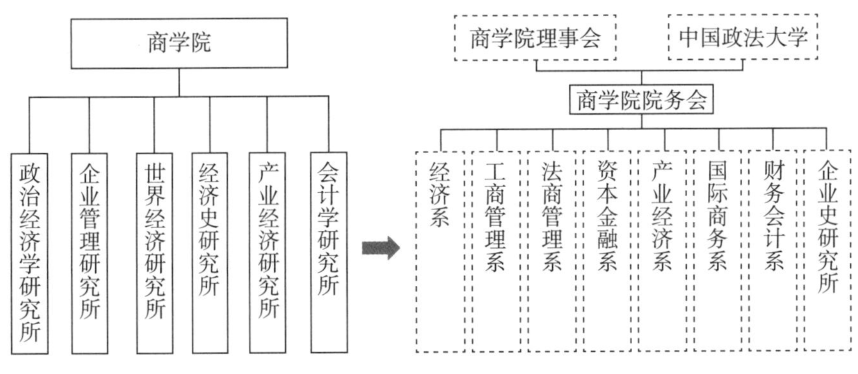

图 2–1　中国政法大学商学院的学科体系改革

一所”的“系–院”体系，创建了全国高校中的第一个法商管理系。

法商管理系依据什么而产生？法商管理学科的理论基础又是什么？法商融合，形势喜人，又形势逼人，创新法商和法商管理概念，创建法商管理学迫在眉睫。要形成全新的法商、法商管理概念，以及法商管理学的学科理论，首先要对“法商”这一概念有所突破。

中国政法大学商学院的刘纪鹏教授指出，“法商”不应是“法与商”或者“经济法与企业管理”的简单组合，而应以一个全新统一的概念实现法与商的创新融合。由此他提出，公司和基金是现代法商的主要组织形式，工商伦理和公司法治是法商管理的主要内容。对法商的研究应从法商实体和法商行为两个维度进行，就法商实体来说，他主张将法商实体分为广义法商实体与狭义法商实体，并首次提出了“法商法治”或“公司法治”概念，这就为理解“法商”概念及建立创新的法商理论体系提供了新视角。

第二节　法商实体的分类及特征

本书提出，法商管理学是一门研究现代法商组织工商伦理和公司法治行为的新学科。法商及法商管理应包括两个范畴：一是法商实体（Legal Entity）的确立；二是法商行为（Lawful Business）的规范。这两个范畴构成了法商和法商管理的核心内涵，也为建立法商管理学的理论体系奠定了基础。

一、法商实体与法商行为

国内有时也把国外的“Law and Business”学科项目翻译为“法商”，但“Law and Business”在国外是由法学界人士提出来的，通常是指与工商活动相关的法学领域，是法学的范畴。例如，美国哈佛大学法学院就有Law and Business Program，这一项目和学科主要培养与商业领域相关的职业律师或法律顾问。而在哈佛大学商学院的学科体系中，我们并没有看到 Law and Business 这一词语。

“法商”一词出现在中国法科类大学的商学院，尽管其目的是想突出商事行为和管理，但仍普遍将“法商”翻译为“Law and Business”，这与国外的“Law and Business”所表达的以法为主的“法与商”大相径庭。“法商”一词在中国法科类院校中虽然没有强调以法为主，充其量仅是简单的并列，在教学方面也仅是把法学院的商法和商学院的工商管理简单拼合，并没有揭示法商合一的内在联系和创新法商融合的理论体系。

要走出法商、法商结合、法商管理长期以来仅停留在把法学和管理学简单拼凑的概念上而难以落地的尴尬境地，在两个范畴上实现突破是关键。其一是法商实体（Legal Entity）的确立，本书将法商实体划分为广义法商实体和狭义法商实体；其二是法商行为（Lawful Business）的界定和规范，一是工商伦理范畴的社会责任、企业文化和法人道德，二是以公司法治为核心的治理结构、合规经营和风险管控。这样就把对法商与法商行为的拼合理解拓展到了法商实体的确立和法商行为的融合。关于法商实体和法商行为的关系，可以说没有法商实体的确立，法商行为就成了无本之木；而没有法商行为的界定与规范，法商管理和法商管理学也就无从谈起。作为法科类大学商学院的教材，本书侧重在明确法商实体的基础上，强调法商行为以管理学为主的特征，试图在现代法治市场经济的实践中和工商管理学科的理论领域，探索法商融合的工商管理新学科。

对“法商”这一概念，刘纪鹏教授认为可以从法商实体和法商行为两方面加以阐释。首先，从法商实体出发，刘纪鹏、程碧波两位教授提出了可以把“法商”理解为“法人之商”，认为具有法人地位，承担有限责任，具有公众性和社会性的企业才是典型的“法商企业”，正是在这一认识的基础上，提出了法商实体的概念，并把对具有上述特征的现代公众公司、上市公司以及公司型、契约型基金及其管理公司作为重点研究对象。其次，从法商行为出发，也可以把法商这一概念解释为“尚法之商”，这里的“法”包含法制、商业法则以及工商伦理中的商道之法；“商”则是指商主体及其从事的商行为。因此，“尚法之商”是指商主体在从事商行为时把遵守法律制度、尊重商业法则与崇尚工商伦理中的道法作为其行为的重要组成。具体表现为：敬畏商事法律，恪守商业伦理，发扬商道智慧，承担社会责任。

二、法商实体的分类

无论是成熟的市场经济国家还是以中国为代表的发展中的新兴市场国家，在从商品经济时代进入资本经济时代的进程中，创造市场经济和工业文明的企业主体形态已经从传统的私人独资企业、国有独资企业、家族企业、合伙企业，向以现代股份制为基础的公众公司、跨国公司以及基金和基金管理公司转型。传统的以内部企业管理为主的工商管理，正在向以现代产权理论为基础的法人治理、社会化的直接和间接融资、注重资本和劳动和谐统一、保护企业利益相关者权益、注重承担法人社会责任和法治化管理的方向迈进。现代法商组织的作用日益加大，现代法商管理的探索势在必行。正是在这样的背景下，本书创新地界定了法商实体这一新概念，并将其划分为广义法商实体和狭义法商实体。

广义的法商实体包括商个人、商合伙、商法人，其中商个人是指个体工商户与私人独资企业等；商合伙主要是指承担无限责任的合伙企业；商法人则主要是指建立在股份制基础上的现代公司。

狭义的法商实体是指现代公众公司及非公众性股份公司，公司型基金以及契约型、合伙型两类基金中的基金管理公司。本书中所谈的法商实体主要是指狭义的法商实体，法商管理的对象和法商管理学的框架也是在狭义法商实体的基础上创立的。

需要特殊说明的是，以契约型、合伙型两类基金为代表的法商实体中还存在基金管理人与基金非共存于同一法律主体的特殊情况。由两个法律形态组成的集合，即基金和管理公司，基金是一个主体，本质上是一笔资金；基金管理公司也是一个主体，本质上是一家公司，例如，私募股权基金中的管理公司（GP）、公募证券基金中的基金管理人等。由此可见，基金和管理公司是分离的、相对独立的，所以才会导致基金管理公司或基金管理人管多个基金的现象日益普遍。相较于公众公司，契约型和合伙型基金的法商实体监管起来更为困难和复杂，也是狭义法商实体重点研究的领域。

三、法商实体的特征

现代公众公司及非公众性股份公司，公司型基金以及契约型、合伙型两类基金中的基金管理公司仅仅是广义法商实体中的两类，这两类法商实体，社会化特征明显，带有很强的公众性特征，法人治理要求标准高，公司法治体系相对完善。因此，狭义法商实体是本书的研究重点。狭义法商实体除了具有公众性这一普遍特征外，在组织机构、权利归属和责任形式上还存在其他特征。

（一）以独立法人承担责任

狭义法商实体属于独立的法人，与自然人相分离，从而可以保证法商实体的永续性，不受自然人生命周期的影响。同时法商实体还具有独立的财产权，并以其全部财产对其债务承担责任。

（二）所有权与经营权分离

狭义法商实体在治理结构上实现了所有权与经营管理权的“两权”分离，具有独立于投资人的法律人格。尽管目前中国仍存在一股独大，大股东决策的情形，但职业经理人经营企业，“保姆”当家是大势所趋。“保姆”当家理财的特征决定了其行为应更多地受到法律的监管和工商伦理的约束。从这个意义上说，在明确法商实体的基础上，建立法商行为规范，就成了法治市场经济建设的重要使命。

（三）公众性与社会化

狭义法商实体均带有很强的公众性特征，有的在资本来源上存在公众性，有的在融资对象上存在公众性，有的则是其业务本身就牵涉公众利益。而这些法商实体要么是基于投资关系将所有权与管理权相分离，要么是基于信托关系将所有权与管理权分离。前者由现代股份公司的管理层管理公众性资金，后者由基金的管理人管理公众性资金。正是由于这类法商实体运营的资本或资金都来源于公众，所以对其在法治上应施以更加严格的规制，对管理人在法商伦理上应提出更高的要求。

除了资本的社会化，法商实体还实现了生产经营的社会化、风险的社会化和经营人才的社会化，狭义法商实体的社会化特征决定了实现其公司法治势在必行。

第三节　现代法商的创新使命

随着第四次工业革命和5G信息时代的到来，传统制造业逐渐向高科技“智造”转型升级，人们公认科技创新是新经济的首要特征。但科技创新的原动力又来自何处？新经济时期，现代法商中的股份公司和创投基金，以资本经济为依托，靠资本的栽培和扶植，创造了一个又一个可直接带动社会生产力发展和提高人们认识改造世界能力的新工具。显然，新经济时期的高科技与资本经济是一对孪生兄弟，在现代法商的引领和助推下，“以科技创新为体，以资本运作为用”的创业原则激励着一个个科技精英，不断追求创新，实现超常发展。制度决定技术，资本决定制度，因此必须大力发展资本经济，健全完善资本市场体系，为中国新经济大潮中高科技公司的发展创造条件。

一、现代法商是高科技、新产业的引领者

纵观市场经济历史的演变，公司诞生之后，人类社会从工业文明发展到现在，文化、社会、文明都取得了极大的进步。公司诞生的几百年，给人类带来的福祉和工业文明的进步，远远超过了过去近千年的历史演变。

创新决胜未来，改革关乎国运。但无论是国家实验室还是高校的科研实验室，激发创新活力还存在一些问题，特别是科技创新资源分

散、重复、低效的问题还没有从根本上得到解决。科技投入的产出效益不高，科技成果转移转化、实现产业化、创造市场价值的能力不足，都亟待深化体制机制改革，强化不同创新主体在创新链条不同环节的功能定位，不断激发各类主体的创新激情和活力。伴随中国市场经济走向深入，高科技新产业的创新主体，正逐步从国家实验室和高校的科研实验室，向产生于资本经济时代，靠风险投资起家，靠资本市场发展的现代公司和创投基金倾斜。

诞生新经济领头羊的美国连续十余年的经济持续增长，关键因素在于其发达的科技创新能力。而这一能力的形成直接得益于以硅谷为代表的高科技股份公司，以及纳斯达克和华尔街两个资本市场孕育的多种多样的风险投资、创业投资基金的推动。

以现代股份公司和基金为代表的法商实体已成为高科技发展的直接引擎。苹果、Google、微软、英特尔等国际创新型企业，均组建了大量的科研团队和实验室。现代公司拥有颇具实力的机构和具有代表性的科研团队，已经成为科技创新的主力军。以现代股份公司和基金为代表的法商实体是技术创新决策、研发投入、科研成果转化的主体与核心技术能力突出的创新型领军企业。

二、现代法商是新经济、新金融的助推器

经过了40余年的发展，中国的制造业和高科技结合，已进入爆发期，如高铁、特高压电网、5G技术等多个领域已经走在世界前列，在移动互联网、人工智能、物联网等技术方面也已跻身世界强国。这都与中国市场经济改革和资本金融、资本市场的发展密不可分，科技兴国要与金融强国相辅相成，科技与金融的双向崛起才是中国崛起的重要支撑。

现代金融分为货币金融和资本金融两大范畴。货币金融体系是以商业银行为主导，以货币市场为基础，以间接债权为主要形式的融资体系；资本金融体系是以投资银行为主导，以资本市场为基础，以直接股

权为主要形式的投资、融资体系。在当今的国际经济竞争中，如果把制造业比喻为陆军，要通过高科技的发展占领制造业产业链的高端，那么还应该把资本金融业比喻为空军，通过对制空权—定价权的争夺占领价值链的高端，最终使高科技成果在价值链领域得以实现。

只有建立强大的资本市场，才能掌握现代市场经济竞争中的制空权——定价权。在当今的全球竞争中，大国崛起不仅要占据产业链的高端，还要拥有价值链高端的定价权，所以强大的资本金融是决定中国制造业打赢国际竞争之战的关键领域。

现代股份公司和基金这两种法商实体能有效地凝聚社会资源，尤其是上市公司和契约型基金的出现，极大地推动了新经济的发展和对传统产业的整合。从某种意义上说，现代法商实体是新经济、新金融的重要助推器。

第三章　法商管理的内涵和特征

法商管理定义的提出，是对传统企业管理概念的革命性创新，是中国从计划经济体制迈向日臻完善的市场经济体制在微观经济主体构造方面重大的管理理论的突破。法商管理明确以管理为主，具体包含企业管理、工商伦理、法人治理和公司法治四个核心内容。法商管理突出的是，在现代法治市场经济中，法律为管理服务，法律成为现代企业运营的制度保证，具有法律为企业合规运营保驾护航的特征。把公司法治引入到现代企业管理和现代公司制度建设之中，既是中国 40 余年改革实践的经验总结，也指明了未来完善现代公司制度的方向和路径。法商管理的建立是对现代工商管理的重大补充、完善、创新和贡献。

第一节　法商管理的内涵

一、法商管理概念的提出

“二战”以后逐步诞生了融合创新的管理学派，即在传统管理学理论中引入其他学科的研究方法而形成的新的学派。哈罗德·孔茨在 20 世纪 80 年代初发表的《再论管理理论丛林》一文中，首次提出了“管理理论的丛林”这一说法，并将流行的管理理论划分为十一大学派（管理过程学派、人际关系学派、群体行为学派、经验学派、社会协作系统学派、社会技术系统学派、系统学派、决策理论学派、数学学派、权变理论学派、经理角色学派）。虽然此时交叉融合的管理学派已经诞生，但纵观世界主流管理学派，“法”与“商”的界定泾渭分明，法律和管理“双雄并立”，既见不到法商结合的说法，也见不到“法商管理”的踪影。回顾中国 40 余年的改革史，由于彼时中国改革正处于由计划经济向市场经济转型的艰难起步时期，工商企业仅仅局限于从生产型向经营型转型，无论是宏观的经济管理方面还是微观的机制运行环节，都没有法人治理和公司法治这类概念，建立在工商伦理、法人治理和公司法治基础上的法商管理也就无从谈起。

“法商管理”一词最早见诸文字是在 2010 年，提出者是中国政法大学商学院的孙选中、柴小青两位教授。孙选中教授认为，“法商管理就是追求效率的经济价值观与方法论同追求公平的法治价值观与方法论有机结合，以实现效率与公平均衡发展的管理过程”[①]。这与 1994 年中山大学的程信和教授在其“法商融合论”和“法商学”中所提出的法商融合的基础是“法学的公正与商学的效率相统一”的观点[②]相近。柴小青教授则认为，“法商管理就是综合管理学、法学相关知识，对企业经营活动进行计划、组织、管理和控制的理论与方法，强调从商业经营规则和相关法律规则两个方面加强对企业经营活动的管理，以规避企业经营风险和法律风险”[③]。

从 2010 年提出“法商管理”这个概念算起，9 年过去了，尽管“法商结合”的提法在法科类大学的商学院颇为盛行，“法商管理”一词的出现也日渐频繁，但学界对法商管理的研究仍停留在孙选中、柴小青两位教授对这一概念的两个不同解释上。就好比“法商结合”“法商管理”的大幕虽然徐徐拉开，但演员却迟迟未登场，演出也许久未展现在观众面前，这不得不说是中国法科类大学商学院的遗憾。

二、走出法商管理的认知误区

时至今日，虽然在商业实践中，管理学和法学的融合已经成为一种

① 孙选中．法商管理的兴起——孙选中关于中国法商管理的思考［M］．北京：经济管理出版社，2013.

② 程信和．法商融合论［J］．中山大学学报，1994（4）.

③ 柴小青．论法商管理理论创建的现实需求与逻辑基础［J］．2011 中国管理学年会——公司治理分会场论文集，2011.

必然的选择和趋势，但由于上述原因，法商管理的概念既不统一，也不深入，更谈不上形成系统的范式表达，人们仍走不出“法商结合”朦胧隐现、“法商管理”雾里看花的困惑。

法商管理停留在认识不统一且未落地的概念上，既不能适应日益变化的市场经济环境，因地因时地顺应管理创新潮流，也不能解决中国市场经济中企业及企业家在走向人类命运共同体的国际化进程中所面对的种种法律与合规的现实问题。应用权变理论，赋予法商管理新的内涵，并在此基础上形成有体系、有框架的管理新学科，并最终形成管理学中的法商管理学派已迫在眉睫。

要创建法商管理学，进而形成“管理学家族”中的法商管理学派，必须走出四个误区。

第一个误区，认为法商结合就是简单的“法”加“商”。从法与商结合的紧密程度讲，这种认识很容易导致人们把法商管理理解成“两张皮”的简单拼凑。特别是法学领域的学者，普遍把法商管理、法商结合理解为，仅仅是《公司法》《合同法》《反垄断法》等与传统的《企业管理》等课程的简单拼接，实际上这种“法”加“商”的教学根本无法形成系统的课程体系。

第二个误区，认为法商管理就是“法理”加“商道”。认为法商管理仅是把传统文化中的经商之道和国学道法，与现代法律体系中的微观商事法律相结合，虽然重视传统文化中的经商之道和国学道法与现代法学理念，重视对企业家个人进行传统文化、社会责任与遵纪守法教育，但忽视了现代法商公司在运营和操作层面组织管理、法人治理、法商治理与激励、法商运营、企业法人合规管理与风险控制等操作方面的内涵。

第三个误区，认为法商管理就是法律加企业管理。法学领域的学者普遍把法商管理、法商结合理解为，仅仅是将法治管理放到传统企业管理中，法商管理的教学仅仅是把法学院的教师引入商学院来讲授《公司法》《合同法》等法学内容；而管理学领域的学者则容易倾向于把这些法律简单地嫁接到传统的企业管理教学上，例如，在企业组织机构设置上，仅仅添加一个法务与合规部门。

第四个误区，认为法商管理培养的是企业中的法律人才。无论是对西方法商（Law and Business）的翻译理解，还是中国法科类大学的商学院目前对法商结合的认识，都普遍把法商管理看作是以法为主、以管理为辅的教学体系。而从法商管理要培养什么样的人才的角度看，人们更多地是强调，法商管理培养的是企业中的法律专业人才，如企业合规官、法务官、风控官。

本书则认为，法商管理的特征是以管理学为主，以法学为辅；通过把法律知识融入到现代企业管理中，来培养法治市场经济环境中具有企业发展战略思维，兼具企业法律知识和意识的企业家与公司高管。

三、法商管理的定义和内涵

要明确法商管理的定义和内涵，首先要明确法商管理的研究范畴。

从法商管理的研究对象来说，本书研究的是狭义法商实体组织和广义法商实体中的企业家。从法商行为的界定和规范来说，本书研究的是以公司和基金为主的具有社会公众性特征的法商实体的工商伦理、法人治理，以及企业风险控制、合规运营的行为。法商行为的规范具体还可以划分为两大类：一类是建立在工商伦理基础上的企业文化和社会责任，另一类是企业制度建设基础上的法人治理和公司法治。

综上所述，本书对法商管理的定义为，以公司、基金两类狭义法商实体和广义法商实体中的企业家为对象，以公司法治为主线，在法商伦理与法人治理基础上实现企业系统价值最大化的全过程管理。

第二节　法商管理的特征

法商管理属于管理学的范畴，它具有把公司法律和企业管理有机融合、以工商管理为主、倡导工商伦理、完善法人治理、强调公司法治、追求企业系统价值最大化六个方面的特征。

一、公司法律与企业管理有机融合

法商管理学是一个将法律和管理相融合的管理学学科，它的建立对管理学和法学都有重要意义。

对管理学而言，与法律的融合意味着工商管理从传统的经验管理、艺术性管理、科学管理，进入到了法治化管理的管理新时代。在法商管理中，公司管理的每一个分支与法律的结合都越来越密切。在法治市场经济中，由于公司生产经营的外部性，公司越来越需要通过守法合规来促成内部运营环境与外部宏观运行环境之间的平衡。因此，法商管理学融合、交叉了法学和管理学，这既是对现代工商管理的挑战和创新，又走在管理学的前沿。

而对法学和法律而言，与管理的融合则意味着企业经营和管理活动制度化、规范化、法治化。法律不仅要对企业的外部行为进行约束，还要对企业内部活动进行越来越深入的内控与合规管理。传统的民商法律很少涉及企业内部的法治规范，即便是强调法人治理行为的管理也仅被称为治理准则，即所谓的“软法”（Soft Law），而不是刚性法规。本书所提的法商管理应理解为通过法律与管理学的融合，制定相应的规章制度，使法商实体的行为与日益深入的法商法律制度有效对接，从而为法商实体的风险控制、合规经营保驾护航，使法律在法商实体的运营管理中发挥实质性作用。

因此，法商管理注重把传统的管理制度上升为与企业法治规范相结合的“硬管理”（Hard Management），这对法商实体的管理方式而言不啻为一次管理创新。

二、以工商管理为主

在市场经济发展初期，企业管理的重心建立在分工和专业化基础上的内部生产型管理与经营性管理，随着市场经济从最初的商品经济向资本经济演变，以及生产经营活动所产生的负外部性的增加，企业要获得可持续发展和长期利益，就必须履行社会责任、伦理道德，同时还必须进行合规运营与风险控制，这决定了必须把法商管理作为现代企业管理的核心内容。但必须强调的是，法商管理仍然是管理学的范畴，具有管理学的特征，它以管理为主，以法学为辅，即“法”为“商”用。期待通过法商管理学的研究与实践，可以把传统工商管理对市场经济初级阶段的经验管理与计划经济体制下的行政管理，推向现代企业的法治管理，从而赋予工商管理创新内涵，形成新的法商管理学派。法商管理学要培养的是懂法、守法的战略型企业家和高管人员，尤其倡导要在卓越的企业高管团队中设法务总监、合规总监，与财务总监并列，这样就把法与商、法律和工商管理融合到了一起。

三、倡导工商伦理

中国传统的工商伦理遵循上善若水、厚德载物，道法自然、天人合一，“善者因之，其次利道之，其次教诲之，其次整齐之，最下者与之争”。好的管理因人性而为。随着工业经济的高速增长和企业力量的不断壮大，企业为了追逐高额利润，不断做出污染环境、侵害员工和消费者权益，以及损害社会公共利益的行为，整个社会为企业的这种短期行为付出了沉重的代价。因此，企业法人必须承担保护环境、维护市场竞争、保护投资人利益等重要责任，从工商伦理角度看，“为富还要为仁，为富还要围人”，法商管理必须突出“君子爱财取之有道”的伦理观念。尽管法商管理强调法商治理、法商运营、法商合规管理与风险控制等，并从法律的角度提出了外在的强制性约束，但工商伦理是法商管理的根基，要把工商伦理挺在公司法治之前，倡导工商伦理是法商管理的重要特征。

四、完善法人治理

在现代公司制度中，要股东与经营者更好地形成执行与监督、管理与制衡的平衡关系，并最终形成在保证职业经理人行使权利的同时又能保护股东和所有者的利益，则必须注重法人治理。早在 1999 年，经济合作与发展组织联合各国政府、有关国际组织和私营部门，共同制定了《公司治理原则》，并提出了“法人治理是提高经济效率、促进经济增长以及增强投资者信心的一个关键要素”。完善法人治理是法商管理的重要特征，法商管理要求在《公司法》的基础上，引入章程管理，通过章程管理建立公司的“组织法”，形成法商实体所有者与经营者之间的委托—代理关系，制约职业经理人（“保姆”），保护投资人的利益，形成法商实体内部权力的科学分配与制衡机制。

五、强调公司法治

公司法治是本书提出的关于现代法商管理的一个新概念，它注重的是，在社会化的法商企业中处理经营者与所有者、经营者与债权人、经营者与客户的关系时，必须优先遵守相关商事法律和法规。公司法治的核心内容包括企业合规管理、危机公关处理、境外投资风险防范、竞争与垄断、证券市场信息披露等。公司法治与传统的工商管理有着明显区别，传统的工商管理一般只谈管理的科学性和艺术性，鲜有涉及企业经营管理的合规与合法问题。现代法治社会必须探索如何把面向人与物这一层面的管理提升到对法商主体的管理，从简单的经验传授上升到制度设计。另外，在中国企业国际化的进程中，无论是用工、融资，还是销售等各个环节，都必须以法律为准绳。法商实体如何适应所在国家和地区的市场环境，遵守其法律与商业规则，实现守法合规经营，也将成为一门必修课。公司法治正在以越来越快的速度植入现代企业管理中，因此强调公司法治是法商管理的重要特征。

六、追求企业系统价值最大化

法商管理的目标是追求企业系统价值最大化。纵观企业史，就企业管理追求的目标来说，其演变经历了三个阶段，即追求企业利润最大化，追求股东利益最大化，以及今天普遍认为的追求企业价值最大化。企业利润最大化的实现并不意味着股东利益最大化，在现代公司中，也不乏企业利润增大但股东利益降低的例子。同时，片面追求股东利益最大化，又常常伴生环境得不到保护、消费者利益得不到维护、劳工利益得不到保障等现象，因此一个现代企业特别是具有公众性特征的企业，要立于不败之地，就要走出单一追求企业利润最大化或追求股东利益最大化目标的狭隘，追求多元的企业价值。

法商管理追求的企业价值不是单一指标，而是一个系统、综合、开放、多元的具有丰富内涵的价值指标体系，本书把其归纳为企业的系统价值。一方面，系统价值体系不是单指某一个主体的价值实现，而是指企业的所有利益相关者，即投资者、经营者、劳动者等内部主体，以及债权人、消费者和社会各个外部主体不同价值形态的全面实现。另一方面，法商系统价值还囊括了有形价值与无形价值、物质价值与精神价值、短期价值与长期价值，既追求财富的创造，又注重承担社会责任；既满足员工的物质需求，又促进劳、资之间的和谐；既追求短期利润，又兼顾持续发展。在现代法治市场环境中，兼顾法商实体企业的各利益相关者的价值实现，才是法商企业既健康发展又造福社会的不二选择。

第四章　法商管理学的框架体系与学科借鉴

法商管理学作为一门新学科，它所包含的内容颇多，从涉及的专业领域来看，早已跳出了法律和企业管理的范畴。法商管理学在对法商管理进行深入、系统的研究的基础上，创新融合了哲学、伦理学、文化学的价值观理念和经济学、法学、管理学的思想内涵及方法论体系，目标是培养法商复合型人才。我们希望由此诞生一门交叉创新型学科——法商管理学，并在此基础上增添管理学派的一位新秀——法商管理学派。

第一节　法商管理学的框架体系

从研究对象来讲，法商管理学从关注私人企业和家族企业的管理及民营企业家行为，演变到关注狭义法商实体（公司、基金）企业的管理和广义法商（商个人、商合伙、商法人）企业家的行为。从研究范畴来讲，法商管理学包含四个主要内容：一是现代企业管理与运营，二是法人伦理与道德规范，三是现代法人治理与激励，四是法商实体的公司法治。正是围绕这两个主要研究对象和四个主要研究范畴，最终形成了本书八篇三十五章的框架体系。

第一篇概论，主要回溯了“法商”一词的由来及新法商概念的含义，并重点认证了广义法商实体、狭义法商实体及法商行为之间的逻辑关系，详细阐述了狭义法商实体的特征及研究意义。第二篇企业形态与法商实体，主要阐述了企业形态的演变及分类，重点阐述了公司法人的革命意义与对传统法律制度的挑战，其中第九章开创性地提出了揭开公司股权面纱的现实意义及使命，对传统公司法中单一揭开公司债权面纱的理论进行了补充。第三篇法商伦理与契约精神，通过对中西方法商哲学的对比，引出了法人人格、商业伦理、法人伦理的深刻内涵，同时对契约精神与企业社会责任做了详细论证并提出了新时期的思考。第四篇法商治理与激励，首先阐述了狭义法商实体中公司和基金的组织形式与治理模式，对新型双层股权结构做了详细梳理，之后在法商激励方式上提出了本书的创新激励方式——共享分润制，并探讨了企业年金激励制度。第五篇法商运营，探讨了法商知识产权管理，揭示了法商财富创造定律与资产组合原理，并对公司资本运作与基金运营进行了实务层面的梳理，同时对企业境外上市的方式与地点选择做了经典总结。第六篇法商合规管理与第七篇法商风险防范，重点关注法商实体的稳健运营，对法商运营环节中容易出现合规风险的主要环节如舞弊风险管理、信息披露、税务、竞争与垄断以及企业危机公关等给出了详细的讲解与对策，本篇尤值一提的是，法务会计的应用是法商结合理念的一大创新亮点。第八篇主要针对广义法商实体中的企业家财富管理与风险防范，主要目的在于实现企业家的三种安全，即人身安全、财产安全与传承安全。

第二节　法商管理学借鉴的五个学科

一、法商管理学对哲学的借鉴

法商实体在市场环境中运行，首先要有正确的价值观和科学的方法论，而价值观和方法论也正是哲学的核心内涵。哲学倡导的价值观是建立法商伦理的基石，哲学倡导的方法论是实行公司法治的基础，让法商树立正确的价值观和科学的方法论是贯穿本书的主线和核心观点，这是法商管理学对哲学的借鉴。

《易经》有云：“形而上者谓之道，形而下者谓之器。”在法商管理学理论体系中，所谓“道”，是指“君子爱财取之有道”的商道伦理；所谓“器”，是指守法合规的公司法治之术。从哲学价值观的角度看，亚里士多德曾比喻，形而上学之于人类的知识体系，就像树根之于大树，是一切知识的根基。“君子爱财取之有道”的哲学价值观就是法商管理学理论体系的"树根"，要让正确的价值观挺在规范的公司法治之前，成为法商实体自律的核心内容，就要让法商实体对各类利益相关者承担社会责任。从哲学方法论的角度讲，对政府来说，要实现市场经济所崇尚的无为而治，就必须建立完善的法治基础，完善的法治是市场经济环境下无为而治的基石。而对市场经济环境中的企业来说，企业需要从受法治约束、遵纪守法，上升到伦理的自觉和自为，在"君子爱财取之有道"的哲学价值观的指引下，兼顾企业多种利益相关者的价值实现，并在自觉和自为的基础上，强调法人治理和公司法治的自律规范。让哲学伦理倡导的自为和法人治理、公司法治要求的自律，在法商管理中发挥作用。

二、法商管理学对管理学的借鉴

管理为主，法学为辅，法商管理学在本质上属于管理学范畴，其核心内涵既遵循管理学发展的基本规律，又体现管理学对多学科的融合创新。

首先，从研究目的来看，管理学作为探讨如何利用有限的资源实现企业系统价值最大化的学科，无论是泰勒强调的以标准化、制度化为特征的科学管理学派，还是梅奥开创的以情感和人性为纽带的行为科学学派，都试图从不同的角度来解决多元化的个性需求和统一的组织目标之间的矛盾，以实现人和组织的协同与双赢。法商管理学所研究的组织正是狭义的法商主体，针对的是在现代法人治理架构下形成的公众公司、公司型基金以及契约型、合伙型两类基金中的基金管理公司。而与之相对应的法商行为，就是组织中的人所需要共同遵守的商业伦理、社会责任、企业文化。法商管理学所突破的"法商主体"和"法商行为"这两个重要范畴，契合了管理学学科的研究目的，是在市场经济高度发展时期与之相适应的管理学创新。

其次，从研究内容来看，管理学从诞生之初就在努力解决通过管理职能提升组织效率的问题，从泰勒制的"点效率"、福特制的"线效率"，到新经济下的组织的“系统效率”，管理者的职能在研究和实践过程中得到不断完善。法约尔从一般意义上提出了计划、组织、指挥、协调和控制五大管理职能，德鲁克经验主义学派认为，管理者的有效性是可以通过实践学习的。法商管理学就是通过工商伦理和公司法治这两个法商行为方式，从法商管理角度来完善和优化管理职能，以确保企业在提升组织效率过程中的内在规范性和外在合法性，通过在效率和规则之间把握好度，在原则性和灵活性之间把握好平衡，最终实现企业的健康可持续发展。

三、法商管理学对法学的借鉴

法学是法商管理学借鉴的重要学科。第一，法学的公平、公正、公开原则在法商法治方面起着至关重要的作用。公平要求法商主体充分保障中小投资者权益，避免出现大股东及基金管理人滥用权力，歧视、损害中小投资者权益的现象发生；公正要求法商主体要杜绝徇私舞弊，避免出现内幕交易；公开要求法商主体建立透明的管理层，进行充分的信息披露，保障公众投资人的知情权等。第二，民商法、经济法、信托法等法律也是法商理论的重要支撑，在法商主体的设立、组织架构及交易上提供着法律依据和理论来源，尤其是在当前市场经济高度发展的环境下，法商主体作为经济活动的主体，不但行为需要受到法律的规范和限制，法商治理过程中也需要融入法学，进而实现法商法治。第三，随着科技创新的日新月异，一系列新生事物，如虚拟法人、虚拟股权、电子货币等，不断涌现，这些新生事物的合法性及法律效力问题也需要法学理论的支撑。

同时，法律的公正属性对经济的效率属性是一个重要的补充，通过对法与经济学的深入探讨，我们会发现，要提高经济效率，就必须引入法律，做好制度的完善。因此公平与效率在现代市场经济中就如同一对孪生兄弟，经济学发展到今天，必须引入法学所强调的建立在公平基础上的分析方法和建立在制度性基础上的思维方式，因为只有建立在公平基础上的效率，才是被社会所承认的效率，才是有保障的效率。

此外，法律在市场资源优化配置当中也发挥着重要的保障作用。法商实体通过法律平衡不同的利益主体之间的关系，在追求自身效率的同时履行社会责任，兼顾他人和社会的相关利益。一方面，法商实体可以在不损害其他人的情况下直接得到发展，实现帕累托改进；另一方面，在与其他利益相关方发生冲突时，法商管理学注重应用卡尔多－希克斯改进，给利益受损者以补偿，最终实现相关方和社会整体效率的最大化。由此可见，公平兼顾效率是法商管理学的重要思想。

四、法商管理学对经济学的借鉴

传统微观经济学侧重“经济人”在理性决策层面上对“效用最大化”“利润最大化”的满足，但“经济人假设”使经济参与者仅仅关注自身的福利建设，而忽视了在经济活动中对于利益相关者、社会环境、社区环境的影响，这便产生了生产和消费过程中的负外部性。新制度经济学派的代表人物科斯和威廉姆森，提出了通过产权安排解决企业负外部性的路径。科斯阐述了市场、企业管理和政府法律的关系，其核心是通过产权的界定来降低交易费用，从而影响企业的行为。威廉姆森则进一步通过交易费用理论强调了解决负外部性对于法人治理的重要性，他认为，解决的主要方式应从参与者的内生动力出发，而非对参与者的外生干预。

科斯和威廉姆森关于企业“交易费用”的阐释引出了新的思路——从法商融合的角度重新回顾传统经济学问题，即通过对经济参与者道德、伦理、价值观与公司法治方法论的培育，使他们认识到守法、合规对企业长期利益的显著影响，从而达到消除负外部性所形成的交易费用。当企业内外部交易各方对其短期收益与成本、长期收益与成本有了清晰的认知后，便能够确立清晰的产权结构，明确各方的权利、责任和义务，自发地抑制各方触发“道德风险”的可能性，而这正是法商管理嵌入市场经济中的微观主体的运营活动和治理规范的原动力。

综上，法商管理学提出了对微观经济学中主体进行法律嵌入，是对经济学的创新。法商管理突出将公司内、外部参与者内生道德、伦理与其经营实践进行融合，在公司生产、经营过程中降低交易成本，从而在更大的范围内实现企业系统价值最大化，这也是法商管理学对微观经济学的拓展和贡献所在。

五、法商管理学对金融学的借鉴

现代金融分为货币金融和资本金融。资本金融作为近年来兴起的金融范畴，指的是以投资银行为主导，以资本市场为基础，以直接股权为主要形式的投资、融资体系。具体包括三个层面：第一个层面是多层次市场和多元投资产品；第二层面是证券公司、基金公司等6类非商业银行资本金融中介机构；第三层面是以产品经营为体、资本运作为用，产业资本和金融资本相结合的公司金融以及私人财富管理中的家事金融。

在资本金融的基础上诞生了现代法商的两个重要实体——上市公司和基金，所以法商管理学一方面要从经济的角度探索企业的资本运营，包括研究双重股权架构等新的上市结构，研究不同上市地的区别等；另一方面则有必要对各类基金公司的运行规律进行归纳和总结，这都是法商管理学向金融学借鉴的。同时，在金融市场上，保护投资人的利益是重中之重，面对种种资本金融中的不规范行为，必须进行有效的法律监管和规范，所以法商管理学在借鉴资本金融学科的运营原理的同时，又对法商实体的金融行为提出了自律和监管要求，为现代资本金融的发展保驾护航。

第三节　法商管理学的培养对象

随着新产业经济时代、资本经济时代和全球化时代的到来，传统企业逐渐向公众公司、跨国公司转型，这就在客观上要求法商实体在企业家的引领下，适应所在国家和地区的市场环境，遵守当地法律法规和商业规则。从某种意义上说，最优秀的企业家必然是崇尚法治，崇尚商业法则和工商伦理的。哥伦比亚大学商学院院长 Amir Ziv 教授就曾指出："同时是律师的商人将会是更好的商人。"实践也表明，拥有法律知识的商业领袖对于大型企业的高层职能部门越来越重要。

法商管理学并非专注于培养法律专业人才，它培养的绝不是企业的法律顾问和合规官，而是具有法治意识、法律理念和道德操守的企业家和管理者，这才是法商管理学培养人才的目标和使命。因为企业家和管理者是市场经济的引领者和创新者，是推动市场经济发展的主角。法商管理学和传统工商管理的培养理念并不完全相同，总体来看，工商管理从管理者角度强调驭人之术，法商管理则更加强调通过建立公司法治，完善制度性管理，实现对管理者的治理和激励。从某种意义上说，法商管理体现的既是御人之术，也是御己之术。

综上，法商管理学培养的对象既非法律人才，也非传统管理人才，而是法商复合型的企业家和管理者。通过把法律知识融入到现代企业管理中，从而培养法治市场经济环境中，具有企业发展战略思维，兼具企业法律知识和意识的企业家与公司高管。

第二篇

企业形态与法商实体

第五章　企业及企业联合组织的演变

第一节　企业形态的演变与分类

一、企业形态的演变

法商实体的讨论有其特定的时代背景，在市场经济的公司时代来临之际，讨论法商实体有特殊的重要性。从广义上来看，我们认为法商实体应当包括所有依法成立的企业组织，而从狭义来看，法商实体则是指股权和法人所有权分离、法人所有权和经营者经营权分离的现代公众公司及非公众性股份公司。作为一种社会现象，公司在 19 世纪下半叶快速崛起，既成为社会发展的重要组织力量，又对社会结构、政治制度构成了冲击与挑战。那么，公司如此重要的一种组织形式是如何演变而来的呢？

公司是企业形式中的一种，而企业的产生源于人类在手工业、制造业、工商业的冒险精神。企业的雏形产生并存在于农业文明时代。从石器时代到原始的农业和畜牧业第一次分工，人类对生产工具的需求不断增强，以家庭为单位的手工工场出现，人们开始进行商品交换，并逐步开发出通用的财富存在方式——货币，以及专门用于商品交换的场所——店铺。随着手工工场规模的逐渐扩大，生产专业化程度越来越高，交换范围越来越广并最终发展成海上贸易，独资或合伙型的商业机构开始出现在西方商业文明中。生产的规模性、有序性、连续性造就了企业这一组织形式在商品经济中的产生。

最早产生的企业形态是独资企业和合伙企业。古罗马为满足国家日益增长的需求而出现了人类社会最早的股份组织——公众团体（Publican Societies），这个组织参与包税制度、公共工程建设、为古罗马军队提供军需品等。公众团体的股份在价值上波动，并且由古罗马的公民广泛持有。公众团体是世界上最早的大型公众持股公司，有点类似于现代公司。古罗马的法律只规定了非有限责任的合伙关系（Societas）。到了中世纪，合伙制度取得了较大发展，意大利沿海城市开始出现从独资经营中演变出来的家族经营团体，这也是后来的无限公司及有限公司的胚胎。

到了大航海时代，西方资本开始在全球疯狂掠夺，以实现资本的原始积累，一种全新的金融组织形式——公司——为了满足欧洲与亚洲、美洲贸易而聚集资本的需要应运而生。当长途贸易启程时，由于不确定性的存在，投资与收益之间产生了隔阂。哥伦布为筹得首次航海所需的费用，向资助者们许诺将来的未知收益，并与西班牙皇室签订了极其复杂的契约：除了享受政治权力外，哥伦布还将享有 10% 的从远洋贸易中获得的未来收益，以及那些利用他的航海发现建立的商业公司的最高 12.5% 的期权。如果没有这种跨期契约，哥伦布恐怕永远不会远航。

15 世纪的海上贸易出现了两种组织形式：一种是船舶共有制，即共同筹资、共担风险、共享利益的组织形式；另一种是康孟达（Commenda）组织，即有产者向船舶所有人或在海外贩售货物的人出资，有产者按出资比例分得利润并在亏损时承担有限责任，船舶所有人或在海外贩售货物的人承担无限责任的形式。康孟达契约实际上更像是“人资两合”的合伙关系，其合作伙伴有着不同的义务。这两种组织形式的出现对现代公司的形成具有重要意义，其意味着家族经营团体中的人合关系逐渐降低，对商人间关于出资、利益分配、风险负担的契约的依赖程度不断提升。康孟达组织后来逐渐演变为隐名合伙和两合公司。[①]

最早产生的公司是无限公司，但是无限公司与合伙没有本质上的区别，只是取得了法人地位的合伙组织而已。有关无限公司的第一个立法是 1673 年法国路易十四时期颁布的《商事条例》，当时无限公司被称为

① 甘培忠．企业与公司法学［M］．北京：北京大学出版社，2017（5）．

普通公司，在1807年的《法国商法典》中又改名为合名公司。有限责任制是使得现代金融成为可能的必要创新。投资人的主要风险不仅是公司债权人能追索到投资者本人，而且包括其合伙人的债权人能追索公司财产、关闭公司业务、变现资产来实现其债权。

新航线的开辟使世界贸易规模日益扩大，独资企业与合伙企业的人合因素开始被股份公司的资合因素取代。世界上第一家股份公司是创立于1553年的莫斯科尔公司，该公司发行了240股股份，每股25英镑，总额达6 000英镑。该公司当时期望通过北极点寻找印度，但以失败告终。

1600年以海外贸易为主业的英国东印度公司和1602年出现的荷兰东印度公司被认为是最早成立并成功的股份公司。由于这两家公司的成功组建，从此确立了公司法人的独立人格、独立财产和独立责任。

17世纪后期，对特许公司股东责任进行限定的做法才开始兴起并发展。1662年，一项英国法律确认了特许公司中的股东，当公司出现亏损时，股东仅以持有股份的票面额为限承担责任。但当时特许公司股东的有限责任仅为例外情况，多数股东原则上仍承担无限责任。1716年，约翰·劳创立了密西西比公司，1719年出现了密西西比股市泡沫。1720年，英国《泡沫法案》则打着禁止不道德投机的旗号限制商业公司的建立，禁止未经授权的股份公司从事经营活动，这导致公司制推迟了100年。受《泡沫法案》的影响，人们开始在开办特许公司的申请中明确表达获得有限责任保护的强烈愿望，股东承担有限责任的特许公司开始大量出现。1825年，英国的《泡沫法案》终于被废除。英国于1834年颁布了《贸易公司法》，于1844年颁布了《公司法》，1856年颁布了确立有限责任的《合股公司法》，人们这才开始创办现代公司。而最早以有限责任公司为法名的立法为1892年德国颁布的《有限责任公司法》。之后，法国于1919年，日本于1938年相继制定了《有限公司法》。

恰如英国经济学家希克斯所言，工业革命不得不等待金融革命。工业化不仅需要技术创新，也需要企业制度创新。传统自然人经营、夫妻店、家族制、合伙制等企业组织形式不断包容更高资本和更高技术含量的工业化。大国工业化历程往往伴随着革命性的企业组织制度创新。股份制、有限责任和独立法人代表的现代公司制度是理解英国 19 世纪工业革命的核心线索。

随着第二次科技革命的爆发，人类社会组织形式又有了新的变革。到了 19 世纪中叶，在美国铁路的建设过程中，股份公司制度得到了质的发展，并成为世界各国公司的主要形式，资本也得到了空前的积累并被应用于飞机、铁路等大型项目，公司资本不断膨胀。20 世纪初，公司已成为占有绝对统治地位的垄断形式。美国崛起的背后离不开 19 世纪末托拉斯代表的大规模生产模式，通过确保一体化企业有可靠的原料供应以及可以进入分散的各地市场，来实现规模经济。第二次世界大战后，公司这一组织形式的体系不断完善，母子公司、跨国公司等形式大量出现，公司因其责任的有限性、筹资的便利性、股权的可转移性、所有权与经营权的分离性、寿命的可持续性等优势而成为占据统治地位的企业组织形式。

二、企业形态的分类

现代企业的法律形式主要有三种：独资企业、合伙企业与公司企业。

1. 独资企业

独资企业是指由自然人个人出资兴办、完全归个人所有和控制的企业。从西方国家的企业发展史来看，独资企业是最早产生也是最为简单的一种企业形式。该企业形式存在如下优点：（1）独资企业归个人所有，经营利润可由个人独享而无须同别人分摊；（2）企业在经营上的制约因素较少，经营方式灵活多样，弹性较大；（3）易于创立和解散，不像其他形式的企业在设立、变更、登记、解散时需要经过较为复杂的法律程序；（4）保密性高，在竞争激烈的市场经济中，企业家常常认为成功是建立在保密基础上的，而独资企业能够提供最好的保密性。

独资企业中的所有权和经营权并不分离，因此，独资企业的劣势也非常明显，主要体现在以下几个方面。(1) 须承担无限责任。独资企业资不抵债时，企业所有者要对企业所负债务承担无限责任，甚至要用个人的家庭财产抵债，因此独资企业不适合经营风险较大的行业。(2) 企业规模有限。独资企业的所有者只有一人，因此，无论是生产规模、管理水平还是获取投资的能力，都非常有限，难以快速扩张与发展。(3) 企业寿命有限。独资企业的生存期限取决于企业主的寿命，当企业所有人去世时，独资企业的寿命也将终止。

2. 合伙企业

合伙企业是由两个或两个以上自然人、法人或其他组织共同出资兴办、联合经营的企业。合伙企业常常采用书面协议，即合伙经营合同的形式确立收益分享或亏损责任。合伙企业的优点为：(1) 扩大了集资来源和信用能力；(2) 经营风险分散化；(3) 合伙人各显其才，提高了合伙企业的竞争能力，增强了企业扩大和发展的可能性。

合伙企业的不足则在于三点：(1) 每个合伙人须以其个人全部财产对企业债务承担无限责任；(2)合伙人均有决策权，事事都需大家商量，意见不一致时，难以果断决策；(3)企业寿命受合伙人因素的影响较大，当有合伙人退出或死亡导致合伙人不足法定人数，或合伙人全体决定解散等法定条件出现时，合伙企业即宣告解散，因而企业的发展仍受到较大限制。

3. 公司企业

公司是一种依法设立的营利性社团法人。公司的实质概念由三个要素构成：独立的人格、个人结合的社团、以营利为目的。基于公司的独立人格，法律上将公司拟制为“法人”，并从立法上肯定了公司具有自己的名称，具有独立的财产，具有自己的组织机构，能够独立从事交易和独立承担民事责任。在现代企业形式中，公司是最具典型意义的、占有资产最多、经营规模最大的一种企业组织实体。在西方国家，公司具体又可分为无限公司、两合公司、股份两合公司、股份有限公司和有限责任公司等。但由于前三类公司的全部或部分股东承担无限责任，因而一些国家并不承认这些公司的法人地位。

公司法人人格的独立性源于两次“两权分离”的演进。一次是公司出资人拥有的股权和法人所有权的分离。这一次“两权分离”实现了公司与股东的分离，奠定了法人人格独立性的基础。另一次是抽象的公司法人所有权与具体的经理人经营权的分离，这一次“两权分离”实现了所有权和经营权的分离，由此也引发了法人治理中极其重要的两对矛盾关系，即所有者和管理者之间的矛盾，大股东与中小股东之间的矛盾。

作为法人，公司企业的优势相较于合伙企业和独资企业十分显著，包括：（1）公司是组织和筹集资金的最好方式；（2）大多数公司股东对公司债务仅承担有限责任；（3）公司存在大规模发展的可能；（4）公司股权的移转较为便利；（5）所有权和经营权的分离能够召集到专业性的管理人才；（6）公司具有较高的永续性。

然而，作为“法律拟制的法人”，公司的诞生应以法律规定的实质和程序要件为前提，这就导致公司企业难以避免地存在一些缺点，包括：（1）创办公司的程序较为复杂，需要的费用相较于其他企业更多；（2）公司受到监管部门更多的约束；（3）公司的部分信息需要向股东和社会公众公开，保密性相对较差；（4）双重缴纳所得税：公司需要就其利润缴纳法人所得税，公司股东又需就其分红缴纳个人所得税。

除上述三种主要的企业类型外，中国实践中还存在其他几种法律类型。

1. 国有企业

国有企业，即企业资产由国家控制，国家享有所有者权益，依照法定程序设立、能自主经营、自负盈亏、独立核算的企业法人。国有企业的具体形式有全民所有制企业、国有独资公司、国有有限责任公司和股份有限公司等。目前，中国部分国有企业正在混合所有制改革的进程中。

2. 城镇集体所有制企业

城镇集体所有制企业，即城镇范围内兴办并主要由城镇居民就业的企业。其基本特征包括财产属于劳动群众集体所有，实行共同劳动，分配方式以按劳分配为主，自主经营且独立承担民事责任等。需要说明的是，随着市场经济的发展，目前，绝大多数城镇集体所有制企业已经进行了私有化改革。

3. 外商投资企业

外商投资企业，即来自境外的投资在中国设立的企业，具体包括中外合资经营企业、中外合作经营企业、外资企业和外商投资合伙企业。

需要说明的是，中国的上述企业类型更多地体现为一种政策性的产物，从法律形式上看，其并不独立于独资、合伙与公司三种主要企业类型，无非是这三类企业的变形，其设立多是基于政策管理的需要。例如，国有有限责任公司，其本质上仍属于有限责任公司，只不过其不仅应遵守《公司法》的规定，还应遵守《企业国有资产法》的相关规定。

第二节　企业联合体形态与企业集团

独资、合伙公司产生之后，随着市场经济的发展，并购行为频繁发生，每个企业要占据有利的竞争地位，就必须扩大自己的基本实力和企业的组织结构。世界上的大企业之间的关系，无非是你死我活的拼争，或是战略协议式的联盟。为避免两败俱伤，企业与企业、法人与法人之间的联盟开始出现。

一、四种企业联合体形态

现在，企业制度能够大规模地将各种生产要素整合起来，用于现代工业发展。从单个股份有限公司，到卡特尔、辛迪加、托拉斯、康采恩等企业联合体，企业的规模是越来越大。

（一）卡特尔（Cartel）

最先出现的企业联合体是卡特尔，其于1865年出现在德国。卡特尔的意思是生产同类产品的企业为了避免盲目竞争，通过价格协议所形成的企业联盟。但是价格协议一般仅在刚签订时起作用，之后便有人不遵守，为了销售更多商品而下调价格。时间久了，卡特尔就靠不住了，签订了协议却没有任何约束效果，而且不能强迫别人参加，所以之后就演变成了第二类企业联盟。

（二）辛迪加（Syndicate）

19 世纪末至 20 世纪初，欧洲的一些国家出现了辛迪加。辛迪加是一种比卡特尔的联合深入一步的企业联合体形态，其实质为同行企业通过签订产品销售和原材料采购协定而建立的供销联合体。成员保持生产上和法律上的独立性，供销业务则由辛迪加本部统一办理。卡特尔和辛迪加均不具备总体的法人地位，成员企业在不违约的基础上可自愿参加或退出联合体，各成员企业在法律和经济上的利益独立。

（三）托拉斯（Trust）

托拉斯最早在美国出现，是英文 Trust 的音译。它是指若干个生产同类产品的企业或产品有密切联系的企业，通过收购、兼并等方式，合并成一个法人公司，旨在垄断供应市场或销售市场。这种企业联合体形式到今天已有 100 多年的历史，至今大公司的管理模式仍然是公司企业管理中最主要最核心的问题，例如，中国股改中分拆上市和整体上市遇到的难题。不赞成公司整体上市的原因，与托拉斯大公司模式遇到的问题相关。以上海和北京为例，上海在企业整合中形成了几大航母，由一个大股东组建了一条战线上的托拉斯大航母，从而将若干上市公司整合为一个法人。而刘纪鹏教授在 2000 年给北京房地产业制定发展战略时则明确提出，北京不应该搞航母战略，而应该采用旗舰战略。旗舰战略是指将公司组合成大舰队，由指挥舰、航母、驱逐舰、潜水艇等组成。旗舰战略不是一个大航空母舰的战略，而是建立在母子公司基础上的舰队战略，而舰队里的旗舰就是企业集团里的控股公司，这就引出了康采恩和企业集团的概念。

（四）康采恩（Concern）

康采恩由 Concern 音译而来，最早产生于美国，是比托拉斯形态更为高级的垄断组织，它由从事不同产业的若干企业联合形成。母公司通过对被控股公司、关联公司持股来实现其支配地位。这也就从托拉斯的单一企业发展为企业集团的混业经营，产业资本融合金融资本，形成了美国的 Concern，而日本则称之为企业集团。这种背景下，H 形结构的管理形态必然会产生，因此，如果说航母战略是大公司战略，那么旗舰战略就是大集团战略。

二、企业集团（康采恩）的法律定位

现代企业集团是指建立在持控股权基础上的法人之间的联合体。所谓企业集团，是指建立在企业法人股份制基础上，以企业间相互参股、托管经营、长期优惠性合同等为纽带，以一家或几家实力雄厚的大企业为核心组成的多层次的经济联合组织。

（一）企业集团的基本特征①

1. 层次性

企业集团的第一个层次是集团公司。集团公司是企业集团的核心，是由其所属的分厂、事业部、分公司等非法人内部单位共同组成的主体，通过资本或者说股权联系在一起，分为控股层和参股层，如表 5–1 所示。

表 5–1　公司集团组织理论模式

核心（实体）	资本（股权）联结		
	控股层		参股层（成本法合并）
	绝对控股（完全合并）	相对控股（权益法合并）	
集团公司及所属分公司、事业部	由集团公司持有 50% 以上股份的全资子公司和绝对控股子公司组成	由集团公司持有 20%~50% 股份（通常是第一大股东）的相对控股子公司组成	由集团公司投资、参股在 20% 以下的下属公司组成

注：图表来源，刘纪鹏：《大道无形——公司法人制度探索》，北京：中国经济出版社，2009.

① 刘纪鹏 . 大道无形［M］. 北京：中国经济出版社，2009（6）.

控股层分为绝对控股和相对控股。绝对控股是指在法律和财务方面能够完全合并，在财务中，如果一个控股公司持有被控股公司50%~100% 的股份，则可以采用合并报表，即完全合并。完全合并是指控股公司与被控股公司的资产负债表，即流动资产对流动资产、负债对负债合并计算，并取消重复的部分。相对控股一般是指集团公司控股在20%~50% 并且通常是第一大股东的相对控股公司，与财务中的权益法合并和成本法合并相关。

2. 非法人性

企业集团不同于集团公司，后者是法人，而企业集团是一种非法人的企业联合体，不具有独立的法人资格。《公司法》中并没有“集团”一说。

3. 相互持股与干部互派

由于集团的紧密层和半紧密层实行股份制，使得成员企业之间发生了持、控股关系。这种持、控股关系将按下述两种情况进行。

其一为金字塔形持股，即以集团的核心大企业为龙头，持、控若干成员企业的股份。这种做法的特点是简单方便，难点是对核心企业来说，所需资本量太大，很难进行超过下属企业原有资本存量的投资。

其二是不对等的环状持股，即集团成员企业先将各自的资产存量划分成若干等额股份，然后互换股票，完成从单一持有股份到公有的过程，从而实现你中有我他，他中有你我。当然，这种相互持股不应仅是核心企业与成员企业之间一对一的互换而形成的环状，而要力争使成员企业之间也进行互换，使每一家股份企业都有两个以上的企业法人股东。这样可使每家成员企业的实物资产不挪动一步，但其所有者却进行了互换。这种股份互换是发达商品经济中资本运行的突出特点，它所带来的实质变化包括三方面。第一，不同企业的技术装备、管理水平、产品竞争能力不同，利润率不同，导致资本收益率也不同，即等量资本并未创造出等量红利。第二，这样的相互持股真正使集团内企业成了“利益均沾，风险共担”的命运共同体。第三，企业成为具有股东会、董事会、经理会三位一体的股份公司。这种所有权的互相渗透，也导致了经营者的变化，出现了建立在控股基础上的干部互派。当一家企业成为另一家企业的法人大股东时，它就会运用股权向被控股企业派驻自己的董事（长），对被控股公司进行内化管理，以保证自己的资产能够带来最大收益。

4. 实行多角产品或系列产品经营

随着我国商品经济发展程度的不断提高，市场瞬息万变，工业系企业集团不能采用“一品鲜，吃万年”的经营方式，只有采用发展系列产品和在相关领域中实行“多角经营”的战略，才能增强集团整体对市场变化的适应性，这是工业系企业集团在产品构成上不同于一般企业群体和企业系列的重要标志。以我国目前的情况，照搬西方国家那种有财团、商团参加的单一强调资本联合，不求产品内在联系的金融系企业集团是不行的，只能从实际出发，在横向经济联合的基础上，发展产品上协作配套，在经营、技术、生产等方面互有联系的产业性企业集团。因此，企业集团的产品构成不同于一般企业群体和企业原则。

5. 采用母公司董事会与集团经理会相结合的领导体制

股份制企业集团应采用母公司董事会与集团经理会相结合的领导体制。股份制集团的成员企业之间资本上的相互联系及由此决定的共同利害关系，使得股份制集团内部存在进行统一管理的基础。尤其是在纵向持股特征较为明显的集团中，母公司在集团中的核心地位十分突出，这自然就确立了母公司董事会作为集团最高管理机关的地位。母公司董事会可通过持、控股关系去影响和控制子公司及关联公司董事会的决策，包括对这些公司的董事会成员和经理进行任免，制订这些公司的财务管理和收益分配方案及生产经营计划等，最终达到使整个集团一致行动的效果。

在单一纵向持股的集团中，上述特征不甚明显。在成员企业相互间呈环状持股的集团中，集团中的实力大公司不止一个。因此，某一母公司的单一纵向股权地位就难以牢固确立，需要成立一个由集团所有成员企业的经理组成的集团经理会。经理会具有事实上的集团大股东会的作用，即在相互持股基础上，尽管拥有股权的是企业法人股东，但代表其行使股东权的却是各自的经理。经理会主要起调节和联络的作用。一般情况下，在集团内部，经理会要负责调节成员企业的经济往来、市场划分、市场价格、指导性计划的贯彻，在成员企业经理中搞好联谊等；在集团外部，经理会要负责与集团外企业、行业协会、国家有关部门保持经常性联系，统一接受国家订货合同或指令性计划，并对是否吸收、以何种方式吸收新成员做出决定。此外，经理会还应对其人员任免及一些关系重大的方针政策问题做出决定。经理会负责人一般可由集团内实力最雄厚的核心企业经理担任，也可民主选举产生。经理会应制定定期的会议制度，共同商讨集团的重大问题。当然，经理会也应吸收协作层成员企业的经理参加，以此保证各种合同、协议的正常履行，密切协作关系。

上述母公司董事会与集团经理会相结合，可谓是股份制企业集团独创的领导体制。

6. 成立财务公司

由于工业系集团是有内在经济联系的资本联合，因此财务公司在集团内具有重要的作用。其一，融资功能。财务公司的资金来源应社会化，应具备吸收大额定期存款和在资本市场拆借资金的功能，但同时资金使用要集团内部化，要能切实为集团服务。其二，结算功能。即发挥财务公司在集团内部以财务管理为龙头，统一资金调度，严格财务核算，提高集团资金管理和运作的水平。其三，投资功能。投资于与集团发展密切相关的企业，开发新项目，扩充集团配套能力。

7. 具有强大的集团贸易网络

工业系集团在商品经济中必须具备有力的经销功能。目前由于大的专营生产资料的综合商社为数不多，甚至很难与企业集团配套，因而企业集团必须发展自己的供应及销售网络。其作用有三：一为组织集团内部企业进行物资交易；二为从集团外部替成员企业采购原材料；三为负责成员企业的产品销售并及时反馈市场信息。从某种意义上说，集团的贸易网络就是集团物流、信息的组织者。

8. 具有共同的与集团名称相一致的商标和符号

由于工业系集团采用多角经营战略，因而在新产品进入市场时，宜采用共同的与集团名称相一致的商标和符号，这样做有利于提高集团整体的知名度，发挥知识产权在企业集团资产中的作用，增强集团产品的竞争力。但考虑到集团的非法人性和非实体化，集团公司必须足够注重商标和商誉管理，严格把好质量关，防止某一成员企业的低劣产品砸了整个集团的“牌子”。

（二）公司集团中的重要概念

1. 公司集团和集团公司

公司集团是建立在法人股份制基础上，母公司通过所持股权或长期优惠性协议控制或支配一定数量的子公司和关联公司，从而形成的具有整体性的法人联合体。

公司集团只能表明母公司与众多子公司、关联公司的特殊经济关系——法人合伙，其本身既不是一个独立的法律主体，也不是法人企业。

集团公司是指公司集团中具有绝对控制地位的核心企业。通常具有以下特点：第一，集团公司是一个相对稳定的企业集团中的母公司，且拥有一定数量的子公司（5 家以上）；第二，资本达到了一定规模（注册资本在 5 000 万元以上，与各子公司注册资本合计达 1 亿元）；第三，集团公司对附属公司的控制不一定都是通过股权形式，也可以依据支配性协议。

集团公司是法人，而公司集团或企业集团不是法人，这是二者的重要区别。

2. 控股公司和集团公司

母公司也可称为控股公司（Holding co.），并且它可以只有一个子公司。但集团公司（Group Holding co.）必须拥有一定数量的子公司，目前的规定一般是 5 个以上。但这个标准在法律上还不严格，有些情况拥有 3 个子公司也可被称为集团公司。

3. 母公司、总公司和控股公司

母公司（Parents-Company）是相对于子公司的概念，而总公司（General-Company）则是相对于分公司的概念。如果一个公司既有子公司也有分公司，它就是一个兼具两种特征于一身的公司。总公司和分公司的结合，构成了单一的大公司制。母公司和子公司的结合，构成了集团组织。

随着并购的不断发生，中国资本市场中将大量运用控股公司的概念。金融领域里的混业经营可能通过一道防火墙——控股公司——来完成，而金融控股公司则是一个有机的管理体系。控股公司分为两类：一类叫纯粹控股公司（Pure Holdings），这样的公司没有自己的业务，是一种避税或上市工具；另一类叫营业控股公司（Operating Holdings），它既控制着股份，有红利收入，本身也从事着生产经营。法律上仅把营业控股公司叫作母公司。

4. 子公司和关联公司

对子公司（Subsidiary）最普遍的描述是根据《卢森堡公司法》而来的，符合以下四种情况中的任意一种，我们都可以把B公司叫作A公司的子公司：（1）A公司拥有B公司一半以上的普通股本；（2）A公司拥有相对控制B公司多数表决权的股本；（3）A公司能实际控制B公司的董事会；（4）B公司是A公司所拥有的子公司的子公司。

关联公司（Affiliate）是由两个以上股东成员组成、全体股东对公司债务负担连带无限责任的公司。如果公司经营失败，公司的财产不足以抵偿公司所欠债务，那么公司的全体股东必须以自己的全部财产负责还清公司所欠债务。在国外也称之为“人合公司”“合名公司”，因为这种公司通常以它的一个或两个股东的名字作为公司的牌号，并以股东个人的信用、声誉、地位作为对外信用的保证。

5. 分公司

分公司（Branch）与子公司不同，分公司是“大树枝”，子公司是“大树”旁边的“小树”。分公司一般在当地。国外一开始是允许在外地办分公司的，办分公司并不需要注册资本，只需在当地缴纳流转税，所得税由总公司统一汇缴。办分公司时前期大量的费用可以计入总公司的成本，降低总公司的利润，从而少交所得税。但分公司成立后的运作中却有很大的风险，它的纠纷由总公司负责。所以只要条件适宜，一般鼓励采用子公司的形态。子公司作为独立法人承担有限责任，是一道稳固的防火墙。

6. 事业部和超事业部

事业部（Division）制又称 M 形组织结构，即多单位企业、分权组织，或称为部门化结构。事业部是指以某个产品、地区或顾客为依据，将相关的研究、开发、采购、生产、销售等部门结合成一个相对独立的单位的组织结构形式。在总公司领导下设立多个事业部，各事业部处在企业宏观领导下，拥有完全的经营自主权，实行独立经营、独立核算，既是受公司控制的利润中心，具有利润生产和经营管理的职能，也是产品责任单位或市场责任单位，对产品设计、生产制造及销售活动负有统一领导的职能。事业部必须具有三个基本要素，即相对独立的市场、相对独立的利益、相对独立的自主权。事业部制最早起源于 20 世纪 20 年代初的美国通用汽车公司。

如果说事业部是按产品或地区划分的经营单位，那么超事业部（Super-Division）则是领导众多事业部、分公司甚至全资子公司的一级管理机构，负责统辖和协调所辖各事业部、分公司和全资子公司的经营活动。超事业部是在所辖众多同类或同地区事业部、分公司和全资子公司跨度较大的情况下增加的一级管理层次，其自身没有经营业务的职能。

值得指出的是，一些大公司内也出现了按产品或地区划分的兼具管理职能和业务经营的超事业部，其自身也是利润中心。这种超事业部在集权和分权的控制上更优于事业部，能有效地实现事业部之间的指挥和协调、技术和资源的共享，进一步减少决策层领导的行政事务。例如，在冰箱、洗衣机事业部基础上，成立白色家电事业部。

事业部数目较多、产品种类较多、技术复杂关联度较大的企业，尤其适合超事业部制，如图 5-1 所示。

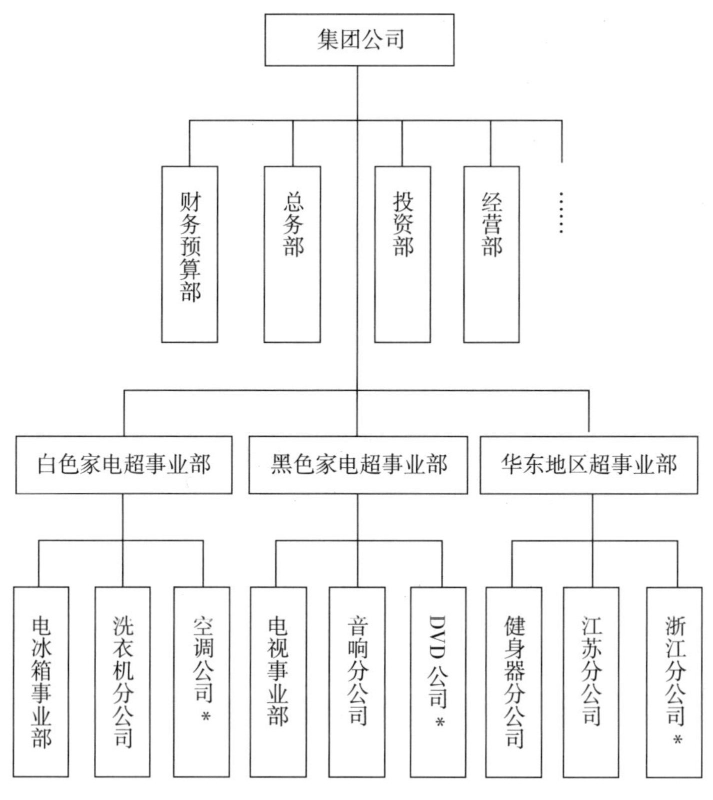

图 5-1　超事业部的组织结构

注：图表来源，刘纪鹏：《大道无形——公司法人制度探索》，北京：中国经济出版社，2009.

7. 超级集团控股公司和子集团

一个集团公司下面可能有很多的板块，每个板块的管理模式可以是子集团的模式，可以是超事业部的模式，也可以是管控的战略业务单元（Stragedy Business Unit，SBU）。战略业务单元是公司中的一个单位，或者称为职能单元，它是以企业所服务的独立的产品、行业或市场为基础，由企业的若干事业部或事业部的某些部分组成的战略组织。通过超级集团控股公司，可以小博大，用较少的资本推动更多的资本，如

图 5-2 所示。

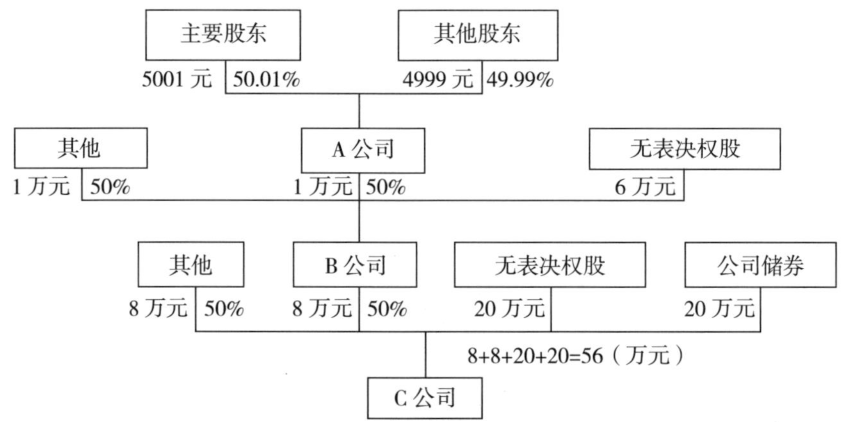

图 5-2　超级集团控股公司和子集团的模式

排列结果：只要超级控股公司的主要股东拥有 5001 元，就能控制 56 万元的全部资产，真正做到了四两拨千斤。这种多层次的持股关系，使得许多企业都成了企业集团的成员。

注：图表来源，刘纪鹏：《大道无形——公司法人制度探索》，北京：中国经济出版社，2009.

三、U 形、M 形和 H 形组织管理模式的比较

1. U 形结构（Unitary Structure）：一元结构，是最普遍的公司管理模式，管理学上又称之为直线职能制；

2. M 形结构（Multidivisional Structure）：事业部型结构——利润中心；

3. H 形结构（Holding Structure）：控股型结构资本联结——母子公司集团化。

三种基本模式的比较如表 5-2 所示。

表 5-2　三种基本模式比较

组织管理模式	U 形	M 形	H 形
权力集中度	集权 行政手段管理	财务集权 其他分权	分权多中心制
法律形式	单一法人	单一法人	多法人制（独资子公司，被控股子公司）
织组结构	直线职能制	部门事业部制	母子公司制
公司规模	中、小型	大、中型	大型与特大型
经营范围	单一产品	多产品或相关系列产品及多地区经营	多角化、跨地区经营
管理重点	生产经营 管理为主	生产、资本经营并重	资本经营为主
经营环境及特点	较高的稳定性	一定程度不确定性	较高的变化性
战略目标	注重内部效率 重视技术 重视质量	注重外部效益 重视顾客满意度 重视适应环境	注重投资效益 重视全球性的市场占有率
适用范围	车间分厂	全资子公司、分公司、事业部	子公司与关联公司
特　　点	容易管死 统一纳税	统一纳所得税	易失控 重复缴税
财务模式	成本中心	利润中心	投资中心

注：图表来源，刘纪鹏：《大道无形——公司法人制度探索》，北京：中国经济出版社，2009.

第六章　法人的产生、定义与分类

第一节　法人的诞生与发展

法人尤其是公司法人的产生改变了传统“国家—个人”的二元社会体制，转而出现了“国家—组织—个人”的三元社会体制。政治民主化的扩大使得自由资本主义的“财产神圣不可侵犯”“契约自由”“过错责任”等原则均受到了限制。具体到公司法领域就是，私人财产的法人化、社会化。总体上看，法人沿着三条路线演进：一是人格上逐渐与领主、国王等阶级分离，从自然人主体走向法人主体；二是财产上从私人财产走向社会财产；三是责任上出现了可转让的股份以及从无限责任向有限责任的进化。对现代经济中公司时代来临的认识，首先要基于对公司理念的准确把握，而这就需要追根溯源，从“公司”和“法人”两个概念的起源看清其本质，谈公司不能不谈法人。

一、法人的起源

公司和法人的概念最早都和宗教联系在一起。欧洲最早的公司出现在14世纪的西地中海地区[①]，而法人制度则始于中世纪（约12世纪）的欧洲。企业组织之所以能演变到公司形态，其本质在于营利性的经济组织借鉴了起源于中世纪欧洲的寺庙法人制度。企业出资人为实现社会集资，扩大私人经济控制力，与社会化大生产的规模要求相适应，并彻底摆脱在经济和法律上承担无限责任的羁绊，于是通过为企业组织披上法

---

① 威廉·戈兹曼．千年金融史［M］．张亚光、陈志武，译．北京：中信出版社，2017（5）．

人的外衣，最终使公司法人的独立人格得到确立，并由此奠定了现代公司制度的法律基石。富人希望自己死后可升天堂，于是将财产捐赠给了寺庙。寺庙积累的财产越来越多，不仅有教堂，而且更多的是田地产。于是租佃给周围的佃农耕种，并由此产生契约。契约早期是由寺庙的住持、长老来签的，但自然人都会死亡，而寺庙财产却是永续的、“公”的财产，于是宗教创造了“寺庙法人”的概念。显然，最早的法人是寺庙，而法人代表则是寺庙里的住持、长老和老道[①]。

二、股份公司的诞生

为了满足大航海时期政府在战争、殖民等领域的筹资需要，现代商业制度借鉴了传统宗教法人的运营管理方式，并逐渐形成了财产独立、利益独立、责任独立的现代化企业组织——法人。到了19世纪，交通业、制造业等迅速发展，铁路建设、运河开发、钢铁、化工等行业对资本的需求较17世纪有了快速的增长，为了加速资本的累积，法律制度从保护债权人向保护投资者倾斜，从而促进了有限责任的形成和发展，并逐步形成了现代法人制度。

现代法人组织中，股份公司的出现有赖于两个特征的形成：一个是股份的出现，另一个是有限责任的形成。1673年，路易十四颁布的《商事条例》中规定了无限公司和两合公司。两合公司的责任承担模式类似于现代的有限合伙，包含积极合伙人和消极合伙人，积极合伙人负责经营管理，消极合伙人负责出资，并以出资额为限承担损失。

新航线的开辟使世界贸易规模日益扩大，独资企业与合伙企业的人合因素开始被股份公司的资合因素取代。世界上第一家股份公司是创立于1553年的莫斯科尔公司，该公司发行了240股股份，每股25英镑，总额达6 000英镑，该公司当时期望通过北极点寻找印度，但以失败告终。

---

① 刘纪鹏．大道无形——公司法人制度探索[M]．北京：中国经济出版社，2009(6)．

1600 年以海外贸易为主业的英国东印度公司和 1602 年出现的荷兰东印度公司被认为是最早成立并成功的股份公司。由于这两家公司的成功组建，确立了公司法人的独立人格、独立财产和独立责任。

三、法人在中国的产生与发展

18 世纪晚期到 19 世纪初期，四川省自贡市等地首次出现了商业合股资本市场与现代股份制。最早使用“公司”一词是对东印度公司的翻译，1833 年，传教士编的《东西洋考每月统记传》(*Eastern Western Monthly Magazine*) 中，译英文 Company 和法文 Compagnie 为“公司”，用以指代东印度公司在中国的分支机构。

1872 年，中国出现了第一家股份制企业——轮船招商局，开启了中国近代建立公司的先河。而 1904 年，清朝制定的《钦定大清商律》则首次在法律上规定了公司制度。“公司”一词，顾名思义，为联合资产的掌管者。“公司”的“公”一字源自《庄子 · 杂篇 · 则阳》中“是故丘山积卑而为高，江河合水而为大，大人合并而为公”的说法。而“司”字直译为主持、管理、负责。1886 年，张謇提出了“公司者，庄子所谓积卑而为高，合小而为大，合并而为公之道也。……甚愿天下凡有大业者，皆以公司为之”。这种对公司的中国式解释在民国初年张謇担任工商总长时被载入了《公司条例施行细则》。

第二节　法人的定义与分类

一、法人的定义与特点

法人同自然人不一样，法人是一种享有民事主体资格的组织。《中华人民共和国民法总则》(简称《民法总则》) 第五十七条规定：“法人是具有民事权利能力和民事行为能力，依法独立享有民事权利和承担民事义务的组织。”典型的法人包括政府机关、事业单位、公司、基金会等。其中，公司是现代商业社会最为重要的一种法人组织。

法人的外观特征表现为：具有自己的名称，具有独立的财产，具有自己的组织机构，能够独立从事交易和承担民事责任。此外，法人需要依法成立。

（1）法人是一种组织。和自然人不同，法人并非一个有血有肉的个体，而是一种社会组织。尽管法人和自然人一样，也拥有“出生、成长、结婚、离异、生病、死亡”等一系列生命过程，即公司的设立、扩张、合并、分立、亏损、解散等事实与行为，但归根结底，法人为一种社会组织，故其在民法上也并不具有自然人所具有的生命权、健康权等人格权利。

（2）法人是依法成立的社会组织。法人的产生源于法律的拟制，因此，其成立应当依据法定的程序和条件。这一法定程序包括但不限于名称核准、工商注册等。

（3）法人具有民事权利能力和民事行为能力。法人能够以自己的名义参与民事法律关系，具有民事权利能力和民事行为能力。在实践中，法人的民事权利能力和民事行为能力体现为，法人能够以自己的名义，与自然人、法人和其他组织签订合同等。

（4）法人能够以独立的财产承担民事责任。法人在违反义务和对外承担责任时，应以自身拥有的财产为限对外承担责任。不同于合伙企业中合伙人对合伙企业所负债务承担无限连带责任，法人因经历了公司出资人拥有的股权和法人所有权的分离而拥有了独立财产，因此其在对外承担责任时呈现出两个特点：一个是责任的承担主体为法人，而非公司的股东；另一个是法人承担责任仅以其所拥有的财产为限，而不要求股东承担连带责任。

二、法人的主要分类

（一）公法人和私法人

第一种分类方式将法人分为公法人和私法人，其划分标准在于法人能否自主决定社团本身的存在与否。公法人的设立、变更、终止以公法（行政法、反垄断法等）为依据，其存在体现的是法律公共意志，其职权法定。私法人的设立、变更、终止以私法（民法、公司法等）为依据，其存在体现的是社团的意思自治。公法人大多情况下并不能自主决定社团的存在与否；私法人则可以依据私主体自治原则，自主决定社团的存在与否。

常见的公法人包括政府机构、事业单位等，常见的私法人包括公司等。需要特别指出的是，国有独资企业这种特殊形式，尽管是企业的一种类型，但在包括中国在内的许多国家，国有独资企业的企业家是以公务员定义的，国有独资企业不追求盈利，也不参与社会上的竞争，主要是通过行政法调整的，因此其属于公法人的范畴。若中国进行国企混合所有制改革，那么国有独资企业就不是公法人了，而是具有私法人的性质。公法人并不属于本书所说的法商实体所调整的范畴。

中国的公法与私法的划分体系如图 6–1 所示。

宪法
- 公法：行政法、行政处罚法、反垄断法、反不正当竞争法等（调整不平等主体之间的法律）
- 私法：民法、公司法、合同法、侵权法等（调整平等主体之间的法律）

图 6–1　中国公法与私法的划分体系

私法人又分为社团法人和财团法人，其分类标准在于法人的内部结构。这一分类源于萨维尼《当代罗马法体系》第二卷第 86 节法人的种类。萨维尼论证："有些法人在若干个体成员中拥有可见的表象，这些成员作为被联合起来的整体构成了法人；其他法人则相反，不具有这一可见的基础，仅仅是一个更为观念性的存在，建基于通过它所实现的共同目的。"[①] 第一类法人后来发展为社团法人，主要是指以社员或社员权为基础的集合体。社团法人体现的是观念整体，其并不因成员个体的变化而改变其本质。社团法人又可分为营利性社团法人和非营利性社团法人，前者主要是指公司，后者主要是指行业协会。第二类法人后来发展为财团法人，又叫捐助法人，主要是指以财产为基础的集合体。财团法人大多服务于宗教事业、教育事业、慈善事业，如寺庙、基金会等。

综上所述，便可以得到如图 6–2 所示的法人分类模式。

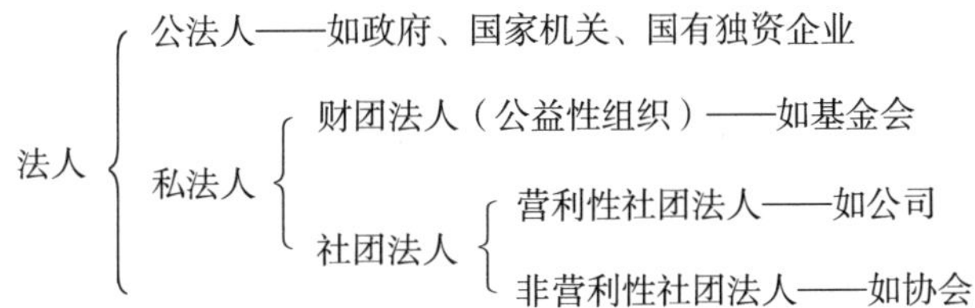

图 6–2　法人分类模式：公法人与私法人

注：图表来源，刘纪鹏：《大道无形——公司法人制度探索》，北京：中国经济出版社，2009.

（二）企业法人和非企业法人

第二种分类方式将法人分为企业法人和非企业法人，其分类标准在于是否营利或是否存在经济活动。企业法人是指以营利为目的、独立从事商品生产和经营活动的经济组织。非营利法人是指不以营利为目的、不从事商品生产和经营活动的社会组织，其包括机关法人、事业单位法人、社会团体法人（见图 6–3）。机关法人从事国家行政管理活动，包括政府机关等。事业单位法人从事非营利性的社会公益事业，包括医院、学校等。社会团体法人是指由自然人或法人自愿组成，从事社会公益、文学艺术、学术研究、宗教互动的团体，包括社会公益团体、学术研究团体等。1986 年颁布的《中华人民共和国民法通则》(简称《民法通则》) 便采取了这一分类方式，现被《民法总则》中的营利法人、非

① 谭启平，黄家镇．民法总则中的法人分类［J］．法学家，2016（5）．

营利法人、特别法人的分类方式所替代。

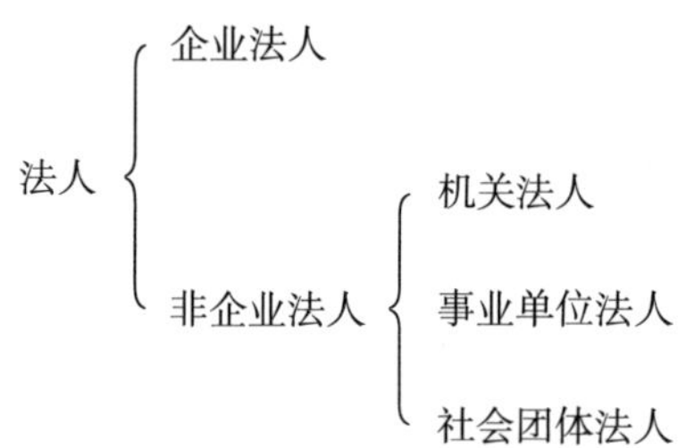

图 6-3 法人分类模式：企业法人与非企业法人

（三）营利法人、非营利法人和特别法人

第三种分类方式将法人分为营利法人、非营利法人和特别法人，中国《民法总则》中即采取了这一分类方式。营利法人是指以取得利润并分配给股东等出资人为目的成立的法人，包括有限责任公司、股份有限公司和其他法人。非营利法人是指为公益目的或者其他非营利目的成立的，不向出资人、设立人或者会员分配所得利润的法人，包括事业单位、社会团体、基金会、社会服务机构。特别法人是指机关法人、农村集体经济组织法人、城镇农村的合作经济组织法人和基层群众性自治组织法人（见图 6-4）。营利法人、非营利法人和特别法人的分类基本延续了《民法通则》的分类方式，其中，企业法人即为营利法人，非营利法人即为非企业法人中的事业单位法人、社会团体法人、基金会法人、社会服务机构法人，特别法人则是机关法人和自治组织法人。“不同的是，它是以营利的概念取代了原来的企业概念，而这种替代不仅更加符合法律概念的组合逻辑，而且能够更为直接、清晰地揭示法人的基本性质。”[①]

需要特别指出的是，非营利法人的非营利性仅仅指的是其目的的

① 刘纪鹏，刘妍．西方国家的公司及法人制度［J］．经济学动态，1988（4）．
刘纪鹏．借鉴西方法人制度重构我国企业形态[J]．中国：发展与改革，1988(6).
赵旭东．民法总则草案中法人分类体系的突破与创新[J]．中国人大，2016(14).

非营利性，而并非其实际经营中的非营利性。以比尔·盖茨和其妻子梅琳达·盖茨成立的比尔及梅琳达·盖茨基金会为例，他们通过专业化运作，每年获取了大量利润，但基金会成立的目的始终在于慈善。比尔·盖茨不过是以公司的形式解决了基金会的资金来源，又用慈善的形式实现了基金会的功能。因此，即便基金会具有巨大的盈利能力，其在性质上仍属于非营利人。

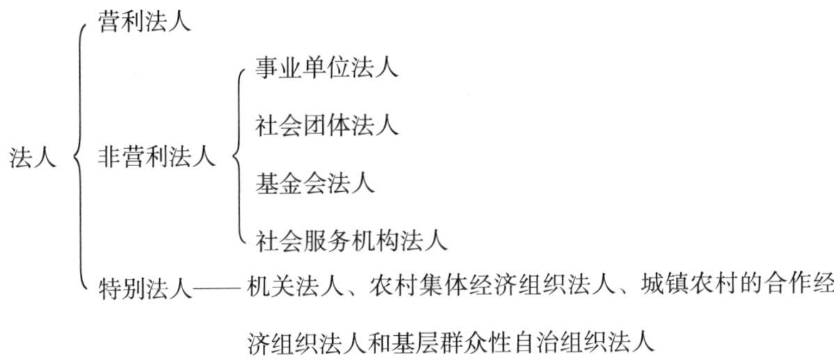

图 6-4　法人分类模式：营利法人、非营利法人、特别法人

（四）集体法人和独任法人

英、美、法对于法人的分类比较简单，仅分为集体法人（Corporation Aggregate）和独任法人（Corporation Sole）两种，其划分的标准在于人数的多少。集体法人是指多名成员构成的法人，如市政府、商业公司等。独任法人是一个自然人由于拟制而享有法人资格，如教区的掌教，法律上认为这种职位永存，而担任这一职务的个人人格与这个职位是无关的。

【案例 1】

2012 年 9 月 28 日，美国时任总统奥巴马以涉嫌威胁国家安全为由，签署总统令，叫停三一集团关联公司美国罗尔斯公司（Ralls）在俄勒冈州投资的风电项目。随后三一方面向美国哥伦比亚地方法院递交诉状，认为奥巴马此举违宪，并将奥巴马和美国外资委员会（CFIUS）列为共同被告。2014 年 7 月 15 日，哥伦比亚特区联邦上诉法院裁定，美国时任总统奥巴马下达的禁止三一集团关联公司罗尔斯公司在俄勒冈州执行风电项目的总统令，未经适当的程序，剥夺了罗尔斯风电项目受宪法保护的财产权。

【案例 2】

2019 年 3 月 7 日，华为宣布，针对美国《2019 财年国防授权法》第 889 条的合宪性向美国联邦法院提起诉讼，请求法院判定这一针对华为的销售限制条款违宪，并判令永久禁止该限制条款的实施。华为认为，第 889 条在没有经过任何行政或司法程序的情况下，禁止美国政府机构从华为购买设备和服务，还禁止美国政府机构与华为的客户签署合同或向其提供资助和贷款，这违背了美国宪法中的剥夺公权法案条款、正当法律程序条款。同时，国会不仅立法，还试图执法和裁决有无违法行为，违背了美国宪法中规定的三权分立原则。

【思考问题】

1. 三一重工、华为等企业为何可以作为原告提起诉讼？

2. 美国政府为何可以作为被告？

3. 美国宪法文本中并未规定公司可以作为私权利保护的主体，请问美国宪法是如何打开公司宪法权利的大门的？

第七章　公司法人所有权的革命意义

“公司”与“法人”的结合使得人类文明极大地向前跨进，其所创造的财富远远超过此前人类创造的财富的总和。公司法人的出现，其革命意义远远大于蒸汽机和电力。公司制度可以有效地凝聚社会资源，尤其是现代公众公司（上市公司）的出现，甚至可以使公司在全球范围内实现资源的优化配置，使公司规模快速成长，在市场经济的各个领域产生革命性的创造力，可以极大地推动人类文明的进步。[①]

面对全球经济区域一体化、集团化的趋势，无论是发达国家还是发展中国家，只要奉行市场经济，就必然要打开国门，以对资本尊重和保护的姿态，迎接资本全球化流动的到来。然而，资本灵魂必然要依附在一个有法律外衣的躯体上，这个躯体就是公司法人，而大公司也开始从早期不遗余力地追求利润最大化向企业价值最大化演变。在“公司法人”之后，又进一步引出了“企业公民”的概念。就公司制度创新来说，公司的社会责任和公司法人的公众形象决定了大公司在适应市场经济社会环境的同时，也在引领人类向物质文明和精神文明的更高境界迈进。公司法人正日益成为世界经济的主角，在经济与政治、社会与文化诸多方面预示公司时代的来临。

第一节　公司法人对传统法律和私有制的挑战

一、公司法人对传统法律的挑战

法人作为“拟制人”，之所以可以挑战原有法律制度上对“自然人”

① 刘纪鹏．论企业所有制与企业法人所有权［J］．经济研究，1988（6）．

的定义，原因在于法人与自然人的高度“形似”和“神似”。

（一）公司法人与自然人的“形似”

如同自然人会生老病死一样，公司法人亦有自己的生命周期，即从发起设立、发展壮大、并购重组到破产清算。具有法人资格的企业，归根结底是企业组织在法律上的“人”格化。企业法人作为人格主体，在法律上同自然人一样，具有出生（设立）、成长（扩大资产）、结婚（合并）、离异（分立）、生儿育女（组建附属机构）、生病（亏损）、死亡（破产或解散）的生命过程。[①]法人甚至有自己的寿命，法国的《商事公司法规》就规定，公司章程应载明公司的存续期，存续期最长为99年，在临近期满时，可在股东临时会上用变更章程的形式延长存续期[②]。1986年，笔者参加国家原经委组织的《公司法》研讨会时，著名法学家沈四宝教授就曾表示，法国雷诺公司成立于1898年，到1997年时必须到有关部门用变更章程的形式，延长其存续期，这给笔者留下了公司法人仿佛是一个栩栩如生的“自然人”的深刻印象。

（二）公司法人与自然人的“神似”

法人制度的确立，使企业真的变成了一个栩栩如生的“人”。但这不过是它与自然人的“形似”，而与自然人的“神似”则是企业法人的核心内容，即法人所有权。

法人对其净资产（Equity）具有现实的所有权，亦称为法人所有权。现代公司制度的本质特征是独立的企业法人所有权，即在独立的法人所有权制度下，股东一旦对公司法人投资，事实上就是将其出资的货币和作价入股的实物或知识产权让渡给了公司法人。公司法人根据股东的投资入股，形成其自有资本并注册登记，然后登上市场经济的舞台，形成

---

① 刘纪鹏，杨沐．企业法人制度与国有企业模式的再造［J］．中国工业经济研究，1988（2）．
刘纪鹏，刘妍．西方国家的公司及法人制度［J］．经济学动态，1988（4）．
刘纪鹏．借鉴西方法人制度重构我国企业形态［J］．中国：发展与改革，1988(6)．

② 韩双林，马秀岩．证券投资大辞典［M］．黑龙江：黑龙江人民出版社，1993(8)．

独立的法人财产所有权。而股东出资人在让出所有权的同时获得了股权，并与现实资产的运营脱离关系。股权是一种被高度弱化的间接所有权，在占有上，股东仅拥有一张虚拟的股票证书，而不是实物财产。在使用上，中小股东很难实现“用手投票”，有效的方式是“用脚投票”。由于股东不能退股，任一股东“用脚投票”退出的同时，必须有新的股东受让才能实现，而这对公司法人毫无影响。从法律意义上来说，公司法人根本不在乎公司股东之间转让股份。在收益上，单个股东并不能自主决定红利的高低，完全丧失了对收益的支配权。在处置权上，任何股东都不能单独处置企业的财产，更不能要求抽回股份。

法人企业作为一个不依赖于它的入股者而独立存在的民事主体，占有和支配着企业的自有资本，并以此承担法律责任。在法人财产独立的基础上，法人的责任也独立，即以其全部财产承担无限责任，而各出资人仅以其出资承担有限责任。法人的利益独立，任何股东都不能以任何理由侵占法人财产，损害法人利益。

（三）公司法人制度对法学的挑战

法人是被自然人创造出来的，一个虚拟的、模仿自然人、被法律所承认的主体，而这种主体在传统法上是没有的，更不可能被作为“自然人”来对待，公司这一新型组织的出现开启了“拟制人”对传统法律的挑战。

我们揭示了人类社会进入到商品经济时代并形成了公司经济、公司政治和公司文化，人类的经济活动演变为市场经济运行模式，此时我们还必须面对第二个问题——公司法人之手是由谁决定的呢？由于现代公司的所有者主体是由每天都在流动并不断变化的成千上万个分散的股东组成的，这使得其行使主人的权力仅成了公司法律制度上的一句教义。在现实中，当成千上万且不断流动的主人面对一个“仆人”时，“保姆当家”则成了人类必须面对的一个事实。必须寻找到职业经理人这一被所有者聘用的“保姆”，我们才能发现在背后决定公司法人意志的那只手。现代法人治理结构中的“仆人在家，主人不在家”的内部人与外部人的颠倒，也使得现实中的主仆关系颠倒。究竟谁是现代公司决策和执行之手，继而又在公司时代的经济、政治和文化中发挥作用呢？公司又是谁的呢？要回答这些疑问，我们就必须撩开公司法人的面纱。

这一论题发生的背景是现代公司产权制度和治权制度的两次分离：第一次，公司出资人拥有的股权和法人所有权的分离；第二次，抽象的公司法人所有权与具体的经理人经营权的分离。

现代公司出资人的股权和法人所有权分离，决定了股东需要专业的经理人员替他们管理公司法人，这就形成了职业经理人队伍。这实际上是建立在现代公司出资人的股权和法人所有权分离的基础上，实现的法人所有权与职业经理人经营权的分离。在第二次分离中，由于法人概念的宗教抽象化，使得人们看不清法人的本质是什么，只能感觉到法人是由具体的自然人，如法人代表或CEO（Chief Executive Officer，首席执行官）等支配的。正是在两次两权分离的基础上，才引发了必须制约内部人控制和保护中小股东权益的法人治理问题。抽象的、无形的公司法人，导致人们至今仍在争论到底谁是公司的主体，这也就引出了现代公司的三个主体之说。

所有者主体说：认为股东再分散也是形式上的主人，所以现代公司要强调所有者主体。

经营者主体说：认为事实上控制公司的是经营者，尽管在法律上他们居于“仆人”地位。所以“保姆”才是企业的主体。

受益者主体说：表达的是谁受益谁就是企业的主体，而没有在法律上对公司这种披着宗教法人外衣、大道无形的现代营利组织有一个明确结论，仅默认谁受益谁是主体的现实，并推崇适者生存为最自然的市场化选择。

综上所述，公司法人的出现，无论是就所有权和股权之间的关系，还是对现代公司主体的认识和确立，都不仅是对传统的民商法律制度和法学理论的挑战，而且是对现代公司组织与管理实践及管理学的挑战，法商管理学也应运而生。

二、公司法人对传统私有制的挑战

尽管公司法人极大地推动了人类社会市场经济与工业文明的发展，但公司法人的出现，却使西方的法学家陷入了苦恼之中。私人所有权至上是资本主义的神圣准则，而法人所有权的出现却有悖于传统的私有权法学理论。根据西方恪守的“一物一主”的产权独有性法则，公司法人给资本家带来的一切实惠，都是建立在公司股东必须让渡私人财产所有权的前提下。法人和股份公司把西方私有制清晰的私人产权搞模糊了，在法理上，企业法人所有权无疑是对私人财产所有权的否定。这使得资产阶级的法学家们面临一个选择：要么承认法人独立的所有权，而否定私人所有权；要么维护传统的私人所有权至上，而否定公司法人及其所有权。与哲学家的思维方式不一样，资产阶级的经济学家和法学家在面对这种选择时采用了实用主义态度。一方面承认了法人企业——股份公司，并从实际出发，制定出各种法律法规与管理办法来完善企业法人制度。另一方面，对法人所有权与出资人股权交换保持了异乎寻常的沉默。这就是在西方国家股份公司空前发展的今天，找一本论述企业法人所有权的著作却十分困难的原因。总之，法人所有权的建立对传统资本主义的法权理论、物权理论和实践都构成了极大的挑战。

1804 年拿破仑制定的《法国民法典》是西方资本主义国家的第一部民法典，也是一部严格保护私人财产所有权的民法典。当时的法国认为，一切介于个人和国家之间的团体、组织都是与个人主义相对立的，而且，封建贵族势力很可能会利用教会、行会等组织进行复辟，因此，民法典中不承认法人制度，只承认有“不属于私人的财产”。这种状况一直持续到 1806 年拿破仑制定了《商法典》。尽管《商法典》承认股份有限公司这种经济组织，但仍然不承认股份有限公司具有法人地位。在德国统一之前，普鲁士的“普通法”较早对社团法人作了规定，奥地利和萨克森的民法典也规定了法人制度，但真正对法人制度做出系统总结和规定的是在德国统一之后，于 1896 年颁布并于 1900 年实行的《德国民法典》。

然而，必须指出，法人所有权从法理上虽然排斥资本家私人所有权，但在经济实际中如同股份公司一样其本身不具备特定的所有制性质。所有制与所有权并不一样，前者属于经济范畴，后者则是个法律概念，尽管所有制形式最终决定着所有权的性质和内容，而所有权法律制度又反过来确认和保护对统治阶级有利的所有制形式。但是，法律设立所有权制度的目的，不仅在于保护对社会现存财富的占有关系，还在于保护社会经济的发展，促进物质财富的再生产。这就不能不使所有权制度带有某种灵活性。在一定情况下，所有权可以与所有制发生某种脱离关系或不一致。正如马克思所说："虽然一定所有制关系所特有的法的观念是从这种关系中产生出来的，但另一方面这种关系又不完全符合，而且也不可能完全符合。"马克思强调说，理解这一点是"极其重要的"。企业法人所有权理论的出现仅是为促进商品经济发展提供了一种股份公司的组织形式，具体到某一家股份公司，它的所有制性质最终取决于持股者的身份和地位，在资本主义国家，被私人资本家和资本家集团控股，那就是私有制性质。因此，在资本主义生产关系中，企业法人财产虽然具有社会财产的性质，但并未改变资本主义私有制。企业法人所有权只是"在资本主义体系本身的基础上对资本主义私人产业的一次扬弃"(《资本论》第三卷)。

如同在资本主义市场经济中，企业法人所有权的确立并没有最终改变资本主义私有制一样，在我国社会主义市场经济环境下，国有企业法人所有权的确立同样不会改变其国家所有制的性质，即如果一个企业的股权被国家所有制的代表控制，则该企业具有公有制的性质。代表国家所有制的不同股东主体，还可通过不断变换参股或控股比例来适时调整对法人企业的控制。在国有控股的股份公司中，企业法人独立的财产所有权与国家以该企业法人股东身份对其进行的必要控制达到了有效的结合。国有企业法人所有权的确立，不仅不会改变国家所有制，而且会将以公有制为主的原则从国家范围内落实到企业中，使这一原则体现在两个层次上：其一，在国家范围内，公有制经济对私人和外资经济在成分比例上占有优势；其二，在法人企业内，代表国家所有的大股东多元主体居主导地位，并可酌情吸收非国有经济股份，形成以公有制为主的混合所有制。这一产权理论的创新，无疑是对社会主义市场经济所有制理论的重大推动。

第二节　公司法人与法人所有权的革命意义

现代公司的前身是 18 世纪英国的股份公司（Joint-Stock Company），是商人们模仿特许贸易公司（Charted Trading Company）而成立的新型企业组织。股份公司取得法人地位的过程，既是从非法状态走向合法状态的过程，也是英国社会从传统的等级社会向现代民主社会转型的过程，是特权阶层地位相对下降、平民阶层地位相对上升的过程。

现代意义上的公司的诞生，带来了一种全新的经济组织，它具有独立的法人人格，拥有独立的财产，是介于国家和个人之间的一种社会自治组织。这对奠基在私人财产权基础上的西方近代社会来说，无疑具有革命性意义。私人财产权的确立是现代西方社会这座大厦的根基。17 世纪，英国伟大的思想家洛克在理论层面对私人财产权的确立进行了完整的论述。以个人主义为核心的私人财产权，意味着整个社会的生产资料都掌握在私人手中。在这种情况下，开展大规模的社会化大生产几乎是不可能的，因为个体之间的联合一方面是有限度的，另一方面其协调和沟通成本也是高昂的。但公司法人的出现解决了这一矛盾。公司法人既是资本主义社会和市场经济得以建立、完善的微观运行载体，也是现代西方世界能够展开工业革命、进行社会化大生产的微观运行载体。

一、促进社会化大生产与市场经济发展

首先，企业法人所有权的确立，极大地促进了社会化大生产的实现和商品经济的发展，它第一次使企业成为可以脱离资本家而独立存在并以自己的名义从事经济活动的具有无限生命力的“人”。法人企业最典

型的组织形式是股份公司，股份公司的法人地位和有限责任的确立实现了资金来源的社会化和经营风险的社会化，这极大地加速了资本集中的进程。通过股份投资，大量的单个资本与社会闲散资金被聚集起来，投入到生产领域，及时缓和了资本主义商品经济中日益尖锐的生产社会化与生产资料私人占有之间的矛盾。而股份公司使社会化大生产成为可能，并促进了资本主义商品经济的飞速发展。

其次，在股份公司内部所有权和经营权分离的背景下，公司职业经理人的选聘一般不再受其有无股份或股份多少的限制。两权分离的结果使管理职能脱离资本而独立，成为一种特殊社会职能，实现了经营人才的社会化，最终使社会的资本和人力资源实现了最佳配置。

对此西方许多经济学家和法学家惊呼，企业法人是新时代最伟大的发明，其革命意义远远超过蒸汽机和电力。他们认为，如果没有企业法人这个“超人”的诞生，社会化大生产和发达商品经济的产生是绝对不可能的。

二、企业法人所有权助推社会所有制的实现

企业法人制度的核心是企业法人所有权。企业法人所有权的逻辑解释可以这样表述：拥有独立财产是企业法人在法律上被承认的第一要件，其财产来源于各股东的资本投入。从法律上说，企业的股东一旦将资金或财产投给企业法人，他就不再被视为企业财产的所有权主体，而是由独资企业的企业主转化为法人企业（即公司）股票的持有人。企业法人则作为一个不依赖于其参加者（即股东）而独立存在的民事主体，占有和支配企业全部财产，享受由此带来的收益和其他权利，独立承担民事义务并以法人的名义与其他法人和自然人发生各种联系[①]。

然而，正当资本家为企业法人的出现喝彩之时，资产阶级的法学家却陷入了苦恼之中，私人所有权至上是资本主义的神圣准则，而法人所

① 刘纪鹏．论企业所有制与企业法人所有权［J］．经济研究，1988（6）．

有权的出现却有悖于传统的私有权法学理论。企业法人给资本家带来的一切实惠都是建立在资本家必须让渡私人财产所有权的理论前提下，在法理上，企业法人所有权无疑是对私人财产所有权的否定。这使得资产阶级的法学家们面临一个选择：要么承认资本家的实惠，而否定私人所有权；要么维护传统的私人所有权而砍断资本家的“摇钱树”。与哲学家的思维方式不一样，资产阶级的经济学家和法学家在面对这种选择时采用了百分之百的实用主义态度。他们一方面承认了法人企业——股份公司，并从实际出发，制定出各种法律法规与管理办法来完善企业法人制度。另一方面，对法人所有权与股权的理论转换保持了异乎寻常的沉默。这就是在西方国家股份公司空前发展的今天，找一本论述企业法人所有权的著作却十分困难的原因。

显然，法人财产在某种意义上已经具备了社会财产的属性。正如马克思曾把按照法人制度组建的股份公司看成是由“资本主义生产方式转化为联合的生产方式的过渡形式”，法人财产亦应被视作与私人资本相对应的社会资本。因此，无论是从商品经济和社会化大生产的需要而言，还是从资本主义生产方式本身而言，企业法人所有权的出现都是一个巨大的历史进步，它“不仅为整个社会剥夺私人资本做好了准备，而且为新生产方式下劳动者的联合提供了一种先进合理的组织形式”[①]。

三、法人治理与公司法治的现实意义

在全球化的背景之下，资本之水载着公司之舟穿过民族的界限、国家的界限，实现了贸易、人员、资本、服务在全球的流动。可以说，公司经济创造了一个国家的物质文明，公司政治影响了一个国家的政治文明，公司文化引导了一个国家的精神文明。“如果说 19 世纪是一个自由主义的世纪，20 世纪将会是一个公司主义的世纪。”公司已成为影响国

---

① 马克思．资本论［M］．中央编译局译．北京：人民出版社，2004（1）．

家政治、经济、文化、生活的重要实体[①]。同时我们也必须看到，公司就好比潘多拉的魔盒，这个盒子一旦打开，带来无穷生命力的同时，也必然会带来对世界的破坏力。林肯在1864年给艾金斯的信中就曾写道："公司已经占山为王，获得崇敬，一个与权力结合容易产生腐败的时代即将来临。"对此我们必须一分为二地看待，对公司法人利用的同时也必须强有力地对其加以约束，这也正是本书所强调的，在法商结合中，对公司法人工商伦理的教化、法人治理的强化和公司法治的建立。（详见本书第四篇"法商治理与激励"、第六篇"法商合规管理"对此问题的阐述。）

【参考文献】

［1］刘纪鹏．论企业所有制与企业法人所有权［J］．经济研究，1988（6）．

［2］高留成．法人制度历史探源［J］．社会科学论坛，2006（2）：37.

［3］邓峰．普通公司法［M］．北京：中国人民大学出版社，2009.

［4］霍布斯．利维坦［M］．黎思复，黎廷弼译．杨昌裕校．北京：商务印书馆，1985.

［5］马克思．资本论（第三卷）［M］．北京：人民出版社，2018：494.

［6］刘纪鹏．大道无形——公司法人制度探索［M］．北京：中国经济出版社，2009.

① 邓峰．论公司的出资形式和出资监管［J］．安徽大学法律评论，2002，2（01）：187-200.

第八章　公司异化对法商管理的挑战

异化是自然界存在的现象，也是哲学思辨。马克思所称的劳动异化是劳动创造了资本，而资本又反过来剥削劳动。主体孕育客体，客体又统治主体，这构成了一种异化。而在资本时代，资本的异化让劳资关系变得微妙，公司是人类创造出来的改造大自然的组织形式，却反过来控制和摆布人类的行为。“主人不在家，保姆当家做主”的实质是劳动统治了资本，这与马克思所称的异化截然相反，却是公司时代法商管理学所面临的法人治理难题，即必须面对的法学和管理学挑战。

第一节　异化现象的哲学思考

一、黑格尔的三段论

哲学领域最早对异化论展开论述发源于1792年费希特（J.G.Fichte，1762—1814）在《对一切启示的批判的尝试》中对神做出的阐释：“被称作神或神的理念的东西，实际不过是我们人的‘内在的东西’的‘外化’表现。”费希特在展开的先验哲学中论述了“自我非我”的逻辑理念，即绝对的自我通过将自己外化的方法而确立非我。费希特的这种外化论，成为黑格尔哲学的构想和构图的直接先驱。此后，异化论成为黑格尔的自然哲学的基本命题，也就是欧洲哲学史上著名的黑格尔的“异化”学说，其核心观点在于“自然界是自我异化的精神”。从某种意义上讲，黑格尔的哲学体系中的异化就是主观客观化的过程。1807年，黑格尔发表了《精神现象学》一书，异化观点是贯彻这本书的中心。黑格尔指出，意识、主体的发展变化是“单一的东西的一分（分裂）为二”或树立对立面的过程，同时又是“重建其自身同一性”，即合二为一的过程。

黑格尔认为，自然界、人类和社会意识形态都是观念的客观化，即外在的表现。观念的外在的表现过程是从不充分表现向充分表现发展的。观念由人类的精神活动成果表现出来，即由伦理、道德规范、法律等表现出来，再上升到哲学层面。观念通过哲学完成了自我认识，再实现向观念的回归统一。黑格尔的异化论有两个要点：一、客观事物是观念的外在表现的观点；二、从观念到客观化再回归观念的三段论观点。黑格尔关于观念的异化学说是马克思早期的“劳动异化论”的直接的理论来源。

二、自然界的异化现象

无独有偶，这种反客为主的异化现象在自然界也无处不在，绞杀就是一种典型现象，如图 8-1 所示。绞杀植物大多是榕树，榕树果实被小动物带到寄主植物的枝丫或树皮裂缝中，这些种子便会萌芽、生根、成长。长大的树茎会把寄主树越包越紧，逐渐编织成花式各异的天然“花篮”。从亲密缠绵到恩将仇报，寄主树最终由于负荷过重和营养亏缺而枯死，而这些绞杀植物最终会变成独立大树，绞杀植物也因此被视为植物界最典型的“慢性杀手”。

图 8-1 西双版纳的“绞杀”现象

宽泛地讲，所谓“异化”，是指主体发展到一定阶段，分裂出自己的对立面，产生外在的异己的力量，这些异己的力量反过来与主体对抗或者统治、支配主体，诞生新的主体。可见，异化不仅是哲学的基本命题，在自然界也普遍存在，这对我们研究法商管理中的异化现象具有重要的借鉴和启示作用。

第二节 资本与劳动的异化分析

随着人类文明的发展，资本这种物化的劳动被人类通过“活劳动”创造了出来，然而可悲的是，这种物化的劳动以资本的形态又反过来统治“活劳动”等要素。这种资本（“死劳动”）与“活劳动”的异化现象是马克思在《1844 年经济学哲学手稿》中首次提出的概念，被称作劳动异化或异化劳动。这一概念引发的劳动价值论是马克思哲学、政治经济学和科学社会主义的重要理论支点。

一、马克思的劳动异化

马克思用劳动异化来概括私有制条件下劳动者同他的劳动产品及劳动本身的关系。他认为，劳动（自由自觉的活动）是人类的本质，但在私有制条件下却发生了异化：“工人生产的财富越多，他的产品的力量和数量越大，他就越贫穷。工人创造的商品越多，他就越变成廉价的商品。物的世界的增值同人的世界的贬值成正比。”

北宋著名诗人梅尧臣的《陶者》一诗有云：“陶尽门前土，屋上无片瓦。十指不沾泥，鳞鳞居大厦。”大意是，烧窑工人挖尽了门前泥土用来做瓦，可是自己屋顶上却没有一片瓦；有些人寸指不沾泥土，却居住着瓦片如鱼鳞的高楼大厦。此诗反映出封建社会中劳动与劳动产品相异化之疾苦。

马克思的异化理论阐释出劳动与劳动产品相异化、劳动与劳动活动相异化、人同自己的类本质相异化、人同人相异化的四个异化。首先，

"劳动所生产的对象，即劳动产品，作为异己的东西，作为不依赖于生产者的力量同劳动者对立起来。"劳动者本应占有的劳动产品却成为异己的东西。其次，马克思用异化理论进一步分析了劳动与资本的关系。他指出，在私有制统治之下，劳动异化不仅表现在工人同劳动产品的关系上，而且表现在工人同生产行为本身的关系上，"劳动为富人生产了奇迹般的东西，但是为工人生产了赤贫。劳动创造了宫殿，但是给工人创造了贫民窟。劳动创造了美，但是使工人变成畸形。劳动用机器代替了手工劳动，但是使一部分工人回到野蛮的劳动，并使另一部分工人变成机器"。再次，人同自己的类本质相异化，即人同自由自觉的活动及其创造的对象世界相异化。在这种劳动中，工人"不是感到幸福，而是感到不幸，不是自由地发挥自己的体力和智力，而是使自己的肉体受到折磨、精神受到摧残"。最后，人同人相异化。因为当人同自己的劳动产品、自己的劳动活动以及自己的类本质相对立的时候，也必然同他人相对立，包括资本家自身也被异化。人们对整个社会的误解，对幸福、美、财富的错误定义，使人与人之间失去信任，并以一种伪善的以一切利益为轴心的形式存在。

二、消除异化

马克思对资本人格化后的野蛮、残酷和贪婪的属性做了更形象化的揭露，"资本来到世间，从头到脚，每个毛孔都滴着血和肮脏的东西"。他还在《资本论》中关于"资本的原始积累"的表述中引用了英国经济评论家邓宁格的话，"资本害怕没有利润或利润太小，就像自然害怕真空一样。一有适当的利润，资本就胆大起来。如果有10%的利润，它就保证到处被使用；有20%的利润，它就会活跃起来；有50%的利润，它就会铤而走险；有100%的利润，它就敢践踏一切人间法律；有300%的利润，它就敢犯任何罪行，甚至冒绞首的危险"。

在资本经济和公司法人大行其道的今天，资本如何返璞归真？如何从灵魂出窍的野蛮生长阶段嬗变为灵魂皈依的上善若水、利万物而不争的发展阶段？这就要从资本之所以会发生异化的根源说起。马克思说："资本不是物，而是一定的、社会的、属于一定历史社会形态的生产关系。"换句话说，资本是在物的外壳掩盖下的一种社会生产关系。如前所述，马克思认为资本异化产生的根源在于，生产力没有充分发展、私有制的存在以及固定化分工，因而，要消除异化，就必须对这些因素予以消解。

马克思早在一个多世纪以前，就对资本经济时代可能产生的资本异化现象有所预见，同时，他为如何消除资本异化提出了独到见解。按照马克思的理论，要消除资本的异化现象，使资本从野蛮残忍走向善良，主要手段如下：

第一，大力发展生产力，在人类丰富的物质基础上，使劳动不再是谋生的手段，而是人类生活的第一需要；

第二，生产力的大力发展以及物质财富的丰富，并不以劳动产品的异化为代价，要消除劳动产品的异化，必须改变其野蛮残忍的私有制所导致的两极分化的分配制度，最终为扬弃异化现象提供制度保障；

第三，随着生产力的日渐发达以及私有制的废除，全球范围内必将建立起人们的普遍交往关系，从而为人的发展提供一个良好的社会关系基础。

马克思还指出，"随着对象性的现实在社会中对人来说到处成为人的本质力量的现实，成为人的现实，因而成为人自己的本质力量的现实，一切对象对他来说也就成为他自身的对象化，成为确证和实现他的个性的对象，成为他的对象。因此，人不仅通过思维，而且以全部感觉在对象世界中肯定自己。"简言之，就是劳动者要在劳动中自我实现，劳动异化现象才能最终得以消除。

马克思所谓的消除劳动的异化，从宏观层面上看，就是建立一个好的国家基本收入的分配制度，处理好"做大蛋糕"和"分配蛋糕"之间的矛盾；从微观层面上看，法商企业要处理好资本和劳动的关系，就要消除生产关系中阻碍生产力发展的因素，激发劳动的活力。

当今中国社会的主要矛盾是人民日益增长的美好生活需要和不平衡不充分的发展之间的矛盾。解决不充分的矛盾，就要消除劳动和资本异化现象，调动各方的积极性，提高经济发展的效率；解决不平衡的矛盾，就要提倡国家和社会一次分配和二次分配的公平，这正是中国特色社会主义市场经济的发展方向，把全民劳动所实现的资本积累取之于民、用之于民。

第三节　公司异化对法商管理的挑战

随着中国的市场经济改革从商品经济阶段进入到资本经济阶段，宏观的市场经济环境与微观的公司运行载体创造了中国经过40余年改革，成为世界第二大经济体的奇迹。1986年，中国《民法通则》的颁布使得中国的企业法人大量产生，资本的被认同与资本市场的大力发展，自然人和公司法人、劳动和资本之间的异化现象对法商管理提出了新的挑战。

一、股东（自然人）与公司法人的异化

所谓公司法人的异化现象，是说股东出资人出资设立了公司法人，却反过来被公司法人所统治的现象。由于现代股份公司中出现了股东的股权与法人所有权的分离，在市场经济“一物一主”的财产独有性法则下，股东在买了公司的股票之后，事实上就把所有权让渡给了企业法人，无论是股东的货币出资还是实物作价入股，都投入到了企业的运营之中，成了事实上的法人财产，而出资人仅换得了股权。由于股权仅是一种虚拟的间接所有权，其权能无论在占有、使用、收益还是处置上都被极度地弱化（详见本书第二篇第七章的论述），这就导致被出资人拟制出来的法人从一出生就反过来统治出资人股东。

至今，我们在经济和法律理论上仍未破解法人的真身，也未找到有效解决法人客体剥夺出资人主体的有效对策。无论何人利用公司法人的形式，披上法人代表的外衣，就可以圈钱了，而在这一过程中，法人犯

罪的现象频频发生。我们既离不开对公司法人创造市场经济奇迹和人类物质与精神文明财富的依赖，又痛恨公司法人剥夺出资人及利益相关者权利的种种恶行。完善法人治理、建立公司法治，已成了资本经济公司时代的重要任务。

二、“保姆”与“主人”的异化

公司时代的挑战之一来自法人所有权与职业经理人经营权的分离。法人大道无形，当今世界无论是知名的跨国公司还是世界500强企业，无一不是职业经理人（保姆）当家。所有者主体仅仅是在法律上和理论上得证，现实中由于现代股份公司都是公众性的上市公司，成千上万的出资人（主人）的多元化、流动性且“不回家”，不仅股东会成了意思机构，而且在资本经济的发展趋势下，董事会也越来越多地由独立董事组成，并被极大地弱化。相反，由日益弱化的股东会和董事会聘任的职业经理人（保姆）当家的现象已然成为主流，甚至在经济学和管理学理论上出现了把“主人”当作外部人，把“保姆”当作内部人，把“保姆”的控制和管理称作“内部人控制”的异化理论和现象。公司法人董事会从聘用职业经理人的那一天起，就被“保姆”所支配了。

公司法人概念的抽象化，使得人们看不清法人的本质是什么，所有者（主人）成为弱势群体，而职业经理人（保姆）反客为主，这就形成了公司法人治理中的“绞杀”现象。

尤值一提的是，比公司组织完善治理结构更为迫切的是，完善契约型基金的治理结构。由于契约型基金和基金管理公司的主体分离，基金管理公司只要获批成立，就可募集资金了，一个基金管理公司可以同时管理若干只基金，契约型基金连股份公司的股东会、董事会、监事会那样的治理机构都没有，基金出资人出钱还要承担风险，而基金管理公司凭着一纸协议却可旱涝保收，出资人的权益更加得不到保证。契约型基金养育了基金管理公司，除了“用脚投票”，其余必须无条件接受基金管理公司（保姆）的统治。

显然，从股东到公司法人的异化，到“保姆”与“主人”的异化，是市场经济发展到资本经济阶段的严峻挑战。正是在两个两权分离的基础上，才引发了必须约束法人、制约“保姆”以保护股东（主人）权利的法人治理问题。

不仅要通过现代公司的董事会、监事会和独立董事制度来完善法人治理，还要通过工商伦理的教化和公司法治的强化，对职业经理人（保姆）建立科学有效的平衡制约机制。理论上加强研判，实践中寻找有效对策，这正是法商管理学的使命。面对公司的种种异化现象，一是从工商伦理角度引导“保姆”遵守职业道德，二是从公司法治的角度，以维护社会生态平衡为准则，毫不手软地严惩“绞杀者”。

【案例 1】

国美电器——“主人”不在家，“保姆”如何“管”好家？

国美电器（GOME）成立于 1987 年 1 月 1 日，总部位于中国香港。从 1993 年始，国美电器统一门店名称、商品展示方式、门店售后服务、宣传，建立起低成本、可复制的发展模式，形成中国家电零售连锁模式的雏形。2004 年 6 月，国美电器在香港成功上市，2006 年成功收购上海永乐生活家电（永乐），2007 年 12 月成功并购北京大中电器（大中）之后，成为国内家电连锁企业中门店数量最多的一家。2017 年 6 月 12 日，国美电器由“国美电器控股有限公司”更名为“国美零售控股有限公司”，英文名称也相应改为“GOME Retail Holdings Limited”。国美电器创始人黄光裕，广东汕头人，1969 年 5 月生，中国家电零售业连锁模式的创始人，2004、2005、2008 年三度问鼎胡润百富榜之内地首富，在 2006 年福布斯中国富豪榜亦排名第一。

2008 年 11 月，黄光裕被警方带走接受调查，此时黄光裕拥有国美电器约 33% 的股权。（2010 年 8 月 30 日二审宣判，法院认定黄光裕犯非法经营罪、内幕交易罪、单位行贿罪，数罪并罚，判处其有期徒刑14年并处罚金6亿元，没收财产2亿元；其妻子杜鹃被改判有期徒刑3年，缓刑3年执行。）之后，公司二号人物、原永乐当家人陈晓继任公司董事局主席并采取大量“去黄化”的措施：从舆论上否定黄光裕；从经营战略上抛弃黄光裕时期的原则与方针；以“可转债”的方式引入贝恩资本；试图增发新股以摊薄黄光裕家族股权比例；改组董事会，使反黄阵营更加强大；以股权激励的“金手铐”笼络高管层，甚至以公司名义在中国香港高等法院起诉黄光裕……

黄光裕家族则针对性地对陈晓的职业操守进行抨击，对陈晓的经营战略予以否定，坚决反对增发新股；提起临时股东大会改组董事会，明确要求陈晓走人……

2010年9月28日临时股东大会上，黄光裕家族以原先自有的股权、后增加的0.2%的股权，以及众多个人股东的支持，与陈晓方面以贝恩资本、摩根士丹利、摩根大通、富平投资等机构投资人为主的阵营“交锋”。经票决，黄光裕保住了大股东地位，董事会不再试图增发新股；陈晓亦得以暂时留任。各方利益形成妥协。

2011年3月9日，陈晓离开国美，原大中电器创办人张大中继任董事局主席。

“国美内战”中，黄光裕与陈晓的分歧与冲突，通常被视作职业经理人与公司大股东之间的经典博弈。此前职业经理人的角色定位就是一个掌柜的，就得无条件忠诚与听命于主人。“陈晓事件”的积极意义有三点。

其一，奠定了职业经理人的相对独立性地位。

职业经理人的独立性取决于现代公司股权的分散性甚至过于分散性，国美“黄陈之争”将这个问题第一次尖锐地摆在公众面前。之后国内备受注目的“万科控制权之争”“格力电器管理权之争”等，王石、董明珠等人作为强势的“明星企业家”，其实并不拥有或仅拥有极少的公司股权，本质上亦属于职业经理人。他们的独立性相当程度上源自公司缺乏绝对控股的股东而需由职业经理人进行决策与管理，从而最大限度地对所有股东负责。

其二，探讨了当大股东的意志和利益与公司相冲突时，职业经理人的抉择。

当部分股东甚至如黄光裕般的非控股大股东的意志与公司意志、股东利益与公司利益之间可能产生分歧甚至矛盾时，职业经理人该如何抉择？这实际上也是对职业经理人职业伦理与操守的一种深层次诘问：公司董事是不是必须无条件服从选择其担任董事的相关股东的意志？尤其是当涉事董事认为股东意志有损于公司利益时，有没有权利根据自己的判断做出与相关股东意志不同甚至相反的决定？还是应该辞去公司董事职务？辞职本身是否又构成对股东与公司的双重不负责任？

其三，揭示了理顺股东、公司、职业经理人之间的关系的必要性。

（1）理顺股东尤其是控股股东与职业经理人的关系。

职业经理人和控股股东有没有理性状态？有。例如，盖茨与安德鲁这对“双翼天使”共同成就了微软的伟大；李嘉诚旗下的公司如长江实业、和记黄埔的职业经理人与股东共同创造了华人经济的奇迹；张学斌等职业经理人的有效工作，使创维在创始人黄宏生“进去”后仍保持了不可思议的发展……

股东应深刻认识到职业经理人的能力与能量，在相互尊重的基础上方可形成良性且理性的合作关系。职业经理人绝非股东的“下人”，而是有独立人格与权利、忠诚于公司和股东的职业人士。要科学设置对职业经理人的薪酬激励机制，使其真正融入企业的发展。

要让职业经理人管好“家”，同时又绝不能让“保姆”自己或联合他人把“主人”的财产夺了去。这既要形成良好的信托责任的文明与氛围，使之渗入公司、股东及职业经理人的血脉之中；又要从公司章程、契约等方面，形成对公司创始人的法律保护措施，如公司创始人董事会席位的特殊保障、创始人的否决权等。

（2）理顺职业经理人与公司的关系。

股东利益尤其是大股东利益，原则上是与公司利益一致的，但当股东意志与公司利益不一致时，职业经理人要依职业操守进行判断：除非股东某项意志极大地损害公司利益，否则职业经理人无权不尊重、不服从甚至自作主张地更改股东意见。对陈晓所谓的“背叛”股东的诟病，相当程度上源于陈晓与委派其职务的股东意志和利益相左；而陈晓也正是以所谓的对公司和其他股东负责为由进行抗辩的。

（3）理顺公司与股东的关系。

股东断不可“工具化”公司。公司是具有独立法律人格的主体，公司财产独立于股东。股东不能将公司资产直接当作自家东西，必须遵守和符合法律规定。例如，上市公司的控股股东不得违规占用上市公司资金，从而损害公司利益。2019 年 4 月，最高人民法院对顾雏军再审案进行宣判，其中认定顾氏构成挪用资金罪的最关键因素，便是虽然上市公司对顾氏公司的欠款、顾氏在上市公司应得的分红款或是可以借用的款项，都远远超过顾氏从上市公司“拿走”的 2.9 亿元人民币，但顾氏未经原本可以采用的正当程序（如股东分红、股东借款、公司偿还欠款等）即从上市公司挪用 2.9 亿元资金，即构成犯罪。顾雏军的悲剧，一定意义上便是没有厘清公司与股东的关系。

现代法人治理需要避免两类不良倾向：一类是“大股东过于霸道，缺乏中小股东保护机制”；另一类是职业经理人的“内部人控制”架空股权分散的股东的意志和利益。从某种意义上讲，国美“黄陈之争”也是这样两种治理模式的冲突。所幸在相对规范的市场环境与成熟的治理规则之下，“国美内战”以各方理性妥协的方式平稳落幕，博弈各方相对实现共赢。

【案例 2】

刘姝威该怎样帮董明珠？

2019 年 5 月 13 日，深圳迈瑞生物医疗电子股份有限公司董秘李文楣在股东大会上对股东提问非常不耐烦，并公然发表对散户的轻蔑言论："今天现场有些人就买了100股，不知来了是何居心。"在舆论的压力之下，2019年5月14日，李文楣发表道歉信，称自己是一名A股资本市场的新兵，然而令人错愕的是，李文楣已在迈瑞医疗从事高管10年有余。这一事件引起股市一片哗然。

此前，格力电器董事长董明珠趾高气扬地"教育"投资人的言论也曾引起了资本市场上不小的争议。"看看上市公司有哪几个这样给你们分红的？我5年不给你们分红，你们又能把我怎么样？给你们（分红）越多越得意，越多（你们）话越多……"这是2016年格力股东大会上，"保姆"董明珠向"主人"发飙的原话。

2019年1月31日，因提前发布业绩数据，广东证监局给董明珠发出违规警示函，董明珠身为上市公司董事长，竟然无所畏惧、大言不惭地表示："我这个人对股市是文盲，我对股市不是很感兴趣。"

在中国上市公司董事长里面，像董明珠这样敢向"主人"发飙的职业经理人稀有。面对是否违规，她竟敢厚颜无耻地以文盲自居（连法盲都不当，干脆当文盲），末了还要捎上一句"我对股市不是很感兴趣"。

对此，是可忍，孰不可忍？董明珠的这两次讲话对整个中国股市的治理结构建设的破坏力是极大的。

而令人震惊的是，格力电器独立董事刘姝威教授以"闺蜜独董"身份质疑广东证监局，她的文章已引起了中上协独董委员会的重视。汤欣主任转发此文，征求大家的意见。

从振兴股市的治本方略上看，必须改变由大股东控制的董事长和董事会聘请独董来制约大股东和"保姆"的提名制。中上协独董委员会应发挥重要提名和保护作用。

对刘姝威来说，如何战胜闺蜜身份，而以独董的身份来帮董明珠？就是严肃地对她开展发行者教育，职业经理人教育，治理结构知识教育。要让她真正意识到投资人才是她的衣食父母，她在上市公司中干得好，创利多，分红多，那不是她给"父母"的恩赐，而是女儿对"父母"的孝顺。

还要教育她彻底摒弃对中国股市以文盲加不感兴趣自居的那种自豪感，因为这与著名上市公司企业家的身份不符而且影响太坏，要让她对没有股市就没有格力今天的现实认账，并让她充分认识到当前振兴中国股市的战略意义。

【参考文献】

[1]黑格尔.精神现象学[M].北京：人民出版社，2013.

[2]马克思.1844年经济学哲学手稿[M].北京：人民出版社.2015.

[3]刘纪鹏.大道无形——公司法人制度探索[M].北京：中国经济出版社，2009.

第九章　刺破公司法人的双层面纱

人类社会进入商品经济时代，公司与公司经济、公司政治、公司文化逐步形成。如果说，左右一个国家和社会的政治、经济、文化走势的重要力量是公司法人，那么我们必须面对又一个问题——公司法人之手是由谁决定的呢？由于现代公司的所有者主体是由每天都在流动并不断变化的成千上万个分散的股东组成的，这意味着股东行使主人的权利只不过是公司法律制度上的一句教条。在现实中，当成千上万且不断流动的主人面对一个实际管理公司的“仆人”时，“保姆当家”则成了法人治理中必须面对的一个事实。我们只有循着职业经理人这一被所有者聘用的“保姆”的轨迹，才能发现在背后决定公司法人意志的那只手。现代法人治理结构中，“仆人在家，主人不在家”的内部人与外部人的颠倒，使得现实中的主仆关系颠倒，究竟谁是现代公司决策和执行之手，他又在公司时代的经济、政治和文化中发挥什么作用呢？公司又是谁的呢？

历史上，法学界面对法人人格的独立性引发的司法问题，提出了“刺破公司面纱”的说法，近年来“反向刺破公司面纱”作为新命题也开始引起关注。本书认为，这都是公司的第一层面纱，即“债权面纱”。现实中，随着市场经济从商品经济进入资本经济，更复杂的问题摆在我们面前悬而未决，那就是本书首次提及的第二层面纱，也就是股权面纱——多重股权结构缔造的产权迷宫之中，谁真正主宰公司始终是未解之谜。公司的诞生建立在法人所有权的基础上，极大地推动了商业文明社会化大生产和市场经济的发展，但也对传统的产权和所有权理论提出了极大的挑战，并且引发了法人治理问题，这亟待经济界、法律界、管理界进行探索，填补法人所有权和治理结构的理论空白。而撩开公司的这两层面纱，同样是法商管理的实践探索和法商管理学的时代使命。

第一节　刺破和反向刺破公司债权面纱

我国《公司法》规定："公司是企业法人，有独立的法人财产，享有法人财产权。公司以其全部财产对公司的债务承担责任。有限责任公司的股东以其认缴的出资额为限对公司承担责任；股份有限公司的股东以其认购的股份为限对公司承担责任。"《公司法》通过赋予法人人格独立、实行股东有限责任和财产独立制度，真正拟制了一个独立主体，通过这种方式激发了公司活力，促进了经济和社会的发展。

一、从萨洛蒙诉萨洛蒙公司案看公司有限责任

法学经典案例——萨洛蒙诉萨洛蒙公司案——被广泛用来说明《公司法》的一个核心价值观，公司人格独立于股东人格，股东仅以出资额为限，对公司债务承担有限责任。

1892 年，皮靴商人萨洛蒙根据英国公司法成立了萨洛蒙有限责任公司。当时萨洛蒙公司仅有 7 位股东，分别为萨洛蒙和其妻子、女儿及 4 个儿子（当时法律规定，最低股东人数为 7 人）。公司成立后，萨洛蒙将他的鞋店作价 38 782 英镑卖给该公司，公司付给萨洛蒙现金 8 782 英镑，并发行给萨洛蒙 10 000 英镑有担保的公司债，其余 20 000 英镑则作为萨洛蒙认购公司股份的价款。此后，公司发行了每股 1 英镑的股份 20 007 股，萨洛蒙的妻子和 5 个子女各拥有 1 股，萨洛蒙本人拥有 20 001 股。

不久后该公司陷入困境，经清算债务为 17 773 英镑，公司资产仅为 10 000 英镑。若公司清偿了萨洛蒙的有担保债权，其他无担保的债权人将一无所获。其余债权人主张，公司实际上是萨洛蒙自己的事业，公司不过是萨洛蒙为逃避债务而设的，因此请求萨洛蒙个人清偿公司债务。

初审法院和上诉法院都认为，萨洛蒙公司只不过是萨洛蒙的化身，判决萨洛蒙应清偿无担保债权人的债务。但是，上议院认为萨洛蒙公司合法、有效成立，该公司一经正式注册，就成为一个区别于萨洛蒙的法律上的法人，拥有自己独立的权利和义务，以其独立的财产承担全部责任，股东不对债权人承担无限责任。

二、刺破公司面纱：法人人格否认制度

由于公司的财产独立，股东仅以其出资额负有限责任的思想在判例上获得了最高体现，萨洛蒙诉萨洛蒙公司案成为公司法上最重要的案例之一。然而正是基于同一原因，公司法人人格制度出现了被滥用的风险。部分公司股东及管理者利用公司法有限责任制度的漏洞，非法规避公司对外部主体的债务清偿责任，个别股东或少数股东有了牟取法外利益的机会，这样对公司的债权人则有失公平。

为了克服这一弊端，纠治公司法人人格的滥用，美国法院于 20 世纪初创立了“刺破公司面纱”规则。该规则第一次出现于“美国诉密尔沃基冷藏运输公司案”中，并经之后的多个案例发展而成。在大陆法系国家，这个规则则被称为公司法人人格否认制度，是指对于已具独立资格的法人组织，在具体的法律关系中，如果其社员出于不正当目的滥用公司法人人格，并因此而对债权人利益造成损害的，法院可基于公平正义的价值理念，否认该法人的独立人格，而责令法人的社员直接对法人的债务承担连带责任。

美国《标准公司法》规定：“除非在公司组织章程中另有规定，否则公司的股东并不对公司的活动或者债务承担个人的责任，除了因为他自己的活动或行为，他才可能对公司活动或债务承担个人责任。”美国法律实践中，法院在适用“揭开公司面纱”时，要通过两个测试：第一，股东的行为表明他们在进行活动时从未对公司实体的“独立性”加以考虑；第二，如果法院不否认公司人格，则将导致不公平。但这两种测试仅为法官提供了一个参考的维度，更多的个案还需要在遵循先例的基础

上依靠法官的经验得出最终结果。

针对这一问题，我国《公司法》第二十条也有相关的规定："公司股东应当遵守法律、行政法规和公司章程，依法行使股东权利，不得滥用股东权利损害公司或者其他股东的利益；不得滥用公司法人独立地位和股东有限责任损害公司债权人的利益。公司股东滥用股东权利给公司或者其他股东造成损失的，应当依法承担赔偿责任。公司股东滥用公司法人独立地位和股东有限责任，逃避债务，严重损害公司债权人利益的，应当对公司债务承担连带责任。"第六十四条规定："一人有限责任公司的股东不能证明公司财产独立于股东自己的财产的，应当对公司债务承担连带责任。"对一人公司单独补充说明的法理在于，一人公司较之其他的公司形式更具封闭性，因而在管理和资产上更容易发生混同，这就为股东逃避债务提供了条件。基于对债权人利益的保护，有必要制定严于一般情况的标准。

三、法人躯壳与反向刺破公司面纱

除了上文提到的滥用公司人格的案件，反向滥用公司人格的现象在司法实践中也屡见不鲜。公司股东或者职业经理人运用个人财产与公司财产的相互独立性，将自然人财产转移至公司，以回避个人债务的清偿，这种公司面纱的刺破即为反向刺破公司面纱。传统刺破公司面纱的理论在于，通过否认法人独立人格而追究幕后股东的责任，由股东与公司一起承担对公司债权人的债务，或者在一人公司或母子公司情形下，由股东本人或母公司承担连带责任。反向刺破公司面纱，顾名思义，其责任主体流向刚好相反，由公司替代股东、经理人，或由子公司替代母公司来承担责任。不论是传统刺破公司面纱理论还是反向刺破公司面纱理论，其根本目的在于，通过刺破法人面纱，避免股东逃避债务，进而实现保护债权人的合法权益及社会公共利益的目标。传统刺破公司面纱和反向刺破公司面纱是公司法人人格否认制度的完整体现。

所谓反向刺破公司面纱，即对公司具有实际控制权的自然人为了避免个人债务的清偿而无视公司独立人人格，将自己的财产转移进法人财产，权利人请求无视公司法人人格，要求公司同股东一起承担连带赔偿责任，或者是股东自己请求法院否定公司法人人格，从而使公司获得原本属于股东个人的权利。因此反向刺破公司面纱分为两种：一种是内部人反向刺破公司面纱；一种是外部人反向刺破公司面纱。

（一）内部人反向刺破公司面纱

内部人反向刺破公司面纱，是指公司或者公司股东从内部刺破公司面纱，将公司与该股东视为一体，使公司享有原本只有股东以自然人身份才能享有的权利，其意图为，优于债权人对案件中所涉财产的债权得到受偿。例如，在家庭共有公司的情况下，如果将该公司的财产全部用于清偿债务，将会导致该家庭丧失基本的生活资料，因此该公司或该家庭成员可以请求法院反向刺破公司面纱，为该家庭成员保留基本的生活资料。内部人反向刺破的法理与传统刺破并不相同，它是以保障特定公共利益为目的的平衡规则，其目的是对特定资产的平衡，保护更为重要的公众利益或秩序价值。

（二）外部人反向刺破公司面纱

外部人反向刺破公司面纱，是指公司股东将股东个人或者母公司的财产非法输送给公司，而无视其所控制的公司的法人独立人格，使得公司股东或母公司的债权人利益受到损害，公司股东或者母公司的债权人要求公司承担公司股东或母公司的债务，主要针对股东通过公司的独立法人人格和独立的财产权来藏匿股东自己的财产，以逃避股东个人债务的清偿。在我国司法实践中，母子公司间或股东与公司间存在公司法人人格形骸化，即公司间或公司与股东人格混同时，可以适用反向刺破公司面纱。

第二节　公司产权迷宫与股权面纱的撩开

如果说股东利用法人人格的独立性把公司作为抵抗债权人的工具，

是过去利用法人侵犯债权人权益的惯用伎俩，那么现代经济中更复杂的做法则是，股东或者职业经理人利用“股权面纱”，把自然人包裹进了法人这一躯壳之中，甚至通过多层的股权结构为自己缔造了产权迷宫，侵犯投资人、员工、社会的权益而不被发现、不受处罚。因此除了刺破债权面纱，还需要进一步研究法人资本背景下股权面纱的撩开。

一、现代公司的两个“两权分离”

在历史上，国家或皇室的财产交托有关官吏管理和使用，形成了财产所有权与经营权的分离，后来衍生出私人财产交托给有关人员管理和使用而形成的所有权与经营权的分离。一直到近现代，公司所有权与控制权分离理论的提出，两权分离随着股份公司产生而产生，是经济发展的产物，更是社会进步的必然。贝利和米恩斯在 1932 年出版的《现代公司与私有财产》一书中，对美国 200 家大公司进行了分析，发现这些大公司中有相当大的比例是由并未握有公司股权的高级管理人员控制的。由此得出，现代公司已经发生了“所有与控制的分离”，公司实际上已由职业经理组成的“控制者集团”所控制。钱德勒认为，股权分散的加剧和管理的专业化，使得拥有专业管理知识并垄断了专门经营信息的经理掌握了企业的控制权，导致了“两权分离”。

在经济和工商管理领域引入法人这一宗教概念后，也就引发了现代公司法人所有权制度和治理制度的难题，所有权和经营权事实上在两个层面上形成了两个“两权分离”，即公司出资人拥有的股权和法人所有权的分离；抽象的公司法人所有权与具体的经理人经营权的分离。

现代公司出资人的股权和法人所有权分离，决定了股东需要专业的经理人员替他们管理公司法人，于是便形成了职业经理人队伍。这实际上是建立在现代公司出资人的股权和法人所有权分离的基础上，实现的法人所有权与职业经理人经营权的分离。在第二次分离中，由于法人概念的宗教抽象化，人们看不清法人的本质是什么，只能感觉到法人是由具体的自然人（如法人代表或 CEO 等）所支配的。正是在两次两权分离的基础上，才引发了必须制约内部人控制和保护中小股东权益的法人治理问题。

二、现代公司的三个主体之说

人们不知道左右抽象的、无形的公司法人的手来自何方，这导致了人们对现代公司制度的一场至今仍悬而未决的大争论，即谁是现代公司的主体。

观点之一：所有者主体说，认为股东再分散也是形式上的主人，所以现代公司要强调所有者主体。

观点之二：经营者主体说，认为事实上控制公司的是经营者，尽管在法律上他们居于“仆人”地位。所以“保姆”才是企业的主体。

观点之三：受益者主体说，表达的是谁受益谁就是企业的主体，而没有在法律上对公司这种披着宗教法人外衣、大道无形的现代营利组织有一个明确结论，仅默认谁受益谁是主体的现实，并推崇适者生存为最自然的市场化选择。

公司组织的出现推动了现代市场经济的工业文明，马克思所说的生产经营的社会化通过公司这一载体转瞬完成。可是法人是什么？现代公司的真正主体是谁？虽然理论上法人是对传统私有制的继承，但现实中现代股份公司却是“保姆”当家。可以说，直到今天，“法人是什么”仍然是法、商两界尚未攻克的“哥德巴赫猜想”。

三、公司异化与“保姆管束”

法人复合体是被自然人虚拟出来的，但由于它的股东是一个群体，因此很难形成一个统一的声音。当声音不一致时，每一个股东个体又为他们虚拟出来的法人和由他们聘任的法人执行机构——董事会——所支配。所以企业经营者在法律上处于一种被雇佣的“保姆”的地位，但由于雇佣者的多元化和流动性，他们却能以“保姆”的身份支配雇佣他们的所有者。在现代股份公司中，法人结构就构成了这样一种平衡关系，法人不是自然人，但又必须由自然人来支配或代表，而这个自然人在法律上又是被法人所雇佣的，即支配法人的自然人又是被法人制约的。当所有者形成一致声音时，经营者被雇佣的“保姆”身份就暴露了，然而股东的多元分散与流动变化导致他们永远无法形成一致的声音，这就形成了法人被自然人虚拟与法人对自然人的剥夺。这既是“保姆”的幸运，又是股东们的悲哀，然而这的确是法人制度平衡机制的全部奥妙所在。

法人治理正是解决“保姆”当家问题的平衡机制，法人治理就是由董事或董事会代表分散、多元的股东利益来制约职业经理人。职业经理人在法律上是被公司的股东所聘任的，然而股东的高度分散和流动性，又导致作为“主人”的整体股东一旦聘任作为“仆人”的职业经理人，就会反过来被“仆人”领导，因此现代公司制度出现了法律形式上的所有权主体与现实中的具体经营主体的不同一性。这引发了撩开公司面纱，看到“保姆”当家的现实。我们离不开“保姆”，又必须制约“保姆”，除非我们一致行动，否则必须承认“主人”被“仆人”领导的事实。这使得现代法人治理的结构和机制在公司时代中愈加重要。

四、撩开公司的股权面纱

除了撩开债权面纱，保护债权人利益外，法商管理还要从股权角度撩开公司法人的第二层面纱，破解产权迷宫。这既是中国 40 余年改革和资本市场发展 30 余年的经验，更是未来实现公司法治监管的现实需要。

1993 年，刘纪鹏教授提出在北京 STAQ 系统交易国债的背景下交易定向募集公司的法人股，并获得国家批准，于是正式在北京开通法人股市场。当时刘纪鹏教授做了大量的股份制改造和融资上市案例，被媒体称为“股改第一人”[①]，因此在海航股份制改造融资上市的进程中，应创始人陈峰和王健邀请，参与了海航法人股、A 股、B 股以及 H 股上市

① 文捷．企业股改第一人刘纪鹏——一位企业学者的故事［J］．中国科技信息，1997（3）．

的过程。目前海南航空虽然作为中国四大航空公司之一已经家喻户晓，但是成立之初只有海南省出资的 1 000 万元，陈峰自己描述“顶多能买一对飞机轮子”，这才有了股份制融资的思路。在为海南航空设计的上市方案中，一个亟待解决的矛盾是，几个创始人不能作为自然人直接入股，早期的海航股份公司中，并没有体现陈峰、王健等创始团队的股份。面对这一难题，刘纪鹏教授建议，在海南股份公司之上构造海航控股公司，而原来的创始团队和职业经理人则作为海南航空控股公司的出资人，海航股份公司由于上市，必须股权清晰化到具体的法人或者自然人身上并披露，而海航控股公司由于不上市，因此并没有披露要求，最终海南股份公司上市时候，股东就是海南省政府、海航控股公司和近 100 个法人股股东。在这种设计下，海南航空公司上市后的权益体现在海南航空控股公司，职业经理人则进入了海南航空控股公司的法人股权躯壳中，通过海航控股来控制上市公司并分享权益。

刘纪鹏教授所在北京标准咨询公司为海南航空等公司制作的上市招股说明书，如图 9–1 所示。

图 9–1 刘纪鹏教授所在北京标准咨询公司为海南航空等公司制作的上市招股说明书

在治理结构上，当时的海航总裁王健则提出，由于在法律形式上没有持有股份，又想管理这家公司，能不能完成这样一个治理结构的构造：对待一般股东时，他们代表党和国有股东及工人；对待政府的时候，他们代表股东、工人和企业；面对雇员的时候，能代表所有者；面对股民的时候，能代表党、政府和工人阶级。这样每次出现矛盾时，他们虽然作为经理人，却能代表其他方面，形成“以多打少”的局面。于是，作为上市方案设计者的刘纪鹏，从陈峰、王健这些“保姆”的角度构造了海南航空母子体制下的产权结构和治理结构，给海南航空蒙上了一层面纱，这层面纱就是法人的面纱，从而构造了法人之上的法人。

作为现代法商主体的公众公司和基金，无论是股权结构还是治理结构都和海航一样，他们的主体是谁，被谁控制，至今都是谜，如同蒙娜丽莎的微笑般神秘。公司缔造产权迷宫，构造母子双层次的架构，一方面在产权归属上用公司法人掩盖背后的自然人持股主体，另一方面形成了有利于职业经理人“以多打少”的治理结构，让“保姆”既能代表法人、投资人，又是实际的管理者。站在投资者、公众的角度，法商的使命正是要破解产权迷宫，撩开公司股权面纱，解决今天市场经济中企业的产权和治理两道难题。在历史的局限性下，法商概念没有诞生，股改和治理专家也只能站在当事人的角度为“保姆当家”着想。但从撩开公司面纱的角度看，法商管理的提出显得异常重要。约束公司法人既有法律的硬性要求，也有对企业家个人的伦理要求，而法商管理学结合了工商伦理和公司法治，也结合了世界观和方法论、理论和实践综合因素，从揭示股权面纱到撩开股权面纱，从产权结构清晰到治理结构规范，无疑都将发挥重大作用。

第三节　现代法商管理的时代使命

经典马克思政治经济学认为，资本主义的基本矛盾是生产社会化与生产资料私有在资源配置效率上的不协调，这个矛盾将导致其被新的经济形态取代。但是在现实中，社会化大生产都发生在资本主义国家，却仍然保留了私人占有的基本制度。不过，西方对物的私人占有变成了对虚拟股权的占有，而私有制与社会化大生产的结合点就是现代公司法人，法人是自然人拟制出来的人、财、物的复合体，但法人一诞生就在统治自然人，披上法人的外衣就能融资、做大。在这个过程中，劳动者主体不被承认、所有者主体难以实现，于是变成了经营者主体——“保姆”——当家，因此对法商实体、法人的研究变得异常重要，特别是法人治理结构中，投资者利益得不到保护的残酷现实必须得到解决。

公司时代来临，资本之水载着公司之舟打破了民族和区域的界限，形成了跨国家的产业链，形成了全球企业形态。而蒙上股权的面纱之后就给企业带来了无穷的力量。但海南航空的法人治理股权迷宫，最终并没有让海航实现真正的长治久安，王健个人也在巴黎遭遇了个人的不幸事件，海航是谁的，至今仍令很多人困惑。除了海南航空，著名的海尔电器作为集体企业上市，做法也是把海尔电器的股份化和集团化同步构造，构造了海尔电器的股东——海尔集团公司，以此让海尔电器的股权清晰化。但是海尔集团公司的股东是谁，集体企业谁是主体，至今仍无人可以回答。

有产权迷宫的缔造就必须有更加完善的监管对策，利用空壳的公司来持有股份公司的股份，实现公司股份化和集团化，是一种巧妙的制度安排，并实现了对上市公司的控制和权益分配。但是随着资本市场的完善，目前企业上市的审核中已经提出了“穿透股权”探寻终极所有人的要求，这对刺破法人股权面纱发挥了积极作用。监管要与时俱进，许多当初有效的方法终被证明只能是权宜之计。除了产权问题，治理结构上的监管探索也非常紧迫，母子公司用空壳公司形成了股权面纱，公司法人的所有人是谁，支配者又是谁，理论和实践发生了很大程度的背离，因此我们希望通过对这些经典案例的剖析，推动对这一问题的研究。

今天看来，在法人治理中引入规范、合规、伦理、法治才是公司基业长青的根本，为成功企业和有为企业家规避风险，真谛就是要学习、遵守法商管理。法商管理学的使命就是在撩开公司的债权面纱以保护债权人后，再撩开公司的股权面纱，形成规范的法人治理和法治结构，实现社会生态平衡。否则法商作为虚拟组织，不断进行社会公共融资，在没有得证谁是法人主体的背景下，人类将会在公司犯罪、法商腐败的黑暗中徘徊。除了公司，更加模糊、复杂的企业组织形态——契约型基金等法商实体——的出现，更是对法商管理提出了全新的挑战。如果法商的伦理和治理不能及时普及，我们将继续在新型企业形态中遭受沉痛打击，而这些都亟待现代法商破解其中的奥秘。

第三篇

法商伦理与契约精神

第十章　法商哲学

第一节　法商管理的哲学与文化起源

哲学是人们对宇宙性质以及宇宙内万事万物演化原理等问题的共同规律的凝练总结。与追求严谨逻辑推理的科学与数学不同，哲学是经验性观察的结论，因此根据哲学所得出的结论无法保证百分之百正确，不过它在大概率上能起到指导作用。

中国古代哲学思想最早见于《易经》，“易与天地准，故能弥纶天地之道”，意思是《易经》蕴含了从宇宙规律到人类社会乃至个体人生的普遍道理。而中国古代哲学的内涵在于“比类”以“取象”，《周易·系辞》有云：“易者，象也；象也者，像也。”宇宙间的具有相同或相似特性的事物可以归为一“类”，而“象”是对某一“类”事物共同属性的描述。

东方哲学体系的精髓是，看到一切事物的同一性和关联性，认为所有现象都是一个基本统一体的表现。这一观点在西方哲学中得到呼应。17 世纪的荷兰哲学家斯宾诺莎就认为，自然界中存在一种统摄一切的必然性规律，即宇宙秩序。人类作为自然界中的一部分，只有承认并顺应这种必然性规律来支配自身的行动，才能获得某种程度上的自由。所谓的自由和不自由实际上都是服从必然性，而真正的自由恰恰是认识和理解这一永恒不变的秩序，把外在盲目的必然性变为内在自觉的必然性，去做自己力所能及的事。

哲学虽然在万事万物上具有共性的一面，但它在各个具体领域仍具有不同的重点。20 世纪 20 年代，谢尔登的《管理哲学》开启了从哲学上考虑管理实践的尝试。管理学作为一门学科的成熟也包括了从“科学”引向“哲学”的提升。对于现代企业管理而言，管理哲学作为管理者的世界观和方法论，是管理决策的出发点，其内容包括埃德加·沙因提出的对“自然和人的关系、现实和真实的本质、人性的本质、人类活动的本质、人际关系的本质”的理解和假设。

对于法商哲学而言，中国传统的工商伦理遵循上善若水、厚德载物，道法自然、天人合一，这正是法商哲学的核心要义。现代市场经济快速发展，商业日益繁荣，法商企业已不能简单地“在商言商”，而要深刻理解“君子爱财取之有道”的哲学价值观，要让正确的价值观挺在规范的公司法治之前，成为法商实体自律的核心内容，让法商实体对各类利益相关者承担社会责任。从哲学方法论的角度讲，法商对内管理和对外经营的过程要成为一个遵循哲学方法论的自为的过程，从而推动法治市场经济的繁荣和进步。

第二节　中国法商哲学与道家解释

中国古代的管理思想博大精深。春秋战国时期百家争鸣，以老、庄为代表的道家，以孔、孟为代表的儒家，以孙武、孙膑为代表的兵家，以墨翟为代表的墨家，以韩非为代表的法家，都蕴含有极其丰富的管理思维和管理之道。先秦以降的历代政治家和思想家治国理政都有极其丰富的管理智慧。明清时期以地缘和血缘构成的商帮，自觉地把中国传统文化的智慧运用于管理，并在实践中提出了新的管理智慧，其中最有名的有晋商、徽商等。近百年来，海内外华人企业家在自己的工商业活动中，努力把中国传统文化与工商业结合起来，提出过各种经营理念和管理模式。中国丰富的管理思想是一笔宝贵的遗产，更是建构中国式管理思想体系的有用资源。

一、中国式管理溯源：道法一体

在中国古代，道家思想一直是哲学思想的主导，所谓“以道得民曰儒”。法家就一直宣称承自道家，“法出于礼，礼出于治。治，礼道也”。

换言之，即道法一体。所以道家和法家共同推崇“无为”，而他们对“无为”的解释亦是共通的。“有道之君者，善明设法，而不以私防者也。而无道之君，既已设法，则舍法而行私者也。”（《管子·君臣》）法治能让社会稳定安康，君主与百姓行为都有了规范。

韩非子对《道德经》“绝圣弃智”的解释值得关注，其指出，要抛弃藐视法律的圣和智。“圣君任法而不任智，任数而不任说，任公而不任私，任大道而不任小物，然后身佚而天下治。”（《管子·任法》）因此《道德经》所弃的圣智，是藐视法律的圣智，绝圣弃智不是为了愚民，而是要君民谨守法度。中国古代君王的立法权是最高立法权，其所制定的宪法是最高法，一旦制定，君王自己也必须遵守。“不为君欲变其令，令尊于君”（《管子·法法》），“虽圣人能生法，不能废法而治国。故虽有明智高行，倍法而治，是废规矩而正方圆也”（《管子·法法》）。所以通常以为法家就是支持君王不受节制地为所欲为，这种认识完全与法家思想背道而驰。相反，法家倡导法治的原因，就是因道而设法，将道的规律转化为法规条款，然后要求包括君王在内的所有人依法而行，不要做超出法规之外的事情，就可以实现无为而治。所以实现“无为而治”的前提是，遵循道的原理建立法治体系。没有合乎道的法治体系，就是无道，更不可能实现无为。

中国哲学在道法一家的体系下，义、理、宜为治道的递进关系，是现实治理的规律，形成人们的行为规范，再上升为法规。所以提到礼，不能就认为是封建礼法，或者认为中国自古有礼而无法。相反，礼必须建立在理之上，义是理所表现出来的事物应处的位置，而法是礼的进一步规范化，最终目的是为万物获得更多利益，即德。这正是现代法学和法经济学基础理论的核心内容，当然，更应是法商管理学的核心内容。所以，管理和法在中国从来都不是割裂的，道、宜、理、义、礼、法、德在中国理论体系中，从哲学到社会运行，再到管理、法治，以实现德生万物的目的，层次分明、逻辑清晰。

二、中国法商哲学的基本原则

中国古代管理思想是道法一体的，管理要达到无为而治的境界，就必须建立在法治的基础之上，这体现了法商结合的特点。对政府来说，要实现市场经济所崇尚的无为而治，就必须建立完善的法治基础，完善的法治是市场经济环境下无为而治管理方法的基石。而对市场经济环境中的企业来说，企业需要从受法治约束、遵纪守法，上升到伦理的自觉和自为，在“君子爱财取之有道”的哲学价值观的指引下，兼顾企业多种利益相关者的价值实现。法商企业需要伦理、法治两手抓，让工商伦理挺在公司法治之前，一个是从哲学的角度谈工商伦理，一个是从法律的角度谈公司法治，法商结合，缺一不可，这是诞生法商管理学的理论基石。具体到法商管理上，中国法商哲学具有以下基本原则。

（一）予之为取

予之为取的哲学原理来源于宇宙间的能量和物质交换现象。《道德经》中有云：“将欲取之，必故与之。”意思是要得到它，就必须先给予它。“予之为取”是商业交易中最基本的原则，没有这个原则就谈不上商业交易。

“予之为取”同样也是法商和行为规范的基本原则。法商管理的第一步就是建立分配收益的规则，现代公众公司、股份公司、契约型基金等法商均无例外。职业经理人、劳动者与股东之间，必须处理好利益的分配机制，任何一方只想索取而不给予，都不可能获得良好的治理效果。特别是在中国的改革开放实践中，有些企业家摸索出了股东和员工的利润分成机制，这是对一次分配的突破，是在生产端兼顾公平和效益的举措，值得关注。与民分利，这是管子时代就确立的生产关系，它解释了中国为什么自古就是自由民经济，而不是西方的奴隶制经济，也同样适用于法商的股权架构和激励机制设计。

（二）以卑为卑

以卑为卑在法商哲学上亦有两层含义。

首先是法商治理的制衡哲学。中国哲学对人性的认识有多种表述，有孟子的性善论，荀子的性恶论，告子的人性无善与不善论，韩非子的人本自私论等。但是对于法商管理来说，人之初的人性如何并不是重点，社会人的人性才是管理需要考虑的范畴。《管子·枢言》有云：“人故相憎也，人之心悍，故为之法……凡万物，阴阳两生而参视。先王因其参而慎所入所出。以卑为卑，卑不可得；以尊为尊，尊不可得。”管子从更为抽象的阴阳相推，得出要避免卑的结果，就应“以卑为卑”，即正视社会人的人性中具有恶的一面，建立约束和制衡机制，并以法治体系来予以保障，以发扬社会人的人性中善的一面。法商的治理必须从社会人的人性中有恶的前提出发，构建制衡这种阴暗面的治理体系，并以强有力的法治体系来予以保障，以处理股东与股东、股东与职业经理人、股东与员工之间的关系。如果以社会人的人性高尚为前提，没有构筑制衡体制，就会导致造假、为恶的成本过低，小人得势，最终不仅损害大家的利益，而且会使恶的一面越来越大，导致“好人也会办坏事”。

其次是法商的善下哲学。“江海之所以能为百谷王者，以其善下之，故能为百谷王。”遇到困难，要扶正心志，不要居高临下、盛气凌人，要善下而与民同利，就会得到众人的帮助，从而获得成功。现代商业中的“顾客乃上帝”就是法商善下哲学的体现之一。但是中国法商哲学的善下并非无原则地一味委曲求全，所以说：“信之者，仁也。不可欺者，智也。既智且仁，是谓成人。”

（三）因睽而同

睽，是差异的意思，睽卦是易经六十四卦第三十八卦。因睽而同，是说事物之间是因为有差异互补才可能聚集在一起。《易传·彖传·睽》中说：“睽，火动而上，泽动而下。二女同居，其志不同行……天地睽而其事同也，男女睽而其志通也，万物睽而其事类也。睽之时用大矣哉！”天和地有差异，却可以共同生万物，万物之间有差异才可以共生。

商业的本质就是因差异而有交易，因交易而分工专业化。股东、职业经理人和员工之间，也因为彼此的差异而构成共同的法商。在此哲学理论之下，中国最早发展出了分工经济思想——士农工商分业定居论。欧洲庄园经济属于自给自足的小农经济，一个庄园内部几乎包含了所有生产和消费。一直到亚当·斯密的《国富论》才开始正式重视分工经济。这是西方的商业发展比较晚的重要原因。

（四）名实相生

“名不正则言不顺”，中国自古重视名实相生。在法商管理中，最重要的名就是法商的人格化。法商由众多个人组成，反映众多个人的利益、意志和名誉。如果没有一个统一的名来指代这个组织，那么人们将无法与这个组织进行交易，亦难以对这个组织进行评价。所以中国在周朝就发展出了手工业字号，其有的以姓氏为字号，有的以职业为字号，甚至后来职业成为手工业者的姓氏。宋朝出现了以与姓氏、产业无关的名称和图标来作为商号的白兔商标。中间一个白兔图，寓“玉兔捣药”之意，两边刻有：“收买上等钢条，造工夫细针，认门前白兔儿为记”，这是“济南刘家工夫针铺”的铜版标志。这一设计与现代的商标相比较，仍极为规范，它比英国最早的销售广告要早 300 多年。

有了商号之后，法商就有了如人一样的名字，法商的行为将影响此人格化名字在社会中的地位和评价，而社会亦不必再关心此法商内部系统的细微之处，而只管通过商号来辨认产品、进行交易，这大大降低了交易成本。换言之，法商就具有人格化了。进一步讲就是，商业交易的频繁，对法商的独立性要求增强，越来越多的人格化特点开始集中在法商身上，例如，股东的有限责任等。而这反过来又促进了法商的壮大发展，这充分体现了名实相生的哲学原理。

但是，也不能机械地套用个人的人格化，因为法商毕竟没有独立意志，其意志来自控制法商的人。所以当相关人利用法商的人格特点来损害社会利益时，就不能再机械地抱守法商人格了，而应该揭开其人格化的面纱，回归真实。这就是《道德经》中“名可名，非常名”的道理。

（五）法出于同

何为道？在社会科学领域，中国哲学将其解释为同。多数人共同走过的地方，就成了道。所以管子说："会民所聚曰道。"（《管子·正第》）为了大家的共同利益，集中大家的共同意见，遵循大家的共同习俗，才可以制定法。只有这样的法才具有最小的实施成本，才可以实现无为而治的目标。制定法律极难，必须符合众人的共同意愿才可以颁布。不轻易增加或减损，才能近乎避免过错。

在道同的指导思想下，中国古代法规的制定基于极为明确的利益规则。"人主之所以令则行禁则止者，必令于民之所好而禁于民之所恶也。民之情莫不欲生而恶死，莫不欲利而恶害。故上令于生、利人，则令行；禁于杀、害人，则禁止。令之所以行者，必民乐其政也，而令乃行。故曰：'贵有以行令也。'""善为国者，必先富民，然后治之。"（《管子·治国》）

中国古代哲学强调法治的公平公正。《周礼》中把整个社会，包括国家与神、国家与人民、人民内部的商业关系、亲属关系，都视为契约，是社会契约思想的发源。一部《周礼》完全可以称为《周约》，从这个意义上讲，法出于同，亦指法是社会契约的一部分。

我们很容易发现，法出于同，其内在逻辑与法出于道，或者法出于礼、礼出于治，抑或法出于礼、礼出于义、义出于理，理因乎宜者，是完全一致的。只不过法出于道的说法更加抽象，而法、礼、治、德或法、礼、义、理的层次更加清晰，其体现了国家强制力、社会习俗、社会伦理、社会道德的层次关系，这种层次关系亦是法商管理所要遵循的层次。而法出于同的阐述，则是对道在社会经济中究竟是什么、如何体现在法上，给了既本质又可操作、可判别的标准。而不管从哪个方面来阐述，道法自然的思想都是最核心的脉络。"苟日新，日日新，又日新"，自然在变化，道也在变化，法亦应变化，法商管理的原理亦应随之变化。而不能把任何法律视为先验的、不可更改的，不能要求商业管理削足适履去适应法律。这是法商管理学的价值之一。法出于同，无为而治就可以接近实现了。

2019 年 5 月，Wi-Fi 联盟突然停掉华为的会员资格，接着蓝牙技术联盟、固态技术协会（JEDEC）、SD 存储卡协会等国际行业组织纷纷停掉了华为的会员资格。更加过分的是，电气和电子工程师协会（IEEE）宣称，由于华为被美国政府列入“实体名单”，华为的专家和员工今后将不能再参与任何 IEEE 学术期刊的编审工作，否则会招致很严重的法律后果。其还提到，“IEEE 只能服从美国政府的禁令，别无他法”。对于美国的极限施压以及这些所谓的国际组织对美国政府的亦步亦趋，友好人士在表达愤慨的同时，都为华为捏把汗，因为如果华为被踢出组织，接下来就会失去在相关领域的话语权。然而，事情仅仅过了两三天时间就起了新变化。据《澎湃新闻》报道，继 SD 存储卡协会之后，包括 Wi-Fi 联盟、蓝牙技术联盟、JEDEC 等组织，都纷纷恢复了华为的会员资格。其原因在于，即将上市的华为荣耀新手机搭载了自主研发的超级蓝牙（X-BT）——高性能蓝牙，可以在 138 米无障碍空间内实现不卡顿连接，遇到障碍物时，蓝牙信号还能自动增强。另外，消息还称，华为掌握了蓝牙的一半专利，有最新的 Wi-Fi 6 的技术专利，这些组织撤销华为的会员资格将直接影响自己组织的发展。换句话说就是，由于华为掌握了相关领域的最先进技术，因此如果这些协会真把华为踢出组织，那么华为大可不在乎他们，直接将自己最先进的技术投入到自己的产品中。接下来，如果这些技术不被这些组织所接受，那么国际厂商就得直接购买华为的技术，而这些组织将被绕过，不再有所谓的权威。如果华为在某个时候直接拉上这些企业另立竞争组织，那么原来那些组织就会面临彻底失败的命运。

综合来看，华为做了几件事情。一是投入巨资对全产业链的核心技术进行了研发并实用化，而且建立了强大的预备队；二是强大的预备队并不立即投入市场，而是留出足够的市场空间给合作伙伴；三是对强大的预备队进行保密，隐藏力量；四是在对手对华为进行技术封锁的情况下，释放出预备队。这几件事情淋漓尽致地体现了华为领导者任正非的法商哲学。

法商哲学第一条“予之为取”。华为在具有强大技术能力的情况下，主动放弃相关技术能力的市场给竞争对手或合作伙伴，从而寻求与竞争对手及合作伙伴的合作，这是对中国法商哲学“予之为取”的运用。虽然美国发动了对华为的“围剿”，但是华为“予之为取”的哲学，显然大大推迟了美国发动攻击的时间，从而为华为赢得了宝贵的窗口机遇。另一方面，即使美国对华为发起了“围剿”，华为仍然对其他竞争对手和合作伙伴持开放态度，有效地瓦解了美国的同盟，这也是贸易战中“予之为取”的哲学运用。

法商哲学第二条“以卑为卑”。华为在具有强大技术能力的情况下，隐藏自己的预备力量，以弱示人，这是典型的“以卑为卑”。但是，华为显然从没认为竞争对手或合作伙伴是高风亮节的，相反，华为对竞争对手和合作伙伴可能采取的扼杀措施有着充分的估计，从而时刻不忘准备在别人无理打压的情况下的应对措施，因此建立了强大的预备队来予以制衡。特别需要说明的是，华为对自己的预备队进行了高度保密，这俨然是“为卑”的一种体现，但其根本目的正是“卑不可得”。事实正是如此：SD 存储卡协会、Wi-Fi 联盟、蓝牙技术联盟、JEDEC 等组织都纷纷恢复了华为的会员资格，充分证明了“以卑为卑，卑不可得；以尊为尊，尊不可得”的中国法商哲学。

法商哲学第三条“因睽（异）而同”。一方面，华为留出大量市场给竞争对手和合作伙伴，以谋求和平发展，这是“因睽（异）而同”。另一方面，华为也深刻意识到自己不可能永远居于产业链的下游，因此必须向高附加值的产业链进发。这就必然与美国进入同一领域，没有“睽”（异）了，也就“同”不了了，因此对于贸易战的发生，华为有足够的预估和准备。如果华为轻信西方所宣传的“学术共同体”等价值口号，以为美国会欢迎自己进入人类文明高地，而忘记了中国古老的法商哲学，那么华为就不可能做好贸易战的充分准备，就会被美国轻易“斩落马下”。

法商哲学第四条“名实相生”。华为预备队向市场的推进，必须有一个合理的名义。如果华为主动出击，在多个领域排挤竞争对手或合作伙伴，则极易被众矢矢之。但现在的情况是，美国毫无理由地全方位封杀华为，整个世界看到的都是华为自卫反击，因此华为在道义上占据了制高点。对于美国盟友来说，他们检测出美国产品有大量监听后门，而华为产品则是安全的；华为董事长任正非在后续讲话中不断地把责任归给美国政客，而不是美国公司和人民，华为把道义占足了，也迫使美国盟友不愿意真心跟着美国走。美国的亲密盟友英国违反美国意旨而采用华为 5G 设备就是体现。

法商哲学第五条"法出于同"。美国发起对华为的封锁，毫无疑问，违反了"法出于同"的哲学。美国对"法出于同"的违反，其中包括对人类共同价值的违反和对契约精神的违反。华为也正是抓住这一点，向各国人民提供无差异的优质产品和服务，确保自己产品的安全性，让各国对华为产品用得放心。在事关国家安全的问题上，各国在美国产品和华为产品之间的倾向是不言而喻的，这已经超出了意识形态或东西方文明之争。这正是"法出于同"的哲学体现。

综上所述，华为案例是法商哲学的集中体现，它充分反映了中国古老智慧在中美贸易战中所发挥的巨大作用。

第三节　西方法商哲学

西方并未有明确的法商哲学，更多的是一般性的管理哲学。西方管理哲学是随着人性假设的变迁而发展的。在人性假设中，经济人、社会人和复杂人假设是 18 世纪以来最重要的三大人性假设。经济人假设认为，人是以完全追求物质利益为目的而进行经济活动的主体，经济人假设彻底的物质性特征使得其逐步被其他人性假设取代。社会人假设是工业化中后期的主要人性假设，它根植于当时的社会经济环境，认为在社会上活动的员工不是各自孤立存在的，而是作为某一个群体的一员有所归属的"社会人"存在的。进一步讲就是，不同的人性假设使得人性的能动性、多样性、复杂性得到了充分的张扬，所以可以用复杂人来代表所有的人性假设。

从整体上看，西方管理哲学重个人主义，以个人利益为中心，强调人权、独立和自由，鼓励个人能力和价值的发挥。不过，从托克维尔最早提出的“个人主义”，到美国建国以来对个人权利的强调，再到 20 世纪六七十年代以追求“机会”和“选择”为特征的个人主义，西方“个人主义”也是千差万别的。在经济人假设下，由于极端地强调人的物质性，从而形成了控制的管理哲学。该管理哲学最突出地表现为，将激励与惩罚相结合。在控制的管理哲学下，人仅仅是资本和生产的工具，管理工作围绕着资本和生产。这种哲学忽视了被管理者的主观能动性。

随着从经济人假设到社会人假设的转变，组织成员不再被认为是被动的、孤立的，而是被认为是具有社会需求和交往需要的鲜活的人。霍桑实验表明，影响管理效率的根本因素是工人自身，企业中存在着非正式制度。所以在社会人假设下形成了“重视人、尊重人和理解人”的管理哲学。管理视角从原来的物质因素转到了人的因素，将人视为企业的第一资源，并通过有效的沟通机制寻求组织的物质效率与成员的社会情感之间的协调平衡。

人性假设和管理哲学是一个迭进的提升过程，管理方法和技术变迁也存在着类似的现象。在控制的管理哲学指引下，组织结构与组织关系都存在严重的官僚特征和专制气息。首先，内部组织架构通常采取科层制。组织内的信息流是一强一弱的下达上传模式。从组织顶端发出的信息逐层传达到基层，信息传达过程表现为命令服从，带有强烈的官僚色彩。另外一个信息流，即从基层传达到决策层，却极为微弱和单调，仅仅是对下达信息的被动反馈。在重视、尊重和理解人的管理哲学指导下，组织内的信息流还是基本的下达上传模式。但在和谐系统的管理哲学指导下，由于人性假设的转变及外部环境的复杂性，组织内部结构已经转变为由不同团队构成的学习型组织，在与外部环境的交流中也渐渐形成了供应链系统。具体地说就是，由于经济社会环境变得更加复杂，因此要求组织具有灵活机变和创新的特征，而复杂人的人性假设正好为其提供了行为基础。在控制奴役的管理哲学指导下，薪酬激励是最基本的激励手段；而在重视人、尊重人和理解人的管理哲学指导下，尽管物质激励还是激励体系的主体，但对员工的精神关怀、对组织地位的获取等已经成为重要的辅助性激励方式。

第四节　法商管理的方法论体系

价值观和方法论是哲学的两大体系，作为法商管理哲学的价值观和方法论体系又该如何理解呢？刘纪鹏教授在他的《论改革的方法论和方法论的改革》一文中以中国为例，对这一问题作了系统的阐述："中国的经济改革获得了举世公认的成功，在这期间，中国经济取得了长足的发展，人民的生活水平得到了极大的提高。回顾中国40余年的改革，它的成功绝不是像世界公认的那样，确立在一个市场化发展方向的目标上。因为，俄罗斯改革的市场化方向比我们确立得更彻底，但他们为什么经历重创又回过头来向中国学习？其中的核心问题就是在改革的路径选择上。回顾中国改革的成功经验，改革即使不是成功在'摸着石头过河'，可也得不出'成功等于不规范'的经济学逻辑。"

法商管理学正是强调了"规范"不是天然的，而是来自商学、管理学的实践和原理总结。"规范"产生于商学、管理学并用以规范商学、管理学，而不是商学、管理学要去套用"规范"。这就是法商管理学"道法自然"的哲学理念和法商方法论的宗旨。

一、法商的价值观

法商的价值观包括两个方面：一是法商企业的价值理念，包括企业的效益对社会的贡献；二是企业家追求自身价值的成功理念，包括其经济效益和社会地位。法商企业和企业家的价值理念通常情况下是统一的，没有企业价值的实现就很难有企业家价值的实现，如果企业家的价值理念和法商企业的价值出现了对立，企业家的短期行为、非法操作、铤而走险就会破坏法商企业的价值理念的实现，因此，法商价值观高度强调企业和企业家价值理念的统一。同时，提升法商企业的价值观就是要紧紧抓住企业家这个关键人物，建立法商的道德伦理，并以强有力的公司法治对企业家加以管束，为法商价值观保驾护航。

在现代法治市场环境中，法商企业的核心价值观是，追求企业系统价值最大化、兼顾各利益相关者的价值，在实现自身健康发展的同时造福社会。

法商管理的价值观是追求企业系统价值最大化。纵观企业史，就企业管理所秉持的价值观来说，其演变经历了三个阶段，即追求企业利润最大化、追求股东利益最大化，以及今天普遍认为的追求企业价值最大化。企业利润最大化的实现并不意味着股东利益最大化，在现代公司中，也不乏企业利润增大但股东利益降低的例子。同时，片面追求股东利益最大化，又常常伴生环境得不到保护、消费者利益得不到维护、劳工利益得不到保障等现象，因此一个现代企业特别是具有公众特征的企业，要立于不败之地，就要摒弃单一追求企业利润最大化或追求股东利益最大化目标的狭隘，追求多元的企业价值。

法商管理追求的企业价值不是单一指标，而是一个系统、综合、开放、多元的具有丰富内涵的价值指标体系，本书把其归纳为企业的系统价值。一方面，系统价值体系不是单指某一个主体的价值实现，而是指企业的所有利益相关者，即投资者、经营者、劳动者等内部主体，以及债权人、消费者和社会各个外部主体不同价值形态的全面实现。另一方面，法商系统价值还囊括了有形价值与无形价值、物质价值与精神价值、短期价值与长期价值，既追求财富的创造，又注重承担社会责任；既满足员工的物质需求，又促进劳、资之间的和谐；既追求短期利润，又兼顾持续发展。在现代法治市场环境中，兼顾法商实体企业的各利益相关者的价值实现，才是法商企业既可以健康发展又可以造福社会的不二选择。

在现代公司成为市场经济运行主体的背景下，为了追求企业系统价值最大化，法商企业必须建立和完善治理机制。由于资金来源的社会化、风险的社会化，同时由于两权分离，“保姆当家”成为现代公司普遍的管理和治理模式，仅仅从股东会、董事会、监事会谈法人治理显然不够。法商管理不仅要把与企业相关的独立董事制度、信息披露制度、关联交易原则等重要的制度性规则联系起来，还必须重点开展对职业经理人（保姆）、发行人和大股东的教育。法商管理的价值观认为，必须把来自治理的风险防范和保护投资者的利益放到重要地位，通过有效的激励相容机制，促使董事会和经理层追求符合公司和股东利益的目标，从而实现企业系统价值最大化。

二、法商管理的方法论

围绕上述法商价值观有一系列完整的方法论。《易经》根据天文宇宙模型，提出了众多一般性规律，其中包括后来被辩证法（Dialectics）所吸纳的三大规律，以及更为宏大的复杂系统宏观规律。“道法自然”强调实践，但作为指导方法论的哲学，又高于实践。通常来说，辩证法是重要的方法论之一。辩证法的本意是先理论思辨，再以实践证实或证否，因此称为“辩证”。德国黑格尔仔细阅读了当时他所搜集到的全部有关中国的文字，包括儒家和道家等学说，修改辩证法后提出辩证法的三大规律。然而，由于西方的局部思维传统，黑格尔总结的辩证法三大规律仍然带有西方还原论的强烈痕迹，其希图以微观的对立统一作为基本的驱动力来构建整个哲学体系。

具体到法商管理，劳动与资本的管理就淋漓尽致地体现了辩证法的方法论。首先，从辩证法的对立统一规律来看，劳动和资本是法商中矛盾的双方，双方在历史上一直是相互斗争的关系。然而在相当长的历史时期内，劳动和资本谁也离不开对方。正是劳动与资本的相互协作和斗争，才推进了人类社会的进步，也推进了生产关系的发展。其次，从辩证法的质量互变规律来看，劳动与资本的力量消长，某些微调整仅仅是某一社会形态内部的适应性发展。但是当这种调整到达一定量的时候，就会产生质的变化。

在西方封建时代，资本掌握在领主手中，作为奴隶必须无条件地服从劳动。随着劳动与资本的斗争，劳动者开始有了平民地位，可以自由择业，但从根本上仍然处于被剥削地位，不是被这个资本家雇佣就是被那个资本家雇佣，这就是资本主义社会。

在社会主义市场经济中，劳动者的地位进一步提升，甚至以国家政权的形式予以确认。在具体商业组织中，资本仍旧具有相当大的话语权，劳动者由于力量的分散仍处于被动地位。然而在股份有限公司规模迅速扩大的背景下，新的经济组织形态将迎来革命性的发展。在大型股份有限公司中，资本所有者的股权不断被分散，逐渐失去对公司关键信息的获取权和对公司的控制权，而劳动者却可能控制着公司的关键岗位。虽然在法理上劳动者仍受资本所有者的雇佣，但事实上劳动者特别是高级职业经理人，已凌驾于资本所有者之上。这与国家政权的组织形态是类似的。在国家组织理论中，政府官员在法理上是受全体人民雇佣的，国家所有权属于全体人民，但由于人民的分散化，政府官员就可以获得极大的权力。资本所有者的股权不断被分散，公司的控制权越来越集中到高级职业经理人手中，劳动和资本的这种量变将进一步提升到新的质变层次，如何确保广大投资者和底层劳动者的合法利益，在充分发挥中高层职业经理人积极性的同时又制约他的滥权，成为今天法商管理学研究的核心内容。而这个问题的解决，又是人类社会进入新的社会主义乃至共产主义时代的必要条件。最后，从辩证法的否定之否定规律来看，从推崇资本到推崇劳动，到推崇资本，再发展到大规模股份有限公司中的劳动控制资本，劳动和资本之间经历了多次相互否定的历程，而每次否定都不是对历史的简单重复，而是波浪式前进、螺旋式上升。

辩证法三大规律的重点在于，阐述事物运动的内在机制，但其也并非没有局限。这个局限在于其更偏重于对已发生事实的解释，而较少有对未来进行改造的外在标准。因为对于复杂系统来说，内在作用机制和外在分析预测并非一致。以天体力学中的三体（指的是由三个质点及其相互间的引力作用组成的力学关系）为例，它阐述了一个基本的复杂系统原理：当一个系统中相互作用的因素超过三个时，由于初始条件的极端敏感，已经很难从因素间相互作用的微观层次上来预测这个系统的未来发展。而要分析预测乃至控制此复杂系统的未来发展，就必须到更宏大的层次上来分析。这在《易经》中体现为易道宏观三大规律。

第一个是循环守恒规律。在《易经》的天文八卦模型中，日月星辰循环往返，导致地球气候产生各种大小周期。这是宏观分析中抓住流量守恒、分析流量循环来进行定量计算的基本方法。例如，人体医学、社会经济，都与流量的循环守恒密不可分。这体现在法商管理学上就是，研究法商实体在经济循环中要实现的职能。宏观经济运行的关键，是人流、物流、资金流的循环畅通。经济循环需要动力，这就是优胜劣汰的激励机制；但贫富差距不可过大，否则循环将会因为财富过分集中而被堵塞。这是天道与人道在流量循环上的外在表现，也是公平和效率的统一，更是法商伦理从哲学层面向实践层面的转化。

第二个是极限边界规律。天文八卦模型的流量分析中，北回归线和南回归线就是太阳运动的极限边界。确定了极限边界方可确定七衡圆周，再划分每天的时辰，研判地球上任意地点寒暑交替的精确时刻。这也是宏观定量分析的基本方法。 这体现在法商管理学上就是，研究现代公众公司、股份公司、公司型基金以及契约型、合伙型两类基金中的管理公司等法商实体的边界，以及各法商实体中资本和劳动的边界，乃至政府与市场的边界。

第三个是相对对称规律。天文八卦模型本身是对称的，有寒必有暑，有昼必有夜，有阴必有阳。八卦模型又是相对的，以地球为坐标系，天绕地转；以日为坐标系，地绕日转；球坐标下，运动为立体的；平面射影坐标下，运动为平面。这体现在法商管理学上就是，研究法商伦理和法商运营的动态平衡，法律监管与法商实体的动态平衡，法商实体内从有限股份公司到契约型基金再到市场的动态平衡，资本和劳动的动态平衡，法商盈利与社会责任的平衡等。

三、法商管理学的方法论

正如本书前述，法商管理是依据法商精神管理法商，以最终实现社会资源的有效配置。法商管理学，则是实现这种管理的学问。法商管理学和法经济学是法学和商学交叉的两大领域。法经济学是从经济学的角度出发，研究法律规范的应然性，分析法律制定和实施的成本收益，偏重于定量分析或数理分析。其经济分析方法通常遵从两大改进原则：一是帕累托改进，即一个人的境况由于变革而变好，而其他人不会因此而受到损失，也就是利己不能损人；二是卡尔多–希克斯改进，即如果一个人的境况由于变革而变好，并且他能够补偿由于改进而给其他人带来的损失且还有剩余，那么整体效益将提高，也就是总财富最大化标准。这两种改进暗含了中国传统“治大国若烹小鲜”的渐进改革思想，以及一定程度上的公平思想。不过仅有这两种改进是远远不够的。如果少数人的财富高速增长，而大部分人的绝对财富没有增长也没有损失，那么社会亦可能失衡。因此两种改进仍然是局部的、阶段性的改革原则，它不能作为中长期阶段的改革原则。

经济学发展到今天，必须引入法学的建立在公平基础上的分析方法，和建立在制度性基础上的思维方式。只有建立在公平基础上的效率，才是被社会所承认的效率，才是最高的效率，这也就显得法经济学的生命力更加强大。而按照中国传统的哲学和改革方法论来说，法学所强调的公平，可以在更高的宏观层次上通过理论进行分析，这就是前文所述的天之道与人之道，以及宏观的循环守恒、极限边界、相对对称规律。这些规律对公平和效率关系的解释与分析，上升到了道法自然的层次。

相对法经济学而言，法商管理学更偏重于定性分析的商业管理实践，尤其是法商实体的组织体制实践，它是法经济学理论与商业社会连接的桥梁。定量分析到定性分析之间具有庞大的灰色地带，属于自由裁量领域、法商的伦理道德和效率领域，这些就需要法商管理学来解决。但是，法经济学方法论的基本原则仍然适用于法商管理学，例如，帕累托改进和卡尔多–希克斯改进也是法商管理学应当遵守的原则，并且这两条原则在法商管理学中的重要性可能超过其在法经济学中的重要性。因为在现实的法商管理改革中，那些尽量不去减损某些人群利益的改革措施，遇到的阻力最小，反之就会遭受来自各个方面的抵制。这也是多年来中国增量改革比存量改革更容易推进的原因。法商管理改革成果的优劣的评价标准，就是是否实现了卡尔多－希克斯改进，即是否实现了社会总财富的改进。如果实现了，就说明法商管理是成功的，否则就得不偿失。而在更高的层次上，法商管理学还要考虑天之道与人之道、自然与社会的正常可循环运行；分清政府与企业、企业与契约型基金，以及与市场的边界；保持资本和劳动的相对对称，商业社会才可能可持续发展。

第五节　法商哲学与制度构建

经济史学家诺思曾断言："产权和制度变迁决定了国家的兴衰。"公司制可以说是人类最伟大的发明之一，是足以与印刷术、电、计算机相提并论的发明。公司作为社会主要的经济力量，整合了资本、土地、智力等资源，创造了经济增长，提高了人们的生活水平。近代以后的世界史表明，任何不能发挥公司组织优势的国家或社会都会逐渐衰败，取而代之的是能发展现代公众公司和股份公司的国家，唯有借由公司推动市场经济的生产力与创造力，国家才能登上世界舞台的中心。传统商业营利性组织不具备有限责任、独立法人、募股集资等优势，力量自然远远不如公司。清末薛福成在其《论公司不举之病》中提出："西洋诸国，开物成务，往往有萃千万人之力，而尚虞其薄且弱者，则合通国之力以为之。于是有鸠集公司之一法。官绅商民，各随贫富为买股多寡。利害相共，故人无异心，上下相维，故举无败事。由是纠众智以为智，众能以为能，众财以为财。其端始于工商，其究可赞造化。尽其能事，移山可也，填海可也，驱驾风电、制御水火，亦可也。"他将公司制度的重要性很好地予以说明，认为它是富国强兵之选。

因此现代企业制度包括股权的设计、法人治理结构的设计，等等。企业治理不可“一股独大”，要有中小股东的保护机制；企业治理亦不可陷入“内部人控制”，股东会要能代表股东，要能驾驭住董事会，董事会要能驾驭 CEO 和管理层。对于企业而言，在现代企业制度设计与建设过程中，最忌新瓶装旧酒，例如，公司制度徒具形式，无真正内涵，或者用现代公司制度的外壳掩盖传统一言堂、独裁治理的实质。

进入当代后，资本金融成为企业经营的重要支柱，包括融资租赁、信托在内的诸多行业，企业经营的核心就是一套制度安排。以信托为例，作为一种金融工具，信托逐渐为社会所认同、喜爱，并迅速发展壮大，超越保险行业，成为仅次于银行业的国内第二大金融行业。信托业的快速增长不是偶然，因为它体现的是进步的法制思想、新型的经济关系和包容的文化传统。从法制角度讲，信托是一种基于信用和制衡的制度安排，在这种安排中，委托人、受托人和受益人是法律关系的三方。在他们之间，所有权和使用权分离，管理权和收益权分离，互相制约、互相监督，形成一套稳定的法理制度，体现了一种进步的、稳定的生产关系。

德鲁克曾在观察日本崛起的经验之后，得出一个结论：“管理愈是能运用一个社会的传统、价值观和信念，就愈能取得成就。”中国的历史、传统、国情、发展道路，迥异于世界上所有发达国家，对任何在国外行之有效的制度都不能搞简单的“拿来主义”。践行中国道路、形成中国特色的企业制度，将是这一代企业家肩负的最重要的使命之一，也必将是中国企业给世界管理殿堂的重要贡献。

在法商管理哲学理念的指引下，企业组织运行机制的设计也需要再造。现代企业管理体系应以营销为导向，应将令顾客满意作为企业的工作目标。目前，大多数生产性企业采用职能型的横向部门和层级制的纵向划分，不利于满足迅速变化的顾客需要，难以协调职能部门之间的合作。因此有必要进行组织整合及组织运行机制的再设计。首先，在一定管理哲学思想的指引下，通过企业文化建设，让全体员工对管理层级及运行机制达成共识，并通过一些制度文化和激励机制来保证企业运行机制的顺利进行，把员工的个人目标调整到与企业满足顾客需求的最终目标相一致，调动员工的积极性，推动企业、员工与客户的良性互动共赢。

现代企业的法人治理结构固然不同于古代的君主专制，但是内要知人善任、防奸除恶，外要应对竞争和环境变化带来的各种风险，同样需要做好合规管理、内部控制、全面风险管理，如此才能构筑起坚固的防线，在市场经济激烈的竞争中立于不败之地。今天的企业必须“操契以责其民”，明确事物的规定性，使凡事有法可依、有章可循，只有如此，风险才能得到有效的防范与控制。

第一，合规管理。打铁还需自身硬，企业若要防微杜渐、惩奸除恶，首先要做好自身经营管理的规范化。合规管理要求企业遵循法律、监管规定、规则、自律性组织制定的有关准则，以及适用于企业自身活动的行为准则，进行工作流程的梳理、规章制度的完善，从而避免因违规而可能遭受法律制裁、监管处罚、重大财务损失、声誉损失等风险。

2016 年 12 月 13 日，国海证券发生债券风险事件。公司原员工数人以国海证券的名义，在外开展债券代持交易，涉及金额约 200 亿元、金融机构 20 余家，给债券市场造成了严重的不良影响。为查找事件成因，避免类似事件再次发生，证监会组织力量，对国海证券债券交易业务、资产管理业务，以及与之相关的内部控制、合规管理、风险管理等事项，进行了全面的现场检查。检查发现，国海证券存在内部管理混乱、合规风控失效、违规事项多发等问题，成为合规管理的反面案例。

第二，内部控制。内部控制是指企业董事会、监事会、经理层和全体员工实施的、旨在实现控制目标的过程。内部控制的目标是合理保证企业经营管理合法合规、资产安全、财务报告及相关信息真实完整，提高经营效率与效果，促进企业实现发展战略。企业可通过内部审计、法务会计等管理实践，采取系统化、规范化、科学化的方法，查找可能存在的诸如舞弊、以权谋私等漏洞，评价和改善组织的风险管理、控制和治理过程的效果，帮助组织实现其目标。

2017 年，民生银行被曝光的“假理财案”就是一起内控失范的典型案例，从支行行长、支行副行长，到理财经理、柜员，一条线上的人员非但未能相互制衡，反而共同成了操作风险、道德风险的牺牲品。

一方面，普通民众对于银行的天然信赖，使得银行理财规模得以迅猛扩大，而要求银行“刚性兑付”的思维成为理财规模扩张路上越来越突出的隐患；另一方面，一些银行庞大的分支网络，严厉的考核制度和激进的激励机制，再加上亟待完善的内控体系，对银行健全风控体系提出了紧迫的任务要求。在整个银行业里，类似这种由支行内部人控制引发的风险事件为数不少。一般的银行都是“总行—分行—支行”或者“总行—一级分行—二级分行—一级支行—支行”的管理模式，除了部分大客户由总行或分行的部门服务外，主要业务几乎都由支行开展。这意味着支行行长虽级别不高，但权力不小，支行更容易成为风控源头和风险事件的高发区。因此，必须加强对基层员工行为规范的管理，坚持实行支行行长轮岗的制度。

第三，全面风险管理。全面风险管理则是风险管控的最高形式，是指企业围绕经营目标，通过在企业管理的各个环节和经营过程中执行风险管理的基本流程，培育良好的风险管理文化，建立健全、全面的风险管理体系，包括风险管理策略、风险理财措施、风险管理的组织职能体系、风险管理信息系统和内部控制系统，从而为实现风险管理的总体目标提供合理的过程和方法。在全面风险管理中，风险一般被分为市场风险、信用风险、操作风险、声誉风险、战略风险。内部控制无法衡量资本市场波动会给公司带来多大风险（市场风险），无法衡量交易对手赖账的风险（信用风险），更无法衡量公司战略方向错误带来的风险。当然，全面风险管理的精髓，还不只是考虑这 5 类风险。全面风险管理认为，必须把管理风险的职能提升到高级管理层这一级，必须有一个首席风险官和独立于交易部门的风险管理部门，来客观地衡量这些风险。而且从技术上讲，各个风险之间有分散作用，也必须由一个统一的部门来管理，才能真正考虑到这种分散作用。

随着人类社会进入信息化时代，信息、知识和资讯等均呈现出几何数量级的增长态势，知识在以惊人程度不断迭代，每个人学习到的新知识可能用不了多久就会因成为过时的东西而变得没有价值。所以，管理学大师彼得·德鲁克将学习看作是人一生最重要的功课，“每个人必须学习和再学习，这是对自我发展和事业前途的负责。”彼得·圣吉更是提出了要把建设学习型组织作为企业的终身使命和目标，同时也强调人和组织要持续不断地进行学习和自我更新，才能在时代浪潮中立稳脚跟，应对挑战。只有优秀的学习力、精进力，才能更好地适应时代的变化和竞争的挑战。沉舟侧畔千帆过，病树前头万木春。人类探索真理的道路是否定、肯定、再否定，不断反思，自我改进和扬弃的过程。只有自我批判的精神代代相传，才能保障企业当下与未来的持续进步。

【案例】

联邦快递创业过程的启示

弗雷德里克·史密斯（Frederick Smith）创建的联邦快递公司（FedEx Express）可谓家喻户晓。创业之初，史密斯对公司的前景有一个大胆的设想：公司将通过由喷气机、卡车、人员组成的全国性网络，为信件和小包裹提供可靠的隔夜送达服务。这位极富魅力的退役海军陆战队飞行员建立的联邦快递公司所提供的服务是一个无所不在的口头禅——交给联邦快递（to FedEx），堪称世界快递物流的神话。史密斯是如何获取到创立公司所需要的资源，如何度过数不清的危机，最终使联邦快递公司转亏为盈的呢？

1971 年，年仅 27 岁的史密斯开始真正实施“隔夜递送”服务的创业梦想，开始了改变世界快递物流的创业之旅。

创业需要资金，而史密斯的第一个令人匪夷所思的举措是购买长期亏损、前途渺茫的阿肯色航空部件销售公司。史密斯出其不意地改变了公司的经营方针，把公司改造成废旧喷气机买卖的“情报交流所”。凭借独到的眼光和过人的管理艺术，公司运营情况迅速好转，头两年的营业收入达 900 万美元，获利 25 万美元，这为史密斯全心考虑下一步计划打下坚实的基础。

面临如何创建一个“能够隔夜送达小包裹”的公司的问题时，方方面面的想法不断涌现，令史密斯考虑得更加周全。

第一个问题是，这样的服务是否真的存在市场？史密斯委托两家咨询公司对当时的运输快递形势进行了调研。报告指出，由于运输时间过长以及运输成本过高，社会公众对当前的运输快递服务极度不满，小型紧急递送却能很好地满足公众的需求。而且，全部空运量的 60% 以上是在 25 个大市场之间进行的，小型紧急递送量的 80% 的市场却存在于这些大市场之外。经常发生的情况是，小地方的发货人或收货人为等待姗姗来迟的车辆而心急如焚。某些工厂和研究机构并不位于中心城市，当他们有紧急包裹需要邮寄时，更迫切需要这样的隔夜传递服务。

第二个问题是，提供这种快速递送服务有保证吗？史密斯了解到，美国国内 10 家商业航空公司中有 9 家公司的班机在晚间 10 时至第二天上午 8 时停留在地面上。也就是说，从深夜到清晨期间的空中航线是不拥挤的，起飞和降落相对来说都会比较顺利，这令史密斯兴奋不已。

之后，史密斯开始着手筹集资金来创办这样一个快速递送的公司。资本需要量巨大，而且潜在的投资者对这种设想的疑虑也较多。史密斯不仅投入了他的全部资金——800 多万美元，还多方斡旋，频繁活动于风险投资家和银行等机构之间，吸引投资家相继投入了 4 000 万美元。同时，几家感兴趣的银行也拿出同等数目的款项，使投资总额达到 9 000 万美元，这是美国商业史上单项投资最多的一次。

史密斯把这家公司命名为“联邦快递公司”。公司于 1973 年 4 月 17 日开始营业，在 22 个城市开展业务。但在开始营业的前 26 个月里，联邦快递公司就亏损了 2 930 万美元，处于随时都可能破产的险境。公司的早期投资者打起了退堂鼓，不肯继续投资。

但对联邦快递公司最具毁灭性的打击来自民航委员会的航空管制。联邦快递公司计划使用的猎鹰涡轮喷气机违反了管理空中计程车的第298号条例：禁止空中计程车使用起飞重量超过12 500磅的飞机。联邦快递公司引证公众对隔夜送达快递服务的需求尚未得到满足的事实，建议民航委员会修改条例，将限制起飞重量改为限制有效载重能力。民航委员会最终于1972年7月18日解除了该条例的限制。

由于商业运输需求的猛增，美国国内主要货运机构没有力量满足小城市的要求，这为联邦快递公司提供了巨大市场缺口，使它的业务量很快增加。史密斯迅速从其他航空公司购买了100架半旧的波音727飞机，大大地扩充了公司的实力。

1976年，联邦快递公司成为小包裹运输市场的领导公司。1976年5月31日财政年度结束时，该公司净收入达到360万美元。联邦快递受理了美国所有低于100磅的优先运输包裹航运量的19%，而第二大运输公司埃默里航空货运公司的市场份额为10%，航空快递公司的份额为5%。

1983年5月31日财政年度结束时，联邦快递公司得到了10亿美元的销售收入（1978年仅为1.6亿美元），8 900万美元的利润（1978年仅为1 950万美元）。史密斯作为一颗冉冉升起的新星出现在企业家世界中，联邦快递公司也成为华尔街的“宠儿”。

除了拥有对理想的那份执着外，敏锐而善于捕捉商业机会的头脑也成为史密斯创业成功的必要条件。史密斯从事的运输业是历史上最古老的行业之一，只是史密斯同别人不一样，他敏锐地觉察到了新技术的诞生赋予这个行业很多全新的内容，从而成就了联邦快递。30多年后，史密斯因为把握住了这样一个机会而被誉为“创造了一个新行业的人”。

【思考问题】

1.在创办联邦快递公司的过程中，史密斯都遇到了哪些与管理和法律有关的问题？史密斯和联邦快递公司是如何解决这些问题的？

2. 假如这些问题发生在中国，结果会怎样？

3. 史密斯的创业历程引发了你对法商管理哲学的哪些思考？

【参考文献】

[1] 毛泽东选集（第一卷）[M]. 北京：人民出版社，1966.

[2] 郭建等. 中国法制史 [M]. 浙江：浙江大学出版社，2011.

[3] 王斐弘. 治法与治道 [M]. 厦门：厦门大学出版社，2014.

[4] 葛荣晋. 中国管理哲学论纲 [J]. 教学与研究，2006（07）：29-34.

[5] 葛翀，黄卫挺. 管理哲学变迁及其对管理方法的影响 [J]. 经济纵横，2007（16）：64-66.

[6] 钟宇人，余丽嫦. 西方著名哲学家评传（第四卷）[M]. 济南：山东人民出版社，1984.

[7] 刘敬鲁. 从管理的社会历史规定看管理哲学的问题领域 [J]. 哲学动态，2007（02）：3-9.

[8] 彭光灿，李道模. 管理学与管理哲学的联系与区别 [J]. 理论月刊，2012（02）：53-56.

[9] 王广德，王立，刘文芳. 从近代物理学上看物质与精神的同一性 [J]. 吉林师范大学学报（人文社会科学版），2011，39（04）：20-36.

[10] 唐建荣，李华. 中国古代管理哲学与西方现代管理理论的差异及互鉴 [J]. 吉首大学学报（社会科学版），2014，35（05）：46-53.

[11] 蒋时节，景政基. 管理哲学的内涵及其在企业管理中的运用探讨 [J]. 重庆建筑大学学报（社科版），2001（04）：71-75.

第十一章 企业法人人格与法商伦理

在人类历史长河中，商德对商业行为和商业主体发挥着不可或缺的调节作用。商德既是商业主体对自己的要求，也关乎整个社会对商业和商业主体的认识。

商德是多元的。中国历史上的“义利之辨”代表商业伦理争论。重义轻利、讳言财利似乎是中国传统社会的主流。不过，人性假设不只有“人之初，性本善”的性善论。法家承认人性的自利行为，例如，孟子评价杨朱“拔一毛而利天下，不为也”，荀子提出了性恶论。

商德是随历史变迁的。游牧文明对商业和商人是尊重的，而随着农耕经济的发展，商业受到打压，重农轻商成为主流。随着近世海洋经济和全球贸易的兴起，重商主义逐渐兴起。

在全球视角下，商德的多元性和变迁性更加显著，不同文明对商德的理解各有特点。基督教伦理批评高利贷，伊斯兰教反对利息，而古代中国却有官方高利贷，甚至有政府向民间借高利贷的情况，韦伯提出了新教伦理并认为它是资本主义兴起的缘由。

商德应该发乎行为主体的自我，强调人的自我，尊重人的自我。恰如《道德经》所言：“上德不德，是以有德。下德不失德，是以无德。”如果商德上升到一个制高点，成为压抑人性的口号，那么商德对商业行为的规范作用就会下降。反之，上善若水，道法自然。如果商德基于人性，那么商德就能很好地在社会中运行。“善者因之，其次利道之，其次教诲之，其次整齐之，最下者与之争。”好的管理首先是因人性而为，而这正是商德教化所要达到的无为之治。

古人将经商称为“陶朱事业，端木生涯”，一半是出于对商人聚财有道的钦佩，一半则出于对商人价值观的称颂。人类社会的发展催生出

“伦理”与“法律”两个重要的行为调节准则。伦理在商业活动中长期发挥着普遍而巨大的规范作用，不过随着法治经济的转型，法律的作用越来越重要，那么融合商业伦理与法治就形成了法商伦理。

在法治市场经济的时代，不仅需要坚持“君子爱财，取之有道”，更需要寻求法商时代的商业行为与道德伦理、法律规范的统一。伦理与法治相互融合，伦理扬善，法律抑恶，相辅相成。法商时代首先面临的就是从自然人的商德向法人的商德的转变。一个理解商德的法商实体应该坚守法人人格和法人伦理。从企业角度看，企业伦理体系应该把法商伦理融入自己的价值体系和企业文化中，奠定现代企业商业行为的伦理基础，从而使法商运营的过程成为一个遵循伦理道德的自为的过程。

第一节　商业伦理与法商伦理

一、伦理扬善，法律抑恶

由于利益的驱使，层出不穷的不当的商业行为给社会带来了质量低劣的商品和服务，对社会公众的生命和安全造成了很大的伤害。人类也一直在思考如何正确地引导和规范商业活动，使之朝着更健康、更有利于社会的方向发展。最终，人们发现了“伦理”和“法律”这两个非常重要的调节手段。市场经济是法治经济，也应该是道德经济。法律和道德（伦理）指挥着自由竞争的市场能够正常运行。

伦理是在处理人与人、人与社会关系时应遵循的原则和规范，是客观存在的判断是非对错的标准。伦理判断的核心是正当，使用的尺度是对与错；而道德判断的核心是善，使用的尺度是好与坏、善与恶。德行是为人处世的根基，从事商业活动也应该遵守德行。儒家追求“厚德”的君子人格，“天行健，君子以自强不息；地势坤，君子以厚德载物”；道家推崇谦下之德，“上善若水，水善利万物而不争”，把自己放得更低，才能走得更宽广。只有行善积德才能德财匹配，才能承受得起自己拥有的物质和精神文明。

法律是商业活动中另一个重要的调节手段。1978年后，中国不断完善的商业法律体系为社会主义市场经济提供了强有力的保障，如《公司法》《知识产权法》《金融法》等。这些商业法律的诞生，能够有效地规范商业活动中的公司行为，对引导和保护商业活动的正常运行起到了积极作用。

伦理调节和法律调节能够互相促进。伦理对社会舆论的良性引导，对社会风气的净化，可以为法律调节创造更有利的社会环境和条件。商业法律以强制手段来约束甚至惩罚违法的商业行为，对商业伦理的推广和普及起着保护作用。

伦理调节和法律调节有着非常明显的两点不同。第一，在调节方式上，伦理调节靠的是对于公众的内心信念和价值观的影响，发挥教育功能，创造良好的社会氛围，以达到规范商业行为、协调人际关系的目的。对伦理规则的遵守是“非强制性”的，靠的是人自身的坚持和信念；而法律以国家强制力作为后盾，由军队、警察、法庭等威慑力量来打击违法的商业行为，维持商业活动的正常秩序。第二，在影响范围上，伦理规范覆盖的范围要比法律大很多。与商业有关的法律虽然逐步在完善，但毕竟数量有限。而伦理是不成文的规范，形成于社会对于某个问题的关注，能够覆盖的问题要比法律更广。许多行为尽管合法，却不一定符合伦理的规范。

相比而言，法律具有一定的局限性。第一，立法一般是滞后的。立法一般是个漫长的过程，从一个社会问题引起社会注意，到启动立法程序，继而经过调研、草拟、辩论、修订及审议等整个程序，历经数年时间再正常不过。而在法律生效之前的这个真空期，需要一些其他形式的规范来引导社会行为。第二，法律具有一定的局限性。立法者无法收集到所有的信息，自然会影响最后成文的法律。同时，涉及具体的立法程序时，立法者之间就会出现分歧。而有些法律条文不够清晰，也会增加法院在判决过程中的难度。第三，法律善于惩恶，却不善于扬善。法律条文只对不应该或者禁止的行为做出了明确的规定，而对于既不禁止也不鼓励的行为，以及鼓励和支持的行为并没有规定。所以法律没有办法在弘扬社会正气、树立模仿榜样方面起作用。第四，法律的实施有一定难度。法律的条文专业且复杂，不熟悉法律的普通人难以及时地拿出法律武器去保护自己。同时，限于人力和财力的匮乏，现在确实没有办法对于所有的违法行为都给予及时且合理的判决。

法律的局限之处恰好由道德伦理发挥关键作用。但是，道德永远代替不了法律规则。在利益面前，尤其是在资源匮乏时期或利益巨大的时候，任何道德的呼唤都显得那么苍白无力，此时对于人性的考验往往是悲剧的结局。简单粗糙的监察制衡机制也只会导致效率低下，从而丧失机遇。最好的或是唯一的上策就是不断完善法治，让法律制约人性的弱点。

二、传统商业伦理

商业活动被认为是一种对“利润”或“利益”的追求，而很多商业行为被认为是理性、现实甚至是冷酷、奸诈的。如何认识商业以及如何经营商业就涉及商业伦理问题。义利之辨是中国传统商业伦理最核心的部分。经济伦理首先要肯定“自私”“私产”“营利”。所谓“天下熙熙皆为利来，天下攘攘皆为利往”。不过，讳言财利成了汉代以后儒家的基本立场，提倡“正其谊不谋其利，明其道不计其功”。传统商人群体也遵循讳言财利而从事经营活动，最终衍生出了中国传统商业伦理——不再是单纯地追求利益的最大化，而是将买卖置于道德的标准之下去考量。

儒家经济伦理既承认人们追求财富的道德合理性，又强调以道德抑制利欲，经济活动必须服从道德原则，肯定舍生取义、义字当先的商人楷模。“义利统一”“诚信无欺”“对消费者负责”等都是中国传统商业活动中的核心伦理思想。这些伦理思想从古至今都影响和引导着中国商人的各项商业活动，使商人行为能够更符合社会的期待，为社会带来的是正面的影响。

除了儒家之外，释、道等文化信仰对中国传统商人伦理也有着深刻影响。道教文化讲求“天人合一”，佛教文化讲求“因果报应”，都客观约束着商人的经济行为。同时，民间信仰也影响商人行为和商业伦理，潜移默化中构建起了一套个人心理约束机制。例如，纸行供奉蔡伦、木器行供奉鲁班、山西商人推崇关公、徽商推崇朱熹等。有的商人也被神化，如王亥、范蠡等商人都被神化为财神。

这种宗教和神化在西方商业伦理更加普遍。《圣经》明确要求尊重他人的财产和所有权，“不可偷盗”“不可贪恋人的房屋，也不可贪恋人的妻子、仆婢、牛驴、并他一切所有的”。中世纪经院学派的代表阿奎那认为，“一个人用他从商业中获得的适当利润来维持自己的家庭生活，或者帮助穷人”就不应该被谴责，进一步肯定了自利和追求自身利益的最大化。

“看不见的手”为市场经济下的商业行为给予了伦理取向。亚当·斯密说：“毫无疑问，每个人生来首先和主要关心自己。”而他这样做，“是恰当和正确的”，“他所盘算的也只是他自己的利益。在这场合，像在其他许多场合一样，他受着一只看不见的手的指导，去尽力达到一个并非他本意想要达到的目的”。“他追求自己的利益，往往使他能比在真正出于本意的情况下更有效地促进社会的利益。”于是，市场竞争实现了人与人之间的互利和整个社会的协调一致。

传统商业社会主要依靠伦理规范，而法律规范并不明显。不过，我们要注意到，传统社会存在以礼入法，以“礼”规范人们的言行。法合于礼，礼入于法，最终导致礼法融合，约束法商伦理成为礼以及入法的礼。“礼”是儒家旨在维护宗法血缘关系和宗法等级制度的重要工具，法是统治阶级直接制定的强制性规范。

第一，传统社会强调诚信伦理，有利于营造好的商业环境。《论语·为政》有云：“人而无信，不知其可也。”意思是说，人要是失去了信用或不讲信用，不知道他还可以做什么。徽商、晋商等历史上成功的商人都注重“诚信”这一伦理准则。在委托代理和信托关系中，“受人之托，终人之事”表示答应了别人的事情，就要忠于别人的委托，这是典型的降低委托代理和信托风险的伦理规范。“得人钱财，与人消灾”表达了忠于托付的意愿。“因果报应”也让遵守信托关系成为第一选择。

第二，借用家族伦理、乡缘伦理等秩序。为了保证掌柜和员工不违反东家的利益，晋商不仅避亲用乡，构建了顶身股制度和严格的号规等激励机制，还强调拜关公，推崇信义，让掌柜和员工不违背东家利益。徽商主要采取家族经营的方式，员工往往都是族人，为了激励员工不违反老板利益，不仅发奖金，帮助员工独立开店，还采用族规家法，对违反商业伦理的行为予以家族伦理的处罚。这种用家族伦理支持商业伦理、少用法律的方式在传统社会普遍存在。

三、法商伦理

在法治经济时代，商业伦理不再是简单的礼教，而是与法治结合，就如何处理法、商业行为与伦理关系，构成了法商伦理。因为随着社会生产的扩大，跨越时间、空间的大规模资源配置成为社会经济的常态。一方面，依靠个人道德的商业伦理规范难以有效约束和保障商业行为有序规范地推进，因此需要强化法律规则。另一方面，随着法人的出现，市场行为主体变得多样，对法人行为进行约束规范也成为新的问题。这两者都呼唤法商伦理体系。

法商伦理是商业行为中有关法治的伦理问题，包括法律、企业与自然人，法治、商业行为与人性，法与情、理、利等相互关系等。首先，法商伦理应该承认商业行为的合理性，尊重从事商业行为的个人和法人。如果商业行为得不到尊重，那么商业行为必然得不到发展。商业行为不仅是商业主体求利的行为，而且可以为全社会做出贡献。在法治社会中，法律必须保障每个人的基本权利，保护公民的人身权和财产权等权利，尤其是保护企业，保护企业家精神。让敢于创新、敢于承担不确定性的企业家放心发展，让遵守商业规则和法律法规的商人安心经营，是法商伦理的基本底线。其次，商业行为应该尊重法商伦理。商业行为应在最终效果上有利于社会公益。商事主体在行使自己权利的时候也应该尊重别人的权利，禁止滥用权利。从根本上讲，商业主体要有良知，要知法懂法；法律保护有良知的商业行为。

第二节 法人伦理的管理内涵

法人是法商伦理的重要主体，是法律中某种社会组织的“人”格化，具有民事权利能力和民事行为能力，是区别于自然人的依法独立享有民事权利和承担民事义务的主体。理解法人的本质首先要理解法人人格。公司法人人格是公司法人所具有的独立的法律主体资格，是公司法人以其自己的名义享有民事权利和独立承担民事义务的主体资格。公司以其全部财产对公司的债务承担责任，公司股东以其出资额为限对公司承担责任。可以看出，公司的独立人格和股东的有限责任构成了公司法人制度的核心内容。法人人格让企业能够从传统政商关系中取得独立经营的地位。为阻止公司独立人格的滥用，法人人格否定也是健全法人人格的必然要求。严格遵循和有效执行法人人格，对于完善企业制度和市场机制，降低投资风险，促进整个社会经济发展具有十分重要的意义。

企业本质上说是人与人之间的关系，是一种团体共同行动的模式。每个自然人都有自己的人格，那么由自然人所组成的集合体是否也应该具有一种人格？人类作为社会人，自古以团体形式生存，但是享有法律主体地位的团体却是法治社会后出现的。19 世纪以来，资本成为调配资源的核心力量，而资本的人格化是法人人格深层次的逻辑。

一、法人人格的伦理属性

古希腊法律中已有人格制度的萌芽，人格是从法律上赋予市民的主体资格。古罗马人按照不同等级赋予人差异化的公权和私权，也就是有人格或无人格，有高人格或低人格。在古罗马法学家的眼里，只有自然人才拥有权利，法律上的人也必然是自然人，但是古罗马法学家提出了人和人格分离的观点。法国的《人权宣言》和《民法典》确认了任何一个生物人均享有平等的法律人格。团体的人格已经与生物人的人格完全分离，是一种与自然人截然不同的具有独立社会价值的主体，也就是法人。1900 年，德国《民法典》正式确立法人制度，赋予以一定自然人或财产为基础的社会组织以民事主体资格。整体上，罗马法开始承认团体人格的部分存在；法国《民法典》承认经过特许设立的社会组织享有民事主体地位；德国《民法典》则促成了法人制度的确立。按中国《民法总则》的规定，法人可以分为营利法人、非营利法人和特别法人。营利法人是以取得利益分配给股东等出资人为目的成立的法人，包括有限责任公司、股份有限公司和其他企业法人等。非营利法人是为公益目的或者其他非营利目的成立的，不向出资人、设立人或者会员分配所得利润的法人，包括事业单位、社会团体、基金会、社会服务机构等。特别法人包括机关法人、农村集体经济组织法人、城镇农村的合作经济组织法人、基层群众性自治组织法人。

法人一旦形成，就对传统工商伦理提出了挑战。自然人行为自然被认为有伦理属性，但是法人伦理是否存在呢？从历史传承看，自然人有伦理，企业法人也有伦理属性。《民法通则》第一百零一条规定："公民、法人享有名誉权，公民的人格尊严受法律保护，禁止用侮辱、诽谤等方式损害公民、法人的名誉。"第一百零二条规定："公民、法人享有荣誉权，禁止非法剥夺公民、法人的荣誉称号。"这实际上就将人性赋予了法人，如果法人享受权利，就应该受到相应约束，自然包括伦理约束，即法人应该承担伦理责任。团队是人的简单集合体，每一个人都具有伦理属性，那么团体自然也有伦理属性。当然，这并非意味着集体伦理属性就会自动形成。只有当每个人的意志形成共同意志，而共同意志有机地形成团队意志时，团队才能具有统一的伦理属性。

二、企业法人伦理

企业是由有伦理属性的个体所组成的，因此企业法人伦理应该是众人伦理的集中体现，并应作为组织行为的价值基础和动力源泉。一般来讲，企业法人伦理首先需要管理层具备健康的伦理作为基础，并在公司内倡导众人形成共识的价值观体系和道德伦理，从而形成集体的契约，以此作为每个成员对自己的承诺。企业的统一伦理属性并非生而有之，它是需要精心引导和培育的。

传统的企业管理依靠"去伦理化"的强权力量和物质利益分配机制。这样既无法避免个体利益与群体利益在价值上的对立和行动上的冲突，也无法避免以牺牲个人伦理属性获取收益的不道德博弈。同时，在企业外部，企业作为社会结构的一种单位形式，处在一个由各种利益相关体构成的环境中。因此，公司法人伦理也是在与外界环境相适应的过程中形成的内部价值体系与外部行为的统一。

企业法人伦理是指由组织内全体人员通过契约整合而成的企业价值体系和伦理道德，以及与经济发展规律和人的伦理成长规律相一致的态度与外部行为的统一。企业法人伦理是企业的无形资产，是现代企业的本质特征。对企业法人伦理特质的认识是企业真正重视人力资源发育和伦理精神培养的根基。

纵观企业发展史，成功的企业都有一个共同的特点，那就是重视对人的道德伦理的培养，树立企业精神和文化、形成高尚的企业法人伦理，已经成为企业不败经营的秘宗；而失败的公司的特点也是惊人地相似，他们都为一种落后的精神和劣质的伦理所困扰。

三、健全法人伦理

企业是构成现代社会的细胞，具有经济性和伦理性的二重性。健全的法人伦理应该是二重性的统一。追求经济性是法人伦理的根本，追求盈利是企业法人行为的基本伦理属性，但是追求盈利的方法更需要符合企业伦理。企业各个层面的活动均不可能也不应该摆脱经济属性与伦理道德属性的约束。

企业法人伦理是蕴含在企业生产、经营、管理及生活中的伦理关系、伦理意识、伦理准则与伦理活动的总和，包括企业的道德风气、道德传统、道德心理、道德信念等。企业伦理是一种高度社会化的经济伦理，是对经济行为的一种法律意义以外的自觉调整和制约，是相应的伦理意识、伦理规范和伦理行为的总和。

企业伦理的任务就是指导企业处理与各利益相关者的关系及在此过程中应该遵循的原则。企业离不开诚实守信的伦理价值准则，也必须遵守有关法律与公平竞争准则。企业法人类似于自然人，是根据企业自身意志来行动的独立行为主体。只有具有可独立行动的主体性和道德权利的行为主体，才能承担相应的道德责任。因此，企业所具有的独立法人地位，是企业承担道德责任的前提。企业本身是个无生命的系统，但企业的主体是人，所以企业又像是一个有生命的机体，对内有生存、生计的主观意志，对外存在着服务和适应社会的客观行为，因此，我们自然可以对企业的经济行为做伦理化假设。

企业与自然人一样，具有人的特征和品格。企业作为具有独立法人资格的伦理实体，应具有自身独立的道德品性和伦理精神。因此，法人伦理既包括科学精神的内在治理因素，也包括道德品质、社会责任等非治理因素，企业伦理会内化为企业产品和企业经营行为。

健全的法人伦理应该在以下三个基本方面有所体现。

第一，具备对外承担社会责任的企业伦理观。德鲁克指出："企业的目的必须在企业本身之外，事实上，企业的目的必须在社会之中，因为工商企业是社会的一种器官。"企业的社会性决定了企业有履行社会责任的义务。一个公正的、法制的和稳定的社会是企业生存和发展的必要条件。企业在追求自身利益的同时，必须重视社会利益，体现企业自身价值与社会价值的统一。

第二，具备公平、公正地对待劳动者及管理者的伦理观。企业内部社会责任是企业对内部员工及管理者的责任和保证，包括企业对员工的人身安全保证、自由保证、尊严保证。企业社会责任还要求企业解决各种歧视现象，要做到一切机会真正向所有员工开放，公平解决收益分配问题，所有的员工无论地位高低一律平等。

第三，具备健康的心理素质。健全的法人伦理还表现在企业法人的心理素质以及企业员工群体的心理效应和情绪氛围方面，良好的心理素质和情绪是企业伦理的重要组成部分。如果一个企业处在多变的外部环境的干扰下，那么领导和员工都易产生浮躁、冲动心态；若企业面临困难甚至危机，领导和员工就会惊慌失措或消极应付；而一旦企业有所成就、发展顺利，又会滋长领导和员工骄傲自满、奢侈浪费的风气。这些都是心理素质不健全的表现，是企业发展的潜在危害。

第三节　企业法人伦理的构建

一、企业法人伦理的发展阶段

根据道德主体性和道德内化理论，企业法人道德的发展实际上是道德主体在成长的过程中将道德转化成内在的精神力量，进而外化为道德行为的过程。道德主体在社会化成长过程中，不断地进行道德内化，呈现出阶段性发展的特点。

第一，在道德失范性阶段，企业整体的道德特征主要表现为重利轻义和机会主义等。此时的企业更加重视自身的利益而轻视道德和法律，因而可能会践踏法律的尊严，或者利用法律的盲区以及员工对法律的无知来赚钱。在这一阶段，企业的道德风险最大，企业很可能会因为违法或者违背道德经营而丧失未来的发展空间。同时，这种影响也可能会连累企业内部成员的家庭，破坏家庭成员之间的安定、和谐关系。其中最直接的可能会导致企业家的身心受到负面的影响，自身报应是其品尝到的最大苦果。现实中一些企业家自杀或患心理疾病的现象就是典型的例子。

第二，在道德遵从性阶段，企业的整体道德特征表现为安守本分，遵守道德底线，服从道德和法律的约束，遵守行业规则。一些企业只是做了些本分的事情，却以为自己很了不起，结果却没有人买账，最终很可能会动摇企业遵守道德的信念，从而发生企业道德滑坡的情况。虽然企业主张要遵守道德，但是随着利己心的不断膨胀，就很容易做出为利己而不惜损害他人利益的行为，从而最终由道德遵从滑向道德失范。

第三，在道德资本性阶段，企业的总体道德特征表现为功利人格、利己利他交换等。“功利人格”反映了企业认为做了好事要理所当然得到回报，不求回报的绝对善良是不现实的伦理状态，企业主张把承担社会责任看成是经济行为等。而这些又决定了企业在道德上坚持“利己利他”的态度。企业主张通过参加慈善捐助来提升企业的商业信誉和口碑，但往往表现为“交换”倾向。也就是说，企业会给予利益相关者一些福利或好处，同时又期望得到回报；企业会关心社会弱势群体，因为这样做将来会得到回报；企业积极支持社会公益活动，因为这样做会减少企业在当地遇到的麻烦；他们会在员工的道德教育上投入人才或财力，因为这种投入将来会给企业带来回报，而一旦一些投入无法得到回报，比如企业关心员工，员工却不忠诚，企业往往会感到心寒。这些特征决定了企业家经营企业也会面临很多道德风险。例如，在经济与道德冲突时，企业家会以利润为导向，放弃道德诉求，最终多年积累的荣誉毁于一旦；由于企业家把道德作为资本进行投入，所以会加大在慈善、公益和社区建设等方面的投入，这样经常会招致一些额外的开支，加重企业的负担；企业家重视参加慈善和公益活功，无疑有利于企业形象的树立，提高企业员工的凝聚力和道德水平等，然而，如果企业参加慈善或公益活动被认为是在作秀，反而会给企业带来许多麻烦。

第四，在道德皈依性阶段，企业的总体道德特征体现为觉悟人、利他忘我、道德信仰和慈善。“觉悟人”说明了企业在这个阶段开始认识到，只有做对他人和社会有意义的事，才能体现企业自身的生命价值，而为别人创造价值又是企业赚取财富、赢得未来发展空间的重要条件。这种对企业自身价值的定位确立了企业“利他”的道德态度，企业主张为社会创造财富，为国家的发展和进步作贡献，把服务于人的幸福和社会的进步作为自己的使命等。在道德行为上，企业可以真正做到“慈善”，表现为长期资助某项事业，把资源用于支持社会上有需要的人，帮助员工解决实际困难等。此时企业支持慈善事业是不讲任何条件的，这才是真正的慈善。道德原则成了企业发展的起始动力、保障机制和最终价值追求，在处理各种问题时，企业能够始终坚持道德至上的原则，对道德的坚守已经进入信仰的层面。道德作为企业的终极价值追求，已经成为企业无须坚守而能自动运行并贯穿于企业整体行为的道德力。然而，这一阶段也存在一定的道德风险，例如，企业很可能会因为过分强调道德的人性化而忽视制度的建设，从而影响企业未来的发展。

综上，法人伦理的健全程度与法人的道德状态水平有着密切关系，而法人的道德水平又会因企业发展阶段的不同呈现出不同的特征。通过总结企业法人道德发展的不同阶段所具有的特点，企业可以动态的视角看待自身道德水平的建设，有针对性地分析自身存在的问题，并找到相应的解决方案，进而促进法人伦理的健全化发展。

二、企业法商伦理的建设

企业的商业伦理建设已被视作可促进企业长久发展的一项核心竞争力。越来越多的企业开始由被动遵守伦理原则，转向主动承担企业伦理建设，制定伦理规范，以树立更负责任的良好形象。主动承担伦理体系建设的公司虽然在初期有一些资源投入，但是这些公司不仅获得了很好的社会名声，同时从长远来看，也获得了丰厚的经济回报。例如，施乐公司在 20 世纪 90 年代主动实施了环境先导计划，用全新的方法（如设计可重复使用的墨盒、制定塑料回收计划、重新进行产品设计）让自己的生产环节和产品更加环保。这些改变在前期需要投入大量的资源，但是施乐公司树立了一个能够平衡利润和道德，能够兼顾盈利和责任的高大形象。施乐公司成为行业内的标杆和受尊敬的对象，同时也为长远发展打下了坚实的基础。

一个企业的经营离不开核心的理念和价值观，管理的一切活动都有一定的“原则”。法律，由国家强制力保障实施，对于所有的企业都有着强制约束的作用。遵守法律是一个企业生存的根本和基础，企业对伦理规范的遵守更多地是出于自身的“自发”和“自觉”。因此，根据一个企业对于伦理规范的认知和态度，可以把企业的经营理念分为两种类型：“非伦理经营假设”和“伦理经营假设”。

第一，非伦理经营假设是一种忽视伦理规则的企业经营理念和价值观体系。秉持非伦理经营假设的企业仅以可以使所有者利益最大化为核心理念去指导商业实践中的所有行为，而不考虑经营活动对于社会及公众所造成的影响。主管者认为经营与伦理无关，不需要考虑伦理规则，而只考虑遵守法律，只把法律作为行为的底线。当然，非伦理经营假设指导下的企业行为只是不重视伦理规则，而不是有意识地去违反伦理规则，故意用一些不道德的手段去实现商业目的。“只要能赚钱就能不择手段”属于不道德经营假设。

第二，伦理经营假设是一种重视伦理规则，并把伦理规则纳入企业经营活动的方方面面中的一种经营理念和价值观体系。秉持伦理经营假设的企业，在谋取利润最大化的同时，坚持满足各种利益相关者的利益诉求，会为社会作一定的贡献。法律是这类企业所坚持的底线原则，除此之外，伦理原则也被这类企业作为重要规范嵌入到经营者思想和行为的方方面面。企业形成自身的伦理准则来指导和规范所有人的商业行为。伦理经营假设体现了“利益相关者”和“企业社会责任”理论。

伦理和法律是现代商业活动的两条底线。能否正确对待伦理与法律成为一个公司兴衰成败的关键。首先，企业最重要且最基本的社会责任是“经济责任”。“经济责任”就是要企业赚取利润、实现经济目标，这是一个企业在市场经济中最根本的一个功能。其次，企业还需要承担“法律责任”，严格遵守法律的有关规定。再次，社会对于企业还有伦理方面的期待，社会希望一个企业能够遵守伦理方面的规则，这是企业的“伦理责任”。除此之外，企业还应有一定的“慈善责任”，为社会的进步和发展做出一定的贡献。“慈善责任”是一种自愿的责任，企业根据自己的处境和能力考虑在多大程度上去承担“慈善责任”。“经济责任”、

"法律责任"和"伦理责任"是每个企业都应当承担的基本社会责任。

对于伦理的遵守和对于社会责任的承担，越来越多的企业变被动为主动，纷纷建设起自己的企业伦理系统，并把伦理与责任跟战略挂钩，形成一整套的企业战略体系。集中的体现就是企业文化，因为企业文化是企业成员共享的价值观，能够对企业中所有成员的行为造成影响。一个企业的共享价值观和组织文化是否具有伦理性，直接影响到企业的商业行为和未来发展的好坏。

公平与效率都是法商的价值目标，法商伦理就是求得公平与效率的统一。整体上，商业活动的核心要求是"效率"。追求效率才能更有效地生产并增加利润和收入。伦理学的核心要求人类的行为都应该是正当的并且符合善的标准，法学要求商业行为"合法"。法商伦理追求的是以"合法"、"正当"和"善"为前提的效率。而事实表明，只有"合法"、"正当"和"善"的工商活动，才能从长远意义上提高商业活动的"效率"。如果没有效率，仅为了所谓的平等而你争我夺，自然无法实现正义，其结果必然是整个民族的落后。"君子爱财，取之有道"，只有严格遵守商德，符合法商伦理，商业活动才能可持续，法商实体企业才能基业长青。

【思考问题】

1.有哪些商业模式可能会涉及伦理问题？

2.公益行业到底应不应该走市场化道路？是否应该以营利为目的来运营？

3.广告应该遵循哪些原则？应该如何管理？

4.政府在监管过程中应该发挥什么样的作用？

【参考文献】

[1]亚当·斯密.国民财富的性质和原因的研究（下卷）[M].北京：商务印书馆，1972.

［2］亚当·斯密. 道德情操论［M］. 北京：商务印书馆，1998.

［3］理查德·T. 德·乔治 . 经济伦理学（第五版）［M］. 李布译 . 北京：北京大学出版社，2002.

［4］龚天平 . 企业伦理：社会的普遍约束与企业的内在构成［J］. 哲学动态，2006（4）.

［5］阿奇·B. 卡罗尔，安·K. 巴克霍尔茨 . 企业与社会——伦理与利益相关者管理［M］. 黄煜平等译 . 北京：机械工业出版社，2004.

［6］刘建生，张宇丰 . 中国传统商业文化论纲［J］. 山西大学学报（哲学社会科学版），2016，39（06）：134–144.

［7］季长龙 . 民营企业“原罪”问题的法理辨析［J］. 法商研究，2007（05）：31–35.

［8］熊金武 . 现代经济学起源的伦理基础［J］. 学习与探索，2019（05）：97–105.

［9］王伯英 . 中国家族信托源起［J］. 银行家，2016（09）：128–130.

［10］马俊驹 . 法人制度的基本理论和立法问题之探讨（上）［J］. 法学评论，2004（04）：3–12.

［11］齐善鸿，邢宝学，张党珠 . 企业家道德发展阶段模型多案例探索研究［J］. 管理学报，2012，9（12）：1744–1751.

［12］齐善鸿，刘明 . 基于企业伦理的健全法人人格研究［J］. 科技管理研究，2005（11）.

［13］哈达，马力 . 商业伦理势在必行［J］. 清华大学学报（哲学社会科学版），2001（5）.

［14］P. 普拉利 . 商业伦理［M］. 北京：中信出版社，1999.

［15］马俊驹，张翔 . 人格权的理论基础及其立法体例［J］. 法学研究，2004（6）.

［16］尹田 . 论法人人格权［J］. 法学研究，2004（4）.

［17］黄文熙 . 浅论自然人人格权及法人人格权的本质［J］. 中国政法大学学报，2012（5）.

第十二章　契约精神与信义义务

契约精神与信义义务是商事行为的基础，广泛存在于经济社会活动中。没有信任的市场就如同一个没有灵魂的躯体。市场信任的建立一方面需要依靠商业伦理，另一方面需要从制度上予以保障，而契约就是市场信任的保障根基。契约精神是文明社会与现代法治的一种主流精神，从广义上来看基本与法治精神相同，从狭义上来看是一种私人契约精神，主要包含契约的自由、平等、信守及救济精神。契约精神和信义义务是支撑现代市场经济的重要价值基础。

第一节　信任与信用

信任是社会、经济和日常生活中随处可见的一种重要现象。新古典经济学派从理性选择出发，将信任定义为人们为了降低风险、减少交易成本而选择的一种理性结果，重点强调了信任是人们重复博弈的结果。信任问题主要是交易双方在时间上的不对称性导致的。最简单的信任关系是委托人与受托人，双方都是带有目的的行动者，以满足个人利益为宗旨。信任关系可以分为两种：一种是委托关系，意味着委托人向受托人给予或让渡某种事物，也就是委托人和被委托人之间的信任关系；另一种是依赖关系，即委托人对受托人的期待，但并不同时给予某物。

信任的行动系统主要由个人有目的的行动、系统行为、系统状况对个人决定的限制三部分组成。第一部分强调的是个人的选择，即对受托人是选择讲究信用还是违背诺言；第二部分强调的是系统行为的形成，即个人行动被结合在一起，这是微观到宏观的转变；第三部分强调的是限制行为，即系统状况对个人决定的限制，这是宏观到微观的转变。除了最简单的信任关系——仅包含两名行动者的信任关系，还存在三种较为复杂的信任关系。第一种是相互信任，此时两名行动者可能处于两种关系之中。第二种是信任关系的媒介，即某行动者同时是甲和乙双方的受托人。第三种是第三方的承诺，即行动者甲接受第三方信任但不接受乙的承诺。

信任的给予主要指的是委托方将自己的某些资源给予受托方，让受托方利用这些资源为委托方谋取利益。值得注意的是，这些资源是在没有得到受托方任何承诺的情况下，委托方自愿给予受托方的。因此委托方始终面临一个问题——是否信任受托方，而受托方也始终面临一个问题——是否信守承诺。如果受托方选择信守承诺，那么委托方给予信任所获得的利益将大于拒绝信任受托方所得利益。但如果受托方不信守承诺，那么委托方只有拒绝信任受托方才能避免利益受损。委托方为了在风险条件下最大限度地获得个人利益，必须在给予信任和拒绝信任之间做出选择。为了减少给予信任可能会造成的利益损失，委托方可以采取能够对抗时间滞后的各种手段，如引入中介人、签发支票和签订契约。货币就是在缓解信任给予必要性的过程中产生的，硬通货和法币的承诺书在交换中比一般人写的承诺书更容易被人接受，因此货币在市场上开始流通。

尽管委托方认为交易结果取决于受托方的能力，而不是他们的愿望或努力，但在多数情况下，受托方的行动仍然至关重要，他会在讲究信用与违背诺言之间做出选择。在某些情况下，受托方需要在长期利益与短期利益之间进行抉择，即受托方违背诺言可以在短期内获利，但是长远利益会因失去委托方的信任而蒙受损失。如果委托方能给受托方带来长期利益，那么受托方会选择恪守信用，否则他们就会背弃诺言。因此，一次性交易与长期重复交易相比，后者的受托人的可信任程度较高。因为委托方与受托方之间的信息交流越广泛，受托方的可信任程度越高，即在紧密联系的组织内，受托方的可信任程度会随之增加，因此委托方需要尽可能多地收集信息，从而做出正确的决定，而信任则是委托双方在信息交流中最重要的资产。

一般来说，社会学理论主要研究的是“信任”问题，而经济学理论则重点研究的是“信用”问题。什么是“信用”？《新帕尔格雷夫经济学大辞典》将其定义为，把对某物（如一笔钱）的财产权通过给予或让渡，以换取在未来某一特定时刻对另一物品（如另外一笔钱）的所有权。而《牛津法律大辞典》则将其定义为一种以契约或协议作为保障的不同时间间隔下的行为，即在得到（或提供）货物或服务后，并不立即付给（或得到）报酬，而是允诺在将来付给（或得到）报酬。从上述定义不难看出，“信任”强调财产权，并将之视为信用的基础；而“信用”则强调以契约作为法律工具加以保障，是制度运用的基础。

第二节 契约与契约精神

契约精神是一种自由、守信、平等的精神，主要是指存在于市场经济社会，并由此衍生出的内在的原则与契约关系。契约精神含有私人契约精神、社会契约精神两方面的重要内容。首先，私人契约精神主要是指在商品社会的私人交易之间形成的契约精神，其对商品经济的发展存在至关重要的作用。其次，社会契约精神对西方的自由、民主、法治的构建都产生了深刻的影响。法商管理学关注的主要是私人契约精神。西方社会敬畏契约，常将其与法律相比拟。西方法谚“合意生法律”（Consent Makes the Law）、“合意成契约为法律”（Agreements Constitute the Law of the Contract）都强调当事人之间所订立的契约即为当事人之间的立法。中国也将契约比拟为律令——“民有私约如律令”，即契约具有与律令一样必得遵行的效力。

一、契约与契约制度

“契约”一词在中国最早是分别使用的。从字面上看，契约由“契”和“约”二字构成。《淮南子》书中记录，“上古之民，刻木为信”，指的是上古之人将刻有文字的木块一分为二，由当事双方各执一半刻字的木块。合二为一之时，借此作为凭信，“契”字由此而来。根据《淮南子》记载，“约”字意为“上古之民，结绳记事”，此处已有合意之意。连贯起来可以理解为，为保证合意效力，辅之以书契，这就是中国的“契约”的由来。

在生活中，契约也可称为合同。作为法律意义上的契约，最早见于罗马法，称之为“得到法律承认的债的协议”。在拿破仑时代制定的《法国民法典》规定，“契约，为单个主体或多个对另一单个主体，或多个主体，承担给付某物、作为或不作为义务的合意”。这一定义对后来有关契约和合同的界定影响最大。在英美法系中，《英国法律释义》中对契约的定义较为有影响力，即是“按照充分的对价去做或者不去做某一特殊事情的协议”。而在英美法系社会中，美国法院在贾斯蒂斯诉兰格案中对契约概念的描述被广泛接受，即“契约是两个或两个以上有缔约能力的当事人，以有效的在自愿基础上达成的交易或协议去执行或者不执行某个合法的行为”。

虽然，契约二字早在中国西周时期就已出现，但它主要通过书面契约让与财物的形式出现，且始终注意“形”，而漠视“神”。因此，我国早期的契约概念缺乏现代契约意义上的自由、协商一致、公允价值的内涵，因而难以与占统治地位的宗法文化相抗衡。

契约概念涵盖了道德、经济、政治和法律等领域，契约丰富的内涵和宽泛的外延，决定了契约在法治市场经济中的核心地位。麦克尼尔认为，从本质上来看，契约是用来规划将来交换的过程中当事人之间的各种关系的。文森特·琼斯认为，契约作为市场和准市场交换的一个工具，是经济和社会关系治理机制的一个角色。契约应该至少具有以下三个核心特征。第一，自由。契约是一件人造的、由个人自愿选择的产品，是由个人之间的自愿关系构成的，是否签订契约，由当事人自由决定，这有别于家庭成员之间的非自愿义务。第二，束缚。一方面，契约约束的是个人之间的私人关系，而不是针对共同体的社会承诺，因此，契约所产生的义务，一般只在当事人之间有效，不能强加于广泛的社会人群。另一方面，契约具有法律效力，违背契约要受处罚。第三，互利。契约是一种交换关系的确立，是建立在利己和互利的基础之上的自我强制的制度，大多数情形下是某些权利与义务的相互转让。

二、契约精神

契约精神起源于私法领域，逐渐发展成为一种社会观念。契约精神主要由以下四个方面构成。

（一）契约自由精神

契约自由的含义主要包括选择缔约者的自由，决定缔约方式的自由，决定缔约内容的自由三个方面。契约自由主要体现在私法领域。为了实现各自的经济、政治利益，契约主体会选择签订契约。《左传·昭公十六年》记载，公元前 806 年，周宣王封其弟友于郑，是为郑桓公，还把一批买卖人分给郑桓公。后来，郑桓公率领众人迁居“洛之东土，河济之南”后，同这些商人结下“尔无我叛，我无强贾，毋或匄夺，尔有利市宝贿，我勿与知”的盟誓。其具体内容就是，国君不能夺取和强买商人的货物，不会干预商人的营业和财产，但商人不能背叛国君。这个著名的商业自由“法律”被当时的君主和商人牢牢地遵守。《左传·昭公十六年》记载，晋国的执政大臣韩起到郑国访问，他自己有一只玉环，另一只在郑国的商人手里，“欲得而双之”，因此向郑定公请求得到那只玉环，郑国执政子产不同意，因为玉环不是官府所有的东西。韩起违背商人意愿强买玉环，子产认为这使得郑国违背了“尔无我叛，我无强贾，毋或匄夺”的盟约，最后韩起放弃了玉环。

然而，契约自由在某些情况下并不能真正实现。例如，当契约一方的力量处于极弱的地位，另一方的力量处于极强的地位，并且弱方又十分依赖强方时，弱方是很难得到真正的契约自由的。再如，缺乏工会支持的工人在和企业签订劳动契约时，往往会被迫接受不公平契约。而当契约推广到公法领域时，契约双方的自由就更加形式化了。当法人规模不够大时，股东股份集中，股东对职业经理人的雇佣权力是绝对的。随着法人规模的不断扩大，股东股份逐渐分散，股东就会逐渐失去对职业经理人的主导权，职业经理人会反客为主。这种变化主要是契约双方力量此消彼长导致的。在契约各方力量悬殊时，需要国家介入，以提高弱势方的议价能力。

（二）契约平等精神

契约平等包括契约缔结时、缔结后两个方面，一是在缔结契约时各主体的地位是平等的；二是缔结契约之后，缔结契约的各主体平等地遵守契约，不以自己的优势力量强迫改变契约。根据《中国历代契约会编考释》所收录的契约可知，到公元 740 年前后，契约尾部的“两共对面平章”条款或“两共平章”条款逐渐取代了“两共和可”条款。“平章”具有“平等协商”的意思，“两共对面平章”的意思是指，当事人双方面对面地平等协商。因此“平章”不仅强调了契约当事人订立契约时地位平等，而且突出强调了契约当事人用商谈的方式订立契约。

当契约各方的力量相差过大或对彼此的需求程度相差过大时，缔结契约的主体地位亦难以平等，其存在的问题与契约自由是一样的。因此解决的办法仍然是将契约平等的精神植根于社会。同样，此时需要国家的介入，最终的目标仍然是根据契约平等的精神，使契约向平等协议的方向调整。通常来说，只要契约条文清晰，缔结契约之后，缔约各方的平等地位更容易得到保障，其背后力量的角逐相对缔结协议之前，可发挥的余地要小得多。

（三）契约信用精神

诚信是民法的帝王条款和君临法域之基本精神。只有当契约的守信精神在社会中发展为一种约定俗成的主流时，契约的价值才能真正得到实现。此时，缔约者内心存在契约守信的精神，契约双方基于互信的基础，在订约时不存在欺诈、隐瞒真实情况的行为，不会恶意缔约，会全力履行合同义务，同时会尽必要地照顾和善待管理人、保管人等。信用意识起源于“约定必须遵守”这一法学谚语。契约订立双方在不能擅自违背自己承诺这一准则的基础上，保证一定会遵守契约。

在《中国历代契约会编考释》所收录的契约中，有超越当时法律的契约协议，其只能依靠契约当事人的信义来遵守。“官有政法，人从私契”明确表示了私契效力要高于官法，即使官法不认同，私契仍然得遵守。在契约关系中，有些契约关系是官法所不支持的，例如，借贷协议的利率超过法律的上限，此时借贷利率就不会受法律支持。然而，当债务方自愿支付这个利息时，法律也不一定会主动去禁止。“官有政法，人从私契”就是强调契约各方的信义义务，不因为法律的不支持而拒绝履行。有的借债协议上会写明：“公私债负停征，此物不在停限”。债权人为了预防国家对这种高利贷的赦免，事先在契约中订立抵赦条款，债务人对这种约定也表示认可。这种契约也完全靠债务人的信用来履行，一旦债务人不同意履行，债权人是无法寻求法律帮助的。

（四）契约救济精神

契约救济精神是契约守信精神的保障。契约救济精神主要是指契约签订后，当契约因存在违契约平等精神、违契约自由精神或违契约信用精神的行为而导致显失公平时，应该有途径来调整契约内容，从而使受损的契约方获得救济。在介绍契约自由精神、契约平等精神等内容时，提到了契约各方的力量相差过大或对彼此的需求程度相差过大时，弱势一方通常可能不得不签署于己不利的契约，这样在表面上看是符合契约自由、契约平等、契约信用精神的，实际上弱势一方并无选择。在这种情况下签订的契约，就应该给弱势一方提供救济途径，允许契约适当修改，以保障弱者的正当权益。

需要救济的通常是有瑕疵的契约。

（1）当事人存在瑕疵，这是当事人对契约的缔结能力问题。

（2）标的存在瑕疵，即标的合法性问题。

（3）合意瑕疵，其包括的内容大致如下：

误解：如果当事人对存在的事实发生错误认识，并在此基础上产生合意（和同），这就是合意瑕疵；

欺诈：当某交易当事人利用不诚实的或欺骗的手段使另一方当事人产生错误认识而决定订立契约时，就构成了欺诈；

抑勒：《樊山判牍》一书中提出："批裕安禀词：……当出借之初，并无抑勒情事。"抑勒的主要含义是指，对相对人的主观意志施加影响，而使相对人违背真实意愿做出表示；

乘人之危：在清代乾隆《岑溪县志》卷一"风俗"中就有记载："讼田产者尤夥。贫民鬻产，富者操其急，予以贱值……至于涉讼。"其主要意思是指，乘着人在危机情况下所订立的契约大多数会存在有失公平的情况，与妨碍契约自由无关。

（4）条款瑕疵，即对显失公平的判断。当一般的行为能力人来判断，都能得出契约的内容显失公平的结论时，此契约就有显失公平的瑕疵。

对存在瑕疵的契约，救济的方式有两种：一种是私力救济，即双方当事人通过协商或是采用其他手段来调整协议；另一种是公力救济，即在私力救济不能完成的情况下，通过法院等国家力量的介入，来调整协议。

第三节　法商管理中的信义义务

现代企业制度发展的一个典型特征就是，所有权与经营权分离。而此种分离必然涉及所有权人与具有经营权的个人之间的委托代理关系。现代经济分工的深化和企业制度的进一步发展，使得职业经理人已经不再是委托人的简单代理人和指令执行者，而是具有巨大的自由裁决权的决策者。如果没有信义义务的保驾护航，职业经理人难免不会通过投机取巧的机会主义给自己带来额外的利益，而给法商企业造成损失。法商管理如果没有信义义务的支持，就会缺少发展的基石，因此，对法商管理理念的坚持必然是对于信义义务的坚守。例如，信托制度就是通过对受托人施加信义义务来注重财产管理和保护受益人的权利，从而实现受托目的的。

一、信义义务的概念及其发展

现代的信义义务最早起源于罗马法。在英美判例法中发展起来的信托制度更是推动现代信义义务形成和发展的决定性因素。英国牛津大学教授——英国著名法律史学家霍兹沃斯指出："若无衡平法所创造的信托制度，英国法将无法充分地满足现代国家的社会与经济需求；该制度亦为世界法律思想宝库添加了一个完全原创的概念。"若受托人违反信义义务，那么委托人有权选择要求赔偿以弥补所有损失，或补偿因受托人违约而丧失的所有收益，或要求受托人返还其通过违反义务所取得的所有收益。随着民商事法律的实践与发展，信义义务已经逐渐成为合伙、信托、代理等行为的基础以及公司中董事、控股股东的一项法定义务。以诚实信用为基础的信义义务，逐渐实现了从道德责任到法定义务的升华和转变。法律的移植也使得此原生于英美法系的概念被大陆法系的法律制度建设和实践所接受。

英美法学界将信义义务在内容上分为忠实义务（Duty of Loyalty）与注意义务（Duty of Care）。

（一）忠实义务

在信义义务的两项具体义务中，忠实义务作为受托人的基本义务，是法学界一直以来研究的重点。一般将忠实义务分为公平交易、受托人取得报酬须获得授权以及不得自我交易等内容。

普通法又常被称为判例法，英国在1726年基奇（Keech）诉桑福德（Sandford）一案中的判例就最早确立了受托人忠实义务的内涵。这是一个英式管家僭越东家签约受益的案例：在伦敦的一个商人基奇先生，在去世之前因为儿子很小，就把家里具有长期租约的罗姆福德（Romford）市场管理业务委托给受托人桑福德先生，受益人是其儿子小基奇。受托人桑福德在管理租赁业务的过程中，与罗姆福德市场所有权人建立了长期的合作关系，结果在基奇家与罗姆福德市场所有权人的租约到期的时候，桑福德并未以基奇家的名义与罗姆福德市场所有权人续约，而是以自己的名义签署了新租约并享受了这个租约带来的所有收益。后来基奇家的孩子长大了，小基奇就向法院起诉桑福德。法院最后判定桑福德败诉，因为他没有履行作为受托人的忠实义务，在续约时就应当贯彻原租赁者优先的原则，继续作为受托人来管理这个市场。结果作为一个受托人的桑福德先生因为违背了忠实义务，被法院判决将所有该市场的所得赔偿基奇家，法官认定桑福德先生是全世界唯一的一个不可以与原委托人进行竞争的签约者，原因在于受托人处理信托财产的唯一目的是增加受益人的利益，亦即单一利益原则（sole interest rule），即“为保障受益人的信托利益，受托人忠实义务无法免除”，受托人不能将自己的受托人地位与个人利益置于相互冲突的位置。这一案例也为此后的公司法中董事和管理人员对公司的忠实义务奠定了法理基础。

忠实义务代表的是信义义务中禁止性的一面，即要求受托人为受益人的最佳利益实现，只为受益人的“单一利益”而作为，以此来解决受托人与受益人潜在的利益冲突问题。忠实义务原则上禁止受托人进行所有自我交易，受托人不能为其本人或任何第三人谋利；即使委托人同意此类交易行为，也必须满足程序上和实体上的一定的保护性要件，包括规定受托人对该交易负有完全、公正披露的义务。由于委托人有权获得该交易的法定利益，当然有权就交易中遭受的损失，或因受托人的背信行为所丧失的收益获得返还赔偿的救济措施，其数额甚至可以超过委托人所损失的数额，从而体现了信义义务除填补损失外的威慑和促进公正披露的目的。因此，在英美的信托制度设计中，“忠实”意味着将受益人利益置于自己之上，对忠实义务的衡量有四个依据：一是受托人的行为必须诚实守信；二是受托人不得利用信托获取不正当利益；三是受托人不得陷入利益冲突；四是受托人不得未经权利人同意，为自己或第三人的利益活动。也就是说，忠实义务是信义义务中不可逾越的底线义务，要求受托人忠实于受益人的利益，不得为了自身利益而做出不利于受益人利益的行为。

（二）注意义务

信义义务积极的内涵则由注意义务来体现，注意义务通常设有一个合理（Reasonableness）或者谨慎（Prudence）的标准，该标准是客观的，是根据行业规范和实践来确定的。如果受托人具有与委托人委托的事务相关的专业技能，则适用的注意标准就以一个拥有这种专业技能的理智、谨慎的商人作为参照。注意义务的典型案例是美国1830年哈佛学院诉阿莫里（Harvard College V. Amory）案。阿莫里先生作为受托人，接到了一对老夫妇5万美元（那时是一笔巨款）的投资委托，未来这笔资金将捐赠给受益人哈佛学院。当时，一般情况下的投资只能在"法定投资表"里面选择，如政府债券。而在这个案例中，阿莫里先生将一部分资金投资于一家私人公司的股票，从而造成了大约一万美元的损失。哈佛学院因而起诉到了马萨诸塞州法院。法官最后判定：在投资上，只要受托人依当时情形审慎判断，符合受托人"自己的基金"和"永久性配置"标准，即像对待自有的资产一样以长期投资为标准，则不必要求受托人对投资之损失负责。该判决形成了"哈佛学院规则"（Harvard College Rule），摈弃了原来的"法定投资表"限制投资种类的做法，表明积极的注意义务是值得鼓励的。

受托人必须同时履行忠实义务与注意义务，才能对损害受益人利益的行为起到事前预防和事后救济的效果。可以说，忠实义务是维护信托关系的底线，委托人与受托人之间无法以任何约定的形式对其进行削减，否则就是对信托原则的违背。在对受托人违背忠实义务的惩戒方面，公司法和信托法专家Easterbrook和Fischel认为，更重要是对背信行为的威慑，而非事先对受托人的仔细审查。威慑的成本要低于事先审查的成本，就如同刑法更重视对抢劫银行者的惩罚，而不是对每个进入银行者都进行确认其是否携带武器的搜身。背信行为的威慑不仅有利于受益人，实际上也使得受托人背信罪的犯罪概率降低了。

二、信义义务引进中国的法律障碍

信托兴起于实施普通法的英国，信托财产一旦从委托人转交至受托人手中之后，其普通法所有权（Legal Title）就归受托人了，受益人则享有信托财产的衡平所有权（Equitable Title），两种所有权并存，但主体不相同，并且信托财产的最终受益权归受益人所有。当两种所有权相悖时，受益人的衡平所有权必然优先于受托人的普通法所有权，这种制度设计就是著名的“双重所有权”（Dual Ownership），它随着信托制度的传播在普通法国家广为适用。按照“双重所有权”的设计，受托人行使普通法所有权时，可以在实际意义上管理运营信托财产，但这些运营不能以损害受益人利益而使自己获利为出发点。信托制度“约束受托人为受益人的利益处分他控制的财产，任何一位受益人都可以强制实施这项义务。受托人的任何行为或疏忽，如未得到信托文件条款或法律授权或豁免，均构成信托违反”。由此可见，受托人忠实义务对于保障受益人利益乃至整个信托关系的维持，都具有无与伦比的重要性。

在中国，“一物一权”观念根深蒂固，学界在对信托财产的所有权到底应归属于受托人还是归属于受益人的问题上的争论一直存在。由于无法做出恰当解释，立法者在制定《中华人民共和国信托法》（简称《信托法》）时对该项规定采取了回避的态度，在第二条中使用了“将其财产权委托给受托人”的表述，对于“委托给”是不是意味着委托人将财产所有权转交给受托人的问题，迄今尚无权威的司法解释。“双重所有权”本来是衡平法和普通法中最精妙的一环，是受托人承担忠实义务的制度基石，衡平法所有权是“终极所有权”，以实现对受益人的司法救济，限制受托人在实际管理信托财产过程中的普通法所有权和自由裁量权，预防因利益诱惑而以不正当的手段获得利益。在不具备衡平法的条件下，中国一些学者将受益人的衡平法所有权按照大陆法传统对其进行了债权化定性，而且规定了受托人违反信托本旨处分信托财产时，受益人仅有撤销处分之权利，这遵循了民法中债权人之撤销权设计。

中国的《信托法》是信托领域的一般法，其法律规则适用于所有类型的信托。完善的受托人忠实义务规定，有利于降低受益人因受托人滥用权利而受损的风险。《中华人民共和国证券投资基金法》（简称《证券投资基金法》）是信托法在证券投资基金管理领域的特别法，证券投资基金作为一种金融产品信托，由于受信托立法缺陷的影响，对基金管理人行为缺少强制性忠实义务的制约。当基金投资者的利益因基金管理人的不当行为而受损时，投资人难以获得救济。可以看出，由于中国受大陆法传统的“物权绝对化”思想影响，信托立法中回避了两种所有权的矛盾，造成了对受托人权利界限规制的模糊。也正是因为如此，在没有衡平法传统的中国更需要在信托法语境下突出强调信义义务，以确保在衡平法传统中具有终极所有权的受益人的利益不受损。

三、法商管理中的信义义务

法商管理中的信义义务，即法商实体企业在管理或治理中所强调的信义义务。现代法人治理的鲜明特点在于企业经营的专业化，聘请专业的职业经理人对公司进行治理。所有权与经营权的分离已经是世界发展的主流，股权的分散化也成为上市公司尤其是大型上市公司发展的常态。董事和高级管理人员因其自身所具有的专业技能和经验，被赋予了受托人的职能，以订立契约的形式约定，通过经营管理为公司创造价值，并得到报酬。职业经理人与股东在意思自治原则的基础上设立了一种信任关系，即委托人基于对受托人的信任做出托付行为，被信任的相对方（即受托人）应当履行忠实义务。在具有衡平法背景的国家，如果被信任的一方滥用了这种信任，那么相对方将会得到法院根据衡平法赋予的救济，这种标准在英美学界被称为“信任标准”（Trust and Confidence Test）。该标准逐渐发展成为“如果不存在正当合理的依据，则信任关系无法建立”，呈现出客观化的趋势。

当在法人治理中强调信义义务时，就必须明确谁对谁产生信义义务。因为信义义务来源于信托关系，所以我们认为法商管理中的信义义务依然应当基于财产的委托管理关系。因为经营管理人员受托管理股东的财产，控股股东受托管理中小股东的财产，特定情境下特定主体受托管理债权人的财产，所以从这个角度而言，能够产生信义义务的主体主要存在于董事、高级管理人员与股东之间，控股股东与中小股东之间以及特定情境下相关主体与债权人之间。

（一）董事和高级管理人员对法商实体的信义义务

董事和高级管理人员对法商实体的信义义务可具体分为两种义务，即忠实义务和注意义务（勤勉义务）。忠实义务表现的是董事和高级管理人员禁止性的一面。《公司法》第一百四十八条以列举的形式对董事、高级管理人员的忠实义务进行了规定。相较而言，《公司法》对勤勉义务的规定就显得简单，只在第一百四十七条规定，董事、监事、高级管理人员应当遵守法律、行政法规和公司章程，对公司负有忠实义务和勤勉义务，并没有对勤勉义务的具体行为进行规定。不过，在证监会发布的《上市公司章程指引》中，第九十八条对中国董事应遵守的勤勉义务进行了规定，即董事应当遵守法律、行政法规和本章程，对公司负有勤勉义务，并对勤勉义务进行了列举。

判断公司董事和高级管理人员是否尽到了勤勉义务，最常见的标准是商业判断规则。商业判断规则是公司董事和高级管理人员在做出一项不包含为自己谋利或与自己交易的商业决策时，是出于商业目的的，其行为是建立在掌握必要知识和信息的基础上，以理性人的标准为实现公司利益最大化而做出的。在过去，学界和司法实践并没有将充分的注意力放在高级管理人员的信义义务上，而是将研究的重点放在了董事的信义义务上，尤其是在公司发生并购重组时董事应负的信义义务。1939 年，美国特拉华州最高法院在 Guth v. Loft 一案中明确了公司高管与公司董事负有信义义务。2009 年，美国特拉华州最高法院在 Gantler v. Stephens 一案中再次重申了这种观点，即公司董事和高管都对股东负有忠实义务和注意义务，并且这种义务具有一致性。中国《公司法》明确规定了高管和董事负有信义义务，也没有对其做出区分。

（二）控股股东对中小股东的信义义务

学界对控股股东是否应该承担信义义务存在较大争议，中国《公司法》中也未对控股股东对中小股东承担信义义务的问题进行直接规定，而是在第二十条规定："公司股东应当遵守法律、行政法规和公司章程，依法行使股东权利，不得滥用股东权利损害公司或者其他股东的利益。公司股东滥用股东权利给公司或者其他股东造成损失的，应当依法承担赔偿责任。”同时，在第二十一条规定：“公司的控股股东、实际控制人、董事、监事、高级管理人员不得利用其关联关系损害公司利益。”但是，随着实践中控股股东滥用控股权案例的不断发生，上述规定并不足以保护中小股东的利益。汉密尔顿曾言，给多数人授予全权，他们就会压迫少数人。要求控股股东承担信义义务，也是为了解决法人治理中的“多数派暴政”问题。在美国的司法实践中，控股股东承担信义义务已经成为通行的标准。要求控股股东承担信义义务，即要求控股股东在行事时，需要基于公司利益最大化的原则，而不是基于控股股东利益最大化原则。控股股东的信义义务同样分为注意义务和忠实义务，体现为义务的积极方面和消极方面。要求控股股东承担忠实义务，即要求公司要公平对待所有的股东，防止其在关联交易的过程中对大股东进行利益输送，即通过自我交易或关联交易损害中小股东的利益。在美国的司法实践中，判断控股股东是否承担信义义务，适用的准则包括商业判断规则和实质公平规则。商业判断规则在前文已有提及，此处不再赘述。实质公平规则，即在进行相关交易时，既要求交易程序的公平性，也要求交易规则的公平性。

（三）其他信义义务

随着社会经济的进一步发展，在法人治理中，信义义务的发展和应用在进一步地深化和拓展。信义义务应用的新的领域包括类别股东之间的信义义务和对债权人的信义义务。

2018 年 4 月，香港联交所发布《新兴及创新产业公司上市制度》，香港联交所允许双重股权结构公司上市。这是在港交所错失阿里巴巴之后推出的新举措，就近几年的发展趋势而言，允许双重股权结构的公司上市，已经成为世界证券交易所上市规则发展的主流。在 2017 年上市的 Snapchat，其出售的股票甚至没有投票权，这突破了相同经济利益具有相同投票权的基本规则。不同类别的股东拥有不同的投票权，必然就会涉及拥有少数股权但拥有多数投票权的股东会滥用其投票权损害其他股东利益的问题。双重股权结构不仅使公司管理层或创始人牢牢地控制了公司的管理权，使得管理层可以基于其更长远的发展规划谋求公司的进一步发展，同时也不会让公司受到公司控制权市场的监督。要达到不同类别股东之间权益的有效平衡，必然离不开信义义务对具有特殊投票权股东的约束。

债权人对于信义义务的承担，同样是一个需要关注的问题。《中华人民共和国企业破产法》(简称《企业破产法》) 第一百二十五条规定："企业董事、监事或者高级管理人员违反忠实义务、勤勉义务，致使所在企业破产的，依法承担民事责任。"这是一种较为模糊的规定，只规定了董事、监事或高级管理人员违反信义义务使公司破产时，需要承担民事责任，却没有明确说明需要向谁承担民事责任。但毫无疑问的一点是，企业破产之后，债权人的利益一定会受到损害。如果董事、监事或高级管理人员需要向债权人承担责任，那将意味着董事、监事或高级管理人员对债权人同样负有信义义务。相较而言，《企业破产法》第一百二十八条的规定便较为明确："债务人有本法第三十一条、第三十二条、第三十三条规定的行为[①]，损害债权人利益的，债务人的法

---

① 第三十一条 人民法院受理破产申请前一年内，涉及债务人财产的下列行为，管理人有权请求人民法院予以撤销：

（一）无偿转让财产的；

（二）以明显不合理的价格进行交易的；

（三）对没有财产担保的债务提供财产担保的；

（四）对未到期的债务提前清偿的；

（五）放弃债权的。

第三十二条 人民法院受理破产申请前六个月内，债务人有本法第二条第一款规定的情形，仍对个别债权人进行清偿的，管理人有权请求人民法院予以撤销。但是，个别清偿使债务人财产受益的除外。

第三十三条 涉及债务人财产的下列行为无效：

（一）为逃避债务而隐匿、转移财产的；

（二）虚构债务或者承认不真实的债务的。

定代表人和其他直接责任人员依法承担赔偿责任。”该规定明确了须向债权人承担责任，但还不能认为承担此责任的原因在于违反了信义义务。因此，从严格意义上来说，还不能认为中国的立法明确规定了董事、监事或高级管理人员需要对债权人承担信义义务。但从法理上而言，董事、监事或高级管理人员应该对债权人承担信义义务，但应仅限于破产语境下。

《企业破产法》虽未明确规定董事、监事或高级管理人员需要对债权人承担信义义务，却明确规定了破产管理人需要履行信义义务。《企业破产法》第二十七条规定：“管理人应当勤勉尽责，忠实执行职务。”并在第一百三十条重申：“管理人未依照本法规定勤勉尽责，忠实执行职务的，人民法院可以依法处以罚款；给债权人、债务人或者第三人造成损失的，依法承担赔偿责任。”破产管理人对债权人承担的信义义务，同样分为忠实义务和注意义务。判断其是否履行相应义务时同样适用商业判断规则。

四、法商管理的信义义务展望

中国是大陆法系国家，成文法传统使得中国对于源于信托制度的信义义务并没有天然的兼容性。信义义务在被引入中国法律体系的过程中也经历了漫长的时间，并且这个过程还在持续。就中国的《公司法》而言，其只对董事和高级管理人员负有的信义义务进行了规定，并未对控股股东对中小股东的信义义务以及类别股东之间的信义义务进行规定。中国《企业破产法》则明确规定了破产管理人需要履行信义义务。随着中国市场化改革的进一步推进，市场经济的进一步发展，信义义务的司法实践必然会渗透进中国法人治理的方方面面，未来《公司法》《企业破产法》《合同法》等民商事法律在修法过程中，违反信义义务的可追索、可执行性应当明确。信义义务的法定化完成，是职业道德责任向法律责任的升华和转变。换一种角度而言，由于法律制度的缺陷而尚未通过立法和司法实践确立的信义义务，在实践中，管理人员则应当将其作为一种职业道德责任铭记于心，并将其作为个人的行为准则。只有这样，经营管理人员才能够真正赢得委托人的信任，所谓“受人之托，忠人之事”，就是履行信义义务。

【参考文献】

[1] Alchian, Armen and Demsetz, Harold.(1972). *Production, information costs and economic organization* [J]. American Economic Review, 62 (50).

[2] 奥利弗·E. 威廉姆森 . 资本主义经济制度 [M]. 北京：商务印书馆，2004.

[3] 柴麒敏，傅莎等 . 特朗普政府宣布退出《巴黎协定》的分析及对策建议 [J]. 中国发展观察，2017 (12).

[4] 陈志雄 . 论当代中国契约文化的构建 [D]. 湖南工业大学，2016.

[5] 崔巍 . 社会资本、信任与经济增长 [M]. 北京：北京大学出版社，2017.

[6] 樊云慧 . 公司高管义务与董事义务一致吗？——美国的司法实践及其对中国的启示 [J]. 环球法律评论，2014，36 (01).

[7] 高玉林 . 论社会关系中的信任，江海学刊，2013 (2).

[8] 贺小刚 . 现代企业理论 [M]. 上海：上海财经大学出版社，2016.

[9] 霍布斯 . 利维坦 [M]. 黎思复译 . 北京：商务印书馆，1985.

[10] 康兆庆，苏守波 . 中国传统文化中的契约精神——基于关系契约论的视角 [J]. 管子学刊，2016 (03)：42-46.

[11] 科尔曼 . 社会理论的基础 [M]. 北京：社会科学文献出版社，2008.

[12] 林修果 . 论中国现代化进程中的契约精神 [J]. 福建论坛（人文社会科学版)，2006 (1).

[13] 卢梭 . 社会契约论 [M]. 北京：商务印书馆，2017.

［14］卢梭．社会契约论［M］．何兆武译．北京：商务印书馆，2009.

［15］罗伯特·考特，托马斯·尤伦．法和经济学［M］．上海：上海格致出版社/上海人民出版社，2012.

［16］洛克．政府论［M］．叶启芳译．北京：商务印书馆，1995.

［17］吕良彪．控制公司［M］．北京：北京大学出版社，2013.

［18］马克斯·韦伯．新教伦理与资本主义精神［M］．北京：北京大学出版社，2012.

［19］梅因．古代法［M］．沈景一译．北京：商务印书馆，1996.

［20］米塞佩·格罗素．罗马法史［M］．黄风译．北京：中国政法大学出版社，1994.

［21］聂辉华，杨其静．产权理论遭遇的挑战及其演变——基于2000年以来的最新文献［J］．南开经济研究，2007（4）.

［22］聂辉华．交易费用经济学：过去、现在和未来［J］．管理世界，2004（12）.

［23］乔·萨托利．民主新论［M］．北京：东方出版社，2009.

［24］孙元欣，于茂荐．关系契约理论研究述评［J］．学术交流，2010（8）.

［25］王坤．财产、契约与企业［M］．北京：法律出版社，2012.

［26］王志乐，郭凌晨．中兴事件，比罚单更沉重的反思［EB/OL］．https://news.caijingmobile.com/article/detail/358954？source_id=40，2018-04-18.

［27］武高寿．论社会主义契约文化的“三纲五常”［J］．山西大学学报（哲学社会科学版），1995（1）.

［28］肖丹．从霍布斯到卢梭——近代西方社会契约论思想析理［J］．武汉科技大学学报（社会科学版），2009（5）.

［29］杨德才．新制度经济学［M］．南京：南京大学出版社，2016.

［30］杨国栋．近代西方社会契约思想的历史流变［J］．天津社会科学，2012（2）.

[31] 杨国栋.社会契约理论的历史回溯、思想评价及宪政意蕴[J].陕西行政学院学报，2012（3）.

[32] 杨国栋.西方近代社会契约思想的历史流变及其宪政意蕴[J].燕山大学学报（哲学社会科学版），2012（4）.

[33] 杨瑞龙，杨其静.企业理论：现代观点[M].北京：中国人民大学出版社，2005.

[34] 于立深.契约方法论[M].北京：北京大学出版社，2007.

[35] 袁庆明.新制度经济学教程第二版[M].北京：中国发展出版社，2014.

[36] 袁祖社.市场经济、“法治社会”与中国特色“契约文化”建设[J].北京师范大学学报（人文社会科学版），2002（2）.

[37] 张传玺.中国历代契约会编考释[M].北京：北京大学出版社，1995.

[38] 张海滨，戴瀚程等.美国退出《巴黎协定》的原因、影响及中国的对策[J].气候变化研究进展，2017（5）.

[39] 张鸷远.美国宣布退出联合国教科文组织以退为进或造成进退失据[N].中国社会科学报，2017（3）.

[40] 郑云瑞.西方契约理论的起源[M].比较法研究，1997（3）.

[41] 中兴通讯股份有限公司2017年度报告[EB/OL].http://res.www.zte.com.cn/mediares/zte/Investor/20180326/C1.pdf，2018-03-26.

[42] 钟红.美国宣布退出TPP，多边贸易合作面临新格局[J].国际金融研究，2018（1）.

[43] 资琳.契约制度的正当性论证[M].北京：中国政法大学出版社，2009.

[44] 胡继晔，王秋辰.论基金管理人作为受托人的忠实义务——以“老鼠仓”行为监管为例[J].金融创新法律评论，2017（2）.

[45] 胡继晔.金融机构资产管理中受托人信义义务简析[J].清华金融评论，2018（3）.

[46] 韩伟 . 传统中国不乏契约精神 [J]. 书屋，2014-03-06.

[47] 霍存福 . 中国古代契约精神的内涵及其现代价值——敬畏契约、尊重契约与对契约的制度性安排之理解 [J]. 吉林大学社会科学学报，2008（9）.

[48] 于立深 . 公法哲学意义上的契约论 [D]. 吉林大学，2005.

第十三章　法商文化与社会责任

第一节　从公司文化到法商文化

一、公司时代面临的新问题与发展契机

在公司时代，商业广告的传播与公司活动信息的外溢，构建了公司与消费者之间在文化层面的互动环境。在这种互动的环境中，消费者从日常的衣食住行到娱乐、精神消费都由公司法人通过公司活动与商业广告的传播来主导。不难发现，公司文化不仅左右了消费者的物质需要，而且影响着消费者的精神需要。

公司时代的来临给人类带来的到底是福还是祸呢？尽管公司及股份制产生以来，人类社会出现了巨大的进步，但同时我们也看到了公司丑闻、公司诈欺，如美国的安然事件，中国的银广厦事件、步长制药行贿、康美药业财务造假等事件，将公司的利益相关者剥夺得体无完肤。这不禁让人思考：传统的公司文化是否依旧适用于新时代的商业环境？新时代下的当代公司文化应该如何发展和演变？当代公司文化应被赋予怎样的新元素？本节将对上述问题进行探讨，同时，阐述法商文化的必要性与对公司文化的补充。

二、商法人的本质：从萨洛蒙公司所看到的

（一）商事主体的演变

从三类商事主体的演变我们可以很清晰地发现，中国历史上的三类商事主体基本是并行发展的，不同之处在于所处领域。究其原因在于，中国古代是大国体系下的统一的开放市场，政府宏观调控与市场发展并重，因此商自然人、商合伙和商法人可以相互补充。而西方历史上的

三类商事主体则基本上是单线发展的，即从商自然人到商合伙，再到商法人。其中，先出现"法人"概念来描述合伙组织，而真正的商法人是在17世纪后期才出现的。因此，现代意义上的法人概念，是中华文明而非西方文明的产物。

何谓公司？中国道家对"公"一字有清晰阐述："是故丘山积卑而为高，江河合水而为大，大人合并而为公。"[①] 商法人的发展历程恰恰证明了这一点：正是公益性组织发展的需要，才有了最早的商法人。而中国对"公司"一词进行明确阐述的首推魏源，其在《海国图志》中说道："西洋互市广东者十余国，皆散商无公司，唯英吉利有之。公司者，数十商辏资营运，出则通力合作，归则计本均分，其局大而联。"[②]

为什么中国没有先在营利性领域发展出商法人呢？问题就出在有限责任上。通常营利性组织都是可以找到营利主体的，营利主体自然是责任主体，而找到了责任主体自然就可以让其承担无限责任。这就是东方和西方都没有在17世纪以前发展出营利性领域的商法人的原因。所以商法人的渊源就在于"公"，无"公"则无商法人。

（二）萨洛蒙公司

17世纪以后，西方为了筹资方便和降低投资风险，在营利性领域采用了有限责任的商法人制度。这一方面提高了资本集中和集聚的效率，提高了人们的投资热情；另一方面则增加了投资者利用有限责任，不惜损害公司和客户利益来谋取私利的动机。著名的英国的萨洛蒙诉萨洛蒙公司一案，是公司法史上的一个经典案例。

从法律角度讲，该公司一经正式注册，就成为一个区别于萨洛蒙的法律上的法人，拥有自己独立的权利和义务，以其独立的财产承担全部责任，股东不对债权人承担无限责任，而仅以其出资额为限承担有限责任，故萨洛蒙对于公司及公司债权人并不负任何责任。本案中，

① 《庄子·则阳》。

② 史际春．关于公司、企业的若干考证和辨析．法学家，1996（4）．

萨洛蒙既是公司的股东，也是公司的享有担保债权的债权人，具有双重身份。相较于公司的无担保债权，萨洛蒙所持有的有担保的公司债应优先享受清偿。虽然毫无疑问，萨洛蒙是为了享受有限责任的优惠而设立的公司，公司股东除萨洛蒙外，均名不副实，但是股东负有限责任，这是法律赋予股东的合法权益，只要符合公司设立条件，公司便与它的股东相分离而成为独立的法律主体，股东与公司间的权利、义务关系，由公司章程加以确定。因此最后法院判决，萨洛蒙获得公司清算后的全部财产。

该判例确立了这样一个原则：依照法律规定设立有限公司后，该公司依法取得独立人格，即使公司的控制权仅落于一位或少数股东手中，其余股东对公司仅具有象征性利益，亦不影响公司独立的法人地位。

萨洛蒙诉萨洛蒙公司一案，说明了无限拔高商法人人格并不可取。虽然众多法学理论对商法人人格的独立性进行了长篇累牍的阐述，但其无法掩饰一个基本事实：在 17 世纪以前，同样是基于法人人格独立性的理论认为，法人有权向股东摊派亏损以满足债权人的偿债请求。显然这种偿债请求仍被视为独立人格而发出的。而另一个基本事实是，当股东要对法人的资产承担无限连带责任时，并不妨碍法学理论判定法人有独立人格权。因此单单从法学理论出发，并不一定能得出合理解释和解决方案。商法人问题必须回到它的本源来分析，即回到中国的文化体系中来分析。

三、公司文化：从中国文化体系所看到的

《周易·系辞》写道："何以聚人，曰：财；理财正辞、禁民为非曰义。"

从《易经》中不难发现，在中华文明的根本思维体系中，"义"是商业理财中不可或缺的元素。这与古代西方包括古希腊、古罗马乃至中世纪的欧洲鄙视商业乃至认为商业罪恶，有本质不同。《易经》认为，商业是聚人的根本方法，这与管子所提出的"会民所聚曰道"以及庄子所提出的"大人合并而为公"高度相关，反映出中华文明中商业、公、

道和义是统一的，而不是对立的。

《易经》对商业精神作了进一步阐述：

“泰，小往大来，吉亨。天地交而万物通也，上下交而其志同也。内阳而外阴，内健而外顺，内君子而外小人。君子道长，小人道消也。天地交泰，后以财成天地之道，辅相天地之宜，以左右民。”[①]

“天地不交而万物不通也，上下不交而天地无邦也。”[②]

这几句话明确地提出“以财成天地之道，辅相天地之宜，以左右民”，因此，确实是在讲商业问题。有些研究将“以财成天地之道”中的“财”解释为通“裁”，这并不符合上下文。一方面，《易·系辞下》中“何以聚人，曰：财；理财正辞、禁民为非曰义”已经把“财”提高到“义”和“聚人”的道的程度，泰卦中说“以财成天地之道”，即“会民所聚曰道”。同样重要的是，《易经》的泰卦阐述了商业伦理的本质：“内阳而外阴，内健而外顺，内君子而外小人。君子道长，小人道消也。”其含义是说，商业理财的外在是阴柔和顺从，甚至看起来是小人所为，但是其内在是阳刚、健康和君子所为。付出一点外在的通达世故，而获得更多内在的君子追求，从而“小往大来……君子道长，小人道消也”。这是“德”在商业理财上的具体体现。而这一切就是通过交易来完成的，所以“天地交而万物通也，上下交而其志同也。”

因此，“公司”一词虽然只有两个字，但是在中华的文明系统中是一整套推理过程。它从会民所聚的道出发，指出大人合并而为公，内君子而外小人为德，不易变动的交易规律与规范为法，合乎时宜的商业管理为政，最终以商业理财来成道，实现造福万民、民均有得的义的目标。

商法人正是产生于这样的文明背景之下，它源于天下为公的公益组织。即使 17 世纪以后，西方所发展的商法人的根本目的仍然是方便大

① 出自《易经·泰卦》。
② 出自《易经·否卦》。

众投资，即“大人合并而为公”。如果不是为了此根本目的，即使是17世纪之后的西方，也完全没有必要发展出有限责任的商法人来。正如前文所讲，在出现有限责任之前，西方法学论证法人作为一个人格化的主体，有权要求其成员承担负债连带责任，也论证得理所当然、津津有味。所以，轻视公司所在的社会系统的要求，而仅仅从公司怎么更像一个人的角度来论证公司该怎样发展，就是孤立、割裂的分析方法，是把古罗马法的个人本位主义硬套在公司之上，把小生产者法则硬套到社会化大生产之上，不可能得到正确的答案。本书之所以称为法商管理学，就是要总结归纳商业管理的基本规律，以此作为制定、修改和完善商业法则及公司制度的根据。商业法规和公司制度是对商业管理基本规律的凝固，它反映了商业管理基本规律，并且服务于商业管理。很显然，我们决不能先生造一个法，然后强制要求商业管理必须遵从此法。

中国传统对公司的理解并不否认其人格化，事实上中国根据比类取象的易学原理，探寻组织与个人之间可能的共性，而发展出了更为人格化的现代法人。但中国传统认为，法人人格化只是其外在，是为了方便交易而将大集体的意志统一到一个人格身上，其核心仍然是确保大集体乃至社会的利益，即内君子而外小人。而决不能反过来舍本逐末，以人格化作为解释和研判商法人发展的根据。正是基于中华文明的公司原理，而不是基于古罗马法的人格化原理，才会有“刺破公司面纱”原则。

四、法商文化的本质

整个中华文明体系以道家的“道”为基础，社会经济亦不例外。问题在于，什么是道？“道”来自天文，最开始是指日月星辰的运行轨迹，中国人根据对日月星辰的运行轨迹来制定历法，研判气候变化，并建立了日月星辰运行的模型，这就是先天八卦。因此“道”就具体为先天八卦上的星体运行轨迹。《易经》以先天八卦建模为基础进行比类取象，抽取出其中的一般性规律，试图来概括人类社会中其他领域的规律，这就是“道”的运用。

《管子》这部比《道德经》还早的书，对人类社会中的“道”给了明确定义：“会民所聚曰道。”

《管子》提出：“罪人当名曰刑，出令时当曰政，当故不改曰法，爱民无私曰德，会民所聚曰道。”[①]

强调罪刑相适应，政令合乎时宜，法律符合民众习俗，具有稳定性，法律面前人人平等，并且法律的前提是符合大众利益。因此又特别强调“宪律制度必法道”。[②]

孟德斯鸠认为，基督教是法的精神，他把一切不利于基督教和世袭贵族体制的政体都列为专制。《管子》则指出，法的精神是“会民所聚”之道，它要求法律应当听从多数人的意见，聚集众人力量。与西方的法的精神来自宗教不同，中国古代法的精神来自对宇宙法则的精确计算和对哲学的高度提炼。

“爱民无私曰德”中的“德”就是法律伦理，它要求法律应当考虑多数人的利益。《管子》对“德”进一步解释：“德者道之舍，物得以生，生知得以职道之精。故德者，得也；得也者，其谓所得以然也。以无为之谓道，舍之之谓德。故道之与德无间，故言之者不别也。间之理者，谓其所以舍也。”[③]

值得注意的是，《道德经》中并没有对“德”的解释，而《管子》明确解释，“德”同“得”，是“道之舍”，即以“会民所聚”之收益，舍给众人以使其有所得。“道”为聚，“德”为散。一聚一散，方可“物得以生”。其对“德”的解释极为精到。

“当故不改曰法”中的“法”就是法规。法规必须稳定，不能经常变化。而稳定的法规必然反映了事物深层次的规律。这来自天体运行法

---

① 出自《管子·正第》。
② 出自《管子·伍法》。
③ 出自《管子·心术》。

则的稳定性特征。

“出令时当曰政”中的“政”就是行政管理或商业管理。管理的核心就是对时间进度的管理。这来自天文气候变化的耕作时令。

“罪人当名曰刑”在刑法中是指罪刑相适应原则，引申到商业上就是权利义务要相适应。

《管子》系统地阐述了法律精神、法律伦理、行政管理和权利义务的关系。而“宪律制度必法道”充分体现了中华传统的道法一家的本质。当把“道法一家”的本质与公司文化结合在一起时，便形成了“公司文化”到“法商文化”的转变。具体而言，就是要求掌握公司的道理，并把此道理化成天下。换言之，就是不能把公司文化狭义地定义为不限手段地“营利”，而是应该在“德”（广泛地服务社会）与“法”（严格地遵循规范）的框架中运行与发展。

五、从历史看法商文化的趋势

在过去的 30 多年里，随着中国和一些东欧国家推进的经济体制改革迈入市场经济的运行轨道，“公司”一词便开始从一个简单的企业组织名称成为市场经济环境下重要的微观经济运行载体。具体有以下两种表象。其一，在以中国和俄罗斯为代表的曾实行计划经济体制的国度里，伴随着改革，公司开始取代工厂，从一个简单的行政管理组织向具有独立法人特征和自负盈亏的经济主体转变。其二，西方国家尤其是进入 21 世纪后的欧盟国家，在商品、人员、资本和货币四个方面打破了国家界限，出现了欧洲合众国的一体化趋势。而主导欧洲国家这场变革的政治之手的背后正是大公司，这种变革是有利于大公司在更大的市场内追逐利润的。无论是国家还是民族，其概念在公司资本面前都显得那样软弱无力。

面对全球经济一体化的趋势，无论是欧洲、美洲还是亚洲，任何一个奉行市场经济的国家都必然打开城门，以对资本尊重和保护的姿态、以对“德”与“法”的敬畏来迎接跨国公司的到来。然而，资本灵魂必然要依附在一个有法律外衣的躯体上，这就是公司法人。资本之水正载着公司之舟行走天下。

而大公司也开始从早期不遗余力地追求利润最大化向追求企业价值最大化演变。这意味着，传统的利润最大化已经不再是公司唯一的诉求，企业价值应囊括企业利润与社会福利有机的整合，而这种整合的内在推动并不仅是传统的公司文化，更多的应是具有法商内涵的公司文化，即法商文化。进一步地讲，在公司法人之后，又进一步引出了企业公民的概念。而就公司制度创新来说，时髦的词是公司的社会责任和公司法人的公众形象，大公司在适应社会人文和自然环境的同时，也在引领人类向物质文明和精神文明的更高境界迈进。而公司法人正日益成为主宰世界的主角。无论是在经济与政治中还是在社会与文化中，人们都越来越感受到公司法人之手的力量，这无疑预示着公司时代的来临。

第二节 企业社会责任中的“本体”与“客体”

企业社会责任是指企业在其业务运营过程中对其利益相关者所承担的责任，是企业家精神在法人治理过程中的反映。不难发现，在当今的商业环境下，履行企业社会责任是法商伦理的必然要求，同时也是企业法商文化的体现与升华。本节将从社会责任的本源出发，从社会责任的特征、路径、作用以及未来的发展方向展开讨论。

一、企业社会责任的本源

传统经济学理论始终抱有对经济社会参与者“经济人”（理性人）的假设，这一假设奠定了经济学分析中“人都是利己的”的事实环境。无论是消费者还是公司，均是以个体利益最大化为目标来进行经济活动和社会活动的，这与人们传统的认知产生了明显的差异，也与常规的文化和伦理相去甚远。利他主义学说便在这个环境下产生了。

19 世纪，法国的哲学家、伦理学家孔德首先把“利他主义（Altruism）”这个概念引进了道德理论，并以它作为孔德的伦理学体系的基础，以后又为英国的斯宾塞等所采用。孔德认为，人类既有利己的冲动，又有利他的冲动。所谓道德，就是使前者从属于后者。又说，利他又必然以利己为基础。利他主义，只局限于超阶级的个人之间的关系，而回避了道德的社会基础和阶级基础，没有也不可能规定个人对社会所承担的道德责任。

不难发现，哲学观点的利他与利己的讨论适用于商业观点。商业环境下的公司总是秉承“利润最大化”即利己的冲动，而道德又将这种利己的冲动升华到利他的冲动。这正和前文中所提及的中华文明传统的“道”的特征相一致，同时也是法商文化的行为体现与法商管理的核心之一。

将利他与利己对立统一的观念落实在具体的企业管理层面，则可体现在企业对社会责任的实践上。企业社会责任这一概念的发展通常被认为是 Berle 与 Dodd 关于企业究竟应该为谁服务的争论。前者认为，企业的最终目标应该是提升资金提供者或股东的可量化的利益；而后者却指出，企业在利益最大化之外应具有强制的和自愿的为社会中的利益相关者服务的责任。不难发现，后者的论点直接指出了企业社会责任的概念，同时也突出了企业应该满足从利己到利他的转变。

（一）对立与统一：企业社会责任的演进

企业社会责任的概念在欧美国家的发展大体可以分为四个阶段。

1. 萌芽阶段（20 世纪 20 年代至 20 世纪 40 年代）

企业社会责任的概念最早是由英国学者谢尔顿于 1924 年提出的。他将企业社会责任与经营者的责任联系了起来，经营者需要满足行业内外的各种人类需求，相应地，企业也应该为其影响到的其他实体的所有行为承担责任。

这一阶段主要是探讨企业的职能问题，最为典型的事件就是多德与贝利之间展开的关于企业应选择只对股东负责的传统模式，还是应选择除股东外的其他利害关系也要应对的新模式的争论。争议的结论表明，企业不仅是最大化股东利益的机器，还要考虑对社会的责任。

2. 推广阶段（20 世纪 50 年代至 20 世纪 60 年代）

霍华德·鲍文（Howard R. Bowen）的著作《商人的社会责任》于 1953 年出版，这本书的问世被公众视为现代企业社会责任概念的开端。鲍文在书中定义了“商人的社会责任”概念，在他看来，“商人有义务根据社会期望的目标和价值制定政策、进行决策或采取行动，并自愿承担社会责任”。从定义中不难看出，鲍文区别了两个概念，分别是企业和商人。在书中，企业特指当时的大的现代公司，统称为大企业；商人则是指这些公司的经理和董事。社会责任包括三个重要方面：第一，社会责任的承担主体是企业；第二，企业管理者是社会责任的实施者；第三，社会责任的承担原则是自愿。

随着对经营者职能认识的逐渐清晰，越来越多的企业认识到“权力带来责任”，有关企业社会责任的探讨就转变到了深化经营者社会责任的问题。例如，在早期，企业进行慈善捐赠会因为违反股东利益最大化的原则而被认为是非法的，直到 1953 年“A.P. 史密斯案”之后，慈善活动才合法化。从那时起，企业社会责任不再只是传统的企业家伦理，而是逐步转向社会实践问题。

3. 广泛关注阶段（20 世纪 70 年代至 20 世纪末）

在 20 世纪 70 年代早期，由于政治、经济、社会、环境等发生了剧烈变化，关于社会责任的讨论逐渐转向实际的问题，如环境保护、产品安全等，这引起了欧美发达国家的关注。在这个阶段，利润最大化就是企业的社会责任的观点逐渐被人放弃，人们开始深入思考关于企业社会责任的问题。

在 20 世纪 70 年代中期，美国经济发展委员会（CDE）发表了一篇历史性的创新文章——《商业公司的社会责任》，将企业社会责任定义为三个同心圆：内层是公司履行其经济职能的基本责任；中层代表企业在履行经济责任和践行社会价值中需要关注的交叉责任；外层则代表出现不久且界限不明的责任。

在这个阶段中，弗里德曼教授强烈反对企业社会责任。他认为“企业只有一种社会责任——利用游戏规则中的资源来增加其收益”，企业社会责任是对自由社会的伤害。在20世纪70年代后期，卡罗尔提出了一个“金字塔模型”，这个模型对企业社会责任的理论发展具有里程碑式的意义。卡罗尔将企业社会责任分为四个层次：经济、法律、道德和其他任意行为（如慈善捐赠）。1983年，卡罗尔以“三域模型”对“金字塔模型”进行了修正，同时在韦恩图中，他还将企业社会责任分为三类：经济责任、法律责任和道德责任。同年，托宾纳提出了企业社会责任的“反身法”理论，他认为应该通过“社会回应机制”来促进社会责任机制，并建议企业建立社会责任报告制度。在20世纪80年代后期，弗里德曼修改并完善了托宾纳的观点，他认为，只要企业在承担社会责任的同时能给企业带来直接的经济利益，或者企业承担社会责任是出于股东自愿，是企业的意志，那么公司的利润最大化和企业社会责任可以同时存在。英国学者约翰·艾尔金顿提出了“三重底线理论”，并认为企业社会责任可分为三类：经济责任、环境责任和社会责任。与此同时，许多学者从多个维度研究和界定了企业社会责任，并逐步与利益相关者理论相结合。

4. 全球发展阶段（21世纪初至今）

随着21世纪全球化趋势的不断深入，企业社会责任逐渐成为全球企业面临的义务和挑战。企业公民已成为企业社会责任思想的主流。企业公民行为不单单指企业与社区之间的关系，还包括企业与其他利益相关者的关系。在此趋势下，全球企业公民应履行“跨越国界和文化边界的企业社会责任”。欧盟委员会于2001年指出，“企业社会责任是指企业在自愿的基础上将环境和社会问题纳入其经营管理，以及其与利益相关者的相互关系”，并在2011年修订了这一定义，提出了企业社会责任是指“企业对其社会影响的责任”，还要求企业将“社会、环境、道德、人权、消费者权益等事项融入其商业经营和核心战略中”。

（二）统一与自然：企业社会责任的内涵

利己与利他之间的统一源自两者所服务的主体具有的内在关联性。具体而言，利己服务的对象是本体，利他服务的对象是客体，而整个世界又是由本体与客体共同组成的，世界的进步能够同时服务于主体与客体。因此，“利己是利他的基础，而利他又是为利己服务的”这一信条便得到了验证。

在这一信条下，让公司个体认识到利他的重要性与必要性，即在利己与利他的统一环境下，使公司将社会责任上升至“自然”的境界，这便是企业社会责任的内涵。这一内涵并不狭义地被解释为企业应该如何“履行”社会责任，而是更加广义地被理解为企业应该“遵循”自然的法则。正所谓“大道无形”，企业则应顺势而为，道法自然。

更进一步地讲，从微观层面的管理学领域来定义企业社会责任，可以追溯到被誉为“企业社会责任之父”的霍华德·鲍文（Howard R. Bowen）在《商人的社会责任》（1953）一书中的叙述：“商人有义务根据社会期望的目标和价值制定政策、进行决策或采取行动，并自愿承担社会责任。”卢森斯将企业社会责任定义为超越法律要求的公司行为，以及公司为社会造福的直接利益。不同的全球性组织、区域性组织以及经济组织，对企业社会责任的定义也不尽相同。世界银行将企业社会责任定义为企业与利益相关者之间的一系列关系、价值观、政策和实践的集合。联合国强调，企业社会责任是企业社会契约的核心内容。

从企业社会责任的定义中可以明确，企业社会责任有三个基本要素：盈利行为、强制义务行为和自愿行为。第一，盈利行为是追求企业利益所作的决策。在经济职能面前，盈利行为一直处于主导地位，而且未来仍将如此。一旦公司做出了关于企业盈利能力的决定，它就履行了其主要的企业社会责任。这是企业社会责任最重要的因素。第二，强制义务行为一般来自政府管制或民间监管。政府干预源于政府权力，并由法律强制执行。比如，企业必须达到法律规定的污染标准。民间干预是由非政府成员基于社会规范，通过社会或市场制裁对企业行为进行约束。民间干预，有时也称为私人干预。这种干预来自市场力量，而非法律。第三，自愿行为超出了法律、管制或者其他强制命令。有些自愿行为因为它超出了既有要求，所以可以将之描述为“法律要求之外的行为”。其中最典型的例子就是企业将污染控制在法律规定的标准之下。还有一些行为与强制行为没有关系，而是响应公众意愿，慈善行为就是一个例子。

企业社会责任有以下特征：

（1）企业的目标不仅包括最大化股东利益，还包括维护和增进社会利益；

（2）企业利益相关者的认可和参与是社会责任的基础，企业的活动或行为可能会对利益相关者造成一定的损害和影响；

（3）企业社会责任的内容很复杂，甚至包括对社会期望的理解。

社会责任的基本原则中，一个重要方面就是遵守法律法规。然而，社会责任也需要超越法律范围的行为以及并非法律约束的义务行为。因此，社会责任的内容不是单一的，而是具有不同的表达形式。

在早期，企业社会责任常常只体现为公司开展慈善活动和其他社会福利活动的道德义务。现在，企业社会责任包括更广泛的内容，如股东责任、员工责任、消费者责任、政府责任以及环境责任等。

股东责任主要包含两个方面。一方面是完善治理结构。治理结构是股东、高管和其他利益相关者之间的权利分配和制衡关系的制度安排。科学有效的治理结构可以降低代理成本并确保公司内部的秩序。另一方面是完善信息披露机制。企业必须按要求充分、完整地披露企业的重大经营决策和财务绩效，为股东的投资决策提供及时、准确的信息。

员工责任主要是指企业组织员工的生产经营活动，并以此满足员工的需求，提升员工的能力，稳固员工的社会关系等。保护员工利益的最终目标是建立和发展和谐稳定的劳动关系。

消费者责任主要包括两个方面：一方面是保证产品的安全和质量；另一方面是保护消费者信息。

企业对政府的责任主要包括纳税和协调政府的工作。作为一个大资源消费者和污染者，企业在环境保护方面承担着不可推卸的责任。概括而言，企业的环境责任主要包括三个方面：节约资源、减少对环境的影响以及环境公益。

二、企业社会责任的主要理论

（一）利益相关者理论

在企业履行社会责任方面，学界逐渐达成共识，即企业需要履行社会责任。然而，“社会”究竟包括哪些方面却有争议。过去人们批评企业社会责任理论，是因为早期的理论将“社会”定义得过于宽泛，使得社会责任的履行缺乏可行性。利益相关者理论试图改变这一情形。

利益相关者理论的思想源泉来自多德，多德在《公司管理者是谁的受托人》中指出，企业仅代表股东的利益是不够的，还需要代表其他相关者的利益。而利益相关者理论的鼻祖弗里曼（Freeman）则对此有了更为明确的阐述，指出“一个组织中的利益相关者是可以影响组织目标的实现或受目标实现情况影响的团体或个人”。之后，弗里曼所作的这一阐述成为利益相关者的经典定义。

依据利益相关者在企业中的角色，克拉克森（Clarkson）将利益相关者分为两个层级。第一个层级是指对企业生存和发展而言不可或缺的人，如股东、投资者、员工、客户等。第二个层级是指那些影响企业或受企业影响的人。其中，前者对企业的生存非常重要，同时，企业的生存也受到第二层级利益相关者的影响，但并不取决于这一群体。

（二）社会契约理论

企业社会责任是企业与社会之间不断变化的社会契约，而这种契约反映了企业对社会的间接义务，并反映了社会对企业的期望。唐纳森指出，企业需要对其赖以生存的社会承担社会责任，社会也应对企业的发展承担责任。

随后，唐纳森和邓飞（Donaldson and Dunfee）扩展了这一观点，提出了综合的社会契约理论，并指出社会中存在两种社会契约。一种是宏观的或假设的契约，是一个社会中所有人之间的假设契约；另一种是微观的或现存的契约，是一个经济共同体的实际契约。综合性社会契约是企业社会责任与利益相关者利益之间的连接点。

（三）企业公民理论

20 世纪 70 年代，英国"公民社会"首次提出了企业公民的概念，将企业看作一个社会的公民，认为企业不仅要获得利润，还要对环境和社会承担责任。爱泼斯坦（Epstein）属于较早研究企业公民理论的学者，他在《企业道德、公司好公民和公司社会政策过程：美国的观点》一文中就提出了企业的概念。

企业公民概念的本质是"公民权"。传统意义上的"公民权"是针对个人而言，是公民对于"生命、自由和财产的"天赋权利。那么企业是否具有像个人公民一样的权利呢？如果是，企业公民又承担何种责任？企业公民理论给出了三个不同的解释：企业是公民；企业像公民；企业管理公民权。

1. 企业是公民

罗格斯登和伍德（Logsdon and Wood）运用政治学中的公民权理论，将公民权的概念由个体公民扩展到企业公民。因此，企业也可以成为公民，并享有相应权利和义务。

2. 企业像公民

这类观点认为，从法律地位来看，企业并不是真正的公民，但从实践来看，企业确实又像公民一样，必须纳税和遵纪守法，并参与社会治理。因此，企业不是公民，但像公民。

3. 企业管理公民权

马特恩（Matern）曾指出，企业在公民权管理中起到了重要和积极的作用，因此该观点从前面的争论中摆脱了出来。从公民权的理论来看，公民权的核心是国家或政府，但政府角色失灵或失败时，企业则进入公民权领域。企业管理的公民权通常包括三种情况：（1）政府停止管理的公民权领域；（2）政府未曾管理到的公民权；（3）全球性的公民权。

第三节　企业社会责任中的法商精神

传统企业社会责任的原理应用与法商文化的精神体现引致了社会责任的具体实践原则与路径。虽然企业社会责任的基础来自企业利益的最大化，但是，利益的最大化并非企业社会责任的终点，而是开端。这种辩证的关系直接指出，公司的利益十分重要，但其重要性应是为服务社会而产生的。使公司在探索利益的同时服务社会，这就是法商精神在社会责任履行中的重要节点。

一、企业社会责任的原则

企业社会责任实践的内容很多，涉及企业运营的方方面面，影响着企业内部的员工以及企业外部的相关者。因此，就社会责任而言，没有任何通用原则可以适用于每一个企业。但是基于法商伦理，企业社会责任的实施有几个广泛的原则。

第一，企业经营的目标是创造利润和价值。企业的基本责任在于追求经济利益。企业不能只迎合社会目标而忽视了财务效益，即企业应该按照经济标准来接受评判。短期内社会可能会为社会责任付出相应成本，但从长远来看，社会仍然会受益。企业应该在解决社会问题的过程中寻求利润点。

第二，企业必须守法合规。从狭义上来讲，守法合规就是遵守法律，主要包括企业法律和规章、国家的民法和刑法、保护利益相关者的一系列规定、国际法等；从广义上讲，遵守法律法规还包括遵守企业内部章程、社会规范和商业道德。管理者行事必须有道德操守，确保自己的行为与伦理规范一致，同时要设立规范、政策和程序以提高企业的伦理表现。

第三，企业应该完善责任信息沟通机制。尽管企业对股东具有受托义务，但并不能只站在股东的利益上看问题。消费者、员工、政府、社区和其他团体对企业提出了各种要求。具体而言，在企业内部，企业社会责任活动的中心是企业的员工，让企业的社会责任渗透到员工的精神和行为中去，使高层和企业有关社会责任的指导思想成为整个企业的共同理念，这些都是非常重要的；在企业外部，消费者、供应商和社区等外部利益相关者是支持企业可持续发展的重要力量，企业社会责任涵盖了上述利益相关者，他们对企业声誉和企业发展做出证明性的回应，同样有益于企业的长期发展。

第四，公司有义务纠正其带来的负外部性。企业应该尽量降低负面的社会影响，即降低或承担外部成本以及强加于社会的生产成本。工厂直接把废气排入空气，会危害人类健康，这种做法是将问题强加给无辜者，而不仅限于企业或它的顾客。企业除了节约能源、减少污染物排放、回收产品、降低企业带来的负面社会影响外，还应在环保、社会福利等方面发挥带动作用。

第五，企业应该接受社会效益评价。企业社会责任不仅仅是为慈善项目和希望工程捐赠钱物，还包含对社会、环境、资源、股东、员工等方面的整体考虑和责任。因此，企业不但应该发布财务报告，还需要公开社会效益。社会报告应该包含企业产生的大部分社会影响，像财务报表一样，接受独立的第三方审计。

二、企业社会责任的实现路径

为促进企业社会责任的整体提升，无论是成熟市场国家还是新兴市场国家，都期冀通过法律等手段赋予企业社会责任具体性、确定性的意义。特别是在将道德责任层面的企业社会责任转化为一般法律层面的企业社会责任方面，各国制定了不同的实施途径。

第一，强制性企业社会责任路径。强制性企业社会责任路径是指除了税收和公司自身意愿之外，通过立法手段强制企业执行公共利益支出的标准。该路径目前主要应用于印度、毛里求斯等发展中国家，其具体实施路径为，在立法中规定企业社会责任的最低支出标准。例如，2013年，印度在企业法第135条中规定："（大中型）企业的董事会应确保企业在每个财政年度将其前三个财政年度净利润的2%以上用来实施企业社会责任政策。"类似地，毛里求斯2016年《金融法案》第50L条规定："所有企业每年均应将其上一年应得收入的2%作为企业社会责任基金。"虽然强制性企业社会责任路径有助于在短期内提高企业社会责任的整体履行水平，但该路径因缺乏对于企业及股东经济利益的综合考量而受到商业社会的广泛诟病。2013年，印度立法最终通过对"遵守或解释规则"的引入对该问题进行了修正。

第二，软法规制路径。软法规制路径是一种源于国际法的"软约束"路径，并在实践中逐渐被各国立法所借鉴。所谓软法，是指没有强制执行力保障的成文规则，这是一种自愿的企业社会责任路径。软法规制路径通过成文性的具体规则，对企业责任行为的具体操作予以指引，通过政府监管或民间干预，促进企业社会责任的自主提升。目前，国际视角下的企业社会责任软法规制路径的典型实例包括ISO 26000社会责任标准、经济合作与发展组织跨国企业指南以及联合国全球契约等；我国的企业社会责任软法规制路径的典型实例包括GB / T 36000—2015《社会责任指南》。

第三，反身法路径。反身法路径也是一种自愿的企业社会责任路径。其以企业社会责任为纯粹的自愿责任为基础，认为应通过信息披露机制促进或强制企业对其非财务事项信息进行公示，以维护利益相关人的知情权；通过利益相关者的市场反馈，对企业社会责任承担情况的现实反馈，促进企业社会责任水平的自主提高。与软法规制路径不同，反身法路径并不就企业应如何承担社会责任等具体问题做出回应，却要求企业在信息披露时遵循特定立法规则下的披露规范。目前反身法路径的应用大多与软法规制路径相融合，要求企业将其对国际软法规制路径的遵守程度进行公示。此外，“遵守或解释”规则的引入也使企业在信息披露方面具有一定的自主权。反身法路径的典型例证为欧盟委员会关于非财务事项报告的指令，中国深交所、上交所关于上市公司企业社会责任报告披露的相关规定。然而，在反身法路径下，善因营销的思路让企业社会责任沦为一种市场营销手段，并被诟病为“洗绿剂”。

第四，可持续公司法路径。可持续公司法路径既是软法规制路径和反身法路径的集大成者，也是对软法规制路径和反身法路径的修正。可持续公司法路径的核心观点有二：一是认为不应完全依靠企业的自律解决企业社会责任问题，而是应加强法律的强制性；二是认为企业社会责任应作为一项公司法原则贯穿于公司法始终，应通过对“公司利益”一词的再诠释，促进法人治理和企业社会责任的融合，并在此基础上，重塑董事会职责和股东会角色。实践中，尚未有关于可持续公司法路径的立法实践，仅有欧盟委托奥斯陆大学 SMART 中心的可持续公司法项目的项目成果。但可持续公司法路径下，短期视角向长期视角的转变、公司目标一元论向二元论的转变已在英国、荷兰等国家新一轮的法人治理准则中得以体现。

第四节　企业社会责任的发展趋势

如上文所述，企业社会责任中公司对利益的寻求十分重要，但其并不是终点，而是起点。企业社会责任当以（公司）利益出发，以（社会）福利结束。而真实的商业环境中，诸多企业“利字当头”，不顾及消费者、员工、社区与环境的需求；上市公司不考虑股民的诉求，晚上“放下屠刀”，白天又“拿起屠刀”。他们游走在“道德”与“罪恶”的左右，还是其他的因素影响了他们的行为？这无疑让我们发问：企业社会责任何去何从？

在中国经济从高速增长向高质量发展转型的关键阶段，企业、社会、研究机构不断形成履行、监督、评价、调查、发布的层层联动机制，对中国企业履行社会责任的水平、质量、规模、范围都产生了明显的推动作用。同时，中国企业也逐步更好地适应了国际发展与竞争的环境。

中国社会科学院经济学部企业社会责任研究中心的相关报告显示，中国企业社会责任大体可以划分为三个阶段：起步阶段（2001—2004年）、徘徊阶段（2005—2007年）、喷发阶段（2008年—）。

起步阶段发生于刚进入21世纪时，企业社会责任逐渐演变成了中国社会的一个热门话题。在中国企业社会责任的起步阶段，国内学术界开始把西方学者的相关研究框架引入中国。当学术界借用西方社会责任的研究范式考察中国问题时，发现中国的企业社会责任问题并不是简单的“企业在满足利润最大化的基础上对社会福利的溢出”，而更多地体现了潜在的收益回报、社会影响、基础供销系统的稳定以及中国的国情。

而接二连三发生的煤矿事故、奶粉事件、过期牛奶事件、发霉月饼事件以及疫苗事件都告诉我们，中国企业对于社会责任的认知和履行并不乐观。当很多企业都在考虑利用不合法、不合规的手段实现利润最大化的同时，中国企业社会责任的发展与正轨已相去甚远。中国企业社会责任的发展便在这样的背景下崭露头角了。

在2005—2007年的徘徊阶段，中国企业在履行社会责任的过程中摸索前进。一些优秀企业的行为与做法让我们看到了中国企业在社会责任方面还“缺少什么”、应该“做什么”，让我们开始了对中国特色的企业社会责任的核心元素的探索。

正如西方企业于20世纪60年代至80年代所遇到的情况一样，中国企业在面对社会责任时所遇到的核心困惑便是“企业到底是为谁服务的”。企业社会责任从很多路径中都能反映出与公司股东利益最大化的目标不一致的情况。例如，企业应对减排进行投资创新，企业应积极改良商品以提升消费者的使用安全程度，这些都指向了企业成本的增加，而这恰恰是股东不愿意看到的。

在这个背景下，急需一部分企业通过履行社会责任来带动整个市场环境中企业对社会责任的认可与响应。这个时期内涌现了一大批富有责任感的企业，这些企业认识到，围绕企业的利益相关者的同时还要关注不同于利润最大化的问题，例如，节能减排、消费者安全、职业健康、慈善事业等。这些问题反映出，公司股东在创造利润的同时，若对上述关注点漠不关心，则会直接损害利益相关者，引致他们对企业经营产生负面情绪。这便有了企业社会责任的“溢出”与“反馈”效应。当企业能够有效地通过社会责任将利益“溢出”至社会时，就能长期获得利益相关者的正向“反馈”，就能长期保持良性的经营，实现可持续发展。

在这个认知背景下，中国企业社会责任进入了喷发阶段。这一阶段的到来离不开国务院国资委发布的《指导意见》。《指导意见》的发布，明确指出了中国企业履行社会责任的必要性和重要性，明确了企业社会责任在理论与实践层面的合理性与积极价值。

我国 2008 年年初的南方雪灾、5 月的汶川地震和 10 月的金融危机，都给中国企业的发展带来极大的影响。而恰恰在这个阶段，中国企业也展现出了极强的社会责任，这与中国企业对于企业在社会中共生共存的意识以及对社会责任的认知的提升密不可分。

企业社会责任在中国企业中逐渐扩张的同时，其形态与形式开始被大众关注，核心问题便是“中国需要怎样的企业社会责任”。在新时代下，中国社会的主要矛盾已经转化为人民日益增长的美好生活需要和不平衡不充分的发展之间的矛盾，这就对中国新型企业的社会责任提出了新的要求。

换言之，企业社会责任不仅是单纯的慈善行为，还是具有针对性的精准责任。这要求不同行业的企业要对自身利益相关者以精准对接式履行社会责任，而不是“大水漫灌”式的。例如，高质量发展要求、正确把握总体谋划和久久为功的关系，需要企业积极应对，打好防范化解重大风险、精准脱贫、污染防治三大攻坚战，这便为企业对于社会责任的履行指明了方向。因此，企业在履行社会责任的过程中，应具有精准性，因地制宜、因时而异，与时俱进地完成社会责任，进而提升中国特色的企业社会责任的完成效率。

综观本章内容，从公司文化到法商文化，从法商文化到社会责任，所叙内容无疑是法人治理中伦理和道德的发展与演变过程。正如生物进化，企业的发展要顺势而动、顺时而动，而这“势”与“时”便是贯穿全章的“道”，正所谓大道无形，法商文化的精粹便在这种无形与有形之间，潜移默化地影响着企业的发展。而我们能够看到的，便是企业在微观世界中的社会责任行为。因此，法商精神就是推进企业明确本体与客体，本体与世界，客体与世界之间的利益共存关系，在命运共同体的环境中实现从利己到利他，再回归本体的利益纽带。

【案例】

互联网行业中企业社会责任案例：滴滴出行——“科技公益”的实践者

滴滴出行是领先的一站式出行平台，也是中国共享经济的引领者。自2012年成立以来，滴滴出行不断改进互联网应用技术，不断提高数据的处理能力，有效地将城市中闲置的交通资源与日益提升的居民交通出行需求进行精准对接。到2018年年底，滴滴出行的注册用户数已达到5.5亿，而年度交通资源提供商有3 066万人（2017年6月至2018年6月），平台完成订单量日均达3 000万单，2017年全年提供出行服务达74.3亿次。滴滴出行通过“出租车、快车、专车、豪华车、公交、代驾、企业级、共享单车、共享电单车、共享汽车”等多元化出行服务，将城市居民的交通需求层次化并进行了针对性承接，实现了便捷、高效的出行。

滴滴出行在推动出行服务发展的过程中，利用高新技术积极地履行社会责任，将“让出行更美好”的使命融入了公司战略和管理中，是“科学公益”的坚定实践者，在与政府、企业、公益组织及合作伙伴积极协作的过程中，滴滴出行直接或间接地使用技术创造了经济、环境和社会价值。

滴滴出行在提供出行服务的同时创造了巨大的社会经济价值。滴滴出行为社会中的失业人员、去产能行业职工、国家建档立卡的扶贫人员、零就业家庭、退役军人等群体提供了工作机会，积极消除着社会中的摩擦和结构性失业。共享出行平台就业的灵活性，满足了不同群体在不同时间、不同环境下的就业需求，按单给付的结算模式和以服务为导向的收入调整模式，提供了公平的劳动报酬和合理的激励制度。与此同时，滴滴出行积极推动司机权益保障，为平台司机建立了“应急响应、垫付救援、住院探望、主动保障、人道救援、公益帮扶”六大安全保障机制及其他人身安全保障。此外，滴滴出行平台向司机推出“点滴医保”服务，将原本较高额的费用拆解到每一个订单中，加入计划的车主每接一单，即可进行一次小额度的投入，保障额度可持续累加。

绿色发展是以高效匹配闲散资源为特征的共享经济的天然属性。滴滴出行是交通领域绿色发展模式的创新，通过汽车资源高效化、公众出行方式绿色化、新能源汽车普及化和城市交通运行智能化，推动公共消费模式和生活方式的转变。滴滴引领的共享出行方式，通过减少交通运力达到降低交通出行领域的碳排放的目的。2017 年，滴滴平台提供的各种形式的共享出行方式，共减少约 150.7 万吨二氧化碳排放，相当于 21 个奥森公园或 2 个塞罕坝林场的年碳吸收量。滴滴出行持续探索绿色发展模式，不断提升产品服务，提升平台的绿色属性。截至 2018 年 4 月，滴滴平台上已有 40 万辆新能源车，相当于全国的 20%，全球的 12.9%。通过“小桔充电”“小桔车服”等汽车前后市场、基础设施配套的推动和专为共享而设计的共享新能源车等的探索，滴滴出行推动了新能源车行业的发展，预计到 2020 年，该平台上的新能源车将达到 100 万辆。

作为领先的共享出行平台，滴滴拥有海量大数据及基于大数据的强大的数据分析、利用能力。目前滴滴平台每日新增轨迹数据超过

106TB，每日处理数据超过 4 875TB，每日路径规划请求超过 400 亿次。滴滴出行运用互联网的先进技术，改善了相关领域产品的安全和服务，实现了技术的社会价值“溢出”。滴滴出行将大数据、云计算和人工智能等技术进行了二次共享，并将其应用于城市交通，为公共部门提供了交通预测、路径优化、城市交通规划、红绿灯配时调整、潮汐车道改造等智慧交通服务，通过对交通领域的智能化改造，提高了城市交通效率，促进了智慧城市的发展。

除了传统企业的商业模式，互联网公司也具备高科技属性。因此，互联网公司应承担对整个社会提供技术贡献的社会责任。滴滴出行通过对共享出行领域的技术化嵌入，实现了互联网技术运用的社会溢出。推动相关技术不再局限于交通领域，最大化技术的边际价值，提升整个社会的福利，属于高科技时代企业社会责任的演变。

【思考问题】

请问，滴滴出行履行社会责任的效果如何？如果你是高科技企业的管理者，你将如何平衡股东责任与其他社会责任的关系？

【参考文献】

[1] Carroll, Archie B.（1991）. *The pyramid of corporate social responsibility: Toward the moral management of organizational stakeholders*[J]. Business Horizons. 34（4）.

[2] Friedman, Milton.（2007）. *The social responsibility of business is to increase its profits* [C]. In Corporate ethics and corporate governance, Springer, Berlin, Heidelberg.

[3] 陈英 . 企业社会责任理论与实践 [M]. 北京：经济管理出版社，2009.

[4] 林毅夫 . 企业承担社会责任的经济学分析 [J]. 现代商业银行，2008（02）：16-18.

［5］楼建波，甘培忠．企业社会责任专论［M］．北京：北京大学出版社，2009.

［6］塞穆尔·艾杜乌．全球企业社会责任实践［M］．北京：经济管理出版社，2011.

［7］苏哈布拉塔·博比·班纳吉．企业社会责任：经典观点与理论的冲突［M］．柳学永，叶素贞译．北京：经济管理出版社，2011.

［8］张神保．公司人格独立制度研究［D］．西南政法大学，2007.

［9］刘大洪．公司有限责任制度负面效应的法律思考［J］．中央政法管理干部学院学报，1997（5）：32–35.

［10］牛向春，李天勇，戴维阳．我国企业社会责任的发展与实现途径研究［J］．中国科技信息，2009（23）：322–325.

［11］霍华德·R.鲍恩．商人的社会责任［M］．北京：经济管理出版社，2015.

［12］贾生华，郑海东．企业社会责任：从单一视角到协同视角［J］．浙江大学学报（人文社会科学版），2007，37（2）.

［13］霍季春．从“企业社会责任”到“企业公民”［J］．理论与现代化，2007（1）：67–70.

［14］郭于玮．市场经济中企业社会责任行为分析［J］．现代商贸工业，2010，22（6）：15–17.

第四篇

法商治理与激励

第十四章　公司型法商实体及其主要形式

本章将概述性地介绍公司型法商的不同分类方法，并在此基础上分别介绍有限责任公司和股份有限公司，还将针对有限责任公司的特殊形式——一人公司和股份有限公司的典型形式——上市公司进行重点介绍。

第一节　公司型法商的主要形式

一、不同标准下的现代公司分类

根据不同的标准，公司有不同的分类方式。以股东对公司的责任形式为标准，可将公司划分为无限公司、有限公司、股份有限公司与两合公司；以公司是否公开发行股份以及是否允许股份自由转让为标准，可以将公司分为封闭式公司与开放式公司；以公司信用基础的不同为标准，可以将公司分为人合公司、资合公司以及人合兼资合公司；以公司资本构成的所有制为标准，可以将公司划分为公营公司与私营公司；以公司股份是否在证券交易所公开发行为标准，可将公司分为上市公司和非上市公司；以股东数量和资本构成为标准，可将公司划分为独资公司与合资公司。除此之外，还有总公司与分公司、母公司与子公司、本国公司与外国公司等不同角度的划分方法。

二、大陆法系下公司的主要类型

大陆法系依据公司法规定的公司股东责任的不同，将公司分为无限公司、两合公司、有限责任公司和股份有限公司四种。其中，股份有限公司又包括非上市公司和上市公司，如图 14–1 所示。法商实体仅指股份有限公司和除一人公司外的有限责任公司。

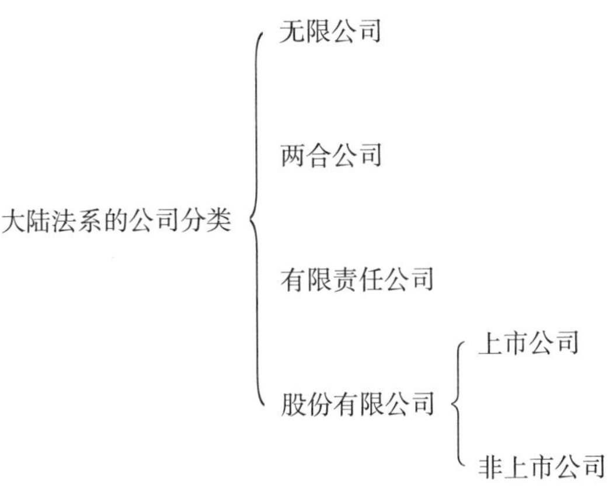

图 14–1　大陆法系的公司分类

无限公司是指全体股东对公司债务承担无限连带责任的公司。其特征在于，全体股东对公司债务承担的责任是无限的，且为连带责任。

两合公司是由无限责任股东和有限责任股东所组成的公司。其中，无限责任股东对公司债务负连带无限的清偿责任，而有限责任股东则以其出资额为限对公司债务负有限清偿责任。

有限责任公司是指全体股东仅以出资额为限对公司债权人承担责任的公司。该种公司的特点在于，股东仅就公司债务承担有限责任。确切地说，股东仅对公司负有出资义务，而并非直接对公司债务承担责任。

股份有限公司是指将全部资本作为股份，股东仅就其所认购的股份对公司债务承担责任的公司。股份有限公司的股东承担的同样是有限责任。相较于有限责任公司，股份有限公司一般规模更大。

总体而言，无限公司几乎等同于合伙，其设立完全基于人合性；两合公司是一种介乎合伙和现代公司之间的状态，其更为强调组织内部的人合性；有限责任公司的设立仍旧基于股东的人员信用，相对来说也具有较强的人合性；股份有限公司的设立更多地基于资本，其具有更强的资合性；上市公司吸纳了众多公众投资者的投资，其开放程度更高，资合性也更强。总体而言，不同的现代公司形式在人合性和资合性方面的表现如图 14–2 所示。

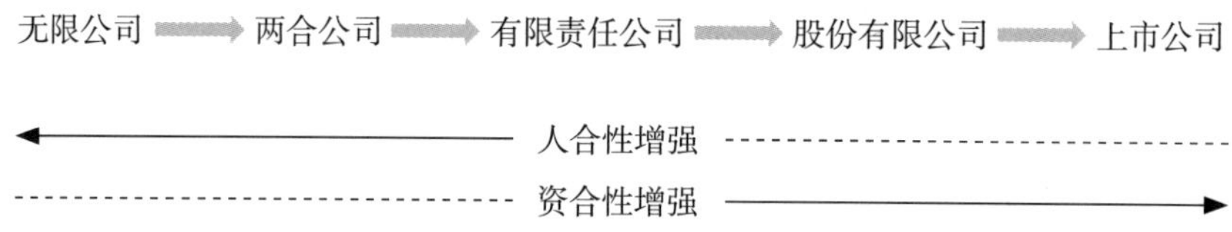

图 14–2　大陆法系公司的人合性与资合性

三、普通法系下公司的主要类型

1. 英国公司分类

英国公司法根据公司是否注册，将公司分为注册公司和非注册公司。注册公司是指依据公司法规定，经核准登记注册而成立的公司，其是普通法系国家最为重要的公司形式。注册公司包括责任有限公司和无限公司两种类型。其中，责任有限公司又包括股份有限公司和担保有限公司两种类型。股份有限公司的含义与大陆法系中的股份有限公司的含义相同；担保有限公司则是指在公司清算时，股东的责任以他所承诺的资产为限。非注册公司是指依照特许制度或特别法成立的公司，其包括依据皇家特许令成立的公司、依据国会特别法案设立的公司、依据专门法案设立的公司三种类型，如图 14–3 所示。

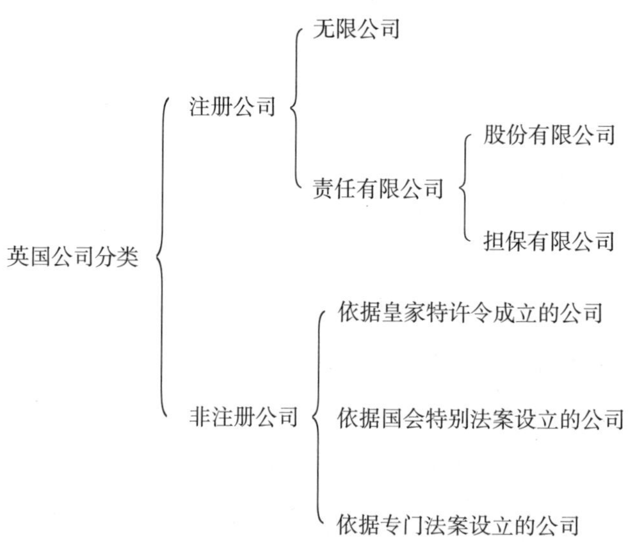

图 14–3　英国公司分类

2. 美国公司分类

美国的公司法律和公司实务是脱节的，在公司实务中，所有的公司都是有限责任的股份公司，只是按照是封闭还是开放，分为公公司和私公司。所谓公公司（Public Corporation），是指其股票广泛地被公众所拥有，在全国性证券交易所或者柜台、互联网等平台进行公开交易的公司；私公司（Private Corporation）是指股东相对较少，股票没有在公开市场交易的公司。但美国的公司法并没有作这样的分类，而是把公公司和私公司统一规定为股份有限公司。

四、中国法律对公司的分类规定

根据我国《公司法》的规定，"公司是指依照本法在中国境内设立的有限责任公司和股份有限公司"。基于此，中国公司法只承认有限责任公司和股份有限公司，不承认无限责任公司和两合公司。这种规定是符合时代潮流的，因为现代企业的发展趋势说明，无限责任已被普通合伙企业所代替，两合公司则可以被有限合伙企业所代替。这种区分突出了公司资金集合、有限责任、股权自由转让等特征，这也是公司成为典型的法商实体的原因。

其中，股份有限公司又分为非上市的股份有限公司和上市的股份有限公司。中国的公司类型的划分方式并非独创，有限公司与股份公司是大多数大陆法系国家所采取的分类方式。

第二节　有限责任公司和股份有限公司

在将公司划分为有限责任公司与股份有限公司的基础之上，《公司法》对于这两类公司设计了不同的规范，在各种制度上予以区别对待。例如，公司设立的条件、方式与程序，公司的注册资本，公司的组织机构，公司的筹资功能，以及公司股东的权利等。

一、有限责任公司和股份有限公司的设立

1. 有关发起人人数的规定

有限责任公司与股份有限公司在规模上的差别首先体现在设立要求上。从发起人人数来看，《公司法》第二十四条规定："有限责任公司由五十个以下股东出资设立。"第七十八条规定："设立股份有限公司，应当有二人以上二百人以下为发起人，其中须有半数以上的发起人在中国境内有住所。"对比《公司法》对于有限责任公司和股份有限公司的设立规定可以发现，在关于有限责任公司的规定中，《公司法》使用了股东的概念，而在关于股份有限公司的规定中则使用了发起人的概念。这是因为，股份有限公司的设立主要存在两种募集方式：一种是发起设立，即由发起人认购公司应发行的全部股份而设立公司；另一种是募集设立，即由发起人认购公司应发行的股份的一部分，其余股份向社会公开募集或者向特定对象募集而设立公司。关于发起人和股东的表述的区别，主要考虑的是募集设立的场合，即在募集设立的公司中，发起人数为 2 人以上 200 人以下，但股东的数量则可能数以万计。而在发起设立的股份有限公司中，发起人与有限责任公司的股东在概念上并无差别。《公司法》解释三第一条也规定了为设立公司而签署公司章程、向公司认购出资或者股份并履行公司设立职责的人，应当被认定为公司的发起人，包括有限责任公司设立时的股东。这也就将有限责任公司设立时的股东等同为股份有限公司中的发起人了。

需要注意的是，为规避《公司法》关于有限责任公司股东人数的限制，在实务操作过程中，股东们往往可以通过股份代持、设立法人股东的方式，减少工商登记中体现的股东人数。

2. 有关最低注册资本的要求

中国关于公司最低注册资本的规定，经历了从严格的法定主义到部分认缴制再到完全认缴制，从较高的最低资本注册要求到原则上不再设最低注册资本要求的过程。所谓认缴制，是与实缴制对应的概念，前者是指在工商部门注册登记时，无须实际缴纳注册资本，只需按照公司章

程的规定每年缴纳即可；后者则是指在工商部门注册登记时，应实际缴纳注册资本。1993 年的《公司法》不仅要求完全地实缴注册资本，还分行业对有限责任公司提出了 10 万元至 50 万元不等的最低注册资本要求，对股份有限公司提出了 1 000 万元的最低注册资本要求。2005 年的《公司法》放宽了对公司资本的管制，从完全的实缴制过渡到部分认缴制度，但仍保留了关于最低法定资本的规定。有限责任公司不再区分行业类型，其注册资本一律下调为 3 万元，股份有限公司最低注册资本下调至 500 万元。同时，2005 年的《公司法》还规定了全体股东的首期出资额不得低于注册资本的 20%，也不得低于法定最低注册资本；股份有限公司全体发起人的首期出资额不得低于最低注册资本的 20%。2013 年资本制度改革后，对于公司资本的要求再次降低，原则上废除了最低注册资本的要求，采用了全面的认缴制。

但为了保护公众投资者的利益，上述资本制度改革仅针对有限责任公司和发起设立的股份有限公司，对于募集设立的股份有限公司，2013 年的《公司法》仍保留了 2005 年《公司法》的规定，即“股份有限公司采取发起设立方式设立的，注册资本为在公司登记机关登记的全体发起人认购的股本总额。在发起人认购的股份缴足前，不得向他人募集股份。股份有限公司采取募集方式设立的，注册资本为在公司登记机关登记的实收股本总额。法律、行政法规以及国务院决定对股份有限公司注册资本实缴、注册资本最低限额另有规定的，从其规定”。“以募集设立方式设立股份有限公司的，发起人认购的股份不得少于公司股份总数的百分之三十五；但是，法律、行政法规另有规定的，从其规定。”

2013 年资本制度改革后，掀起了大众创新、万众创业的浪潮，激发了中国经济的活力，但实践中出现了“一元公司”和“百年公司”的案例，引起了舆论对于债权人保护等问题的担忧。对此，需要说明的是，2013 年资本制度改革，仅是由部分认缴制转变为完全认缴制，并没有取消关于注册资本的规定，仅仅是允许股东、发起人自主决定注册资本的缴纳金额和缴纳时间。股东仍旧以认缴出资对债权人承担有限责任，且随着企业信用信息公示系统的建立，市场主体可通过公开的信息查询交易对方的注册资本状况，自主判断与交易对方进行交易的安全性。

二、有限责任公司和股份有限公司的股权转让

股份流通的自由程度是股份有限公司与有限责任公司的重要区别之一。由于股份有限公司的资合性特征，其股票一般情况下是可以自由转让的；与股份有限公司相比，有限责任公司则具有更大的封闭性和人合性特征，应当在一定程度上保持股东的稳定，限制股份向第三人转让。当然，法律对于有限责任公司股份转让的限制并非禁止性规定，仅仅是对于股权转让施以程序上的限制。例如，《公司法》第七十一条规定："股东向股东以外的人转让股权，应当经其他股东过半数同意。"这是对于有限责任公司股权转让的限制，但是该款随后又规定："股东应就其股权转让事项书面通知其他股东征求同意，其他股东自接到书面通知之日起满三十日未答复的，视为同意转让。其他股东半数以上不同意转让的，不同意的股东应当购买该转让的股权；不购买的，视为同意转让。"这就在限制股份转让的同时，为股东转让其股权预留了通道。不仅如此，该条款还规定了公司其他股东的优先购买权，以最大限度维护有限责任公司的人合性，具体规定为："经股东同意转让的股权，在同等条件下，其他股东有优先购买权。两个以上股东主张行使优先购买权的，协商确定各自的购买比例；协商不成的，按照转让时各自的出资比例行使优先购买权。"相比之下，法律并未对股份有限公司股东的股权转让提出类似的限制条件，而对于股份有限公司中的上市公司，其股权转让则更为自由。

第三节　一人公司、上市公司及其特殊规范

一、一人公司的定义及特殊规范

（一）一人公司的定义

一人公司（One-Man Company，或 One-Member Company）又称独

资公司或独股公司，是指只有一个自然人股东或者一个法人股东的有限责任公司。一人公司是有限责任公司的一种特殊形态，其又分为广义的一人公司和狭义的一人公司两种。广义的一人公司是指实际意义的一人公司，即真实股东（Bona Fide Shareholder）只有一人，其余股东仅是为了真实股东一人的利益而持有股份的非实有股份权益者的公司。狭义的一人公司是指形式意义的一人公司，即外观上全部股份由一个自然人或法人所有的公司。

需要明确的是，目前在世界范围内尤其是在中国，无论是自然人或法人出资的一人公司，还是国家出资的国有独资企业（包括国有独资公司），其在界定上都存在出资人财产边界和公司财产边界不易划分的问题。现实中，国有独资公司的政府属性和一人公司中极易产生的财产混同问题，都决定了其不符合法商实体的定义。法商实体是具有公众性、公开性并涉及众多利益相关者的市场主体，故一人公司和独资企业并不属于法商实体范畴。

（二）一人公司的产生与发展

1. 早期公司理论强调公司的社团属性

公司的社团性主要是指公司是由数个具有相同目的的股东所组成的团体。公司的社团性在相当长一段历史时期内被认为是公司的本质，公司的社团性既可以发挥集资功能，还可以有效地实现人力资源的有机组合。我国 2005 年的《公司法》施行以前，有人甚至将法人人格称作“团体人格”。目前，大多数学者仍坚持认为社团性是公司的本质，而一人公司仅是个例外。

随着 2005 年《公司法》对一人公司的认可，现有理论认为，不应该把社团性作为确定公司股东会成员人数下限的理由。社团性与股东人数复数性不是同一个概念，社团性是发展的、变化的、开放的，它并不是一成不变的，在不同的组织和不同的语境中也是变化的。一味地坚持公司社团性的传统公司法理论具有历史局限性。

2. 各国立法对于一人公司的逐步认可

随着公司理论在全球的发展，各国公司法在立法中不断下调公司设立时的股东人数，并最终在立法中承认了一人公司这一形式。

普通法领域，萨洛蒙诉萨洛蒙公司（Salomon V. Salomon & Co. L td.）案首次支持了实质性一人公司的法律地位，成为英国普通法承认一人公司的标志。

成文法领域，各国对于公司人数的下限均经历了逐渐下调并最终承认一人公司的过程。以美国为例，大多数州及美国 1960 年示范公司法初版，皆要求公司至少须有三人以上才能设立；1971 年美国示范公司法第二版的修订版规定，单个人或法人也可以成为公司发起人。该法于评论中明确指出，发起人对公司的发展已非关键角色，其并非必要的公司设立条件，因为极易以凑人头数方式规避发起人至少为三人的要求。再以德国为例，德国 1870 年的股份有限公司法第 209 条第 6 项规定，设立公司至少应有 3 名股东；1937 年及 1965 年股份法第 2 条规定，确立公司基本章程至少须有 5 名以上股东参与；1994 年修订股份公司法时，将股份法第 2 条发起人最低人数为 5 人之限，变更为一人或数人。世界上首部承认一人公司法律地位的法律为列支敦士登 1926 年颁布的《自然人和公司法》，该法规定股份有限公司和有限责任公司都可由一人设立，并可由一个股东维持公司的存续，而股东不承担个人责任（Personal Liability）。

中国 1993 年的《公司法》并不承认一人公司的法律地位。但由于实践中出现了许多挂名股东的情况，例如，名为两位股东，但实际上仅有一人参与公司经营。因此，即便立法否定了一人公司的存在，实践中公司也以各种手段规避了该禁止性规定，从而产生许多实质上的一人公司。至 2005 年，《公司法》承认了一人有限责任公司和国有独资公司两种一人公司形式。

（三）一人公司设立的特殊规定

《公司法》规定："一个自然人只能投资设立一个一人有限责任公司。

该一人有限责任公司不能投资设立新的一人有限责任公司。”“一人有限责任公司不设股东会。”“一人有限责任公司应当在每一会计年度终了时编制财务会计报告，并经会计师事务所审计。”“一人有限责任公司的股东不能证明公司财产独立于股东自己的财产的，应当对公司债务承担连带责任。”具体而言，若自然人为一人公司的股东，则该自然人不得再设立其他一人公司，且该自然人设立的一人公司也不能以法人股东的身份设立其他一人公司。这一规定的理由在于，如果允许一个自然人投资设立若干家一人有限责任公司，便极易导致公司资产薄弱、清偿债务能力减弱等弊端，从而难以维护债权人的利益。

二、上市公司的定义及特殊规范

（一）上市公司的定义

根据我国《公司法》第一百二十条的规定，上市公司（the Listed Company）是指股票在证券交易所上市交易的股份有限公司。根据该定义，上市公司是股份有限公司的特殊形式，是现代公司类型中资合性最强、开放程度最高、公众性最强的公司类型，也是法商实体中的重要类型。基于上市公司涉及众多公众投资者，故其交易安全更受法律重视。上市公司主要存在两个特点。

第一，影响上市公司治理的市场力量众多，包括商品或服务市场、资本与金融市场、经理人市场、控制权市场等。商品或服务市场的影响主要是同类商品或服务的竞争；资本与金融市场的影响主要源于企业对资金的需求；经理人市场的影响源于职业经理人对自身声誉的维护和追求，以及在期权计划、股票购买计划、奖金、长期激励报酬等激励计划下，管理者个人利益与公司利益的捆绑；控制权市场的影响主要体现在各种力量对于公司控制权的争夺。

第二，市场力量对上市公司治理的影响效果存在局限性。倘若市场力量能够有效解决上市公司中存在的治理问题，那么公司法就应尽可能地秉持“父爱主义”的原则，保持其谦抑性。然而，从现实效果来看，商品或服务市场、资本与金融市场对上市公司治理的影响都是间接的，上市公司的治理主要依靠管理层的自觉和进取心。经理层市场虽然通过激励机制减少了代理成本，却并未带来管理水平的显著提升。控制权市场则可能受多方面因素的影响而导致效果减弱。基于此，市场力量对于法人治理的效果具有一定的局限性，这也是本书第一篇中强调在法商管理的理念下，法人治理从针对人的经验管理、针对物的科学管理向全面性、系统性的法治管理转型的原因。

（二）上市公司的特殊规范

上市公司涉及众多公众投资者的利益，因此《公司法》《证券法》等法律对股份公司的上市要求进行了特殊规范，具体包括：

（1）股票经证券监督管理部门核准已向社会公开发行；

（2）公司股本总额不少于人民币三千万元；

（3）设立时间在三年以上，最近三年连续盈利；

（4）持有股票面值达人民币一千元以上的股东人数不少于一千人，向社会公开发行的股份达公司股份总数的百分之二十五以上；公司股本总额超过人民币四亿元的，向社会公开发行股份的比例为 10% 以上；

（5）公司在最近三年内无重大违法行为，公司财务会计报告无虚假记载；

（6）国务院规定的其他条件。

【案例】

华为公司是一家非上市公司，其 2018 年的营业收入为 7 212 亿元，超过了 BAT 的总和。此外，华为公司 2018 年的年报显示，2018 年其研发费用为 1 015 亿元，占营业收入的 14.1%，是 A 股市场研发支出占营业收入平均比重的 3 倍。华为公司认为，正是不上市的决定，让华为规避了上市公司陷入“短期主义”的陷阱，从而能更好地培育企业精神、投入科技储备、培养客户关系。

嘉吉公司总裁兼CEO麦伟德在2015年《财经》杂志中的《全球最大家族企业CEO谈家族企业百年传承之道》一文中谈道："管理层庆幸我们是一家未上市的家族企业，我们可以将更多的时间投入在服务客户和商业战略上。家族制可以让我们采取一个更长期的视角，换句话说就是可以更有耐心。有时投资需要一段时间才有回报，我不能因为股价走势而在每个季度都去做分散精力的事情。我认为这些是保持私有化的核心要素和核心益处。"

【思考问题】

1. 上市公司治理的难点是什么？

2. 企业在选择是否上市时，应考虑哪些因素？

【参考文献】

[1] 施天涛. 公司法论 [M]. 北京：法律出版社，2018.

[2] 赵旭东. 公司法学 [M]. 北京：高等教育出版社，2006.

[3] 李建伟. 公司法学 [M]. 北京：中国人民法学出版社，2008.

[4] 罗伯特·W. 汉密尔顿. 美国公司法 [M]. 北京：法律出版社，2008.

[5] 王作全. 公司法学 [M]. 北京：北京大学出版社，2015.

[6] 范建，王建文. 公司法学 [M]. 北京：法律出版社，2015.

[7] 雷兴虎. 有限责任公司与股份有限公司的法律界限 [J]. 律师世界，1997（8）.

[8] 甘培忠，曹丽丽. 中国公司法体系的重构——有限责任公司法和股份有限公司法的分立 [J]. 环球法律评论，2004（4）.

[9] 王涌. 一人公司导论 [J]. 法律科学，1997（7）.

第十五章　基金型法商实体及其主要形式

如果说公司的形成离不开16世纪至17世纪以劳动为核心生产要素的社会化大生产的时代背景，那么基金则是资本金融时代，资本呈现几何级爆发式增长，并替代劳动，与科技并肩成为核心生产要素的新经济业态下的产物。公司与基金是当代法商的两大组织形态，如果说公司之舟犹如在资本之水上航行，其大道无形令人捉摸不透，那么基金本身则是资本之水，其运行之道更加“虚无缥缈”。但无论是公司还是基金，从诞生之日起就被打上了“契约”的烙印。西方公司借鉴了中世纪欧洲寺庙法人制度，通过签订契约，寺庙田产得以永续，成为一种“公的财产”。现代社会中，契约型、合伙型和公司型基金也通过订立章程和协议，将基金的投资与收益、权利与义务厘清，这应该是构成基金制度的基石。然而，与现代公司制度相比，基金组织的契约特别是契约型基金与合伙型基金，并未真正明晰经济与法律规则，出资人权益受到侵犯、“用脚投票”的现象屡见不鲜，成为法商所要治理的“痼疾”之一。

第一节　基金的起源与发展

一、基金的起源与雏形

基金本质上是信托业务的延伸和拓展，而信托起源于13世纪英国人创立的“尤斯”（USE）。富人为了死后升天堂，常常把身后留下的土地遗赠给教会；而为了对抗英国王室的《没收条例》，富人可先将土地委托给第三方代为管理，再由第三方将收益转交给教会，以此实现将收益转移给教会的目的。1774年，荷兰商人阿德里安·范·凯特维奇从诸多的小投资人那里筹集资金，成立了一只名为“Eendragt Maakt Magt”

的信托投资产品，自此，世界上首只基金诞生。这是契约型封闭式基金的雏形，投资面向多个海外市场的主权债券及企业债券，这之后几年，类似产品陆续问世。荷兰最早将封闭式基金引入普通投资者的视野，给基金业的初始发展提供了宝贵的参考依据。

二、现代基金的诞生与发展

英国是现代投资基金的发源地。19 世纪中期，英国凭借发展工业和对外扩张积累了大量财富，使得英国国内的利率不断下降，英国必须向外寻求资金增值的出路。另一方面，欧美国家在推进工业化进程中，急需大量资金，故纷纷来英国发行各种证券以筹集资金，投资信托应运而生。当时，英国经济、贸易居世界前列，英国国民较为富裕，私人财富积累迅速。由于单个投资者缺乏专业投资知识，迫切需求一种集合式的专家代理投资工具。

1868 年，英国政府正式批准成立了“海外和殖民地政府信托基金”，其操作方式类似于现代的封闭式契约型基金。通过契约约束各当事人的关系，委托代理人运用和管理基金资产并实行固定利率制。由于该基金首次明确了契约型基金中各方当事人的权利和义务，奠定了现代契约型基金的法律基础，被公认为世界上第一只契约型基金。

1879 年，英国颁布了《股份有限公司法》，封闭式契约型基金在此基础上演变成封闭式公司型基金，英国人将其称为投资信托（Investment Trust）。

进入 20 世纪，英国基金业稳步发展，以单位信托形式出现的开放式基金开始浮出水面。1931 年，英国领先的单位信托投资公司 M&G 投资公司（1999 年被英国保诚收购）创立了本土第一只单位信托基金（Unit Trust Fund），也就是契约型基金。该基金名为“第一家英国固定信托”（First British Fixed Trust），以固定比例持有 24 家大公司的股份组合，并且该固定股份组合在 20 年的期限内没有改变。到了 1939 年，英国已经有近百只信托基金，管理着 8 000 万英镑的资产。

三、基金在美国的壮大

投资基金获得大发展是在20世纪的美国。1907年，美国第一只封闭式基金成立，该基金在首次公开募集时发售一定数量的份额，一旦募集完成，投资者既不能购买额外的份额，也不能通过基金公司赎回他们持有的份额。

第一次世界大战后，美国经济空前繁荣，国内外投资活动异常活跃，为基金的发展提供了良好的经济环境。第一个具有现代投资基金面貌的基金“马萨诸塞投资信托基金”，于1924年诞生于波士顿。这种基金区别于此前存在的封闭式基金，被称为开放式基金。这是证券投资基金史上的一次伟大革命，从此美国基金迅速发展起来。

美国政府于1933年起颁布了《证券法》等一系列法律法规，这些出台的法律法规为美国证券业的健康发展打下了坚实的基础。

基金的早期发展历程如图15-1所示。

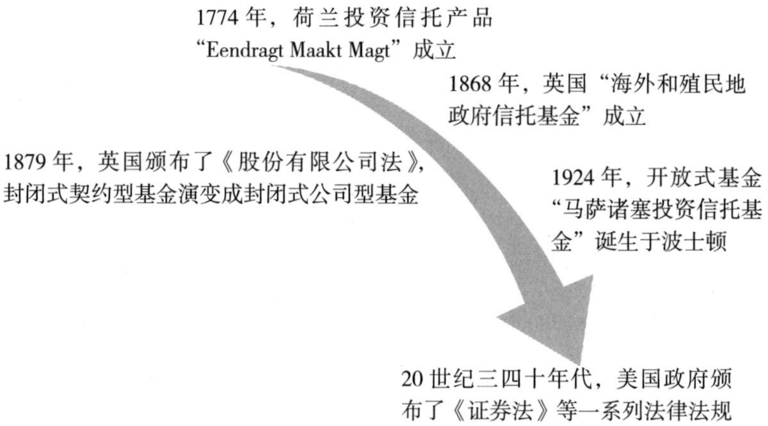

1774年，荷兰投资信托产品“Eendragt Maakt Magt”成立

1868年，英国“海外和殖民地政府信托基金”成立

1879年，英国颁布了《股份有限公司法》，封闭式契约型基金演变成封闭式公司型基金

1924年，开放式基金“马萨诸塞投资信托基金”诞生于波士顿

20世纪三四十年代，美国政府颁布了《证券法》等一系列法律法规

图15-1 基金早期发展历程

美国经济在20世纪五六十年代的高速增长，带动了投资基金的发展。1949年，第一只对冲基金诞生。1955年，第一只国际投资基金诞生。1960年，金融创新大潮下，第一只REITs基金诞生，与很多金融创新一致，REITs也是为了逃避管制而诞生的，美国政府正式允许，满足一

定条件的 REITs 可免征所得税和资本利得税。

美国金融创新始于 20 世纪 70 年代。1971 年，第一只货币市场基金成立。1976 年，第一只市政债券基金、第一只指数基金成立。1977 年，第一只长期债券基金成立。1979 年，第一只免税货币基金、第一只主动量化基金、第一只 130/30 多空基金成立。1985 年，第一只空头市场基金、第一只 FOF 基金成立。1986 年，第一只国际债券基金成立，如图 15-2 所示。

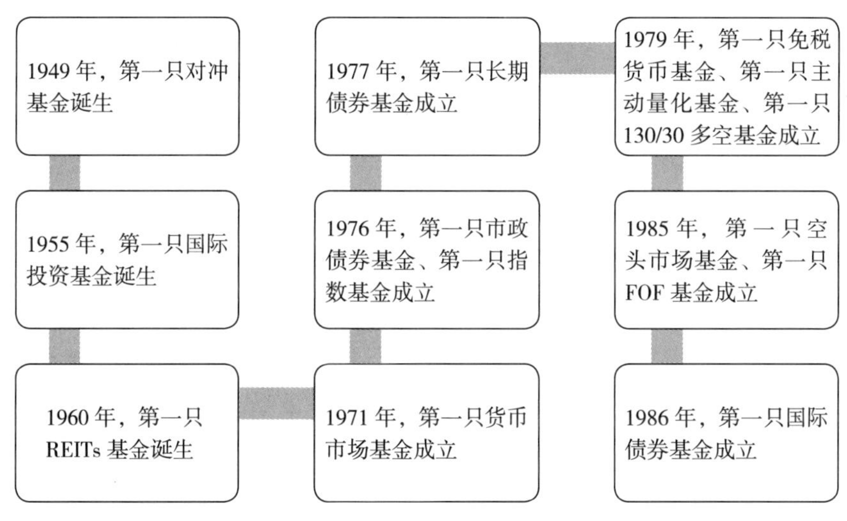

图 15-2　美国主要的基金创新产品

四、基金在中国的发展

中国基金业起步于 20 世纪 90 年代初。1991 年 7 月，经中国人民银行珠海市分行批准，珠海国际信托投资公司发起成立了一号珠信物托，属于专项物业投资基金（该投资基金后来更名为“珠信基金”），基金规模为 6 930 万元人民币，是中国设立的最早的投资基金。同年 10 月，武汉证券投资基金和南山风险投资基金分别经中国人民银行武汉市分行和深圳市南山区人民政府批准设立，规模分别达 1 000 万元和 8 000 万元。

在基金一级市场发展的同时，基金交易市场也开始起步。1994 年 3 月 7 日，沈阳证券交易中心和上交所联网试运行；1994 年 3 月 14 日，南方证券交易中心同时与上海证券交易所、深圳证券交易所联网；1996年11月29日，建业、金龙和宝鼎基金在上交所上市。

第二节　投资基金的组织形式

一、公司型基金

投资基金按照组织形式划分，可以分为契约型基金、有限合伙型基金和公司型基金；按照投资对象划分，可以分为证券投资基金和股权投资基金；按照募集方式划分，可以分为公募基金和私募基金。

公司型投资基金在组织形式上与股份有限公司类似，具有独立的法律主体资格。由于公司型基金作为公司法人实体，依据《公司法》设立和运行，每一个买基金的人都相当于买的是这个公司的股份，因此基金份额持有人便是这个公司的股东。基金公司的资产为投资者（股东）所有，由股东选举董事会，由董事会选聘基金管理公司或由公司自行管理基金业务，董事会负责监督基金管理和保管机构。公司型基金的优势在于，能够通过公司的治理机制，有效保护投资者的利益，其在基金业最为发达的美国处于绝对的主导地位。

二、契约型基金

契约型基金又称为信托型基金，是指依据信托契约（Trust Deed 或 Trust Agreement of Indenture），通过发行受益凭证而组建的不具备法人资格的投资基金。契约型基金的核心在于信托关系。当前，契约型基金已经成为投资基金的一种主流组织形式。《证券投资基金法》所规定的公募基金就是指契约型基金；信托公司的信托计划、基金公司和券商的资管计划都是契约型私募投资基金。

契约型基金一般由基金管理人、基金托管人及投资者三方当事人订立信托契约。基金的管理人、托管人和投资人三方之间依托的主要是“信托—受托”关系，投资人是基金的委托人，而基金管理人和托管人是基金的受托人。基金管理人是基金的发起人，通过发行受益凭证，将资金筹集起来组成信托财产，并依据信托契约经营和管理基金资产。基金托管人则依据信托契约负责保管信托财产，并对基金管理人履行一定的监督职责。投资者即受益凭证的持有人，通过购买受益凭证投资于基金，并根据购买份额分享投资收益。契约型基金的组织形式如图 15–3 所示。

为什么公司型、契约型和合伙型基金都是建立在契约关系基础之上的，却唯独契约型基金称为“契约型”呢？这是因为契约型基金和公司型、合伙型基金有着本质的区别。依据中国的民事及商事法律，公司、合伙企业都可以作为商事主体，然而，契约型基金不是一个实体企业，无法进行工商注册登记，在法律上并不符合公司、合伙及其他经济组织的法律特征，也不适合直接作为缔约主体。通常来说，中国公募基金都是契约型基金。公募基金中的基金管理人主要是证监会监管的公募基金公司，而契约型私募基金中的基金管理人主要是 2014 年 2 月开始在基金业协会登记的私募基金管理人。

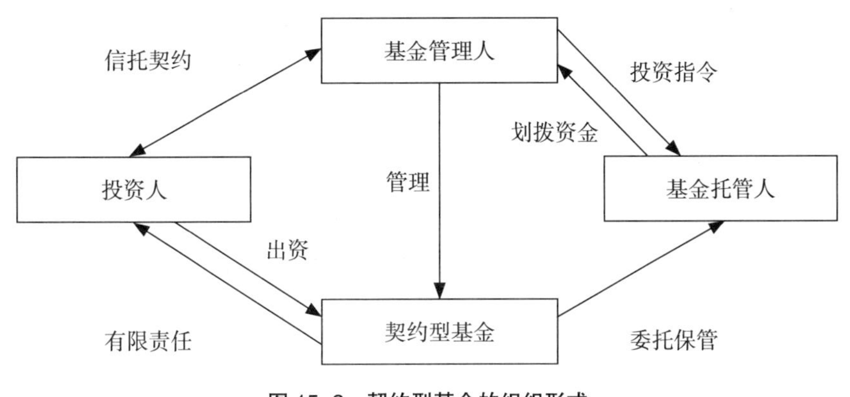

图 15–3　契约型基金的组织形式

在契约型基金的“信托—受托”关系下，基金财产的名义所有权和支配权都将转移到基金管理人名下，因此，基金管理人同时拥有了基金财产的经营权和名义上的所有权。而基金托管人行使对基金财产的占有权。契约型基金具有有助于基金管理人吸引机构投资者、节约治理成本、保持快速的市场反应能力，并保证投资人数量和资本数量的变动都不会影响财产控制权的变化和基金管理决策的实施等一系列制度优势。

三、合伙型基金

合伙型基金是以有限合伙组织形式设立的基金，也可称为有限合伙制基金或合伙制基金。有限合伙（Limited Partnership）的起源可以追溯到10世纪左右出现的“康曼达”（Commenda）契约。由于当时的教会禁止借贷，投资者出闲置资金，与出资金且投身合伙事业管理经营的航海者合作形成了合伙契约。投资者以资金为限承担有限责任，航海者负责经营管理投资者的资金，承担的则是无限责任。通常情况下，在完成航行计划之后，航海者作为冒险航行与主理经营的一方，通常可以获得总利润的25%或约定利润比例作为报酬。随着欧洲市场经济迅速发展，“康曼达”契约也呈现出相应的变化，并朝着两个趋势分化。第一个是隐名合伙（Dormant Partnership），即仅由经营方显名，资本方不显名。经营方与资本方是内部契约关系。第二个则是两合公司（Joint Liability Company），经营方与资本方均显名，双方共同对外承担权利和义务。两合公司是无限公司的发展，兼有无限公司信用高和有限公司集资快的优点。法、日等国家和地区陆续将这两项制度分别归入民商法典或公司法之中。

一般情况下，有限合伙企业主要由两个部分构成，即普通合伙人（General Partner，GP）和有限合伙人（Limited Partner，LP）。实际上，有限合伙制是一种以更高级的形态存在的普通合伙制度的演变。在经历了长时间的发展实践后，有限合伙制度得到了很多国家与地区的认可，成为产业投资基金的重要组织形式，并得到快速的传播与发展，被广泛应用于创业投资领域。根据定义内容可知，普通合伙人与有限合伙人的区别主要体现在以下几个方面。

1. 对企业债务的承担方面

根据《中华人民共和国合伙企业法》（简称《合伙企业法》）的规定，有限合伙企业由普通合伙人和有限合伙人组成。普通合伙人对合伙企业债务承担无限连带责任，有限合伙人以其认缴的出资额为限对合伙企业债务承担责任。可以看出，普通合伙人对企业债务的承担范围要大于有限合伙人。

2. 与本企业交易方面

根据《合伙企业法》规定，除合伙协议另有约定或者经全体合伙人一致同意外，普通合伙人不得同本合伙企业进行交易。而有限合伙人可以同本有限合伙企业进行交易。因此，在关联交易方面，法律允许有限合伙人同本有限合伙企业进行交易。

3. 竞业禁止方面

根据规定，有限合伙人可以自营或者同他人合作经营与本有限合伙企业相竞争的业务。但是，合伙协议另有约定的除外。可以看出，法律允许有限合伙人从事与本有限合伙企业相竞争的业务。

4. 财产份额出质方面

根据《合伙企业法》规定，普通合伙人以其在合伙企业中的财产份额出质的，须经其他合伙人一致同意。未经其他合伙人一致同意的，其行为无效；由此给善意第三人造成损失的，由行为人依法承担赔偿责任。而有限合伙人可以将其在有限合伙企业中的财产份额出质。

5. 财产份额转让方面

根据规定，除合伙协议另有约定外，普通合伙人向合伙人以外的人转让其在合伙企业中的全部或者部分财产份额时，须经其他合伙人一致同意。而有限合伙人可以按照合伙协议的约定向合伙人以外的人转让其在有限合伙企业中的财产份额，但应当提前30日通知其他合伙人。可以看出，除合伙协议另有约定外，普通合伙人向合伙人以外的人转让财产份额时，须经其他合伙人“一致同意”，而有限合伙人转让时，仅需要按照规定进行“通知”即可。

6. 出资方面

根据《合伙企业法》规定，普通合伙人可以用货币、实物、知识产权、土地使用权或者其他财产权出资，也可以用劳务出资；而有限合伙人不得以劳务出资。

公司型基金、契约型基金和合伙型基金的比较如表 15–1 所示。

表 15–1　公司型、契约型和合伙型基金的比较

项目	基金组织形式		
	公司型	契约型	合伙型
法律依据	证券投资基金法、公司法	证券投资基金法	证券投资基金法、合伙企业法
法律地位	独立法人	非独立法人	非独立法人
投资者的法律地位	股东	信托人	有限合伙人
基金保管人	资产保管人	指定的银行、券商等托管机构	资产保管人
投资回收	不能回收，只能以交易方式转让	存续期结束即可收回投资	存续期结束即可收回投资
税收制度	二级税负制	一级税负制度	一级税负制度

第三节　投资基金的典型模式

一、公司型基金的运作模式

（一）投资者具有股东身份

投资者具有股东身份，表示投资者在公司型基金的身份与股份有限公司的股东类似，拥有股东身份的各项权利与义务，能够行使股东的各项权利并履行股东的义务，能够通过参与股东大会、参与公司型基金的日常运营等行为来行使股东权利。

（二）董事会具有决定权

在公司型基金中，基金的管理人和托管人是基金建立的董事会任命的，董事会成员既包括从基金持有人中选出的代表，还包含拥有相应的专业水平与能力的独立董事。董事会成员可以从基金整体利益的角度出发，对基金的未来发展做出决策。

（三）资本具有放大的效应

在公司型基金中，管理人自有资本不多，但是当基金份额发行后，

就可以通过基金募集到数十倍的收益，其放大效应超过契约型基金几倍甚至几十倍。

（四）基金存续时间长

公司型基金与中国一般的股份制公司类似，主要的法律依据为《公司法》。根据中国《公司法》的相关规定，股份有限公司在成立后能够一直存续，直到公司的经营状况出现问题面临破产。公司型基金类似于股份有限公司，因此其存续时间远大于契约型基金。

二、契约型基金的运作模式

契约型投资基金发展水平较高的国家和地区，如英国、日本、德国、韩国、中国香港等，契约型基金主要受有关信托法规的规范，并以具有规定三方当事人权利、义务的信托契约为其典型特征。从有关国家和地区的情况来看，契约型基金的信托结构大致有瑞士模式、德国模式和日本模式三类，三种模式各有利弊。

（一）瑞士的集合投资契约模式

瑞士模式通过“集合投资契约”（Collective Investment Contract）规范当事人（基金管理人、投资者）之间的权利和义务，该契约可以另行指定托管人，也可以没有托管人。如果委任保管银行，那么该保管银行也是该契约的签约人。瑞士模式将投资基金作为一笔组合资产，保存于独立账户中。因此，基金契约虽然没有在签约主体以外产生明显的新主体，仍是一种只有两个必要当事人的信托，但独立账户事实上已经游离投资人和管理人而独立存在。这种契约型基金的独立性不明确，它代表了未引进信托制度的民法法系国家对投资基金的法律处理。

（二）德国的二元制模式

德国模式又称二元制模式。德国在 1956 年制定了《投资公司法》，明确了德国的投资基金一律采用契约型。该法的两个特殊的设计是“特别财产”和“保管银行”。特别财产是投资公司募集并管理的基金，由于其特殊的法律地位，投资公司与保管银行不得请求对其进行强制执行，而此特别财产分割的权益由受益证券加以表示。这样，特别财产与信托法上的“信托财产”并无二致，投资者的地位与信托受益人的地位也无区别。

德国的投资基金通过两个契约并存来规定投资者、投资公司（管理人）、保管银行之间的法律关系。一是投资者与投资公司订立信托契约。投资者购买受益证券时，取得信托契约委托人兼受益人的地位，投资公司则处于受托人的地位，是“特别财产”的名义持有人，负责财产的运营。二是投资公司与保管银行订立保管契约。保管银行负责“特别财产”的安全与完整，并依投资公司的指示处分该财产，同时负责监督投资公司依信托契约办事，并对其特定的违法行为提出诉讼，甚至有权停止投资公司行使权利。也就是说，《投资公司法》以特别财产为中心，规定了投资公司、保管银行、受益权者三足鼎立的法律关系。保管银行是基金的守卫者，不同于美国投资公司法规定的保管银行，德国法律中的保管银行权限较广且功能较大。在这种二元制模式下，投资基金的三个当事人的关系不像日本法那样被结合在一个法律关系上，而是受信托契约及保管契约规范。

该模式通过投资者与管理人的信托关系，保证了投资者在发生纠纷时可以直接向管理人主张权利，有效地保护了投资者的利益。弊端是投资者与保管人不存在契约关系，一旦保管银行违反义务，投资者不能直接向其主张权利，不利于保护投资者的权利。

（三）日本的一元制模式

日本模式又称一元制模式。依照 1951 年日本《证券投资信托法》的规定，日本模式的整体结构是以证券投资信托契约为核心，以该契约连接管理人、托管人、受益人而形成三位一体的关系。具体地说就是，由基金管理人在发行受益凭证募集证券投资信托基金之后，以委托人的身份与作为受托人的基金托管人（保管银行）签订以基金投资者（即受益证券持有人）为受益人的证券投资信托契约。据此，受托人取得了基金资产的名义所有权，并负责保管与监督，委托人则保留了基金资产投资与运用的指示权，受益人则依受益证券的记载享有信托基金的投资收益权。可见，日本的做法是用一个信托契约来规范所有关系人的权利和义务。这与德国法中的构造显然不同。韩国和中国台湾地区也采用日本的模式。日本法中的构造简化了基金关系人的法律关系，并明确了管理人与投资人、管理人与托管人之间的一种信托关系，较德国法的构造更进步，但在实际运作过程中也存在许多问题。首先，基金管理人的委托人地位有悖于信托法法理。在典型的信托关系中，委托人应对信托财产拥有原始所有权（中国《信托法》亦有如此规定），而基金管理人显然不具备该条件。其次，托管人扮演的受托人角色也值得商榷。据信托法法理，受托人应当积极参与财产经营，而日本模式中的托管人对基金资产只有保管和监督权，导致“消极信托”。上述问题造成受益人与管理人、托管人的权利和义务不明，一旦产生纠纷，受益人就有可能缺乏对管理人主张权利的法律依据，对托管人主张权利又因为后者只是消极信托而难以取得效果。

从以上对各种模式的比较中可以看出，契约型基金的组织结构在处理当事人法律关系方面的立法难点，集中在基金管理人的法律地位的确定上。而基金管理人法律地位的确定的困难又来自投资基金治理结构的特殊性，即除基金财产所有权与受益权的分离外，还有基金财产所有权和经营管理权的分离。但不管各国对基金管理人的法律地位如何进行确定，都毫无例外地规定，基金管理人对基金受益人或持有人负有诚信义务，目的都是使管理人承担与信托受托人义务相当的义务。立法上采用何种形式规范契约型投资基金当事人之间的法律关系，应与契约型投资基金运作机理相符合，以有利于保障投资人为准则。这是中国相关立法在借鉴他国模式时应有的出发点。

中国私募证券基金一开始是以信托加投顾的“阳光私募”模式出现的，《证券投资基金法》修订前，私募基金必须借信托、券商“阳光化”，多以“公司型”“有限合伙型”的形式设立。2014 年 1 月 17 日，中国证券投资基金业协会（简称“基金业协会”）颁布了《私募投资基金管理人登记和基金备案办法（试行）》，该办法第十四条规定，“经备案的私募基金可以申请开立证券相关账户”，为阳光私募的管理者赢得了基金单独开户的生存权。其后，中国证券登记结算有限责任公司在2014年3月25日发布《关于私募投资基金开户和结算有关问题的通知》（以下简称《新规》），该通知允许私募基金由基金管理人申请开户，有资产托管人的私募基金也可以由资产托管人申请开户，私募基金证券账户名称为“基金管理人全称—私募基金名称”，只要提供在基金业协会的备案等相关证明即可。随后，一批阳光私募走出信托和专户，自行发起设立契约型私募证券基金。正当业界还在争论契约型私募基金是否仅适用于私募证券类投资基金的时候，具备托管资格的南方券商已开始了大胆的尝试，并在基金业协会成功备案。非证券类私募契约型投资基金的发起设立，客观上在《新规》颁布之前就已撕开了一个口子，而突破这一点最重要的是券商愿意参与此类业务的托管，且银行同意为基金设立单独账户，基金财产和管理公司财产得以区别，SPV得以构建。历经约10年的发展，直至2013年6月1日《证券投资基金法》修订之后，才首次赋予了契约型私募基金法律基础。新《证券投资基金法》将非公开募集基金纳入监管范畴，明确了私募基金的三种组织形式：契约型、公司型和合伙型，为契约型私募基金奠定了法律基础。2014年8月22日施行的《私募投资基金监督管理暂行办法》，明确了私募投资基金的全口径登记备案制度、适度监管原则，并进行了负面清单制度的探索，进一步确定了契约型私募投资基金的监管框架。

从契约型基金的产品设计和运作架构来看，契约型基金可以分为以下类型。

（1）单一投资基金。此处的“单一”是指在发行结构上较为简单，直接由管理人、托管人、投资人三方组成的契约型私募基金，在市场上较为普遍。如民生信托发行的“民生信托聚利1期证券投资基金”，管理人为民生信托，托管人为华泰证券（601688），并募集资金发行产品。

（2）Feeder-Master基金，又称为子母基金，多个子基金从不同渠道募集投资者资金并归集于母基金，母基金负责投资运作。其主要优势在于：增加投资者数量，扩大基金规模；减少产品成立之初开户的时间对基金的影响；子基金用于募集资金，母基金用于做投资交易，降低了切换账户的麻烦，方便投资运作，降低了管理成本，防止不公平交易；管理费、业绩报酬在子基金中体现；子基金可以在不同渠道进行募集，根据不同渠道的议价能力进行费用的确定。

（3）FOF（Fund of Funds）基金，即基金中的基金。FOF 不直接投资于股票、债券或其他证券，而是以“基金”为投资标的，通过一个委托账户持有多只不同基金，技术性降低了集中投资的风险。FOF 基金有松耦合和紧耦合两种方式：松耦合即以老基金为投资标的，此种类型因相关产品涉及的理念有差异，需要做调节和安排；紧耦合即在选投资标的时要求管理人新设立基金，各个产品的衔接协调统一，管理和操作较方便。对于银行、信托这类对二级市场投资经验不足的机构来说，FOF 基金可被视为一种较为安全的投资方式。此外，在实际市场上，由于投资标的、投资方向的不同，存在着品种十分丰富的产品类型，如 MOM、“新三板”投资基金、另类投资中的影视基金、艺术品基金等。

三、合伙型基金的运作模式

有限合伙型基金在国外早已存在且有很广的运用，但是它在中国发展的时间并不长。直至 2007 年 6 月 1 日，修订后的《中华人民共和国合伙企业法》(简称《合伙企业法》) 正式承认有限合伙的合法地位后，有限合伙型基金得到快速发展。有限合伙型基金主要包括四个行为主体：第一个是普通合伙人（GP），通常又担任基金的执行事务合伙人，负责基金的管理工作以及投资运作；第二个是有限合伙人（LP），负责提供投资资金；第三个是投资对象，即最终的资金需求者以及利润贡献者；第四个是负责提供专业服务的中介机构，如律师事务所、会计事务所、投资顾问公司以及托管银行等。

（一）有限合伙型私募基金的传统模式

一般的有限合伙型基金的架构如图 15-4 所示。

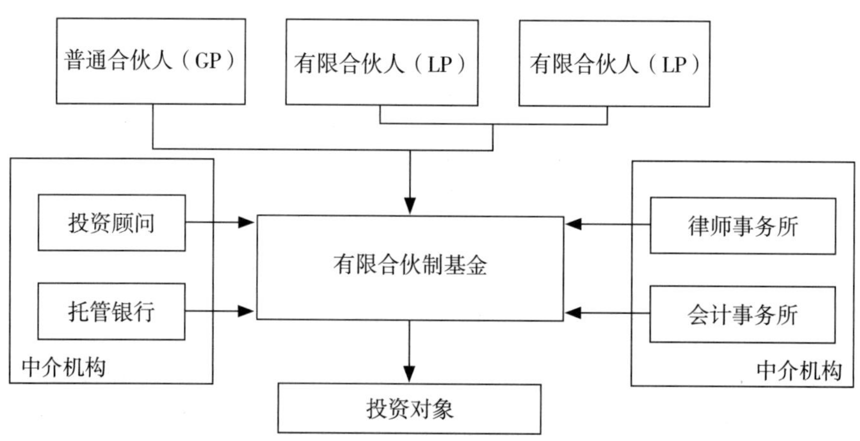

图 15-4　有限合伙型基金的架构

通常情况下，针对 GP 来说，会由专业能力较强、有丰富投资经验的人员或者基金负责人担任，我国的《合伙企业法》明确提出了不可成为 GP 的几种组织机构，包括国有企业、国有独资企业、社会团体、公益性的事业单位以及上市公司，以避免该类组织因投资失败所产生的合伙债务的无限连带责任，使社会以及公众的利益受到损害。LP 通常有以下几种类型：个人、主权财富基金、上市公司、企业年金、家族基金、公共养老金、母基金（FOF）、投资公司等。对于有限合伙企业而言，尽管 LP 可以采用如货币、土地使用权以及知识产权等形式进行出资，但是在国内的操作中，一般是以货币出资。其所面向的投资对象并没有受到法律政策等方面的强制规定，可广泛投资于如非上市公司、上市公司、信托计划等项目。有限合伙型的风险投资（VC）和股权投资（PE）已经很普遍，此外，有限合伙型的母基金（FOF）、信托与有限合伙型相结合的创新型产品也频频出现。

（二）合伙型基金的经典架构

根据上市公司发布在基金业协会上的信息，可以对合伙型私募基金的具体架构进行分类，本小节仅介绍几种典型的组织架构。

1. 单 GP 单管理人架构

在有限合伙型基金中，单 GP 单管理人是一种比较典型的组织架构（如图 15–5 所示），即由一名 GP 及多名 LP 构成，与此同时，GP 也会身兼多种职位，包括执行事务合伙人及管理人。

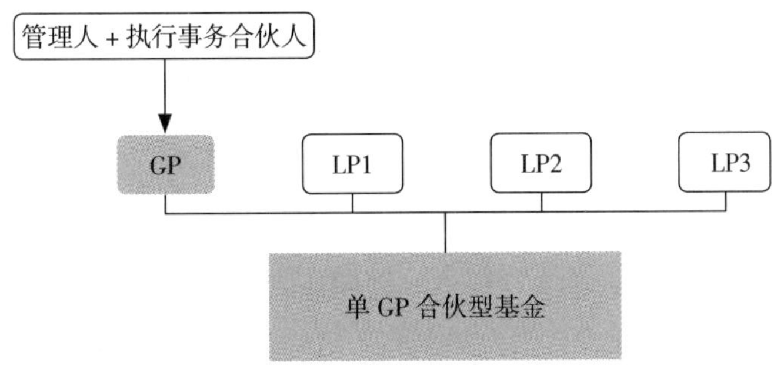

图 15–5 单 GP 单管理人架构

2. 双 GP 双管理人构架

关于两名 GP，均已在基金业协会完成了登记，并以私募基金管理人的身份存在，与此同时也兼任了管理人，或者其中一名 GP 负责兼任管理人。通过对基金业协会私募基金登记系统进行分析后发现，由于会受到一定的限制，双管理人仅可以对一位管理人进行登记，另一管理人可以备注说明。例如，2017 年，中孵创投与信文资本联手，创立了嘉兴信文淦富股权基金，二者共同担当该基金的 GP（基金编号：SW2586，备案时间：2017 年 7 月 16 日），且两个 GP 都是已登记的私募基金管理人（中孵创投的全称为上海中孵创业投资管理有限公司，登记编号为 P1016837，在 2015 年 7 月 1 日登记；信文资本的全称为北京信文资本管理有限公司，登记编号为 P1031346，登记日期是 2016 年 5 月 13 日。在本案例研究中，中孵创投的母公司天亿资管则是 LP1 天亿投资的控股企业），这一基金被登记在中孵创投名下，并且由中孵创投担任执行事务合伙人。具体组织架构如图 15–6 所示。

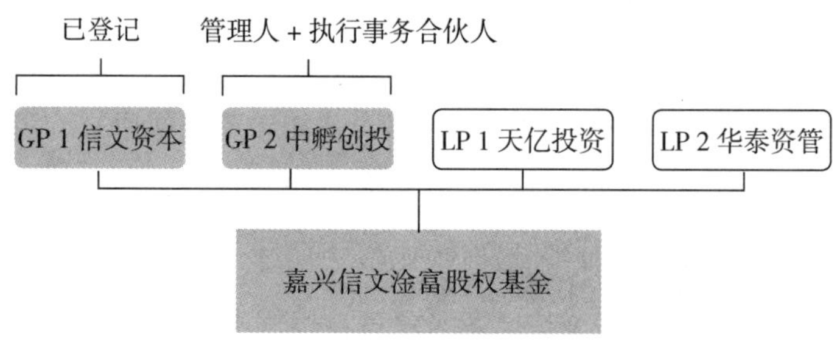

图 15-6 双 GP 双管理人架构

3. 双 GP 单管理人且管理人担任执行事务合伙人

在有两名 GP 时，具有基金管理人资格的仅有一人，且由此人担当基金管理人以及执行事务合伙人。例如，2015 年，领信股份（全称为山东领信信息科技股份有限公司）和天星资本（全称为北京天星资本股份有限公司，登记编号为 P1004739，在 2014 年 9 月 17 日时登记）联手，设立了天星领信新三板投资基金，这也是中国第一个采取双 GP 模式的有限合伙型私募基金，专注投资挂牌或拟挂牌“新三板”“新三板拟转板”的高成长性优质企业。作为一家私募机构，天星资本是在基金业协会登记的，具有管理人资格，且以执行事务合伙人的身份，对基金及具体投资、运营进行管理。领信股份负责派遣代表人员在投委会行使自身的表决权，并且对基金管理相关事务具有一票否决权。其组织架构如图 15-7 所示。

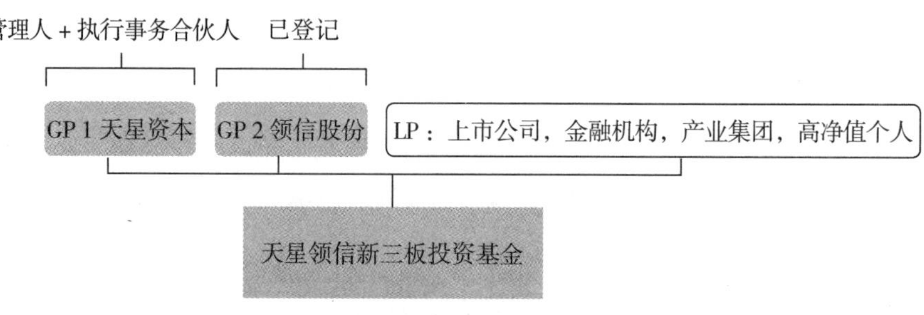

图 15-7 双 GP 单管理人架构 1

4. 双 GP 单管理人，但管理人不担任执行事务合伙人

在两名 GP 架构中，具有管理人资格且能担当基金管理人的仅有一名，另一位 GP 因为不具备管理人资格，故担当执行事务合伙人。与其他模式相比，此种模式并不常见，但实际是存在的。例如，2017 年，国信创投（全称为青岛国信创新股权投资管理有限公司，登记编号为 P1060122，在 2016 年 11 月 11 日时登记）和格隆创投（全称为上海格隆创业投资有限公司）创立了双 GP 的基金，即上海国君创投隆彰投资管理中心。在此过程中，前者具备基金管理人资格，故担任基金管理人；后者则担任执行事务合伙人。基本架构如图 15-8 所示。

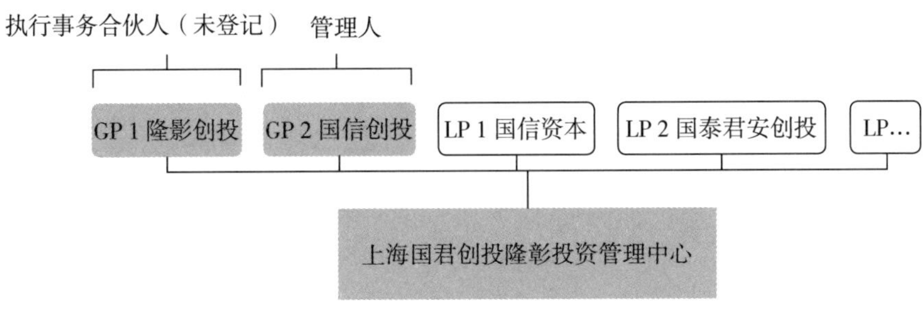

图 15-8 双 GP 单管理人架构 2

【案例】

渤海产业投资基金

在中国，产业投资基金还是一个比较新的事物，国外通常称之为风险投资基金（Venture Capital）和私募股权投资基金。根据《产业投资基金管理暂行办法》的规定，“产业投资基金”是指一种对未上市企业进行股权投资和提供经营管理服务的基金运作模式，即通过向投资者发行基金份额来设立基金公司，由基金公司担任基金管理人或另行委托基金管理人管理基金资产，委托基金托管人托管基金资产，从而从事创业投资、企业重组和基础设施投资等实业投资。产业投资基金一般是在政府明确投向、资金募集来源确定甚至大部分资金已到位的情况下，再设

立基金管理公司、寻找基金管理人。管理人承担的主动管理职能较弱，主要是为各大投资者和项目服务的。

2014 年，新预算法和 43 号文出台，地方政府主要的传统融资渠道——地方融资平台——全面受限，产业投资基金得到快速发展，成为地方政府争相推进的一种新型融资渠道。2015 年以来，国内政府引导的产业投资基金的数量和规模呈现井喷状态，从区域分布上看，已呈现以长江三角洲、环渤海地区为聚集区域，并由东部沿海地区向中西部扩散发展的分布特征。赛迪数据显示，截止到 2016 年 12 月，新成立的政府引导基金达 442 家，目标募集资金共计 36 001 亿元，同比增长 138%。

凯雷收购徐工、高盛并购双汇、花期集团收购广东发展银行、华平控股哈药、红杉带领如家登陆纳斯达克等，一系列的成功投资案例，使得 KKP、3i、凯雷、黑石、德州太平洋、红杉资本、新桥资本、华平等私募股权投资基金逐渐为人们所熟知。近几年来，国内的明星企业包括无锡尚德、新浪、蒙牛、聚众传媒等也都是由私募股权基金作为幕后推手培育起来的。自 2006 年年底中国第一家产业投资基金——渤海产业投资基金——设立以来，国务院又先后批准了核电、能源、水务、航空等数十家产业基金。

1. 渤海产业投资基金的基本情况

2006 年 12 月，渤海产业投资基金正式设立。渤海产业投资基金是经国务院同意，国家发展和改革委员会批准，在国内设立的第一只大型人民币产业投资基金。渤海产业投资基金由全体出资人以契约方式发起设立，总规模达 200 亿元，首期募集 60.8 亿元。基金以封闭方式运作，存续期为 15 年，对企业进行股权类投资。

2. 运作模式

渤海产业投资基金的出资人共 8 家，包括全国社会保障基金理事会、国家开发银行、国家邮政局邮政储汇局、天津市津能投资公司、中银集团投资有限公司、中国人寿保险（集团）公司、中国人寿保险股份有限公司，以及渤海产业投资基金管理有限公司。

渤海产业投资基金的管理人为渤海产业投资基金管理有限公司。渤海产业投资基金管理有限公司的注册资本为2亿元，由中银国际控股有限公司、天津泰达投资控股有限公司作为主要股东，与基金全体出资人共同发起设立。

渤海产业投资基金的托管人为交通银行。交通银行是中国少数几家具有产业投资基金托管资格的商业银行之一，负责有效保管基金资产、监督基金投资运作。

3. 投资领域

基金主要围绕实现国务院对天津滨海新区功能定位进行投资，同时支持环渤海区域经济发展。投资重点是具有自主创新能力的现代制造业，具有自主知识产权的高新技术企业，交通、能源基础设施项目，以及符合国家产业政策的其他项目。

【思考问题】

以契约型基金的组织形式设立渤海产业投资基金有哪些优势？

【参考文献】

[1] 尹中立. 中国证券投资基金的发展历程回顾[J]. 银行家，2008（10）：24–27.

[2] 契约型投资基金法律关系模式的区别[EB/OL]. http://www.66law.cn/laws/358943.aspx，2019–05–19.

[3] 杨大楷. 产业投资基金组织形式的比较与中国的选择[A]，投资建设三十年回顾——投资专业论文集（4）[C]. 中国投资协会，2008.

[4] 蒋萍. 不同组织形式产业投资基金的比较分析[J]. 经济论坛，2007（04）.

[5] 林映彤. 中国有限合伙制基金运作的案例分析[D]. 浙江工

商大学，2013.

［6］杨宗儒，张扬 . 基金治理困境与持有人利益保护［J］. 证券市场导报，2013（06）.

［7］李欢 . 合伙型私募基金“双 GP”模式研究［J］. 浙江金融，2018（08）.

［8］人民日报 . 关于创业投资企业和天使投资个人有关税收政策的通知［EB/OL］. https: //baijiahao.baidu.com/s? id=1600583651892834904&wfr=spider&for=pc，2018-10-15.

［9］张涛 . 合伙制私募股权基金所得税政策分析［J］. 中国财政，2018（11）.

［10］赵玉 . 有限合伙型股权投资基金的本土化法律思考［J］. 法学杂志，2010，31（12）.

［11］隋洋 . 浅析有限合伙制私募股权基金［J］. 中国地产市场，2014（10）.

第十六章　现代法商的治理

法商治理是决定法商组织健康、可持续发展的基石。通常所说的工商管理仅仅以提高企业运营效率、收入和利润为目标，而法商治理的目标是将维护投资人利益放在首位，以促使企业的经营决策与投资人利益保持一致[①]。1999 年，为促进成员国进行良好的公司治理，明确宏观经济政策和结构性政策在实现重要政策目标中的协同作用，OECD 联合各国政府、有关国际组织和私营部门，共同制定了《公司治理原则》，并提出："法人治理是提高经济效率、促进经济增长以及增强投资者信心的一个关键要素。法人治理涉及公司的管理层、董事会、股东和其他利益相关者之间的一整套关系。……良好的法人治理应该对董事会和经理层提供适当的激励，促使其追求符合公司和股东利益的目标并有利于有效的监督。"

公司型法商实体需要完善的法人治理结构，以保护和刺激股东的投资热情，提高公司的运营效率，防止"资本多数决"原则的变异，保护

---

① "治理"（Governance）一词源于希腊词 κυβερναω，其含义为驾驶，这个隐喻式的含义是由柏拉图首先使用的。至 20 世纪 90 年代，"治理"一词才被经济学家和政治科学家重新创造，并由联合国、国际货币基金组织、世界经济合作与发展组织等国际机构传播开来。Mark Bevir 在其《治理：一个简单的介绍》一书中提出，治理"是指一切由政府、市场、网络执行的，针对家庭、部落、正式组织、非正式组织或区域的，经由法律、规范、权力或语言调整的过程"。英文语境中，第一次有记录的使用"公司治理"（Corporate Governance）一词是在 1960 年，Richard Eells 在其《现代商业的含义》一书中将公司治理定义为公司政治的结构和功能。尽管"Corporate Governance"这一概念多被中国公司法学者翻译成公司治理，但 Corporate 一词的含义并不仅限于公司，还包括其他具有法人主体资格的商事组织。因此，在本书的语境下，以法商治理替代传统的公司治理更为妥帖。

公司中小股东的权益免受不正当的侵害。而基金型法商实体也需要通过有效的制度安排监督和约束基金管理人，使其履行对投资人的承诺，防止其投资行为偏离基金投资收益最大化的目标。这些都是现代法商治理所要探讨的核心内容。

第一节　法人治理与董事会建设

法人治理结构作为现代企业制度中最重要的组织结构，是对公司进行控制和管理的体系。它不仅规定了公司的各个参与者（如股东、董事、监事、经理人及其他利益相关者）的责、权、利，而且明确了公司经营决策时必须遵循的规则与程序。良好的法人治理能够降低代理成本，持续提升企业经营的效率和效果，保障企业资产安全，实现企业资产增值。

一、法人治理问题的产生与现状

（一）现代企业权利分离引发法人治理问题

现代法人治理结构的问题是在企业组织形态从独资、合伙演变到现代公众公司后，才日益凸现的重要论题。这一论题发生的背景是现代公司产权制度和治权制度的两次分离，正是在两次两权分离的基础上，才引发了必须制约内部人控制、保护中小股东权益的法人治理问题。

1. 法人制度下的大股东剥夺现象

在独立的法人所有权制度下，现代公司创造了公司股东持有的价值形态的股权，与建立在物权基础上的公司法人所有权分离后的法律解释，即股东一旦对公司进行投资，事实上就将其所出资的物或货币所有权让渡给了公司。公司接受股东投资，据此形成其自有资本，并进行注册登记。股东在这一过程中，以出让其出资财产的所有权为代价，换回价值形态的股权，并按照所持股权享有表决权。大股东通常意味着在公司享有更多的话语权，这就产生了现代法人治理中的第一个问题：股东压迫（Shareholder Oppression）问题，即大股东利用其股东权利剥夺中小股东的合法权益。在有限责任公司中，这种压迫主要体现为控股股东通过“无股利政策（No Dividend Policy）”来排挤中小股东，导致中小股东一方面被锁定在公司之中，另一方面又被排除在管理层之外，中小股东获得投资回报的权利难以保障。在股份公司尤其是上市公司中，“一股独大”的现象长期存在，公众投资者难以参与公司管理，大股东利用关联交易侵吞公司资产的行为缺乏制约，投资者利益无法得到有效保护。

2. 经营权分离背景下的“保姆当家”

现代公司的出资人股权和法人所有权分离，决定了股东需要专业的经理人员替他们管理公司法人，这样便形成了职业经理人队伍。尤其是在开放性和公众性更强的上市公司，股东的理性冷漠和董事会的权力萎缩，导致董事会实际上仅仅是一个“橡皮图章”，董事会中心演变为经理层中心。在网络化、数字化时代大发展的时代背景下，公众投资者的平均持股时间显著下降，这就导致管理层更关注上市公司的短期股价表现，管理层“管理短视”或“短期主义”问题尤为突出。因此，监督和约束作为“保姆”的经理层，以维护作为“主人”的投资人利益，实现法商管理学视角下企业从利润最大化、股东利益最大化向公司价值最大化的转型，成了上市法人治理研究的重中之重，也成了法商管理学的核心内容。

（二）资本保护：法律手段力不从心

法人治理结构的对象主要是在股权分散和流动基础上形成的公众公司，但就中国现状而言，还要解决资本市场中基金的治理结构问题。尤其是对于基金中的契约型基金，我们或将它变更为公司型基金，或强化对契约型基金及其管理公司的监管和治理。显然，完善契约型基金及基金管理公司的治理结构也是法商治理研究的重点。

1. 一般公司的治理要求

法人治理的核心在于解决三个问题：一是公司意思的形成；二是公

司意思的执行；三是公司行为的监督。但由于股权的特殊性和复杂性，其无法像债权等法律关系一样受到法律的统一调整和明确保护，《公司法》只能对公司的所有权和经营关系作原则性规定，公司章程只能对股东和经营者的关系作自治性规定。因此，需要一个介于《公司法》和公司章程的法人治理准则。它强调的不仅是公司发生问题后的法律保护与责任追究，更重要的是在法人治理及运作过程中正确处理大股东与小股东、所有者与经营者之间的关系，最终约束经营者，保护出资人权益。中国《上市公司治理准则》就是一个针对上述关系进行平衡和调整的例证。

2. 基金及基金管理公司的治理要求

就中国的实情来说，不仅沪、深股市的上市公司迫切需要完备的法人治理准则，承负着中国股市机构投资人重任的基金及其基金管理公司更需要严格的契约和法人治理准则。中国的基金起步时就采用了契约型的组织形态。如果说上市公司还有股东大会、董事会、监事会这样三权分立的平衡治理结构，那么在中国的契约型基金中，则不存在任何治理结构保护出资人。出资人仅是把其投资按契约的约定委托给基金管理公司，基金管理公司再将投资委托给开户银行进行托管。基金管理公司作为一个法律上的“保姆”，掌握了庞大数额的基金，却不受任何来自公司和契约治理结构的制约。导致现实中基金管理公司更多是为其关联方谋利，而不是为基金持有人谋利。现有基金治理结构下，基金管理人常基于基金管理公司发起人的利益进行商业决策。无论经营好坏，基金管理人都会向基金投资人收取手续费；即便运作失误，基金管理人也不承担任何责任，由此导致了基金治理中的权责不对称。

（三）法人治理的现实困境

1. 英美的“经理人失控”问题

1932 年，美国著名学者伯利和明斯教授出版了经典著作《现代公司与私有产权》。该书指出，公司所有权与经营权的分离不利于对经营者的有效监管，经营者在经营公司的过程中往往利用职权谋取私利，而置股东的利益于不顾。美国上市公司的股权结构呈现高度分散的特征，任何单一股东所持股份比例都微不足道，因而无法对公司事务、公司管理层进行有实质意义的参与和监督。随着上市公司规模的扩张以及公司管理的日益专业化，管理层对于公司的掌控能力越发增强。

专业化的管理固然带来了效率的提升，但股东权利虚化、董事会权利萎缩和管理层权利的不断扩大，最终导致了管理层更关注自身的利益和名誉，而不再以保障投资人利益为经营决策的出发点。在缺乏有效制约手段的情况下，“经理人失控问题”便产生了。面对这一问题，改革和完善以董事会为核心的公司管理体制，提高董事会的独立性和有效性成了美国进行法人治理的重要手段。

2. 中国：大股东“一言堂”问题

英美公司的“委托—代理”问题并非中国法人治理的核心所在。不同于英美国家公众公司以股权分散为特点，中国公司上市公司的特点在于股权过度集中。由此，大股东滥用权力损害公司和中小股东利益的问题才是中国法人治理中的主要难题。上市公司的股东大会中，话语权基本被大股东控制，中小股东无法参与法人治理，其合法权益无法得到有效保障。上市公司的董事会中，内部董事一般占绝对优势，外部董事人数较少，且大部分董事的委任均受大股东影响。此外，许多公司的董事长与总经理由一人兼任，“两职合一”的现象非常普遍，加剧了“大股东控制”的程度，使得上市公司董事会的功能极大地被削弱。由于公司管理层与大股东存在经济利益上的密切联系，因而管理层往往考虑大股东的利益而漠视中小股东权益。大股东与中小股东之间的主要矛盾决定了中国法人治理应以监督控制大股东的行为为己任，因此，从加强董事会的独立性方面进行努力是解决该问题的有效途径。

二、法人治理的目标

法人治理的目标在于建立一整套的约束与激励机制，约束机制主要是防止个人或团体侵犯股东利益，而激励机制的作用在于从根本上解决高管及核心技术人员与公司的利益冲突，激发管理人员的创造性，从而使其为公司创造更大的价值。

（一）保护股东的权益

法人治理的基本问题或核心是如何确保出资者获得其出资回报，因此法人治理的目标就是保护股东权益。首先，股东享有公司所有权，承担企业经营风险，具有企业剩余财产的所有权，因而法人治理应保护股东利益。其次，股东利益的实现需要以保证其他利益相关者利益实现为前提，因而追求股东财富最大化的同时，也要保护其他利益相关者的利益。最后，由于中小股东是公司所有者中的弱势群体，难以参与公司经营与决策，其权益更容易受到伤害，因此对于中小股东的保护需要给予特别关注。

（二）建立完善的法人治理结构

一般而言，公司的治理结构，要解决四个机构之间的协同和发展问题。这四个机构是指：（1）股东、出资人或机构投资者；（2）董事会及董事会下属的委员会；（3）监事以及监事会；（4）以总经理（或CEO）为首的高管层。在中国，针对中央投资企业还要处理党组决策与公司决策之间的关系，这是中国国有企业在解决法人治理问题时面临的特殊问题。

合理的治理机制至少应该包含三个机构的机制设计：（1）董事会科学的决策机制；（2）监事会对董事会和高管层、董事会对高管层有效的监督机制；（3）董事会对高管层合理的激励机制。

而完善的治理结构应当符合三个重要的原则：（1）出资人与董事会之间需要建立完善的信任托管关系；（2）董事会与执行层之间需要建立完善的委托代理关系；（3）董事会、监事会和执行层之间要建立相互制衡关系。

三、法人治理结构的核心：董事会制度

董事会是由董事组成的，对内掌管公司事务、对外代表公司的经营

决策机构。无论是从国际现代法人治理结构的规范来看，还是从中国法人治理结构完善的角度出发，建立和完善董事会制度都是法人治理结构的核心。

（一）国际上普遍采用的两种董事会模式

基于两大法系的不同，董事会制度存在单层制和双层制两大模式。

1. 单层制模式

单层制模式也叫一元制模式，董事会集执行职能与监管职能于一身，其中，监督职能在很大程度上是通过独立董事制度来实现的。以英国、美国为代表的英美法系国家，在法人治理结构上普遍采用单层董事会制度的模式。

2. 双层制模式

双层制模式也叫二元制模式，这种模式同一元制的主要区别在于，执行职能和监督职能是分开的，董事会负责执行，监事会负责监督。双层制模式有两种变形：垂直式和水平式，如图 16–1 所示。以德国为代表的双层制模式，主要是垂直式双层制模式，即监事会在上，由股东代表和职工代表组成，主要发挥的是监督董事会的作用；董事会在下，主要由执行董事组成，实际发挥的是执行的作用。而以日本为代表的双层制模式，主要是水平式双层制模式，即监事会和董事会是平行的，都对出资人和股东代表大会负责。监事会主要行使监督执行董事和高管层的作用，而董事会则主要发挥执行的作用。

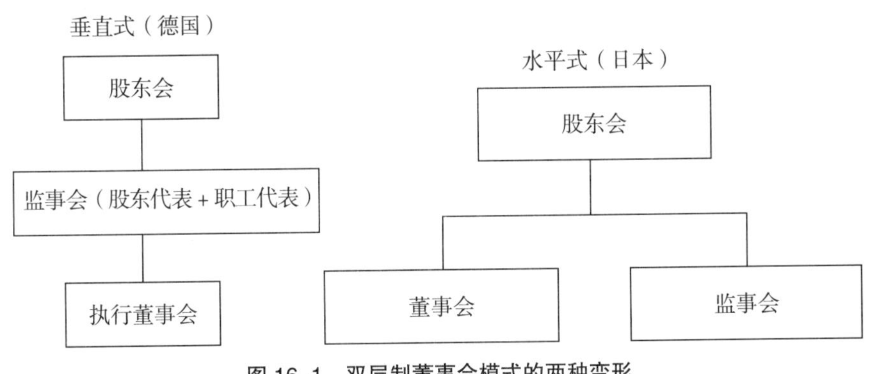

图 16–1　双层制董事会模式的两种变形

（二）董事的分类

目前中国国资委将董事划分为内部董事和外部董事，或专职董事和兼职董事。但是在现代公司制度下，股东是公司的主体，把他们当成外部人，而把被聘任的高管层当成内部人，于法无据，于现实无益。把董事做专职和兼职的划分，只是从薪酬和工作性质的角度进行了划分，对法人治理的完善并没有发挥直接的作用。针对国有独资法人治理结构的特点并结合国际规范，本书主张对董事作如下分类。

1. 非独立董事与独立董事

董事按是否有股东的背景及利益关联被划分为非独立董事和独立董事。非独立董事是指有股东背景及利益关联并被委任的董事；独立董事是指没有任何股东背景，与公司业务也没有关联关系的董事，即独立于受聘的公司及其主要股东，由董事会聘任的董事。独立董事不在公司担任除独立董事外的任何其他职务。独立董事对公司及全体股东负有诚信义务与勤勉义务，并应按照相关法律、法规和公司章程的要求，独立履行职责，维护公司整体利益。

2. 执行董事和非执行董事

非独立董事又可以进一步划分为执行董事和非执行董事。执行董事是指在公司高管层中担任执行职务的董事，如从社会公开招聘的职业经理人。依惯例，执行董事的地位高于其所任的行政职务，如在称谓上一般叫“执行董事副总经理”。非执行董事是指不在公司中担任任何执行职务的董事。

（三）常设执行董事委员会制度

对于达到一定规模的公司，可以在董事会下面设立执行董事委员会，并将其作为一个常设机构，以实现公司的高效运营。

1. 执行董事委员会的人员构成

执行董事委员会的成员既包括公司的执行董事，也包括不具董事资格的高管人员（主要职能部门和业务分支机构的负责人）。公司的 CEO 任执行董事委员会主席。

2. 执行董事委员会的职能

执行董事委员会是公司最高层的日常经营与管理机构，主要负责执行董事会决议以及负责经营与管理业务的组织和协调，同时负责年度预决算报告。

（四）非常设委员会制度

正确处理董事会与总经理之间的委托代理关系，是现代法人治理的关键。前者掌控公司的法人财产权，而把经营管理权交给代理方——总经理。这是现代公司所有权与经营权相分离所产生的结果。尽管董事会把公司的经营权委托给以总经理为代表的高管层，但为防止内部人控制，现代公司的董事会又会通过在其下面设立各种委员会，一方面保证其行使对公司的重大经营决策权以及对高管层的激励与监督权，另一方面保证这些重大经营决策和激励监督措施的科学合理性。董事会一般会下设三个非常设委员会。

1. 战略决策委员会

主要由非执行董事、独立董事、执行董事及知名专家组成，由董事长任主任。其主要职责为，研究制定公司中长期发展战略、重大投融资项目及决策；研究制定公司风险管理战略和政策；审议年度预算和决算，并对上述内容的落实情况实施检查。战略决策委员每年召开的定期会议应不少于两次，非定期会议若干次。

2. 审计委员会

由非执行董事和独立董事组成，并由独立董事担任召集人，主要是为了加强对公司高管层及公司财务的审计与监督。其主要职责为，提议聘请或更换外部审计机构；监督公司的内部审计制度及实施情况；负责内部审计与外部审计之间的沟通；审核公司的财务信息及其披露情况；审查公司的内控制度。

3. 薪酬委员会

由非执行董事和独立董事组成，并由独立董事担任召集人。其主要职责为，审议公司的薪酬激励制度，制定执行董事、高管层业绩考核标准和薪酬方案，并直接参与对高管层年度经营业绩的评定。

上述三个非常设委员会的成员主要由董事组成，其中审计委员会、薪酬委员会中独立董事应占多数并担任召集人，审计委员会中至少应有一名独立董事是会计专业人士。各委员会对董事会负责，提交议案供董事会审查决定。

四、法人治理的有力手段：独立董事制度

如何有效完善法人治理结构，解决中国资本市场中上市公司和基金普遍存在的内部人控制问题？制定独立董事制度是一种有益的探索和尝试。

（一）引进独立董事制度的背景

作为完善法人治理结构和保护中小投资者权益的重要内容之一，独立董事制度首创于美国，并于1998年被引入中国。然而，自1990年，上海证券交易所成立，中国资本市场和上市公司的出现只有不到30年，基金出现的时间更短，还处于现代公司的早期发展阶段。此外，上市公司的发展是建立在帮助国企脱困的基础上的，原国有企业存量资产以国家股和法人股的形态存在，且不参与市场流通，因此国有资产“一股独大”现象十分严重。股东大会变成了大股东会，董事会变成了大股东的执行董事会，监事会则变成了董事会的监事会，法人治理结构难以发挥有效作用。

（二）独立董事制度面临的主要问题

随着现代公司的演变和基金制度的发展，在两权分离的基础上，职业化的、有道德操守的职业经理人队伍必然要产生。相对于“一股独大”所派生出的经理人，这虽然是一种进步，但职业经理人队伍必须有另一支队伍来制约。于是便产生了专门制约经理人的职业独立董事队伍。

中国独立董事队伍应该走出两个误区：一是独立董事由纯粹的技术专家担任；二是独立董事由经济学家担任。这两类独董只是上市公司的参谋，由于法律和会计方面并非其专长，因此他们很难起到监管、制约

董事会和保护中小投资者的作用。目前，独立董事流于形式，不发挥任何作用的根源在于，独立董事的产生机制与其工作目标相悖，即目前独立董事的产生和选拔是由董事会确定的，而董事会又是由大股东控制的。因此，由大股东推选的股东会聘任以保护中小股东为目标的独立董事，成为一个悖论。

（三）独立董事制度的发展方向

独立董事在中国未能有效发挥其制度优势，是因为制度和环境不相适应。中国是在“一股独大”的背景下引进独立董事制度的，但股权多元化和分散化是现代公司发展的大势所趋。在此背景下，要想独立董事在中国发挥其应有的功能，就应坚持实事求是、大胆创新。

1. 有权：赋予独立董事独立权利

“有权”是指让独立董事拥有在董事会上表达自己的声音、跟大股东抗衡的权利，有保护中小股东权利的能力。独立董事制度的核心是制约内部经理人、保护企业所有者。在中国，独立董事的产生和选择是由董事会确定的，而董事会又被大股东控制，独立董事对议案投反对票就面临被解雇的风险，因此，独立董事的权利毫无保障。解决这一问题的钥匙在于重塑独立董事的产生机制。目前，可以考虑在选举和聘请独立董事时，要求第一大股东回避，而由中小股东推荐并选举聘用独立董事，或者由在任的独立董事推荐继任的独立董事。

2. 有钱：改革独立董事的薪酬制度

“有钱”是指提高独立董事的待遇和社会地位。国内的上市公司现在支付给独立董事的薪酬大多是象征性的，这也是制约独立董事功能发挥的一个因素。独立董事是一个精英群体，能够当选独立董事的人，综合素质和时间价值都比较高，因此，独立董事的薪酬应包含较高的年薪和今后可能实现的期权（年薪标准应由行业组织制定，由监管部门批准）。目前我国上市公司独立董事的薪酬由独立董事行业公会制定标准，由上市公司薪酬委员会确定具体数目。因此，在薪酬委员会中，独立董事应占多数，而不要由上市公司的执行董事会确定独立董事的报酬。

3. 有闲：加速独立董事的职业化

“有闲”是指独立董事要走职业化的道路，取消兼职，从时间上保障其对公司的每一项议案作充分考虑与安排。作为一支制约职业经理人的队伍，独立董事也要职业化。独立董事应该掌握经济、金融、财会、法律方面的知识，还要有一定的行业经验和管理经验。应完善独立董事培训制度，把独立董事的结业证书变成资格证书，让持有独立董事资格证书的人在一个股东高度分散和多元的上市公司中担起经营、治理各方面的重任。只有执行职业化的独立董事制度，才能让独立董事有时间对公司议案进行慎重考虑与决策。

4. 有家：建立独董行业公会

“有家”是指成立独立董事的行业公会，起到保护独立董事的作用。中国独立董事表面上属于企业管理层的人员，实际上却是董事会中的弱势群体。他们有反对执行董事意见的权利，但往往需要付出代价。如何让独立董事的权利得到保障呢？从长期来看，需要成立一个行业组织——独立董事行业公会。独立董事公会既有行业协会的性质，又可以起到保护会员的作用。一方面，可由公会来确定独董的薪酬标准、执业标准等，并由公会以差额的方式向上市公司推荐独立董事，使独董的产生机制能够真正独立；另一方面，当独立董事受到大股东的不公正待遇时，可由公会来代表独立董事面对，依法维护独立董事的合法权益，降低独立董事的履责风险。另外，成立独立董事行业公会还能形成中国独立董事队伍的人才库。每一位独立董事的业绩表现和能力特点都有详细的记录，这有利于独立董事制度绩效的持续提升。独立董事公会是独立董事安心履行职责、尽情发挥功能的组织保证。

第二节　基金治理的现状、问题与对策

有效的基金治理机制指的是，通过特定的制度安排，将实现基金经理人对投资人的承诺最大化并追求投资收益最大化。由于公司型基金作

为公司法人实体，依据《公司法》设立和运作，基金投资人是股东，由董事会选聘基金管理公司或公司自行管理基金业务，因此，公司型基金的治理问题可以参照本书关于“法人治理”的介绍；公司型基金的运营问题可以参照本书关于“基金运营”的介绍。不同于公司型基金，契约型基金和合伙型基金两类主体由于不是在一个公司主体内部体现传统法人治理模式，而是在两类不同的主体——基金和基金管理公司之间进行的，因此，传统的法人治理模式在这两类基金中并不适用。迄今为止尚没有一种针对契约型和合伙型基金治理新模式的产生，从某种意义上说，契约型和合伙型基金目前只有管理与经营，却没有对经营管理者有类似于法人治理那样的共识及初步治理理论和模式。因此，契约型和合伙型基金的治理结构还是现代法商治理结构中的空白。

随着基金和基金管理公司这两种现代法商组织形态的日益普及，加上“基金黑幕”与“基金丑闻”的频繁发生，对契约型和合伙型基金治理结构的探索已迫在眉睫。本书明确地把基金和基金管理公司作为现代法商治理的重要组成部分，希望引起中国法律界、金融界和管理界的高度重视，并希望在中国乃至世界范围内尽快弥补空白。

一、投资基金的治理现状及困境

（一）公司型基金的治理问题

与契约型基金以持有人大会为核心的治理方式不同，公司型基金采用的是以董事会为核心的治理方式。与普通公司的董事相同，基金董事负责监督公司（即该基金）的管理和运营，代表股东的利益承担受托责任。但基金董事的关注点与普通公司董事有所不同，因为基金具有特殊的公司架构，其没有雇员，运营主要依赖于投资顾问和其他服务商。通常，基金的投资顾问由发起人担任。基金董事会主要关注这些服务提供商履行合约的情况，并监控潜在的利益冲突。

此外，董事会人数是不定的，美国《1940 年投资公司法》要求董事会中不少于 40% 的董事为独立董事。而在公司型基金的实践中，近

90% 的基金群（Fund Complexes，基金管理公司管理着不同的基金，这些基金构成基金群），其董事会中独立董事席位占绝大多数（75% 以上）。美国《1940 年投资公司法》赋予了独立董事具体的责任，即监控基金与其投资顾问之间潜在的利益冲突。根据美国最高法院的判决，独立董事在维护基金股东利益方面负有“主要责任”，作为独立监察人（Watchdog）负责对基金管理情况的独立检查。此外，基金董事会一般都会建立专业委员会，专业委员会关注基金具体事务，如审计、治理、投资。

（二）契约型基金的治理问题

契约型基金的经营权由基金投资人让渡给了基金管理人，那么，为了预防道德风险，出资人理应通过合理的制度设计激励机制和约束机制来管控基金经理的行为，以免自身利益遭受损失。然而，正是由于缺乏相应的治理机制，现实中基金出资人往往只能“用脚投票”。契约型基金的运作风险来源于以下几个方面的治理缺陷。

1. 基金管理人“受人之托”，但不一定“忠人之事”

一般情况下，基金经理人无须对基金经营的亏损承担责任，只对因自身过错而导致的基金亏损负有责任。基金管理人在基金运营时会按期收取佣金，也就是说，基金管理人已经“旱涝保收”，即使基金亏损，也不必承担无限责任，因此，基金经理人可能存在消极怠工的倾向。

对于投资基金而言，其投资净收益取决于投资收益、投资成本以及费用的分配关系。投资收益扣除投资成本，再扣除历年已支付的管理费以及其他费用（工商年检审计费、银行手续费等）后，所得的净收益即为投资可分配收益。即：

可分配收益＝总投资收益 – 总投资成本 – 实际发生的管理费 – 其他费用

基金管理人按照信托合同约定的比例获得管理费，管理费包含日常经营费用，如人员工资、差旅费、办公费等，也包括项目投资过程中发生的聘请律师、会计师的费用等。管理费作为基金专业管理所需费用，与基金盈利并不相关。因此，无论基金盈利与否，基金管理费都已支付给了基金管理人，形成契约型基金管理人运营该基金的收入来源。

基金管理人的报酬分为固定报酬和变动报酬。

固定报酬主要体现为基金的“管理费（Management Fee）”，通常为基金募集金额的1%~3%，抑或根据基金已经投出资金的百分比获取相应的基金管理费。由于存在合同关系，当事人之间应提前做好约定，从而实现各方利益最大化的目的。固定的报酬可以使基本的运营工作得以维持，比如说，采集项目信息、对投资项目进行评估等日常活动均须支出费用。若是超出约定数额，投资者无须支付其他费用。这样一来，则可以固定平时的基金管理开销，起到合理控制成本的作用。除此之外，也可以将额外管理开销划入管理人的利润部分，以此降低成本，促使管理团队不断创造基金收益。

所谓变动报酬，主要是指产业投资基金所产生的投资净收益分成（Share of Partnerships Profit），是指在到达基金清算期限及收益目标的过程中，普通合伙人所得到的收益分成与创造的约定额度外的增量价值挂钩，一般为基金投资净收益的15%~25%。这一约定起到极大的激励效果。在合伙型基金中，作为管理人的普通合伙人通常投资基金总额的1%左右的出资额，所获得的收益可达到15%~25%。激励机制的设计，可以使普通合伙人自身的利益与基金绩效紧密绑定，为普通合伙人全力投入工作、追求投资收益最大化提出了强有力的制度保障。

投资者与基金管理人可以约定，将一定比例的基金投资净收益分配给基金管理人作为绩效奖励，以此激励基金管理人投资和运营基金资产的积极性，从而增加基金投资收益。但是在信托关系中，由于基金管理人通常可以获得固定比例的佣金，因此其总是倾向于同时募集和管理尽可能多的投资基金以获取规模优势。通常来说，契约型基金的管理人只按照基金规模提取固定比例的管理费，而不会根据基金业绩获得提成。目前大多数公募基金采取的是这样的管理费制度。因此，相对于有限合伙型投资基金而言，契约型基金的激励机制并不十分有效。实际操作中，合伙型基金的管理人的报酬比契约型基金管理人的报酬更有吸引力。在有限合伙型基金组织中，作为普通合伙人的基金管理人的报酬包括固定报酬和变动报酬两个组成部分：除去固定的佣金，普通合伙人在基金期限届满清算时，还可以获得基金净收益的15%~25%的收益分成。这种激励方式是有效的，使得基金管理人的薪酬随着基金投资净收益的增长而增加，促使普通合伙人的目标与投资人趋近一致，从而增加投资价值和收益。

2. 投资人无法在经营中干预或接触合同

由于投资人已经将资金的支配权全权委托给基金管理公司，因此，即使出现经营不善的情况，投资人也无法直接干涉基金管理人的经营。首先，尽管契约型基金可以设立投资人大会，但由于投资人的分散性和“搭便车”心理，投资人大会并不能形成有效制约基金管理人的监督机制。其次，从理论上讲，投资人可以因为基金管理人对基金经营不善而解除合同，但在现实中，投资基金的投资特点使得信托合同关系解除后，资金退出等一系列问题无法解决。投资只有在投资基金的开放期采取赎回基金这种“用脚投票”的方式止损。

3. 基金托管机构并不构成对基金管理人的约束

尽管基金财产是存放在托管银行中的，但是托管银行只是接受基金管理人的指令，转出资金给基金管理人用于项目投资，并且，托管费也会按照约定比例进行支付，因此托管银行并不存在约束基金管理人的动机和义务。

4. 缺乏监管机构的监督和约束

证监会对公募基金的监管和基金业协会对私募基金要求的行业自律，并不构成对基金管理人道德风险的有效制约。尽管证监会对基金管理公司予以监管，对于公募基金的信息披露要求非常严格，公募基金每个季度都要详细地披露其投资组合情况、持仓比例等基本信息，以揭示投资基金运作情况，但私募股权基金（PE）中的基金管理人仅仅从2014年3月开始向基金业协会登记，协会也只是对这些基金管理人实行行业自律的要求，并不构成实质性的硬性约束。契约型基金关系当中，基金管理公司中的基金经理的投资和决策行为则并不会经投资人或者投资人代表的表决通过，因而，投资人等同于丧失了对基金的支配权、决策权和监督权。基金管理人收益最大化的目标是建立在投资人支付的佣金费用最大化的基础上的，与基金净收益最大化的目标存在矛盾。

契约型基金（特指私募）的治理机构，除了参考基金业协会出台的《私募投资基金合同指引1号》外，再无其他明确规定。当前契约型基金主要以仿照公募基金设立的“基金份额持有人大会”作为治理机构，至于该治理机构的具体权利则无明确规定，具体表现为，从投资方向的决策权、利润分配决定权、管理人在哪些事项上需要征得基金份额持有人大会同意，均可由《基金合同》约定。因此，契约型基金的管理人拥有更高的自主权，但也意味着更高的道德风险。

5. 市场声誉的软约束力较弱

与公司型基金不同，契约型基金缺乏董事会制度，其基金管理人的重大投资决策并不需要如董事会一样的上级机构审批，对基金的管理相对自由。

对于公募基金的职业经理人而言，由于按照固定比例提取佣金，因而其薪酬受到其所经营管理的基金规模的影响。但是，这并不是完全意味着由于内部制衡机制的缺位，其管理的单个基金的投资风险就会无限增大。因为基金经理人的收入不仅会受到显性报酬的影响，还会受到隐形报酬的影响，其业绩经常受到市场的监督与评估，基金运营的业绩是基金经理人的“身价牌”，因此，基金经理人会采取专业的技术策略以控制投资风险并追求基金的营利性。只有基金业绩表现稳健且增长，基金经理人才可能在以后募集基金时获取更大的规模，管理更多的基金，如此循环，隐形报酬转化为显性报酬。基金经理人在基金市场上的声誉构成了其隐形报酬，但这种隐形报酬如果需要转化为显性报酬，则需要基金经理人持之以恒的积极性和自律，因而这种约束的力度相对较弱，仍然无法控制基金经理人的道德风险。

（三）合伙型基金的治理问题

合伙型私募基金表示的是有限合伙人（LP）的资产投资与普通合伙人（GP）的人力投资的组合。由于其所有权与经营权是由 LP 与 GP 享有，两者之间产生了一种“委托代理”关系，因此，在基金治理的过程中，仍旧会在公司法方面存在分歧，集中体现在“利益导向”与“决策优位”方面。基金的设立目的和价值追求体现在“利益导向”上，即从投资人角度出发，以实现 LP 利益最大化为治理目标；而“决策优位”则强调要遵循基金管理人决策的独立性，体现基金日常决策中的实际控制权属。目前，我国的有限合伙制基金主要存在以下问题。

1. 有限合伙制度尚不成熟

即使有限合伙制得到了《合伙企业法》的认定，《合伙企业法》从大体上规定了对有限合伙企业的基本要求，然而细节方面的内容还比较缺乏。例如，在 LP 的“安全港”规定中，关于其需要承担无限责任的行为有哪些则并没有出具详细说明。在相关的税收条款中，各个地区的政策方针并不一致，包括注册以及登记等机制也仍需不断改善。除此之外，也应对投资者展开一系列的教育活动，使投资者本身在思想与行为上可能存在的偏差得到纠正，保护投资者的基本权益。

2. 信息不对称带来治理风险

由于受到私募性质的影响，有限合伙制基金在披露信息时，没有统一的说明与规划，加上管理人的准入要求较少、LP 无法参与至管理活动中，投资方与基金管理人（或团队）之间所产生的信息不对称问题仍然是一个主要问题。由于约束机制不健全及惩戒力度比较轻，基金管理人（或团队）经常会面临道德风险的问题，导致投资人的基本利益无法得到保障。

3. 行业协会的要求并不构成有效制约

虽然合伙型私募基金需要在基金业协会登记备案，但基金业协会是行业自律组织，不负责对合伙型基金私募基金的监管。尽管很多地方提出备案制由发改委负责执行，然而备案制也无法对基金运作起到良好的监督管理作用。

4.“无限责任”的约束成为“一纸空文”

除以上对经理人的声誉约束机制之外，最根本的约束在于有限合伙制度本身的债务责任安排。在有限合伙制基金中，若是面临合伙债务问题，LP 以其认缴的出资额为限对合伙企业债务承担责任，而 GP 需要承担的是无限连带责任。若投资失败，基金到期无法及时还债，GP 不仅要以其出资额还债，还需要以其全部财产进行债务清偿。

这看似会对 GP 产生很强的约束作用，然而，根据《合伙企业法》的规定，国有独资公司、国有企业、上市公司以及公益性的事业单位、社会团体不得成为普通合伙人，而合伙企业、有限责任公司都可以成为合伙型基金的管理人。目前已经登记的私募股权投资基金，其管理人既有有限责任公司也有合伙企业，其中有限责任公司并无法对企业债务承担无限连带责任，导致对其债务责任的约束成为“一纸空文”，也就无法有效制约公司型基金的管理人做出谨慎的投资决策、防范投资风险。

5. 有限合伙人过度干涉普通合伙人的行为

有限合伙制在中国仍处于实践发展的阶段，对于一些合伙制基金，不时出现有限合伙人出于保护自身利益而过度干涉普通合伙人管理运营的情况。无论是有限合伙人还是普通合伙人，对有限合伙制的认识和理解以及对律法和条款的学习还有待进一步加强。

二、完善中国投资基金治理的对策建议

（一）健全法律法规体系，严惩损害投资人利益的行为

2013 年 6 月 1 日，《中华人民共和国证券投资基金法》正式实施。新基金法是基金业基本制度的顶层设计，其中特别强调了对基金持有人利益的保护，对推动基金行业长期稳定健康地发展意义重大。为了更好地贯彻落实新基金法，建议及时修改和完善相关配套法规和政策，从而

健全基金业的法律法规和政策体系。制定投资基金政策法规的核心问题在于明确基金管理人、投资人、托管人等各个主体的权利和责任，以保护投资人利益，为营造充分竞争的市场环境提供制度保障。

基金管理人必须遵守法商管理中的忠实义务，必须保证自己与基金没有利益冲突，不把客户的钱用于自己消费，不用客户的钱为第三方牟利，必须一心一意为投资人利益服务。目前相关法律对企业失信行为的惩罚力度还不够，以补偿性罚款为主的惩罚对基金管理人失信行为的约束力有限。例如，在GP无限责任承担的问题上，如果不建立起《个人破产法》，就有可能出现逃废债务的情况，GP的无限责任将流于形式。因此，在法律法规层面应该加大对基金管理人失信行为的惩戒力度，并通过不断完善社会征信体系来维护良好的信用环境。司法部门要严格执法、依法办事，监管部门应当在法律法规的框架内严格监督和约束基金运作。以有效的失信惩戒机制，防范和解决投资基金运作中由于信息不对称所导致的基金管理人道德风险问题。

（二）完善治理结构，建立有效的监督制衡机制

契约型基金和投资基金治理的核心问题如下。首先，契约型基金持有人大会流于形式，“用脚投票”的机制难以对管理人形成压力。新的基金法规定，契约型基金是否设立基金份额持有人大会，应在基金合同中予以明确，可见，基金持有人大会并非必须设立的机构。况且即使设立了基金持有人大会，众多且分散的基金持有人也会存在严重的“搭便车”心理，召开持有人大会存在一定困难，对管理人的监督作用难以有效发挥。其次，合伙型基金LP不能参与运作管理，融资方和基金管理人、基金管理人和投资者之间信息不对称问题严重。如果不能建立有效的监督制衡机制，则很有可能会因为难以避免道德风险，而损害投资者的利益。而契约型基金应当且必须设立基金份额持有人大会，基金持有人大会要严格行使对管理人的监督职权。

在治理结构上，公司型基金的董事会和监事会结构，比契约型基金和合伙型基金具有显著的优势。公司型基金往往有董事会和监事会的制

衡制度，其中，董事会还有独立董事提供专家建议、行使外部约束和监督权，其职责在于监督内部董事并代表全体投资者的利益。董事会制度使得公司型基金的经理人决策时会考虑责任与风险，有助于稳健经营，降低代理成本。与一般公司法人一样，公司型基金也存在经理人的道德风险问题，但是，可以通过股权激励、期权激励等措施，使经理人的经营目标由费用最大化下的自身薪酬最大化，向公司利润或者公司价值最大化转变。

借鉴于此，契约型基金可以通过信托合同，合伙型基金可以通过合伙协议，规定设立基金持有人代表大会作为监督基金管理人的常设机构。基金持有人代表大会应该由基金持有人投票选举产生，代表基金持有人的共同利益，行使对基金管理人的监督权。除此以外，为了更加高效地监督投资人代表大会并保护全体投资者的利益，可以进一步借鉴独立董事制度，聘请具有一定法律、经济、金融等知识背景的专业人士担任基金持有人代表大会的外部专家，从而降低信息不对称下的管理人的道德风险，切实保护投资者的利益。

（三）细化行业准则，规范基金募集与运作

基金的治理首先在于规范其募集行为，而基金募集行为的重中之重在于私募投资基金。2016年4月15日，中国证券投资基金业协会正式发布《私募投资基金募集行为管理办法》。在《证券投资基金法》《私募投资基金监督管理暂行办法》有关募集规定的基础上，制定《私募投资基金募集行为管理办法》的目的在于，“促进私募基金行业健康发展，保护投资者及相关当事人的合法权益”。基金募集机构应当履行“恪尽职守、诚实信用、谨慎勤勉，防范利益冲突，履行说明义务、反洗钱义务”等相关义务，承担“特定对象确定、投资者适当性审查、私募基金推介及合格投资者确认”等相关责任。《私募投资基金募集行为管理办法》引入了诸如募集结算资金专用账户开立及监督、投资冷静期及回访确认等机制。根据基金业协会的阐释，私募投资基金的募集程序分成三个层次：首先，募集机构可以通过合法途径向不特定对象宣传，宣传内容仅

限于私募管理人的品牌、投资策略、管理团队等信息；其次，在通过调查问卷的方式完成特定对象确定程序后，募集机构可以向特定对象宣传推介具体的私募基金产品；最后，募集机构完成合格投资者确认程序后方可签署基金合同。

三、中国投资基金治理的发展前瞻

基金的治理是一个历史性的过程，自律监管正成为一大发展方向。中国基金业协会一直在制定关于自律监管的规则，包括《私募基金登记备案管理办法》《私募基金募集行为管理办法》《私募基金信息披露管理办法》《私募基金从事投资顾问业务管理办法》《私募基金托管业务管理办法》《私募基金服务机构管理办法》《从业人员管理办法》，这 7 个办法目前只颁布了 4 个。

中国基金业协会在相应法规、办法之外，正在建立一套自律体系。自律体系主要包括三个大的管理指引：一是合同的指引，规范契约型、合伙型和公司型三种基金的合同的必备条款；二是对基金的内部控制提出明确的指导意见；三是关于大类资产配置的指引。由此基金业协会配备了相应部门：私募管理部负责所有的机构登记、产品备案；资管产品部负责牌照机构的私募业务；资格与培训部负责从业资格考试；信息技术和风险监测部负责所有系统的建设以及风险检测；理财服务部负责销售；法律部从投诉和公检法的司法查询角度，反向给所有的基金管理人打标记。基金业协会还建立了六大投诉渠道，包括信件来访、热线电话、投诉邮箱、微信公众号、网站、私募地图，让投资人维护好自己的权益，让不自律的机构无处躲藏。

中国基金业协会强调“卖者尽责，买者自负”的原则，强调风险的披露和买方对于风险的真实认知，但尽力把风险评价的权力下放给基金管理人、基金募集人。例如，要求基金的销售人员给投资人提供 13 项风险揭示，包括问投资人是否了解承担的风险，是否了解基金管理人，是否了解投资策略带来的风险，是否了解投诉渠道、调解渠道、仲裁渠道、起诉渠道等。投资人必须在13项提示上签字。投资人打款以后，基金机构还必须电话回访，对投资人的认知进行确认。每一份产品备案，所有的持有人必须完成这些签字。这些规定整体构成中国基金业协会的自律监管体系。

【案例1】

“宝万之争”与法人治理

“宝万之争”是指宝能系（以宝能集团为中心的资本集团）公司自2015年开始，多次在中国股市二级市场上举牌上市公司万科A，截至2015年12月11日，宝能系持有万科股份的比例达到了22.45%，成为上市公司万科A第一大股东。

万科创始人——董事会主席王石则批评宝能“历史信用不够”，“万科不欢迎这样的野蛮人”，对宝能系的购买行为表示强烈反对。从公司法的角度讲，宝能系成为万科的第一大股东，万科公司未来的管理团队将由宝能决定，万科负责人王石在万科的地位也将岌岌可危。

宝能系虽是万科的第一大股东，但是万科董事会中并没有其指派的董事。在万科的法人治理模式中，以王石为代表的管理层掌握着公司的控制权。在“宝万之争”中，管理层利益与股东利益之间就出现了分歧和矛盾。

在万科的法人治理结构中，管理层成了公司的实际控制人，管理层越过公司的股东大会自行进行决策，没有及时地与大股东进行沟通，也不会将股东的利益放在首位。这种由管理层控制的法人治理模式，若没有好的约束机制，就有可能出现“内部人控制”的情况。在管理层有不尽职尽责的行为时，股东的利益就会受到侵害。

【思考问题】

1.为了预防“敌意收购”，公司可以采取哪些有效手段？

2.“门口的野蛮人”对公司的发展有没有促进作用?

【案例 2】

SJ 基金

1. 上海赛金生物医药有限公司(SJ 公司)与 SJ 专项基金简介

SJ 公司于 2000 年 11 月成立,是由美国 KANDA Natural Medicine Research Center(以下简称“美国康达”)和上海医药集团有限公司(以下简称“上海医药”)合资发起成立的中外合资企业。目前,SJ 公司注册资本为 14 000 万元,股东为美国康达和上海医药,出资比例分别为 75% 和 25%。其中,美国康达的股权结构比较复杂,以创始人团队、美国硅谷的天使投资人和我国国内多家人民币基金作为财务投资人。SJ 公司的主要经营业务范围为,研究、开发、生产生物医药及人体细胞治疗肿瘤体外激活载体,销售自产的产品。药物研发方向针对治疗类风湿关节炎、强直性脊柱炎和老年性骨质疏松症等广泛性疾病。

SJ 专项基金是国内某知名 PE/VC 机构(以下称“Y 公司”)发起设立的项目专项基金,对 SJ 项目进行投资重组。SJ 项目重组的战略目标包括,通过与团队紧密合作,形成 Y 公司有重要影响力的股东和治理结构;通过专项基金的创新并购模式完成股权架构和管理调整;积极推动 SJ 项目入驻苏州工业园区并获得相关资源投入支持,助其在三年内发展成为国内生物制药领域的领先企业之一,并争取让其在 2018 年前后上市,成为百亿级的生物制药行业标杆。

SJ 专项基金总规模达 5 亿元,预留专项基金存续期的管理费和运营费后的投资总金额约为 4.8 亿元,用于通过增资和收购部分现有小股东持有的美国康达的股权的方式,来获得不低于 26.55% 的 SJ 项目的股权,并取得一席董事会席位。由于主要收购对象为境外股权,因此目前 SJ 专项基金搭建的是海外架构。专项基金的普通合伙人(GP)为 Y 公司与 SJ 创始人团队,他们在境外(BVI)设立有限责任公司(LLC),认缴出资额为500万元，其中Y公司的出资比例为49%，SJ创始人团队的出资比例为51%。有限合伙人（LP）主要包括Y公司、国内某大型保险集团公司、苏州某著名民营企业、某上市股份制银行通过高净值人群资管计划募集的专项资金以及SJ创始人团队。

2. 专项基金的发展现状及问题

SJ专项基金经过前期立项决策，搭建境外特殊目的公司（SPV），募资谈判和选择投资人，签署有限合伙协议（LPA），注册设立专项基金，并完成对SJ公司部分小股东的老股收购，在一年多的时间中发展壮大。但SJ专项基金在内部和外部也都遇到了一些问题，影响重组并购工作的开展。

（1）基于对并购重组估值控制，以及公司实际控制人问题等多方面的考量，在安排SJ专项基金架构时，由SJ创始人团队和Y公司一同担任专项基金的普通合伙人，SJ创始人团队出资比例达到51%。但由于SJ创始人团队与SJ公司本身关系密切，在实际并购重组过程中，SJ创始人团队在作专项基金投资决策时，出于对公司现金流及未来发展的考虑，更倾向于选择直接对SJ公司增资的方案，而不是考虑收购现有股东的老股。从法人治理结构来讲，收购老股能使公司的股权架构更清晰，也能通过调整管理层任命来改善SJ公司目前相对传统的经营管理模式。但由于收购老股得面对两只人民币基金作为财务投资人要价偏高，占比25%的某医药集团的国资退出流程复杂等问题，加之收购老股则无法为公司未来新厂房的建设和新产线的购置提供资金支持，因此SJ创始人团队作为基金管理人，作并购重组决策时犹豫不决，导致部分基金投资人不满。

（2）作为SJ专项基金有限合伙人的某民营企业，多年前就已经设立了专业的投资团队，在国内外的一级和二级资本市场上投资经验丰富。其董事长更是因2015年在资本市场上的活跃表现，被称为A股的“超级牛散”。由于SJ专项基金并购工作的停滞不前，该有限合伙人经常主动联系Y公司，为SJ专项基金的投资决策工作出谋划策，对基金的日常运营产生一定影响。

（3）同为 SJ 专项基金有限合伙人的国内某大型保险集团公司，则对投资资金的安全性要求较高。在风险考量时，该保险集团公司希望能获得回报稳定、相对更安全的收益；在基金管理人要求基金投资人缴纳认缴出资额（Call Capital）时，该保险集团公司提出需要普通合伙人为其增加回购条款，因此影响了专项基金的正常出资。在已完成的 SJ 公司小股东的老股收购中，该保险集团公司认缴份额暂时由其他有限合伙人平均分摊。

（4）由于被投资企业 SJ 公司已实现产业化生产和上市销售的生物药强克，在 2016 年完成了生产批准文号和 GMP 证书的更新，而国内另一家同类药品生产竞争对手未通过最新的 GMP 认证，第二年市场面临洗牌，SJ 公司的估值大幅上升。嗅觉灵敏的国内某生物医药上市企业，想参与到 SJ 公司的并购重组中，于是通过业务网络联系到了 SJ 专项基金的另一个有限合伙人——某上市股份制银行。该医药企业愿意以高于资管计划入伙时一倍的价格，购买该上市股份制银行在 SJ 专项基金中的份额。SJ 创始人团队和 Y 公司对产业投资人的突然介入都很抵触，不希望某上市股份制银行现在退出专项基金，要求其继续保留原来的份额。

【思考问题】

案例中的 SJ 专项基金目前遇到了哪些问题？请尝试提出解决方案。

【参考文献】

[1] 刘纪鹏. 大道无形——公司法人制度探索［M］. 北京：中国经济出版社，2009.

[2] 刘俊海主编. 商事法治［M］. 北京：社会科学文献出版社，2016.

[3] 施天涛. 公司法论［M］. 北京：法律出版社，2006.

[4] 张民安 . 公司法上的利益平衡 [M] . 北京：北京大学出版社，2003.

[5] 李建伟 . 选择独立董事的合适人选 [J] . 现代管理科学，2004.

[6] 刘纪鹏 . 组建独董公会不能再拖延 [J] . 董事会，2016.

[7] 刘纪鹏 . 现代法人治理结构中的独立董事制度 [J] . 资本市场，2001.

[8] 契约型投资基金法律关系模式的区别 [EB/OL] . http: //www.66law.cn/laws/358943.aspx，2019-05-19.

[9] 杨大楷 . 产业投资基金组织形式的比较与中国的选择 [A] . 投资建设三十年回顾——投资专业论文集（4）[C] . 中国投资协会，2008.

[10] 蒋萍 . 不同组织形式产业投资基金的比较分析 [J] . 经济论坛，2007（04）.

[11] 林映彤 . 中国有限合伙制基金运作的案例分析 [D] . 浙江工商大学，2013.

[12] 杨宗儒，张扬 . 基金治理困境与持有人利益保护 [J] . 证券市场导报，2013（06）.

[13] 李欢 . 合伙型私募基金“双 GP”模式研究 [J] . 浙江金融，2018（08）.

[14] 人民日报 . 关于创业投资企业和天使投资个人有关税收政策的通知 [EB/OL] .https: //baijiahao.baidu.com/s? id=1600583651892834904&wfr=spider&for=pc，2018-10-15.

[15] 张涛 . 合伙制私募股权基金所得税政策分析 [J] . 中国财政，2018（11）.

[16] 赵玉 . 有限合伙型股权投资基金的本土化法律思考 [J] . 法学杂志，2010：31（12）.

[17] 隋洋 . 浅析有限合伙制私募股权基金 [J] . 中国地产市场，2014（10）.

[18] 王天久 . 有限合伙制私募股权基金的各方利益平衡问题研究

[D]. 苏州大学，2016.

[19] 王盼盼. 有限合伙制视角下中国私募股权基金治理机制研究——以渤海金石私募股权投资基金为例 [J]. 科技经济市场，2018 (01).

[20] 胡静. 关于中国产业基金的调研报告 [J]. 金融与经济，2010 (08).

[21] 邹瑜. 法学大辞典 [M]. 中国政法大学出版社，1991.

[22] Bevir, Mark. *Governance: A very short introduction* [M]. Oxford, UK: Oxford University Press, 2013.

第十七章　双层股权架构对法商治理的挑战

如何在公司做大而股权被稀释的过程中保持核心层的控制权，是法人治理中的一个难题。创始人面临丧失控制权之虞，融资时瞻前顾后、踟蹰不前，而作为解决这一困境的制度安排，双层股权架构应运而生。区别于同股同权的制度，在双层股权架构中，股份被划分为高、低两种投票权，高投票权的股份拥有更多的表决权。

双层股权架构作为一种倾向于维护创始人和管理团队的制度设计，在某种程度上能使法人治理更加高效，使公司经营更加稳定，有利于管理团队制定公司长远的发展战略，避免短视行为。创始人和管理团队往往活跃在经营和管理的第一线，熟知市场的冷暖、行业的方向，最了解企业的文化、员工的诉求，这使得很多企业对创始人和管理团队形成了高度的依赖。因此，双层股权架构在一定程度上保护了创始人和管理团队的利益，也就保护了公司的利益。特别是高科技行业，人力资本远比货币资本更为重要，因此人力资本也应被赋予更大的话语权和经营决策权。不过双层股权架构破坏了“一股一权”的传统原则，可能会对公众投资者的利益产生侵害，因此只有在放开双层股权架构的同时，通过一系列的制度设计，约束自治空间，提升市场透明度，才能既鼓励法人治理的创新，迎合市场主体采用双层股权架构的需求，又保护公众投资者的利益。

第一节　双层股权问题的提出与现状

一、双层股权架构的内涵及实践背景

双层股权架构（Dual Class Structure）是一种非常规股权结构。按照

每股附着的表决权大小，股票被划分为 A、B 两类：A 类股的表决权遵循“一股一票”原则，B 类股则附着数倍甚至数十倍于 A 类股的表决权。B 类股一般由公司的创始人或者管理层持有，不在市场上流通。双层股权架构的实质是将股东现金流权（Cash Flow Rights）和控制权相分离的制度安排，持有公司少数股权的股东可以借此掌握公司的控制权。

实践中，国内很多新兴互联网企业都采用了双层股权架构。由于企业发展初期需要大量融资，创始人的股权会不断被稀释，包括百度、京东商城、新浪微博、58 同城在内的很多家喻户晓的企业都采用了双层股权架构。阿里巴巴所采用的合伙人制度，不过是双层股权架构的升级版，其内涵和实质与双层股权架构如出一辙。通过让合伙人享有对董事会半数以上董事席位提名权的制度安排，实质上也是让持有少数股份的管理团队能够控制董事会的人选，进而掌握公司的控制权。上述公司基本都是在开曼或者维京群岛等避税岛注册的。除了出于避税的考虑，也与中国公司法对股权结构制度的规定过于严苛有关。目前，在中国法律的约束下，股份有限公司不允许采用双层股权架构，在境外注册则可以规避可能的法律风险。同时，这些公司都在美国上市，因为美国的上市规则允许上市公司采用双层股权架构，而中国的上市规则对此持否定态度。无论沪深交易所还是“新三板”，均不允许双层股权架构的公司上市或挂牌。

从发达国家的实践来看，美国、新加坡、加拿大等资本市场比较繁荣的国家均容许上市公司采取双层股权架构，这不仅使得这些国家的公司有了自行选择股权架构的自由，也使得这些国家的交易所对域外的发行人有了更强的吸引力。需要承认的是，双层股权架构有可能导致公众投资者的权益受到侵害，但不可因噎废食，忽视了双层股权架构的制度价值，进而一律禁止采用双层股权架构。

二、引入双层股权架构的现实争议

自阿里巴巴赴美上市后，国内舆论对双层股权架构有了高度关注，痛失阿里巴巴的遗憾让几大交易所开始反思自身的上市规则和监管政策。毕竟从根本意义上来说，持续吸引优质的上市资源，保持长久的市场竞争力和影响力，已经成为交易所赢得未来的关键。在阿里巴巴抛出赴港上市的橄榄枝后，2013 年 9 月 25 日，港交所总裁李小加发表网络日志《投资者保障杂谈》，文中没有对是否允许双层股权架构公司上市给出明确答案，但港交所对双层股权架构公司又爱又恨的矛盾心态却跃然纸上。一方面，港交所希望吸引更多的优质发行人赴港上市；另一方面，港交所对坚持一股一票、保障投资者权益的理念又笃信不移。能既吸引优质的上市资源又不损害投资者的权益，成为港交所的愿望。要知道，如果港交所迟迟不允许上市公司采纳双层股权架构，其失去的将不仅仅是阿里巴巴，而是整整一代的中国高科技互联网公司。2014 年 8 月，港交所发布《不同投票权架构概念文件》报告，并就能否采用不同投票权架构征询市场意见，足见港交所对此事的高度重视。虽然迄今为止港交所仍固守“一股一权”的原则，但其态度已有所动摇和转变。

内地的资本市场监管层也保持了对双层股权架构的密切关注，两大交易所的管理层曾先后对此表明更加开放、包容的态度。然而，2015 年的股灾发生后，战略新兴板搁浅，A 股扩容减速，境外上市公司回归 A 股的节奏放缓，关于在战略新兴板试点特殊股权结构的动议也因此搁置。但眼前的遇阻并不能阻挡交易所拥抱双层股权架构的期待，双层股权架构制度仍是沪深两大交易所必须关注和研究的现实课题。

总之，对于双层股权架构，监管层既有种种顾虑和争议，同时也有采用双层股权架构的强烈意愿。“一股一权”是通行的公司法原则，而双层股权架构背离了这一原则，这种背离使得资本与控制权不成比例，进而可能导致股东权利和义务失衡。但融资过程中，股权被稀释和保持控制权的悖论，导致现实中对双层股权架构存在大量的制度需求，而中国现行《公司法》显然存在制度供给上的不足。

第二节　境外双层股权架构制度的规则及实践

总体来说，境外各国和地区对于双层股权架构的态度各不相同。有的国家和地区允许上市和非上市公司采用双层股权架构，如美国、加拿大、瑞典、法国等；有的国家和地区准许非上市公司采用该架构，但不准许上市公司实施这一股权架构安排，如澳大利亚、英国、中国香港等；有的国家禁止上市和非上市公司采用双层股权架构，如德国、西班牙、日本等。

一、美国的双层股权架构制度

在美国，各州公司法各不相同，但都允许双层股权架构的存在。以注册公司最多的特拉华州公司法为例，其212条（a）规定："除非公司注册文件另有规定，否则每名股东每持有一股公司股份，则拥有一票表决权。如果公司注册文件规定，每一股的投票数多于或少于一票，则本章法律就每一事项而谈的多数票或其他比例数的票数也应指上述按每股投票数多于或少于一股的规定来计算的多数票或其他比例的票数。"可见，该州的公司法以一股一票为原则，但公司可以做出另外的规定。关于上市公司，目前纽约交易所和纳斯达克交易所均允许双层股权架构公司上市。纽约交易所自20世纪80年代末改变了之前禁止双层股权架构公司上市的规则，从此便允许双层股权架构公司在纽交所上市。

（一）美国双层股权架构制度的历史演变

双层股权架构规则演变的历史也是美国几大交易所竞争的历史，为了争取优质上市资源，几大交易所关于上市规则的规定也逐渐趋于宽松。20世纪20年代，美国许多公司发行双层股权架构的股票，交易所也允许此类公司上市。但随着管理层的变本加厉，普通投资者转而反对双层股权架构公司上市。1925年，道奇兄弟汽车公司（Dodge Brothers）发行了150万股的A类股股票，但控制公司的却是投资银行手中的250 001股的B类股股票，这引起了公众的强烈反感。为了回应舆情的关切，1926年1月，纽交所非正式地禁止了双层股权架构公司的上市，直至1940年，纽交所正式颁布了禁止双层股权架构公司上市的规则。

20世纪80年代，美国上市公司并购重组之风兴起。为了防范恶意并购，很多上市公司转而采用双层股权架构，对于此类公司，纽交所要么指令摘牌，要么同意其继续在纽交所挂牌上市。此时，纳斯达克的规则并不要求上市公司必须同股同权，这就导致纽交所陷入了较为被动的境地。为了应对纳斯达克的竞争威胁和上市公司防范敌意收购的现实需求，1985年1月，纽约交易所董事会建议，已在纽交所上市的发行人若修改章程规定，设置双层股权架构，可以无须摘牌，但采用双层股权架构的提案须获三分之二有投票权的股东通过，且A、B两类股份的投票权之比不得超过1∶10。

随后，美国证监会介入并反对纽交所的这一规定。美国证监会在1988年出台了“19C–4规则”。该规则严禁上市公司通过多重投票权架构限制或减少原有股东的权益。在其后的Business vs. Securities Exchange Commission一案中，哥伦比亚特区巡回法院认为，纽交所和纳斯达克是自律性的组织，改变交易所的规定超出了美国国会对证监会制定规则的授权，法院最终做出了撤销“19C–4规则”的判决。尽管如此，纽交所和纳斯达克最终却自愿同意采用“19C–4规则”，禁止已上市公司利用双层股权架构限制中小股东的投票权，但IPO之前采用双层股权架构是允许的，因为此时公司还没有公众股东。至此，两个交易所对双层股权架构公司上市的态度基本趋同。

（二）美国双层股权架构制度的运行实践

据统计，采用双层股权架构的公司约占美国上市公司总市值的14%，很多是知名的跨国公司，其中包括Google、Visa、LinkedIn及Facebook等。以Google为例，其A类股有1份表决权，B类股有10份表决权。Google的两位创始人——佩奇和布林，加上Google的CEO施密特，只有这三人持有B类股，大概占Google股票数的1/3，牢牢掌控了Google的控制权。这些双层股权架构公司在经营中不断成长壮大，取得了不错的业绩。

美国还有一些类似于双层股权架构的公司制度，只要股东在公司章程中进行了约定，法律并不禁止。如允许创始人股东提名过半数董事的权利，如耐克和纽约时报等。在美国上市的中国内地公司——汽车之家，其公司章程规定，控股股东可以委任过半数的董事会成员。

因为美国对双层股权架构公司较为包容的做法，大量采取该股权架构的中国内地公司也远赴美国上市，包括百度、京东商城、汽车之家以及采用类似架构的阿里巴巴等。据统计，截至2014年5月31日，中国内地共有102家公司在美国上市，其中近三分之一（29%）设有双层股权架构或类似架构。而这三分之一占在美国上市的内地公司市值的70%，其中大部分是资讯科技公司。

二、中国香港的双层股权架构制度

在中国香港，非上市公司可以采用双层股权架构。香港《公司条例》规定："在成员大会上以投票方式表决时，公司每名亲身或委派代表出席的成员就其所持有的每一股份均有一票。但是，公司的章程细则可进行例外的规定。"公司章程可以做出不同的规定，发行超级表决权股或限制表决权股。但港交所上市的公司不允许采用双层股权架构。对此，港交所的上市规则并无明确规定，公司的每股股份必须附带一票。然而，其上市规则规定，除联交所认可的特殊情形外，上市公司不被允许将附带的表决权与其缴足注册资本时所对应的股份权益不成合理比例的股份上市。联交所《主板上市规则》第8.11条还规定："新申请人的股本不得含有以下类型的股份：该种股份所附带的表决权重，与其于缴足注册资本时所对应的股本权益，是不成合理比例的。本交易所不准许上市发行人已发行的新B股上市，也不会准许上市发行人发行新B股（不论该种股份在本证券交易所或其他交易所上市）。"目前，也并无采用双层股权架构的公司在港交所上市。

（一）中国香港双层股权架构制度的历史演变

香港交易所一度允许双层股权架构公司上市，1972 年，拥有房地产、航运和其他产业的企业集团会德丰洋行下属的 5 家公司发行 B 股集资。此后，太古股份有限公司等也发行了 B 股。B 股发行后，A 股价值随之下跌。1987 年，怡和控股有限公司、长江实业有限公司及和记黄埔有限公司都宣布计划发行 B 股。方案公告后，恒生指数下降 3.7%。1987 年 4 月 8 日，香港联交所和证券监理专员办事处联合发布声明，表态不再准许 B 股上市。公告发布后，股指强劲回升，1987 年 4 月 9 日，恒生指数上涨至该月最高点 2785 点。资本市场和公众投资者对双层股权架构的忌惮直接影响了港交所监管层对双层股权架构公司上市的态度。

1987 年 7 月，香港公司法改革常务委员会就是否允许 B 股发行事宜发布了报告。报告指出："在 1997 年香港主权即将回归中国的特定历史情形下，发行 B 股可能导致控制权股东一方面将大部分资金从资本市场套现并外逃至境外，另一方面又可不丧失对香港上市公司的控制权。此等做法如被广泛运用，将可能使得投资者对香港作为主要国际金融中心的信心减弱。为此，常委会反对滥发此种类别的股份。"自此，港交所不再允许双层股权架构的公司上市。

（二）中国香港双层股权架构制度的运行实践

港交所固守不允许双层股权架构公司上市的陈规，这面临着新的历史考验。在交易所竞争日趋激烈的情况下，发行人倾向于选择在上市规则更为宽松的交易所上市。就港交所而言，多年来，港交所的上市公司主要以中国内地公司为主，国外的上市发行人仅占极小的比重。港交所能否持续吸引中国内地的优质上市资源，攸关港交所的未来。

据统计，自 2011 年起，赴美上市的采用双层股权架构或其类似架构的公司的数量超过非采用此类架构的公司。据统计，2014 年 1 月至 8 月，共有 12 家中国内地公司在美国交易所上市，其中 9 家都采用了双层股权架构或其类似架构。如果香港不主动迎合中国内地发行人的需求，港交所可能会错失大量的中国内地优质上市资源，特别是新兴的高科技企业。在深沪交易所都在考虑是否允许发行人采用双层股权架构的时间关口，如果港交所不领先一步做出改变，那么港交所在与深沪交易所的竞争中将可能处于劣势。

当然，港交所的疑虑也是可以理解的。香港的监管体制比较完善，法治化水平较高，市场较为公开透明，投资者权益也能得到较好的保障。在司法救济方面，港交所不允许集团诉讼，在香港，针对上市公司提起的诉讼主要有不公平损害救济和衍生诉讼两种途径，这两种救济方式都有法定效力。但私人诉讼成本很高，且耗时耗力，单个投资者往往无法承受，因此中小投资者一般不愿起诉。香港对集体诉讼的保留态度让中小投资者失去了一个最便捷高效的维权途径。因此港交所担忧，一旦允许双层股权架构公司上市，控制股东侵犯中小股东权益的行为得不到有效的救济，投资者会因为权益得不到保障而远离香港市场，这将损害香港市场长期的竞争力。于是，在迎合发行人需求与保护投资者权益之间，港交所陷入了纠结。但是由于香港本地上市资源缺乏，香港对内地上市资源有强烈的渴求，这决定了港交所对双层股权架构公司的态度需要更加包容。未来，港交所是否会领先沪深交易所一步，率先接纳内地的双层股权架构公司上市，这是值得期待的。

三、加拿大的双层股权架构制度

《加拿大公司法》规定："一股一票是公司法的基本准则，但公司章程细则可进行不同的规定。公司可在章程细则中约定采用不同类别表决权的股份，并载明各股份类别的特殊权利、施加的限制及相关条件。超级表决权可以附带的表决权倍数并无限制。"加拿大公司法对于发行超级表决权股份采取了较为宽松的态度，允许股东间的意思自治，只要求通过公司章程等进行详细的约定，至于约定的内容，也并无限制。

"多伦多交易所不准许公司在上市后发行投票权大于目前已发行上

市股票投票权的类别股份，除非该等享有多倍表决权的股份同时向已上市并享有投票权的所有股东按相应的持股比例决定增发。此规定的意图是要避免控制股东利用发行拥有超级表决权的B类股来剥夺原有股东的权利。”[《多伦多交易所公司手册》第VI（H）部分第624（m）条]一般来说，公司只能在发行上市前采用双层股权架构，否则势必要侵犯到现有公众投资者的权益。鉴于此，加拿大对于通过双层股权架构削减现有股东权利的行为是禁止的。

“截至2013年7月，在多伦多交易所上市的1 555家上市公司中，仅有41家（3%）采用了双层股权架构或其类似架构。”可见，在加拿大，上市公司采用双层股权架构并不是很普遍。即使对双层股权架构放水开闸，上市公司仍然会结合自己的实际需求，同时考虑投资者的接受程度，来决定是否采用双层股权结构。

四、法国的双层股权架构制度

法国的多重投票权股份较为特殊，《法国商事法》规定：“在法国，股东的股份经过一定年限（至少两年）可以累积成每股两票表决权（也被称为忠诚股）。在法国，忠诚股以外的多重投票权股份均被禁止。”根据法国公司法第175条规定：“公司应在公司章程或通过召开股东大会做出决议，才能采用双重表决权，且应当满足下列条件：（1）持有双重表决权股东的股本已经足额缴纳；（2）必须是记名股票；（3）证明不少于两年是同一公司的股东且应当是欧盟成员国公民的股东。”《法国商事法》第176条第1款规定，任何转变为无记名股票的股份抑或是作为财产转让给他人的股份，将失去双重表决权。双重表决权股转让后也并非一律会丧失多个表决权，主要有以下例外情形：“（1）如果是因为继承、夫妻共同财产清算、生前对配偶或者有继承权的亲属的赠与而引起的转让，那么该转让并不引起双重表决权的丧失。同时，也不中断股东持有股份时间的计算。（2）公司的合并与分立对双重表决权不产生影响。如果在公司章程中设有这类表决权，那么合并或分立后的公司中仍可以行使这种权利。”

法国的忠诚股与一般的双层股权架构有所区别。其一，忠诚股不仅可以为控制股东所有，其他股东持股达到一定的时间后也能持有一股两票的忠诚股。这是为了鼓励股东长期持有公司的股票，进行价值投资，反对短线投机交易行为。其二，忠诚股每股的表决权倍数仅限定为两票，不允许自行约定更多的表决权倍数。忠诚股在法国上市公司中被普遍采用，ISS 报告显示，“抽样的 40 家法国公司中，58% 发行了多重投票权股份”。忠诚股的价值功能与普通的双层股权架构有不同之处，忠诚股不仅是为了让创始人股东获取控制权，更重要的是让投资者能够进行长期的价值投资，保持资本市场和公司的稳定性，这对其他国家有一定的借鉴意义。

五、英国的双层股权架构制度

“一股一票概念是英国公司法的预设原则，但公司可以选择不予适用。”（《2006 英国公司法》第 284 章）英国上市管理局的规则并无明确规定上市公司须发行同股同权的股份，“但按上市规则的原则要求，就每股所附投票权而言，上市公司必须对具相同地位的同一类高级上市股份的所有股东一视同仁”（《英国上市规则》第 7.2.1A 条高级上市原则 5）。英国上市管理局将上市分为标准和高级（Premium）两个等级。高级市场要求有保荐人，同时较标准市场有更多的信息披露要求。英国允许双层股权架构在标准市场上市，但禁止其在高级市场上市。

在 20 世纪 60 年代之前，双层股权架构在英国上市公司中较为多见；20 世纪 70 年代后，上市公司中机构投资者持有的股份比例不断增加，双层股权架构的上市公司逐渐减少。2014 年 5 月 16 日，英国上市管理局为高级市场上市股份引入以下两个原则，明确了双层股权架构等同股不同权的股权架构不被允许在高级市场上市：

其一，被允许高级上市的股份类别中的所有股份，须赋予所有股东同等的投票权数；

其二，若上市发行人有多个不同类别的股份被准许高级上市，每个类别股份的投票权数量应当与该类别股份占上市发行人股本权益的比例相一致。

第三节　双层股权架构制度的利弊分析

一、双层股权架构可能产生的弊病及回应

（一）增加代理成本还是降低代理成本

双层股权架构既包含增加代理成本的可能，也有降低代理成本的可能，一概而论地认为双层股权架构公司会增加或降低代理成本的看法忽视了现实的复杂性。完善的制度设计可以实现降低代理成本的效果。无论是公司内部经理人市场对管理层的约束，还是关联交易等规则对控制股东的制约，都能预防代理成本的增加。监管部门也要严厉打击内幕交易、操纵股价等行为，斩断控制股东侵犯中小股东权益之手。

（二）大量的控制权私利还是少量的控制权私利

控制权既有有形的物质利益，也有无形的精神利益，试图量化控制权私利的实证研究是很困难的，加上样本的有限性、变量的多元化，目前的实证研究大多似是而非，难以得出双层股权架构公司的控制权私利较高的结论。部分研究甚至表明，双层股权架构公司的业绩表现优于采用单一制股权结构的公司。马一（2014）的研究表明，1998—2007 年，美国上市公司中，采用双层股权架构的公司占比基本没有变化，但市值占比却明显上升，从 6.2% 增加到了 9.4%。魏勇强（2012）调查了在多伦多股票交易所被评为最优的 200 只加拿大股票，结果显示，双层股权架构公司的业绩和成长性明显好于单一股权结构公司。

在中国，上市公司“一股独大”现象极其普遍，控制权私利广泛存在。其中非常重要的原因是缺乏有效的监管，通过禁止双层股权架构来减少控制权私利的做法乃因噎废食。减少控制权私利的根本解决之道在

于完善监管，保护中小股东的权益。

（三）控制权市场监督机制失效还是被替代

控制权市场机制在监督控制股东的同时，无形之中也给控制股东带来了巨大的压力，让其疲于应付控制权争夺的困局。双层股权架构公司让管理层摆脱了丧失控制权的苦恼，管理层能够把精力聚焦到公司发展上。而且，控制权市场的监督作用往往会被高估，毕竟被并购对于企业来说并不是最坏的结局。同时，我们也忽视或低估了其他监督机制的作用。无论是产品市场的激烈竞争，还是控制股东对声誉的重视，都让控制股东不敢恣意妄为。控制权市场要做的是打造一个优胜劣汰、恪守规则和诚信的市场秩序，预防产品的逆淘汰，让假冒伪劣无立锥之地，让有不诚信“前科”的控制股东寸步难行。

二、企业采用双层股权架构的益处

（一）让创始人在股权被稀释后仍持有控制权

对企业来说，债权融资往往是比股权融资成本更低的选择。股权融资会稀释创始人的股权，创始人可能因此丧失控制权。而中国的商业银行将大量的信贷资源配置给了国有企业，民营企业尤其是新兴中小企业很难得到银行贷款，民间借贷的资金成本又太高，此时唯有选择股权融资。如果坚持一股一权的原则，创始人在经过几轮融资后可能会丧失公司的控制权。创业初期的高科技企业尤其如此，没有 PE、VC 等资金的支持，企业实现从 0 到 1 的突破是很难的。在“嫌贫爱富”的银行看来，一个白手起家的创业者依靠一个不成熟的创意或商业模式组建起来的公司，其信用是不可靠的。事实的确如此，能在炼狱般的市场竞争中幸存下来的创业企业大概仅有 10%。银行不可能拿储户的钱去冒如此巨大的风险，此时创业企业选择 VC、PE 进行股权融资几乎是必然的选择。而对于创始人来说，在股权融资过程中将控制权拱手相让是不可接受的。刘强东曾直言不讳：“如果不能控制京东，我宁愿把它卖掉。”2016 年，险资在资本市场掀起了举牌浪潮，众多实体企业的控制权面临考验。以宝能系为典型，宝能在成为南玻 A 第一大股东后，大肆更换南玻的董事会成员。与此同时，宝能也觊觎万科和格力的控制权，虽然未能得逞，但管窥此事可以得出如下结论：创始人应未雨绸缪，采取适当措施维护其控制权。

对于创始人来说，一旦丧失了控制权，既可能被投资人驱逐，也可能被政府等其他外部主体所不当干预。创始人融资后被投资人驱逐的案例并不少见。如 2001 年，因与大股东四通立方的矛盾加剧，新浪创始人王志东被迫离开新浪。此时的王志东只持有采用单一制股权结构的新浪公司 6% 的股权。同时，创始人保持控制权对于防范政府等外部主体的不当干预也是必要的。陈德球、魏刚（2013）曾在其研究中认为，“在法律制度比较薄弱和产权保护不健全的情形下，企业面临受强权政府干预的风险，企业的私有财产受到机会主义行为侵害时，现有立法体系和执法无法提供相应的维权保障机制。为了保持对企业的控制权，股东有动机通过其所控制的资源对政府行为施加影响来降低其受剥削的风险，构建起防范风险的隔离带”。创始人如果有完全掌控公司的能力，将创始人取而代之的做法势必引发一系列的连锁反应，无论是对员工队伍的稳定还是对企业的正常运营都会产生不良后果。此时，政府难免会投鼠忌器，因此在采取对任何创始人不利的行动之前都会更加审慎。可见，保持控制权不仅使创始人无被投资人威逼出局之虞，也能使创始人较好地保护产权，避免政府等外部主体的不当干预。

在互联网与知识经济时代，人力资本逐渐演变成实现企业价值的主导要素，企业的竞争力集中体现为人力资本价值的创造力，取决于技术创新与企业家精神。在学界，经济学家、管理学家一直在研究企业的价值究竟是谁创造的这一命题。亚当·斯密认为，土地、资本、劳动是创造企业价值的三大要素，此后的研究者加入了企业家这一要素。在技术成为企业核心竞争力的知识经济时代，企业价值的实现更多的不是依赖土地、劳动，甚至也不是资本，而是创新和企业家。这一深刻变化就要求法人治理也应随之变化，企业家的话语权应不断增强，货币资本的话语权应逐渐削弱。而双层股权架构正是对以创始人为代表的企业家权利的充分尊重和实现。

（二）“让听见炮声的人决策”

创始人始终处于公司经营和管理的一线，熟悉市场的冷暖、商业气候的变化。因此，把控制权和管理权交给创始人是对创始人的信任，也是有自知之明的表现。在纷繁复杂的商业信息中捕捉商机，需要有极其敏锐的嗅觉和决断力，而这是一般的投资者所不具备的。正因为如此，在很多采用双层股权架构的公司中，机构投资者都自愿将表决权拱手相让。比如，京东的主要机构投资者（腾讯、高瓴资本、老虎基金、DST、今日资本、凯鹏华盈、红杉资本等）均将投票权委托给创始人刘强东；持有腾讯34%股权的大股东南非MIH集团将投票权委托给仅持股10%的创始人马化腾；投资Facebook、阿里巴巴、京东和小米的俄罗斯DST投资集团坦言，其更愿意将投票权交给管理层；2011年，淡马锡、云锋基金、DST投资阿里巴巴20亿美元换取5.7%的股权，并将投票权委托给管理层；阿里巴巴的主要投资者日本软银的孙正义曾力挺合伙人制度，认为该制度是阿里巴巴成功的核心。

机构投资者具有较为强势的话语权，相比中小投资者也更富商业眼光和管理智慧，为何愿意让渡表决权呢？事实上，隔行如隔山，在特定的行业，即使是机构投资者也难以做出正确的商业判断。毕竟经营公司是需要商业天赋的，非管理层股东没有足够的信息和能力代替管理层去做出商业决策，在新兴高科技公司中尤其如此。再者，机构投资者一般追求的是财务汇报，只要公司能产生足够多的利润，表决权不是其最关心的问题。

（三）保持公司经营的稳定性，利于长期战略的实施

一个频繁变更实际控制人的企业，其竞争力将在一轮轮的人事动荡中消磨殆尽。企业的稳健经营关键在人，首要的是实际控制人，其次是管理层。职业经理人因为任期的限制，往往会追求短期政绩，不顾长期的战略规划。在双层股权架构公司，创始人往往是企业的实际控制人，

也是公司的最高管理层，创始人会更有远见，从公司的长远利益出发，而不是只顾眼前利益，这对于公司的长期健康发展是有利的。

以阿里巴巴的合伙人制度为例，阿里巴巴采取的不是典型的双层股权架构制度，但其制度功能与双层股权架构极为相似。阿里巴巴的合伙人指的不是合伙企业中的合伙人，而是创始人团队和管理层组成的一个利益共同体。合伙人有权提名董事会的多数席位，但必须经股东大会表决通过。如果未获股东大会通过，或提名的董事在任期内离职，合伙人有权委派其他人选担任临时董事，直至下届股东大会召开，重新进行提名。另外，软银和雅虎必须在股东大会上投票支持合伙人的董事提名，其中，软银持有的逾 30% 的股份的投票权应交由马云和蔡崇信行使。这对于保持经营团队和公司战略的持续性、稳定性是很有益的。

从国外采取双层股权架构的公司来看，其中不乏福特汽车、Coors 啤酒、Cross 钢笔、Jack Daniels Whiskey、纽约时报等百年企业。这些企业历史悠久，在做大做强主业的道路上能够一以贯之、心无旁骛。其基业长青的奥秘与根植于企业内核的法人治理基因不无关联，双层股权架构起到的作用更是不容忽视。

（四）防范敌意收购

超额表决权股一般只在家族成员内部等原来就持有该类股份的成员之间转让，如果转让给外部其他主体，则自动转换成为普通股。所以收购人即便将所有的普通股都购买了，也未必能攫取该公司的控制权。

敌意收购一般是指收购方与目标公司的管理层没有达成共识，试图强行收购从而取得目标公司控制权的行为。反收购是针对敌意收购所采取的防御措施。反收购主要有以下几种策略：第一，通过提高收购方所付出的收购和控制公司的成本，比如驱鲨剂条款、毒丸计划、金色降落伞协议、讹诈赎金等；第二，降低目标公司的资产价值和吸引力，甚至通过开启自毁模式使收购方的目的落空，即杀敌一千自损八百，比如焦土政策，包括“皇冠之珠”和“虚胖战术”两种策略；第三，反守为攻，把进攻当成最好的防御，争取战略主动权，比如“帕克门”策略。但这些反收购措施大多是权宜之计，虽然收购方可能会因为更高的收购成本而终止收购行为，但即便如此，收购方仍然有机可乘。对此，目标公司往往疲于应付。那么有无办法让管理层永无被恶意收购之虞？双层股权架构给出了答案。在采用双层股权架构的公司中，只有 A 类股是可以对外出售的，此类股票一股只有一个表决权；而 B 类股一般不允许对外出售，即使出售给管理层以外的其他人，也会自动转化为一股一票。这样管理层就可以牢牢掌控公司的控制权，收购方根本无机可乘。

从历史上看，采用双层股权架构的公司的大量出现与恶意收购的兴起紧密相关。20 世纪 80 年代，美国出现了大量的敌意收购，随之出现了大量采用双层股权架构的公司。瑞典的情形更为明显，瑞典于 20 世纪 60 年代、70 年代、80 年代新出现的双层股权架构公司（包括新上市的和上市后从单一股权结构转换为双层股权架构的公司）分别是 24 家、35 家、230 家，而同期发生的收购分别为 28 家、38 家、213 家。绝大部分的收购都是协议收购而非敌意收购。一些证券市场规模较小的国家通过实施双层股权架构来预防外国投资者收购本国公司，正如斯堪的纳维亚国家和瑞士，外国投资者只能购买限制投票权的股票。

2016 年，中国上市公司的敌意收购屡见不鲜，恒大 VS 廊坊发展，爱康国宾 VS 美年大健康，宝能 VS 万科等。宝万之争更是把舆论对敌意收购的关注推向了高潮，也掀起了上市公司修改公司章程防范恶意收购的浪潮。但目前来看，上市公司只能在《公司法》的框架下设计其反收购的措施，制度供给的不足让双层股权架构没有适用的空间，这不能不说是一个缺憾。

第四节　中国双层股权架构的立法现状

一、《公司法》的相关规定

现行法并没有明文规定允许或禁止双层股权架构。《公司法》第一百二十六条规定：“股份的发行，实行公平、公正的原则，同种类的每一股份应当具有同等的权利。同次发行的同种类股票，每股的发行条件和价格应当相同；任何单位或者个人所认购的股份，每股应当支付相同价额。”原则上明确了同股同权的原则。关于表决权和股份能否不成比例，《公司法》对有限责任公司和股份有限公司采取了不同的规定。针对有限责任公司，《公司法》第四十二条规定：“股东会会议由股东按照出资比例行使表决权；但是，公司章程另有规定的除外。”可见，有限责任公司在章程没有规定时适用“一股一权”原则，但是可以在章程中约定发行双层表决权的股份。针对股份有限公司，《公司法》一百零三条有明确的规定，“股东出席股东大会会议，所持每一股份有一表决权”，这一条款应解释为法律的强制性规定，股份有限公司不能发行双层表决权的股份。此外，《公司法》第一百三十一条有一个兜底的条款：“国务院可以对公司发行本法规定以外的其他种类的股份，另行作出规定。”但国务院仅对发行优先股做出过规定，并未规定超额表决权股等类别股的发行。2014 年，中国证监会发布《优先股试点管理办法》，准许三类上市公司发行优先股票，这是对“同股同权”的一个突破。

二、中国的规定无法适应现实需求

中国《公司法》不允许直接实施双重或三层股权结构，但允许有限责任公司在章程内对投票权进行特别约定，允许股份有限公司股东将自己的投票权授予其他股东代为行使。现实中，有限公司具有很强的人合性特征，股东人数有限，公司资本主要来自有限的股东出资，没有很大必要采用双层股权架构。而股份公司的股权较为分散，特别是上市融资的过程中，股权被大量稀释，采用双层股权架构的需求明显高于有限公司。

事实上，即使《公司法》规定了同股同权，实践中也难以严格地执行。过度地管制带来的反而可能是无效的结果。一部分企业可能因此放弃融资，贻误企业发展的最佳时机；一部分企业可能采用金字塔结构、交叉持股等替代性的方式，来绕开管制，以达到用较少的现金流权掌握控制权的目的。堵不如疏，《公司法》应当更多地用事后的救济来代替事前的禁止。

2014年修改的《公司法》更多地体现了私法自治的精神，将注册资本从实缴登记制改为认缴登记制，取消了最低注册资本的限制，简化了登记事项和登记文件，这一切的变革都让人看到了《公司法》进取革新的品格。但关于表决权的规定却没有在此次修法中予以变更，这是《公司法》修改的一大缺憾。现行《公司法》关于表决权的规定过于僵化，适应不了公司制度创新的实践需求，在“大众创业、万众创新”的浪潮中，《公司法》不能成为企业创新与发展的阻碍。没有PE、VC的孵化作用，初创阶段的高科技企业获取发展所需的资金是非常困难的。而融资的同时，企业创始人也不能将控制权拱手相让，法律此时应该为创始人提供选择双层股权架构的可能。

三、部分行业突显出采用双层股权架构的必要性

双层股权架构可以运用于各种行业，但各行业对双层股权架构的需求程度却不相同。结合中国的实际情形，以下几类企业由于创始人和作为大股东的政府对于掌握控制权有更强烈的要求，因此更有采用双层股权架构的必要。

（一）高新科技企业

新兴高科技企业作为技术密集型、人才密集型的企业，其发展依赖于创始人的发明或者创意，成立伊始就深深打上了创始人的烙印。这类企业的发展依靠的是创始人的天赋和才能，创始人有长期保持控制权的必要。但创始人往往仅拥有技术和经营能力，缺乏企业发展所需的资金。而PE、VC等投资者因高科技企业可能带来的巨额回报也青睐于向高科技企业投资。双层股权架构使得创始人在获取发展所需资金的同时也能保持企业的控制权，因此被众多的新兴高科技企业所采用，包括Google、Facebook、阿里巴巴等。

由于中国不允许上市公司采用双层股权架构，诸如阿里巴巴、京东商城等优质高科技企业纷纷赴美上市。而境内证券交易所则失去了这些

优质的上市资源，这对于发展中国的资本市场、提升中国证券交易所的竞争力是不利的。出于对这一问题的担忧，深交所前总经理宋丽萍曾表态："要积极探索适合科技型企业的股权结构，针对由科技人才创立并主要依靠科研人员创新能力发展的企业，《公司法》《证券法》在修订时，可以考虑为双层股权架构预留一定的制度空间。"

（二）国有文化传媒企业

国有文化传媒企业的发展关系到国家的意识形态安全和文化安全，国家利用双层股权架构可以在保持国家控制权的同时，繁荣文化产业的发展。现有的国有股"一股独大"不利于建立完善的法人治理结构和现代企业制度，不利于提升国有文化传媒企业的竞争力。双层股权架构下，国有文化传媒企业可以引进民资甚至外资，利于焕发企业活力，让企业在市场上通过资本运作进行收购重组，赶上新媒体融合的时代潮流。国家也能掌握文化企业的采编权、人事任免权、重大事项决策权，正确地引导国有文化传媒企业健康有序发展。

国外的文化传媒企业为了保持立场和风格的延续性，也有采取双层股权架构的偏好，如美国的《纽约时报》，英国的《每日邮报》《每日电讯报》等。新加坡报业实施的也是双层股权架构制度，1 股管理股的表决权相当于 200 股普通股的表决权，管理股永远处于控制地位。而且周成华教授曾表示："和单一制股权结构的报企相比，实行双层股权架构制度的报企在公司规模上与之相差不大，但其公司业绩和成长性却明显胜出，报企寿命和历史也更久远。美国的《纽约时报》《华盛顿邮报》《华尔街日报》就是采用双层股权架构且效益很好的百年报企。"

2013 年，时任中宣部常务副部长雒树刚指出："对按规定转制的国有传媒企业进行特殊管理股制度的试点，使国有资本始终拥有最大的决策权和控制权。把转企改制与资源整合、做大做强、结构调整结合起来，鼓励有雄厚实力的文化企业跨地区、跨行业、跨所有制兼并重组。"虽然官方对特殊管理股并没有下一个明确的定义，对于特殊管理股也有不同的解读，但是从已有的少量研究来看，大部分学者认为，特殊管理股就是通常所说的双层股权架构制度。这说明决策者已经决定要在文化传媒行业实行双层股权架构制度，可以预见，有关部门将会制定具体的实施细则，落实相关规定，文化传媒企业在改制过程中也会逐步地探索出采用双层股权架构的本土经验。

（三）战略性的国有企业

战略性的国有企业在混合所有制改革过程也有采用双层股权架构的必要。新一轮国企混合制改革已经起航，将双层股权架构运用于国企混合所有制改革，能在激发国企经营活力的同时保持国家对战略性国企的主导地位。不是所有的国有企业都要采用双层股权架构制度，但关系国民经济安全和命脉的国有企业，在混合所有制改造的过程中有实施双层股权架构的必要，竞争性的国企则可以实施单一制股权结构。政府保持战略性国有企业的控制权对于国家提升宏观调控的能力、调配经济资源、维护国家的经济主权和安全都具有重要意义。同时，政府保持控制权也可以避免改制过程中出现改制混乱无序、职工权益无法得到保障、国有资产流失等问题。英国曾在 20 世纪 80 年代的国企改革中实施金股制度，其特点是，金股的持有者是政府；金股享有事后的否决权，而无事前的表决权与决策权；金股通常只象征性地持有一股或 1% 的股份，不参与分红。中国在 2003 年萍乡钢铁公司等国企改革过程中也曾经借鉴了金股制度，设立金股的目的是监督改制企业执行原定的改制方案，维护职工利益不受侵害。但是相较于金股制度，双层股权架构制度还具有以下优势。第一，双层股权架构下，国家享有较多的股份，此时既有表决权也有剩余索取权，政府有实施监督、进行管理的动力；金股制度下，政府只持有一股，企业经营状况与政府没有直接利益关联，此时政府既可能监督不足，也可能滥用监督权。第二，双层股权架构下，政府享有的不是事后消极的否决权，而是能参与企业的日常经营决策；金股制度下，政府不参与企业的日常经营决策，只对侵犯职工权益等事项行使事后否决权。第三，更重要的是，混合所有制改革不是要让国有资本从国企中全部退出，只是要减持国有股的份额，双层股权架构适用于政府不是绝对控股股东但仍然是大股东的情形，而金股制度下，国有股将在企业履行改制方案后从国有企业中全部退出。

第五节　中国引入双层股权架构的制度设计

一、修改《公司法》，引入双层股权架构制度

将“一股一权”作为公司的强制性规范，用法律干预替代市场选择的做法忽视了实践当中对双层股权架构的大量需求。不能仅仅因为部分关联的制度条件不具备就反对引入双层股权架构制度，我们可以在制度创新的同时对原有的制度漏洞进行填补和完善。作为私法的《公司法》应规定更多的自治性的规范，赋予股东更大的选择自由。投资者也可以在选择投资标的的时候，自由决定是否投资已经采用双层股权架构的公司。一般而言，限制表决权股票会以更低廉的价格和更多的分红权来吸引投资者。但是现阶段中国投资者救济和保障的法律制度还不健全，对投资者的保护比较薄弱。在引入双层股权架构的同时，应兼顾法人治理机制创新与保护投资者特别是中小投资者之间的关系，法律在引入双层股权架构制度的同时，可以通过一些较为精细的制度设计来扬长避短，在发挥双层股权架构的制度优势的同时加强对投资者的保护。

《公司法》引入双层股权架构制度只需要在第一百零三条后加入“公司章程另有规定的，从其规定”这一句。设立双层股权架构的公司应在章程中明示以保障后续投资者的知情权，不公示的不能产生设立的效力。也可以由国务院依照《公司法》第一百三十一条的规定行使其权限，另行规定双层股权架构。对于类似双层结构的制度，也可以允许公司章程采用，如阿里巴巴的合伙人制度，附过半数董事选任权的制度。

二、限缩自治空间，加强投资者保护

法律应对双层股权架构的操作事项做出具体限定，但宜粗不宜细，应留给股东一定的意识自治的空间。同时也要对股东意识自治的范围和

权限做一些限定以保障投资者权益。

（一）仅限于新申请人

公司在上市前没有公众股东，在此阶段现有股东缔结投票权契约，采用双层股权架构不会损害公众投资者的权益。既然公司设立双层股权架构既成事实，公众投资者也熟知这一情况，那么一般采用双层股权架构的公司在IPO时会有一定的折价。

但如果允许上市后的公司通过股份重置来设立双层股权架构，那么公众投资者的权利将被不公平地剥夺或限制。因此美国的两个交易所均只允许新申请人采用双层股权架构。纽交所上市公司手册（NYSE Listed Company Manual）规定："根据《交易所法》（*Exchange Act*）第12条登记的公开流通的普通股，其现有股东之投票权不得被任何公司行为或发行特殊股份被不公平地减少或约束。这种行为或股份发行的措施包括但不限于采纳与持股时间关联的投票计划、采用设定上限的投票计划、发行附超级投票权的股份等。"纳斯达克的证券市场规则（NASDAQ Stock Market Rules）规定："根据投票权规则，公司不得增发投票权比重高于现有股份类别的股份，也不得采用一切其他限制或减少现有股份类别投票权的行为。"

但如果仅允许新申请人设立不同投票权架构，已上市公司可能会采取措施规避这一限制。例如，将主要资产或业务转移到其他的关联公司，再将该公司以双层股权架构上市；设立新的采用双层股权架构的公司，以该公司收购已上市公司；退市后再以双层股权架构上市。为此，可以在上市规则中设置反规避的条款，禁止上市公司实施上述行为。

总之，中国若允许双层股权架构公司上市，为了预防公司上市后剥夺或限制公众股东的权利，可借鉴美国、加拿大等国的交易所的做法，仅允许新申请人采用双层股权架构，同时，设置反规避的条款。

（二）进行行业范围限定

在美国，采用双层股权架构的公司，所属行业分布较广，横跨互联网、软件、商业服务、零售、服装、国防、食品、娱乐、运输等众多行业。但近年来，新兴行业的双层股权架构公司在增多，传统行业的双层股权架构公司在减少。目前，没有任何一个允许双层股权架构上市的国家仅将该架构限定在特定行业。

但从中国的情况来看，不同行业采用双层股权架构的紧迫性和必要性是不一样的，如果对于全面放开存在顾虑，不妨先在几个特定行业、领域试点推开。各个交易所的上市规则里面可以制定实施细则，对允许采用双层股权架构的行业进行一定的限制。现阶段来看，可以先在高科技企业、文化传媒企业试点，再根据试点经验和实际情况逐步推广。高科技行业股权融资较为活跃，是 PE、VC 大量持股的领域，因为技术性、专业性很强，创始人有保持控制权的必要，加上国家对万众创新的支持，交易所应允许采用双层股权架构的高科技企业上市。传媒行业需要在吸引社会资本搞活的同时保留国家的话语权，且国际上很多知名的传媒企业也都采用了双层股权架构，因此，传媒行业也应该是首先试点放开的行业。

（三）试点在创业板、“新三板”上市或挂牌

中国改革成功的关键在于坚持渐变稳定、有序转轨的方法论。双层股权架构的引入是对公司法和上市规则的重大变革，为了防范风险，步子不宜迈得太大，可以先行试点，积累经验之后再有序推开。现阶段可以先在创业板和“新三板”试点准许双层股权架构公司上市。

创业板的定位是吸引和培植一批创新企业，但上市规则却与主板、中小板趋同，这对创业板的发展是一个巨大的阻碍。王国刚指出：“长期以来，环顾世界各国和各地区，采用同一交易规则建立两个交易所市场的仅有中国的沪、深证券交易所。要改变单一的 A 股市场局面，就应当改变沪、深两市交易规则一致的情况。为此，可以考虑区分沪、深两市的交易规则，在上市规则、信息披露规则、交易规则和退市规则等方面进行差异化的制度设计，使沪、深两市成为不同层次的股票交易市场。中小板、创业板等市场的设立为此已做了一些前期铺垫工作，只需进一步对交易规则改弦更张即可水到渠成。”改变各交易所的上市规则，

迎合创新企业法人治理创新的需求，这是多层次资本市场发展的需要，也是创业板赢得未来的关键。为此，创业板可以领先一步，允许双层股权架构公司在创业板上市。

相较之下，“新三板”是一个更加开放、包容的市场，目前挂牌门槛较低，挂牌企业众多。再者，“新三板”的投资者要求是具有 500 万以上证券资产的个人或者拥有 500 万以上注册资本的公司、拥有 500 万以上实缴出资总额的合伙企业。“新三板”的投资者往往具有较高的投资甄别能力、风险承受能力。因此，“新三板”如果允许双层股权架构公司上市，风险完全是可控的。

（四）对 B 类股所附表决权进行限制

为了防范现金流权和控制权过于失衡，可以对 B 类股表决权与 A 类股表决权的比例做出一定限制。荷兰法律规定，多数表决权股每股至多可享有 6 个表决权，丹麦法律规定至多不超过 3 个表决权，瑞典法律规定一个多重表决权股的表决票数的上限是一个普通股表决票数的 10 倍，法国的忠诚股的表决权限定为每股 2 票。

从赴美上市的双层股权架构的中国公司来看，B 类股的表决权一般是 A 类股的 10 倍，如盛大游戏、聚美优品、途牛旅游网、完美世界；比例最高的京东商城，B 类股表决权是 A 类股的 20 倍；较高的如爱康国宾，B 类股表决权是 A 类股的 15 倍；最低的凤凰新媒体，B 类股表决权是 A 类股的 1.3 倍；较低的如百度、新浪微博、艺龙旅行网，B 类股的表决权是 A 类股的 3 倍。可见，10 倍以下是比较合理的范围，为此，沪、深交易所的上市规则可以将 B 类股的表决权限制为不超过 10 倍或更低一些。

（五）进行权利限制

超级表决权是否适用于公司的所有决策事项，不同的公司可以有不同的规定。兰亭集势为单类别股权架构，在一般法人治理事宜上遵循一股一权的原则。兰亭集势章程规定，“对于涉及控制权变动从而需要经股东大会投票表决的决议案，公司控股股东每股有三票表决权”。对于超级表决权的权限内容，股东可以在公司章程中进行约定并进行公示，以使其他的利益相关方可以从外部表征进行识别。为了加强对双层股权架构公司的监督，不少学者认为，“法律或交易所规则可以要求双层股权架构公司在监事会成员提名和独立董事提名上，不同类别的股权只能有同等的表决权。因为监督机制与公司战略无关，不仅不能被创始人控制，反而应在一定程度上制约创始人胡作非为，因此，应被排除在特殊投票权以外，以保障普通股东的利益”（马一，2014）。

（六）超额表决权的转让、丧失

从采用双层股权架构公司的实践来看，超额表决权丧失主要有以下几种情形。

（1）转让超额表决权股给非关联股东。拥有超额表决权的 B 类股一般不上市转让，即使转让也必须转让成普通股，但继承或公司合并、分立等引起的转让除外。Facebook、谷歌、LinkedIn、Zynga 等均有此类规定。

（2）B 类股股东持有股份降至一定比例时，丧失超额表决权。一般来说，股东大量减持公司股份意味着降低了与公司的利益关联，甚至可能对公司的发展漠不关心，此时应将 B 类股转化成同股同权的股票。达瑞医疗规定的转化条件是低于其股本的 20%；爱康国宾设定为低于已发行普通股总数的 8%；京东商城规定，若创始人并无任何 B 类股，则须将 B 类股转化为普通股。交易所的上市细则可以要求股东的持股比例不能低于一个临界点，如 10%，或者限制其减持的比例，否则将 B 类股转化为普通股。

（3）创办人退休、丧失工作能力、去世。设置双层股权架构主要是基于创始人的无可替代性，如果创始人不能继续发挥作用了，可以将其所持 B 类股转化成同股同权的股票，这也可以预防上市公司成为世袭罔替的家族企业。京东商城规定，若创始人不再担任 CEO 或因健康问题、精神状况等永久无法再出席董事会会议，则须转化所有 B 类股为一股一票股份。谷歌、Zynga 等也有此类规定。

（4）股东投票同意转为普通股。若 B 类股股东投票赞成将超级投票权股份转为一股一票股份，则须转换成同股同权的股票。例如，

Facebook 规定，只需 B 类股股东 50% 以上同意转换即可；Groupon 规定须经 B 类股股东 66.6% 批准。

（5）控制权变更后自动转换。汽车之家规定，若公司控制权发生了变化，那么所有超额表决权股份须转为普通股。

（6）经过一定时间后自动转换，也称为日落条款。如 Groupon 规定，创始人须在持股 5 年后将 B 类股转换为一股一票股份。

上述部分情形下，法律或交易所可以强制要求超额表决权股份转换为普通股，部分情形可以由公司章程自行选择是否转换。

三、提升市场透明度，健全投资者保护制度

（一）加强信息披露，提升市场透明度

公开、公平、公正是证券市场的灵魂，信息披露是保障公众投资者知情权的重中之重。信息披露也是证券市场从弱式有效市场发展成半有效市场甚至强式有效市场的关键。鉴于控制股东更有可能利用双层股权架构来获取控制人私利，投资者购买双层股权架构公司的股票一般会更为审慎。而且，如果公众投资者能熟知并评估双层股权架构公司所蕴含的风险、采用该架构的合理性等多方面因素，其对公司的真实价值和风险可能会有更为正确的衡量。

采用双层股权架构的上市公司应该强制披露以下信息：公司采用双层股权架构的必要性、创始人对公司的贡献及重要程度、B 类股股东的持股情况、B 类股的表决权倍数、超额表决权丧失的情形、机构投资者持有表决权股的情况、公司为防范控制人侵占公司利益所采取的配套措施、给公众投资者的风险预警及补偿措施等。为了便于投资者识别，交易所还应在上市公司的证券代码简称上加上一定的标记，比如用“D”打头来标记双层股权架构公司。

（二）健全中小投资者保障制度

保障中小投资者的利益，重振投资者的信心，这是发展资本市场的关键。双层股权架构公司能给资本市场提供优质的上市资源和良好的投

资机遇，不仅为深、沪交易所的发展提供了新的契机，也是资本市场发展的机遇。但伴随机遇的是挑战，如何在设置宽松的上市门槛的同时从严监管，打击侵占控制人私利的行为，这是监管者要研究的课题。

资本市场严进宽出，公司上市审核门槛很高，同时面临退市难的问题，这不利于资本市场的新陈代谢。尽管股灾后注册制推出的时间表向后推延了，但放松管制已成为资本市场的大势所趋，在此同时，还要加强监管，切实保护中小投资者权益。为此，监管者要严查内幕交易、操纵股价、虚假陈述等行为，加强对关联交易等行为的事前事后监管。

目前，侵害投资者权益的事件屡屡发生，但投资者却面临维权渠道不畅，维权成本过高的难题。特别是证券诉讼，只能采用单独诉讼或共同诉讼的形式，共同诉讼中只能采取人数确定的共同诉讼形式，不允许代表人诉讼。为此，要加强对投资者的事后救济，为投资者通过诉讼与仲裁等方式解决纠纷提供多元的法律途径，在时机成熟时应考虑推出证券民事纠纷代表人诉讼制度；同时，完善证券投资者保护基金的管理和运作，从而为投资者权益提供全方位的保障。

【案例 1】

京东赴美上市

京东 2014 年赴美上市，上市主体为注册于开曼群岛的 JD.com.Inc。该境外主体 100% 控股了三家境外子公司，分别是京东科技集团有限公司（开曼）、京东电子商务（贸易）香港有限公司和京东香港国际有限公司。

京东在上市前夕将股票区分为 A、B 两种序列的普通股。机构投资人所持有的股票被认定为每股仅有一个投票权的 A 股，而刘强东所持有的 23.1% 的股票（自有股份 18.8%，代持员工 4.3% 的激励股）被认定为 B 股，每股享有 20 个投票权。

上市之后，京东的董事会董事成员将增至 11 名，老虎基金、Best Alliance International Holdings Limited、Strong Desire Limited、HHGL

360Buy Holdings, Ltd. 及 Huang River Investment Limited 分别有权任命 1 名董事，而刘强东及其管理团队则有权任命不少于 6 名董事，并且有权任命董事会主席。刘强东在董事会的投票权过半数，上市之后在董事会重大问题上，刘强东及其管理团队还能握有主动权。刘强东通过双重股权制度，将京东的控制权又牢牢地掌握在自己手中，虽然只持有区区 18.8%（不含代持的 4.3% 的员工股）的股权，却掌握着 83.7% 的投票权和过半数以上的董事会席位，将京东的最高权力机关和决策机关都控制在自己手中。

【案例 2】

阿里巴巴的“特殊合伙人”制度

2014 年，阿里巴巴赴美上市引发了舆论对合伙人制度的高度关注，马云精心设计的合伙人制度，使其在持有不到 10% 股权的情况下仍然牢牢掌握了控制权。其实，合伙人制度固然新奇，但也不是空穴来风。所谓的合伙人制度，不过是被广泛采用的双层股权架构的升级版，其内在本质如出一辙。

阿里巴巴上市的“湖畔合伙人”制度，可以概括为“三类合伙人，一个委员会”，阿里巴巴集团设立合伙人制度，分为一般、永久及荣誉合伙人，并从中选出合伙人委员会。

合伙人（共 30 人）

- 一般合伙人：28 人；有董事提名权和现金奖金分配权；60 岁退休；新人的产生先由合伙人与委员会提名，经委员会审查后得到 75% 合伙人同意即当选
- 永久性合伙人：原则上有 2 ~ 3 人，马云、蔡崇信，无退休年龄限制，新人选由二人推举产生
- 荣誉合伙人：退休后被返聘，目前尚无

合伙人委员会：5 人（马云、蔡崇信、陆兆禧、彭蕾、曾鸣），负责选举合伙人，由上届委员会提名 8 人，由合伙人票决选出下届

在这种制度安排下，合伙人集体享有半数以上董事的提名权，若由合伙人提名的董事少于半数，合伙人可直接任命一名临时董事。合伙人协议中，董事提名条款的修改需75%合伙人出席，并且由出席的合伙人75%同意，然后经股东大会95%同意，方可修改。

阿里巴巴的"湖畔合伙人"形式上是对董事拥有提名权，实际上拥有了任命权，保证了阿里巴巴创始人对公司的控制权。

【思考问题】

1. 你认为"特殊合伙人"制度是创始人的坚实后盾还是侵犯股东利益的利器？

2. 双层股权架构可能诱发什么样的法人治理风险和危机？

【参考文献】

[1] 阿尔钦，德姆塞茨. 生产、信息费用与经济组织[M]. 盛洪，译. 北京：北京大学出版社，2004.

[2] 梁上上. 论股东表决权：以公司控制权争夺为中心展开[M]. 北京：法律出版社，2005.

[3] 陈德球，魏刚. 法律制度效率、金融深化与家族控制权偏好[J]. 经济研究，2013（10）.

[4] 胡金焱，郭峰. 有效市场理论论争与中国资本市场的实践[J]. 经济学动态，2013（12）.

[5] 胡学文. 双层股权架构距离A股有多远[J]. 中国证券，2014-05-28.

[6] 李朱. 特殊管理股的理论与实践思考[J]. 江西社会科学，2014（6）.

[7] 罗培新. 抑制股权转让代理成本的法律构造[J]. 中国社会科学，2013（7）.

[8] 蒋小敏. 美国双层股权架构：发展与争论[J]. 证券市场导报，

2015（9）.

［9］雒树刚 . 进一步深化文化体制改革［N］. 人民日报，2013-12-03.

［10］马立行 . 美国双层股权架构的经验及其对中国的启示［J］. 世界经济研究，2013（4）.

［11］马一 . 股权稀释过程中公司控制权保持：法律与边界［J］. 中外法学，2014（3）.

［12］田海明，范伟军 . 关于出版企业实行特殊管理股制度的思考［J］. 出版广角，2014（3）.

［13］汪青松 . 论股份公司股东权利的分离［J］. 清华法学，2014（2）.

［14］王建文，袁艺伟 . 论中国国有传媒企业特殊管理股的制度构建［J］. 江苏行政学院学报，2014（4）.

［15］魏勇强 . 双层股权架构是公司股权结构的合理选择吗［J］. 特区经济，2012（10）.

［16］张舫 . 美国一股一权制度的兴衰及其启示［J］. 现代法学，2012（2）.

［17］周成华，文远竹 . 美英报企股权制度及其治理结构探析［J］. 中国报业，2013（11）.

［18］朱慈蕴，沈朝辉 . 类别股与中国公司法的演进［J］. 中国社会科学，2013（9）.

第十八章　法商激励机制理论和主要模式

劳资对立问题是伴随人类历史发展至今的一个重要命题。从马克思的《资本论》开始，资本与劳动的对立似乎成了一种必然，随之而来的各种问题也让无数经济学家与当政者头痛不已。这一问题在国企经营中尤为明显，名义上的全民所有并不能解决国企经营者积极性不足的问题，而混合所有制改革中试图以传统的股权激励——员工持股——的形式解决国资经营中劳资对立的问题，却始终不得其法。所以，如何实现劳动和资本的有效结合，不仅是民企改革的命题，也是国企改革的命题，不仅是中国改革必须解决的问题，更是世界经济发展所必须面对的难题。

第一节　探索法商激励机制的意义

一、劳资对立是一个世界难题

伴随着公司时代的来临，企业的股份制改革符合市场经济方向，既是现代公司制度之本，也是国资改革的方向，更是未来中国模式的必然选择。可现有的股份制理论却仍然无法解决劳资和谐共享的问题，西方的股份制理论将劳动和资本视为此消彼长的矛盾对立关系，只强调股东利益而忽视经营者和劳动者的权益。实践中，西方社会对解决这一问题的贡献更是乏善可陈，单纯的工会建设只会让二者的冲突加剧，不断产生的罢工与劳工游行活动就是最好的例证。

新时代的中国秉承着让劳动者成为生产资料占有者的良好意愿，在公有制的基本经济制度下，劳动者更是国有资产法律意义上的主人。可《中华人民共和国宪法》（以下简称《宪法》）中的条款并未解决实际中的问题，经营者主人翁意识不足导致国企经营不善，国企改革遂被启动。在国企的实际经营活动中，前述提及的由于劳资对立产生的问题更为严重。具体存在的问题如下。

第一，由于主人翁意识的严重缺乏，国企中经营者没有创新积极性、铺张浪费的现象依然屡见不鲜，甚至在40余年改革中颇有愈演愈烈的趋势。此轮混合所有制寄希望于推进员工持股以解决激励不足问题，却再次陷入怪圈——不推行混合所有制改革。经营者没有主人翁意识，就难免出现腐败浪费的情况，而推行混合所有制改革就会陷入国有资产“贱卖”还是“贵卖”的逻辑怪圈。

第二，由于中国的股份制改革是沿着西方经济理论亦步亦趋行至今日的，因此在两权分离的基本原则指导下，员工领取的工资与企业的利润并不挂钩，也就造成了企业主在经营过程中侵占企业财产、铺张浪费严重、创新动力不足等诸多问题。为解决这一问题，企业主与员工的关系遂成了猫捉老鼠式的监督与被监督的关系，可这不仅于事无补，更会造成劳资关系紧张。

第三，我国一直按照西方所有权理念来搞股份制改革，在所有权的占有、使用、收益、分配四个功能不可分离的理论指导下，盲目地崇拜两权分离的理论，将“资本获取利润、劳动拿到工资”视为不可动摇的真理，也就导致中国式股份制改革的理论探讨陷入僵局。

无论是国企的股份制改革还是民企的激励机制创新，无论是从企业的实践出发还是从国情出发，企业发展都应该兼顾资本和劳动者的利益，不宜有所偏废。所以要解决劳资对立问题，找到一条可以实现资本与劳动者利益共享的模式，势在必行。

二、法商激励机制的理论探索

（一）指导法商激励的基础理论

第一个是法人治理中的基础理论——委托代理理论。随着所有权与经营权的分离，企业内部的权利结构与代理关系也发生着改变，代理成本问题引起人们的注意。现代经济学萌芽时，亚当·斯密早在其《国富论》中就预见了股份制企业中委托代理的问题，他认为企业所有权和经营权会逐渐分离，管理者会做出损害股东利益的决策。之后，罗斯在经济学家伯利和米恩斯的基础上提出了现代委托代理理论，他强调，如果所有者给权利运营商执行商业管理行为，则建立代理关系。

第二个是不完全契约理论。作为契约理论中的重要组成部分，不完全契约理论认为，合作双方不可能完全预见所有可能发生的情况，因而无法签订完美的契约条款。Grossman 和 Hart（1986）指出，如果契约无法确定双方该如何签订条款，那么应当分离出利益不一致时最终决定权属于谁，即剩余权利，而拥有剩余权利的一方更有能力采取措施，激励不拥有剩余权利的一方。通过剩余权利的配置可以缓和合作双方的冲突。

第三个是人力资本理论。人力资本理论以人为本，认为人力投入是公司财富的重要来源，不可忽视员工的作用，人力资本的所有者承担了企业大部分的经营风险，因此有必要分享企业的剩余权利。在资本增长和劳动力等因素之后，仍然存在大量无法解释的经济增长，所以人们把这些称为人力资本的驱动力。舒尔茨（1961）认为，人力资本反映了管理者的基本素质和综合能力，具体包含管理者个人的教育背景和实践经验等。人力资本具有很强的主动性和独特性，要充分发挥人的作用，就必须对人进行必要的激励。

（二）劳资主体分离是法商激励的核心

在公司中，一旦劳动和资本不属于一个主体，就会出现冲突。在马克思的传统理论中，资本剥削劳动，在现实生活中，又存在职业经理人背离股东利益的劳动剥夺资本。这是因为传统的劳资关系中，产品价值（企业价值）由三部分构成：C+V+M（见图 18-1），其中，M 代表利润，C 代表不变资本（生产资料费用），V 代表可变资本（劳动力成本），V 包括经营者（V1）和劳动者（V2）两类资本。

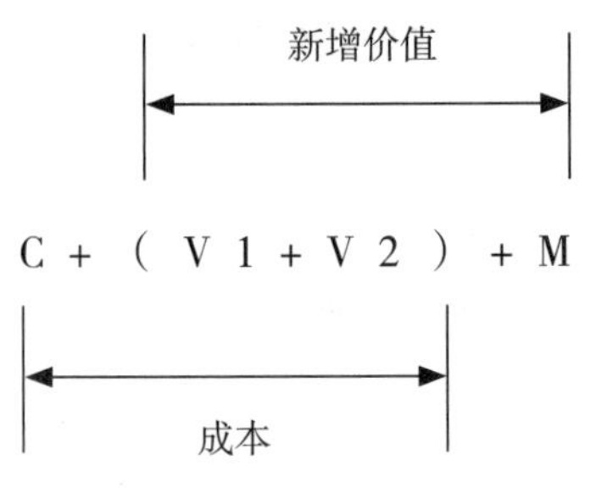

图 18-1 产品价值

对企业来说，V+M 是企业的新增价值，新增价值中，V 被经营者和劳动者享有，M 被所有者享有。所有者与劳动者，资本与劳动，利益此消彼长，对立统一。资本家当主人，自然会追求利润最大化，而工人阶级当主人，追求的是收入最大化，自然会存在冲突。因此解决劳资问题的关键，在于让打工者从追求收入最大化转变到追求利润最大化，从投资人利润最大化转变到股东价值最大化。

在创新时代，人力资源渐渐成为公司发展的关键，“企业最好的资产是人才”。随着公司股权的日益分散和管理技术的日益复杂，无论是稳健经营的大公司还是初创期的科技类公司，为了留住人才、激励公司管理人员，纷纷推行了各类形式的激励机制。激励机制希望通过特定的方法与管理体系，实现员工对组织及工作最大责任地付出。一般来说，激励机制既包括精神激励，也包括薪酬激励；既有长期激励，也有短期激励；既包括传统的股权激励，也包括期权激励。相对于短期的奖酬激励，通过资本纽带，把员工的利益与公司的利润绑定，是较为传统和有效的激励方式。通过让打工者持股，让打工者拥有东家和雇员双重身份，享受双重收入，且利润收入大于工资收入，甚至可以借助公司外部性和资本市场流动性完成双方的共赢。

（三）所有权四大权能的分离探索

完整的所有权包括占有、使用、收益、处分四大权能，将完整的四项权能分割，是否可以把某一项权能让渡给劳动者？不同于现有法人治理模式中所有权与经营权的绝对分离，能否使经营者和企业骨干在不拥有股权的情况下获得一定的利润分成，即在不拿法律意义上的所有权的前提下获得一定的收益权，实现经营权与所有权的适度结合？

国务院国资委企业改革局原副局长周放生结合其长期进行国企改革的经验提出，可以把收益权分成两部分，一部分和所有权结合，另一部分和经营权结合，将企业增长利润分给劳动者，形成“三权互利”的更优所有制模式，并最终给投资者带来更大的回报，如图 18-2 所示。

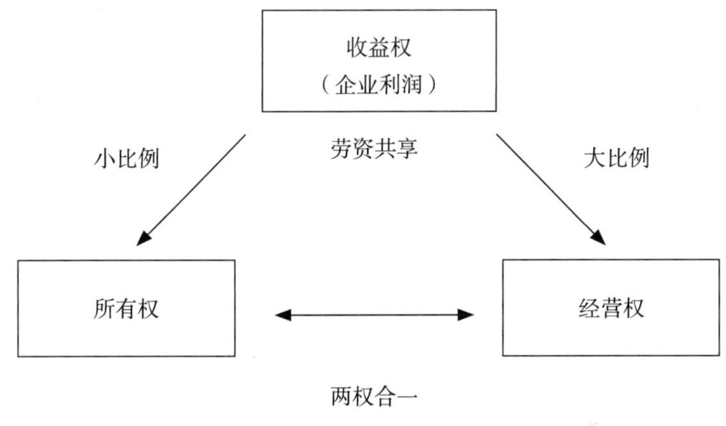

图 18-2 共享分润的“三权互利”

同时，他还认为，要解决代理制中存在的道德风险、“臃员定律”、“另损法则”等问题，就必须让利润中心的领导变成“股东”，让“股东”和他的团队拿到超额的大部分收益，这样他们就会觉得是为自己干，会产生自我管理的机制，甚至可以将大比例的企业利润增长分给劳动者，将小比例的企业利润增长分给股东，也就是所有权人。

第二节 传统股权激励与员工持股计划

股权激励（Stockholder’s Rights Drive）是指通过使被激励对象获得公司股权的方式，将被激励对象的个人利益与公司利益捆绑，让被激励者在以股东身份分享利润的同时也承担一定的风险，从而激励他们勤勉尽责地为公司长期发展服务的一种激励方式。通过骨干员工直接持股，不仅有利于改善公司的激励机制与制度，增强投资者对公司的投资信心，而且有利于增强公司凝聚力，促进公司稳定发展，促进业绩持续增长。

一、股权激励的概念与特征

股权激励包括大股东送股、公司送股、期权（限制性股份）激励、定向发股等多种方式。相对于其他激励方式，股权激励具有以下特点。

（一）股权激励是一种价值回报激励

企业当中必然有为数不多的一类人，对企业的发展起着至关重要的作用，作为企业的核心人才，他们的价值回报通过一般的薪资、奖金很难满足，最直接、有效的办法就是对他们进行股权激励，将对他们的回报同企业的持续增值紧密联系起来，通过企业的持续增值来回报核心人才为企业发展所做出的贡献。股权激励使员工和股东结成了利益共同体，并驱动他们努力提高公司业绩。这种激励方式动态化、高效化，能够准确衡量人才对公司的贡献。

（二）股权激励是一种长期共赢激励

通常情况下，公司在进行激励设计时，被激励对象的薪酬构成与其所处层级具有关联性。员工所处层级越高，其薪酬构成就越复杂，变动薪酬尤其是长期激励所占的比重也应该越大。股权激励作为一种长期激励方式，把那些对公司业绩影响显著的人的利益与公司的利益紧密联系了起来，既可预防人才流失，又能督促人才努力工作。另外，股权激励之所以可以起到长期激励的作用，还因为持股者的收益大小和股价的高低挂钩，股权激励的对象，就会有动机努力工作以提升市场评价，最终实现股价的提高。

（三）股权激励伴随着企业控制权激励

现金激励仅仅停留在“激励层面”，而被授予股权的企业员工，他们的角色已经发生了根本的变化。他们从企业的打工者变成了企业的所有者，因为《公司法》对于“同股同权”的规定，使得拥有股权的企业员工同时拥有了对企业的管理权和控制权。这种角色转换带来的“主人翁”意识，使得企业员工不仅关心企业的短期业绩，更关心企业的长远发展。所以股权激励最大的作用是，实现了员工自身目标与企业长期发展目标的统一。伴随着股权激励，企业员工开始真正拥有对企业的部分投票权和大事决定权。一旦员工开始参与关系到企业发展方向的重大事项的决策，就会从企业发展的角度看待自己的行为。对员工来说，所有权的授予是一种收入激励，也是一种控制权的激励，有助于提高个人的自我认识。

二、员工持股计划的相关问题

员工持股计划（Employee Stock Ownership Plans，ESOP）是指企业内部员工出资认购本企业部分股权，然后委托一个专门机构（如职工持股会、信托基金会等）以社团法人身份托管运作，集中管理，并参与董事会管理，最终员工按股份分享红利的一种新型股权安排方式。ESOP是一种由企业员工拥有本企业产权的股份制形式，包括两种形式：非杠杆型 ESOP 和杠杆型 ESOP。非杠杆型 ESOP 是指实行员工持股计划的过程中，不依赖外部资金的支持，主要采取股票奖金或者是股票奖金与购买基金相结合的方法予以解决。杠杆型 ESOP（LESOP）是指由公司出面以 LESOP 所要购买的股票作为抵押，向商业银行或其他金融机构融资，所得款项用于购买股票，只有在 LESOP 定期向银行偿还本金和利息后才能逐步按比例将这部分股票划入员工的私人账户。

员工持股计划作为股权激励的集中体现形式，最早由美国的凯尔索律师于 19 世纪 60 年代提出。到 21 世纪初期，美国推行员工持股计划的企业已达 8 000 余家，约 1 000 万美国员工参与了这种计划。员工持股计划是发达国家市场建立的股份制经济和证券市场的一种产物，它的主要作用是建立员工和企业之间长期的薪酬福利关系，使员工能够参与公司的经营决策、分享成长红利，进而提高员工工作的主动性和积极性，提升公司的效率，改善公司的治理水平，提高公司的综合实力。中国也在 1999 年年底开启了员工持股的试点工作，不过主要是以国有企业为试点对象，由北京市体改委带领第一批企业展开了股权激励的试验。

（一）实施员工持股计划的意义

最初员工持股计划的主要作用就是提高员工的凝聚力和鼓励员工对公司的长期贡献，所以人力资源是设计员工持股计划时首要考虑的一个要素。实施员工持股计划可以为公司带来增量资金，因为假定采用增发股票的方式，员工持股计划实际上也是一种投资，另一方面雇员对公司进行长期投资，员工也有机会分享企业发展的成果，从而改善员工和所有者的关系、氛围。具体而言，实施员工持股计划的意义有以下几点。

（1）可以建立起有效的激励机制，能够使劳动者和公司的所有者角色相互穿插，使劳动者以一定的所有者身份来分享企业的发展成果，从而形成激励。

（2）有利于法人治理水平的提高。因为员工持股计划必定会引入以员工为角色的股东，有利于制衡董事会不同角色的股东对公司发展的看法，有利于提高公司的治理水平。

（3）劳动者和所有者通过员工持股计划能够进行风险分担和利益共享，实际上有利于提升公司内部成长的原动力，能够加强公司对员工的凝聚力并提升公司自身的竞争力。

（4）长期稳定的员工持股计划有利于上市公司的稳定，有利于吸引长期的资金，支持资本市场的发展。

（二）骨干员工持股主体的确定

通常情况下，股权激励对象的选择由公司的董事会决定。在确定激励对象时，董事会往往会综合考虑员工的职务、业绩和能力等因素。

《上市公司股权激励管理办法》规定，股权激励对象可包括董事、监事、高级管理人员、核心技术（业务）人员，不应当包括独立董事。根据中国证券监督管理委员会发布的《股权激励有关事项备忘录 2 号》的规定，上市公司的监事不得成为股权激励对象。对于国有企业而言，国务院国资委规定，国有控股公司股权激励的对象原则上限于上市公司董事、高级管理人员以及对上市公司整体业绩和持续发展有直接影响的核心技术人才、管理骨干。因此，股权激励的对象主要为以下两类人员：第一类为中高层管理人员，主要是指部门主任或经理以上的管理人员；第二类为业务骨干，主要是指公司的技术、经营与管理骨干人员。

由此可见，中国对股权激励计划的激励对象的界定范围很广。可以说，只要是公司员工，只要公司认为有必要，就可以被认定为股权激励计划的激励对象。但是下列人员不能成为激励对象：上市公司独立董事；上市公司的监事；持股 5%以上的主要股东或实际控制人原则上不得成为激励对象（除非股东大会表决通过）；同时参加两个或两个以上的上市公司的股权激励计划的人；最近 3 年内被证券交易所公开谴责或宣布为不适当人选的；最近 3 年内因重大违法违纪行为被中国证监会予以行政处罚的；具有《中华人民共和国公司法》规定的不得担任公司董事、监事、高级管理人员情形的。

（三）骨干员工持股价格的确定

持股价格的确定是指公司向激励对象授予期权时所确定的、激励对象购买公司股票（股份）需要付出的对价。

因为授予员工股权时，大量股权已经被原始股东所拥有，公司在设计股权激励的行权价格时，不宜设得过高或过低，否则会让原始股东觉得自己“占了便宜”或“吃了大亏”。对于授予股权的行权价格，一般不能过于偏离实际价值。对于上市公司来说，行权价格可以根据授予日当天股票的市价确定，可以等于、低于或高于这个市价，但是差额不能太大，通常在 10%以内。而对于非上市公司来说，可以公司的净资产为定价依据，通常以不低于每股净资产的价格作价入股进行骨干员工持股改革。

在中国，上市公司受到更严格的监管规定，在授予激励对象股权时，确定的行权价格不得低于股权激励计划草案摘要公布前一个交易日的公司标的股票收盘价或者股权激励计划草案摘要公布前 30 个交易日内的公司标的股票平均收盘价两个价格中的较高者。

（四）骨干员工持股总额的确定

用于激励的持股总额数量通常以激励股权比值的方式进行计算，即先计算可以用于股权激励的股权的量占总股本的比例，这与企业总股本的大小有密切关系。虽然不同行业、不同规模、不同发展阶段的企业，授予股权的总量一般有所不同，但是无一例外，企业必须对授予的股权总量进行严格控制。一般来说，不得超过公司股本总额的 20%，首次实施激励计划，授予的股权数量则应控制在股本总额的 1%以内。具体而言，确定股权激励计划的激励总量有三种方法。

（1）通过留存股票的最高额度进行确定。这一额度往往代表了现有股东所能接受的股权被稀释的最大程度。在这一额度限制下，企业可以根据规划，对该额度进行合理分配。这种方法最为简单易行，但也存在明显缺点。

第一，额度一旦确定，企业将很难从现有股东手上争取到更多股权，激励计划的拓展空间有限。第二，一般情况下，公司会很快用完这一额度，公司将无法继续使用股权激励来吸引新员工。而且，不同时期进入公司的员工，获得的股权数量往往差异很大，容易出现先易后难的状况，无法从员工对公司的贡献或从员工自身价值的角度进行解释，导致股权激励缺乏公正性和说服力。

（2）根据薪资来确定激励总量。企业依据全体员工总年薪的一定比例，或以其他薪资为基础，算出股权激励的总量。例如，设定工作 10 年以上的员工，可拥有的公司所有权价值是其年薪的 1.5 倍；工作 20 年以上的，为 3 倍。又或者进行一个设定，如设定公司每年的股权支出是其总薪金支出的 10%~20%。如果采用这种方法，那么企业在股权激励的应用上会具有较大的灵活性，同时其激励总量又会与企业的发展同步扩大。

（3）基于企业业绩来确定激励总量。企业设立某一业绩目标，如果员工在规定的期限内达到或超过了此目标，那么公司将按计划中规定的比例授予员工股权。这一做法更贴近股权激励计划的目的，但是使用此种方法也需要解决一些特定问题。

第一，业绩目标的设立。业绩目标必须真实反映企业的经营成果。一般情况下，公司可以将销售收入、利润创造、市场占比、成本节约等设定为业绩目标，还可以根据自身具体情况，以及使用此激励手段所要达到的目标，来制订更加细化的目标。第二，进行波动风险的预防。如果公司业绩较好，那么员工将得到较多的股权，获得丰厚回报；相反，如果员工努力了，但出于一些员工无法控制的客观原因，如整个市场疲软、经济不景气等，企业并未完成既定业绩目标，那么员工将无法得到期待已久的股权，这样会挫伤员工继续努力的积极性。所以，此种风险是需要预防的。第三，要保证股东对公司的控制权。企业员工收益的不确定性风险，对应着公司股东股权被稀释的不确定性风险。如果既定业绩目标达到了，那么股东的股权将有一定程度的稀释，股东对公司的控制力将有所下降。因此，现有股东必须权衡控制权和收益，达到长期利益最大化。

（五）骨干员工持股的个人量化

骨干员工持股的个人量化就是每一个股权激励对象获得的股权数量。具体程序为，首先由公司根据具体情况，提出具体方案，然后报公司决策机构批准，在综合平衡各方利益的基础上执行。通常，任何一名激励对象获授的本公司股权，累积不得超过公司股本总额的1%，高级管理人员个人股权激励预期收益水平，应控制在其薪酬总水平的30%以内。同时，激励对象所能获授的股权数量，还受以下几个因素的影响。

第一是职位。从普通员工到部门经理，从首席执行官到董事局主席，职位越高，获授的股权越多。比如，惠普公司的董事局主席持有10万股，首席执行官7.5万股，普通工程师持1万股左右，员工持2 000股左右。第二是业绩表现及工作岗位的重要性。根据年度各员工的业绩和表现，结合各岗位工作的重要性，通过一套可以量化的指标体系进行测度，决定授予的股权数量。第三是在公司的工作年限和学历程度。一般而言，在岗位重要性和业绩表现同等时，在公司工作时间越长、学历水平越高者，得到的股权数量会越多。

另外，确定员工持股量的方法也有三种。第一种是预先设定给予激励对象的股权奖励兑现后的总金额，然后根据股权估价模型，推算出授予的数量。第二种是基于系统的薪酬调研，即以某一职位授予股权数量的市场平均水平，以及公司内部职位的重要性和价值差异等，作为授予数量的参考。第三种是通过相关评价模型，主要是价值评价模型和贡献评价模型，就每位激励对象对企业的价值与贡献进行评分，并按照每个员工的得分在总分中的比例进行股权数量的分配。

（六）员工持股计划的利益一致性

从股东角度来看，首先要考虑的是，引入的计划要有利于股东价值的增长。毕竟股东释放出了一部分股权，这一“牺牲”要有利于剩余的股权更加有效地增值，要能真正有效地提高公司的竞争力，而不是引入了一些仅分享分红却不能提供更多人力资源的计划。

从管理层角度来看，毫无疑问，管理层要说服股东释放股权给管理层和业务骨干，目的是稳定员工队伍，提升企业的管理效率，让更多的人站在管理层的角度一起推动企业的发展。在人才高度流动的背景下，很多优秀企业必须考虑如何稳定住自己的员工队伍，让他们持续为企业服务，而不是轻易转换自己的工作岗位。

从员工角度来看，员工会考虑谁能够加入这个计划，什么样的标准是合理的。员工之间也有公平性评价的问题，加入的人还会考虑加入计划后是不是一定有收益。原则上来说，员工持股计划中，资本金的支出是由员工自主的，哪怕外部有资助，可能也要由员工自己去承担这个支出。另外，哪怕有赠与或者有企业的一些赞助，员工也要确定增加的这部分股份到底能取得长期的回报，能改善自己的财务状况，甚至能成为他将来养老的重要资金来源。

（七）国有企业实施员工持股计划的必要性

（1）员工持股是落实混合所有制改革的重要举措。因为混合所有制改革并不仅仅是指原有的国有资本和社会民营资本的结合，实际上为企业创造价值的员工，是完全有权利也有能力参与法人治理结构优化的。混合所有制改革并不能仅仅敞开大门给民营资本进入，还应该充分考虑国有企业自身员工参与法人治理的诉求。

（2）员工持股计划有利于建立长期的约束机制和激励机制，提升国有企业的活力和市场竞争力。不管是垄断性的国有企业还是市场化的国有企业，大家对其本身具有的长期核心竞争力是持怀疑态度的，因为委托代理的关系可能会导致国有企业并不能真正具有持续的市场活力，此时，员工持股计划可能会成为一个改善的催化剂。

（3）员工持股计划会通过一种内生的制度来推动供给侧结构性改革，改善经营环境，优化发展平台。供给侧改革背后最重要的还是机制问题，因为任何经济结构的改变、产业的升级，最终都是要靠人去实现的。从这个角度看，员工持股计划对于完善企业的运营机制是非常重要的，有利于供给侧改革的推进。

（4）员工持股计划有助于推动国有企业分配制度改革，对于形成由中产阶级主导的“橄榄型”社会是非常有意义的。

（5）员工持股有助于国有企业在资本市场的表现，有助于推动更优质的资源配置去支持优秀的国有企业发展。

（八）员工持股政策的发展

从中共中央的政策导向来看，十八届三中全会提出了《关于全面深化改革若干重大问题的决定》，明确提出要深化国资国企改革，积极发展混合所有制经济，允许混合所有制经济实行企业员工持股，形成资本所有者和劳动者的利益共同体。这个文件实际上为混合所有制经济的发展，乃至国有企业的员工持股提供了一个顶层设计和充分的政策依据。

根据中共中央的文件，国务院也发布了《有关深化国有企业改革的指导意见》，要求国企探索混合所有制企业的员工持股，来支持对于企业的经营业绩和持续发展有直接或较大影响的科研人员、经营管理者和业务骨干持股。这个文件实际上是有指向的，并不是全员持股，更多的是强调对企业经营业绩和持续发展有直接或较大影响的关键人员的持股。2015 年 9 月，《国务院关于国有企业发展混合所有制经济的意见》提出，要坚持激励和约束相结合，推动试点，稳步推进员工持股，优先支持人才资本和技术要素贡献占比较高的转制科研院所、高新技术企业和科技服务型企业开展试点。2016 年 2 月，国务院国有企业改革领导小组研究决定开展国企改革“十项改革试点”的落实计划，也把落实“混合所有制企业员工持股试点”作为十项改革试点之一。

证监会实际上主导着上市公司的员工持股计划工作，证监会在 2014 年 6 月 20 日发布了《关于上市公司实施员工持股计划试点的指导意见》，这个指导意见对于有效、稳妥地开展员工持股试点给出了基本的规范。在这个意见的指导下，上海证券交易所和深圳证券交易所分别出台了相关信息披露的指引和信息披露任务的备忘录，落实证监会的指导意见，明确员工持股计划的具体流程和信息披露的流程。

三、管理层收购的基本模式

除了股权激励和员工持股计划，对于管理层和职工层来说，还有一个比较类似的概念，即管理层收购（Management Buy-Outs，MBO）。MBO 是指公司管理层利用高负债融资买断本公司的股权，使公司为私人所有，进而达到控制、重组公司的目的，并获得超常收益的并购交易。其属于杠杆收购的范畴，但其收购主体是管理层。这种制度不是简单的股权激励，而是相当于替换原有主体，使治理层和所有权人合一。

与一般的企业买卖和资产重组强调收益权（即买卖价差和资本运营的增值）不同，MBO 除了强调收益权外，还强调控制权、共享权和剩余价值索偿权。MBO 的收购对象既可以是企业整体，也可以是企业的子公司、分公司甚至一个部门。一方面，长期以来，中国的一些国有企业缺乏效率的问题，经营者的长期激励和选择的问题均未从根本上得到解决。随着国企改革的深入，人们越来越清楚地认识到，必须对国有经济进行战略性重组，实现国有资本从一般性竞争部门向战略性部门集中。另一方面，在改革开放初期成立的一些所谓的"民营集体企业"，一直没有出资者主体，企业的发展壮大主要靠银行贷款和企业的自身积累，产权不清而导致的企业发展滞缓的问题亟待解决，这是MBO发生在中国的特殊背景。

（一）MBO的特征

作为一种特殊的杠杆收购，管理层收购具有以下几个特点。

（1）收购主体为目标公司管理层。

（2）收购的对象通常是目标公司，也可以是目标公司的子公司或业务部门，在后一种情况下，管理层收购通常与目标公司的战略调整相关，成为目标公司出售下属企业或业务的一种方式。

（3）MBO是杠杆收购的一种特殊形式。杠杆收购主要是运用债务融资来达到收购目标公司的目的，但其实施的经济主体却不同于MBO，杠杆收购的经济主体既可以是其他公司、合伙人组织、个人或机构投资人等外部人，也可以是目标公司管理层这样的内部人。只有当运用杠杆收购的主体是目标公司的管理层或经理层时，这种杠杆收购才被称为管理层收购。

（4）MBO是解决委托代理关系中监督激励问题的一种方式，它能提高公司的管理水平。现代企业普遍存在较高的代理成本，即由于所有权与经营管理权的分离，以及两者不同的目标函数和选择倾向等，所有者难以有效地控制管理者，从而难以保护自己的利益，于是会加大对管理者的监督和激励力度。这种耗费再加上管理者的其他行为造成的所有者的潜在损失，共同构成了相当高的代理成本。MBO可以在一定程度上降低这种代理成本，它通过管理层收购自己服务的公司的全部或部分股权，能够使管理者以所有者和经营者合一的身份管理公司，形成了新的法人治理结构，将经营者的报酬和经营业绩紧密地联系起来，消除了个人理性和个人利益动机的影响，也就解决了根植于委托双方内部的"搭便车”和道德风险问题。MBO 所产生的低代理成本、高效率激励的机制，正是其他方式所不具备的。

（5）MBO 是现代人力资源管理的一种新思路。MBO 也是采用利益驱动，将管理者推到所有者的位置上，将人力资源与资金资本结合起来，让人才参与企业的最终收益分配，使人才发挥的效应与其报酬紧密相连，从而达到吸引人才、留住人才并充分发挥其作用的目的。

（二）MBO 适用的对象

在中国，采用 MBO 的候选企业主要有以下两类。

（1）产权不清的民营企业和集体企业。中国许多民营企业是由个人集资建立的，但在中国特殊的历史条件下（所有制歧视、政策歧视等），大都挂靠政府有关部门，打的是集体企业的牌子，实质上却是实实在在的私营企业。企业发展初期，享受集体企业的优惠政策，但当企业发展到一定阶段时，其经营管理会受到企业内外部方方面面的制约。既然“红帽子”——集体企业——戴上了，拿下来也不容易。产权的混乱，已使企业经营陷入了困境。另外，中国的集体企业大多无明确的出资者，财产名义上为企业员工共同所有，但并不量化到个人，实际上是所有者缺位。随着企业资产的增加，企业规模的扩大，这种集体共有的所有制形式日益暴露出种种弊端，如盲目投资、管理混乱、企业权利争斗等，最终导致许多企业经营困难甚至垮掉。要想产权彻底改革，MBO 无疑是较佳选择。

（2）部分中小型国有企业。国有企业最大的问题是产权虚置，缺少人格化的所有者，导致作为代理人的国企经营者既缺少激励，也缺少约束。为了企业的长期发展，必须进行产权改革。目前对规模不大的国有中小企业实施 MBO 是可行的。国有企业实施 MBO 时必须考虑的一个问题是，管理层（收购主体）的合法性问题。那些靠行政任命的管理层不应成为收购主体，只有经过市场检验，确有创新精神，在竞争中脱颖而出的管理层，才应成为未来 MBO 的收购主体。企业实施 MBO 时，管理层应该包括哪些人，目前还没有统一的标准。有学者认为主要是指企业的高层管理者，包括董事、经理、副经理、三总（总工程师、总会计师、总经济师）。考虑到中国的具体国情，管理层的范围可以再宽一些，比如可以加上企业骨干，但也不能任意扩大管理层的范围。管理层人员的持股比例应该根据每个人的贡献确定。同时，应该给今后的管理人员留有股份。管理人员持有的股份原则上只能转让给管理层持股会。

（三）中西方 MBO 的比较

中国管理层收购呈现出与西方不同的情形。第一，以产权改革为主要目的。西方的管理层收购是在产权明晰的框架下，实现企业所有权和控制权的转移的，而中国的管理层收购则通常是希望借此达到明晰产权的目的。第二，通常与职工持股计划相结合。西方的管理层收购也有与职工持股计划相结合的情况，但并不普遍，典型的情况是以管理层为唯一收购主体。出于对多种原因的考虑，中国的管理层收购多与职工持股计划结合。第三，缺乏或排斥外部竞争。一方面是基于中国特定的历史背景下的现实选择，如以明晰产权为主要目的，促使收购成为对管理层作为企业所有者的身份追认；资本市场不成熟，从而导致交易成本过高，难以实现充分竞争等。另一方面也为管理层收购过程中一些可能出现的问题和弊端埋下了伏笔。上市公司的管理层收购基本采用协议收购的方式，即收购方和被收购方的第一大股东，在证券交易所之外，以协商的方式，通过签订股份转让协议来进行股份的转让。这既是排斥外部竞争的表现，也是收购方降低收购成本的重要保证。西方管理层收购过程中，外部竞争则要激烈得多。

（四）MBO 适用的方法

中国目前的管理层收购主要有 6 种方法。（1）由公司高层管理人员组建一家新公司，通过新公司受让并间接持有目标公司股权。（2）由公司工会或职工持股会和高层管理人员共同出资组建一家新公司，通过新公司受让并间接持有目标公司的股权。（3）由公司的职工和高层管理人员发起成立一家新公司，通过这家新公司受让目标公司的股权，间接成为目标公司的第一大股东。通常，新公司的法人代表也是目标公司的高管人员。（4）由职工持股会与目标公司发起设立一家新公司，通过这家新公司受让目标公司子公司的股权，从而控制子公司的经营。（5）由公司高层管理人员与外部投资者发起设立一家新公司，通过这家新公司受让目标公司的股权，从而间接成为目标公司的控股股东。（6）在企业改制过程中，以经营者持大股的方式直接地或间接地成为目标公司主要股东，从而实际控制公司。

第三节　股权激励中的期权激励

期权（Option）一般是指股票期权（Stock Option），但它不是股票。期权是指上市公司授予激励对象的一种权利，拥有这种权利的激励对象在未来既定时期内能够以既定的行权价格与行权条件购买既定数量的本公司股票。公司设立期权制度的目的一般是，建立健全公司经营的机制，规范法人治理结构，充分调动公司核心成员的积极性和创造性，实现对公司核心成员的长期激励与约束，使核心成员的根本利益与公司的长远发展更加紧密地结合，以实现公司与核心成员的风险共担、利益共享、共同发展。期权主要用于激励公司的经营者，可多次获得。

一、期权的概念与特征

期权又称为选择权，最早是在期货的基础上产生的一种衍生性金融工具。从其本质上讲，期权实质上是在金融领域中将权利和义务分开进行定价，使得权利的受让人在规定时间内对于是否进行交易行使其权利，而义务方必须履行。对期权买方而言，合约赋予他的只有权利，并无义务。在合约有效期内，期权购买方可以行使，亦可放弃或是把权利转让给第三者。对卖方而言，合约赋予他的只有义务，并无权利，当然，这种权利和义务以获得期权费为前提。期权合同中一般具备四个要素，即：期权的有效期；股票的协定价格；股票的种类和数量；保险费，即期权的价格。

期权有三个主要的特征：第一，期权授予的三个既定：既定人员、既定时间、既定价格；第二，期权不是一次性的，购买方可多次获得；第三，期权是一种单向选择权，期权的买方向卖方支付一定数额的权利金后，就可以获得这种权利。授予高管一定数量的股票期权，高管可以某事先约定的价格购买公司股票。显然，当公司股票价格高于授予期权所指定的价格时，高管可以通过行使期权，以指定价格买入，以市场价格卖出，从而获利。

二、期权激励的内涵

（一）期权与股权的关系

期权激励作为对员工进行长期激励的一种方法，一般也被认为是股权激励的一种模式。但是通过期权激励，员工所购买的股份并不享有完整的股权，一般只有分红权和表决权，无占有权和处置权。只有达到某些条件，比如员工完成业务，才能享有完整的股权，之后才可以进行转让等行为。针对公司高层管理人员报酬偏低、激励不足的现象，在公司内实行期权计划，和股权激励一样，也可以很好地激励经营者，降低代理成本，改善治理结构。

（二）期权与年薪制的比较

年薪制是以年度为单位，根据生产经营成果和员工所承担的责任、风险，确定员工工资收入的常见的分配制度。采用年薪制时一般将员工的年薪分为“基薪”和“风险收入”两部分。基薪主要根据企业经济效益水平和生产经营规模，考虑本地区和本企业职工平均收入水平来确定，其职能是满足员工基本生活需要。风险收入则依企业上缴利税、资产保值增值、劳动生产率增长等经济指标的完成情况，按基薪收入的一定比例来确定超额完成核定的资产保值增值率基数。

（三）期权激励的对象

期权激励的授予对象和一般股权激励的对象类似，一类是参与公司日常决策的高级管理人员，一类是掌握企业核心技术的业务骨干。对公司决策、经营负有领导职责的人员是期权的主要持有人群，包括经理、副经理、财务负责人（或其他履行上述职责的人员）、董事会秘书和公司章程规定的其他人员。

（四）期权激励适用的理论基础

现阶段中国的法律仅就上市公司的股票期权激励做出了相应的规范，非上市公司以及有限责任公司也是有实行股票期权激励计划的理论基础的。

对股票期权激励制度的适用范围起重要作用的理论基础是代理理论。所有权和经营权的分离，意味着股东不再完全参与公司的日常管理、运转，而将经营权委托员工代为行使。由于信息的不对等以及利益诉求的不一致，负责经营的员工完全可能置公司长远利益与股东利益于不顾，仅通过短期的行为将自身利益最大化，这就是所谓的代理风险。解决代理风险有两种途径，其中一种就是将所有者和经营者的利益调整为一致。股票期权激励制度被视为，通过将所有者和经营者的利益一致化来解决代理风险的法人治理手段。员工在较长一段时间内努力提高公司的业绩以提高公司的股票价格，就能获得股票价格与期权执行价格之间的差价。代理理论被视为股票期权制度的前提，因此也是确定股票期权制度适用范围的重要依据。

综上，符合所有权和经营权分离的企业都适用股票期权制度，其中当然包括非上市公司、有限责任公司。

（五）期权激励的激励效应

股票期权作为一种激励手段，是为了改善股东与经营者之间信息不对称带来的道德风险以及逆向选择问题。对于经营者而言，股票期权赋予了经营者在未来以一个一般低于行权日公司股价的价格购买本企业股票的权利，这也就意味着股东将公司部分的所有权交给了经营者，且经营者还可以享受股票溢价带来的收入。经营者出于自身利益最大化的考虑，必须努力工作，由于个人利益与公司价值捆绑在一起，经营者努力工作的同时也带动了公司业绩的提升，股价的上涨。而对于股东而言，其借助股票期权这一“金手铐”，既能减少经营者的机会主义行为，避免经营者碌碌无为，从而降低监督成本，又能留住公司一些高管和核心技术人员，保留公司的核心竞争力。因此，股票期权正激励效应的实质是使股东与经营者形成利益共享、风险互担的共同体，促使企业经营者与股东实现双赢。

三、期权激励对传统激励的补充

期权实现了利润最大化与股价最大化的统一。在传统薪酬制度下，经理人员追求的往往是短期利润最大化，而忽视公司核心竞争能力和发展后劲的培育。而在股票期权制度下，只有当公司具有好的发展前景时，投资者才能获得好的投资回报。不过相对于年薪制等传统激励制度，期权制度还有一些特殊性。

第一，期权收入具有不确定的兑现期。虽然股票期权和年薪制都是一种可期待的利益，不能在授予后立即执行，但年薪制有确定的考核周期，而期权是高管在一定时期之后，一次性获得或分多次获得执行的权利。对于期权来说，一般会设定 5~10 年的期限，在这个期限内，都可以执行期权。

第二，期权奖励考察市场，年薪制度考察企业。在年薪制度下，对企业家进行业绩评估主要利用企业自身的利润指标等会计信息，而期权制度的收益主要考察市场对企业的估值变化，这种更加市场的做法规避了会计指标被企业家操纵的风险。

第三，期权收益来源于企业外部。公司发放给高管人员的股票期权是一种“看涨期权”，其收益主要取决于股票价格未来的上涨空间，股票收益则来源于公司外部，而非经营利润。年薪制为企业员工分配的资金则全部来自企业内部的利润。

2018 年 3 月，中共中央办公厅、国务院办公厅印发了《关于提高技术工人待遇的意见》，明确鼓励企业对高技能人才实行年薪制与期权激励，提出了分配制度和激励制度的双结合。对于企业来说，可以将年薪制的利益激励机制与认股制的风险控制机制结合起来，使二者相辅相成，从而建立一种新型的激励模式。比如，员工的基本收入采用年薪制，风险收入则采用期权激励的方式，把公司高级管理人员的风险收入与公司股票紧密地联系起来。

第四节　共享分润制：法商激励机制的创新

共享分润制，是通过协议的形式，将每年新增利润的一部分以分红的形式分配给企业的核心骨干、经营者，以增强员工的归属感。这一制度背后的逻辑是，用分配决定发展，利用能够激发员工积极性的分配制度促进企业效益的整体增加，进而促进企业改革目标的实现。即建立企业命运共同体，涉及的利益相关方包括股东利益、企业利益、员工利益、客户利益、债权人利益、供应商利益、社区利益等。

一、共享分润制产生的背景

对于国有企业来说，目前的改革进程中，监管占据了主位，而激励相对不足。对于私有企业来说，在实践中，创始人为了防范控制权丧失，并没有分出股权的意愿，而是选择在企业内部加强监管以预防“跑冒滴漏”行为。监管能使人的行为规范化，但很难调动起生产的积极性。而激励却与此相反，激励能够大幅度提高员工的积极性。

共享分润制所提倡的利润共享改变的是成本结构，降低的是物耗成本，将降低的这部分成本拿出来分配给员工，以激励员工。员工收入提高后，企业人工成本随之提高，总成本也会提高。但调查案例显示，虽然实行利润共享使得民营企业的员工成本提高，但由于物耗成本降低的量比员工成本增加的量更多，所以总成本降低了。这才是提高劳动生产率的根本，也是加强企业管理所要达到的结果。目前很多的国企亏损，甚至资不抵债，所以提出了降本增效。然而，它们首先想到的是降低工资，如裁员，但这并不能从根本上解决问题。正确的做法是降物耗，降库存，降费用。

利润共享建立了激励与收入直接的因果关系，符合人性，符合常识，符合实事求是，让经营者和员工有了实实在在的获得感。利润共享改革没有门槛，不需要资金投入，没有成本，没有风险，不涉及改制，不用评估、审计，简便易行，易于见效。对国企来说，实行利润共享制又有特别的意义，集中体现在两个方面：第一，可以在竞争性领域全面推开，没有任何政策和制度的阻碍；第二，在垄断行业、公益行业、军工行业可以考核成本，可以通过共享利润制来降低成本。政策已经在军工企业开始试点，而且效果非常明显。利润共享不仅是激励，更是制度，是一条可持续的推进国企发展的道路。

二、企业利润共享的基本模式

共享分润制给民营企业带来的最大的变化是，民营企业经营者、员工与老板共同成为企业主人，这是一种颠覆性的改变。利润共享不涉及股权，员工不出钱，没有股份，但是他们共享收益权。员工没有投票权，没有决策权，不影响老板决策。不影响企业家决策，决策权没有动，只是收益权拿出来共享了。

（一）共享分润制的具体做法

共享分润制可以取代现代法人治理中的委托代理制，打破传统的“所有权四个内涵不能分割”的教条理论。具体而言就是，在所有权保持不变的前提下，让企业经营者、科技人员和业务骨干拥有一定比例的收益权，拥有每年企业创造的利润的一部分。

具体做法如下。

第一步，在公司股权结构不变（即总股本数不变）的前提下，以一定的利润作为考核基数，将当年超过考核基数的部分拿出来分给企业经营者和业务骨干。

第二步，由企业高层确定员工的岗位级别与相应的分红数额，并由专门的部门对每年的经营成果进行严格审计。

第三步，企业员工将每年的分红收入的一定比例（如50%）拿出来组成风险基金，投资于企业的项目，以承担可能出现的短期行为而导致的风险。设定三年为一期进行滚动，三年期满员工即可提取本金以及相应的利息，但需要重新出资组建风险基金。

（二）共享分润制与其他制度的对比

共享分润与混改、员工持股之间的关系是机制改革与体制改革的关系。混改和员工持股是体制改革，自上而下进行，有成本，有风险；而利润共享是机制改革，由下而上进行，无成本，无门槛，无风险。机制改革可以倒逼体制改革，利润共享可以先行，也可以和混改同时进行。

共享分润和员工持股的区别在于产生激励的方式不同。员工持股有一个投资持股的公司平台，员工的努力和收益并不直接相关。如果公司平台规模很大，那么对每一个员工来说，激励并不直接。而利润共享不需要投资持股，只需要独立核算，进行考核，员工的努力与收益直接相关。员工持股是刚性的，利润共享是柔性的。

股票期权与共享分润的主要区别在于，股票期权是间接激励，利润共享是直接激励。此外，股票期权没有相关关系，员工的鼓励和股票价格的正相关关系往往是负激励，而利润共享则是与员工的努力直接相关的，且与企业的利润是正相关关系，起到激励作用。但股票期权和利润共享这两种方式可以配合使用。

共享分润与企业承包制的共同之处是共享的理念，而不同之处在于，过去的企业承包制外部环境不规范，而目前共享利润制的外部环境是规范的，所有的税收制度都是健全的，而且是企业内部的一种激励制度，不涉及政府和企业的分配。

三、共享分润制在国企改革中的优势

第一，共享分润制将现有模式下，个人收入最大化建立在企业费用最大化基础上的现状，扭转为建立在企业利润最大化基础上，进而把劳动与资本的对立关系变成共享统一的关系，实现了职工利益和国家利益的有机结合。

在以往的企业中，职工和企业的关系是对立的，容易出现浪费了企业很多资源最后却没有完成任务的情况。在国企的混合制改革中，在保证国家所有权不变的前提下，可以让企业的经营者包括高管在内的一部分人员，以及相关的科技人员和业务骨干拥有一定比例的利润分享权，让他们在这些利润的激励下，更好地为企业去创造价值，这样就会形成员工与企业之间的一种互惠互利的和谐共生关系。

这种方式相对于只给职工发工资来说，是比较合理且符合现代企业发展的。在充分调动职工的创造性和积极性的基础上，将属于职工创造的利润的一部分分给他们，不仅不影响企业的整体发展，相反，还会激励更多的职工好好工作，为企业创造更大的价值。

第二，共享分润制绕过了“私分国有资本”“国有资本流失”的难题，给混合所有制改革以落地的思路与做法。

将企业的利润与职工分享，这并不违背现代企业的发展，职工与企业在大的框架内应该是一体的，不能割裂来看。企业的职工尤其是国有企业的职工，对企业的发展没有过多的关注，因为工资是固定的，即便有提成或者有绩效考核，也不比这种分享利润的制度更能激发员工的积极性。

国有资本的发展也应该符合现代资本市场发展的规律。资本需要创造价值，而不是墨守成规或者循规蹈矩，将部分利润与企业价值的创造者分享，是企业发展的一种信心，也是一种向上的信号，不仅不会导致国有资本流失，相反，还可能会进一步壮大国有资本的规模，提升国有资本的质量，对国有企业的发展有着良好的促进作用。

四、民营企业实行利润共享制的现实案例

据统计，目前国内有几万到十几万民营企业在实行利润共享制度。北京四季民福烤鸭店是一家民营企业，拥有多家分店。如何提高分店店长的工作积极性并对其工作进行有效的监督，一直是困扰老板的一个难

题。以往老板定期去分店检查，会对表现差的店长和员工进行处罚，但是这种方式并不能起到良好的效果。每年年底，老板与分店店长讨论第二年的经营指标，双方总是处在一个博弈的状态，过去老板为追求利润的增长，将指标制定在一个较高水平，以求充分发挥现有资源的全部生产力，但是店长总是会想尽办法压低生产指标。8 年前，四季民福开始实行利润共享制度，每到年底老板都会跟分店店长谈第二年的指标，如果当年利润是 300 万元，第二年的基数就定为 300 万元，且三年不变。超过 300 万元的部分员工和老板“七三分”，即店长和员工拿 70%，老板拿 30%。通过这样的方式，员工工作的积极性大大增加，第二年年底实现了高达 400 万元的利润。

通过四季民福烤鸭店的案例，以及其他实行利润共享制的企业的实践经验，可以归纳出利润增长的 7 个原因。

第一，利润共享使得员工拿回扣的现象减少甚至消除。过去员工“吃回扣”，损失的是老板的利益，跟员工自身没有关系。实行利润共享后，回扣吃的是全体员工的，因为增量的大部分属于员工，这样便可以有效加强员工之间的相互监督。

第二，浪费减少了。企业浪费现象非常严重，由于企业资源与员工个人无关，所以这种浪费没有员工关心。执行了利润共享制度后，浪费有人管了，减少一分钱的浪费大家能分到七毛钱。因为它是增量，所有的浪费都有人管，降低了浪费的成本，增加了利润。比如四季民福烤鸭店，以前每天五桶泔水，现在只有一桶，节约下来的都转换成了企业增长的利润。

第三，冗员减少了。只有工作在生产第一线的员工才清楚企业的人员需求。然而过去员工为了降低工作压力，希望老板雇用更多的人，这就造成企业员工利用效率低，冗员繁多。实行利润共享，就降低了人工成本，增加了利润。

第四，管理费用减少了。四季民福烤鸭店的管理费用是 1.3%，这是很少有企业可以做到的。

第五，技术的进步。技术革新调动了员工的积极性，降低成本，提高效率。

第六，管理的提升。实行流程化管理、信息化管理等各种管理。管理提升也会降低成本，提高效益。

第七，收入的增长。四季民福烤鸭店每天用餐时间门口聚集了等位的顾客。用餐人数增多收入就会增加，利润也会增加。

一个好的利益分配机制把大家积极性调动起来，使公司经营达到无为而治的最高境界。由过去老板一个人操心变成现在一群人操心，各个店长、经理都操心。因为企业的经营利润直接关系到员工自身的收益。

五、共享分润制的法律依据和现实困境

国务院国资委 2008 年出台了《关于规范国有企业职工持股、投资的意见》，指出："国有大型科研、设计、高新技术企业改制按照有关规定对企业发展作出突出贡献或对企业中长期发展有直接作用的科技管理骨干，经批准可以探索通过多种方式取得企业股权，符合条件的也可获得企业利润奖励。"明确了符合条件的员工可以获得企业利润奖励，其中提到的利润奖励就是利润共享。

国企目前推进共享分润制最大的难点在于政府官员的观念，以及他们不情愿要放弃审批权。管理学近年来始终致力于解决委托代理矛盾，但这仍然没有从根本上解决问题。比如安然石洞事件就是最典型的委托代理矛盾，虽然有股票期权、法人治理等方式，但是仍然没有从制度上、根本上解决问题。

除此之外，国企现行的是工资总额管理制度，这是计划经济时期政府用行政手段管理国有企业制度的延续。中央企业工资总额实行预算管理。企业每年度围绕发展战略，按照国家工资收入分配宏观政策要求，依据生产经营目标、经济效益情况和人力资源管理要求，对工资总额的确定、发放和职工工资水平的调整，做出预算安排，并且进行有效控制和监督。

目前企业的效益和集团公司的管理层收入挂钩，制度跟全体员工的收入挂钩。现行的制度下，国企，全体员工都不得不吃大锅饭。更加高效的路径是政府或国资委跟集团公司管理团的收入绩效挂钩，跟员工脱钩，集团公司管理层负责对下一层的考核激励，干部的任命实行分层级，一层任命一层，干部考核激励也要分层级，不能一通到底。而且干部员工的个人收入和劳动力市场价格挂钩，与企业效益脱钩。

【案例】

共享分润制改革（以A公司为例）

近十年来，国内已经有上万家民营企业，通过采用共享分润制切实地调动了骨干员工的积极性，并抑制了内部腐败，降低了经营成本，最终促进了企业的效率提升。本案例以A公司为例，讲述具体如何进行共享分润制改革。

A公司2016年净利润为2 700万，我们对其进行共享分润制改革，以2 700万元为基数，以500万元为等级分界区间，即每增加500万元即改变分成比例。具体设计如下。

以2016年2 700万元为保底利润，股东与经营者团队的基础分成比例是7∶3。随着超额利润的上升，分成比例的变化如表18–1所示。

表18–1　股东与经营者团队的分成比例

单位：万元

利润区间	分成比例（股东∶经营者团队）	股东分利	经营者团队分利	股东利润累计	经营者团队利润累计
2 700 < np ≤ 3 200	7∶3	350	150	3 150	150
3 200 < np ≤ 3 700	6∶4	300	200	3 450	350
3 700 < np ≤ 4 200	5∶5	250	250	3 600	600
4 200 < np ≤ 4 700	4∶6	200	300	3 800	900
np > 4 700	4∶6	（np–4 700）×0.4	（np–4 700）×0.6	3 800+（np–4 700）×0.4	900+（np–4 700）×0.6

股东与经营者团队的分利情况说明如下。

档位一：如果2017年的利润超过了2 700万元但在3 200万元以下，此时关于超额部分，股东与经营者团队的分成比例为7∶3，即超额500万元的利润中股东分得350万元，经营者团队分得150万元；

档位二：如果2017年的利润超过了3 200万元但在3 700万元以下，此时关于超额部分，股东与经营者团队的分成比例为6∶4，即超额500万元的利润中股东分得300万元，经营者团队分得200万元；

档位三：如果2017年的利润超过了3 700万元但在4 200万元以下，此时关于超额部分，股东与经营者团队的分成比例为5∶5，即超额500万元的利润中股东分得250万元，经营者团队分得250万元。

档位四：如果2017年的利润超过了4 200万元但在4 700万元以下，此时关于超额部分，股东与经营者团队的分成比例为4∶6，即超额500万元的利润中股东分得200万元，经营者团队分得300万元；

如果2017年的利润超过了4 700万元，则超过部分不论多少，均按照4∶6分成，即股东分得超额利润的4成，经营者团队分得6成。

【思考问题】

1. 共享分润制相对于股权激励，有哪些特殊优势？

2. 采用共享分润制的企业，哪些财务指标可能会提高？

【参考文献】

[1] 张昕海，于东科等. 股权激励［M］. 北京：机械工业出版社，2000.

[2] 茅宁. 期权分析：理论与应用［M］. 南京大学出版社，2000.

[3] 陈晓东. 年薪制、股票期权的实践及问题［J］. 经济与管理研究，2000.

[4] 董雨，陈刚，华武. "年薪制"与"股票期权制"的比较研究［J］. 经济师，2003.

［5］曾艳霞．期权激励：一种新的公司薪酬制度［J］．中南财经政法大学学报，2002.

［6］张昕．论股票期权激励制度建设［J］．财会通讯（综合版），2007.

［7］许进．中国职业经理人的薪酬方案设计［J］．东北财经大学学报，2005.

［8］苏罡．员工持股计划的设计和实操［M］．养老金融评论，2016.

［9］夏波．中国上市公司股票期权激励的现状及改进对策研究［J］．商业会计，2016（08）：10-12.

［10］李雯．中国股票期权适用范围问题研究［J］．中国外资，2013（05）：109.

［11］彭继咸．管理层收购：概念、操作、障碍及风险防范［J］．大连理工大学学报（社会科学版），2002.

［12］李书昀．初探管理层融资收购［J］．财会月刊，2000.

［13］武勇．试论中国企业的管理层收购［J］．华东经济管理，2001.

［14］徐思聪，徐薇．股权激励与公司绩效文献综述［J］，北方经贸，2019（4）：47-48.

［15］谭克虎，刘海涛，李霞，等．奥利弗·哈特，本特·霍尔姆斯特伦：契约理论［J］．经济学动态，2016（12）：98-117.

［16］李宝良，郭其友．冲突与合作经济治理的契约解决之道：2016年度诺贝尔经济学奖得主主要经济理论贡献述评［J］．外国经济与管理，2016（2）.

第十九章　企业年金制度激励

企业年金制度体现了现代法商管理的重要特征，在解决所有者与劳动者的矛盾、实现劳资对立的和谐统一方面具有重要价值。一方面体现了法商内部对员工的激励制度，另一方面也体现了企业与企业年金基金管理人之间的外部法商关系，是对企业激励机制的创新和补充。建立更普遍的企业年金制度，不仅仅体现了再分配领域的公正、公平，更体现了增强全社会养老金可持续性的效率。本章将阐述发达国家企业年金制度以法促商的经验，中国企业年金制度的变迁与现行法商结合的架构，企业年金计划激励性理论以及主要类型。

第一节　企业年金制度对现代法商激励制度的创新

一、企业年金的定义

企业年金，即由企业退休金计划提供的养老金，企业年金制度肇始于美国运通公司在 1875 年建立的雇主养老金计划。目前全球范围内比较著名的企业年金基金有美国的 401（k）计划、403（b）计划、457 计划，澳大利亚的超级年金，中国香港地区的强积金计划，等等。不同国家和地区对企业年金有不同的叫法，如 Employer's Pension、Employer Annuity、Employer Retirement Plan 等。虽然世界各国和地区对企业年金制度的称呼不同，但本质上，欧美国家的企业年金是指企业在国家基本养老金制度之外为雇员设立的企业养老金制度。

1994 年，世界银行在《防止老龄化危机》中提出了养老保险体系的“三支柱”体系，第一支柱是政府主导的基本养老保险，第二支柱是雇主主导的企业（职业）年金，第三支柱是个人养老金。企业年金又称补充养老保险，是企业自主建立的、用以激励职工积极工作、为企业创造更大价值，同时保障职工退休后生活水平的一种企业福利和养老保障制度。在中国人口老龄化问题日益严峻、企业亟须吸引保留人才的大背景下，建立企业年金制度，有助于发挥其补充养老保障和激励约束职工的双重作用。根据中国人力资源和社会保障部、财政部颁布并于 2018 年 2 月 1 日施行的《企业年金办法》的规定，中国企业年金是指企业及其职工在依法参加基本养老保险的基础上，自主建立的补充养老保险制度。

二、企业年金的性质

企业年金是介于基本养老保险和个人养老之间的企业养老保障工具，是多支柱养老金体系的重要组成部分，属于世界银行倡导的三支柱养老金体系中的第二支柱。第一支柱的基本养老金注重公平，第二支柱中的企业年金兼具公平和效率，第三支柱的商业养老保险则侧重于发挥市场效率。

随着企业年金的发展，企业年金成为金融市场重要的机构投资者。从世界范围来看，在公共养老金制度的基础上建立补充的企业年金制度，是大部分国家的发展趋势。企业养老金制度对于改善劳资关系和完善人力资源管理具有不可替代的作用，在一定程度上解决了劳资矛盾，在实现劳动者和管理者的和谐统一方面具有重要价值。企业年金一方面体现了法商内部对员工的激励制度，另一方面还具有稳定社会的作用，同时还能有效提高职工的养老金水平，得到了广大职工的支持，因此在多方的共同推动下，企业年金发展迅速。

三、企业年金制度的创新价值

企业年金制度首先实现了法商实体的结合。企业年金需要委托基金管理人来进行投资，是企业主体和基金主体的结合。现在的雇员本人作为委托人，养老基金管理者作为受托人，未来退休后的雇员作为受益人，构成了完美的长期信托关系。受托人必须按照《中华人民共和国信托法》(以下简称《信托法》)的要求完整履行信义义务，法律概念上的义务是对某种行为的一种做（或不做）的要求，义务是具有强制性和非随意性的，负有义务责任者除了必须履行之外没有别的选择，更不能否认或者无视该项义务。英美法学界将信义义务在内容上分为忠实义务（Duty of Loyalty）与注意义务（Duty of Care）。若受托人违反信义义务，那么委托人有权选择要求损害赔偿以弥补所有损失或补偿因受托人违约而丧失的所有收益，同时要求受托人返还其通过违反义务所取得的所有收益。正是企业年金基金管理人的信义义务，确保了在长达数十年的基金管理中能很好地保护雇员的养老金不被挪用、侵袭。

企业年金制度同时实现了法商行为的结合。在企业年金发展的初期，一般是美国的大公司才有，比如，1875 年运通公司在国家普遍建立公共养老金制度之前就建立了自己的企业年金。随着 1974 年《雇员退休收入保障法案》(*Employee Retirement Income Security Act*，ERISA）的成立和 1978 年税法的修订，企业年金推广得越来越普遍，2006 年《养老金保护法案》的推出，使得几乎所有的企业都建立了企业年金，使得传统的企业内部激励方式（如工资、奖金等）拓展到了企业内部和社会结合的企业年金激励。

企业年金制度不仅仅是法商制度完善的一个重要手段，在宏观经济方面还带动了资本市场的稳定发展。在美国资本市场发展的过程中，1970 年的《证券投资者保护法》为投资者的存管证券和交易保证金损失提供了上限为 50 万美元的保障；1978 年税法修正案的 401（k）、403（b）条款，吸引养老基金这一长期资本来巩固华尔街作为全球金融中心的地位。在 20 世纪 80 年代至今美国资本市场的爆炸性发展中，养老基金作为长期最大的机构投资者，促进了资本市场的繁荣，在支持创新、促进法人治理方面发挥了独到的作用。

四、企业年金的特点

虽然企业年金的功能、目的、社会价值与基本养老保险、商业养老保险一样，都是养老金的范畴，但其资金筹集、管理、运作、投资、法律性质、产权性质、资产负债特征、风险收益特征都与基本养老保险、商业养老保险不同。相比共同基金、其他机构投资者，企业年金有其显著的特点。

（一）个人账户

企业年金由企业自主实施，费用由企业和职工个人按照企业年金计划约定的比例共同缴纳。企业只履行缴费义务，个人缴费由企业从职工个人工资中代扣代缴，职工退休后的养老金待遇没有刚性承诺。相比现收现付的基本养老保险制度，积累制更能保护未来人口老龄化背景下的个人权益，便于职工流动时转移。个人账户所有的特点，使企业及其职工的缴费与其退休待遇挂钩，有利于企业和职工分担社会养老责任，提高企业及其职工参与企业年金的积极性。与基本养老保险实行社会统筹不同，企业年金属于个人所有。

（二）基金积累，长期投资

企业年金采取个人账户制，企业缴费、个人缴费以及投资形成的收益归个人账户所有，形成企业年金的基金积累。因此，企业年金个人账户的积累，既包括个人缴费，也包括企业缴费中归属个人的部分，还包括投资产生的收益。通常情况下，企业年金个人账户（特殊情况除外）只有到职工退休时才能支取，企业年金的积累，时间跨度一般从建立企业年金账户开始直到职工退休。

（三）信托管理，市场运作

企业及职工作为委托人，委托企业年金理事会或法人受托机构作为受托人管理企业年金基金，具体管理职能则由投资管理人、账户管理人、托管人负责。委托人和受托人之间依据《信托法》签订信托合同，二者形成信托关系。受托人分别与投资管理人、账户管理人、托管人依据《合同法》签订委托合同，受托人与其他三方形成委托代理关系。

因此，企业年金的法律关系本质上是信托制度在企业养老金管理上的运用。

（四）税收优惠，政府监管

企业年金介于社会保险和商业保险之间，不属于完全的商业保险和其他商业投资，但它承担着补充养老保险的社会功能。国家一般采取税收优惠的政策支持，鼓励企业年金发展，所以企业年金同时也必须接受国家更严格的监管。

可以发现，企业年金制度在企业的激励制度中占据非常独特的位置。特别是在20世纪80年代以来的发展中，企业年金从少数企业的福利逐步成为大多数企业的激励“标配”，是现代法商激励制度的重要创新。

第二节　国外企业年金制度的经验借鉴

一、美国私人养老金法商结合的经验借鉴

目前美国是世界上规模最大的私人养老金市场，也是法商结合的典型。1974年《雇员退休收入保障法案》正式颁布实施，这是美国第一部私人养老金大法。该法首次确立了私人部门养老金计划的最低标准，并创设了大量与雇员福利计划相关的联邦所得税影响的规则，目的是保护美国人的养老金资产，确保计划受托人不滥用养老金计划资产，促使养老金体系在法治环境中发展。1978年美国国内税收法案修订，增设了著名的401（k）条款、403（b）条款。1981年11月，美国又正式发布了401（k）计划的实施细则，开始大规模普及推广。401（k）、403（b）计划的核心是，雇主和雇员的一定额度内的企业年金缴费，可以在当年的个人所得税中抵扣，在退休后领取时才根据未来的收入状况缴纳个人所得税，实现了长达数十年的税收递延。以2014年为例，50岁以下者的税收优惠额度为每年5 000美元，50岁以上者为5 500美元。2006年，美国通过了《养老金保护法案》，建立了“自动加入”机制和默认投资条款，雇员在养老金计划中有自由选择权。所有新入职的雇

员，除非有极其特殊的个人要求，否则均“自动加入”企业年金计划，实现了近乎全员参与的养老金激励。与此同时，当雇员不愿意选择或者无法选择时，默认投资条款将自动选择养老目标日期基金，即按照参与者的年龄所推算出的退休日期来选择基金。

通过上述法案的立法和修法，美国建立、完善了企业年金制度，同时也对企业管理、法人治理、个人养老金的发展起到了重大的推动作用。通过鼓励企业建立年金制度，对雇员进行税收激励机制，是“以法促商”的典型案例，美国通过立法和修法实现了法和商的完美结合。

自 20 世纪 80 年代中期以来，私人养老金计划出现了两个发展趋势：一是以 401（k）为代表的缴费确定型私人养老金计划（DC 计划）数量快速增长；二是待遇确定型私人养老金计划（DB 计划）纷纷向 DC 计划转型。此外，也有 DB 与 DC 改良过来的混合计划，如现金余额计划等。尤其是自 1996 年 SIMPLE 计划诞生以来，SIPMLE 401（k）及 SIMPLE IRA 在小企业得以广泛应用，而且计划建立成本低，维护运行简便。因此，自 20 世纪 90 年代中后期开始，养老金计划在众多小企业中迅速普及推广起来。

美国成为世界上最大规模的养老金市场，许多制度、经验与做法值得我国学习。一是作为第一支柱的基本养老保险给付替代率仅为 40% 左右，给私人养老金留下了巨大的制度发展空间。二是只有通过了非歧视检测的计划，才被认定为合格计划，它才能享受税收优惠政策待遇。非歧视检测能够有效抑制高管与普通雇员在养老金福利上的两极分化，缩小收入分配差距。这是私人养老金制度可持续健康发展的重要保障。三是设计灵活便利，例如，自动加入与默认投资条款，鼓励小企业及自雇者参加私人养老金计划，以及提款限制和计划贷款。

二、澳大利亚超级年金计划的经验借鉴

澳大利亚超级年金计划的出台可追溯至 1862 年，当时的商业银行推出了职业年金计划，但参与者仅限于政府部门和银行的职员。对于

澳大利亚具有重要影响的是政府于1992年颁布的《超级年金保障法》（*Superannuation Guarantee Act*）。此法案主要对雇员享有超级年金保障的资格条件做出了详细规定，加大了对雇主的惩罚力度，此次雇员的覆盖范围包括所有全职工作者和兼职工作者。经过20多年的发展，澳大利亚超级年金覆盖率在2012年达到89.9%，2013年更是高达95%，实至名归地成为世界上私人部门养老金覆盖率最高的国家之一。

澳大利亚超级年金的发展历程对中国企业年金的发展很有启示。一是要注重制度设计的灵活性。雇员可以在与雇主协商后增加个人自愿的超级年金缴费，留存年龄的设定虽然对雇员提取超级年金做出了限制，但依然允许提前领取，并鼓励达到退休年龄的雇员继续工作，延迟领取超级年金。二是要不断提高企业年金的覆盖率。澳大利亚超级年金的覆盖率高的主要原因是，法律层面对雇主缴费做出了强制性要求。三是要选择多样化养老金投资组合。澳大利亚超级年金投资的风险由个人承担，雇员可以自主选择个人超级年金基金投资组合，不做选择者自动进入默认组合账户。四是要健全法律法规及运营监管机制。澳大利亚政府为了促进超级年金的发展，出台了《超级年金保障法》《超级年金行业监管法》《信托法》等多项法律，明确了雇主强制缴费的责任和雇员获得超级年金缴费的条件，限定投资经理人和受托人的资质与投资管理行为。

三、英国职业养老金激励的经验借鉴

英国是现代社会第一个以立法驱动建立养老保险制度的国家，也被视为全世界福利国家的楷模。英国养老金推行世界银行推荐的“三支柱”模式，即国家养老金、职业养老金及个人养老金。第一支柱为采用现收现付制筹资模式的国家养老金（State Pension），由国家主办并承担首要责任，主要包括覆盖全民、标准一致的国家基本养老金（BSP）和关联收入、兼顾公平的国家第二养老金（S2P）；第二支柱为公司雇主对其雇员提供的职业养老金（Occupational Pension），重点由企业或单位负责承办，国家则承担规制和监管责任，主要包括待遇确定型（DB）和缴费确定型（DC）两种基本类型；第三支柱为个人养老金（Personal Pension），包含私人养老金、养老储蓄及个人寿险等类型，私有企业及没有被纳入任何养老金计划的雇员是其重点投保对象。

纵观英国职业养老金制度的建立及发展历程，有诸多经验值得学习。一是立法先行，以法促商，如《1973 年社会保障法案》《1986 年社会保障法案》《2004 年养老金法案》《2008 年养老金法案》，一系列先进的法律法规在顶层设计层面有力地引领并推进了英国第二支柱养老金制度的完善和发展，同时推动了企业的发展。二是在《2008 年养老金法案》中引入了“自动加入”，与美国 2006 年养老金保护法案有异曲同工之妙，也和澳大利亚的强制性超级年金做法基本一致。“自动加入”制度解决了英国私人养老金储蓄下降的问题，促进了职业养老金的大发展。三是为有效激励雇主和雇员的缴费，英国实行了 EET 类型的税收优惠模式。在学习和借鉴英国先进的税收制度的基础上，中国应结合自身实际情况在原有 TEE 型税优模式的基础上，加快制定科学合理、统一明确的税收优惠制度。四是拓宽基金投资渠道，提供多元化的投资组合选择。五是加强核心监管制度，建立完善的基金监管体系。

四、德国企业年金制度的经验借鉴

德国是世界上最早正式推行社会养老保障制度的国家。从结构层面来看，德国现行养老金体系采用了“三支柱”模式。第一支柱的法定养老保险是由政府举办的强制性法定保险制度（GRV），采用现收现付制（PAYG）。第二支柱的商业保险性质的企业补充养老保险（也称企业年金）是在法定养老保险之外，企业雇主额外提供给雇员的养老保险，常作为企业吸引人才的“公司福利”，在德国养老保障体系中居于辅助地位。第三支柱即个人自愿养老保险，是指在法定养老金与企业补充养老保险之外，自愿参与投资个人养老保险来提高养老福利。

2001 年 5 月，德国通过了《养老金改革法》（*AVmG*），该法案旨在激励发展企业年金与个人自愿养老保险等商业性养老保障制度。同年，德国劳工部原部长李斯特出台了相关财政补贴政策，称为“李斯特计划”：个人只要将其税前工资的 4%（加上政府补助，其最大额不得超过 2 100 欧元）存入其“李斯特账户”，每年就可以得到政府 154 欧元的基础补助，旨在通过补贴与优惠政策引导等方式大力发展企业补充养老保险和个人自愿养老保险，并引入基金完全积累制，提高第二、三支柱在养老金体系的比例，以减轻公共养老金的融资压力，这一改革标志着德国从单一支柱养老保障体系开始过渡到多支柱养老保障体系。

德国企业年金激励制度发展的启示主要有两个方面。一是发挥税收等优惠政策引导作用。德国企业年金的长效发展并非雇主和个人完全的自发行为，而是通过政府提供以税收优惠与补贴为核心的激励工具，使企业年金计划更加具有吸引力，引导个人和企业积极参与企业年金计划，鼓励雇员积极缴纳职业养老金。二是健全形式多样的企业年金运营模式。无论是外部运营模式还是内部运营模式，都适应了企业雇主不同层次的需求，同时也赋予了企业雇主更大的自主选择权。

第三节　中国的企业年金制度

一、中国企业年金制度的演进

中国的年金制度从诞生至今已有近 30 年的历史，中国企业年金制度的发展也是法商结合的历程，从最初的试点到立法，再到修法，经历了三个阶段。

（一）企业年金制度萌芽阶段

20 世纪 80 年代以来，中国陆续开始对企业职工养老保险制度进行改革。1991 年，上海率先进行了企业年金的试点，国务院提出要建立基本养老保险、补充养老保险和个人储蓄型养老保险相结合的多层次的养老保险体系，企业补充养老保险即成为中国企业年金制度萌芽的标志。1995 年，国务院发布《关于深化企业职工养老保险制度改革的通知》(国发〔1995〕6 号)，继续提出国家在建立基本养老保险的同时鼓励建立企业补充养老保险制度；1995 年 12 月，劳动部发布的《关于印发〈关于建立企业补充养老保险制度的意见〉的通知》，进一步明确了企业补充养老保险制度的实施范围和基本条件。2000 年，国务院正式将“补充养老保险”更名为“企业年金”，从制度层面确定了企业年金性质。财政部、国家税务总局等部门出台了一系列关于完善企业年金制度的方案和补充规定，进一步推动了企业年金制度的发展。

（二）企业年金制度的试点探索阶段

企业年金制度自此开启了制度化、规范化的法商结合的发展模式。国务院、人力资源和社会保障部、财政部、国家税务总局、国资委、银监会、证监会、保监会等多部门共同参与到政策制定中，从企业年金的建立、操作流程、基金管理、投资运营、管理机构认定、税收政策、会计准则、信息披露等领域，全方位搭建、丰富和完善企业年金基本制度体系。2004 年，以《企业年金试行办法》和《企业年金基金管理试行办法》的出台为标志，企业年金的各项基础性政策法规密集出台，奠定了中国企业年金发展的制度基础。2005 年，国务院国资委发布《关于中央企业试行企业年金制度的指导意见》，进一步明确了中央企业设立企业年金的意义、原则、方案、市场化管理等问题。2006 年，劳动和社会保障部发出《关于联想集团公司企业年金计划确认函》(劳动和社会保障部 001 号)，标志着全国首个企业年金计划正式建立，也标志着中国企业年金制度向规范化和市场化迈出了重要一步。

（三）企业年金制度的调整完善阶段

近年来，中国企业年金制度有了进一步的发展。2011 年，人力资源和社会保障部将《企业年金基金管理试行办法》升级为《企业年金基金管理办法》，并于 2015 年对该办法进行了修订，对于企业年金的运作主体及职责、基金投资、收益分配及费用、计划管理和信息披露、监督检查等问题进行了详细规定，使企业年金基金管理不断适应政策制度和市场环境的变化。此后，《关于企业年金集合计划试点有关问题的通知》（人社部发〔2011〕58号），人力资源和社会保障部、民政部《关于鼓励社会团体、基金会和民办非企业单位建立企业年金有关问题的通知》（人社部发〔2013〕51号），财政部、人力资源和社会保障部、国家税务总局《关于企业年金、职业年金个人所得税有关问题的通知》（财税〔2013〕103号），以及《关于扩大企业年金基金投资范围的通知》《关于企业年金养老金产品有关问题的通知》《关于印发扩大企业年金基金投资范围和企业年金养老金产品有关问题政策释义的通知》等一系列文件的出台，聚焦于丰富企业年金养老金产品、扩大投资范围、优化投资结构，通过与市场更好的良性互动，助推企业年金基金保值增值，进一步完善了中国企业年金制度。

2017年12月，人社部、财政部审议通过了《企业年金办法》（以下简称《办法》）。该办法共七章三十二条，自2018年2月1日起施行。这是自2004年《企业年金试行办法》颁布以来首次进行大修订。这一次修法有三大亮点：第一，首次将企业年金缴费比例上限与职业年金统一；第二，首次引入了企业年金缴费限额“极差倍数”；第三，首次引入了雇主缴费“权益归属”范畴。

二、中国企业年金现行法商架构

（一）准入政策及缴费标准

在人口老龄化趋势加重的背景下，建立多支柱的养老金体系既关乎国家和社会的整体稳定，又涉及每个个体的现实权益。中国鼓励各类国有企业、民营企业、外资企业、合资企业、社会团体、基金会和民办非企业单位等各类用人单位建立企业年金制度。

建立企业年金需要满足两个基本条件：第一，根据《办法》第六条的规定，企业及其职工应当依法参加基本养老保险并履行缴费义务，也就是说，企业需要具有相应的经济负担能力；第二，根据《办法》第七条的规定，企业年金方案的制订需要经过企业与职工集体协商，并且提交职工代表大会或者全体职工讨论通过。需要注意的是，试用期尚未结束的员工不适用于企业年金方案。企业年金方案需要经过人力资源社会保障部门的备案，且15日内未收到人力资源社会保障部门的异议，方可生效。中央所属企业等跨区域经营的企业，需要按照《办法》第九条的规定进行备案。

《办法》规定，企业年金账户内资金由企业和职工个人共同缴费，基金采取完全累积制。企业年金缴费有上限规定，即企业缴费每年不超过本企业职工工资总额的8%，企业和职工个人缴费合计不超过本企业职工工资总额的12%，具体的缴费比例由双方协商并在企业年金方案中予以明确。

企业年金账户分为两部分：个人账户和企业账户。职工个人缴费较为简单，直接计入企业年金个人账户。企业缴费较为复杂，为体现激励性，在制定企业年金方案时，企业会根据职工职级、贡献、工作年限等因素规定企业缴费计入职工年金个人账户的具体条款。但为了兼顾公平性，防范企业年金成为企业高管满足自身利益的工具，或者被高管用于照顾"裙带关系"，成为企业内部的"富人俱乐部"，企业缴费计入职工企业年金个人账户的最高额与平均额的差距不得超过五倍。

个人缴费及其投资收益自始归属于职工个人。实践中，企业年金方案普遍设置了企业缴费（包括投资收益）归属于职工个人的规则，为保障职工权益，《办法》规定，企业缴费完全归属于职工个人的期限最长不得超过8年。

（二）税收激励政策

企业年金制度体现了内、外双重激励的效果。对于建立企业年金的用人单位和职工，国家都采取了相应的税收优惠政策给予鼓励。

对于企业而言，2000年《国务院关于印发完善城镇社会保障体系试点方案的通知》明确规定，试点地区企业缴费在工资总额4%以内的部分可以从成本列支；国税发〔2003〕45号文也明确指出，按照规定比例或标准缴纳的补充养老保险可以在税前扣除；财企〔2008〕34号文进一步规定，补充养老保险的企业缴费总额在工资总额4%以内的部分，从成本中列支；财税〔2009〕27号文又将企业缴费税前列支比例由4%提高到5%，提高了企业缴费部分的税收优惠幅度，至此形成了目前中国企业年金制度中企业缴费的税收优惠政策。

对于职工而言，从企业年金制度建立到2011年，大部分省市采取职工缴费但不免税的政策，即个人缴纳的补充养老保险由企业从个人税后工资中代扣代缴。2011年，国家税务总局发布了《关于企业年金个人所得税有关问题补充规定的公告》（国税总局公告2011年第9号），明确了个人缴费部分在规定标准内可以在税前扣除，在一定程度上减轻了中低收入职工的个税负担。该文件明确规定，从2014年1月1日起，对符合规定的职工个人可以在年金缴费环节、投资收益环节免征个人所得税，将纳税递延到领取环节。在缴费环节，对单位根据国家有关政策规定为职工支付的企业年金缴费，在计入个人账户时，个人暂不缴纳个人所得税；个人根据国家有关政策规定缴付的年金个人缴费部分，在不超过本人缴费工资计税基数的4%标准内的部分，暂从个人当期的应纳税所得额中扣除。在投资环节，年金基金投资运营的收益分配计入个人账户时，个人暂不缴纳个人所得税。在领取环节，个人达到国家规定的退休年龄时，领取的企业年金或职业年金，按照“工资、薪金所得”项目适用的税率，计征个人所得税。

（三）投资与管理政策

中国企业年金管理框架采取的是分权制衡的机制，包括六个主体和两层法律关系，如图19-1所示。六个主体分别为企业和职工（即委托人）、企业年金理事会或者法人受托机构（即受托人）、受益人、企业年金基金账户管理机构（即账户管理人）、企业年金基金托管机构（即托管人）和企业年金基金投资管理机构（即投资管理人）。两层法律关系为信托关系和委托代理关系。

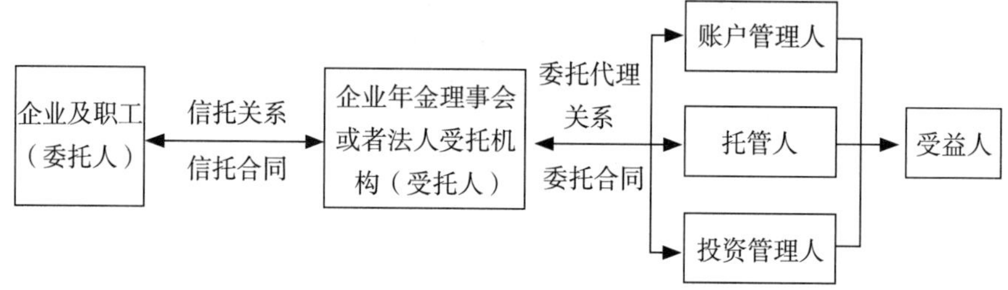

图 19-1 中国企业年金投资管理主体的关系

由职工大会或者职工代表大会选择法人受托机构作为受托人，或者成立企业年金理事会作为受托人。委托人与受托人为信托关系，两者签订受托管理合同。此后，由受托人选择企业年金基金账户管理机构（即账户管理人）、企业年金基金托管机构（即托管人）和企业年金基金投资管理机构（即投资管理人），并分别与其签订委托管理合同，委托人与账户管理人、托管人和投资管理人之间均为委托代理关系。

一个企业年金计划应当仅有一个受托人、一个账户管理人和一个托管人。同一企业年金计划中，上述三者不得为同一人；建立企业年金计划的企业成立企业年金理事会作为受托人的，该企业与托管人不得为同一人；受托人与托管人、托管人与投资管理人、投资管理人与其他投资管理人的总经理和企业年金从业人员，不得相互兼任。同一企业年金计划中，法人受托机构具备账户管理或者投资管理业务资格的，可以兼任账户管理人或者投资管理人。

在企业年金投资管理中，受托人负责选择、监督以及更换账户管理人、托管人和投资管理人，指定企业年金基金战略资产配置策略，收取企业和职工缴费，支付企业年金待遇等；账户管理人负责建立企业年金基金企业账户和个人账户，记录投资收益，核对缴费数据和资产变化，计算企业年金待遇等；托管人负责安全保管企业年金基金财产，对所托管的不同企业年金基金财产分别设置账户，向投资管理人分配企业年金基金财产，向受益人发放企业年金待遇等；投资管理人负责对企业年金基金财产进行投资等相关工作。

以法人受托模式为例，各主体间的相互关系（所有人均为受益人的利益最大化服务）如图 19-2 所示。

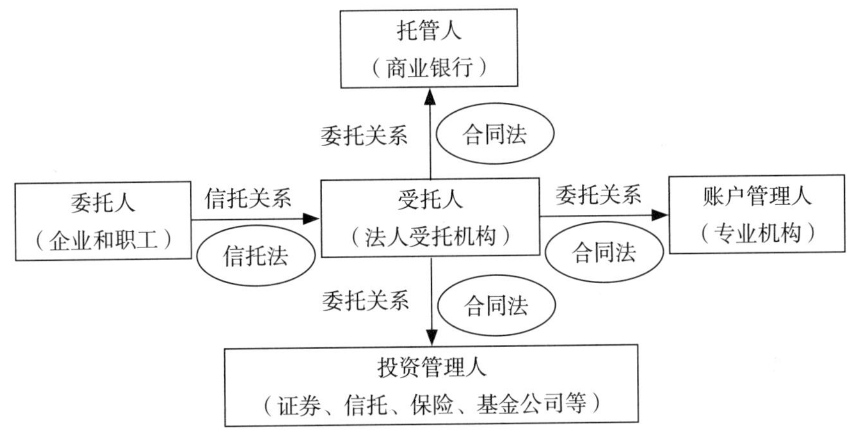

图 19-2　法人受托模式下的各主体间的相互关系

（四）监管政策

企业年金监管分为宏观和微观两个层面。微观层面上，企业年金的委托人、受托人、账户管理人、托管人、投资管理人各司其职，分别负有一定的监管和管理责任。其中，委托人主要负责对账户管理人、托管人、投资管理人进行监督，以及对企业年金基金管理进行监督。托管人按照规定监督投资管理人的投资运作，并定期向受托人报告投资监督情况。宏观层面上，人力资源和社会保障行政部门负责对企业年金基金的整体管理及运行进行监管，中国银行保险监督管理委员会、中国证券监督管理委员会分别对银行、证券、保险等金融机构进行监督和管理。

（五）待遇发放政策

职工在达到法定退休年龄时，可以选择从企业年金个人账户中一次性领取或者定期领取企业年金。如果职工出境定居，那么其企业年金个人账户中的资金可根据其本人要求一次性支付给本人。若职工或者退休人员死亡，那么其企业年金个人账户中的余额由指定受益人或者法定继承人一次性领取。

第四节　企业年金计划的激励特征

企业设计企业年金计划通常要在企业的战略层面，根据企业的内外部环境，特别是企业内部的人力资源管理情况、财务管理情况综合考虑。因此，在不同的经济、政治、文化环境下，不同的行业或同一行业内不同市场地位的企业，会有不同的企业年金计划设计要求。从公司内部来看，不同规模、效益、职工年龄结构、发展战略、发展阶段的企业，也会结合企业需求和职工的实际情况，设计不同类型的企业年金计划。所以说，企业年金计划类型不是一成不变的，它的设计不仅受到多种因素的影响，而且不同类型的计划还可以融合与重叠。在实践当中，不同的企业年金计划能够满足不同企业的特定需求，发挥企业年金的多重作用。

一、企业年金激励性的主要理论

在企业年金计划中体现效率原则，最好的办法是设计激励型企业年金计划。企业年金能起到吸引人才和留住人才的作用。依据企业建立年金计划的原则和期望，可以在政府规定的税优政策基础上，采用普惠制拟定企业年金方案，同时在激励方面向高管与核心骨干人员适当倾斜。由于企业年金可由企业根据整体薪酬战略的需要进行设计，并且在缴费率、筹资、支付方式、可携带性、期限、退休金计算公式等方面具有灵活性，因此为人力资源部门在组合激励工具时留下了充分的余地和空间。企业年金激励的主要理论来源如下。

（一）马斯洛需求层次理论

马斯洛需求层次理论将人的需求分为生理需求、安全需求、归属感、尊重和自我实现五个等级。根据该需求理论，企业年金制度满足职工安全感和归属感，是在满足基本需求之上的更高层次的需求，以实现老年生活的自我满足和自我尊重，使老年的生活质量不至于下降得太快。

（二）双因素理论

双因素理论也被称为“激励 – 保健理论”，从理论名称就可看出，这个理论包含两类要素：一类是激励因素，另一类是保健因素。保健因素是指具备时并不一定会调动职工积极性，而一旦缺少，职工就会觉得不满意，从而引发员工倦怠甚至对抗情绪的因素，如工资福利、安全保障措施以及人际关系等。而激励因素是指在工作当中能够调动员工积极性，起到激励作用的因素，例如，工作得到肯定、获得荣誉和表彰等。按照该理论，对于不同类型的企业，企业年金可界定为不同因素。企业年金具有普惠性，可作为企业薪酬福利的组成部分，增加员工的归属感，因此可将其视为“保健因素”。而企业年金的激励性，可作为人力资源管理的有效手段，提高员工的工作热情，因此将其视为“激励因素”。

（三）公平理论

公平理论是由美国行为科学家斯塔西・亚当斯于 1967 年提出来的，即职工工作积极性的高低不仅与个人实际报酬的多少有关，而且与人们对报酬的分配是否感到公平更为密切。职工的公平感取决于社会比较或历史比较，因此该理论也被称为“社会比较理论”。当职工认为报酬分配不公平时，工作的积极性就会减弱，而且会进行自我安慰缓解以期达到一种形式上的公平。公平理论产生于心理学研究领域，由于其重大的实践价值，被广泛运用于人力资源管理中。企业年金制度的设计需要兼顾激励性和公平性，也是为了避免企业年金导致职工之间利益分配差距过大，而产生反向作用。

（四）期望理论

期望理论是于 1964 年被美国心理学家维克托・弗鲁姆提出来的，也在企业管理中得到了广泛应用。该理论被称为“效价 – 手段 – 期望理论”，即激励水平等于效价与对应期望值的乘积，激励水平与效价、期望值呈正相关关系。企业年金制度正是运用期望理论的典型案例。企业年金方案旨在提高职工退休后的养老金替代率，通过设置退休替代率、缴费率、权益归属等条款，来提高职工效价和期望值，充分实现企业和职工的目标，具有长期激励的作用。

二、激励型企业年金计划的主要类型

任何国家设计的激励型企业年金计划，均需要符合当地企业年金法规政策的要求。也就是说，必须在合法的前提下设计激励型的企业年金计划。激励型的企业年金计划既可以在整个企业年金计划里设计面向激励目标的激励条款，又可以为关键岗位、核心人员专门设计激励型的企业年金计划。以下是几种较为典型的激励型企业年金计划。

（一）利润分享型企业年金计划

利润分享型企业年金计划，是企业在建立企业年金计划时，规定职工或其受益人参与企业利润分配，使职工的企业年金计划的企业缴费和待遇与企业效益、利润情况直接挂钩的计划。利润分享型计划的目标是将职工的个人利益与企业利益有机结合起来，将职工的现期利益与长远利益结合起来，从而达到激励职工、提高企业劳动生产率、增强企业竞争力的目的。

利润分享型企业年金计划的基本特点是：（1）职工个人利益与企业利润直接挂钩，激励效应较强；（2）职工贡献的不同，成为影响职工个人企业年金计划缴款、待遇的重要变量，可以同时形成较强的分配约束机制；（3）适用范围较为广泛，由于该方法指标明确，方法较为简单，对于不同级别的企业职工均有较强的激励作用。

（二）股权激励型企业年金计划

股权激励型企业年金计划，是员工持股计划和企业年金计划的结合，是由企业建立，以本公司股票折合现金的形式缴费的企业年金计划。其主要的缴款来源是，职工持股计划和股票期权计划的股权或股票期权资产。

通过改造现行的职工持股计划、转换股票期权计划的方式，或者通过建立新的职工持股计划和股票期权计划，与企业年金计划对接，建立职工或经理层持股支持的企业年金计划。职工持有的公司股票集中托管，但不上市流通；职工只有到退休时或离开公司时才能拿到其个人账户上的资产。转换股票期权计划的方式，是将股票期权计划与企业年金计划合并，即股票期权执行后的部分收入或全部收入，代替现金缴款作为企业年金计划缴费来源，纳入经理人员的企业年金计划。这类企业年金计划的目标是将企业的经济效益通过企业的股票市场表现，并与职工和管理层的退休年金待遇挂钩，通过公司股票的市场表现激励职工和经理层为企业做出积极的价值贡献。

股权激励型企业年金计划的基本特点如下。（1）实施主体必须是股份制企业，已经挂牌上市的公司最有利于实行这类企业年金计划。而没有挂牌的非流通的股份制公司，虽然也可以实行这类计划，但由于其股权不能上市流通，故激励作用有限。（2）减少当期企业缴费和职工个人缴费的支付负担。企业可以公司股票或其他可增值财产权益的形式向企业年金计划缴费，这样企业和职工的现金缴款负担就相对减小了。（3）将企业股东、高管人员、普通职工的利益统一于企业价值的最大化，有利于提高企业职工追求企业价值最大化的积极性。

股权激励类计划适用于已经实行员工持股计划或目前正在实行股票期权计划的股份制企业。在中国，实行股权激励型企业年金计划，除了要遵守企业年金相关政策法规，还要遵守国家有关职工持股、经理层持股的相关规定。

（三）高管型企业年金计划

高管型企业年金计划是在常规的普惠型企业年金计划之外，专门设计的针对经理人员和核心技术人员的补充企业年金计划。公司高级管理人员和核心技术人员是企业价值的重要创造者，他们对于精神、成就的需求更为明显。利用高管型企业年金计划，不仅可以增加这部分人群的养老保障，而且可以满足他们的荣誉感和成就感，从而带动更高的生产率和创新性。

高管型企业年金计划的特点如下。

（1）参与范围有限。高管型企业年金计划的参与资格，通常限定为公司的高级管理人员和核心技术人员，以职级、职称等作为参与资格的衡量标准。

（2）延期支付。针对高管人员和核心技术人员的企业年金缴款，企业会设定归属期。企业从经理人员和高级技术人员的缴费中扣减部分或全部企业缴费，在其退休或确定的时期（或确定的情况）支付，如伤残、死亡、解除劳动关系、退出等。

（3）“金手铐”原则。为了挽留关键岗位上的高级管理人员和核心技术人员，企业可以在其非正常终止劳动关系时，取消其年金受益权。

（4）严格的非正当竞争规定。在高级管理人员和核心技术人员退休后，或者为竞争对手工作时，企业可以启动非正常竞争规定，限制、减少直至剥夺其年金受益权。设计这类企业年金计划时，要综合考虑公司的经营状况、薪酬制度分配特点、高管人员和核心技术人员的贡献度等，以免导致职工产生认为分配不公的情绪。特别需要注意的是，设计这类计划时既要注重激励机制的设计，也要注意约束机制的建立。

第五节　中国激励型企业年金计划的推广

一、设计依据

企业年金方案的设计应根据《中华人民共和国劳动合同法》、《中华人民共和国劳动信托法》和《企业年金办法》，以及于2013年出台的《关于企业年金、职业年金个人所得税有关问题的通知》《关于扩大企业年金基金投资范围的通知》等相关规定，结合公司的绩效考核制度、工资薪酬制度、管理制度、实际经营状况制定。

二、设计原则

（1）集体协商的原则。企业年金方案必须依法通过集体协商程序，即经过职工代表大会或职工大会讨论通过才能合法生效。为此，在设计企业年金方案时需要充分考虑各类职工群体的不同利益诉求，以及相对应的处理办法，以便在集体协商的时候，企业年金方案能被各方所接受。此外，集体协商能够提高职工的主人翁意识和决策参与度。

（2）自愿参加的原则。职工参加企业年金计划应秉承自愿原则，只有在职工自愿缴费的情况下，企业才能按照年金计划中规定的比例为职工缴费，如果职工不参与缴费，则企业也不缴费。职工可以在试用期满后的任何时候选择开始或者中止缴费。

（3）激励与保障并重的原则。企业年金方案的设计，在解决职工补充养老的前提下，更为侧重的是加强企业年金对职工的长期激励作用，所以要摈弃“一刀切”“大锅饭”的做法。在设计方案时，对核心岗位人员和优秀职工要适当倾斜，以发挥年金计划的激励作用。同时也要兼顾公平，体现普惠作用，稳定企业职工，因此在设计方案时要制定相关措施，防范因为主观因素而对企业年金分配产生影响。

（4）保证安全、适时调整原则。企业年金涉及每一位职工的养老大事，所以方案的设计要有利于选择出合适的受托人，既能确保企业年金的安全，又能保证获得合理的投资收益。此外，企业年金方案的设计要考虑到在执行过程中适时调整的问题，对于企业、职工缴费基数、比例等方面应设计相应的调整机制，使年金计划具有更强的可操作性。

三、企业年金方案的主要内容

（一）确定参与企业年金计划的人员范围

每家企业在建立企业年金计划时，首先需要坚持效益优先、兼顾公平的基本原则。其次，从企业战略角度出发，依据企业人力资源管理目标与企业的薪酬制度全盘考量，大致确定企业年金计划覆盖的职工范围。再次，设置企业年金计划的各种条件，如性别、年龄、职称、职务、绩效等，统计不同类型职工的数量，设置合理的分配系数。最后，确定企业年金计划的参与人员，体现企业年金计划的普惠性和激励性。

（二）进行企业年金缴费测算

企业年金缴费制度的设计应当立足于企业人力资源管理的长远规划，以企业年金激励的具体目标为中心，确定企业年金缴费的方式和水平。一是在确定缴费方式时，应充分掌握同行业或同类型企业的缴费标准，进行全面、详细的比较。相对而言，涉及职工性别、司龄、职级、技术水平等众多分配标准的工资基值法较为可靠，更利于吸引和稳定人才，提高劳动生产率。二是在确定缴费水平时，应立足于企业实际经营状况，根据职级、岗位、绩效等因素的不同采取差异性缴费水平。企业年金缴费测算通常采用以下两种方式。

（1）比例测算法（月缴）。根据计划参加人员上年月平均工资的额度，确定缴费比例来计算缴费金额，即缴费金额＝该计划参加人员上年月平均工资 × 缴费比例。

（2）系数测算法。事先确定缴费基数，然后根据计划参加人员的年龄、性别、职级、服务年限、职称（或学历）以及获得的相关荣誉等因素计算缴费系数，从而计算缴费金额，即缴费金额 = 缴费基数 × 缴费系数。

缴费基数 = 企业缴费总额 ÷ 所有职工的总缴费系数

所有职工的总缴费系数 = ∑该职级人数 × 分配系数

在以上两种方式之外，还可以设置用于特别奖励的缴费部分，以进一步增大企业年金的激励效应。即在企业账户中，将尚未归属于职工个人账户的部分以及投资收益形成的余额，拿出一定比例或额度，作为对年度特别优秀的职工、做出突出贡献以及企业认为需要给予特别嘉奖的职工的特别奖励，计入职工个人账户。此缴费部分在设计时需要对接企业现有的薪酬管理制度，由企业和职工集体协商确定具体的执行方案，并形成考核量化标准。

（三）明确企业年金方案的权益归属

根据服务年限等因素，将企业年金的企业缴费部分进行逐步归属，以减少职工流动性。归属期的设置能够起到“金手铐”的作用，以此激发职工的工作动力，留住人才，并吸引更多的优秀人才。在具体设置方面，如果按照最长期限 8 年归属于职工，则企业的主动性更大，对职工的约束性更强，但是在一定程度上会挫伤职工的积极性。如果归属期过短，又将失去企业年金作为“金手铐”留住核心关键人才的作用。通常来说，权益归属方式分为三种：“悬崖式”、“阶梯式”以及以上两种方式结合的“混合式”。

（1）悬崖式，即企业在职工服务时间满一定期限后，将单位缴费部分全部归属给职工个人。此处以 5 年为例，即职工需要工作满 5 年，才能获取企业缴费部分的全部权益，除满足相关规定外，中间离职则得不到任何权益归属（见图 19–3），企业年金的“金手铐”作用得到了最大限度发挥。但是弊端就是时间过长，容易让职工产生抵触情绪。也就是说，不能即时得到的利益，对职工产生不了应有的激励作用。

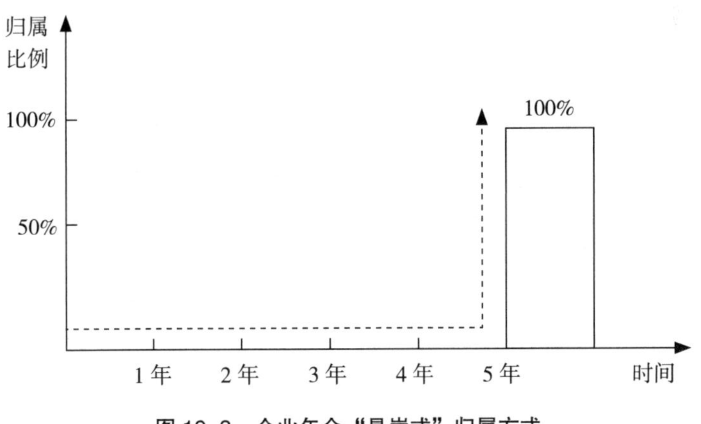

图 19–3　企业年金“悬崖式”归属方式

（2）阶梯式。对于计划参与人队伍比较年轻的企业，可以采用阶梯式归属方式，以达到稳定计划参与人队伍的作用。阶梯式即随着职工服务时间的递增，逐年将单位缴费部分按比例归属给计划参与人个人。仍以5年为例，即职工工作每满一年都能获得一定比例的企业缴费部分的权益，直到工作满5年获得全部权益，如图19–4所示。相对来说，这种方式对于职工的约束性偏小，但是职工每年都能得到一定比例的权益归属，可以定期对员工产生激励，使职工有所期待，可以持续发挥企业年金“留人”和激励的作用。

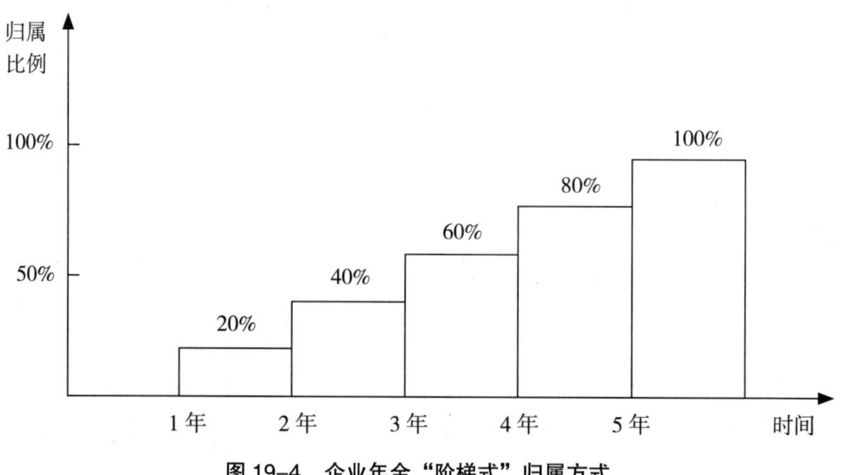

图19–4　企业年金“阶梯式”归属方式

（3）混合式，即将悬崖式和阶梯式合在一起使用，逐年将单位缴费部分的全部归属给计划参与人个人，如表19–1所示。这种方式对新老职工及中年骨干区别设置归属比例，可以扬长避短，产生更好的激励和约束的双重作用。

表19–1 归属比例

服务年限	归属比例		
	老职工	中年骨干	新职工
1	100%	20%	0
2		40%	0
3		60%	40%
4		80%	60%
5		100%	80%
6			100%

【案例 1】

A 企业原属于中央直属企业，历经多次变革后，划归当地省人民政府管理。拥有全资子公司 7 个，控股子公司 15 个。企业于 2006 年建立企业年金计划，采取理事会受托模式，基金规模达 4 亿余元。经过 4 年的运营管理，企业逐渐感觉到，由于理事会组成人员的局限性和专业知识的欠缺，难以保证企业年金理事会具备足够的关于企业年金计划的操作能力。为加强企业年金受托管理能力，强化投资运营的管理与监督，企业拟选择法人受托机构，转为法人受托模式进行管理。

【思考问题】

法人受托模式与理事会模式存在什么区别？

【案例 2】

某集团公司是所在行业中具有较大影响力的产业集团。集团整体转制为省管国有企业，下辖 16 家子公司，现有职工约 8 000 人。该集团下辖的 16 家子公司的经营情况各异，而且集团内不同身份的人员存在身份置换和社保待遇问题的差异。

【思考问题】

建立企业年金计划能够帮助该集团解决哪些问题？对于案例中提到的某集团的人力资源管理有什么意义？

【参考文献】

［1］杨长汉 . 企业年金基金管理［M］. 北京：经济管理出版社，2016（1）.

［2］董登新等 . 中国第二支柱职业养老金制度改革与优化［R］. 中国养老金融 50 人论坛、信安集团联合课题组，2018（2）.

［3］胡继晔等 . 中国第三支柱个人养老金制度探索［R］. 中国养老

金融 50 人论坛、信安集团联合课题组，2018（2）.

［4］邵飞颐 . 企业年金制度优化对员工长期激励的实证研究：基于“中国 401（K）”的背景［D］. 浙江大学，2015（5）.

［5］刘军丽 . 企业年金激励作用有效性研究［J］. 中国劳动关系学院学报，2015（4）.

［6］人力资源与社会保障部 . 2017 年度全国企业年金基金业务数据摘要［R］. 人力资源与社会保障部官网，2018（3）.

后 记

世界上第一本《法商管理学》的诞生，既意味着法大商学院“一主两翼”发展战略的“两翼”，即资本金融系和法商管理系有了《资本金融学》和《法商管理学》的理论基础作为支撑，同时对理论与实践相结合的融合型商学院特别是立格联盟的中国9所政法类大学的商学院，构建法商管理学科体系也有抛砖引玉之作用。

写作《法商管理学》的指导思想是，“法律要为经济服务，理论要为实践服务，规范要为国情服务”。这本书是跨越哲学、伦理学、管理学、经济学、金融学和法学而成的综合交叉边缘学科，内涵广，视角新，跨度大，我不得不动员我重要的社会专家资源，荟萃了我近30年在教学实践活动中所积累的颇多研究成果。

这本书的完成要感谢的人很多，首先是感谢我的几位老朋友，有相识了28年的史密夫斐尔律师事务所高级合伙人邹兆麟律师、全国企业合规委员会副主席王志乐和他的助手郭凌晨博士、毕马威澳大利亚业务前总监吕天禹先生、南开大学商学院前副院长齐善鸿教授和他的博士生李宽、中国基金业协会的洪磊会长、北京大成律师事务所高级合伙人吕良彪律师和国务院国资委企业改革局前副局长周放生。他们或结合自身从业数十年的实践经验，或从监管部门行政管理者的角度，提出了对企业经营实践大有裨益的理论观点。感谢邹兆麟律师写作了企业境外上市和避税港的内容；王志乐教授和郭凌晨博士完成了法商合规管理的内容；吕天禹先生写作了境外投资中的税务合规与税务筹划的内容，尽管他已经离开会计界，到一家矿业私募基金任总裁，但仍出色地完成了我恳请下的使命；齐善鸿教授完成了工商伦理部分的初稿，他的博士生李宽则查阅文献梳理了“公司”一词的出处；洪磊会长对基金部分进行了补充；吕良彪律师完成了企业家刑事风险防范的内容；周放生局长和慧聪网董事局主席郭凡生先生对共享分润制做出了理论贡献。

当然，也要感谢中国政法大学民商院的四位教授，他们是我的朋友加兄弟。民商院副院长刘继峰教授完成了公司垄断与不正当竞争一章的初稿，王涌教授百忙之中写作了家族信托与财富传承一章，陈汉副教授写作了企业家传承规划一章。我要特别提到的是李建伟教授，最早想把他请来做法商系主任，和我一起主编这本书。由于种种原因未能如愿，但我仍要感谢李建伟教授，他最早编写的大纲对本书有重要的启迪作用。

特别需要指出的是，在这本书的写作过程中，我的学生也与我教学相长，互相切磋。在这里我要特别感谢我的博士生刘彪和博士后胡历芳，如果没有他俩的陪伴，没有他俩与我数不清多少个昼夜的奋战，很难想象这本书能面世。

还要特别感谢商学院的熊金武、程碧波两位副教授，熊金武对法商哲学和伦理做出了突出贡献，特别是考证了公司法人的起源；程碧波则和我反复地推敲法商管理学的研究对象，区分了广义法商主体和狭义法商主体，并明确了把狭义法商主体作为全书的研究对象，这是全书的关键性突破。

同时，感谢与我一同集中研讨法商管理学十余次的几位教师和专家：刘志雄、孟令星、许恒、华忆昕、唱小溪、杨俊峰，他们都与我一起，不辞劳苦地日夜奋战。感谢商学院 MBA 主任胡继晔教授对广义法商激励——企业年金制度的探讨，商学院学术委员会主席、院长助理王霆教授对劳资矛盾、法商激励机制等内容所提出的宝贵建议，以及工商管理系主任王玲教授对法商知识产权管理的专业见解。感谢我的学生刘志强、马天一、杨璐、张智婷，他们做了对我的演讲稿进行系统整理以及案例收集等大量基础工作。

我还要指出，无论如何都不能忘记商学院杨杰副院长在这本书写作的组织工作中默默无闻做出的卓越贡献。

此外，李建伟、李东方、李欣宇、柴小青、于文轩、马志英亦曾参与本书大纲的论证并提供相关资料，对本书写作亦有贡献，在此一并鸣谢。

还要感谢东方出版社的编辑李烨和袁园，她们为出版本书付出了很多艰辛的劳动。

最后，要特别感谢中国政法大学发展规划与学科建设处、研究生院、教务处、科研处等部门对本书的编著、法商结合创新课程的设置以及课题的立项都给予了一贯的支持，在此一并致谢。如果这本书在出版后能够得到社会的认可，那必将是属于中国政法大学集体的智慧结晶和努力成果。

本书重在提出法商、法商管理的概念，并初创法商管理学的学科体系。我寄希望于，这本书不仅能作为立格联盟的中国9所政法类大学商学院的教材，还能推广到海内外的融合型商学院，并且能像一只有灵性的燕子，从高校的象牙塔飞入企业和企业家手中，给人以貔貅的财富和獬豸的守护，行稳致远，学以致用。

刘纪鹏

2019年8月20日

貔貅寓示财富，獬豸执掌公平。
法治市场经济，呼唤双轮驱动。

刘纪鹏

法商管理学

BUSINESS MANAGEMENT
OF
LEGAL ENTITY

刘纪鹏　编著

人民东方出版传媒
東方出版社

全国政法类大学“立格联盟”商学院立志法商融合，管理创新，把我国法治市场经济推向新阶段。

立格联盟第四届商学院院长联席会合影

《法商管理学》新书发布会

序　言

改革开放四十余年，中国实现了由计划经济向市场经济的转型。站在新的历史起点，在全面依法治国的背景下发展中国特色社会主义市场经济，需要在追求效率的同时兼顾公平，在经济和商业活动中重视法律规范和法治原则，最终走向法治经济。

在这一进程中，“法”与“商”如何结合正日益成为一个重要的议题。对于政法类高校的商学院，既有研究法商结合问题得天独厚的优势，又面临着开辟法商结合新学科的使命，更肩负着培养法商复合型人才的责任。

纪鹏同志编著的这本《法商管理学》是我 2019 年 5 月就任中国政法大学校长以来，见到的第一个重要学术成果。我始终坚信，学科建设是一个长期任务，需要持续不断的努力。这本著作的出版既是法商学科建设迈出的重要一步，填补了法商结合领域的空白，也是法大商学院两年来突破旧体制、极富创造性改革的成果。在短短的两年时间内，商学院以“一主两翼，融合创新，培养社会需要的复合型人才”为理念，在一系列改革措施的有力推动下，形成了“七系一所一中心”的新的学术管理体系，其中，法商管理系的建立，正是法商结合在学科体系建设上的一次有益探索。商学院是我履新后调研的第一个学院，我曾在调研座谈会上说过：“正是商学院领导和老师们积极进取的精神状态和持之以恒的辛勤付出，给商学院带来了翻天覆地的变化，为法大‘双一流’学科建设做出了贡献。”

我长期以来专注行政法学研究，认为回应法治实践中的新现象、新问题是行政法学研究的重要使命，为国家治理体系变革提供有力的解释框架是行政法学科承担的时代重任。这一观点与这本《法商管理学》所倡导的“法律要为经济服务，理论要为实践服务，规范要为国情服务”的方法论不谋而合。可以说，关注现实问题、回应现实需求是一个学科长期保持生命力的一条主要经验。正因如此，相信这本书必将为法治经济中企业所面临的挑战提供应对框架，也会为培养法商结合、一专多能的优秀人才起到积极作用。

是为序。

马怀德

2019 年 8 月 20 日于北京

自 序

一、《法商管理学》的写作背景

1. 临危受命——起步艰难的商学院

2016 年 12 月，已届退休年龄的我却上了岗，中国政法大学石亚军书记和黄进校长“五顾茅庐”，请我出任法大商学院院长，之所以“五顾茅庐”，是因为几乎所有朋友都劝我“别蹚这浑水”，岂能不犹豫再三？60 岁出任院长，这在全国不是唯一，也是法大的例外，法大领导不惜“违背”干部任命惯例也要请我出山，这说明了什么呢？只能说明前行之处是一座“虎山”，有“人被虎吃”的风险。

果不其然，校组织部部长把我带到商学院教师的见面会上，刚一散会，与想象中的一样，院班子成员和办公室负责人无人睬我，倒是一群老师围上来找我签字，无人签字，他们报不了销，出不了国，干不了事。可我刚到此处，两眼一抹黑，这字怎能签呢？连续数天，没有任何人向我做工作交接，见不着一纸文字档案，更没有任何办公室行政人员露面。中国政法大学被誉为“中国法学最高学府”。可谁能想象，最高学府里的商学院成立 18 年，教职员工和学生 2100 多人，却处在连续三年没有院长的状态，全院士气低落，人心涣散，基础管理之差难以想象。

我找人谈话调研，可连个办公室都没有，于是我找到院党委书记，对他说：“得给我安排一间办公室，如果我在资本金融研究院办公室找人谈话，大家就更认为我是‘飞鸽’牌的了。”我这才在商学院有了落脚之处，是一间东、南两面暴晒，里边管道林立，不装修就没人用的墙角房间。

全院上下没几个人相信，新院长在这种困境中能真干、能干长、能扭转局面。实事求是地说，临近退休年龄的书记和校长请我来就是当个“维持会长”，不要让商学院在这关键的两年再惹麻烦，压根儿没指望我能解决商学院历史遗留的诸多矛盾，这把年纪，你就是有这心，也没这力呀。就是在这样的环境下，我走上了商学院院长的岗位。

2. 纲举目张——重构商学院学科体系

尽管我深知校领导派我到商学院，只是希望我维持商学院别再给学校添乱，并没指望我干成什么大事，可是我人过花甲，已步入了过一年少一年的人生阶段，岂肯在院长的位置上徒有其名，虚度年华？

我的人生经历也决定了我不可能在此混日子。我 1983 年考入中国社会科学院工业经济研究所，师从著名管理大师蒋一苇先生。1986 年毕业后留所任副处级学术秘书。1989 年，被上级调到中信国际研究所任公司制度研究室主任，随后又先后担任由经叔平同志任董事长的中国国际经济咨询公司的董事和中信贸易公司的襄理。1992 年，由国家体改委安排，由荣毅仁同志批准，由国家体改委下面的中国证券市场研究设计中心（简称“联办”）和中国国际信托投资公司等 7 个单位出资，组建了北京标准股份制咨询公司，我任董事长，当时的《人民日报》《经济日报》《光明日报》都对中国首家从事资本市场股改、融资上市咨询业务的公司做了报道。截至 1997 年，在不到 5 年的时间里，我主持做了近 210 家企业股改和管理咨询的案例，被当时的媒体称为“企业股改第一人”（见《中国科技信息》杂志，1997 年第 3 期），这个称谓一直延续到今天。

拥有我这样经历背景的人岂肯当“维持会长”？来商学院前后，总有人问我，您不愁名利，讨这份苦图什么？事实上，我图的是马斯洛的人生最高需求——自我实现。我同意出任商学院院长的一个重要原因是，我要把它当作咨询生涯的一个重要案例。我认为，实现在企业、医院、大学三个领域的咨询，才是咨询专家的完美境界，而后两者我至今还没实现。

带着我的博士生刘彪整整调研了 3 个月，与 70 多位师生进行了 120 多次谈话，形成了我的改革方案。2017 年 3 月 8 日，我和刘彪在中国政法大学的校长办公会上汇报了我的施政纲领，即从学科体系改革入手，继而推进教材、教程改革，最后实现案例库建设的“三年三步走”战略。汇报的结束语是：六十老人，无欲则刚，受人之托，忠人之事，不成功，便成仁。

由于我提的改革方案与传统体制相冲之处甚多，而校领导再看我这背水一战的架势，绝无任何妥协的可能，最终决定把商学院作为中国政法大学教学改革试点，探索新的改革路径，而批准了我的改革方案。

我为什么坚持要提出从商学院的学科体系改革入手呢？商学院的问题多如牛毛，而核心问题是人，解决人的问题又是最难的，只能巧妙地从体制入手。管理体制改革的提法过于敏感，于是引出了从学科体系入手，拉开“三年三步走”战略的序幕。

从学科体系入手，首要之事就是改商学院的“所－院”组织结构为“系－院”学科体系（详见图 1）。

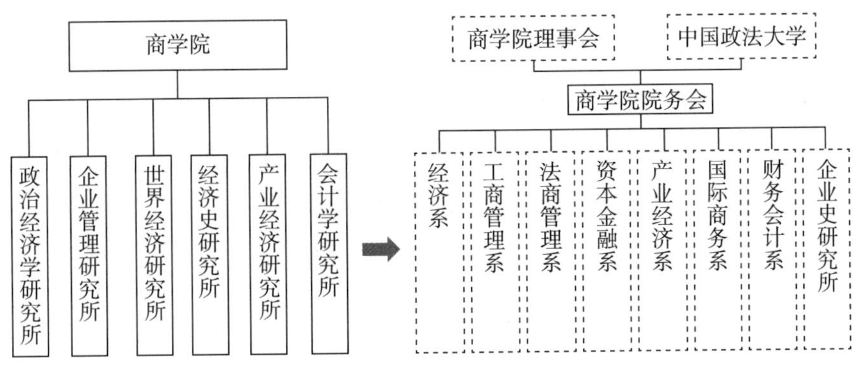

图 1　中国政法大学商学院学科体系改革：从“六所”到“七系一所一中心”

值得一提的是，“七系一所一中心”的学科组织中有两个世界首创、一个中国第一。

第一个世界首创是资本金融系，我把现代金融体系分为货币金融和资本金融。资本金融是我的独创概念，有别于传统的以货币市场为基础，以商业银行为主导的间接债权融资形式的货币金融体系。资本金融是指以资本市场为基础，以投资银行为主导，以直接股权为主要形式的投、融资体系（详见图 2）[①]。

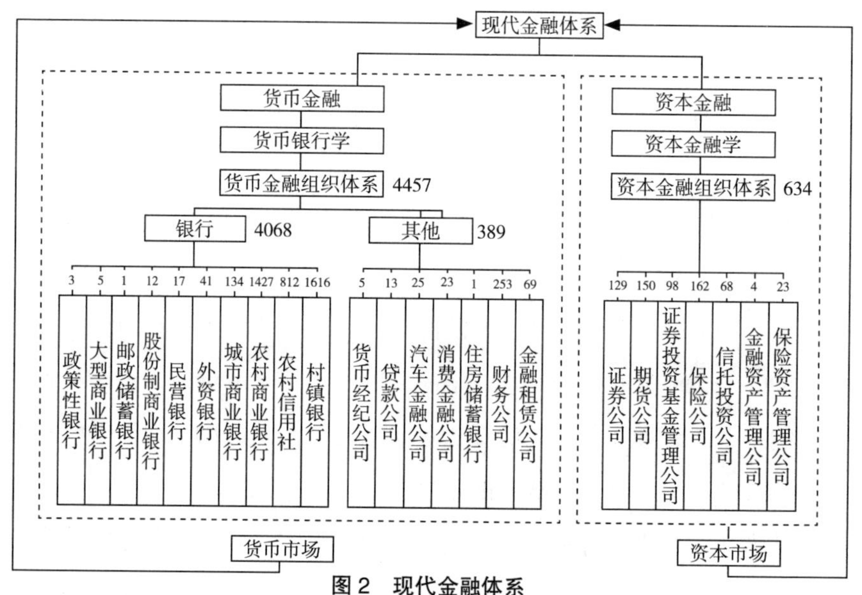

图 2　现代金融体系

注：图中数字为对应机构数目

我认为，长期以来，现代金融体系的理论支撑就是货币银行学，这显然是不够的。资本和投资同样是现代金融的核心内容，但资本金融和货币金融截然不同，货币金融强调的是货币和融资，而资本金融更侧重资本和投资。因此，不加区分地认为货币金融和资本金融都是现代金融，并都以货币银行学作为理论基础是落后的，是不能适应现代金融以直接股权投、融资为主要表现形式的现实需求的。这一不足，绝不仅仅导致现代金融理论上裹足不前，更重要的是带来实践中的危害，重融

① 在现代金融体系中，货币金融业务主要包括信贷业务、资管计划、信托计划、融资租赁等类型，而资本金融业务主要包括股票融资、债券融资、股权融资、衍生品交易等类型。

资、轻投资，投资人利益得不到保护，产生不了财富效应，股市成了圈钱者的天堂，投资者的地狱。究其原因，中国证监会的8任主席，无一例外，都是商业银行行长出身，当家人看不到资本金融和货币金融的区别，正是导致中国股市长期沉沦的原因之一。

不仅要看到资本金融是现代金融的核心内容，还要看到股权融资和资本金融才是现代金融的生命力所在。而对商学院和商科体系的教改创新来说，资本金融才更接地气，学以致用，更符合商学院的本色教学。因此，以资本金融学为理论基础建立资本金融系，更符合商学院以企业工商管理为核心的教育方向。所以，中国政法大学商学院首创资本金融系，在理论上创新，在实践中可行。

第二个世界首创是法商管理系。现代市场经济就是法治市场经济，法治市场经济需要法律为经济服务。中国40余年的改革始终是经济实践走在前面，“摸着石头过河”，但经济改革深处是产权，产权制度的保证是法律，所以“法商结合”，经济实践在前面探索，法律制度在后面做保证，就成为必然。通过组建法商管理系，探索“法商结合”的创新模式，就成了法科类大学商学院组建法商管理系的必然选择。可法商具体怎样结合，法商管理系因何施教？大幕已然拉开，更待演员登场。所以说，法商学、法商管理学的诞生迫在眉睫。

第三是一个“中国第一”，是指我把商学院的经济史研究所改成了企业史研究所，这在全国高校是个首创。要在资源有限的条件下形成自己的优势，必须紧紧围绕商学院的特点，突出重点：就是把世界400多年的金融史和公司史、中国改革开放40余年的金融史和企业史作为法大商学院企业史研究所的使命。

此外，我还明确提出了中国政法大学商学院的办学理念，就是“一主两翼，融合创新，培养社会需要的复合型人才”。所谓“一主”，即遵循以工商管理为核心的商学院的普世准则；“两翼”的“左翼”是以资本金融系为代表的“融商管理”，“右翼”是以法商管理系为代表的“法商管理”，法大商学院的改革就是要突出“一主两翼”。

所谓融合创新，就是引领当今世界发展的理论和实践，杂交出优势，边缘交叉学科是未来理论发展及指导实践的创新点，无论是法商结合的学科理论之间，还是经济与法律实践的融合创新，甚至包括东西方不同体制国家的互相借鉴都是如此。融合创新是人类物质文明和精神文明的发展方向，法大商学院的培养方向就是，懂融合创新的社会需要的复合型人才。

3. 上下求索——《法商管理学》的艰难选择

“一主两翼”，特在“两翼”，创在“两翼”。商学院要靠“一主两翼”腾飞，必须围绕“两翼”开展创新，除了学科搭建，还需要《资本金融学》和《法商管理学》作为支撑资本金融系和法商管理系的理论基础。没有这两本书，“两翼”难以展翅飞翔，两个系就成了空架子，因此由两本书支撑两个系就成了生存之战，志在必得。《资本金融学》和《法商管理学》就是在这种背景下提上了日程。

支撑“左翼”的《资本金融学》，经过我多年的积累和研究已经基本成型。资本金融学的理论体系包括四个层面：第一个层面是多层次资本市场和多元投资产品，第二层面是证券、信托、基金公司等 6 类非商业银行的资本金融机构，第三层面是“以产品经营为体，资本经营为用”产融结合的公司金融，第四个层面是企业家和高净值人群的家事金融。《资本金融学》首战告捷，至今已 4 次再版。

支撑“右翼”的《法商管理学》却步履维艰，尽管法商结合的概念大家谈了已有十几年，但其内涵却空洞无物，“只闻楼梯响，不见人下来”，之所以如此，关键还是在于对法商结合不知从何入手。由于法商结合点多、面广，从开始我就意识到，仅靠商学院和政法大学的资源，取巧进行法与商的简单拼凑是不行的。必须集中我拥有的社会资源和近 30 年在咨询和教学实践活动中所积累的研究成果才行，所以我邀请了史密夫斐尔律师事务所高级合伙人邹兆麟律师写作企业境外上市和避税港，毕马威澳大利亚业务前全国总监吕天禹先生写作境外投资中的税务合规与税务筹划，全国企业合规委员会副主席王志乐教授写作法商合规管理，中国基金业协会的洪磊会长完善基金章节，北京大成律师事务所高级合伙人吕良彪律师写作企业家刑事风险防范，工商伦理部分则邀请了南开大学商学院前副院长齐善鸿教授写作初稿。

除此之外，法商结合学以致用方面，我把多年来从事管理咨询的很多课件内容用上了，而在法人理论的创作上，我人生要写的收山之作《法人资本论》的部分内容也被用进了这本《法商管理学》。

尽管如此，这本《法商管理学》尤其是概论部分的写作之艰辛仍远远超出我的想象，时间跨度整整两年，召开了几十次研讨会，创作人员也是不断地调整，集中了一波又一波的力量，才最终完成了这世界上第一本《法商管理学》。

二、《法商管理学》的写作过程

写作《法商管理学》的过程中最难的是什么？此前，法商仅仅是一个简单拼合的概念，一无主体，二无行为，“法”与“商”的界面泾渭分明，法律和管理“双峰并立”，既见不到法商融合的内容，更见不到“法商管理”的踪影，这让法商管理学的研究和写作无从入手。因此，《法商管理学》的写作几乎是从零开始，为了揭示法商结合的内在联系和创新法商融合的理论体系，可谓绞尽脑汁，《法商管理学》写作的难点主要集中在以下 5 个方面。

1. 指导思想——简单拼凑还是融合创新、自成体系？

从贯穿本书的指导思想上看，我作为主编，首先思考的问题就是，《法商管理学》如何真正实现法学、经济学和管理学的交叉融合创新？是简单地把商法学和微观经济学、工商管理学等现成的理论拼凑，还是在坚持中国国情和国际规范相结合，法律与经济相结合，理论与实践相结合基础上的自成一体？我选择的当然是后者。

《法商管理学》的写作要坚持这“三个结合”，就不能简单拼凑、照搬西方或者采用“拿来主义”。此外，我认为更重要的是，“法律要为经济服务，理论要为实践服务，规范要为国情服务”，这三个方面是创作

《法商管理学》重要的方法论，必须在写作中一以贯之。

2. 融合创新——以“法”为主还是以“商”为主？

如何实现法商结合？有三种选择。第一种是简单拼凑，把商法和工商管理简单拼凑。在刚开始编这本书时，我确实是想把经济法和经济学的相关内容拼合起来，但是在探索和明确了法商管理的内涵之后，我就放弃了拼合的想法，与其写成“两张皮”，还不如不写。第二种是以“法”为主，以“商”为辅，因为法商的概念 Law and Business 源于西方国家大学里的法学院，而非商学院，例如，哈佛大学法学院的“Law and Business Program”。所以法商著作应以“法”为主，符合历史，源于西方。第三种是我主张的，倡导法律为经济服务，因此要以“商”为主，以“法”为辅，而以“商”为主的突破点就是创作《法商管理学》，这也符合我商学院院长的身份。

谈到法商结合，我一生就是在法商结合的理论与实践中游走的。从作为中国最高学术研究部门的中国社科院到中国证券市场研究设计中心“联办”，再到首都经贸大学和中国政法大学，我从学管理出身到转行研究金融，又转到法律界，直接参与全国人民代表大会《公司法》《证券法》《基金法》《期货法》《国资法》的修改和起草，尤其是在 20 世纪 80 年代至 90 年代研究法人所有权和参与制定《股份制定向募集规范意见》的过程中，与沈四宝、梁慧星、王保树、周渝波、李曙光、赵旭东等法律专家经常交流，获益颇丰。

在中国 40 余年的改革中，随着改革和工作的需要，我也是跨管理、金融和法律三界，在转型中摸索法商结合。我深刻体会到，中国改革始终是实践走在理论前头，经济走在法律前头，经济是法律的先行官，法律是经济的守护神。我这样的跨界经历，决定了《法商管理学》这本书，既要有超前的学术理论，又要有实用的应用价值。这本书不仅仅是要作为商学院的教材给学生们讲，还要作为法商结合的学术著作供学者读，更重要的是给作为中国市场经济脊梁的企业家用，所以这本《法商管理学》一箭三雕，其本身就是把理论与实践相结合、学以致用的典型作品。

当然，我认为探索法商结合的著作可以体现在两本书上，一本是以商和管理为主，侧重工商伦理、企业管理、法人治理和公司法治等方面的《法商管理学》，另一本则是以法为主，侧重商法的《法商学》。我的经历和使命就是完成《法商管理学》，而《法商学》的创作则只能拜托民商法方面的教授担纲了。

3. 独树一帜——明确以公众公司和基金作为法商主体

法商主体如何确立？经过反复研究和讨论，我最终决定，把现代股份公司、公众公司和公司型基金以及契约型、合伙型两类基金中的基金管理公司等法商企业作为法商管理学研究的重点。

随着新产业经济时代、资本经济时代和全球化时代的到来，传统企业逐渐向公众公司、跨国公司转型，成为主导社会发展、引导市场经济的最先进的形态，在市场经济发展中起着主导作用。这一类型的现代商事法人独立承担责任，所有权与经营权分离，具有公众性与社会化的特征，无疑是向传统的独资与合伙企业提出了挑战，也引发了安然、世通、银广夏、康得新等上市公司的法人治理、法人犯罪、公司法治等一系列独特的法商问题。法商结合必须从发展和规范两个角度锁定股份公司和基金。因此，与传统负无限连带责任的企业组织（如独资企业、合伙企业）不同，无论是从对促进人类文明发展的重要性来看，还是从具有公众性和“破坏性”来看，都决定了本书应以公司和基金这两类企业作为重点。

此外还必须看到企业家是市场经济的引领者和创新者，是推动市场经济发展的主角。因此，法商管理学不仅要研究公司和基金主体，还必须包含企业家行为规范。

4. 推陈出新——以法商行为的四个内涵为纲确立全书架构

伴随着市场经济从商品经济向资本经济的演变，传统的企业管理已经不能完全解决公司法人所有权和管理权分离后所滋生的“主人不在家，保姆当家”的内部人控制问题，以及现代公众公司和股份公司最易发生的违法违规问题，法人所有权向经济学界、法学界和管理学界提出了前所未有的挑战。如何约束法人、制约“保姆”和保护投资人，仅靠传统企业管理和法人治理是不够的，还必须提出工商伦理和公司法治作为制度性的完善。

研究表明，解决现代公司的问题，不仅要通过法人治理建立起公司的“组织法”，形成法商企业内部权力科学分配与制衡机制；还要通过工商伦理提高企业家的道德理念，通过公司法治实现企业合规经营与风险控制。写作《法商管理学》，提出的重要理念是，让工商伦理挺在公司法治之前，法商企业需要从法治约束提升到“君子爱财取之有道”的哲学伦理指引下的自觉和自为，最终实现企业系统价值最大化。

本书创新提出，法商管理包括企业管理、工商伦理、法人治理和公司法治四个内涵，并将法商管理定义为，法商管理是以公司、基金两类狭义法商实体和广义法商实体中的企业家为对象，以公司法治为主线，在法商伦理与法人治理基础上实现企业系统价值最大化的全过程管理。正是在四个内涵和法商管理定义的基础上，最终形成了本书八篇共三十五章的结构。

5. 集思广益——明确本书的英文名称

《法商管理学》的英文名称非常重要，为此我们集思广益，数易其名，最初我们想用“Law and Business”，目前大多数谈“法商结合”的文章，也都这样翻译。我们经过反复探讨发现，这种结合源于国外大学的法学院，例如，哈佛大学法学院“Law and Business Program”（法与商研究项目），但无论是哈佛大学商学院还是其他商学院的学科体系设置中，我们都没有看到“Law and Business”这样的学科体系和相关项目。哈佛大学法学院的这一项目和学科，主要培养与商业领域相关的职业律师或企业的法律顾问，而我们商学院的法商管理学要培养的是懂法、守法的战略型企业家和主要高管人员，尤其倡导在卓越的企业高管团队中要设法务总监、合规总监，与财务总监并列，这与哈佛的法与商研究项目是截然不同的。

由于“Law and Business”的英文原译就是拼合，因此，法商结合的中国现状也是法学和商学的简单拼合也就不足为怪了。法商融合创新，要合二为一，自成体系，首先要摒弃“Law and Business”这个用词。

由于法商管理学的关键突破点是，对法商管理的定义和两类法商主体的确立，以及对四个法商行为范畴的规范；同时明确了法商管理学“以管理为主，以法律为辅”的指导思想，因此，法商主体的英文确立为“Legal Entity”，法商行为的英文确立为“Lawful Business”，而法商管理学则翻译为“Business Management of Legal Entity”。

三、编写人员分工

本书的写作，具体分工如下。

刘纪鹏负责《法商管理学》名称，以及框架目录、主要观点与核心内容的总体设计。

第一篇：概论。刘纪鹏撰写第一章、第二章、第三章和第四章。

第二篇：企业形态与法商实体。刘纪鹏、华忆昕、熊金武撰写第五章；刘纪鹏、华忆昕撰写第六章；刘纪鹏、杨俊峰撰写第七章；刘纪鹏、胡历芳撰写第八章；刘纪鹏、刘彪撰写第九章。

第三篇：法商伦理与契约精神。程碧波、熊金武、杨俊峰撰写第十章；熊金武、齐善鸿撰写第十一章；刘志雄、胡继晔、许恒撰写第十二章；刘志雄、程碧波、顾凡、许恒、华忆昕撰写第十三章。

第四篇：法商治理与激励。刘纪鹏、华忆昕撰写第十四章；胡历芳、唱小溪撰写第十五章；刘纪鹏、刘彪、胡历芳撰写第十六章；刘纪鹏、刘志强、刘彪撰写第十七章；刘纪鹏、刘彪撰写第十八章；胡继晔撰写第十九章。

第五篇：法商运营。王玲、王振凯撰写第二十章；程碧波、刘纪鹏撰写第二十一章；刘纪鹏、李建伟、胡历芳、孟令星撰写第二十二章；许恒、刘纪鹏撰写第二十三章；邹兆麟撰写第二十四章。

第六篇：法商合规管理。王志乐、郭凌晨撰写第二十五章；吕天禹撰写第二十六章；刘继峰、许恒撰写第二十七章；刘志雄、李东方、华忆昕、许恒撰写第二十八章。

第七篇：法商风险防范。唱小溪撰写第二十九章；张苏彤撰写第三十章；邹兆麟撰写第三十一章。

第八篇：企业家财富管理与风险防范。程碧波撰写第三十二章；陈汉撰写第三十三章；王涌撰写第三十四章；吕良彪、熊金武撰写第三十五章。

刘纪鹏、胡历芳、刘彪、程碧波、熊金武统稿全书。

结语

20 世纪 90 年代，诞生了以北大光华和清华经管为代表的学术型商学院；2000 年后，中国又诞生了以长江、中欧为代表的实战型商学院。我殷切希望能把法大商学院办成一所理论与实践相结合的融合型商学院，而这本《法商管理学》就是将理论与实践相融合的一部著作。

本书一是在法商、法人等学术理论上实现了突破，可供学者进行专业探讨；二是总结归纳了很多实践做法，对法商企业和企业家有指导意义；三是强调公司合规和风险控制，可供监管部门借鉴；四是尤其适合作为立格联盟的中国 9 所政法类大学的商学院教材。

由于本书是世界上第一本《法商管理学》，而对法商结合的主体和行为模式需要不断探索，日臻完善。期待本书能在法商融合创新的实践中发挥作用，并对法商管理学术理论的探索起到抛砖引玉之效用，最终在理论和实践两方面把法商结合的探索不断引向深入。

刘纪鹏

2019 年 8 月 12 日

真情坦露——我的自白

出任院长两年半的时间，在商学院理事会和法大校领导的支持下，在全体教职员工的共同努力下，各项改革已然初见成效，“一博两硕”和两个二级学科先后获批，为商学院的学科发展拓展了广阔的空间。第一，理论经济学一级博士点获得了批准；第二，在工商管理专硕（MBA）的基础上，又获批了金融专硕和国际商务专硕两个资格；第三，在本书即将付梓出版之际，又成功获批了创新经济学二级博士点，商业大数据分析二级硕士学位点；第四，学院成功获批理论经济学博士后点；第五，MBA 的第一志愿率已从我来之前的不到 20% 上升到 77%；第六，本科生的学科体系特别是成思危菁英班的教学改革方案已完成。总之，各项指标都取得了明显的进步。

对此，法大前党委书记石亚军情深意笃地对我说：“纪鹏，你的运气真好，到商学院之后什么都顺。”听了这话我心里不知是个什么滋味，哪怕您说“是愚公精神感动了上帝”也好啊。可瞬间我想开了，领导这是在以最高方式赞扬我，两年来商学院不仅没再让领导“闹心”，还取得这些令人想不到的成就，这不是在变相赞扬我有“神之助的超人之力”嘛。

其实这两年商学院做的大量基础管理工作并不为人知，商学院同人都知道我的一句话：“要像办公司那样办商学院。”凡有客人到商学院来访，我最爱炫耀两样：一是商学院教学和行政管理的 16 本管理流程，二是每年 11 月下旬召开的商学院年度预算规划会议。我一直希望两位领导给我一次机会，向校务会做一次商学院改革试点汇报，兴许对领导会有些启示。但直到他俩退下来，我这愿望也未实现。

在中国的财经类和综合类大学办商学院易，在政法类大学办商学院难。政法类大学有两个特点：一是从中国的国情出发政法合一，二是校领导班子政法当家。以中国政法大学为例，13 个学院中有 10 个是法科类的学院，校班子里并不配备学经济的副校长，学校的一流学科建设规划中只提法学、政治学、社会学，商学院代表的经济学连前三名都排不上。上面没有人，隔行如隔山，一旦沟通不畅，领导好心但没办成好事的情况就发生了。商学院在法大并不同法学类学院那样被重视，这是可以理解的。尽管国际法专家、法大前任校长黄进教授不止一次对我充满厚望和期待地说，“我有个心愿，要把政法大学办成像伦敦政治经济学院那样的大学”。我则回答说：“那样的话商学院就能名副其实地发挥作用了，但前提是要把中国政法大学的名称改成中国法商大学才行，可这怎么能行呢，中国政法大学这几个字是小平同志题写的，格外珍贵，连我自己都不会同意。”可现实中，我一点都感受不到商学院在政法大学里能和法科类的学院平起平坐。事实上，在我上任之初的调研中，教师就反映，商学院在法大抬不起头来。实事求是地说，这只能怨我们自己做得不好。尽管如此，我也时常跟校领导调侃说，商学院在法大不是“正宫”，是“偏房”，“偏房”要成器，先得讨领导和“正宫”欢喜，所以商学院两年前就开办了蓟门法治金融论坛，请国内外名家来讲，至今已经举办了 78 期，出了 5 本文辑，在校内外深受喜爱。

我受命于危难之时的商学院，是受领导之托，帮助商学院渡难关来的，这一目标已然实现，商学院基本走上正轨。就我个人来说，填补了我咨询生涯中大学改革和管理咨询案例的空白。对他人的承诺，对己的自我实现均已完成，我已向校领导正式提交辞呈，急流勇退。

在我的任内，除了和法商系的同人完成《法商管理学》，我还制定了由经济系牵头写作《宏观法经济学》《微观法经济学》，工商管理系牵头写作《情商学》的计划，现在看来要完成全部计划，时间已然非常紧迫，好在《法商管理学》率先完成了突破。这本书就像自己的孩子，抚养之艰辛，感情之深厚，无论是商学院的改革还是写作这本书，都让我对商学院和法商管理学科产生感情。我不由自主地就想利用《法商管理学》的前言，把在商学院两年多的酸甜苦辣写出来。我深知，这是我在商学院人生历程中对外坦露心声的唯一机会。

本书开篇以这种独特的真情流露的方式写成，因此这篇的题目叫作“真情坦露——我的自白”，恳望大家给予理解。

刘纪鹏

2019 年 8 月 12 日

目　录
CONTENTS

第一篇　概　论

第三章　法商管理的内涵和特征

第四章　法商管理学的框架体系与学科借鉴

第二篇　企业形态与法商实体

第五章　企业及企业联合组织的演变

第十三章　法商文化与社会责任

第四篇　法商治理与激励

第十四章　公司型法商实体及其主要形式

第五篇　法商运营

第二十四章　企业境外上市

第六篇　法商合规管理

第二十五章　法商合规管理

第七篇　法商风险防范

第八篇　企业家财富管理与风险防范

第五篇

法商运营

第二十章　法商知识产权管理

伦勃朗（Rembrandt）是欧洲17世纪最伟大的画家之一，但是他去世时穷困潦倒，大量的作品被尘封在家中的阁楼，不为人所知。直到有一天，家族的后代清理阁楼时才发现伦勃朗的画卷，尘封的宝藏开始被世人所瞩目。这段故事引自凯文·瑞维特（Kevin Rivette）和戴维德·克莱恩（David Kline）撰写的《阁楼上的伦勃朗》（*Rembrandts in the Attic*），此书提出了一个核心观点："知识产权（Intellectual Property）常常被人们忽略，它就像阁楼上的绘画作品一样，一旦被挖掘出来，就变得价值非凡。知识产权远远不仅是一种合法的固定资产，还是一个动态的经营过程。企业应该通过运作、开发知识产权资源，并使专利权战略化，来获得巨额利润。"

知识产权是企业创新的产物，由国家通过法律赋予权利人在一定时期内享有独占权利，它是一种典型的法商智慧资源，在企业经营过程中持续发挥作用并给企业带来超额收益。在知识经济及全球化的今天，企业运营环境难以预测，具有复杂性和不确定性，知识产权资源越来越成为企业竞争优势、价值的主要源泉。

第一节　创新与知识产权资源

一、创新改变企业资源结构

1953年，美国经济学家里昂惕夫用投入产出模型对美国20世纪40年代和50年代的对外贸易情况进行分析，结果表明，美国进口的商品是汽车、钢铁等资本密集型产品，而出口的商品是农产品等劳动密集型产品。按照赫克歇尔－俄林要素禀赋理论，一国应出口的比较优势产品是生产上密集使用该国相对充裕而便宜的生产要素生产的产品，而进口的产品是在生产上密集使用该国相对稀缺而昂贵的生产要素生产的产品。简言之，劳动丰富的国家出口劳动密集型商品，而进口资本密集型商品；相反，资本丰富的国家出口资本密集型商品，进口劳动密集型商品。美国是典型的资本丰富而劳动贫乏的国家，它的现状与要素禀赋理论完全相悖，被称为“里昂惕夫之谜”。在此之前，美国著名经济学家索洛在分析 1909—1949 年美国的经济增长时就发现，在这 40 年中，美国总产出的增长率为 2.9%，其中 0.32% 可归因于资本，1.09% 可归因于劳动，还有 1.49% 的剩余被称为“索洛剩余”。

针对上述两个现象，学者们从美籍奥地利经济学家熊彼特（Joseph A. Schumpeter）的创新理论中找到了答案。熊彼特在其于 1912 年出版的《经济发展理论》一书中认为，资本主义经济增长的主要原因是“创新”（Innovation），而不是资本和劳动力，强调生产技术的革新和生产方法的变革起着至高无上的作用，并指出创新是将原始生产要素重新排列组合为新的生产方式，从而实现效率的提高和成本的降低。此外，企业家是能够“实现生产要素重新组合”的创新者。熊彼特把创新视为一种“创造性破坏”的工具（创造性地破坏市场的均衡），由于在破除旧事物过程中总会遇到阻力，因此只有开拓型的企业家才能将创新引入市场，把握获取超额利润的机会。德鲁克（Peter F. Drucker）在其《创新与企业家精神》一书中剖析了创新及企业家如何有效地创造就业机会，从而打破苏联经济学家康德拉杰耶夫的“经济发展过程必然出现周期性的经济危机”的论断。德鲁克认为是成千上万企业家的创新活动避免了经济大衰退，创新是唯一能造就持续和健康发展的经济工具。

创新如此重要，成为人类通过新技术改善经济福利的商业活动。在企业层面，创新也是企业获得竞争优势、市场势力的根本，前者通过创新获取比竞争对手更多的利润，后者则是充分利用创新不易被模仿的特点，形成对市场的控制力。创新产生的智慧资源直接改变了企业资源的构成，如图 20-1 所示，相对于企业有形资本（包括由厂房、设备等组成的实体资本和货币资本），企业无形资本的含义要广泛且重要得多，包括创新资本（如专利权、商标权、著作权、知识库）、人力资本（如经营团队、知识型员工）、关系资本（如客户关系、供货商关系、 关系网络）和流程资本（如工作流程、专有技术、商业秘密）。企业资源是实现市场价值的基础，在无形资本中，大部分智慧资源都与知识产权相关，包括专利权、商标权、著作权和商业秘密。

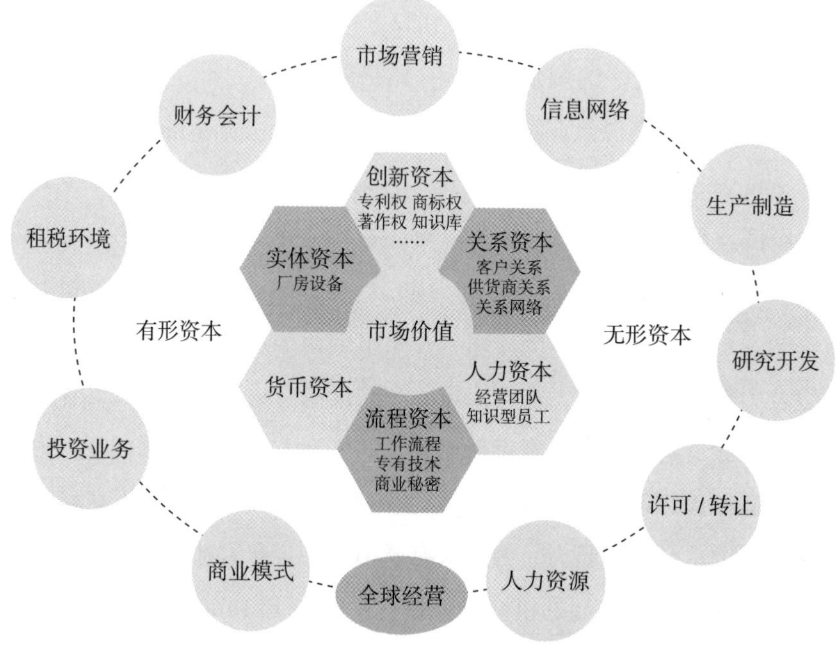

图 20–1 企业资源的基本构成

图片来源：周延鹏．知识产权全球营销获利圣经［M］．北京：知识产权出版社，2015：104.

二、企业知识产权资源的价值体现

（一）企业知识产权资源的价值效应

知识产权产生于企业研发和创新的过程中，它可以改变产业结构、技术结构、产品结构以及产值结构。在运营过程中，企业知识产权资源具有价值效应，主要表现在以下 5 个方面。

（1）有效帮助企业做好防御布局。如果一家公司拥有一项知识产权，那么它最起码可以阻止竞争对手使用该资产。通过主张具有价值的知识产权的权利，企业能构建一个从知识产权获得更多价值的基础。在这个层级，企业可以通过储备知识产权构建属于自己的“护城河”，保护企业免于诉讼，例如，可以通过谈判进行交叉许可，而不是打官司。知识产权资源被视为企业的法律资产。

（2）有效帮助企业降低经营成本。企业知识产权工作以及优质的知识产权布局都会有成本发生，当然，知识产权通过帮助企业降低风险而避免潜在的财务损失也是非常重要的。企业需要有效分析知识产权成本构成与特征，通过一系列管理手段有效降低知识产权布局成本。在这个层面，企业在视知识产权为法律资产的同时，还会将知识产权视为财务资产或财务费用。

（3）有效帮助企业寻求附加价值。当企业有兴趣将知识产权纳入绩效管理评价，也意识到如何控制与知识产权有关的各项事务的成本以后，会把目光转向能产生更多附加值的前瞻性战略，同时消减成本。企业对于知识产权的态度会发生变化，组织架构也会有所变化，比如成立独立的知识产权部门，负责这项工作的也许是首席知识产权官。在这个层面，企业开始将知识产权视为商业资产，而不仅仅只是法律资产。

（4）有效帮助企业获得整合机会。在这一层级，企业管理层已经掌握了在一系列商业场景中使用知识产权的能力。企业认识到知识产权是公司真正的战略资产，首席知识产权官更注重周密的知识产权管理过程。企业通过施行系统化的程序来测评知识产权风险与收益的平衡，从而在企业内部围绕发明和创新两者之间的关系清晰度广泛展开讨论。在这个层面，企业关注的不再是知识产权本身，而是决策和管理过程。

（5）有效帮助企业赢得未来。企业的知识产权部门需要明晰未来技术发展的方向和消费者偏好，企业追求能够帮助企业获得利润以及市场份额所必需的知识产权，更进一步针对未来进行知识产权布局来预见技术革命并主动探索，以使企业成为该领域的领先者。最终，这一层级的企业知道并且有动力预测和影响企业的未来。

（二）企业获得知识产权资源

要获得知识产权资源，企业需结合市场以及自身情况综合筹划，包括资源创造、保护、管理及运营四个方面的内容。

1. 知识产权资源创造

知识产权资源创造是一个系统的流程，完成创新成果→知识产权申请→授权→知识产权生命周期，整个过程可以实现企业知识产权质与量的提升和积累。具体可细分为：逐步积累与企业相匹配的知识产权申请数量和知识产权授权数量，为其他知识产权工作奠定基础；提高知识产权的个体质量和整体质量，为其他知识产权工作奠定基础；妥善完成知识产权整个生命周期的程序性工作，保护创新技术成果，防止知识产权权利丧失。

2. 企业知识产权资源保护

企业知识产权资源保护是当他人已存在的知识产权对己方企业产生限制、威胁，甚至是阻碍时，采取措施加以利用或者应对，降低或者避免他人知识产权给己方企业带来的风险。由于知识产权的状态无形性和权利范围的不明确性，再加上知识产权数量众多，他人知识产权产生的影响在多数情况下是偶然发生的。为了降低这种偶然性，加大己方企业在他人知识产权应对上的控制能力，己方企业可以从三个逻辑层面上开展工作：他人知识产权利用、他人知识产权规避、他人知识产权抗辩。

从广义上讲，他人知识产权利用包括他人知识产权的技术利用和权利利用。他人知识产权的技术利用是指对他人知识产权所保护的创新方案进行借鉴，为自己的产品研发提供信息资源；他人知识产权的权利利用是指通过某种方式获取他人对知识产权的权利，使其成为自己的权利，并加以利用。他人知识产权利用进一步细分为：主动或者协助相关部门对他人知识产权中蕴含的技术信息和经济信息进行分析和利用；根据公司的运营策略，对他人的知识产权获得许可或者进行收购。

他人知识产权规避是，当自己的产品或者业务与他人知识产权所涉及的产品或者业务相关，同时又无法或者无须利用他人知识产权，为了自己产品或者业务不侵犯他人知识产权，而从技术、合同等方面采取规避措施。他人知识产权规避还可以进一步细分为：对可能存在的侵犯知识产权风险进行分析，并给相关部门提出预警；当自己的产品或者业务可能侵犯他人知识产权时，通过对自己产品或者业务进行针对性的修改，避免侵犯他人知识产权；当自己的产品或者业务有存在侵犯他人知识产权的可能时，采取措施将可能产生的侵权责任转嫁给相关方面。

他人知识产权抗辩是，当自己的产品或者业务与他人的知识产权相冲突，但既无法利用他人知识产权又无法进行规避时，利用法律或者行政手段对他人知识产权实施抗辩，从而降低自己的经营风险。他人知识产权抗辩可进一步细分为：当自己的产品或者业务侵犯了他人知识产权时，采用宣告无效的手段使他人知识产权灭失；当他人以行政手段主张知识产权权利时，采取适当措施进行应对；当他人以诉讼手段主张知识产权权利时，采取适当措施进行应对。

3. 企业知识产权资源管理

企业知识产权资源管理是将取得的自有知识产权作为企业一项重要的资源，对其进行有效的管理，使其处于随时发挥作用的状态，以提高自有知识产权的个体价值和整体价值。可以细分为：在企业内部统一规划知识产权资源布局，建立有弹性的、适合的企业内各公司的知识产权资源体系；对自有知识产权的重要程度进行评估，对于重要知识产权采取重点管理措施，对于无用知识产权进行有效处理；对自有知识产权进行有序管理，保证自有知识产权处于可使用状态。

4. 企业知识产权资源运营

企业知识产权资源运营是将自有知识产权这种权利加以灵活运用，达到实现企业整体战略和实现自身价值的双重目标，从而实现知识产权价值化的良性循环。自有知识产权来自于创新技术，但其本质是一种权利，一种合法的垄断权利，如果不加以利用，其自身是不能产生任何价值的。如果能有效地加以利用，不仅能配合企业其他的经营业务，实现企业整体战略，还可以独自创造利润空间。可细分为：根据企业相关策略，处理向他人进行自有知识产权许可的具体事宜；根据企业相关策略，处理向他人进行自有知识产权转让的具体事宜，自有知识产权价值实现，以自有知识产权为运用对象，发挥自有知识产权作用，并配合企业相关业务开展。

第二节　企业知识产权资源的运营

传统意义上的知识产权是指工业产权和著作权，其中，工业产权包括专利权、商标专用权、禁止不正当竞争权。根据中国《民法通则》（2017 年版）第一百二十三条规定，知识产权包括：作品；发明、实用新型、外观设计；商标；地理标志；商业秘密；集成电路布图设计；植物新品种；法律规定的其他客体。在以往的讨论中，人们习惯将知识产权资源当作法律资产，本节将从商业化角度重新介绍知识产权资源。

一、商标、商号与网络品牌策略

企业形象识别系统（Corporate Identity System，CIS）是现代工业设计和现代企业管理营运相结合的产物。美国企业从20世纪50年代开始，将企业形象作为新的经营要素。企业在进行商标、商号、域名、APP、微信公众号等形象标识物设计的时候，一定要避免未来商标侵权、商号争议、域名被抢注等困扰，树立 CIS 意识，建立完整体系的无形资产构架，将传统品牌方式（商标、商号）与网络品牌方式（域名、APP、微信公众号）有机地结合起来，塑造企业的个性及影响力。在设计时，既要从认同感与价值观角度注重企业经营理念和文化的传达，又要从设计技术角度注重消费者的使用习惯与记忆特点，还要遵守相关法律法规的规定，避免因疏忽带来法律风险，甚至丧失应有的专属权。

（一）商号的设计

企业名称是区别不同市场主体的标志，起着企业间相互区别、便于识别的作用。中国《企业名称登记管理规定》中提到，企业名称应当由以下部分依次组成：商号（或者字号）、行业或者经营特点、组织形式。也就是说，企业名称中除行政区划、行业或者经营特点、组织形式之外，能够显著区别于其他企业的标志性文字即为商号。

商号（Trade Name）是企业的专属名称，与其享有的专用权称为商号权。企业名称的法律保护，实质上就是商号的法律保护。商号起着连接商品与消费者的媒介作用，是商誉的重要载体，其识别价值不仅表现在促使企业不断改善经营管理水平，提高产品质量，而且表现在便于消费者选择商品，维护消费者合法权益。企业常将商号标于商品上，用于区别商品以及注明商品的出处。

企业常常以商号来申请产品的商标注册，比如中国老字号“张小泉”“全聚德”等。还有另外一种情况，企业的注册商标与商号不一致。随着商品销售范围与数量的增加，商标的影响力远远大于商号的影响力，企业有时会将自己的注册商标核准登记为商号，比如美国比阿埃斯公司将“耐克”商标改为公司的商号。因此，企业在进行企业名称登记时要充分考虑未来商号与商标的一体化，在进行商号设计时参考相关设计原则。

（二）商标设计与及时申请注册

商标（Trade Mark）是用来区别一个经营者的品牌或服务与其他经营者的商品或服务的标记。商标有利于培植富有个性的产品形象和市场形象，帮助企业取得竞争对手所不及的特定优势，因此，设计和选择一个好的商标是企业吸引消费者的重要营销手段之一。

商标的设计与选择虽然涉及心理学、社会学、市场学、美学、艺术等专业知识，但是首先应该考虑的是其法律上的有效性。申请注册的商标，应当有显著特征，便于识别，并且不得与他人先取得的合法权利相冲突。商标的显著性是指从总体上具有独自特征并能与他人同种或类似商品的商标区别，即“独特性或可识别性”。商标的显著性应遵循以下几个原则：（1）使用的商标与所依附的商品没有直接的关联；（2）使用的商标与他人及行业通用、共用的标志相区别；（3）使用的商标与制定的商品上的标志相区别；（4）商标设计要简单突出，富有自身特色，做到简单、明确、易记、易听、易看、易读、易写，既适合商品特点，又适应消费者心理，适应消费群体的文化素质；（5）如果是外销产品，还应符合输入国商标法规定，符合当地风俗习惯与宗教信仰。另外，正如前文提到的商标与商号的一体化战略，企业使用统一标志和名称可获得商号权与商标权的双重法律保护。

由于商标注册是中国取得商标专用权从而获得法律保护的必要前提，企业对其使用或准备使用的商标应该及时申请注册，否则该商标只能是未注册商标，得不到法律的有效保护。包括中国在内的许多国家的法律并不排除未注册商标的使用，未注册商标也并非在任何情况下得不到法律保护。然而，一旦本企业的商标出名，很容易招致抢先注册，企业将丧失自己前期积累的商标信誉。这里的“及时注册”还包括一定地域范围的超前注册，企业在进入国外市场之前，尤其应重视获得商标权，为未来商品或服务的进入提供法律保障。

（三）域名设计与及时注册

随着电子商务的加速发展，网络品牌的影响力所起的作用也越来越重要，企业网络运营能力直接决定了其开展电子商务的广度和深度。全球范围内网络业务的迅猛发展，也使域名（Domain Name）成为重要的无形资产，甚至被称为“网上商标”。企业通过在电子商务活动中有效地实施域名与商号或商标一体化的策略，可以充分结合企业有形空间或者网络空间的商誉优势，利用辐射作用快速形成用户比较熟悉的标志，以较小的成本向消费者推介企业的商品或服务，从而有助于进一步提升企业声誉、企业形象和影响力。

近年来，中国不少知名企业的商标被国内外企业或个人抢注为域名，原拥有商标的企业只能与抢注企业谈判以高价赎回。针对恶意抢注的情况，《中国互联网域名注册暂行管理办法》等相关法律法规相继出台，但是事后补救的手段具有很大的局限性。为了预防本企业商标在网络环境下被其他企业抢先申请注册为域名，使本企业的商号或商标在网络空间的影响力被淡化而造成损失，企业应及时将自己的商号或商标在网络空间申请域名注册，这样可以有效地预防他人以抢先注册域名形式“搭便车”的行为。

域名在命名方式上规定是用字母、中文、数字和连字符组成，长度不能超过20个字符。作为经营者的商业标志物，好的域名不仅要与商标、商号等商业标志进行良好关联，还应与消费者的认知逻辑保持一致。足够简单的中文拼音（如淘宝TAOBAO，京东JD，国美GOME），或者是全英文（如亚马逊AMAZON），抑或是创始人姓氏（如惠普HP），均是较好的设计理念。数字与字母、数字与拼音的组合效果相对较差，从使用和记忆习惯上来看，消费者需要同时使用两种输入法，切换烦琐。另外，从文化和地域习惯考虑，域名要尽量避免选用方言发音相差较大的拼读设计。库巴网是中国家电B2C网络购物平台的领军者，其域名却进行了多次调整，最理想的域名KUBA因被抢注而放弃，最终选择COO8。创始人后来进行二次创业，其名下的“大朴网”吸取经验，创立之初就注册登记域名为“DAPU”。

（四）企业产品的APP设计

随着移动互联网的发展，APP已成为网络品牌的一种，成为企业品牌形象展示与品牌推广的主要媒介。APP界面被称作UI（User Interface），是软件实现人机交互的整体设计。APP界面视觉设计对于品牌带给用户的直观感受有着重要的意义，将品牌自身特色与APP界面视觉设计结合，可以促进品牌的良性传播与发展。

（五）企业微信公众号的申请

随着微信的普及，微信公众号成为网络品牌的一种新形式，成为具有广告效应的新媒体。它是开发者或商家在微信公众平台上申请的应用账号，通过公众号，商家可在微信平台上实现和特定群体进行文字、图片、图文、语音、视频等全方位的沟通。按照腾讯微信服务协议的规定，企业微信公众号需要提供运营者身份证、企业营业执照和组织机构代码证三项资料的完整信息来进行认证。企业成立后应该立即申请、认证并开通公众号，避免被他人抢注。

二、专利的申请、保护与运营

专利是由国家颁发专利证书授予专利权人在法律规定的期限内，对制造、使用和销售享有的专有权利。

Ocean Tomo 创始人詹姆斯·马拉科沃斯基（James Malackowski）对 1995—2002 年美国上市公司融资数据进行统计，结果发现，7 年间 2000 多次风险资本投资中，拥有专利的公司获得第二次融资的概率是 84%，没有专利的公司获得第二次融资的比例是 50%；此外，在这期间拥有专利的公司倒闭的比例只有 16%，而没有专利的公司倒闭的比例达到了 76%。到 20 世纪末，美国企业盛行专利申请，公司高管人员几乎希望将公司的每一项技术都申请专利，结果使得专利技术不再是大公司的独享，大量中小企业都拥有自己的专利。知识经济时代，专利作为一种无形资产开始被人所关注。

对于企业尤其是技术型企业而言，有效地运用专利策略将直接关联到企业竞争力的获取与可持续发展。

（一）专利申请策略

企业申请专利的动机各不相同，主要包括：（1）防止模仿，通过发布合法权利来阻止他人使用；（2）向投资人、潜在合作者以及客户传递信号，获得竞争优势；（3）自己使用，且阻止他人获得专利权；（4）通过转让、许可等经营方式，从专利中获利，比如，IBM 在过去 10 年仅专利许可费就高达上百亿美元；（5）自己并不使用，只是为了阻止竞争对手产品或技术的商业化。但是，无论是出于何种目的，都需要充分权衡专利申请的必要性、申请的种类、申请的时机、申请的范围、申请的国别等问题。

首先，企业发明创造出新技术之后，将面临是否申请专利的选择，决定是以申请专利、技术秘密保护还是公开成果的方式对新技术加以利用。

对新技术加以利用以下情形适合申请专利获得专利权：（1）达到申请专利要求的新颖性、创造性和实用性（以下简称“三性”）；（2）技术比较复杂，是领域内的重大成果；（3）竞争对手容易通过反向工程获得技术要点；（4）市场前景不明朗、经济价值不确定的成果。

以下情形适合采用技术保密的方式加以保护：（1）不属于专利法保护的主题；（2）技术创新成果不具备申请专利的三性要求；（3）竞争对手能够在研究专利说明书后轻易绕过的成果；（4）技术成果经济寿命周期短，很快将出现可替代技术，如软件行业。

采用公开成果的方式更多是作为一种战略手段来加以运用，公开成果可以使竞争对手的专利申请丧失新颖性，从而阻止他人获得专利权。

企业一旦决定申请专利，接下来就面临申请时机的选择问题。如果竞争对手短期内还无法研究出同样的成果，就不必急于申请，而是待竞争对手有所行动时再申请专利。其间要特别注意采取严格的保密措施，以免因技术被公开而丧失新颖性。中国专利法采用的是“专利先申请原则”，对专利的及时申请提出了要求，但是过早申请会带来一些损失，比如，过早申请会向竞争对手暴露自己的研发战略和技术秘密。此外，专利保护有期限，中国发明专利从申请日开始保护也只有 20 年，一旦未能及时商业化，很可能在获得经济回报之前就已经到期。因此，申请专利的时机要能确保研究开发的技术达到一定的成熟度，还应在研究竞争对手技术发展动态、市场效益等因素后综合考虑。

其次，在申请种类上，中国专利分为发明、实用新型和外观设计三种。按照《中华人民共和国专利法》（以下简称《专利法》）的界定，发明专利是指对产品、方法或者其改进所提出的新的技术方案；实用新型专利是指对产品的形状、构造或者其结合所提出的适于实用的新的技术方案；外观设计专利是指对产品的形状、图案或者其结合以及色彩与形状、图案的结合所做出的富有美感并适于工业应用的新设计。企业应该根据自身发明创造的特点，结合不同要求进行选择，甚至可采用组合的方式，在实践中同时申请两种或两种以上的保护形式，取长补短，并在实践中延长专利保护期限。

最后，在专利申请国别选择上，专利地域性特征决定了企业只有在不同国家申请专利才能获得当地的保护，因此还需要和企业的跨国经营战略相结合。

（二）专利诉讼策略

企业常常会面临专利侵权的纠纷，一种情况是发现对方侵犯了自己的专利权利，另一种情况是自己被对方起诉侵犯他人的权利。

企业作为侵权方，当被对方起诉时，常用的专利诉讼应对策略如下。（1）检索专利文献，明确原告专利的法律状况。通过收集与该专利技术有关的技术资料，查阅专利登记簿、专利公报、专利申请人文件，了解原告的专利申请人、公开日和授权日等具有法律意义的日期，明确原告是否为真正的权利人或利害关系人，确认对方专利权是否在专利保护期内。（2）分析对比，剖析双方技术特征要素。针对原告专利权利要求的技术特征逐一分析，并与被指控的侵权产品的技术特征逐一进行对比，从而判断自己生产的相关产品或者使用的相关方法是否落入了原告专利权的保护范围。（3）请求宣告对方专利权无效。请求宣告专利权无效在很多情况下是企业在被告的情况下以攻为守的处理方法。（4）合法使用权抗辩。这种策略的实质是企业使用原告的专利技术具有合法的使用权，比如，先用权抗辩，对于在专利申请日前的制造、销售行为容易辨认，通过审查被告企业制造或销售相同产品的生产记录或销售发票，或者使用相同方法的技术文件即可确认先用权。（5）通过收购、参股原告公司等形式化解诉讼。如果企业具有一定的实力，那么在发现没有对自己有利的事实证据的情况下，可以就对方具有利用价值的专利与对方进行交叉许可，主动和解，停止侵权，避免扩大损失。

企业作为被侵权方时，可以积极运用专利诉讼策略，有力地遏制与制约竞争对手，保护自己的专利权利，制止侵权，获得赔偿。企业在发起专利诉讼攻势前，需要选择好攻击目标，如果涉嫌侵权者多且实力不够强，那么往往选择实力较强的公司；如果涉嫌侵权者多且多是规模较大的公司，则可选择其中实力较弱的公司；提起诉讼的时间最好选择对方进行重大投资或进行并购活动时，等等。提起诉讼时，应从权利有效性、管辖、时效、证据等方面进行充分的准备和论证。主要明确：（1）专利是否处于保护期内，专利是否有效；（2）起诉是否超过诉讼时效；（3）选择起诉的对象是否有管辖权及是否对自己有利；（4）是否充分收集了被告侵权的证据以及本方受到侵害的证据；（5）本方企业专利收到对方企业请求宣告专利权无效的可能性；（6)进行诉讼需要付出的成本、预期结果和效益情况等（冯晓青，2015）。

在被侵权的诉讼中，由于侵权人戒备性强，其侵权行为常被隐藏不易被发现，企业将会面临巨大的举证难题。“陷阱取证”是知识产权侵权诉讼中常用的搜集证据的手段。但是,《最高人民法院关于民事诉讼证据的若干规定》要求，证据的获取不能损害他人的合法权益，也不能违反法律禁止性的规定。那么如何区分“陷阱取证”的合法性呢？从学理上讲，“陷阱取证”可分为“机会提供型”取证与“犯意诱发型”两种。“机会提供型”取证是指被取证人原本就存在侵权行为，取证人仅通过一定的言行向其表示有意达成一定的交易。在此情形下，被取证人的行为只是在其正常的生产经营范围内，并没有因为取证人的言行而产生新的侵权行为。“机会提供型”取证本身具有实质正当性，其取证行为并未侵害他人的合法权益，若取证方式同时没有违反法律的禁止性规定，则以“机会提供型”方式取得的证据能够被法院采纳。“犯意诱发型”取证是指被取证人原本没有进行相应的侵权行为，而取证人通过一定的诱惑手段，使其产生了犯意，从而实施了侵权行为。此时，取证人所采用的取证方式不被许可。在“犯意诱发型”取证方式中，被取证人侵权犯意的形成源于取证人，此种取证实质是引诱、教唆侵权。根据民事侵权行为理论，取证人此时同被取证人一起构成共同侵权，应当一并承担侵权责任，所获证据也非法律所认可的合法证据。

（三）专利运营策略

专利运营是企业充分运用专利资产，整合各种资源，提高企业经济效益的市场行为。理查德和贝恩认为，技术可从转让、许可、合资、战略联盟、业务整合及赠与等六种模式中获利。企业涉及的专利运营模式很多，本章仅介绍专利转让与专利许可两种常用的策略。

1. 专利转让

专利转让是指将专利权由出让方转移给受让方所有的法律行为。企业专利转让分为两种情况：一种是企业自行研究开发出来的专利技术，自己现在及未来都不可能实施，就可以专利转让的形式收回研究开发的成本，并从中获取利润；另一种情况是基于开放式创新概念，企业发展初期很难依靠内部资源进行高成本的创新活动，为了适应快速发展的市场需求以及日益激烈的企业竞争，企业将外部专利技术资源通过受让的方式整合到企业内部。

专利权转让包括专利申请权和专利权的转让。专利申请权的转让是指，发明创造人或是其他有权提出专利申请的人就该项发明创造的专利申请权转让给受让方所有，由受让方就该项发明创造向专利局提出专利申请。专利权的转让是指，专利权人将其所有的专利权让渡给受让人所有，并由受让人行使专利权。

特别需要注意的是，无论是作为出让方还是作为受让方，无论是转让专利申请权还是转让专利权，企业都必须以书面形式订立合同。专利转让合同涵盖的内容主要包括：转让方向受让方交付的资料，交付资料的时间、地点及方式，专利实施和实施许可的情况及处置办法，转让费及支付方式，专利权被撤销和被宣告无效的处理，过渡期条款，税费，违约及索赔，争议的解决办法等事项。转让合同订立后，应当向国务院专利行政部门办理登记。专利申请权或者专利权的转让自登记之日起生效。依照《合同法》的规定，依法订立的专利转让合同，自订立时即生效，当事人一方不得以未经行政部门登记为由主张合同无效。合同成立后，因未办理登记手续使转让不生效的，当事人应当依法补办登记手续。

2. 专利许可

专利许可又称专利权的许可使用，是指专利权人许可被许可人使用、实施其专利权，并从中获取该专利的权利使用费的活动。与专利转让不同，许可方式更为灵活，可以在不改变专利权所有关系的情况下，实现专利的市场价值。专利许可的形式包括：独占实施许可、排他实施许可和普通实施许可；分许可和交叉许可。在独占许可的情况下，许可人在合同约定的范围内也不能实施该专利。

专利许可人与被许可人应当订立许可合同，内容包括：许可实施的专利权的描述；许可方在本合同生效前实施或许可本项专利的基本状况；许可的范围、方式和期限；为保证被许可方有效实施本项专利，许可方应向对方提交的技术资料和技术秘密；许可方提供怎样的技术服务和技术指导；专利权使用费及支付方式；许可方合同有效期内维持本项专利权的有效性及专利合法不侵权的保证；技术竞争和技术发展；许可实施的专利技术和技术秘密进行后续改进；违约责任等事项。

企业专利许可同样存在两种情况：一种是作为许可人，另一种是作为被许可人。如果企业是被许可人，则应注意查明许可方是否为真正的专利权人。如果是真正的专利权人，企业还应进一步明确该专利是不是共有专利或从属专利，专利的实施许可还应当经其他共有专利权人或基本专利的专利权人的许可，否则实施许可活动是不合法的；此外还需明确许可方为实施专利技术所提供的技术协助、服务等。如果企业是许可人，则应该确认被许可方的法人资格和经营范围，评估其实施专利技术的条件、资信状况等。

三、商业秘密与竞业禁止

（一）商业秘密

商业秘密是指不为公众所知悉、能为权利人带来经济利益，具有实用性并经权利人采取保密措施的技术信息和经营信息。商业秘密是企业的财产权利，对于企业而言，一方面要注重商业秘密的保护，构建企业的持续竞争能力；另一方面也要注意规避因商业秘密获取不当而带来的法律风险。

1. 有效商业秘密的构成要件

商业秘密的内容包括两种：技术信息和商业信息。《关于禁止侵犯商业秘密行为的若干规定》中明确提出：技术信息和经营信息，包括设计、程序、产品配方、制作工艺、制作方法、管理诀窍、客户名单、货源情报、产销策略、招投标中的标底及标书内容等信息。

在激烈的市场竞争中，首先，企业要加强防范意识，保护好企业研究开发的成果以及经营的秘密；其次，企业经常错误地认为，只需自行界定一些信息为秘密，其内容就成为受法律保护的对象，其实不然。有效的商业秘密必须同时具备四项法律特征，才能得到法律的保护。

（1）“不为公众所知悉。”这是商业秘密认定的最基本条件。其中的“公众”并不是指所有人，而是指同行业或者该信息应用领域的人。另外也不可误解为信息具有排他性，除了信息权利人之外，权利人允许知悉范围内的其他人也是可以知悉的。简单而言，只要不为同行所一般知悉，就处于法律认可的“不为公众所知悉”的秘密状态。

（2）“能为权利人带来经济利益。”对于信息的经济价值的确认，既包括现成的，已经应用并为权利人带来经济收益或者获取竞争优势的；也包括潜在的，还未被权利人应用，但是一旦被应用就可使权利人获利或者赢取竞争优势的。实践中对于企业某些已经失败的技术研发资料和经营信息是否具有经济价值的争议较多，实际上失败的经验对于企业本身或者对于竞争对手的研发或经营能力积累同样具有重要的价值，也在受保护的范围之内。

（3）“具有实用性。”该技术信息或者经营信息一定是具有使用价值的，可以是解决某个技术问题的方案，也可以是有利于市场推广的策划书。商业秘密的使用价值既可指已经成型并正在使用的技术方案或者经营信息，任何知悉的人无须再进行研究或加工就可以直接使用的；也可指已经成型但还未投入使用，或者正在研究阶段并已基本成型，其使用价值已基本显现的技术方案或者经营信息，任何知悉的人都可能利用其获取经济利益或者竞争优势。

（4）“经权利人采取保密措施。”权利人必须采取能够明确显示其主观保密意图的保密措施，才能使相关信息成为法律认可的、受法律保护的商业秘密。一般性的保密措施包括但不限于：限制接触范围；明确接触的准许条件或者采取限制接触的技术手段；对接触人员明确赋予未经授权不得使用、披露的义务。

2. 合法获取所需商业秘密的渠道

根据《中华人民共和国反不正当竞争法》（以下简称《反不正当竞争法》）的规定，企业不得采用下列手段侵犯商业秘密：（1）以盗窃、利诱、胁迫或者其他不正当手段获取权利人的商业秘密；（2）披露、使用或者允许他人使用以前项手段获取的权利人的商业秘密；（3）违反约定或者违反权利人有关保守商业秘密的要求，披露、使用或者允许他人使用其所掌握的商业秘密。第三人明知或者应知前款所列违法行为，获取、使用或者披露他人的商业秘密，视为侵犯商业秘密。

但是在法律允许的范围内，企业可以采取其他一些策略，获得行业内的相关技术诀窍和经营秘密。

（1）公开的信息与情报获取渠道。在激烈的市场竞争中，要善于收集来自市场的公开信息以及关于竞争者的情报，以获取所需的技术知识与商业信息。常用的公开信息渠道包括：学术论文、专利、标准、科技报告、科技成果、产品信息、贸易信息等。

（2）“反向工程”获取方式。创业初期，产品设计或制造工艺过程需要整合多方技术，反向工程是较为常用的获取方式，它是通过技术手段对从公开渠道取得的产品进行拆卸、测绘、分析等而获得该产品的有关技术信息。按照《最高人民法院关于审理不正当竞争民事案件应用法律若干问题的解释》，“通过自行开发研制或者反向工程等方式获得的商业秘密，不认定为反不正当竞争法第十条第（一）、（二）项规定的侵犯商业秘密行为”；“当事人以不正当手段知悉了他人的商业秘密之后，又以反向工程为由主张获取行为合法的，不予支持”。这就意味着反向工程依据的产品只要获取途径正规，破解出来的技术即可合法使用。

这里企业需要注意的法律风险包括：第一，如果该产品仅是出租产品，就不能通过反向工程破译其商业秘密，因为承租人不拥有产品商业秘密的所有权；第二，某些产品受到相关法律法规的特殊限制，例如，《关于集成电路的知识产权条约》以及 TRIPS 协定中都涉及集成电路布图设计的相关内容，规定可以通过反向工程解剖集成电路芯片，从而对他人产品的布图设计进行分析，但是不得简单复制，否则违法。由于反向工程涉及他人技术秘密，较易发生纠纷。因此初创企业注意保存产品来源合法的证据，如供货合同、购货发票，并详细记录反向工程的过程。

（3）因商业秘密权利人的疏忽泄漏而获取。商业秘密权利人在未申明保密的情况下自行向第三人泄漏了秘密，包括丢弃未处理过的机密信息档案，而该第三人对该商业秘密并无法定的或者约定的保密义务，这种因商业秘密权利人疏忽而泄漏的商业秘密，他人获得是合法的。例如，某设计公司人员由于疏忽，未将存有商业秘密的图纸从计算机中删除，后来该计算机被当作旧设备淘汰，正好被一竞争对手购买，于是竞争对手掌握了该商业秘密且用于商业性活动。

（4）通过合法受让或许可获得。企业通过合法受让或取得实施许可的形式利用其他企业的商业秘密。

3. 商业秘密保护的管理策略

商业秘密保护的主要内容就是防止泄漏。企业应该谨慎对待以下情形：（1）企业内部信息的传递过程；（2）掌握商业秘密员工的流动；（3）公开论文、报告或信息的发表；（4）来访、参观、展销会或者技术交流会；（5）有不当目的的情报收集人员等。

企业商业秘密保护的管理策略中，首要任务就是针对保密信息进行分类、确定等级，以便在此基础上有针对性地制定保护的制度和方案。以华为公司为例，该公司就根据保密信息的价值、内容敏感程度、影响及发放范围的不同，将保密信息划分为绝密、机密、秘密、内部公开四个级别。

丹尼斯·昂科维克（1991）总结，企业商业秘密保护的管理内容包括：（1）在指定范围内分离并确定属于商业秘密的具体资料；（2）确定保护商业秘密的责任及监控；（3）对属于商业秘密的文件实施统一标记；（4）设立保护商业秘密的机械安全系统；（5）处理好保护商业秘密与雇员之间的关系；（6）以较低的风险向企业外部人员在某种程度上展示某些商业秘密；（7）妥善处理向企业主动提供的专项商业秘密资料及鼓励雇员个人发展；（8）定期更新商业秘密的内容。

正如前文所提到的，商业秘密受法律保护的前提是企业采取了保密措施，常用的保密管理措施包括：（1）建立保密设施，如保密资料室；（2）对生产车间、实验室、研究室等涉及商业秘密的机构采取隔离措施；（3）处理废弃物；（4）计算机软件加密；（5）研究开发人员填写开发记录；（6）处理对外交流合作时散发的材料；（7）商业秘密信息的销毁；（8）及时订立保护商业秘密的合同；（9）严格限制接触商业秘密人员的范围等。

企业应加强内部员工与外部人员的管理，对于内部接触商业秘密的员工要进行分类，评估接触商业秘密的程度。企业应该在员工就业时与之签订专门的商业秘密保密协议，或者在劳动合同中规定商业秘密的保密条款，明确员工保密的义务和范围，以及离职或被解雇时对商业秘密的保密义务；因经营需要，企业需让外部人员接触或使用企业商业秘密时，如合作、科技项目承包、技术服务等，必须与其签订保密协议。约束外部人员的保密协议包括：（1）确定商业秘密的内容；（2）明确文件披露范围；（3）明确秘密文件使用的期限；（4）明确外部人员对拥有商业秘密所有权公司的义务；（5）要求外部人员签订个人保密协议；

（6）要求所有有关各方执行保密协议；（7）规定违约赔偿金的标准；（8）明确协议的有效期（丹尼斯·昂科维克，1991；冯晓青，2015）。

（二）竞业禁止

竞业禁止是企业保护其商业秘密的重要手段之一，根据员工在企业中的职务、岗位的不同，竞业禁止一般适用的对象包括：高级研究人员、技术人员和经营管理人员；市场计划和营销人员；财会人员和能接触到重要信息的高级文秘。

竞业禁止分为法定竞业禁止和约定竞业禁止两种情况。

（1）法定竞业禁止是指企业的高级管理人员按照法律规定必须承担的竞业禁止义务。例如，《公司法》规定，董事、高级管理人员不得擅自披露公司秘密；未经股东会或者股东大会同意，利用职务便利为自己或者他人谋取属于公司的商业机会，自营或者为他人经营与所任职公司同类的业务等。《合伙企业法》规定，合伙人不得自营或者同他人合作经营与本合伙企业相竞争的业务。除合伙协议另有约定或者经全体合伙人一致同意外，合伙人不得同本合伙企业进行交易。合伙人不得从事损害本合伙企业利益的活动。

（2）约定竞业禁止是指依据企业与员工签订的竞业禁止协议，来约定员工必须承担的义务。对于在职员工，除了签订协议，企业还可以通过制定内部规章制度来确立竞业禁止义务。中国有多项法律对此有所规定。《劳动法》规定，劳动合同当事人可以在劳动合同中约定保守企业商业秘密的有关事项。《劳动合同法》规定，用人单位与劳动者可以在劳动合同中约定保守用人单位的商业秘密及与知识产权相关的保密事项；对负有保密义务的劳动者，用人单位可以在劳动合同或者保密协议中与劳动者约定竞业限制条款，并约定在解除或者终止劳动合同后，在竞业限制期限内按月给予劳动者经济补偿；劳动者违反竞业限制约定的，应当按照约定向用人单位支付违约金；竞业限制的人员限于用人单位的高级管理人员、高级技术人员和其他负有保密义务的人员；竞业限制的范围、地域、期限由用人单位与劳动者约定，竞业限制的约定不得违反法律、法规的规定；在解除或者终止劳动合同后，前款规定的人员到与本单位生产或者经营同类产品、从事同类业务的有竞争关系的其他用人单位任职，或者自己创业生产或者经营同类产品、从事同类业务的竞业限制期限，不得超过二年。《促进科技成果转化法》规定，企业可与参加科技成果转化的人员签订在职期间或者离职、离休、退休后一定期限内保守本单位技术秘密的协议。

企业在制定竞业禁止协议时，还须符合相关法律要件：（1）企业只能是为了保护商业秘密；（2）限制人员必须属于限制人群，即因职务关系接触或者有可能接触本企业商业秘密的人员；（3）限制期限要恰当，具体期限视行业状况等情况而定；（4）必须约定一定的补偿金，补偿方法有多种，可在离职时一次性或分多次给付现金，也可采用分配股票等其他形式进行补偿。值得注意的是，企业常常将竞业禁止条款写入员工手册，认为这样即可视为竞业禁止协议。实践中，因员工手册文字过多，员工日后可能会主张未仔细阅读而不知悉保密义务。因此企业必须签订竞业禁止限制性条款，在劳动合同、保密协议或者竞业限制协议中做出明确约定，以规避风险。

第三节　企业知识产权资源管理

企业知识产权资源管理是知识产权资源价值化实现的具体实施方式，本节将从人力资源管理、信息平台建设、企业最佳实践以及工作绩效评估四个方面展开介绍。

一、人力资源管理

（一）企业知识产权工作机构的设置

在很多刚刚开展知识产权工作的企业里，往往没有设置专门的机构来从事知识产权工作，多是由项目管理人员或者行政人员来兼职完成这些工作。但是，企业知识产权工作非常庞杂，而且程序性非常严格，兼职人员由于工作繁多、不熟悉知识产权业务，很难关注到知识产权业务的每一个细节，即使将大部分知识产权工作委托外部代理机构来完成，也会因为外部代理机构不能准确把握本企业的知识产权政策（或者说由于本企业没有专职人员而根本不存在知识产权政策）而无法有针对性地提供服务。因此这种由兼职人员从事知识产权工作的方式只能在初期阶段采用，长远来看，企业还是需要尽快建立专门的知识产权部门来从事企业知识产权工作。

在企业知识产权工作机构的设置上，目前主要有三种做法。

（1）将知识产权工作机构设置在技术部门之下。这种做法是考虑到知识产权多来源于技术研发，将知识产权工作机构设置在技术部门之下，可以与技术研发相结合，有利于知识产权的产出。这种做法多存在于研发实力较强、自发开展知识产权工作的企业中。

（2）将知识产权工作机构设置在法务部门之下。这种做法是将知识产权工作作为一种法律业务看待，多存在于由于应对诉讼主张或者因诉讼而被迫开展知识产权工作的企业中。

（3）设置独立的知识产权部门，这种企业中知识产权部门的人员数量比较多，人员种类也配备得比较齐全，能够独立开展知识产权业务和法律业务。

以上三种做法各有特点，也各有利弊，不同的企业需要根据自己的情况选择适用哪种做法。

另外，由于知识产权工作的重要性，也由于知识产权工作涉及企业的多个部门、多种业务，有些企业会设置公司层面的知识产权委员会。该委员会会吸收公司领导及相关业务部门领导，能够决定企业的知识产权战略以及对重要的知识产权个案做出决策，然后由知识产权工作机构具体执行知识产权委员会的决策。

（二）企业知识产权工作角色的安排与要求

不管企业的知识产权工作机构如何设置，相关工作人员的角色都是相对固定的，主要包括以下 4 种角色。

（1）知识产权高级管理人员，也可以是部门经理，负责制定企业知识产权战略、政策，协调与企业其他部门的关系，安排本部门内部人员的工作；（2）知识产权管理人员，全程参与知识产权生命周期管理，完成各项知识产权流程工作；（3）知识产权工程师，参与研发活动，提供知识产权情报信息，挖掘专利申请，为专利分析提供技术支持，进行专利技术规避设计，多为兼职专利工作人员；（4）知识产权法务人员，负责处理涉及知识产权的各项法务工作，包括知识产权权属的处理，知识产权许可和转让，解决与其他公司的知识产权纠纷。

一般而言，知识产权工程师是非常重要的角色。作为研发项目组的成员之一，他不仅了解知识产权的基本知识，而且具有研发人员的特质。知识产权工程师通过对现有专利文献的技术分析，帮助研发项目组充分理解现有的研发成果，从而提高研发的起点，避免低水平重复。知识产权工程师还可以充分利用自己的专利知识，对研发项目组的研发成果进行知识产权挖掘，并制定完善的知识产权保护策略，尤其是从法律角度提供技术交底书，避免一般研发人员只从技术角度提供技术交底书，而影响知识产权申请质量。对于其他员工提出的拟申请知识产权的技术，知识产权工程师起到审核的作用，不仅可以从中筛选出重要的知识产权，而且可以提出技术交底书的修改意见，甚至可以根据自己的经验对技术方案本身提出修改、完善意见，以提高知识产权申请的质量。

这四种角色的工作内容基本覆盖了企业的知识产权工作的全部内容，不同角色人员的数量需要根据其工作量进行安排，可能有的角色需要安排多人，也可能一个人分担多个角色。

知识产权工作人员数量的确定通常有两种方法。一种是本行业比例法，例如，通信业界内企业，知识产权工作人员的总数与年专利申请量的比例一般为 1∶15 到 1∶25。另一种是业务分工法。首先确定企业选定的知识产权工作模块，再提出每个模块所需要的知识产权工作人员的数量。通常企业知识产权模块包括战略管理模块、创造申请模块、资源管理模块、控制保护模块、知识产权权利运用模块、他人知识产权利用模块、他人知识产权规避模块、他人知识产权抗辩模块、综合管理模块等。

（三）企业知识产权工作对外部资源的合理利用

外部资源对于企业知识产权工作至关重要，尤其是特殊个例工作的实施，往往需要借助“外脑”，让专业的人干专业的事。然而，外部资源往往受利益驱动，因此要加强对这些外部资源的监控力度，保证这些外部资源能够为“我”所用。

知识产权工作对外部资源的管理具有特殊性。首先需要建立多家服务提供者并存的局面，只有在这些服务提供者之间营造适当的竞争氛围，才能更好地激励这些服务提供者提高优质服务。但目前中国国内优质的外部资源比较少，所以在促进竞争的时候，也要避免“劣币驱逐良币”现象的发生，要做到优质优价、良性竞争。其次，知识产权工作是一个长期工作，延续性很强，不仅要保证提供服务的外部公司的稳定性，还要尽可能保证提供具体服务的工作人员的稳定性，因此企业对外部资源监控不仅要针对个案的知识产权申请质量，也要关注外部资源提供服务的延续性，甚至采取一定措施培训提供具体服务的工作人员。

二、信息平台建设

企业知识产权工作中，不论是自有知识产权的申请、生命周期管理、资源管理，还是他人专利的检索分析、侵权举证、规避设计等，都涉及大量的数据信息，企业可借助现代化的信息平台来构建企业知识产权信息系统，如图 20-2 所示。构建企业知识产权信息系统具有极其重要的意义。

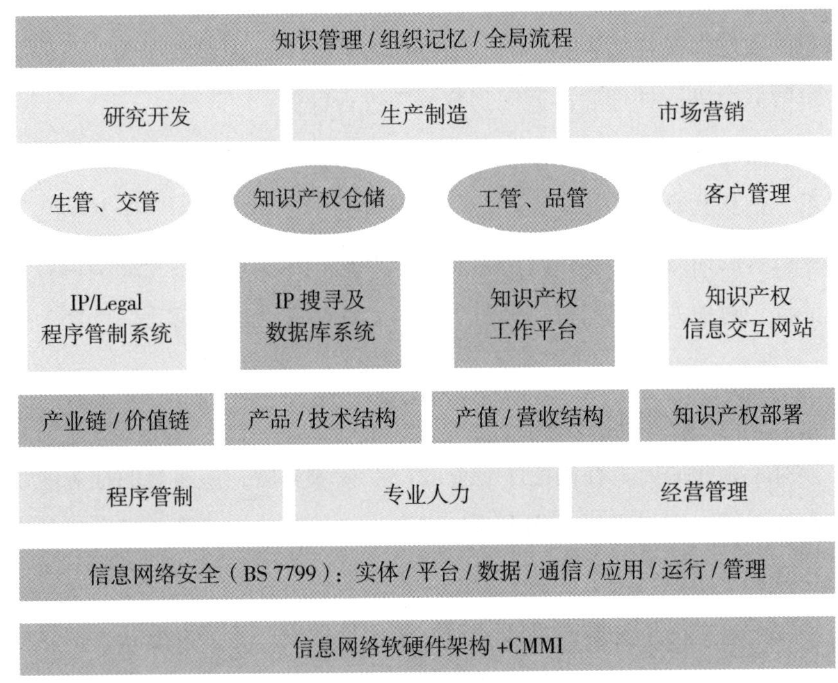

图 20-2 智慧信息网络平台

图片来源：周延鹏．知识产权全球营销获利圣经［M］．北京：知识产权出版社，2015：109.

企业内部的知识产权信息平台由动态的流程平台和静态的数据库两部分构成。（1）动态的流程平台供不同角色的人员根据自己的权限和工作提交或者处理相关事务。例如，技术人员提交知识产权创新点挖掘表和技术交底书，审核知识产权申请文件；评审专家评审知识产权创新点挖掘表和技术交底书；知识产权管理人员审核知识产权创新点挖掘表、技术交底书和专利申请文件，并监控知识产权生命周期的各个环节。（2）静态的数据库则用于存储相关信息，包括各个环节产生的文档。既包括对自有知识产权进行资源管理产生的各种信息，如知识产权创新点挖掘表、技术交底书、知识产权申请文件、过程文档；也包括自有知识产权被他人实施的情况和证据，以及自有知识产权的运用信息；还包括他人知识产权的文本、分析数据以及使用情况；甚至包括本企业的知识产权制度、相关合同、奖励数据等。在运用过程中，动态的流程平台与静态的数据库往往结合在一起，数据库为流程平台提供数据源，流程平台对数据源进行处理后再返回到数据库进行存储。

在企业知识产权信息平台中，需要注意信息共享和信息保密之间的关系。信息共享是企业知识产权信息平台的主要功能，但对于其中涉及企业机密的信息，如未公开的自有知识产权、他人侵犯本企业知识产权的证据、对他人知识产权的分析数据等，都必须严格保密。

三、企业最佳实践

对于企业而言，在制定了企业知识产权政策后，最重要的任务就是落实企业知识产权工作，将企业知识产权工作转化成日常活动。最佳实践经验是将知识产权工作与企业的日常活动相结合。

在企业中，不论是产品线管理方式还是集成产品开发方式，都是将一个产品从预研到研发再到市场交由一个团队来负责，因此知识产权工作应当嵌入这个团队的日常活动中，成为该团队的一项工作。采取这种嵌入式的知识产权工作方式，知识产权工作人员不再是独自开展各项知识产权工作，知识产权工作也不是独立进行的工作，知识产权工作人员将成为产品团队的一分子，知识产权工作将成为产品生命周期中的一项分支活动，这样便将知识产权的创造、管理、保护和运用通过一个产品融合在了一起，构成了有机体。

采用嵌入式知识产权工作方式时，可以采取以下步骤。（1）研发项目组提供研发项目的研究内容或者研究方向，并与知识产权工作人员确定研发项目的技术点和相关专利检索关键词；（2）知识产权工作人员进行检索，将检索结果，以及初步的知识产权申请建议，提供给项目组参考；（3）项目组针对检索出来的知识产权信息，提出本项目的创新技术方案，以摘要的方式提供给知识产权工作人员；（4）知识产权工作人员对本项目的创新技术方案进行进一步的检索分析，提出创新技术方案的知识产权申请建议；（5）项目组提出技术交底书，知识产权工作人员提出检索分析报告，向企业提出知识产权申请评审，准备知识产权申请文件；（6）项目结题后，知识产权工作人员提出项目实施知识产权应用以及知识产权风险分析和建议，形成完整的研发项目知识产权工作报告。

这种嵌入式知识产权工作方式，对于产品团队，存在以下好处。（1）对他人知识产权的借鉴，可以有效提升研发项目的起点和质量；（2）知识产权产出是研发项目重要的质量标志和成果体现；（3）知识产权保护是研发项目成果产生效益的主要保障；（4）培养技术人员把知识产权作为研发工作有机组成部分的意识和能力。

对于知识产权团队，存在以下好处：（1）可以充分发挥知识产权工作对研发工作的导向和提升作用；（2）提高知识产权申请的主动性、系统性、计划性，从源头保障知识产权质量；（3）提升知识产权人员的技术能力以及对研发项目需求的理解力；（4）实现各知识产权工作模块的有机统一；（5）有效解决合作和委托项目的知识产权归属问题，为后期发挥知识产权的价值打下坚实基础。

四、工作绩效评估

为了评判企业知识产权工作的质量并有效提升工作质量，本小节将提出一种基于绩效评估、以企业贡献度为最终目标的企业知识产权工作评估体系。该评估体系由评估流程和评估指标两部分内容组成。本小节首先介绍通用的企业知识产权工作评估流程和评估指标体系，其次具体介绍企业如何使用知识产权工作评估流程以及如何设置自己企业的知识产权工作评估指标体系。

（一）企业知识产权工作评估指标的选取与体系构建

企业知识产权工作评估体系为全面掌控企业知识产权工作提供了测量工具，如何在此基础上建立全面、科学的企业知识产权工作评估体系，需有一套完整的管理理论和可行的操作流程作为支撑。

首先，界定工作模块内涵，分解工作要素。即理解企业各个知识产权工作模块的内涵，以确定各个知识产权工作模块的外延，包括那些具体的工作要素。这些工作要素中既包括战略要素，又包括辅助要素，而将所有的工作要素都放到企业知识产权工作评估体系是不现实的，因此需要从这些工作要素中筛选出战略要求，即那些对于实现本工作模块的长期目标起着决定性作用的工作单元；同时要摒弃辅助要素，即对于实现本工作模块的长期目标，起着配合战略要素作用的工作单元。

其次，设立评估指标。战略要素确定后，就要为这些战略要素设置评估指标，这也是建立评估体系的核心。这里借鉴平衡计分卡的管理理论，从三个维度给各个战略要素设立评估指标。维度一是工作结果，即企业在这个战略要素上完成了哪些工作；维度二是外部效果，即在本战略要素上完成的工作对其他战略要素会产生什么影响；维度三是可发展性，即本战略要素目前完成的工作对其自身长期发展有什么样的影响。采用这三个维度去设立评估指标，评估指标的设立不再是盲目的，而是有目的的。这样的评估指标反映了知识产权工作手段和结果的平衡、外部和内部的平衡、长期与短期之间的平衡。

最后，对指标设计评估方法和数据收集方法，形成指标库。在实际评估过程中，不同的评估人员对于评估指标的理解是不同的，采用的数据也是不同的。因此为了保证评估过程的客观性、可操作性，必须对每个评估指标的评估方法和数据收集方法进行确定。这样，评估指标再加上各自的评估方法和数据收集方法，才能形成完整的指标库。

根据企业知识产权工作模块体系和企业知识产权工作评估体系建立的方法，针对企业知识产权工作的二级模块，设立评估指标，每个评估指标对应一个评估指标文件，这些评估指标文件便构成了企业知识产权工作评估指标库。

（二）企业知识产权工作评估体系的动态调整

通用的企业知识产权工作评估体系对于一个具体企业来讲，可以用于对本企业知识产权工作在不同时期的表现进行比较。但是如果用于与业界其他企业进行比较，那么还是缺乏适用性的。这是因为不同的企业存在不同的规模、不同的模式、不同的阶段、不同的知识产权工作重点，即使是在同一个企业内部，知识产权工作也是动态发展的。这些企业或者某一个企业如果一直采用同一个知识产权工作评估体系，那么评估结果的比较是没有任何意义的。比如，一个专注研发、以知识产权许可为主营业务的企业和一个以制造为主的劳动密集型企业，采用同一个评估体系进行评估，并进行比较，前者的评估结果肯定是好于后者的，但是这种结果并不能真实反映两者知识产权工作的能力与水平，只是反映了两者的知识产权实力，而企业的知识产权实力不过是企业知识产权工作能力与水平的其中一项内容。

为了解决这个问题，每个企业在使用这种知识产权工作评估体系时，都应当根据自己的战略定位或者长期工作目标，有针对性地为每个评估指标赋予权值，通过不同的权值反映企业的不同情况，用不同的权值来消除差异带来的影响。

另外，这种通用的企业知识产权工作评估体系也并非一成不变。随着企业知识产权工作的开展，在企业知识产权工作评估过程中，会出现有些指标不能真实反映情况，有些指标无法获取或者缺少某些指标，需要再对指标库内的评估指标进行调整等情况。

评估企业知识产权工作的具体流程包括以下步骤。首先，根据各企业的战略要求，确定各评估指标的预设值，其中，预设值是指企业对专利工作要求的客观数值，如年申请量、年授权量等；其次，根据各企业对知识产权工作模块的战略规划，确定各评估指标的三级权值、二级权值和一级权值，其中，三级权值对应二级工作模块下各评估指标的权值，二级权值对应一级工作模块下各二级工作模块的权值，一级权值对应各一级工作模块的权值；最后，根据评估指标文件中的评估方法获得各评估指标的得分，再根据公式获得各级工作模块的得分。

获得了评估结果后，企业内部可以根据历年的评估指标得分、二级工作模块得分、一级工作模块得分或者企业知识产权工作得分，对相关知识产权工作进行纵向比较。同时，各企业之间可以根据评估指标得分、二级工作模块得分、一级工作模块得分或者企业知识产权工作得分，对相关知识产权工作进行横向比较。

通过对企业知识产权工作的评估，能够了解企业知识产权工作的现状与企业要求之间的差距，然后不断调整企业知识产权工作的方向，制订改进企业知识产权工作的各项措施，提升企业的竞争优势。

【案例1】

高通——专利战略主导长期竞争优势

高通（Qualcomm）是美国的一家无线电通信技术研发公司，其业务涵盖3G、4G芯片组，系统软件以及开发工具和产品，技术许可的授予，等等。高通公司在通信技术上的专利实力强大，对产业链的推动力和对标准产业化的影响力不可小觑，对通信产业产生着深刻的影响。

1. 高通公司通过内部技术创新、外部技术收购进行专利布局

高通公司注重技术创新，大量投入研发，并通过强大的技术预见能力积极准确地进行专利布局，有选择地从外部取得所需的可用技术和战略方向技术，以保持其核心技术的领先性和垄断性。在GSM大行其道时，高通已经意识到CDMA将成为3G的主流技术，并将全部相关的研究成果申请了专利。在通信领域，研究机构数据显示，高通公司拥有的与3G技术相关的核心专利涵盖了当前所有的3G标准，任何一家从事手机制造、系统设备研发、芯片设计的公司都无法绕开高通的专利壁垒。早在2005年，高通公司就开始研究4G通信。2005年8月，高通以6亿美元收购了拥有300多项OFDM专利的Flarion公司，形成了很强的技术壁垒，在4G时代智能手机的芯片市场也占据了垄断地位。

2. 高通公司通过芯片——专利的商业模式占据市场

在通信产业链中，高通将自身定位成一个平台、推动性企业，构建了一个包括技术开发商、设备商、电信运营商等利益主体在内的生态系统，交互的中心是芯片——专利，这种独特的捆绑式商业模式形成了高通产业链竞争优势。高通公司利用自身技术专利优势，将标准必要专利

和新技术集成到芯片中销售，实现了新技术商用。此外，高通公司还通过交叉许可的方式争取到重要的第三方专利，用于其芯片和软件产品，从而使客户在终端和系统设备中使用这些专利。

高通公司运用这种独特的专利运作模式，使越来越多的移动终端厂商进入高通技术阵营，逐步扩展了高通芯片——专利的市场。高通公司自此实现了产品与芯片、公司的商业利益与行业利益的相互捆绑、相互增强。目前，全球几乎所有的智能手机厂商都采用高通公司的通信芯片或技术。苹果选择高通作为其设备的独家基带供应商，微软选择高通作为新的合作伙伴，Android 阵营中的三星，以及国内排名前十位的移动终端制造商都使用高通芯片或技术。

【思考问题】

高通是如何将企业的长期竞争优势与专利战略相结合的?

【案例 2】

来电科技——打响共享充电市场的专利诉讼[①]

当吃、穿、住、行、工作、交友、娱乐全部集中于指尖滑动之时，手机没电就是现代人的噩梦，而没带移动电源则是噩梦中的噩梦。

深圳来电科技有限公司是一家提倡环保、高效、智能的创新型科技企业，致力于研发高端智能硬件和创新 APP 软件于一体的手机智能充电产品，开创了全球范围内首个“移动能源共享平台”，可以实现随时随地租借和归还充电宝的功能。“让手机随时有电”是来电的使命与追求。想象一下这样的场景：你走在街上，手机只剩 10% 的电量时，只需打

① 资料来源：来电 VS 街电：共享充电宝打响专利战，亿邦动力网（http://www.ebrun.com），2017-07-25；共享充电宝第一案：来电科技二审胜诉 云充吧判赔 40 万元，http: //www.techweb.com.cn，2017-07-27。

开“来电”APP，它将迅速定位离你最近的“来电吧”充电柜。走到充电柜前，扫描租借二维码，取走充电宝，充满电后，系统将根据你的新位置显示附近的充电柜，走到充电柜前即可一键归还充电宝。目前，来电科技已经入驻 80 多个城市，铺设 1 600+ 台机柜，平均每天租借 2 万多次，每次租借时长约 3 个小时，累计用户数超 200 万。来电科技的商业模式解决了当前很多智能手机用户的移动充电和应急充电的需求痛点。

作为共享充电行业的开创者和引领者，来电科技成立伊始就秉承将核心技术和自主知识产权掌握在自己手中的发展理念。来电科技是行业最早布局专利的公司。2014 年 10 月，世界上第一台共享充电机柜及共享充电宝在深圳研发面世；2015 年 2 月，来电科技递交了第一份专利申请，随后陆续申请并获得了共享充电方法、设备、装置系统的基础核心专利授权。截至 2015 年 8 月，来电科技先后获得 32 项专利，其中包括 11 项实用新型，7 项发明专利，7 项国际发明专利，7 项外观专利。来电科技创始人——CEO 袁炳松表示，保护自己的技术和产品不受侵犯是公司申请专利的初衷。来电科技虽然是一家成立时间不长的初创公司，但是对专利的重视程度丝毫不亚于腾讯、华为这样的行业领军企业。

近年来，来电科技更是就多家竞争对手企业的专利侵权问题发起频繁诉讼。2016 年 7 月 22 日，来电科技曾以侵犯其 3 件实用新型专利权为由，将云充吧告上法庭，这一诉讼案被称为“共享充电第一案”。2016 年 10 月，深圳市中级人民法院一审判决来电科技胜诉，要求云充吧立即停止制造、使用、销售、许诺销售等侵犯来电科技专利权的行为。云充吧不服判决并随即向广东省高级人民法院提起上诉。2017 年 7 月，广东省高级人民法院宣布二审判决，驳回了云充吧的上诉，云充吧侵犯来电科技 2 项专利权，须停止侵权行为，并向来电科技赔偿 40 万元人民币。这场长达一年的专利纠纷告一段落，该案件也被评为“2017 年度互联网领域十大典型知识产权案件”之一。

继云充吧后，来电科技又相继起诉街电、友电等侵权。2017 年 3 月起，来电科技就有关 6 项专利技术对街电发起了累计 24 件诉讼，涉及赔偿金额 6 600 万元。2017 年 5 月，街电宣布以 1 亿元的价格购买有关共享充电宝的 3 项专利，并在 2017 年 7 月对来电提起了知识产权诉讼，涉及赔偿金额 300 万元。共享充电宝行业围绕专利纠纷的战争已经打响，2016—2017 年间，关于共享充电宝的专利纠纷已经引发 45 次诉讼案件。

面对移动应急充电这样一个庞大的刚需和投资风口，市场上已然出现一批提供相似业务的企业，其中不乏“山寨”模仿者。除了产品和资本层面的竞争，专利这个重要武器已开始被使用。知识产权意味着独占性，共享充电专利成为来电科技的核心竞争力。来电科技正是利用专利布局建立起较高的市场壁垒和技术壁垒，获得了巨大的竞争优势。

【思考问题】

作为一家新创科技型企业，来电科技是如何保护自己的核心技术的?

【参考文献】

［1］王玲．创业法律问题与知识产权［M］// 斯晓夫，吴晓波．创业管理：理论与实践［M］．浙江：浙江大学出版社，2016.

［2］黄晓庆，王振凯．创新之光：企业专利秘籍［M］．北京：知识产权出版社，2013.

［3］周延鹏．知识产权全球营销获利圣经［M］．北京：知识产权出版社，2015.

［4］戴维斯，哈里森．董事会里的爱迪生［M］．北京：机械工业出版社，2003.

［5］德鲁克．创新与企业家精神［M］．北京：机械工业出版社，2007.

［6］昂科维克．商业秘密［M］．胡翔，译．北京：企业管理出版

社，1991.

［7］冯晓青．企业知识产权战略［M］.4 版．北京：知识产权出版社，2015.

［8］雷家骕，王兆华．高技术创业管理：创业与企业成长［M］.2 版．北京：清华大学出版社，2008.

［9］毛金生等．专利运营实务［M］．北京：知识产权出版社，2013.

［10］唐青林，黄卫红．商业秘密百案评析与企业保密体系建设指南［M］．北京：中国法制出版社，2014.

［11］哈里森．董事会里的爱迪生［M］．北京：知识产权出版社，2017.

［12］马一德．中国企业知识产权战略［M］．北京：商务印书馆，2006.

［13］胡佐超．企业专利管理［M］．北京：北京理工大学出版社，2008.

［14］董涛.Ocean Tomo300 专利指数评析［J］．电子知识产权，2008（5）．

［15］冯晓青．企业专利申请战略的运用探讨［J］．东南大学学报（哲学社会科学版），2007（7）．

［16］冯晓青．企业防御型专利战略研究［J］．河南大学学报（社会科学版），2007（9）．

［17］王明春．高通授权模式，靠标准赚钱［J］．企业管理，2017（2）．

［18］王振凯．中国移动通信研究院专利战略研究［D］．中国政法大学硕士学位论文，2014（3）．

［19］Abratt R.（1989）. *New approach to the corporate image management process*［J］. Journal of Market Management，5（1）：62–76.

［20］Arrow，K.（1962）. *Economic welfare and the allocation of resources for invention.* In：Nelson，R.（Ed.），*The rate and direction of inventive activity. Economic and social factors*［M］. Princeton University Press，New York，609–626.

[21] Blind, K., Edler, J., Frietsch, R., & Schmoch, U. (2006). *Motives to patent: Empirical evidence from Germany* [J]. Research Policy, 35 (5): 655–672.

[22] Chesbrough, H. (2006). *Open Innovation: The New Imperative for Creating and Profiting from Technology* [M]. Harvard Business School Press.

[23] Cohen, W., Goto, A., Nagata, A., Nelson, R., Walsh, J. (2002). *R&D spillovers, patents and the incentives to innovate in Japan and the United States* [J]. Research Policy, 31 (8/9): 1349.

[24] Parchomovsky, G., & Wagner, R. (2005). *Patent Portfolios* [J]. University of Pennsylvania Law Review, 154 (1): 1–77.

[25] Teece, D. (1986). *Profiting from technological innovation: Implications for integration, collaboration, licensing and public policy* [J]. Research Policy, 15 (6): 285–305.

[26] Wang L., Juan Y., Wang J., Li K., Ong C. (2012). *Fuzzy-QFD approach based decision support model for licensor selection* [J]. Expert Systems with Applications, 39: 1484–1491.

[27] Veer, T. & Jell, F. (2012). *Contributing to markets for* technology? *A comparison of patent filing motives of individual inventors, small companies and universities* [J]. Technovation, 32: 513–522.

【本章引用的法律法规】

《中华人民共和国商标法》(2013 年修订)

《企业名称登记管理规定》(2012 年修订)

《中国互联网络域名注册暂行管理办法》(1997 年发布)

《中华人民共和国专利法》(2008 年修订)

《中华人民共和国著作权法》(2010 年修订)

《中华人民共和国反不正当竞争法》(1993 年通过)

《最高人民法院关于审理不正当竞争民事案件应用法律若干问题的解释》（2007 年颁布）

《关于禁止侵犯商业秘密行为的若干规定》（1998 年修订）

《最高人民法院关于民事诉讼证据的若干规定》（2001 年发布）

《中华人民共和国物权法》（2007 年通过）

《中华人民共和国民法通则》（2017 年修订）

《中华人民共和国促进科技成果转化法》（2015 年修订）

《中华人民共和国合伙企业法》（2006 年修订）

《中华人民共和国公司法》（2018 年修订）

《中华人民共和国劳动合同法》（2012 年修订）

《中华人民共和国促进科技成果转化法》（2015 年修订）

第二十一章　法商资产组合理论

法商的资产组合主要是指法商资本通过自我积累和社会融资，形成资产并创造社会财富，从而实现企业价值的最大化。如何将社会资源有效地配置到法商以获得理想收入，是法商资产组合理论的核心内容。资产组合的目的是带来双赢：一是出资人赢，让出资人了解资产组合对自身盈利目标的重要性；二是法商企业赢，让法商通过对资金、资产、资本的组合，更好地实现出资人的认知和企业快速成长的目标，最终实现整个社会资源的优化配置。本章内容旨在让出资人通过对资产组合理论进行了解以降低自己投资的风险；让法商在纷繁复杂的社会中重视资产和资本的优化配置，以实现健康持续地发展。

根据本书关于法商的定义，狭义法商是指公司以及契约型基金中的管理公司，因此在本章的资本资产组合理论部分用公司来取代法商，以使法商语境与资本资产组合理论中的公司语境顺畅衔接。

第一节　法商的资产结构和资本结构

法商的资产负债结构与资产负债表相对应，“资产”与“所有者权益 + 负债”是同一个硬币的两面。法商资产是法商用于从事生产经营活动以为投资者带来未来经济利益的资源，出现在资产负债表的左侧。在资产负债表右侧的“所有者权益 + 负债”中，所有者权益又包括实收资本（或称股本，即投资人的原始投入）、资本公积（资本的溢价部分和企业收到的捐赠等）、盈余公积（按《公司法》有关规定在税后利润中提取的法定盈余公积金和任意盈余公积金）、未分配利润（利润分配后的留存收益）。

“资产”是指法商所拥有的有形或无形财富，其重点反映财富创造。“所有者权益 + 负债”则是指法商所拥有的财富的权益关系，其重点反映财富分配。

一、法商的资产结构

法商的资产结构，顾名思义，即法商各种类型资产的组合比例。以不同的标准划分，可以有不同的资产结构。

法商的资产按占用形态划分可以分为有形资产和无形资产。有形资产包括实物资产和金融资产。实物资产包括固定资产、原材料等生产经营所必需的资产。金融资产包括交易性金融资产、持有至到期投资、长期股权投资等，这类资产拥有较好的弹性和流动性，并具备一定的收益性。无形资产则是指法商拥有的或者控制的没有实物形态的可辨认的非货币性资产，会计上通常将专利权、商标权等称为无形资产。实物资产、金融资产和无形资产在总资产中的比例就是按占用形态划分的资产结构。

法商的资产按占用期限可以分为长期资产（非流动资产）、短期资产（流动资产）和速动资产。流动资产是指在一年或者超过一年的一个营业周期内变现或者耗用的资产。流动资产包括现金及各种存款、短期投资、应收及预付货款、存货等。速动资产是指可以迅速转换成现金或已属于现金形式的资产，是流动资产减去变现能力较差且不稳定的存货、预付账款、一年内到期的非流动资产等之后的余额。与之相对应的指标有流动比、速动比等。

法商的资产按收益性划分可以分为收益性资产、保值性资产和支出性资产。收益性资产是指存货、应收账款等能为企业带来直接收益的资产。保值性资产是指不能直接带来收益但是具有保值功能的资产。支出性资产是指企业资产中已挂账未摊销的支出或潜在的损失。支出性资产占用比重大等问题，将直接影响企业的收益和偿债能力，削弱财务指标的安全性和可靠性。

法商的资产按功能性划分可以分为经营资产和金融资产。经营资产是指法商用以提供产品和服务的资产，它主要用于生产法商的主业产品，包括土地、建筑物、机器设备、存货、应收账款、预付账款等涉及日常经营活动的资产。金融资产是指法商在筹资或利用经营活动多余资金进行金融投资，以实现多余资金的保值增值而形成的资产。非流动资产中的金融资产包括可供出售金融资产、持有至到期投资、金融资产形成的递延所得税资产等。流动资产中的金融资产包括交易性金融资产、应收利息、应收股利（短期权益性投资）、货币资金、短期应收票据等。长期股权投资属于经营资产。

二、法商的资本结构

从资产负债表的科目来说，多个概念均与资本有关，其中包括实收资本、资本公积和自有资本三个概念。实收资本（或股本）是指投资者按照企业章程或合同、协议的约定，实际投入企业并依法进行注册的资本，它体现了各个所有者对企业的基本产权比例关系。资本公积是指投资者的出资中超出其在注册资本中所占份额的部分，以及直接计入所有者权益的利得和损失，它不直接表明各个所有者对企业的基本产权比例关系。资本公积包括超过票面价额发行股份所得的溢价额、公司财产重估增值、接受捐赠的资产价值等。经股东会决议，公积金可以转为股本，按股东原有股份比例发给新股或者增加每股面值。因此资本公积金是一种准资本金，是企业所有者权益的组成部分。自有资本是指股东出资形成的资本金、资本盈余以及其运行结果累积留存收益，归属于股东，又统称为所有者权益。自有资本（所有者权益）与负债构成资本负债表的右边部分。

但是，通常所说的资本结构（Capital Structure），并非仅指实收资本的结构，亦并非仅指实收资本与资本公积的结构，而是指法商所拥有的所有资产的权益关系，因此资本结构包括自有资本的结构和负债的结构。换言之，资本结构既要考虑自有资本，又要考虑非自有资本，非自有资本即法商的负债。

资本结构除表现为负债和所有者权益的关系外，还可以做进一步的层次分类。企业负债由流动负债、长期负债构成，相应形成流动负债结构和长期负债结构；所有者权益由投入资本和企业积累资本构成，相应形成投入资本结构和积累资本结构。企业负债的构成通常用来分析资本结构与资产结构的适应性及平衡性。自有资本的构成及其比例关系具体提示了企业资本结构的成本水平、风险程度和弹性大小。

衡量资本结构的指标也有多种，其中包括股东权益比率、资产负债率、长期负债比率、股东权益与固定资产比率等。

股东权益比率是股东权益与资产总额的比率，其计算公式为：股东权益比率 = 股东权益总额 ÷ 资产总额 ×100%。该项指标反映所有者提供的资本在总资产中的比重，反映企业基本财务结构的稳定性。

资产负债率是负债总额除以资产总额的百分比，也就是负债总额与资产总额的比例关系，计算公式为：资产负债率 = 负债总额 ÷ 资产总额 ×100%。资产负债率反映总资产中通过借债筹资的比例，也可以衡量企业在清算时保护债权人利益的程度。该指标数值较大，说明公司扩展经营的能力较强，股东权益的运用充分，但债务太多，会影响债务的偿还能力。

长期负债比率是从总体上判断企业债务状况的一个指标，它是长期负债与资产总额的比率，计算公式为：长期负债比率 = 长期负债 ÷ 资产总额 ×100%。

股东权益与固定资产比率是衡量公司财务结构稳定性的一个指标，是股东权益除以固定资产总额的比率，计算公式为：股东权益与固定资产比率 = 股东权益总额 ÷ 固定资产总额 ×100%。它反映购买固定资产所需要的资金有多大比例来自所有者资本。

三、资产与资本结构的效率指标

围绕法商的资产结构和资本结构有一些相关的效率指标。结构指标不同于总量指标，总量指标是单一的，但结构指标不同，在不同视角下，可以有不同的结构指标。总资产、净资产、利润、利息、息税、资本成本等因素的各种组合，将反映法商运营的各种内容。

总资产报酬率表示企业全部资产获取收益的水平，全面反映企业的获利能力和投入产出状况。计算公式为：总资产报酬率 =（利润总额 + 利息支出）÷ 平均资产总额 ×100%，平均资产总额 =（资产总额年初数 + 资产总额年末数）÷ 2。

总资产收益率的高低则直接反映公司的竞争实力和发展能力的高低，也是决定公司是否举债经营的重要依据。其计算公式为：总资产收益率 = 净利润 ÷ 平均资产总额 ×100%。

净资产收益率作为配股的必要条件之一，是公司调整利润的重要参考指标。其计算公式为：净资产收益率＝净利润 ÷ 股东权益 ×100%。投资者往往关注与投入资产相关的报酬的实现效果，并结合每股收益（EPS）及净资产收益率等指标来进行判断。

总体而言，总资产收益率直接反映公司的竞争实力和发展能力，该指标的大小也是决定公司是否应举债经营的重要依据。总资产收益率中不含负债利息，体现了资本结构中的债务成本，涉及法商的融资结构。总资产报酬率和总资产收益率所包含的信息要比净资产收益率丰富。对于净资产所剩无几的公司来说，虽然它们的净资产收益率可能相对较高，但仍不能说明它们的经营风险较小。因此可以根据各个指标的差距来评估公司经营的风险和收益情况。

经济附加值（Economic Value Added，EVA）业绩评价指标的提出是财务评价思想的一次创新，1990 年，由斯特恩·斯图尔特咨询公司首次提出后迅速在世界范围内获得广泛运用。该指标的创新之处在于全面考虑了企业的资本成本，可以更为准确地评价企业业绩。EVA 理论是在资本成本说的假说下提出的，是以企业价值增值这一根本目的为出发点的，因此可以更为准确地评价企业业绩。息税前利润（Earnings Before Interest and Tax，EBIT），从字面意思可知，是指扣除利息、所得税之前的利润，即计提利息、税项前的利润。EBIT通过剔除所得税及利息，强调企业产品经营真实的实现能力，可以使投资者评价项目的时候不用考虑项目适用的所得税率和融资成本，这样便方便了投资者将项目放在不同的资本结构中进行考察。尽管现实中借债就要付息，但对投资人来说，通常会把借债真实实现利润的能力作为重要考虑因素，而其付息债务则可通过投资方债转股的方式转换加以弥补。

第二节　资本资产组合理论

一、资本资产组合理论的基本原理及演变

资本结构理论是财务理论的核心内容之一。资本结构理论、投资理论和股利政策理论被称为财务理论的三大核心内容，对于企业建立高效的筹资模式具有重要的指导作用。在资本结构中，是股权资本多一些，抑或负债多一些；是短期资本多一些，抑或长期资本多一些，这些问题都需要资本结构理论的指导。美国的Modigliani和Miller（简称MM）教授于1958年6月份发表于《美国经济评论》上的“资本结构、公司财务与资本”一文中认为，在不考虑公司所得税，且企业经营风险相同而只有资本结构不同时，公司的资本结构与公司的市场价值无关。或者说，当公司的债务比率由零增加到100％时，企业的资本总成本及总价值不会发生任何变动，即企业价值与企业负债无关，不存在最佳资本结构问题。这就是资本结构理论的MM定理。修正的MM理论（含税条件下的资本结构理论），是Modigliani和Miller于1963年共同发表的另一篇与资本结构有关的论文中的基本思想。他们发现，在考虑企业所得税的情况下，由于负债的利息是免税支出，可以降低综合资本成本，增加企业的价值，因此，企业可以通过财务杠杆的不断增加，而不断降低其资本成本。负债越多，杠杆作用越明显，企业价值越大。当债务资本在资本结构中趋近100%时，才是最佳的资本结构，此时企业价值达到最大。最初的MM理论和修正的MM理论是资本结构理论中关于债务

配置的两个极端看法。

无论是资本结构理论还是后文将提到的资本资产组合理论，现金流都是分析的重要因素。现金流是衡量法商资本组合效能的重要指标。现金流在现代理财学中是指，企业在一定会计期间按照现金收付实现制，通过一定经济活动（包括经营活动、投资活动、筹资活动和非经常性项目）而产生的现金流入、现金流出及其总量情况的总称，即企业一定时期的现金和现金等价物的流入与流出的数量。例如，销售商品、提供劳务、出售固定资产、收回投资、借入资金等，形成企业的现金流入；购买商品、接受劳务、购建固定资产、现金投资、偿还债务等，形成企业的现金流出。从短期看，法商的现金流不一定反映法商的社会价值，但从长期看，法商的社会价值最终会转化为现金流。无论资本结构如何，相同的现金流就应该有相同的资本价值，这是 MM 定理的核心思想。注意，这里所说的“相同的现金流”，不仅指分布相同，还要完全相关。

MM 定理的核心思想虽然是“相同的现金流应该有相同的资本价值”，但 Modigliani 和 Miller 教授关于资本结构与法商的市场价值无关的表述，是不清晰的，关于“不存在最佳资本结构”的论断也是轻率的。这些表述和论断必须有一个前提，就是在“资本结构不影响资本未来现金流”的情况下，资本结构与法商的市场价值无关，也不存在最佳资本结构的结论才成立。

但是很显然，法商调整自己的资本结构，进行投融资行为，其目的恰恰是改善自己未来的现金流及其波动风险。如果法商的资本结构调整改变了现金流及其波动风险，那么法商的资本价值当然可能随着资本结构调整而发生变化。法商的资本结构影响法商未来的现金流，这在资本市场上是司空见惯的事。例如，法商并不总能以同样的利率借入和借出资金，因为借款是需要抵押的。当法商未来的现金流出现大幅的亏损波动以致无法归还债务，又缺乏抵押物时，法商就不可能继续新增借款来对冲当前的难关，从而破产，导致法商经营的资金收入流中断。也因此，对于不同的法商，在一定时期内就可能有不同的最优资本结构，而这正是法商资本组合的根本原因。所以，我们需要辩证地看待 MM 定理。

资产结构和资本结构都是静态的，而资本资产组合则是资产结构和资本结构的动态调整。资本资产组合理论是法商资产组合和运营的理论基础。马科维茨（Harry M.Markowitz）1990 年因其在 1952 年提出的投资组合选择（Portfolio Selection）理论获得诺贝尔经济学奖。美国学者夏普（William Sharpe）、林特尔（John Lintner）、特里诺（Jack Treynor）和莫辛（Jan Mossin）等人于 1964 年在资产组合理论和资本市场理论的基础上发展起资本资产定价模型（Capital Asset Pricing Model ，CAPM），该模型主要研究证券市场中资产的预期收益率与风险资产之间的关系，以及均衡价格是如何形成的，是现代金融市场价格理论的支柱，被广泛应用于投资决策和公司理财领域。该理论包含两个重要内容：均值－方差分析方法和投资组合有效边界模型。该模型将市场风险分为系统性风险及非系统性风险，降低非系统性风险的主要方式是多样化投资，因为相比起单一投资，投资的多样化可以尽可能多地对冲投资对象风险。

资本资产组合理论这个概念中，既有“资本”，又有“资产”，它反映了资产定价的两个要素：一个是资产作为创造财富的物质基础，创造出未来的现金流；另一个是资本体现资产的权益关系，这种权益关系为资产确定价格。这里的资本当然比实缴资本、资本公积或自有资本的概念更广泛。理论上说，只要有资产，且资产背后有权益关系，就可以使用资本资产组合理论予以定价。因此通常我们将其简述为资产组合理论，显然，本章也可以将其称为法商资本资产组合理论。（本章以下内容中的资本资产组合理论和资产组合理论指的是同一概念，除非有特别说明。）另一方面，资本资产组合理论是资产结构和资本结构的动态调整，资本资产组合理论事实上可以覆盖资产结构和资本结构理论，例如，CAPM 可以推导出 MM 定理。

法商资产组合与现金流的关系可以归为两个要素：一个是现金流的

期望收益率，另一个是现金流的折现率。现金流的期望收益率通过现金流的折现率进行折现，即为资本组合的价值。而现金流的折现率又取决于现金流的波动风险，事实上取决于现金流波动所导致的系统风险。而决定系统风险的因素除了整个市场资产组合的现金流波动风险外，还有人们的风险偏好、投资者情绪等因素。此外，现金流本身也受宏观经济结构、宏观经济金融政策等因素影响。现金流与法商的资本组合价值存在对应关系。相同的现金流，就应该有相同的资产组合价值。它的道理是不言而喻的，但是它能让我们从关注资产本身的物理属性，调整到关注资产的现金流属性，并且关注单个资产的现金流对整个资产组合现金流的影响，并最终聚焦到现金流的期望收益率和收益率波动风险两大层次上。但是正如前文所指出的，关注法商资产组合的现金流，并不意味着只关注法商资产组合的金钱收益，而不关注法商的社会责任，相反，必须把法商履行社会责任纳入长期现金流的评估之中。事实上，一家声名狼藉的公司，即使其短期现金流良好，但其长期现金流也大概率会枯竭。

资本市场上不同的资产组合有不同的门槛和代价，不同资本和资产结构所要求的资产组合策略对于法商经营来说就至关重要，运用资产组合原理进行融资来防控风险和提高收益，这就是法商资本运营的核心内容。法商资本的目标是提高法商市值、提高法商收益率和降低风险。本章就资本组合的基本原理、法商的主要融资方式进行了阐述。本章是全书唯一具有少量数学推导的章节，它对讲清资本组合的原理具有重要意义。

二、资产组合收益与风险

对于资产组合理论，必须厘清以下问题，否则将可能错误地指导资产组合的投融资行为。

（一）多样化投资是在保证期望收益前提下的分散投资

如果分散投资的结果是降低了期望收益率，那么这种分散投资在降低风险的同时也降低了期望收益。在金融方面，降低风险同时又降低期望收益，不是资产组合，而是对冲。对冲在特定资产组合过程中当然也有其意义，其通常用来规避投资者无法把控的风险。但如果整个资产组合理论都是对冲，那么资产组合理论就失去了意义。通常来说，资产组合理论是在保持期望收益率不变的前提下，通过多样化投资来降低收益率波动风险；或者在收益率波动风险不变的前提下，通过多样化投资来提高期望收益率，这是资本资产组合理论的核心价值所在。

（二）多样化投资与专业化投资的理论契合

对于相当多专业投资者特别是产业投资者来说，多样化投资并不是他们所热衷的，他们更热衷于专业化投资，专注于某个熟悉的行业或产业，甚至专注于某个企业，可能某些公司的股东，其主要资金都押在一个公司上，这就形成了多样化投资与专业化投资之争。在公司经营范围上，也相应地有多元化经营与专业化经营之争。是不是说这些争论对资本资产组合理论形成了根本性的挑战呢？恰恰相反，正是资本资产组合理论给出了这些争论的答案。资产组合的现金流风险，不是一个客观的数据，而是具有主观性。在不同人的眼中，同一资产组合的现金流风险是不同的。公司高级管理人员更清楚公司自身的内部经营情况和前景，当然也可能出现当局者迷的现象，一般散户投资者不一定掌握公司自身的内部经营情况，其获得的信息有限。这两类人对同一公司未来现金流风险的评估显然不同，因此各自给出的期望收益、收益率波动风险及其对应资产组合价值自然不同。当专业投资者对某一个别资产有着专业性研究和信息优势时，此个别资产相对专业投资者来说，风险就大大降低了。换言之，收益率波动风险就大大降低了。根据资本资产组合理论，系统风险较低的资产，其价值持有比例应该提高，因此专业投资者对此个别资产的投资比例也应该相应地有所提高，从而形成专业化投资的表象。由此可见，是多样化投资还是专业化投资，是多元化经营还是专业化经营，不同点只在于不同优势的人对资本组合的现金流期望收益和风险有不同的主观估计，但是资本组合原理仍然是适用的。专业化投资和专业化经营仍然受资本资产组合理论揭示的规律所约束。

我们列举一个简单的例子来说明资产组合问题。首先给出有关的基本定义。

1. 期望值定义

如果随机变量 X 取值为 x_k 时的概率为 p_k，则 $\sum_{n=1}^{\infty} p_k x_k$ 为 X 的数学期望，记为 $E(X)$，即$E(X)=\sum_{n=1}^{\infty} p_k x_k$ 。

期望值类似平均数，它表示随机变量 X 的取值平均为 $E(X)$。

对于随机变量来说，仅仅获知其可能取值的平均数还远远不够。例如，有以下两只证券，收益率为 R_a 和 R_b：

$$R_a=\begin{cases}10\% & p=0.5\\ -2\% & p=0.5\end{cases} \tag{1}$$

$$R_b=\begin{cases}5\% & p=0.5\\ 3\% & p=0.5\end{cases} \tag{2}$$

这两个收益率中，期望值都是 4%，但是 R_a 却既可能是 10%，也可能是 −2%，而 R_b 则是更为保守的 3% 或 5%（一定盈利）。如果人们不喜欢不确定的事情，如人们不喜欢亏损，或者不喜欢出现意外导致之前的计划“泡汤”，或者亏损会导致本金减少以致降低人们的博弈资本，则人们将更加偏好 R_b 而不是 R_a。这说明，仅仅用期望值来刻画随机变量是不够的。我们还需引入刻画随机变量取值分散程度的指标。刻画分散程度的指标有很多，通常使用方差。

2. 方差定义

设 X 是一个随机变量，若 $E\left\{\left[X-E(X)\right]^2\right\}$ 存在，则称 $E\left\{\left[X-E(X)\right]^2\right\}$ 为 X 的方差，记为 $D(X)$ 或 $Var(X)$ 或 σ_X^2，即 $D(X)=E\left\{\left[X-E(X)\right]^2\right\}$。

根据此方差定义，可以算得（1）式中的方差为：

$$D(R_a)=0.5\times(10\%-4\%)^2+0.5\times(-2\%-4\%)^2$$
$$=0.0036$$

（2）式中的方差为：

$$D(R_a)=0.5\times(5\%-4\%)^2+0.5\times(3\%-4\%)^2$$
$$=0.0001$$

从对（1）式和（2）式的方差计算来看，（1）式的方差大，（2）式的方差小，可见方差这个概念比较好地描述了随机变量的取值分散程度。

现在我们来研究两个随机变量 X 与 Y 之间的关系。

随机变量 X 和 Y 都有多种取值可能。如果 X 取值较大，Y 亦经常在同方向上取值较大，则我们称 X 和 Y 正相关。如果 X 取值较大，Y 亦经常在反方向上取值较大，则我们称 X 和 Y 负相关。如果 X 取值大小与 Y 取值大小无关，则我们称 X 和 Y 不相关。

问题是，如何用数学量来描述这种相关关系？由此我们引入协方差定义。

3. 协方差定义

量 $E\{[X-E(X)][Y-E(Y)]\}$ 被称为随机变量 X 与 Y 的协方差，记为 $Cov(X,Y)$，即 $Cov(X,Y)=E\{[X-E(X)][Y-E(Y)]\}$。

很显然，协方差定义恰好能满足以上描述 X 与 Y 之间的关系的要求。特别的是，假如 X 与 Y 完全是同一个变量，则 X 与 Y 就完全正相关，协方差就成为前述方差式子，因此方差是协方差的特例。

需要指出的是，协方差、方差的数学定义，仅仅是描述随机变量取值状态的指标之一，它并不能完全描述随机变量取值状态的所有特性。所以在实际运用中，亦可自己构造相应的数学指标来描述自己所关心的随机变量性质。因此资产组合原理的思想，比具体形式的数学计算更重要。

有了方差、协方差的定义后，可以做进一步的资产组合分析。

如果有个资产组合 c，是由（1）式和（2）式两只证券按比例组成的，其中证券（1）所占价值比例为 ω_a，证券（2）所占价值比例为 ω_b（显然，$\omega_a+\omega_b=1$）。请问，资产组合 c 的收益率 R_c 和方差 σ_c^2 为多少？

在这个例子中，资产组合 c 的收益率 R_c 很好计算，直接按比例将两只证券的收益率加权平均即可：

$$R_c=\omega_a R_a+\omega_b R_b \tag{3}$$

现在计算 R_c 的方差：

$$D\left(R_c\right)=D\left(\omega_a R_a+\omega_b R_b\right) \tag{4}$$

（4）式根据方差定义可以展开为：

$$\begin{aligned}
&D\left(\omega_a R_a+\omega_b R_b\right)=E\left\{\left[\omega_a R_a+\omega_b R_b-E\left(\omega_a R_a+\omega_b R_b\right)\right]^2\right\}\\
&=E\left\{\left[\omega_a R_a-E\left(\omega_a R_a\right)+\omega_b R_b-E\left(\omega_b R_b\right)\right]^2\right\}\\
&=E\left\{\left[\omega_a R_a-E\left(\omega_a R_a\right)\right]^2+\left[\omega_b R_b-E\left(\omega_b R_b\right)\right]^2+2\left[\omega_a R_a-E\left(\omega_a R_a\right)\right]\left[\omega_b R_b-E\left(\omega_b R_b\right)\right]\right\}\\
&=D(\omega_a R_a)+D\left(\omega_b R_b\right)+2Cov\left(\omega_a R_a,\omega_b R_b\right)\\
&=\omega_a^2 D\left(R_a\right)+\omega_b^2 D\left(R_b\right)+2\omega_a\omega_b Cov\left(R_a,R_b\right)
\end{aligned} \tag{5}$$

由（5）式可知，在资产组合 c 的期望收益率既定的前提下，R_a 和 R_b 的相关性越强，即 $Cov(R_a,R_b)$ 越大，则资产组合 c 的方差越大，资产组合 c 的可能取值越离散。R_a 和 R_b 的相关性越弱，即 $Cov(R_a,R_b)$ 越小，则资产组合 c 的方差越小，资产组合 c 的可能取值越集中。如果人们偏好比较确定的收益，厌恶不确定的收益，则 R_a 和 R_b 的相关性越弱越好。这就是用资产组合来管控风险的基本原理：在既定期望收益率水平下，尽量分散投资不相关的资产，以减少总投资收益率波动的不确定性。

方差是偏离的平方关系。为了在同一数量级上比较偏离值与其他值的关系，所以引入标准差的定义：标准差 = 方差的平方根。

三、资产组合的有效边界

如果某投资者用于购买资产组合的总预算既定，且他选定了用于组合的几只具有风险的证券，现在他需要解决一个问题：应该如何确定这几只风险证券的比例？

显然，投资者任意调整这几只证券的比例，其获得的资产组合期望收益率与方差风险关系应该如图 21-1 所示。

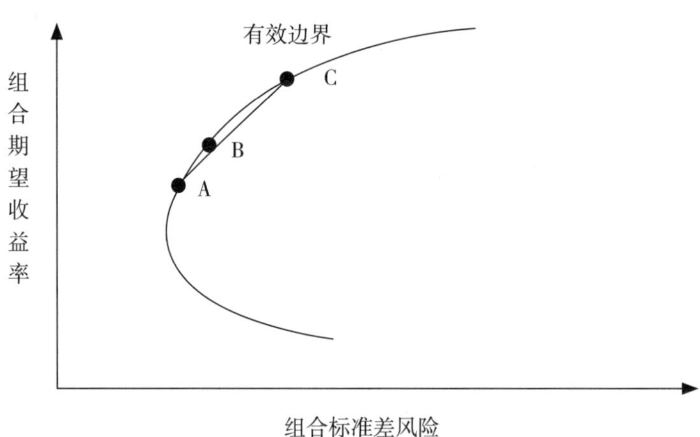

图 21-1　风险资产组合有效边界

资产组合的有效边界就是图 21-1 中的曲线。曲线左边是资产组合不可能达到的位置，曲线右边是资产组合可能达到的位置。

在有效边界上任意选择两点 A 和 C，若 A 和 C 完全正相关［注意，完全正相关并不意味着两个随机变量就完全相同，例如，$R_b=kR_a$（$k \neq 1$）且 k 为常数，则 R_a 和 R_b 完全正相关但不相等］，则在资产总值既定的前提下，资产 A 和 C 可以组合成 AC 线段上的任意点。而若 A 和 C 不完全正相关，则两者组合后的标准差风险就可能进一步降低，因此在资产总值既定的前提下，A 和 C 组合的有效点应该在 AC 线段的上方。所以有效边界应该是向上凸的。当然，有效边界的下半部分的含义是组合标准差既定的情况下，期望收益率的极低值，因此是向下凸的。

不同投资者有不同的风险偏好，但都可以在有效边界上选择自己合意的资产组合方式。我们可以看到，在有效边界的上半部分，不存在绝对占优势的组合。如果你要求资产组合的期望收益率高，则组合的标准差风险就会增大；如果你要求组合的标准差风险降低，则资产组合的期望收益率也会降低。

四、引入无风险资产的资产组合

如果引入无风险资产，则在风险资产的有效边界上，投资者可以选择风险资产内部的确定比例。

在图 21-2 中，若 D 点是无风险资产的收益率，因为其无风险，所以标准差为 0。若过 D 点做风险资产组合有效边界的切线 DC，则 D 点的无风险资产和 C 点的风险资产组合，可以自由组合为 DC 线上的新资产组合。显然，DC 线上的新资产组合，除了在 C 点与风险资产的有效边界重合外，其他位置都比同风险水平下有效边界的期望收益率高。所以，不同风险偏好的投资人，只可能在 DC 线上选择不同的点，但在风险资产组合内部，其风险资产之间的比例是确定的。换言之，C 点是不会变的。资产组合或资产定价的经典理论把某只证券对资产组合的风险贡献称为此证券的系统风险。经典理论认为，由于 C 点不会随着投资人的风险偏好而变化，因此资产组合只能分散非系统风险，不能影响系统风险。

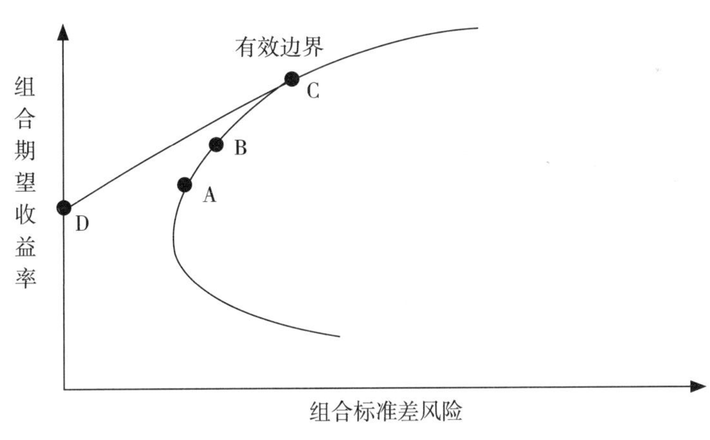

图 21-2 资本市场线

根据 CAPM，每一证券的期望收益率应等于无风险利率加上该证券由系数测定的风险溢价（证明过程略），即：

$$E(r_i)=r_f+\beta_i[\,E(r_M-r_f)\,] \quad (6)$$

当获得市场组合的期望收益率的估值和该证券的风险 β_i 的估值时，

就能计算市场均衡状态下，证券 i 的期望收益率 $E(r_i)$。对于单期资产评估来说，资产组合的均衡现价应为：

$$资产组合的均衡现价 = \frac{E（资产期间收益 + 资产期末价格）}{1+E(r_i)} \quad （7）$$

当资产的实际价格低于（7）式的均衡价格时，就可以提高对此资产的持有比例；反之则降低对此资产的持有比例，最终形成适合自己的资产组合结构。然而，不同风险偏好的投资者，其风险资产组合的 C 点不变，此结论只适合于风险资产收益率不受投资者组合资产的行为影响的情况。因为投资者在 DC 上选择适合自己风险偏好的资产组合时，就是在追捧或者抛售风险资产 C，大批投资者的趋同行为，将改变风险资产 C 的价格，从而改变其风险收益率，风险资产的有效边界包括 C 点就会发生移动，当然，也就改变了系统风险。所以投资者要经常跟踪自己的资产组合，进行及时调整。

第三节　法商资产组合中的经营风险防控

风险就是不确定性，不确定性越大，风险越大。对具体的法商来说，风险可分为利率风险、汇率风险、通胀风险和市场风险等，这些风险与资产结构相互影响。当国家经济不景气时，资本市场萧条，企业保持收缩状态，营业额下降，资本削减，存货过剩，难以转换为货币资金，此时流动资产所占比重会慢慢上升；而当市场繁荣，宏观经济快速发展时，企业营业收入上升，存货可以快速转换为货币资金，此时流动资产会减少。不同行业的企业，资产结构也不同。一个商贸企业，依靠销售存货从而获得利益，其流动性资产必然占了较大的比重，如存货、流通资金等；而一个建筑企业，固定资产占了较大比重，如机械设备等，企业中的存货等流动资产占的比重就很少。但这些风险最终都要归属到经营风险和财务风险上。经营风险是指生产经营决策的不确定性带来的风险，财务风险是指由于法商负债而增加的风险。从更广义的角度看，财务是为经营服务的，因此财务风险也可以归入广义的经营风险中。本节就是取广义的经营风险之义。

一、资产组合中的经营风险防控

前已述及，以不同的标准划分，资产有不同的类型。这些不同类型的资产在一起构成了资产结构，动态的资产结构即资产组合，反映企业的相关特点。而不管资产的划分标准是有形资产还是无形资产，非流动资产、流动资产还是速动资产，经营资产还是金融资产，收益性资产、保值性资产还是支出性资产，资产组合都围绕着提高期望收益率和降低风险这两个目标服务。因此从资本资产组合理论的风险控制角度出发，可以把企业的资产结构分为三类：保守型资产结构；均衡型资产结构；风险型资产结构。

保守型资产结构是指流动资产占总资产的比重偏大的资产结构。在这种资产结构下，企业不会选择贸然扩张，而是重视持续运营，保证企业自身流动性，使企业拥有较强的偿还债务能力。这种资产结构使得企业在发展过程中所承担的风险更少，可是由于其大量流动资产耗费了企业的资金，企业资本增长十分缓慢，属于稳步发展型，这是一种低风险低收益的资产结构。

均衡型资产结构是指企业的流动资产占企业总资产一半左右的比重。这样的均衡结构体现了企业投资决策的稳健性，企业既具有日常管理和运营必备的物质基础，如房屋、场地、建筑物、生产设备、工具等有形的固定资产和某些长期权利，也拥有一定的流动资产，如现金或者存货等，可以保证企业稳定的偿债能力、调拨能力和应付某些暂时性突发情况的能力，企业的运营情况和财务状况基本都趋于平稳状态。

风险型资产结构是指流动资产占总资产的比重偏小。在这种资产结构下，企业资产的流动性和变现能力较弱，会提高企业的经营风险。但因为收益水平较高的非流动资产比重较大，企业的盈利水平也会提高。因此企业的风险和收益水平都较高。

在现代金融市场上，流动资产的流动性高，但是它最大的问题是收益率偏低，所以流动资产逐渐转化为金融资产的形式。金融资产本身参与了社会经济运行，可以获得比闲置资金更高的期望收益率，因此可以提高企业流动资产和总资产的收益率。与此同时，企业经营资产也可能因受到经济环境的影响而出现价格波动，企业通过金融操作也可能实现经营资产的套期保值，因此企业的资产还可以划为经营资产和金融资产。但显然这并不影响关于风险类型的资产结构划分。根据资本资产组合理论，应当尽量配置彼此独立或负相关的经营资产和金融资产，在不降低企业期望收益率的条件下降低经营资产和金融资产的组合风险。套期保值通常就是对经营资产的负相关操作。但是金融资产始终是为经营资产服务的，除非企业的主业转向金融操作，否则企业对于高收益高风险的金融投资应当抱有足够的谨慎。

二、资本组合中的经营风险防控

动态的资本结构形成资本组合。资产组合构成企业收入的来源，而资本组合则构成企业收入的权益。资本组合对企业生产经营的影响主要通过三个方面体现：一是成本要素，二是风险要素，三是弹性要素。

（一）成本要素

成本要素是指企业筹集资金的融资费用和使用费用，即资金成本。资金成本的高低是确定资本结构是否优化的基本依据，一个优化的资本结构首先是成本最低的结构，要说明这一点，必须先了解各种资金成本的特性。企业内部生成资金通常是可以无偿使用的，它无须实际对外支付资金成本，但如果从社会平均利润的角度看，资本公积、盈余公积和未分配利润这类企业积累资本也应于使用后取得相应报酬，也就是资金成本，这种资金成本实际上是一种机会成本，是假定这部分资金用于再投资所应得到的平均利润。另一部分内部生成资金，如各种应付（应交）款项，因不是企业的专项融资，仅仅是因为这些资金暂无须支付而用于企业周转，并不需要支付资金成本，因而这部分融资是企业真正的无成本型融资。在大量资本结构下，增加无成本型融资的比例必然会降低企业的平均资金成本。企业从外部融通的资金，都必须支付资金成本。债务性融资的利息是固定的，通常会低于股权收益，但债务融资需要还本，而股权融资无须还本，此外，股权融资还会导致企业决策权分散。负债融资也因偿还期限的不同，使资金成本表现出差异。根据资产组合理论，对于债权人来说，长期债权所面对的不确定因素越大，本息回收的风险越大，并且企业会在长期内失去动用这部分资金的便利，可见，长期债权的利息通常高于短期债券的利息，因此一般来说，流动负债成本低于长期负债成本。而对法商来说，长期负债更有利于自己的长期资金规划，可以降低多次融资的成本。

（二）风险要素

一般来说，股权性融资风险低于负债融资风险。负债融资方式下，资金不能如期偿还的风险由企业自身承担，企业必须将到期债务如数偿还才能持续经营下去。否则，企业就要面临丧失信誉、负担赔偿甚至变卖资产的风险。而股权性融资一旦投入，就成为企业永久性资金，没有上述负债融资的偿还要求。从财务管理的目标（企业价值最大化）出发，提高低成本的负债所占的比例可以降低平均资金成本，使自有资本收益率上升，但这同时也会提高财务杠杆率，降低自有资本抵御企业收入波动的能力，还会降低抗风险的能力。

财务杠杆是指企业利用负债来调节权益资本收益的手段。财务杠杆比率是指反映公司通过债务筹资的比率，其包括产权比率、资产负债率、长期负债对长期资本比率等，反映由债权人提供的负债资金与所有者提供的权益资金的相对关系，以及公司基本财务结构的稳定性。

产权比率的计算公式为：产权比率 = 负债总额 ÷ 股东权益，它表示股东的每一元钱所要承担的负债风险。资产负债率的计算公式为：资产负债率 = 负债总额 ÷ 资产总额，它表示法商总资产中的每一元钱所要承担的负债风险。长期负债对长期资本比率反映长期负债对于资本结构（长期融资）的相对重要性，其计算公式为：长期负债对长期

资本比率 = 长期负债 ÷ 长期资本，其中，长期资本是所有长期负债与股东权益之和。它表示法商长期资本的每一元钱所要承担的长期负债风险。财务杠杆越高，在总资产收益率高于债务利息的情况下，自有资本的收益率也越会被放大。但若总资产收益率出现低于债务利息的波动，那么便会成倍放大自有资本的亏损。

因此股权融资和负债融资的比率既不是越高越好，也不是越低越好。融资成本和风险两者的权衡，使得不同企业在不同情况下有不同的最优资本比例。

（三）弹性要素

所谓弹性，是指企业资本结构内部各项目的可调整性和可转换性。一般来说，企业资本结构一旦形成，就具有相对的稳定性，但过强的稳定结构难以适应瞬息万变的市场环境。通过金融市场形成的融资，如债券、股票，当存在健全的二级市场时，企业可以迅速清欠，偿还后转换，这类融资具有较高的弹性。还有的借款通常是规定了偿还期，在此之前，企业可以根据资金的情况随时偿还，这类融资可立即清欠，偿还但不能转换，这类融资不具有弹性。企业总是期望在既定的资金成本和风险下，尽可能地获得弹性较大的资本结构。

信托融资是比股权融资和债务融资应用更为广泛的融资方式。信托融资是指委托人基于对受托人的信任，将其财产权委托给受托人，由受托人按委托人的意愿，以自己的名义，为受益人的利益或者特定目的，进行管理或者处分的行为。

与其他融资方式比较，信托融资方式具有以下特点。一是融资速度快。信托产品筹资周期较短，与银行和证券的评估、审核等流程所花的时间成本相比，信托融资时间由委托人和受托人自主商定，发行速度快，短的不到三个月。二是融资可控性强。中国法律要求，设立信托之时，信托财产必须与受托人和委托人的自有资产相分离。这使得信托资产与融资企业的整体信用以及破产风险相分离，具有局部信用保证和风险控制机制。银行信贷和证券发行都直接影响企业的资产负债状况，其信用风险只能通过企业内部的财务管理来防范控制。三是融资规模符合中小型法商企业的需求。信托融资的规模往往很有限，这一特点与中小型法商企业的融资需求相吻合。因为中小企业经营范围和规模较小，对融通资金的需求量也很有限。同时，信托的成本对于中小企业来讲也处于可以接受的范围。特别需要注意的是，信托融资者可以在不提高资产负债率的情况下实现融资，优化了融资者的资产负债结构。对于融资者而言，如果信托融资的信用基础是可以产生未来现金流的资产、项目或其他权益，那么所融现金可以不作为负债计入资产负债表，并且有可能提高企业的资产质量，改善企业的负债结构，降低财务风险。

上述三种要素对资本结构的影响在作用方面上并不一致，通常风险小、弹性大的资本结构，资金成本高；反之亦然。企业无法使每一种融资都兼顾三者最优的特点，因此企业只能通过合理的方式，使各种融资得以优化组合，使资本结构在整体上实现三种要素的合理化。

【参考文献】

[1] Modigliani, Franco and Merton H Miller.（1958）. *The Cost of capital, corporate finance and the theory of investment*［J］. American Economic Review, 48：261–279.

[2] Markowitz, H.（1952）.*Portfolio selection*［J］, Journal of Finance, 7（1）: 77–91.

[3] Sharpe, W.F.（1964）. *Capital asset prices: A theory of market equilibrium under conditions of risk*［J］. Journal of Finance, 19（3）: 425–442.

[4] Lintner, J.（1965）.*The valuation of risk assets and the selection of risky investments in stock portfolios and capital budgets*［J］, Review of Economics and Statistics, 47（1）: 13–37.

第二十二章　公司融资方式与资本运作

公司作为法商实体之一，其融资方式与资本运作的便利性及多元化是其主要的特征，并且对于股市、银行业、科技创新及区域经济发展的带动作用非常明显。然而，最近几年上市公司侵害中小投资者的事件频发，部分上市公司以一种“圈钱”“割韭菜”的心态对待中小投资者。此举不仅不利于树立投资者信心，提振股市活力，也与本书介绍的法商哲学中提到的“予之为取”的基本原则相悖，因此，对公司的融资方式与资本运作方式进行合理规范，以及对其进行适当的法商教育十分有必要。

第一节　公司融资上市的意义

从狭义上讲，公司筹集资金的活动称为“公司融资”（Corporate Financing），是公司作为融资主体，为了满足自身生产经营、投资活动以及调整资本结构的需要，通过一定的融资渠道来筹集资金的活动，公司在筹集资金时所采用的具体方式即为公司的融资方式。融资是一个企业筹集资金的行为与过程，也就是公司根据自身的生产经营状况、资金拥有状况以及公司未来经营发展的需要，通过科学的预测和决策，采用一定的方式从某种渠道向公司的投资者和债权人筹集资金，组织资金的供应，以保证公司正常生产需要、经营管理活动需要的理财行为。公司筹集资金的行为应当遵循一定的原则，并通过一定的渠道和一定的方式进行。我们通常所讲，企业筹集资金无非有三大目的：企业扩张、企业还债以及混合动机（扩张与还债混合在一起的动机）。从广义上讲，融资也叫金融，就是货币资金的融通，是当事人通过各种方式到金融市场上筹措或贷放资金的行为。广义的融资通常是资金在持有者之间流动以余补缺的一种经济行为，这是资金双向互动的过程，包括资金的融入（资金的来源）和融出（资金的运用）。

近年来，随着资管新规和其他多种因素的叠加，堵住了公司大部分的融资渠道，融资成本也变得越来越高昂，公司陷入了融资难、融资贵的融资境地。

资金是企业经济活动的第一推动力、持续推动力。企业能获得稳定的资金来源，及时足额筹集到生产要素组合所需要的资金，对经营和发展都是至关重要的。但民营企业在发展中遇到的最大障碍就是融资困境。中国的民营企业以劳动密集型、低技术的行业为主，仅制造业、批发零售业、餐饮业就占了民营企业的75%。绝大多数民营企业，无论是在初创期还是在发展期，都主要是依靠自我积累、自我筹资发展起来的。但是，由于这些企业管理水平低、生产规模小、创利能力弱，要进一步发展，仍受到资金严重不足的制约。民营企业有着巨大的资金需求，然而，从银行所得到的贷款，尚不足银行贷款总量的2%；通过发行股票融资的民营企业，在中国证券市场的公司中约占9%，这里还不包括那些以较高昂的代价购买别的公司的股份而曲线上市的；在债券市场上占有的份额则几乎为零。民营企业的融资难，突出表现为中小企业难、中西部地区难、小城镇难，而这又恰恰是我们经济发展需要加大支持力度的重要环节。

资本市场是迷人且充满吸引力的，其中，股票市场就是无形的资本市场最典型又直观的反映。融资是股票市场的主要功能，资金需求者可以通过在股票市场上发行股票来获得资金。随着社会分工和经济发展，当通过内部积累已经不能满足规模经济对资本的需求时，企业对外部资本的需求就自然产生了。当企业存在对外部资金稳定的需求时，股权融资便应运而生。所以，大量企业纷纷挤破头皮要上市，企业上市可以破解企业融资难的问题，为企业发展所需巨额资金的筹集提供一条有效途径。

股权融资的优势首先是投资者数量大，股权融资的对象是整个社会中的投资者，所以股票市场能够在很短的时间内为企业筹集到巨额资金。其次，这种融资没有到期偿还的压力，筹集到的资金无须到期偿还，也无须支付利息，可以永久为企业使用。此外，股票的流动性非常高，这使其更加迷人。

第二节　公司融资的方式

融资方式是指企业融通资金的具体形式。融资方式越多，意味着可供企业选择的融资机会就越多。如果一个企业既能获得商业信用和银行信用，又能同时通过发行股票和债券直接进行融资，还能利用贴现、租赁、补偿贸易等方式融资，就意味着该企业拥有更多的机会筹集到生产经营所需的资金。

一、权益性融资和债务性融资

融资方式即企业融资的渠道，它可以分为两类：债务性融资和权益性融资。前者包括银行贷款、发行债券、应付票据、应付账款等，后者主要是指股票融资。债务性融资构成负债，企业要按期偿还约定的本息，债权人一般不参与企业的经营决策，对资金的运用也没有决策权。

权益性融资是指向其他投资者出售公司的所有权，即用所有者的权益来交换资金。这将涉及公司的合伙人、所有者和投资者间分派公司的经营和管理责任。采用权益性融资方式，企业创办人不必用现金回报其他投资者，而是与他们分享企业利润并承担管理责任，投资者以红利形式分得企业利润。

常见的融资方式如下。

（一）发行股票

发行股票是公司经营活动中一个非常重要的融资方式。股票作为公司签发的证明股东对公司拥有相应权利的一种凭证，一方面代表着股东对公司剩余资产的分配权，另一方面代表着股东参与公司经营决策的权利。股票是公司的永久性资本，公司无须偿还，因而其代表了公司的资本实力。按照股东享有的权利和承担的义务划分，股票可以分为普通股和优先股。

1. 普通股

普通股是公司发行的具有管理权而股利不固定的股票，是股票最基本的形式，也是发行量最多的股票。相较于其他融资方式，普通股具有明显的“剩余性”特征，主要表现为以下两个方面：其一，在公司正常经营时，普通股股东获得股利的前提是其他金融性资产都已经按照法律、章程的规定获得报酬；其二，在公司依法终止或破产清算时，只有债权人、优先股股东等处于优先受偿顺位的主体受到清偿后，普通股股东才能按比例分配剩余财产。不论是从经济学原理上看还是从法律原则上看，普通股的“剩余性”均存在其合理性，符合“谁享有剩余财产索取权谁享有剩余财产控制权”的经济学原理和“风险收益相一致”的法律原则。

2. 优先股

优先股也被称为特别股，是一种股息固定且比普通股股东优先分得公司收益和剩余资产的股票。由于优先股股东一般没有管理权和表决权，因此其居于普通股和公司债之间。相较于公司债，优先股为公司权益资本；相较于普通股，优先股为可优先于普通股获得固定收益的类似于债权的投资方式。

发行股票筹资相较于债权融资具有以下优势：一是从规模上看，通过股票筹资能为公司筹集相对较大的资金，公司可以根据需要安排资金的使用；二是从期限上看，股权没有固定的到期日，除非公司依法终止或破产清算，否则公司无须向股东偿还；三是从财务风险上看，相较于债务筹资，公司没有偿还利息的负担，因此不会增加公司的财务风险。但通过发行股票融资也有不足之处：一是发行股票的审核要求严格，前期工作繁杂，费用高；二是公司支付给股东的股利没有抵税效应，导致企业资金成本较高。因此公司在考虑是否采用股票融资的方式时，应根据公司的具体情况进行决策。当公司需要的资金规模较大或公司的财务风险较大时，可以考虑通过股票来融资，以解决公司的资金需求，缓解公司的财务风险。

（二）发行债券

公司发行债券的目的通常是，为大型投资项目筹集长期资本。根据《公司法》有关规定，股份有限公司和有限责任公司发行的债券为公司债券。具体而言，公司债券是指公司为了筹集资金，按照法定程序发行，承诺在一定期限内向债权人支付利息和偿还本金的有价证券，债权人所享受的要求公司按期还本付息的收益在公司利润及清算财产分配上的顺位居于所有股东之先，而在公司控制权配置上处于末位。债权人只有在公司破产时可以接管公司，其余时候都无权参与公司的经营管理。

债券融资的优点在于：一是资金成本低，原因在于，相较于股票，债券的发行成本较低，且债券的利息具有抵税效应；二是有利于保证公司股东对公司的控制权，理由是债权人无权直接参与公司管理，因而不会导致股东对公司的控制被稀释；三是公司股东可以因债券融资而获得财务杠杆收益。当公司的资本收益率高于债券的利息率时，债券融资便提高了权益资本收益率，公司股东的投资回报率不仅包括其投入股本的收益率，还包括资本收益率超出债券利息率的那部分财务杠杆收益率。

发行公司债权也存在一定缺点：一是财务风险高，公司作为债务人，须承担按期还本付息的义务，这将给公司带来一定的资金压力，在公司经营不景气时，会给公司带来较大的财务风险；二是限制条件较多，在中国发行债券有较多的限制条件，如《证券法》就对公开发行公司债券的条件以及所筹集资金的用途进行了严格的规定；三是筹资数量有限，如《公司法》规定，累计债券余额不得超过公司净资产的40%。

（三）发行可转换债券

可转换债券是指发行人依照法定程序发行的，附有可以在约定条件下转换成普通股股票的债券。可转换债券的持有者可以在约定条件满足时，按照规定的转换比例或转换价格，将可转换债券转换成股票，或者放弃转换权，将债券持有至到期以收回本息。由于可转换债券附带选择权，因此其兼具债券和股票的筹资功能，在转换前，其属于公司的债务资本，转换后则属于公司的权益资本。发行可转换债券，有助于降低公司的融资成本。由于可转换债券的利率比普通债券低，因此其资金成本低于普通债券，同时，由于当可转换债券转换成普通股票时，公司无须再支付股票的发行费用，因此也节约了股票的融资成本。可转换债券的双重性使得其对投资者有双重吸引力，有利于公司顺利融资。此外，公司还可以通过一些方法，促使可转换债券持有人转股，来调整资本结构。但可转换债券也有其不足之处，若可转换债券转为普通股票时，公司的股价高于转换价格，那么将使公司遭受融资损失；若公司希望可转换债券持有人选择债转股，但股价未上升，而债权人不愿意转为普通股时，公司将承受偿债压力。

（四）银行贷款

银行贷款是指公司根据借款合同向银行借入的需要按期还本付息的款项，向银行借款也是中国公司进行融资的主要途径。按照贷款期限划分，银行贷款可以分为短期贷款和长期贷款两大类。其中，短期贷款是偿还期限在一年以内的款项，通常是为了满足企业正常经营的需要而向银行借入的；长期贷款是偿还期限超过一年的款项，通常是为了满足长期投资项目的资金需要而向银行借入的。银行贷款除了能带来与债券融资相同的抵税效应、保证股东控制权以及带来财务杠杆收益外，还具有筹资速度快，借款时间、数额和利率灵活性强的优点。但由于银行具有保全其资本金与降低其经营风险的特质，因此银行在贷款时会尽量避免给风险较大的企业或项目贷款，在签订贷款合同时也会增加一些限制性条款，这样可能会影响公司以后的筹资、投资和收益分配活动，使得公司的财务与经营风险增加。

（五）股东贷款

股东贷款是指公司作为债务人向股东借款的一种融资方式，公司股东据此拥有对公司的债权。在现实生活中，大型公司集团中的母公司常通过这种方式为其子公司提供贷款，并据此获得股东与债权人的双重身份。股东贷款的优点如下。

一是提高股东的投资回报率。公司的税负具有双重征税的特征，公司股东在获得股利前，需要经历两次征税活动，一次是被征收公司所得税，另一次是被征收个人所得税。而债权的利息具有抵税作用，公司股东通过向公司贷款，其债权投资所产生的利息可以免于双重课税，同时也可为股东带来杠杆收益。

二是股东贷款能优化公司的股权结构，通过将部分股东的部分股权投资转化为债权投资，可以对公司的股权结构进行调整以满足所有股东对经营控制权的需求。例如，甲公司有 A 和 B 两个发起人：A 计划投入 100 万元现金；B 计划投入价值 70 万元的非现金财产，但希望拥有公司 50% 的股权，否则不出资。而 A 离不开 B 的出资，且投资目的主要是取得投资收益。为此，公司章程安排如下：A 和 B 各自出资 70 万元，A 另外借给公司 30 万元。这样安排的好处是，A、B 两个股东各得其所，甲公司的设立成为可能；股东贷款还能降低股东的投资风险。当公司经营失败，被依法终止或不得不破产时，债权融资使得股东可以与普通债权人一样收回其债权，股东就有了不同风险的投资组合。但股东贷款也将带来一定的风险，如果公司的债权比例过高，则将大大提高公司的财务风险。在美国，破产清算时遇到这种情况时，可能会适用“债权居次”的规则，让其他债权人、优先股股东的主张优先于股东对公司的债权；当情形更加严重时，甚至可能适用“揭开公司面纱”原则。

（六）发行认股权证

认股权证是上市公司发行的可按照特定的价格认购上市公司一定数

量股票的买入期权，它赋予持有者在约定的期限内以特定的价格优先购买一定数量普通股的权利。通过认股权证进行融资不会带来任何财务负担，且由于其并不会直接导致股份的增加，因此有利于降低公司的财务风险。认股权证还能增加公司通过其他方式筹集的资金的数量，理由是其会促使投资者关注公司的普通股、债券等融资方式，可能会带动他们投资相关产品。但由于持有者行使认股权的时间相对不确定，因此使公司的资金安排处于相对被动的情况。

（七）融资租赁

融资租赁是指租赁公司按承租公司的要求出资购买设备，在合同规定的较长期限内将该设备租给承租公司使用的一种融通资金的方式。融资租赁的特征如下：（1）租赁设备由承租公司选定，租赁公司购买后交给承租公司使用；（2）租赁期较长，等于或超过租赁设备寿命的 75%；（3）融资租赁合同不可撤销；（4）租赁设备的维修和保险由承租公司负责；（5）租赁期满后，可能退租、续租或者留购，其中留购是最常见的形式。融资租赁能帮助公司迅速获得其所需要的资产，使公司尽快形成生产经营能力，还由于融资租赁对资金规模的要求较低，因此能为大量公司所采用，覆盖面广。同时，融资租赁也不会带来过多的财务风险，应当偿还的资金被平均分摊到整个租赁期内，可降低公司到期不能还款的可能。但融资租赁也存在一定的不足。首先，筹资成本高，租金总额通常要超过设备价值总额的 30%；其次，筹资的规模有限，筹资的数额以设备的租金为限。

除了上述几种主要的融资方式，在现实生活中，公司也可能采取股权之衍生工具、应付账款、商业票据等方式融通资金。

二、公司融资决策

目前，中国公司的融资方式主要是股权融资的增发和配股，以及发行一种新型债券——可转换债券。公司做出融资决策是基于对融资的多方面分析。

（一）融资条件的比较

（1）对盈利能力的要求。增发要求公司最近 3 个会计年度扣除非经常性损益后的净资产收益率平均不低于 6%，若低于 6%，则发行当年加权净资产收益率应不低于发行前一年的水平。配股要求公司最近 3 个会计年度扣除非经常性损益后的净资产收益率平均低于 6%。而发行可转换债券则要求公司近 3 年连续盈利，且最近 3 年净资产利润率平均在 10% 以上，能源、原材料、基础设施类公司可以略低，但是不得低于 7%。

（2）对分红派息的要求。增发和配股均要求公司近 3 年有分红；而发行可转换债券则要求最近 3 年特别是最近 1 年应有现金分红。

（3）距前次发行的时间间隔。增发要求时间间隔为 12 个月；配股要求间隔为一个完整会计年度；而发行可转换债券则没有具体规定。

（4）发行对象。增发的对象是原有股东和新增投资者；配股的对象是原有股东；而发行可转换债券的对象包括原有股东和新增投资者。

（5）发行价格。增发的市盈率，证监会内部控制为 20 倍；配股的价格高于每股净资产而低于二级市场价格，原则上不低于二级市场价格的 70%，并与主承销商协商确定；可转换债券的发行价格以公布募集说明书前 30 个交易日公司股票的平均收盘价格为基础，上浮一定幅度。

（6）发行数量。增发的数量根据募集资金的数额和发行价格调整；配股的数量不超过原有股本的 30%，在发起人现金足额认购的情况下，可超过 30% 的上限，但不得超过 100%；而发行可转换债券的数量应在亿元以上，且不得超过发行人净资产的 40% 或公司资产总额的 70%，两者取低值。

（7）发行后的盈利要求。增发的盈利要求为，发行完成当年加权平均净资产收益率不低于前一年的水平；配股的要求完成当年加权平均净资产收益率不低于银行同期存款利率；而发行可转换债券则要求发行完成当年足以支付债券利息。

（二）融资方式比较

1. 增发

增发是向包括原有股东在内的全体社会公众投资者发售股票。其优点在于限制条件较少，融资规模大。增发比配股更符合市场化原则，更能满足公司的筹资要求，同时由于发行价较高，一般不受公司二级市场价格的限制，更能满足公司的筹资要求。但与配股相比，本质上没有大的区别，都是股权融资。

2. 配股

配股，即向老股东按一定比例配售新股。由于不涉及新老股东之间利益的平衡，且操作简单，审批快捷，因此是公司最为熟悉和得心应手的融资方式之一。但随着管理层对配股资产的要求越来越严格，即以现金进行配股，不能用资产进行配股，同时，随着中国证券市场的不断发展以及与国际惯例的不断契合，目前配股正逐步淡出公司再融资的舞台。

增发和配股作为股权融资，其共同的优点表现在以下三个方面。一是不需要支付利息，公司只有在盈利并且有充足现金的情况下才考虑支付股利，而支付及支付比率的决定权由公司董事会掌握；二是无偿还本金的要求，在决定留存利润和为现有股东配售新股时，董事会可以自主掌握利润留存和配售新股的比例及时机，而且运作成本较低；三是没有利息支出，经营效益要优于举债融资。

增发和配股的共同缺点表现在以下三个方面。一是由于融资后股本大大增加，而投资项目的效益短期内难以保持相应的增长速度，企业的经营业绩指标会因被稀释而下滑，可能出现融资后效益反而不如融资前的现象，从而严重影响公司的形象和股价；二是融资的成本较高，通常为融资额的 5%~10%；三是要考虑是否会影响现有股东对公司的控制权；四是股利只能在税后利润中分配，无法实现减税。

3. 可转换债券

可转换债券兼具债权融资和股权融资的双重特点，在转股之前，可转换债券属于债权融资，这比其他两种融资方式更具有灵活性。当股市低迷时，投资者可选择享受利息收益；当股市看好时，投资者既可将可转换债券卖出以获取价差，也可将其转成股票，享受股价上涨收益。因可转换债券有收回本金的保证和券面利息的收益，而且其投资者往往受回售权的保护，投资风险比较小但是收益可能很大。同时，可转换债券的转股和兑付压力对公司的经营管理者形成约束，迫使他们谨慎决策、努力提高经营业绩。这些特点决定了可转换债券对公司和投资者而言都是一个双赢的选择，对投资者有很强的吸引力。

对公司来说，发行可转换债券的优点十分明显。

（1）融资成本较低。按照规定，可转换债券的票面利率不得高于银行同期存款利率，期限为 3~5 年，如果未被转换，则相当于发行了低利率的长期债券，从而降低了发行公司的融资成本。而如果发行可分离交易可转换公司债券（可分离交易可转换公司债券是认股权证和公司债券的组合产品，该种产品中的公司债券和认股权证可在上市后分别交易，即发行时是组合在一起的，上市后则自动拆分成公司债券和认股权证），那么发行公司的融资成本将进一步降低。

（2）融资规模较大。由于可转换债券的转股价格一般比可转换债券发行时公司股票的市场价格多出一定比例，因此如果可转换债券被转换了，那么相当于公司发行了比市价高的股票，在同等股本扩张条件下，与增发和配股相比，可为发行公司筹得更多的资金。

（三）融资优序理论

在当前市场经济中，企业融资方式总的来说是比较多元的。企业的自身条件与所属环境不同，企业选择的融资方式也不尽相同，但总体上一般遵循先选择低风险类型的债务融资，后选择发行新的股票这样的顺序。采用这种顺序选择融资方式的原因如下。

1. 一定负债比率有利于提高净资产收益率

企业的股权融资偏好易导致资金使用效率降低，一些公司将筹集的股权资金投向自身并不熟悉且投资收益率并不高的项目，有的公司甚至随意改变其招股说明书上的资金用途，且并不能保证改变用途后的资金的获利能力。在企业经营业绩没有较大提升的前景下，进行新的股权融资会稀释企业的经营业绩，降低每股收益，损害投资者利益。此外，在中国资本市场制度建设不断完善的情况下，企业股权再融资的门槛会提高，再融资成本会增加。

中国多数公司的融资顺序则是，将发行股票放在最优先的位置，其次考虑债务融资，最后是内部融资。这种融资顺序易造成资金使用效率低下，财务杠杆作用弱化，助推股权融资偏好的倾向。而保持一定的负债比率，可以发挥财务杠杆的作用，提高净资产收益率。

2. 根据实际情况选择合适的融资方式

企业应根据自身的经营状况及财务状况，并考虑宏观经济政策的变化等情况，选择较为合适的融资方式。

（1）考虑经济环境的影响。经济环境是指企业进行财务活动的宏观经济状况。在经济增速较快时，为了跟上经济增长的速度，企业需要筹集资金，用于增加固定资产、存货、人员等，此时企业一般可通过增发股票、发行债券或向银行借款等融资方式获得所需资金。在经济增速开始放缓时，企业对资金的需求降低，一般应逐渐收缩债务融资规模，尽量少用债务融资方式。

（2）考虑融资方式的资金成本。资金成本是指企业筹集资金和使用资金而发生的代价。融资成本越低，融资收益越好。由于不同融资方式具有不同的资金成本，为了以较低的融资成本取得所需资金，企业自然应分析、比较各种筹资方式的资金成本，尽量选择资金成本低的融资方式及融资组合。

（3）考虑融资方式的风险。不同融资方式的风险各不相同，一般而言，债务融资方式因其必须定期还本付息，因此可能存在不能偿付的风险，融资风险较大。而股权融资方式由于不存在还本付息的风险，因而融资风险小。企业若采用了债务筹资方式，由于财务杠杆的作用，一旦企业的息税前利润下降，税后利润及每股收益会下降得更快，从而会给企业带来财务风险，甚至可能导致企业破产。美国几大投资银行的相继破产，就与滥用财务杠杆、无视融资方式的风险控制有关。因此，企业务必根据自身的具体情况并考虑融资方式的风险程度来选择适合的融资方式。

（4）考虑企业的盈利能力及发展前景。总的来说，企业的盈利能力越强，财务状况越好，变现能力越强，发展前景良好，就越有能力承担财务风险。在企业的投资利润率大于债务资金利息率的情况下，负债越多，企业的净资产收益率就越高，对企业发展及权益资本所有者就越有利。因此，当企业正处于盈利能力不断上升，发展前景良好时，债务筹资是一种不错的选择。而当企业盈利能力不断下降，财务状况每况愈下，发展前景欠佳时，企业应尽量少用债务融资方式，以规避财务风险。当然，盈利能力较强且具有股本扩张能力的企业，若有条件通过新发或增发股票方式筹集资金，则可用股权融资或股权融资与债务融资两者兼而有之的融资方式筹集资金。

（5）考虑企业所处行业的竞争程度。企业所处行业的竞争激烈，进出行业比较容易，且整个行业的获利能力呈下降趋势时，则应考虑用股权融资，慎用债务融资。企业所处行业的竞争程度较低，进出行业较困难，且企业的销售利润在未来几年能快速增长时，则可以考虑增加负债比例，获得财务杠杆利益。

（6）考虑企业的控制权。中小企业融资时常会因企业所有权、控制权有所丧失，而引起利润分流，使企业利益受损。例如，房产证抵押、专利技术公开、投资折股、上下游重要客户暴露、企业内部隐私被明晰等，都会影响企业的稳定与发展。企业要在保证对企业拥有控制力的前提下，既达到融资目的，又有序让渡所有权。发行普通股会稀释企业的控制权，可能使控制权旁落他人；而债务筹资一般不影响或很少影响企业的控制权。

总之，每种融资方式都有其独特的优势，但也都存在一定的缺点。一般来讲，发行公司债券和银行贷款都有政策等各方面的许多限制，因此不是公司采取的主要融资方式。在面对融资时，公司要结合自身的现状及交易模式等进行全方面考虑。资本是企业的血液，是企业经济活动的第一推动力和持续推动力，企业的创立、生存和发展，必须以一次次融资、投资、再融资为前提，只有这样才能使公司的发展历久弥新。

第三节　公司资本运作

资本运作（Capital Operation）又称资本经营，是我国企业界创造的概念，它是指利用市场法则，通过资本本身的技巧性运作或资本的科学运动，实现价值增值、效益增长的一种经营方式。简言之，就是利用资本市场以小变大、以无生有的诀窍和手段，通过买卖公司和资产来赚钱的经营活动。资本运作和产品经营、资产经营在本质上存在紧密的联系，但它们之间又存在一定的区别，不能将产品经营、资产经营与资本运作相等同。相比之下，资本运作具有流动性、增值性和不确定性等特征。目前，中国的市场经济已经从单一的产品经济时代发展到资本经济时代，同时，公司的经营方式也从单一的产品经营进入产品经营、资产经营、资本经营三种经营方式相结合的综合经营时代。其中，资本的经营恰恰是“灵魂”的经营，资本是看不见、摸不着的，在资产负债表中只是一个符号，而这种符号本身代表的是公司产权的归属。社会生产中，进行新产业拓展往往面临“风险大、周期长、收益低”的现实难题，要解决这一难题，企业家就要实现从“牛顿万有引力”到“爱因斯坦相对论”的巨大思维转变，从传统的卖产品到卖产品和产权交易并重的思维转变，通过资本运作打开局面。

一、资本运作的内涵及外延

公司的生产经营过程中，实际上存在三种经营形态，即产品经营、资产经营和资本运作。

（一）产品经营

产品经营在最早期的商品经济时期就已经存在并延续到今天，主要表现为生产者和厂商提供符合人们物质文明及精神文化需要的产品或服务，并与消费者进行交易的过程。从某种意义上来说，产品经营也可称为商品经营。

（二）资产经营

资产经营是指公司用来生产实物或提供劳务的生产手段和要素的有偿转让过程。在公司破产或重组时，作为生产手段的资产也可以作为一种生产要素或资源进行交易。

一个公司的资产占用情况可以通过资产负债表（见表 22-1）反映。

表 22-1　资产负债简表

A	L
流动资产：	流动负债：
货币资金	短期借款
交易性金融资产	交易性金融负债
应收款	应付款
预付款	预收款
存货	应交税金
非流动性资产：	非流动负债：
可供出售金融资产	长期借款
	应付债券
长期应收款	长期应付款
长期股权投资	E
固定资产	实收资本
	资本公积
无形资产	盈余公积
	未分配利润
总计	**总计**

在资产负债表中，总资产＝负债＋净资产（股东权益），资产负债表左侧是公司的总资产，由四部分构成。

（1）流动资产，包括货币资金、库存及应收款等。但是，无论是货币资金还是库存商品，抑或是库存的产成品，都是以一种实物形态体现的。

（2）固定资产，具体包括车间、厂房、机器设备、土地、房屋、建筑及在建工程。公司为了生产最终产品，必然要有一些相应的生产要素。这些要素本身就是公司的一种资产形态，而且是作为使用价值的资产形态体现的。

（3）无形及递延资产，最重要的是指土地使用权，也包括商标、专利及没有获得专利的技术诀窍。这些资产都表现为公司所拥有的、生产本公司产品过程中的生产手段。

（4）长期投资，主要体现为一个母公司对其下属子公司或参股公司的股权控制，这种股权是以股票或股权证的形式体现的。

因此，资产负债表左侧的公司资产形态，都可以表现为实物或货币形态，这种货币形态本身都表现为公司的使用价值。当一个公司由于效益不好或由于自身生产的扩张需要，要把自己闲置的生产设备和手段有偿地转让给其他厂家时，就是资产经营。

资产经营实际上是对一种生产手段或一个公司创造某种产品所必需的生产资料进行有偿转让的过程，这尤其表现在中国在结构调整中对于公司的存量资产进行重组时，优势公司对于劣势公司，或者生产能力过剩的公司在对外转让自己的生产手段和生产要素过程中发生的有偿交易行为。例如，一个经营状况较好的公司兼并一个经营状况相对较差的公司，在兼并过程中，较好的公司可能会努力获取较差公司的土地、生产设备、厂房等。这属于同行业公司间发生的公司生产工具和生产要素的转让行为。

一般来说，与产品经营相比较，资产经营具有如下特点。

第一，购买资产的目的是自用，购买者与出售者之间通常是一对一，一次性交易的关系。

第二，产品经营是围绕产品的生产、销售，资金的投入、回收，展开的日常性经营活动；而资产经营则是在产品经营的基础上，借助公司资产的流动与重组而展开的战略性、超常规的经营活动。

第三，产品经营的着眼点是公司生产的商品；资产经营的着眼点则是把构成公司资产的不同生产要素整体或分开转让给他人的过程。

第四，对于购买者来说，从事资产经营是扩张式的资产积聚的过程。资产经营要求购买者着眼于大市场的重组，通过重组消灭竞争对手，实现超常规发展。

（三）资本运作

资本运作是指通过对资本的转让赚取差价的过程。如果说资产经营是一个公司对资产使用价值形态的经营，那么资本运作就是对公司资本价值形态的经营。从某种意义上说，如果资产经营是对亏损或破产公司而言的，那么资本运作一定是对具有盈利能力、所转让的资本被他人所接受的公司而言的。

通常我们认为，在资产负债表中，资产减去负债部分所得的总额才是一个公司真正的资本总额，这部分也被称为大资本（或称股东权益、净资产、自有资本）。而大资本中又包含小资本，小资本即股本或实收资本。对股份有限公司而言，指的是股本，对有限责任公司及其他形式的公司而言，指的是实收资本。

在资产负债表中，实收资本（股本）是指公司实际收到的投资人投入的资本，表明所有者对公司的产权关系。在母公司—子公司的资产负债表中，实收资本（股本）在资产负债表右侧，是子公司的小资本。子公司的实收资本由于来源于母公司对子公司的财产性投入，因此在母公司的资产负债表中对应母公司的长期股权投资，是母公司的一项资产，如图 22–1 所示。

子公司资产负债表

A	L
流动资产:	流动负债:
货币资金	短期借款
交易性金融资产	交易性金融负债
应收款	应付款
预付款	预收款
存货	应交税金
非流动性资产:	非流动负债:
可供出售金融资产	长期借款
	应付债券
长期应收款	长期应付款
长期股权投资	E
固定资产	实收资本
	资本公积
无形资产	盈余公积
	未分配利润
总计	总计

母公司资产负债表

A	L
流动资产:	流动负债:
货币资金	短期借款
交易性金融资产	交易性金融负债
应收款	应付款
预付款	预收款
存货	应交税金
非流动性资产:	非流动负债:
可供出售金融资产	长期借款
	应付债券
长期应收款	长期应付款
长期股权投资	E
固定资产	实收资本
	资本公积
无形资产	盈余公积
	未分配利润
总计	总计

图 22-1 母公司和子公司的关系

由此可以看出，资产经营和资本运作有着明显的区别。资产经营是使用价值形态的经营，资本运作是价值形态的经营。资产经营买的目的是自己用，买的主体是一对一，买的过程是间断的、一次性的；而资本运作买的目的是卖，买的主体是一对多，买的过程是连续的。此外，随着中国资本市场的逐步繁荣与互联网信息技术的迭代，资本流动的速度与广度与日俱增，预示着资本运作时代的来临。

从上述分析可知，产品经营和资产经营及资本运作分别是对公司不同的内涵而言的。对于一个公司，产品经营是指企业通过加工、制造之后，以实物产成品对外进行交换。而资产经营实际上是对一个公司“躯体”的经营，因为一个公司的骨架是由土地、机器、厂房、设备、货币资金等构成的。如果把一个公司法人比作一个“人”，那么资产经营就可以说是“躯体”的经营，例如，把一个死者的眼角膜移植给失明的人。

而资本的运作恰恰是“灵魂”的经营，承认了资本，就等于赋予了公司“灵魂”。这个“灵魂”不仅是确定的、清晰的，而且可以脱离“躯体”去游荡，即“灵魂”可以“出壳”，在市场中游荡。游荡的过程中它又可去依附别人的“躯体”，而这个过程恰恰与资本虚拟性相吻合。虚拟资本与股票的关系也就决定了资本这个“灵魂”在资本市场上游荡时本身也在创造价值，而且从某种意义上说，“灵魂”决定“躯体”，因此，“灵魂”的调整，即流动，是一个公司组织结构调整最核心的部分。

在市场经济进入资本经济阶段之后，资本运作必然会成为一种快速增值的手段，这是由资本的特殊性所决定的。因此，一个公司对自己所拥有的子公司的整体转让或股权调整也属于资本运作的范围。也就是说，资本运作的含义包括两部分：一部分是就某一个特定的公司来说，公司的股东转让这个公司的资本的过程，就是这个股东在从事资本经营；另一部分是某个公司对自己的子公司（当然，具体表现在这个公司的长期投资科目上）进行转让、拍卖的过程，是这个公司本身的资本经营。所以，资本运作显然可以带来公司的资产结构或组织结构、母子关系的巨大改变。在现代社会中，公司之间的战略性重组的主要表现形态就是股权的调整，而这个过程发生的主战场应该是资本市场，因此，了解资本运作的概念、方式及其特征都十分重要。

二、资本运作的时代特征

一般来说，资本运作具有流动性、增值性和不确定性三个主要特征。

（一）资本运作的流动性

资本动作的过程必须强调流动性，由于买入资本的目的是卖，因此除了要考虑进入、购买的过程，还要考虑退出问题。因此，资本运作的过程往往是连续的，不是一次性的，应该选择具有可连续性转让或者有交易能力的资本进行运作。

（二）资本运作的增值性

除少数战略投资人和机构投资人外，大多数购买资本的人的目的不是自己用或用这个资本去表决、参加董事会，他们买入资本是为了卖，从而实现增值的目的。

（三）资本运作的不确定性

相较于资产经营往往是对经营状况较差的公司而言的，资本运作往往是对经营状况较好的公司。资本本身是看不见、摸不着的，是虚拟的一张纸，而这张纸的价值在于其所代表的分红权和表决权。此外，资本运作的过程不完全是“一对一”的，在很多情况下“多对一”，是很多资本参与者对一个项目进行买卖的过程。由于资本市场本身瞬息万变，因此资本运作的整个过程也充满了不确定性。

随着中国资本市场的不断发展与完善，资本运作的特征也随之不断发生着改变，其中的重要表现就是凸显了股东资本运作和公司融资上市的统一。

公司通过融资上市获得发展所需资金，而股东通过资本运作实现财富快速积累。公司股东（主要是母公司）通过各种手段的资本运作推动上市公司股价不断升高，股本权益不断增加，在这个过程中，母公司将获得产品经营无法比拟的超额收益。因此，必须处理好公司融资上市和股东资本运作的关系。这就产生了两个问题：一是对于公司的运作；二是对于股东的资本运作。高水平的资本运作是公司融资上市与股东的资本运作的统一。在此，必须搞清楚资本运作的主体是谁，是公司本身还是股东，这是一个关键问题。从资本运作角度看，母公司（股东）是子公司的重要组成部分，资本运作的主体是股东（母公司）。股东（母公司）是子公司的一个组成部分，正是这种纽带联系，使得股东可以通过资本运作实现股东利益和公司利益的统一。因此从这个意义上说，资本运作就是公司的融资上市与股东的资本运作的高度统一，通过这种统一，公司在资本市场获得发展所需资金，而股东通过资本运作获得超额的股权收益，共赢发展，这是公司资本运作的本质。

三、资本运作的理论

（一）资本运作与战略型投资的区别

在现代管理理论中，投资是资本运作的方式之一，大体上可分为战略型投资与财务型投资两种类型。战略型投资以主业及主业相关多元化产业的长期投资和固定资产等形式存在，主要为获取经营收益，也可将其称为“白头偕老”式投资。财务型投资则是建立在流动性基础上，买入目的是在未来以更高价格退出以追求差价获利的投资，可形象地将其称为“一夜风流”式投资。

本章所介绍的“资本运作”是指财务型投资。针对不同的投资特点，出现了“战略投资者”和“财务投资者”两类投资主体，其特点比较如表 22–2 所示。

表 22–2　战略投资者与财务投资者的特点对比

项　目	战略投资者	财务投资者
特点	具备较强的实业背景，有利于业务拓展；关注长期战略协同价值，积极参与公司管理，投入资金稳定	有专业的投资管理技术和丰富的资本运作经验；较少参与公司管理；更关注流动性，购买公司股权是为了在短期获得溢价退出
收益方式	主要来自分红	主要通过赚取差价
投资周期	长	较短
控股要求	通常会要求控股权	少数股权投资
支付价格	对资源、资产的评估，相对收益法较为保守，能节省成本；但有针对控制权的溢价	采用收益法，主要关注未来自由现金流，较难把握
退出机制	大宗转让，对象为其他战略投资者或投资机构	主要借助资本市场

（二）资本运作的“三级放大”理论

公司在发展过程中必须“以产品经营为体，以资本运作为用”。一般而言，公司融资上市过程中，资本具有“三级放大”效应，具体包括资产评估、一级市场溢价发行和二级市场挂牌增值三个环节，而且在第三个环节（即挂牌上市增值）后，大股东的原始股权最终实现“画饼变真”的套现。

为了便于理解，我们首先通过解析市盈率的概念来进一步理解“三级放大”理论的基本原理。市盈率（Price Earnings ratio，P/E ratio）也称“本益比”“股价收益比率”。市盈率的计算公式是，R=P ÷ E= 股票价格 ÷ 每股收益，即 P= R × E。例如，一只股票的每股价格为 10 元，每股收益为 1 元，则其市盈率为：R=10 ÷ 1=10。可以将市盈率理解为翻本期，或者理解为挣 1 元的资金投入量（资金投入是收益的多少倍）。因此，对于股票购买者或者持有者来说，R 值越小越好；而对卖股者来说，R 值越大越好。

举一个经典的例子，为什么一块小小的纽约出租车牌照可以卖到 80 万美元呢？其中的奥秘在于巧妙运用了翻本期（市盈率）的理念。假定出租车司机买到一块出租车牌照之后的日收入为 400 美元，则月收入为 1.2 万美元，年收入为 14.4 万美元，扣除油、税等费用 6.4 万美元，最终每年可以获到 8 万美元的收入。那么，出租车司机可以在 10 年回本，10 年以后继续使用该牌照获得的都是净收益。纽约出租车牌照就像一只市盈率 R=10 的股票，其价格 P=8 万 × 10=80 万（美元）。

这个例子说明，公司运用资本运作，以较低的成本就可以撬动数十倍甚至上百倍的资金。市盈率越高，则股票价格越高，公司可以融资的额度就越大。

（三）资本运作的逻辑

以虚拟公司宝德公司股改融资上市为例，该公司股改上市前的总资产为 2 亿元，负债 1 亿元，净资产 1 亿元，其“三级放大”的过程如下。

1. 资产评估增值

在资产评估过程中，宝德公司的评估总资产从 2 亿元变为 2.8 亿元，2.8 亿元中包含 8 000 万元增值，此时负债 1 亿元不变，净资产由 1 亿元增至 1.8 亿元。资产评估实现了一级放大。

2. 一级市场溢价发行增值

宝德公司 IPO 以 10 元 / 股的发行价，发行了 5 000 万股 A 股股票，总计筹得资金 5 亿元。需要指出的是，该公司以每股 10 元溢价发行的成功，也标志着经资产评估放大后，发起人股东的1.8亿股也相应地实现了每股从1元到10元增值的飞跃，增值到了18亿元，实现了第二级放大。

3. 二级市场挂牌上市增值

上市后，宝德公司的股票涨到20元/股，这意味着该公司发起人股东的1.8亿股也增值到每股20元，总计36亿元。在成功实现三级放大的同时，大股东的原始股“画饼变真”，在股票全流通的背景下，大股东卖一股就能兑现20元。这三级放大就是发起人通过资本运作实现快速增值的全过程。三级放大体现了资本的魅力，也调动了企业家创业和搞股份制的激情。

通过三次放大，公司获得了大量的发展资金，而公司股东也可以通过出售股票获得数十倍的超额收益，实现了公司融资、股东资本运作双向收益。三级放大真正顺应了产品经营为体、资本运作为用，虚实结合的资本金融时代的要求。

【案例1】

惠州侨兴集团成立于1992年，主要从事通信终端产品的研究、开发、生产与销售，是国内大型的电话机、手机等通信终端产品制造企业。在创业阶段（1992—1995年），企业的资金来源主要是创始人吴瑞林自身积累的资金，侨兴集团从1992年成立到1995年，没有获得一笔银行贷款，更不可能在国内主板市场上市融资。在发展阶段（1996—1999年），侨兴集团采用了海外上市的方式进行融资。1999年，“侨兴环球”股票在纳斯达克正式上市，开创了中国民营企业境外上市的先河。上市成功后，侨兴集团得到国内金融单位的认可，当年就获得三家银行总额达413亿元人民币的授信额度。在成熟阶段（2000年至今），侨兴集团通过在资本市场发行可转换债券融资。2006年，侨兴环球三次向海外投资者发行了6000万美元的可转换债券以募集资金。

【思考问题】

1. 本案例中的企业在不同发展阶段有哪些融资需求？

2. 本案例中的企业采取了哪些融资手段？

【案例 2】

吉利收购沃尔沃

2010 年 3 月，吉利称其收购沃尔沃轿车的 18 亿美元收购资金已经到位，同时，吉利集团也准备好了沃尔沃轿车今后业务发展所需的营运资金贷款。如此庞大的资金对于李书福和吉利而言，自然不是一个小数目。那么，资金究竟来自何处呢？

对此，有媒体电话采访了吉利公司董事长李书福，他表示："资金来源有很多方面，比方说，我们在欧洲银行的贷款，比利时和瑞典政府的贷款，以及福特公司的资金支持，也就是他们卖方的信贷支持。还有中国银行方面的一些支持，吉利香港以及浙江吉利这方面的资金安排，还有一少部分来自中国地方政府的投资公司。"

虽然李书福没有透露不同层面资金来源的具体数额，但他表示，吉利收购沃尔沃，50% 左右的资金来自中国以外的资本市场，另外 50% 来自中国资本市场，包括中国银行、中国进出口银行、多家欧盟银行、高盛集团、吉利香港公司，都加入到了收购项目中。

【思考问题】

1. 结合本案例，谈谈融资在企业活动中的重要性。

2. 分析本案例中涉及的融资方式。

【参考文献】

[1] 何骏宇，白芸 . 中国上市公司股权再融资方式的选择分析 [J]. 中国外资，2012（12）.

[2] 韦玮，罗丽琼，程崇祯 . 资本结构、行为金融分析与法人治理相关关系研究 [M] . 武汉：武汉大学出版社，2017.

[3] 达莫德伦 . 公司财务：理论与实务 [M] . 荆霞，译 . 北京：中国人民大学出版社，2001.

[4] 刘纪鹏 . 资本金融学 [M] .2 版 . 北京：中信出版社，2016.

[5] 赵旭东 . 公司法学 [M] .4 版 . 北京：高等教育出版社，2015.

[6] 王化成 . 财务管理 [M] .4 版 . 北京：中国人民大学出版社，2013.

[7] 毕金玲 . 刍议股权再融资问题：从理论基础角度 [J] . 昆明理工大学学报（社会科学版），2008（8）.

[8] 刘纪鹏，刘妍 . 西方国家的公司及其法人制度 [J] . 经济学动态，1998（4）.

[9] 刘纪鹏 . 迎接产权革命：企业资产重组的机遇和挑战 [J] . 经济与信息，1999（9）.

第二十三章　基金运营

投资基金的发展在一定程度上反映了中国多层次资本市场的发展进程，而基金的运营又反映出中国市场经济环境中投资形态和投资观念的改变，恰恰是这种改变引导和推进了中国基金乃至资本市场的发展。因此，对于基金运营的讨论，在中国经济发展过程中具有较为鲜明的理论价值和重要的指导意义。

如图 23-1 所示，不同的法律形态引出不同类型的基金，同时，不同的相关法规又对各类型基金具有针对性的适用范围。基于特定的法律形态，投资基金可以被分为公司型基金、契约型基金与有限合伙型基金。上述三类基金在组织结构、资产运用、收益安排等方面都具有明显的不同，这便导致三类基金在运营方面也存在较大差异。本章将围绕三类基金的特征对其运营逐一展开讨论。

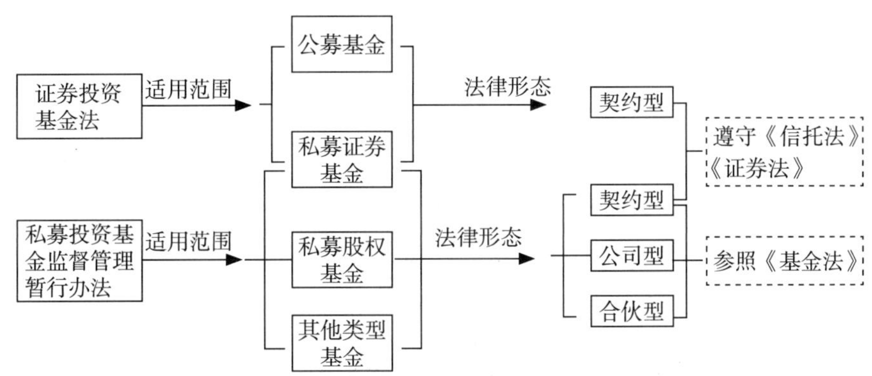

图 23-1　三类基金与法律适用关系

第一节　公司型基金

一、公司型基金在国内外的发展现状

公司型基金是指投资者为了共同投资目标而组成以营利为目的的股

份制投资公司，并将形成的公司资产投资于有价证券的证券投资基金。公司型基金通过发行股票筹集资金，是具有法人资格的经济组织。

如图 23–2 所示，公司型基金是指基金本身为一家股份有限公司，公司通过发行股票或发行受益凭证的方式来筹集资金。在法律形式上，公司型基金通过发行股票募资，基金投资人取得该基金的股权，是基金的股东。在法律地位上，公司型基金具有法人资格，依据公司章程运作。在治理方式上，公司型基金主要依靠董事会（含内部董事和独立董事）进行监督。关于公司型基金的发展背景与治理，在本书关于基金治理的一节已经有详细的介绍，在此不再赘述。

公司型基金在美国较为普遍，其具有与普通有限责任公司一样的特点，例如，包括发起人与股东大会。

而在中国《证券投资基金法》（2015 年修正）中，仅附则中对“公司”进行了表述，法律中虽有公司型基金的位置，却并未明确其法律地位。[①] 因此，法律制度的缺位与配套制度的不健全，使中国公司型基金缺乏充足的生长土壤，尚处于探索阶段。本节则仅通过美国的公司型基金，对其进行简要介绍。

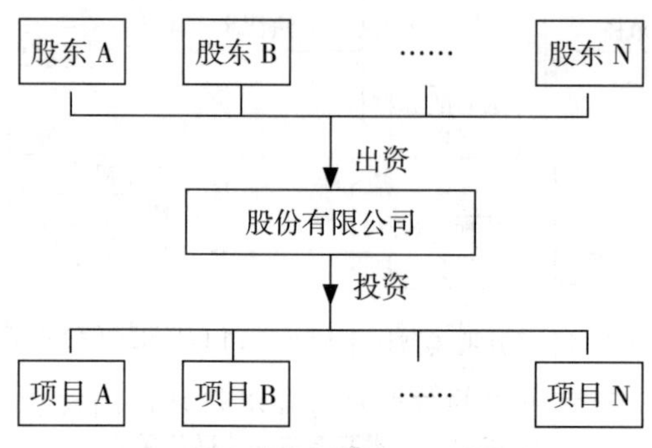

图 23–2　公司型基金的运作模式

① 《中华人民共和国证券投资基金法》（2015 年修正）第一百五十四条：公开或者非公开募集资金，以进行证券投资活动为目的设立的公司或者合伙企业，资产由基金管理人或者普通合伙人管理的，其证券投资活动适用本法。

二、公司型基金的运营

基金是根据历史的演进规律从初级向高级、从简单向复杂发展的，因此，作为治理结构相对完善的一种形式，公司型基金非常有必要推出。然而，中国在学习西方基金运营的过程中，却推出了西方现代治理难度大、问题出现多的基金（如契约型与合伙型基金），因此本书认为，不应该盲目地跨域中国资本金融的客观发展阶段，直接选择那些难度大、问题多的基金类型，而是应该对各种类型的基金均进行适当的探索和尝试，最终根据中国的国情，因时而异、因地制宜地选择不同的基金。正因为如此，本书并没有因为目前中国不存在公司型基金就摒弃对它的介绍，而是选择国外基金实践中的公司型基金进行探讨。在这里，将主要围绕公司型基金的外部和内部治理结构展开，结合美国先锋公司（Vanguard）的例子对公司型基金进行讨论。

（一）发起人

公司型基金的发起人通常是该基金的投资顾问。发起人主要承担基金前期设立的相关工作，包括将基金设立所需要的其他服务机构组织起来，共同推动基金的发起、设立；招募关联董事和独立董事，用于监督基金。同时，法律又对公司型基金的发起人具有严格的要求。比如在美国，《1940 年投资公司法》要求，每一只新基金在向公众发售前，必须拥有至少 10 万美元的种子资本，种子资本通常来自发起人或投资顾问的初始投资。这一点类似于合伙型基金一般合伙人的入资比例。

（二）股东大会

类似于一般的公司形式，基金可以自行决定举行年度股东大会，持有公司型基金一定表决权的股东有权要求召开特别大会。通过观察境外市场实践可以发现，公司型基金的股东除了享有公司法授予的股东投票权外，还享有其他法律规则规定的特别权利，如批准基金与投资顾问之间的合同中的重要条款（包括基金管理费、投资目标和投资政策），批准基金组织形式变更等。

（三）投资顾问

投资顾问依据合同负责公司型基金相关投资运作及日常管理工作，包括基金所有相关投资职能，以及基金会计、报表编制、估值、风险管理和合规等后勤服务。现行的公司型基金与投资顾问之间的组织关系有两种模式：传统模式和以先锋（Vanguard）集团为代表的模式。

传统模式下，基金由基金股东持有，但基金股东并不持有管理该基金的基金管理公司的股份，国际上几乎所有的基金管理公司的股份均由第三方持有（公众公司或私人公司）。因此，传统模式中便很有可能出现经典的委托–代理问题——基金管理公司与基金持有人的利益发生冲突。

Vanguard 模式下，首先，基金管理公司的股权由所管理的基金持有，缓解了上述利益冲突的问题（见图 23–3）。其次，Vanguard 集团的营运费用由所管理的基金按比例分摊，所管理的基金投资的剩余净利润全部归基金持有人所有。这样一方面降低了基金管理公司由于额外利润的存在而产生的道德风险问题；另一方面实现了最低成本运营。例如，2013 年 Vanguard 集团所管理基金的平均费用率为 0.19%，远低于行业平均水平 1.08%。

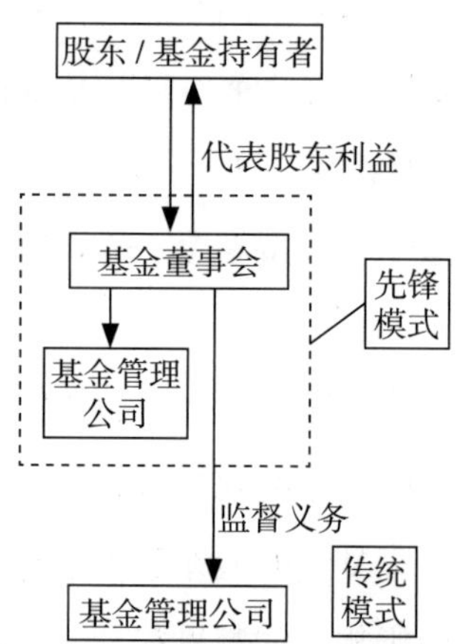

图 23–3　公司型基金的内部治理结构

（四）托管机构

在公司型基金治理中，托管机构发挥的核心作用是，辅助基金董事会对基金进行监督。与契约型基金相比，公司型基金的托管机构对基金管理人的约束作用相对较弱。托管机构一般由具有一定规模的金融机构担任，并且独立于基金的投资顾问（基金管理公司）。这一特点主要来自公司型基金与契约型基金在法律地位上的不同。

第二节 契约型基金

一、契约型基金的基本治理结构

如图 23–4 所示，契约型基金与信托一样，具有比较完善的法律、法规基础，它的产品构架和信托一样，施行委托人（投资者）、受托人（基金管理人）和托管人（基金托管人）三方分离。具体而言，基金的投资者（图 23–4 中的路径①）通过认购—赎回路径实现基金的投资和收益索取。基金管理人（图 23–4 中的路径②）是凭借其专业的知识与经验，在法律、法规及基金章程规定的范围内，按照科学的投资组合理论与方法，通过投资目标项目（如股票、债券、期权、期货等）令投资者的资产不断增值，从而使投资者利益实现最大化的机构。基金托管人（图 23–4 中的路径③）是在法律、法规以及基金章程规定的范围内，在基金运营中承担资产保管、交易监督、信息披露、资金清算与会计核算等职责的机构，通常是由有实力的商业银行或信托投资公司担任的。例如，招商双债增强投资基金的基金管理人为招商基金管理公司，托管人为中国农业银行股份有限公司，代销机构为招商银行和平安银行，基金主要持仓为债券（约 95%）。

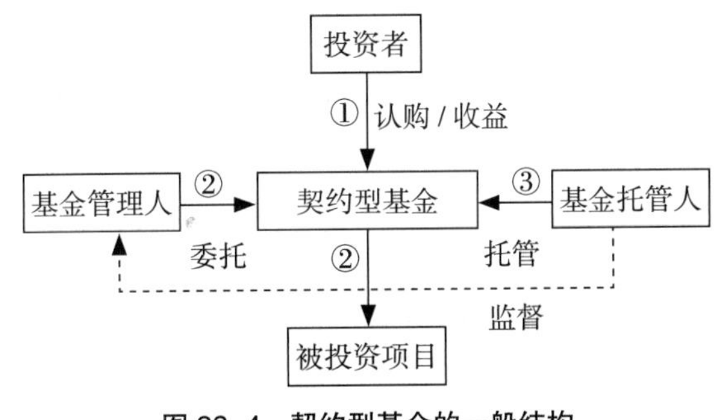

图 23–4 契约型基金的一般结构

二、契约型基金的运营

（一）基金管理人

按照中国《证券投资基金法》（2015年修正）的规定，基金管理人由依法设立的公司或者合伙企业担任。其中，公开募集基金的基金管理人，由基金管理公司或者经证监会按照规定核准的其他机构担任。

按照中国《证券投资基金法》（2015年修正）或《公司法》的规定，设立管理公开募集基金的基金管理公司，应当主要具备下列条件，并经证监会批准：

（1）有符合本法和《中华人民共和国公司法》规定的章程；

（2）注册资本不低于一亿元人民币，且必须为实缴货币资本；

（3）主要股东应当具有经营金融业务或者管理金融机构的良好业绩、良好的财务状况和社会信誉，资产规模达到国务院规定的标准，最近三年没有违法记录；

（4）取得基金从业资格的人员达到法定人数；

（5）董事、监事、高级管理人员具备相应的任职条件；

（6）有符合要求的营业场所、安全防范设施和与基金管理业务有关的其他设施；

（7）有良好的内部治理结构、完善的内部稽核监控制度、风险控制制度；

（8）法律、行政法规规定的和经国务院批准的国务院证券监督管理机构规定的其他条件。

按照证监会掌握的监管标准，基金管理人的设立不设行政审批，但设立后应向证券投资基金业协会登记备案。备案后，基金管理人获得管理基金的资格。此外，基金管理人向基金业协会申请登记时，报送以下基本信息：（1）工商登记和营业执照正副本复印件；（2）公司章程或者合伙协议；（3）主要股东或者合伙人名单；（4）高级管理人员的基本信息；（5）基金业协会规定的其他信息。

（二）基金托管人

按照中国《证券投资基金法》（2015 年修正）的规定，基金托管人由依法设立的商业银行或者其他金融机构担任。商业银行担任基金托管人的，由国务院证券监督管理机构会同国务院银行业监督管理机构核准；其他金融机构担任基金托管人的，由国务院证券监督管理机构核准。担任基金托管人，应当主要具备下列条件：

（1）净资产和风险控制指标符合有关规定；

（2）设有专门的基金托管部门；

（3）取得基金从业资格的专职人员达到法定人数；

（4）有安全保管基金财产的条件；

（5）有安全高效的清算、交割系统；

（6）有符合要求的营业场所、安全防范设施和与基金托管业务有关的其他设施；

（7）有完善的内部稽核监控制度和风险控制制度；

（8）法律、行政法规规定的和经国务院批准的国务院证券监督管理机构、国务院银行业监督管理机构规定的其他条件。

此外，基金托管人与基金管理人不得为同一机构，不得相互出资或者持有股份。基金托管人应当主要履行下列职责：

（1）安全保管基金财产；

（2）按照规定开设基金财产的资金账户和证券账户；

（3）对托管的不同基金财产分别设置账户，确保基金财产的完整与独立；

（4）保存基金托管业务活动的记录、账册、报表和其他相关资料；

（5）按照基金合同的约定，根据基金管理人的投资指令，及时办理清算、交割事宜；

（6）办理与基金托管业务活动有关的信息披露事项；

（7）对基金财务会计报告、中期和年度基金报告出具意见；

（8）复核、审查基金管理人计算的基金资产净值和基金份额申购、赎回价格；

（9）按照规定召集基金份额持有人大会；

（10）按照规定监督基金管理人的投资运作；

（11）国务院证券监督管理机构规定的其他职责。

（三）基金的运作

基金的运作方式可以包括封闭式、开放式。封闭式基金是指基金份额总额在基金合同期限内固定不变，基金份额持有人不得申请赎回的基金；开放式基金是指基金份额总额不固定，基金份额可以在基金合同约定的时间和场所申购或者赎回的基金。

公募基金的运作通常由产品设计、募集资金、投资管理、收益分配、清盘退出五个阶段构成。

1. 产品设计

基金管理人设计产品，上报证监会一系列文件，主要包括申请报告、基金合同草案、基金招募说明书草案等，监管批准发行后准予发行。由于现阶段从投资方向上突破的空间比较小，因此大部分创新都是基于产品设计上的创新，如分级基金、场内货币基金等。

2. 募集资金

证监会核准基金的募集申请后，基金管理人委托符合资质的代销机构（银行券商等）或官网向投资者发售基金，汇集众多中小投资者的资金。满足基金成立的标准，募集结束后基金便可以宣告成立。按照中国《证券投资基金法》（2015 年修正）的规定，上述基金成立的标准应满足不少于 2 亿规模及 200 位投资者。

3. 投资管理

基金管理人按照基金合同的要求进行基金投资与管理，例如，按照一定的投资比例或行业投入股市、债券、海外市场等，以实现基金份额的稳定增值，为投资人创造价值。投资管理期间主要环节涉及建仓、运营、信息披露等。基金投资人享受证券投资的收益，也承担因投资亏损而产生的风险，自负盈亏，自担风险。

（1）建仓。新发行基金募集完毕之后，都会有一个建仓期，就是配置投资股票、债券等。建仓期结束后基金开放，投资者可以选择申购或者赎回。

（2）日常运营。运营是投资管理的重要组成部分，主要是对投资标的的买入和卖出等交易。基金管理人通常的考量范围在于投资新品种是否有投资限制，估值系统如何支持，收益如何计算，等等。

（3）信息披露。按照中国《证券投资基金法》（2015 年修正）第七章的规定，基金管理人与托管人需要对相关信息公开披露，例如，基金招募说明书、基金合同、托管协议、基金净值等，还要按期公布季度报告、半年度报告、年度报告等，保证信息及时、准确、透明地传达给投资者。

4. 收益分配

基金支付的费用主要包括支付给基金管理人的管理费、支付给托管人的托管费、投资者支付给代销机构的费用、基金设立时发生的费用，这些费用都从基金净值中列支，均由投资者承担。基金收益扣除基金费用后便是基金的净收益。开放式基金主要是以现金形式分配收益，投资者也可以选择以红利再分配的形式分配收益。

5. 清盘退出

除合同有约定外，公募开放式基金的存续时间没有限制，可以永续存在。但也有部分基金约定有存续时间，到期后会自动清盘。另外，在触发清盘条件时也可以主动清盘。

（四）基金的赎回

如上文所述，由于封闭式基金的发行总额和发行期在募集时已经确定，属于在发行完毕后的规定期限内（即封闭期内）发行总额固定不变的证券投资基金，因此，封闭式基金的投资者在基金存续期间内不能向发行机构赎回基金份额，基金份额的变现必须通过证券交易场所上市交易。基金单位的流通采取在证券交易所上市的办法，投资者日后买卖基金单位，都必须通过证券经纪商在二级市场上进行竞价交易。

与封闭式基金不同的是，开放式基金应当保持足够的现金或者政府债券，以备支付基金份额持有人的赎回款项。基金财产中应当保持的现金或者政府债券的具体比例，由国务院证券监督管理机构规定。关于开放式基金赎回的场所、数额、时间、方式和费用等，相关规定如下。

（1）基金赎回场所。基金的销售机构包括基金管理人和基金管理人委托的代销机构。基金投资者应当在销售机构办理基金销售业务的营业场所或按销售机构提供的其他方式办理基金份额的申购与赎回。

（2）数额限制。某笔赎回导致基金份额持有人持有的基金份额余额不足 1 000 份时，余额部分的基金份额必须一同全部赎回。

（3）赎回时间。基金的申购、赎回自基金合同生效后不超过 3 个月的时间内开始办理，基金管理人应在开始办理申购、赎回的具体日期前 2 日在至少一家指定媒体及基金管理人互联网网站公告。基金赎回一般需要两个工作日经过系统确认，之后再经过清算。基金申购、赎回需要经过 T+2 日系统确认之后才算是成功。

（4）赎回方式。基金单个开放日，基金赎回申请超过上一日基金总份额的 10% 时，为巨额赎回。巨额赎回申请发生时，基金管理人可选择下面两种方式进行处理：全额赎回——若基金管理人认为有能力兑付投资者的赎回申请，则按正常赎回程序执行；部分赎回——基金管理人以不低于单位总份额 10% 的份额按比例分配投资者的申请赎回数，投资者未能赎回的部分，投资者在提交赎回申请时应做出延期赎回或取消赎回的明示。

（5）赎回费用。基金的赎回费用在投资人赎回本基金份额时收取，扣除市场推广费、注册登记费和其他手续费后的余额归基金财产。基金赎回费的 25% 归基金财产所有。基金的赎回费率不高于 0.5%，随持有期限的增加而递减。例如，持有期在 1 年以内，赎回费率为 0.5%；1 年（含）以上至 2 年，赎回费率为 0.25%；2 年（含）以上，赎回费率为 0%。

（五）非公开募集

本节所讨论的契约型基金的运作均适用于契约型公募基金，而且中国《证券投资基金法》（2015 年修正）同样适用于契约型私募基金。除了要符合契约型公募基金对于相关基金管理人、基金托管人的规定以外，非公开募集基金还要符合以下规定：应当向合格的投资者募集，合格投资者累计不得超过 200 人，且不得向合格投资者之外的单位和个人募集资金；不得通过报刊、电台、电视台、互联网等公众传播媒体或者讲座、报告会、分析会等方式向不特定对象宣传推介。

第三节　合伙型基金

有限合伙制私募股权基金（即合伙型基金）与契约型基金共同组成了中国基金的主要经营范围。合伙型基金一般由投资管理机构或团队设立有限合伙企业，从事直接股权投资。其中，一般合伙人（General Partner，GP）通常是由投资管理机构发起设立的公司或合伙制基金，在有限合伙制基金中承担无限责任；基金的其他普通投资人担任有限合伙人（Limited Partner，LP），以其认缴的出资额为限承担有限责任。有限合伙制私募股权基金一般不设立股东大会、董事会、监事会，只设立合伙人大会，合伙人大会对有限合伙制私募股权基金行使权利。

一、合伙型基金内部组织机构及权限划分

如图 23–5 所示，GP 和 LP 通过合伙协议设立有限合伙企业，既体现了二者的特殊关系，也体现了有限责任和无限责任、企业管理和监督、激励和约束的统一结合，具有很强的资源整合和抗风险能力。一般来说，有限合伙制私募股权投资基金企业会设立合伙人会议、投资决策委员会和顾问咨询委员会等机构，作为企业治理和决策机构。这些机构大多不是法律规定的机构，而是依据业务需要，由当事人协商一致，通过合伙协议设定的，用于划分各个机构之间的权限，进行权利制衡，提高基金投资的稳健性和效率。

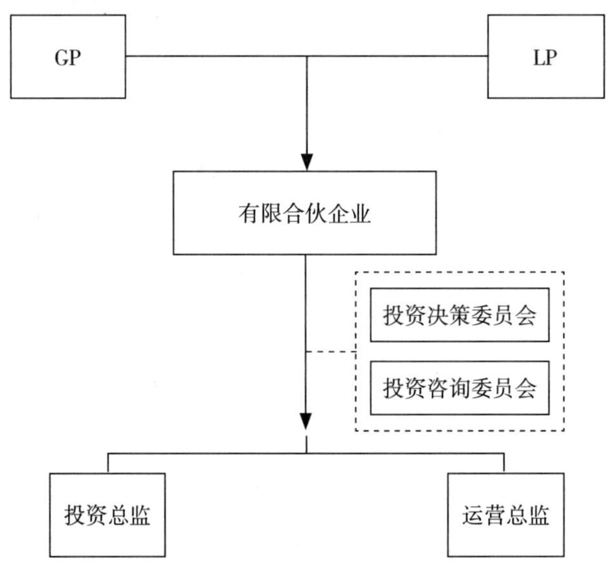

图 23-5　合伙型基金的组织结构

（一）GP 的职责

按照中国《合伙企业法》第六十八条规定，有限合伙人不执行合伙事务，不得对外代表有限合伙企业。因而，在有限合伙制私募股权投资基金企业中，企业的投资等事项是由 GP 及其专业团队来负责执行的。在此架构之下，GP 对外代表有限合伙企业，负责企业的经营管理和募集、投资、投后管理及退出全过程的投资运作事宜。作为管理人的 GP 可以要求在合伙协议中确定执行事务的报酬及报酬提取方式。但是同时，普通合伙人也应当勤勉尽责地执行合伙事务，努力实现对有限合伙人的投资回报，接受有限合伙人的监督和建议。

（二）LP 的权限

在有限合伙制私募股权投资基金企业中，作为 LP 的投资人并不参与实质性经营管理和投资决策。但为了保障 LP 的权益，仍然赋予他们一定的权利，主要包括两个方面：其一，对基金企业相关事务的知情权、建议权、监督权和独立审计权；其二，在基金退出后分配投资收益的权利。

对于作为LP的投资人来说，他们的主要义务是按期足额缴纳出资，而从另一个角度而言，LP的义务还有包括不干涉合伙企业的事务，这也是LP承担有限责任的一种反映。但是，为了保护有限合伙人，《合伙企业法》第六十八条又规定了8项“避风港条款”——有限合伙人的下列行为，不视为其执行合伙事务：

（1）参与决定普通合伙人入伙、退伙；

（2）对企业的经营管理提出建议；

（3）参与选择承办有限合伙企业审计业务的会计师事务所；

（4）获取经审计的有限合伙企业财务会计报告；

（5）对涉及自身利益的情况，查阅有限合伙企业财务会计账簿等财务资料；

（6）在有限合伙企业中的利益受到侵害时，向有责任的合伙人主张权利或者提起诉讼；

（7）执行事务合伙人怠于行使权利时，督促其行使权利或者为了本企业的利益以自己的名义提起诉讼；

（8）依法为本企业提供担保。

（三）合伙人会议

虽然合伙人会议并不对合伙企业的投资业务进行决策和管理，但合伙企业可以通过合伙协议来约定合伙人会议对于项目的决策和管理的涉入权限及程度。《合伙企业法》第三十一条列举了应当由全体合伙人一致同意的事项（合伙协议另有约定的除外）：

（1）改变合伙企业的名称；

（2）改变合伙企业的经营范围、主要经营场所的地点；

（3）处分合伙企业的不动产；

（4）转让或者处分合伙企业的知识产权和其他财产权利；

（5）以合伙企业名义为他人提供担保；

（6）聘任合伙人以外的人担任合伙企业的经营管理人员。

（四）投资决策委员会

投资决策委员会是有限合伙型私募股权投资基金企业的投资决策机构，全权负责企业的投资事宜。投资决策委员会通常由 GP 推荐的和（或）由 LP 推荐的与其无法律上利害关系的并最终经 GP 选定的人员组成。有时也通过聘请引入律师、会计师或行业专家，组成投资咨询委员会。

二、合伙型基金的运营

（一）合伙型基金投资业务的流程

图 23–6 所示为合伙型基金投资业务主要流程，具体可由以下几个方面概括。

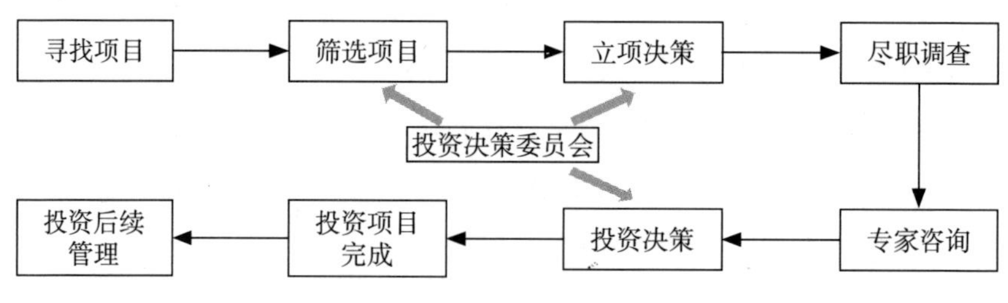

图 23–6　合伙型基金投资业务的流程

1. 寻找项目

由合伙型基金项目团队或投资团队寻找投资项目，遴选优质项目，并向投资决策委员会提出立项申请。在此过程中，投资团队应围绕资金需求及投入时间、盈利预测、销售或销售增长预测进行分析和判断。

2. 筛选项目和立项决策

在收到投资团队的立项申请后，投资决策委员会做出立项选择。在这一过程中，投资决策委员会会从管理团队、市场和产品技术等方面进行分析，必要时会通过银行、经纪人、投资顾问、律师、会计师、评估师等渠道获得投资方面的信息，提升对投资目标的认知程度。在决定立项后，与目标公司签订投资条款清单（Term Sheet，TS），对被投资企业应负的主要义务和投资者要求得到的主要权利进行约束和限定。

3. 尽职调查

在与被投资企业达成初步投资意向后，还需要对目标项目进行更为深入、复杂的尽职调查和专业评估。尽职调查通常需要由基金的专业团队或聘请中介机构（如会计师、律师）来完成，最终向投资决策委员会提交投资分析和建议书。尽职调查和评估的过程中，主要针对上述第二点的主要内容进行深入的调查，主要内容包括：

（1）创业家和管理队伍的素质，包括事业心、动力、信誉、创造性等；

（2）产品差异性，包括特性、价格、营销方式以及分销渠道等；

（3）技术水平以及核心竞争力；

（4）潜在市场规模；

（5）商业模式；

（6）融资方式和额度；

（7）法律方面的尽职调查：企业涉及的纠纷或诉讼、证明执照等手续、土地和房产的产权、商标专利权、知识产权、环境问题。

（二）合伙型基金的募集来源与收益分配

1. 资金来源

私募股权基金的投资期限相对较长，因此，资金主要来自长期投资者。基金的募集设有一定的筹集认购期限，当期限届满时，基金会宣布基金份额认购截止。在实践中，某个私募股权基金可能会设多次认购截止日，但一般不会超过三次。就筹集方式而言，私募股权基金不同于普通的证券投资基金，它经常采用资金承诺的方式——在私募股权基金设立时，并不一定要求所有基金份额持有人投入全部预定的资本额，而仅仅要求他们给予注资承诺。当基金管理公司发现合适的投资机会时，他们只需要提前一定的时间通知基金份额持有人进行注资即可。

（1）机构投资者：使用自有资金或者使用从分散的受众处筹集的资金专门进行投资活动的机构组织。投资公司、保险公司、各种福利基金会、养老基金及金融财团等，都是比较常见的机构投资者。

（2）大公司资本。大公司出于战略考虑，往往会以合资和联营等方式将盈余资金投资于与自身战略利益相关的企业。

（3）政府资金。政府会在财政预算中安排一定的资金，成立创投公司，扶植当地的中小企业发展，促进当地民众就业和本地区经济发展，同时扩大政府的财政收入。

（4）个人资本。主要来自个人投资者，但这种资金一般数量较少，来源稳定性差，容易受投资者经济状况的影响。

2. 出资比例

在合伙型股权私募基金中，GP 的出资比例是没有明确的规定和要求的，但通常情况下，GP 的出资比例至少为 1%。一方面是为了避免 GP 与 LP 之间的利益矛盾——LP 愿意看到 GP 拿出一定的资金，另一方面是为了表现 GP 对基金收益的信心。虽然 1% 的比例比较少，但由于基金的总额往往十分巨大，对于 GP 而言，1% 的出资也是可观的数额。

3. 收益分配

在收益分配方面，GP 一般能获得基金收益中的一部分，这再一次体现出在基金运营过程中保持 GP 与 LP 利益一致性的原则，激励 GP 在运营过程中实现收益最大化的目标。收益的分配通常按照如下顺序进行：

（1）按照 LP 的出资比例进行收益的分成；

（2）GP 参与剩余部分的分成，分成比例通常是 20%。

可以被分配的投资收益通常是，总投资收益减去总投资成本、实际发生的管理费成本以及其他费用的总和后剩余的部分。为了进一步对 GP 产生激励效果，收益分配过程中，对于 GP 的分成比例往往是不固定的。例如，某些基金规定，在收益率达不到 100% 时，GP 不能参与收益分配；当收益率超过 100% 时，GP 能够获得 20% 的收益分配作为奖励；当收益率继续增加时，GP 能够获得高于 20% 的收益分配。

除此之外，由于合伙型私募股权基金的封闭期相对较长，因此，为了保障投资者的本金安全，每年会进行强制分红。强制分红的比例是按照当年净利润的一定百分比由2/3的合伙人同意而决定的。

4. 管理费

管理费通常是GP对于基金进行运营和管理所产生的费用，例如，工资、办公费用、交通、接待等，也包括聘请律师事务所、会计师事务所等中介机构的费用。管理费用是基金运营的支持路径，但并不是GP的主要报酬方式。管理费用的设定标准通常是，在项目执行期内（通常是4~5年），管理费用为基金承诺资金的2%；在投资期结束到基金清盘，逐步降至承诺资金的1%。

5. 实际案例解释

本小节从上海某合伙企业的实际案例出发，进一步说明合伙型基金的内部治理结构、资金来源、收益分配与相关费用的环节[①]。该基金具有9个合伙人，其中包括1个GP，8个LP；由GP对外代表合伙企业执行合伙事务。GP的出资比例约为1%，8个LP的总出资比例约为99%，如图23-7所示。

基金的整体收益分配主要由强制分红和收益分配构成。强制分红发生于投资企业、项目开始盈利之日，每年经2/3合伙人同意，将净利润的30%用于向基金持有人分红。收益分配的原则：7年内收益率不到100%，GP不参与分配，所有收益按照出资比例分派给LP；7年内收益率在100%~500%，超过100%的部分的20%奖励给GP；7年内收益率超过500%，则按前款分配后，超过500%的部分的25%奖励给GP。

上述收益对于GP而言被称为成功费（Success Fee），管理费（Commission Fee）则用于维持团队的正常运行。在本案例中，管理费的划拨为，前5年（经营期）每年按照本合伙企业全体合伙人实缴出资额

① 本案例由刘纪鹏教授、胡历芳博士提供。

的 2% 支付，按年支付；后两年（清算期）按照全体合伙人实缴出资额的 1% 支付。

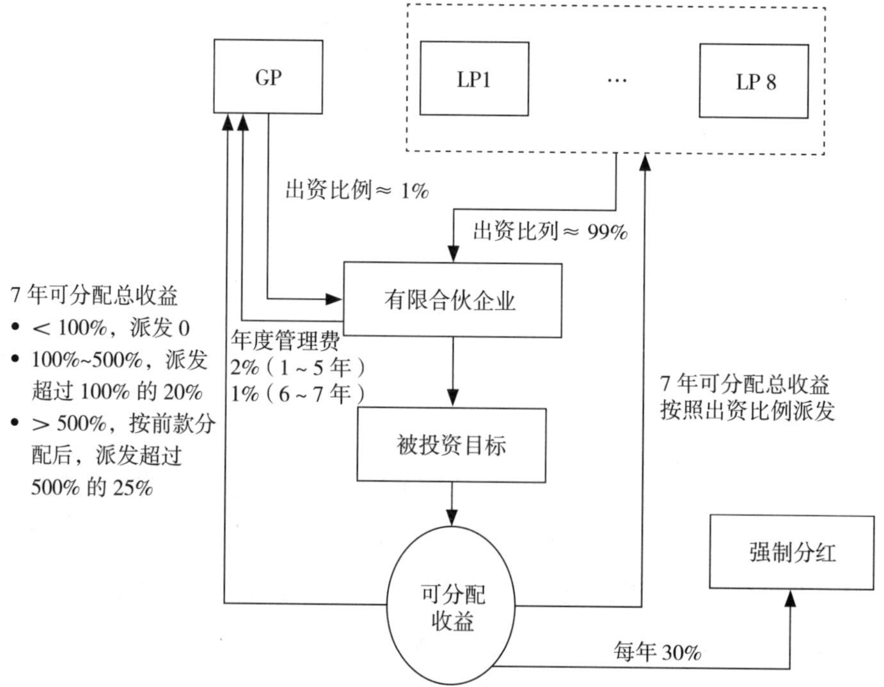

图 23-7　上海 XX 合伙企业（有限合伙）出资、收益与费用结构

第四节　基金的税收

一、公司型基金的税收

根据税法的规定，只对具有法人主体资格的企业征收企业所得税。相比公司型基金，契约型基金和合伙型基金都不具备法人资格，因此，公司型基金会被二次征税：先被征收企业所得税，再针对投资者分得的利润被征收个人所得税。

二、契约型基金的税收

契约型基金投资企业、项目或者证券获得盈利时，这部分利得并不会作为计税依据，只需投资人依据税法缴纳个人所得税即可。契约型基金的一级税负制度降低了基金的运行成本。例如，20 世纪 70 年代，美国产业投资基金的主流由公司形式转为有限合伙形式，此前的双重征税环节上的资本利得税曾经高达 49.5%。在日本，信托基金取得的投资收益在一定数额内时不必缴纳所得税，但超过一定数额时，个人投资者则要承担 35% 的所得税，法人投资者要承担 20% 的所得税，但是从法人税中抵扣一定比例。

三、合伙型基金的税收

第一，基金企业所得税处理。根据《国务院关于个人独资企业和合伙企业征收所得税问题的通知》（下文简称 16 号文件）的规定可知，自 2000 年 1 月 1 日之后，终止征收合伙企业的企业所得税。根据《合伙企业法》的规定，针对合伙企业而言，其产生的生产经营所得以及其他所得，由合伙人分别对所得税进行缴纳。所以，在当前的税法条件下，对合伙型基金不征收企业所得税。

第二，合伙人所得税处理。根据自 2016 年 1 月 1 日起施行的税务总局制定的《国家税务局地方税务局合作工作规范（2.0 版）》（以下简称 159 号文件）的规定，在合伙企业中，所有合伙人均是纳税义务人。实际上，针对合伙企业合伙人来说，若合伙人是自然人，则需要缴纳个人所得税；若是法人以及其他组织，则需要缴纳企业所得税。所以，合伙人需要承担“后税”的责任。

根据《关于个人独资企业和合伙企业投资者征收个人所得税的规定》（下文简称 91 号文件），基于自然人合伙人的立场考虑，合伙企业所获得的生产经营所得，由合伙企业负责向其生产经营管理所在地主管税务部门申报缴纳合伙人应负担的个人所得税。合伙型基金对自然人合伙人应缴个人所得税负有代扣代缴义务。

基于法人合伙人考虑，在私募股权投资基金的作用下，对其他企业进行投资而获得的投资利益，需要缴纳相应的企业所得税，且适用税率为 25%。按照《企业所得税法》的要求可知，居民企业对其他居民企业进行投资，产生的股息以及红利等收益均隶属于免税收入的范畴，无须缴纳企业所得税。但法人企业取得的合伙制基金投资企业的股息、红利，是通过基金间接获得的，不属于居民企业直接投资其他居民企业取得的投资收益，因此无法享受免税待遇。

根据《企业所得税法》的规定，在合伙型基金中，法人合伙人转让被投资企业股权所获得的收益，使用的税率为 25%。基于法律层面考虑，社会上仍对这种情形具有很多争议。有观点表示，应以“财产转让所得”为依据，适用的税率为 20%。还有部分学者提出，根据 91 号文件的内容可知，合伙企业每年的总收入不包括费用成本以及亏损后的余额，即自然人合伙人的生产经营所得，需要以“个体工商户的生产经营所得”为依据，适用的五级超额累进税率为 5%~35%。参照特别法优于普通法原则，由于 91 号文件具有特殊性，因此需要遵循该文件的要求执行。

针对财政补贴、理财投资收益以及营业外收入等合伙企业的其他所得，未提出专门的税收要求，需要对比股权投资收益予以考虑。

第三，税收优惠政策。合伙型基金所涉及的税收优惠政策主要包括以下两项。

首先，2015 年 11 月 16 日，国家税务总局发布的《关于有限合伙制创业投资企业法人合伙人企业所得税有关问题的公告》中明确提出，有限合伙制创业投资企业采取股权投资方式投资于未上市的中小高新技术企业满 2 年的，法人合伙人可以根据其投资额的 70% 抵扣该法人合伙人从该有限合伙制创业投资企业分得的应纳税所得额，若是当年的抵扣不足，则可在之后的纳税年度进行结转抵扣处理。

其次，虽然不同地区对于合伙型基金的税收优惠政策各不相同，但基本上可以分成以下三种类型：第一，自然人合伙人获得股权转让所得，根据税率比例的 20% 缴纳所得税；第二，为合伙人提供相应的税收减免以及返还优惠；第三，合伙人可以将投资亏损作为企业损失计入，在对企业应纳税所得额进行计算时，一次性将其扣除。

【参考文献】

[1]隋平，董梅.私募股权投资基金操作细节与核心范本[M].中国经济出版社，2012.

[2]李连发，李波.私募股权投资基金理论及案例[M].中国发展出版社，2008.

[3]戚力，陈建波.公司型基金的运作模式研究：以美国为例[J].清华金融评论，2017(3).

[4]陈诗贵.私募基金不同组织形式下的税收制度比较[J].财会学习，2016(21).

第二十四章　企业境外上市

在科创板推出前，中国沪、深两市股票市场采用的“核准制”虽然制定了严格的盈利标准，但也引发了两个问题：一是造假；二是以腾讯、阿里巴巴为代表的很多有良好发展趋势的企业，由于达不到盈利指标，在境内无法上市，这是一级市场的困境。而在二级市场上，大量企业上市后，“一股独大”的大股东主要是通过减持把精力放在存量财富的“掠夺”上，而不是把精力放在融资上市后上市公司增量财富的创造上，严重打击了投资者的信心，导致股市长期低迷。2019 年 7 月 22 日，中国实行“注册制”上市制度的科创板开市。科创板能否通过实行更严格的信息披露制度，重塑市场和监管生态，建立健康有序的投融资市场，成为培育新技术、新经济、新商业模式企业的沃土，既面临考验又值得期待。

纵观发达国家股票市场，大多采用“注册制”，市场更加关注企业未来的发展潜力，拥有更加健全的规则和稳定的秩序，以更成熟的资本市场体系服务于企业茁壮成长。现阶段，由于境外资本市场发展相对成熟，中国一些企业纷纷赴境外上市。以注册制为标准的上市制度是未来的发展趋势，熟悉境外市场制度环境和规则，将为企业无论是在境内上市还是在境外上市提供更多选择。因此，无论是理论研究还是对企业来说，探索海外上市的途径都是本书要重点阐述的。

第一节　境内上市的现状及难点

市场经济发展进入资本经济时代，法商企业上市后，市场覆盖面更广，在公众中的知名度也会极大提升，有利于企业进行全球化拓展。

但在中国内地沪、深两地上市，首先面临的是漫长而又严格的审核过程。企业向证监会提出上市申请，由证监会对企业的上市资格进行审核，符合条件的准予上市。由于申请上市的企业众多，而证监会每年审核批准上市的公司又局限在一定的数量，因此就造成了企业上市必须经过漫长的等待审核的过程。其次，除了审核时间长，中国证券市场的上市标准过高，缺乏包容性，过分强调公司的资产规模和历史业绩。最后，在“核准制”制度下，新股发行价格容易被主承销商和相关机构操纵，在利益驱动下，好企业未必能上市，而有背景、寻租的企业怀着“圈钱”目的却能上市，最终形成股票市场“劣币驱逐良币”的现象。

虽然创业板和中小板的开立，使得中小企业上市的门槛稍微降低了，实行“注册制”上市制度的科创板，也为在创立初期暂无盈利又有良好发展趋势的新技术、新经济、新商业模式的企业开启了“绿色通道”，但对于大部分企业来说，上市仍是遥不可及。加上创业板和中小板在境内还属于新生事物，各种制度尚不完善。

境外市场的上市标准和要求没有中国内地那么复杂，例如，境外市场对持续盈利的要求并不高，而是更加关注公司未来的成长潜力。京东商城向美国证监会递交的招股说明书显示，其上市时期连续亏损，却依然获得美国证监会的认可，成功在美国上市融资。

另外，在中国内地上市之后，企业的再融资成本相对较高。一方面是中国证监会发行审核委员会对上市企业再融资申请的审批通过率比较低；另一方面是股票市场投资者视上市公司增发配股为再次“圈钱”，反对扩容，对再融资认同度也较低。但境外证券市场再融资则相对灵活，可随时进行增发。相当一批中资企业通过增发或配股获得的融资额，已经大大超过了企业首次公开发行获得的融资额。

综上所述，首先，中国上市标准高，而且上市企业众多，上市之路艰难；其次，中国企业的上市制度大家相对熟悉，资料易于获取，但中国企业对海外上市则相对陌生。以“注册制”为标准的上市制度是未来的发展趋势，同时，海外上市资源相对匮乏，因此，无论是理论研究还是对企业来说，探索海外上市的途径都是本书要重点阐述的。

第二节　境外上市的简介

一、模式

由于前文提到的境内上市的一些劣势，不少公司将目光转向了境外上市。中国企业境外上市有直接上市与间接上市两种模式。

直接上市是指在国内注册成立的股份有限公司在境外发行外资股，并将外资股在境外证券交易所上市，即我们经常说的 H 股、N 股、S 股等。直接上市需要获得中国证监会批准方可进行。

间接上市是指中国企业家在境外注册公司，该境外公司以收购、股权置换等方式取得国内资产的控制权，然后境外公司在境外发行新股并在境外证券交易所上市。境外公司的注册地一般会选择注册成本低、税率低、外汇管制宽松的国家或地区，比如一些避税港。

二、优势

境外上市较境内上市有何优势，为何如此多的公司选择境外上市呢？结合前文所述的境内上市的劣势，境外上市的优势概况如下。

1. 上市门槛低

境内上市审核采用核准制，核准制即发行人在申请发行股票时，不仅要充分公开企业的真实情况，而且必须符合有关法律和证券监管机构规定的必要条件，证券监管机构对公司进行实质性审查。而境外上市审核多采用注册制，即证券监管部门公布股票发行的必要条件，只要达到公布的条件的要求，企业即可发行股票。由此可见，较境内上市，在业绩、财务、税务等方面，境外上市门槛较低。

2. 上市时间短

在资本面前时间就是金钱，境内上市审批时间长且不确定，境外上市审批条件相对宽松，审批流程相对简单，所以上市的时间较短。

3. 二次融资可能

企业在国内首发上市后，再融资会比较困难。首先，企业增发、配股会受到一系列的限制，比如说，两次配股之间要相隔一年，三年净资产收益率平均超过 6%，等等。其次，有关配股计划必须得到中国证监会的审批。相比之下，境外市场的再融资机会就很灵活，主要取决于企业本身对于融资成本的判断。证监会和交易所只是监督有关的程序是否合规，以及有关信息是否已经充分披露等。

当然，国内公司在境外上市也存在许多风险，也应谨慎对待。比如，融资成本高、境外上市后的维护成本较高等。拟在境外上市的国内公司应当充分了解境外不同国家和地区的制度与法律，并根据自己的实际情况和需求，选择合适的境外上市地。

三、程序

境外上市大致需要经过以下程序。

（1）聘请完备的中介机构。为准备上市，发行人应当聘请具备资格及声望的投资银行、律师、会计师、行业顾问、物业评估等中介机构。

（2）重组。中介机构将对发行人进行梳理，制定符合境外上市法律要求、体现强劲财务表现且符合资本市场环境的重组方案，并在发行人的配合下对发行人进行重组，完成上市结构的搭建。

（3）上市申请文件的准备。发行人与中介机构一起准备上市文件，包括但不限于招股说明书、审计报告、法律意见书、物业评估报告、递交给证券交易所的其他各种上市申请文件等。

（4）通过境外证券交易所审核。发行人将上市申请文件递交给境外证券交易所后，证券交易所将进行审核并提出问题，发行人应当对证券交易所的问题进行解答，并相应修改上市申请文件。如果证券交易所认为发行人符合上市标准，将附条件批准上市申请。

（5）股票销售。作为融资的核心，发行人将在投资银行的带领下向资本市场销售股票，进行融资。如果股票销售情况不理想，达不到最低公众持股比例要求，那么证券交易所便不会正式批准上市申请。

（6）交割及挂牌上市。发行人与购买股票的投资者完成交割，即发行人向投资者发行新股，投资者向发行人支付股款。在交割后，发行人将正式完成在证券交易所的挂牌程序，境外上市即大功告成。

第三节　企业境外上市地分析与比较

一、主要境外上市地分析

目前，中国企业除在内地上市外，还会选择在中国香港、英国、新加坡、美国等上市。

（一）中国香港

中国香港是亚太地区最重要的金融中心之一，鉴于其在国际金融市场上的地位及与中国内地的特殊关系，香港市场已经成为中国内地大多数企业内地市场外的优先选择。中国企业在香港上市时可采用发行H股或红筹股的模式上市，也可采用买壳方式上市。

1. 上市模式

H股模式的特点如下：发行人是在中国国内注册成立的股份有限公司；企业发行H股须经中国证监会批准，香港联交所是其上市地点；H股模式是一种“境内注册，境外上市”的方式。以这种模式上市的企业多为大型国有企业或者少数民营企业，投资者为境外个人、境外机构与QDII（合格境内机构投资者），募集港币。发行H股上市的公司也可另外单独发行A股并在上海证券交易所或者深圳证券交易所上市，即A+H模式。在2007年至2008年内地A股牛市时，原H股公司纷纷发行A股。A+H股模式的典型公司有中国石化、中国工商银行、中国农业银行等。

另一种上市模式是红筹股上市。红筹股公司是指发行人是在中国境外注册的公司，但其业务主要在境内进行。红筹股模式的特点如下：发行人由境内民营企业家在境外避税港注册；发行人通过持股或者 VIE 形式控制境内业务。在红筹股的早期阶段，存在国有企业采用这种模式上市的情况，而目前则多为民营企业所采用。

买壳上市是另一种境外上市的红筹股模式，又称反向收购。首先寻找合适的已上市的壳公司；然后将其收购，成为其控股股东；最后将需要上市的资产注入，这样就完成了买壳上市。

2. 香港主板上市的一般要求和审核流程

（1）主营业务必须适合上市。香港联交所要求公司的主营业务符合公序良俗，并可以持续发展，为投资者带来长期回报。

（2）业绩记录及财务要求。企业须满足下列财务测试：最近一年的股东应占盈利不得低于 2 000 万港元，及其前两年累计的股东应占盈利不得低于 3 000 万港元；或者上市时市值至少为 20 亿港元，经审计的最近一个会计年度的收益至少为 5 亿港元，及业务于前三个会计年度的现金流入合计至少为 1 亿港元；或者上市时市值至少为 40 亿港元，及经审计的最近一个会计年度的收益至少为 5 亿港元。

（3）最低市值要求。香港联交所要求在主板上市的公司的预期最低市值达到 5 亿港元。

（4）控股股东与管理层的连续性。上市申请人必须在过去一年内保持控股股东不变，在过去三年内需要在基本相同的管理层下运营。

（5）最低公众持股量与最低公众持有股份的总市值。香港联交所要求，在香港主板上市的公司，最低公众持股量为所有股份的 25%；如果市值超过 12.5 亿港元，则可以降到 15%~25%。公众持有股份的总市值最低为 1.25 亿港元。

（6）最低股东数量。香港联交所要求，在香港主板上市的公司的股东数量应不少于 300 人。

（7）法人治理。发行人必须设置符合要求的法人治理结构，主要是独立非执行董事的数量不少于 3 人且不少于所有董事的 1/3，并至少有一名独立非执行董事具备财务背景。

（8）同业竞争。发行人的控股股东及董事不得与作为发行人主要收入来源的业务进行竞争。

（9）独立性。发行人在业务、财务及人员上必须能够独立于股东，可以独立运营。

（10）关联交易。只要履行披露义务或者经独立股东批准，上市公司是可以进行关联交易的。但是，与独立性相关联，如果来源于关联交易的数额过大，则会被认为缺乏独立性而不被批准上市。

任何准备在中国香港发行股票的发行人都会受到香港联交所与香港证监会两个主体的审核。审核重点在于，申请材料要符合《香港联合交易所有限公司证券上市规则》《香港公司条例》和香港《证券及期货条例》的规定，旨在确保投资者对市场的信心，其背后的核心理念是保护所有股东的合法权益。

从一般的实践来看，香港联交所的审核标准可分为两类：一类是相对客观地审查发行人是否符合上市条件，主要由上市科审查；另一类是相对主观地审查上市适当性，主要由上市委员会判断。香港联交所上市规则未明确规定上市适当性，但会通过发布常见问题和上市决策给出政策性的指引。值得关注的是，香港联交所定期发布的“关于退回若干上市申请指引”，其中总结了退回上市申请的理由，一般是因为披露不充分。另外，上市委员会的年度报告也会就上市适当性给出原则性的意见，主要涉及对上市适当性的实质判断，如业绩持续下滑、关联交易比重较大、单一客户收入占比过高等。

另一个审查主体——香港证监会——则更多地关注形式审核。其审查的重点在于，申请材料是否符合香港《证券及期货条例》及其配套规则的规定，关注招股说明书的整体披露质量，以及该证券的发行上市是否符合公众利益。香港证监会的审核主要集中在信息披露是否完全以及是否有欺诈或者非法关联交易等违法行为。如果证监会认为有关的上市资料内所做的披露载有虚假或具误导性的信息，就可以否决有关的上市申请。但在实际的案例中，证监会与联交所会充分沟通协调，极少出现证监会否定联交所决定的情况。

3. 香港上市改革最新情况

2018 年 4 月 24 日，香港联交所正式公布经修订的上市规则，并已于 2018 年 4 月 30 日生效。在新规则下，可以接受采用同股不同权架构的公司赴港上市，并允许未盈利的生物科技公司上市。

根据新规，采取同股不同权架构的新上市企业的预期市值需要超过 400 亿港元或最近一个财年的收入不低于 10 亿港元；生物科技公司预期市值不低于 15 亿港元，从事核心产品研发至少 12 个月，且核心产品临床试验进入第二期或第三期。另外，放宽已在其他主证券交易所上市的同股不同权企业来港进行第二上市的要求，市值最低为 100 亿港元，并且只限新经济企业。

"同股不同权" 的股权架构常见于互联网企业和生物科技企业。这些企业的创办人往往财力有限，要通过多轮融资引入财务投资者，才能令公司壮大，所以创办人所占的持股比例往往会被大幅摊薄。"同股不同权" 的股权架构可以让创办人在持股较少情况下，继续控制公司。

全球很多知名科技企业都采用了同股不同权的架构，包括 Google、Facebook 等。中国四大互联网企业 "BATJ" 中，在纽约上市的百度、阿里巴巴和京东都采用了同股不同权架构，仅在香港上市的腾讯控股采用了同股同权架构。

阿里巴巴在美国上市的重要原因就是，美国资本市场允许 "同股不同权"，此前阿里巴巴董事局主席马云高调表态，希望阿里巴巴赴香港上市，但条件是香港须采纳合伙人制，即同股不同权架构的一种。但是香港投资者认为，相较于美国成熟的集体诉讼制度，现阶段的香港并没有完备的措施可以保证投资人的权益。阿里巴巴最终选择到美国上市，香港错失一大万亿科技巨头。

香港联交所的这一举措，对于当前 "独角兽" 企业、科技创新企业上市是一个强有力的吸引。此项改革将继港股通扩容后进一步吸引资金进入港股；在壮大互联网科技板块的同时，平衡港股市场结构，增添市场活力，促进投资者对港股市场的长期看好。这一举措也有利于港股互联网科技板块引入大量优质标的，抬升估值，使其趋于合理。

（二）英国

英国也是中国企业可以考虑的上市地点。伦敦证券交易所是世界第三大交易所，股票持有者可随时将股票变现，流动性好，换手率高。英国主板上市的条件与其他地区有所区别，其审批难度相较于香港要低一些。首先，英国主板上市需要审批，上市文件须经由金融服务管理局（FSA）事先审批。英国上市需要提供完善的财务资料，企业应当呈报无保留意见的三年经审核的财务报表，最新一份的经审核的账目不得超过 6 个月，且过去 2 年账目的最低限度必须按发行人下一份年度账目采用的基准重列。对于营业记录，英国主板要求最少 75% 的业务需要有三年期的盈业收益支持。在资产控制权方面，公司过去三年对公司大部分资产应当持有控制权。上市公司在英国交易所的最低市值要求为 70 万英镑，并且至少有 25% 的股票为社会公众持有，公众持有股票的最低市值为 17.5 万英镑。

（三）新加坡

新加坡政治经济基础稳定，商业和法规环境良好，超过 800 家的国际基金经理和分析员网络，为上市公司提供了一个强大有力的投资者群。这些长线投资者创造了稳定的企业成长环境，使新加坡证券交易所成为亚太地区领先的股市。最近几年，新加坡证券交易所已加强在中国的宣传力度，吸引了一批中国企业到新加坡上市。有关数据显示，中国已成为新加坡证券市场最大的外国企业来源地，相较于香港联交所，新加坡交易所上市的门槛更低。但新加坡上市也有其缺点，新加坡融资的额度较小，后续融资的能力也不高，这是新加坡上市面临的问题。

新加坡上市的优点包括，上市审批比较快，要求低。许多企业选择先到新加坡上市，然后再到中国香港上市，这里面有许多理由。香港市场交易量大，后续融资所得量也非常多，但是香港审查较新加坡严格，相对来说，香港监管机构审批过程复杂，提出的反馈问题比较多，如果中国的企业直接去香港上市，那么监管机构审查出的问题肯定是比较多的。但如果去香港上市的公司是一个新加坡上市公司，那么有三年的业绩就可以在香港进行所谓的介绍上市，在走完新加坡上市程序后，去香港前已经是一个上市公司，这时候香港监管机构的审批过程就比较快，提出的反馈问题相对较少。例如，中国一个企业到香港审批，其过去存在税务问题，那么香港审批会非常难通过，而新加坡对此类问题的监管比较宽松，审批通过的可能性高。这个企业就可以先到新加坡上市，在新加坡上市几年之后，再转到香港上市，这样就比直接到香港上市容易。所以，很多企业将新加坡上市作为过渡。

新加坡主板上市的盈利要求是，最近财政年度的税前利润累计最少为3 000万新元，以及有营运三年的记录；或者是最近财政年度有利润、营运三年记录及市值不少于1.5亿新元；抑或是最近财政年度有营运收入，以及市值不少于3亿新元。

对于不同的市值，新加坡主板的规定不同。市值低于3亿新元的公司，最低公众持股量为总量的25%，发行的股份总额应少于7 500万新元；市值在3亿～4亿新元的公司，最低公众持股量为总量的20%，发行股份总额多于7 500万新元，但少于1.2亿新元；市值多于4亿新元少于10亿新元的公司，最低公众持股数量为总量的15%，发行的股份总额应多于1.2亿新元；市值大于10亿新元的企业，最低公众持股数为总量的12%。上述公司的最低股东数量要求均为500人。

（四）美国

美国拥有目前世界上最大最成熟的资本市场，中国不少企业选择在这个成熟的资本市场上市。美国的证券市场为满足不同的上市需求，呈现出多层次、宽领域的特点。

1. 美国证券市场的构成

（1）美国全国性的证券市场主要包括：纽约证券交易所、全美证券交易所、纳斯达克和OTCBB。

（2）区域性的证券市场包括：费城证券交易所、太平洋证券交易所、辛辛那提证券交易所、中西部证券交易所以及芝加哥商品交易所等。

2. 美国全国性市场的特点

（1）纽约证券交易所。到目前为止，纽约证券交易所仍然是美国全国性的证券交易所中规模最大、最具代表性的，也是世界上规模最大、组织最健全、设备最完善、管理最严密、对世界经济有着重大影响的证券交易所，其筹集的资金居股市之首。在纽约证券交易所上市的公司主要是全世界的大型公司。

（2）全美证券交易所。运行成熟、规范，股票和衍生证券交易突出。上市条件比纽约证券交易所低，但也有上百年的历史。许多传统行业及国外公司在此股市上市。

（3）纳斯达克。完全的电子证券交易市场，全球第二大证券市场，证券交易活跃。采用证券公司代理交易制，按上市公司大小分为全国板和小板。面向的企业多是具有高成长潜力的大中型公司，是科技股比较青睐的交易所。

（4）OTCBB 是纳斯达克股市直接监管的市场，与纳斯达克股市具有相同的交易手段和方式。它对企业的上市要求比较宽松，并且上市的时间和费用相对较低，主要满足成长型的中小企业的上市融资需要。

3. 上市的基本条件

（1）纽约证交所对美国国外公司上市的要求。

作为世界性的证券交易场所，纽约证券交易所也接受外国公司挂牌上市，上市条件较美国国内公司更为严格，主要要求如下。

①社会公众持有的股票数目不少于 250 万股。

②有 100 股以上的股东人数不少于 5 000 名。

③公司财务标准（三选其一）。收益标准：公司前三年的税前利润必须达到 1 亿美元，且最近两年的利润分别不低于 2 500 万美元。流动资金标准：在全球拥有 5 亿美元资产，过去 12 个月的营业收入至少有 1 亿美元，最近 3 年流动资金至少有 1 亿美元。净资产标准：全球净资产

至少有 7.5 亿美元，最近财务年度的收入至少有 7.5 亿美元。

④对公司的管理和操作方面的多项要求。

⑤其他有关因素，如公司所属行业的相对稳定性，公司在该行业中的地位，公司产品的市场情况，公司的前景，公众对公司股票的兴趣等。子公司上市标准：子公司全球资产至少为 5 亿美元，公司至少有 12 个月的运营历史。母公司必须是业绩良好的上市公司，并对子公司有控股权。股票发行规模：股东权益不得低于 400 万美元，股价不得低于 3 美元 / 股，至少发行 100 万普通股，市值不低于 300 万美元。

（2）纳斯达克上市的条件。

纳斯达克上市的条件要求如下。

①要有超过 400 万美元的净资产额。

②股票总市值要有 100 万美元以上。

③须有 300 名以上的股东。

④上个会计年度最低有 75 万美元的税前所得。

⑤每年的年度财务报表必须提交给证管会与公司股东参考。

⑥最少须有 3 位做市商（Market Maker）参与此案。（每位登记在案的 Market Maker 须在正常的买价与卖价之下，有能力买或卖 100 股以上的股票，并且必须在每笔成交后的 90 秒内将所有的成交价及交易量回报给美国证券商同业公会。）

纳斯达克为非美国公司提供可选择的上市财务标准满足下列条件中的一条。

① 不少于 1 500 万美元的净资产额，最近 3 年中至少有一年税前营业收入不少于 100 万美元。

②不少于 3 000 万美元的净资产额，不少于 2 年的营业记录。

③股票总市值不低于 7 500 万美元，或者公司总资产、当年总收入不低于 7 500 万美元。

④须有 300 名以上的股东。

⑤上个会计年度最低有 75 万美元的税前所得。

⑥每年的年度财务报表必须提交给证管会与公司股东参考。

⑦最少须有三位做市商（Market Maker）参与此案。（每位登记在案的Market Maker须在正常的买价与卖价之下，有能力买或卖100股以上的股票，并且必须在每笔成交后的90秒内将所有的成交价及交易量回报给美国证券商同业公会。）

（3）OTCBB买壳上市的要求。

OTCBB市场是由纳斯达克管理的股票交易系统，是针对中小企业及创业企业设立的电子柜台市场。许多公司的股票会先在该系统上市，获得最初的发展资金，通过一段时间的积累扩张，达到纳斯达克或纽约证券交易所的挂牌要求后升级到上述市场。

与纳斯达克相比，OTCBB市场以门槛低而取胜，它对企业基本没有规模或盈利上的要求，只要有3名以上的做市商愿为该证券做市，企业股票就可以到OTCBB市场上流通了。2003年11月，约3 400家公司在OTCBB上市。

其实，纳斯达克股市公司本身就是一家在OTCBB上市的公司，其股票代码是NDAQ。在OTCBB上市的公司，只要净资产达到400万美元，年税后利润超过75万美元或市值达5 000万美元，股东在300人以上，股价达到4美元/股，便可直接升入纳斯达克小型股市场。净资产达到600万美元以上，毛利达到100万美元以上时，公司股票还可直接升入纳斯达克主板市场。因此，OTCBB市场又被称为纳斯达克的预备市场。

二、境外上市地比较

从已有的情况来看，中国企业选择的境外融资地点一般在中国香港、美国纽约、新加坡、英国等地。合理地选择上市地点，对于国内企业在境外上市发行价格的确定以及公司今后的发展都有极为重要的影响，以下就从几个方面对中国香港、美国、新加坡市场做简单的比较。

（一）市盈率比较

参照有关文献，美国市场是三个市场中市盈率最高的，其传统行业的平均市盈率可以达到20倍左右。通过简单的市盈率比较我们可以选择不同的上市地点，当然，在实际考虑公司上市问题的时候，还必须详细考虑所在行业在国外市场上的国内公司的市盈率情况。对于单纯追求高市盈率的企业，自然希望到高市盈率的地点上市。高市盈率能够提高公司的评估价值，使公司得到较高的发行价格，从而提高公司的筹资数量。单从市盈率角度来看，美国市场受到更多企业的青睐，中国香港市场次之。

（二）上市时间比较

通常的情况下，首次公开招股（IPO）在美国、中国香港和新加坡上市的时间一般都在半年以上，在美国市场需要将近一年的时间。关于买壳上市的时间，在香港市场会较IPO快，新加坡市场通常需要6～8个月，在美国市场需要3～6个月的时间。上市时间的长短意味着发行风险的大小，美国市场发行时间长达一年，其间存在很大的不确定性因素，无疑增大了发行风险。资本市场变化较大，长达一年的发行时间可能会产生很多对企业不利的情况，例如，批准时的市盈率低于发行开始阶段的市盈率，可能就会改变企业全盘的上市计划，使发行股票无法顺利进行。另外，发行时间太长在政策方面也存在很大的不确定性。美国市场上市时间长达一年，可能会使许多企业却步。相比较而言，中国香港市场的发行时间较短，受到国内许多企业的欢迎。

（三）成本比较

香港市场上市的IPO成本大约为1 000万港元，佣金在2.5%～8%。如果是反向收购，香港主板的壳成本大约在5 000万港元，而创业板的成本在2 000万～3 000万港元。但是如果在香港买壳上市，其资金的注入会比较困难，同时需要注意壳公司的债券和债务纠纷。新加坡IPO成本大约在600万人民币，佣金在2.5%～8%。美国市场的IPO成本一般在150万美元，佣金在8%。在美国市场，壳成本在20万～40万美元。

中国香港市场的发行费用相较而言是比较低的，而且离内地最近，相关人员的交通费用也可以节省一大笔。从成本角度而言，香港上市也受到国内企业的欢迎。

从以上的分析我们大致可以认为，在美国上市的优势是市盈率较高，企业可以筹措到更多的资金；而在中国香港和新加坡市场，因为市盈率的关系，可能融资额度较低。香港市场的优势是成本较低，上市发行时间较短，减少了企业上市过程中的不确定因素，增加了发行成功的概率。这一点对企业尤其重要，毕竟，企业的最终目的是融资成功。

美国市场的另外一个优势是再融资和退出的限制较低，这适合需要在短期内融资或者风险资金及时退出的企业。而这一点香港市场和新加坡市场限制比较多。对于企业来说，首先关心的是融资成功，从这点讲，香港市场是首选地点。如果企业对上市成功有很大的信心，能够承担长达一年的发行过程可能带来的风险，那么为了追求更高的市盈率，可以考虑选择美国市场。从以上分析我们同时也发现，在这三个市场的比较中，新加坡市场并不占绝对优势，这也是该市场中我国企业较少的原因之一。

通过以上分析我们得出结论，企业选择上市地点时应根据自身的实际情况确定，在追求利益最大化前提下必须考虑风险以及成本。同时，企业也不应追求短期行为，毕竟企业经营是一个长期的过程。

第四节　境外上市地的选择

一、经验总结

近几年来也有不少企业出于各种原因上市申请被拒，从中我们可以得到一些借鉴。

一家申请在中国香港上市的经营印刷业务的公司，其控股股东及主要股东过去也曾创立经营印刷业务的公司并将其上市，但是在禁售期完结后不久就将公司出售了。这不免令香港联交所质疑有关股东无心促进公司的长远发展，因此以此为由拒绝了上市申请。据此可以发现，股东的个人记录也可能成为被拒的主观因素。

另一家申请在香港上市的中国餐厅运营商被香港联交所认为其业务模式不可持续发展，虽有盈利，但财务表现倒退，所以拒绝了其上市申请。

总结近些年上市申请被拒绝的情况，如香港联交所与香港证监会认为企业存在下列情况：业务的可持续性不明朗；公司近年的拥有权和控制权存在变动；公司业务单一，单一客户依赖性大等，则拒绝其上市申请的可能性较大。

企业在准备上市之前，应当充分咨询投资银行及律师的意见，提前做好充分的准备工作。

二、建议

1. 根据自身需求选择上市时间和地点

上市时机的选择是非常重要的，如果不合时宜，那么肯定会影响市值和募集资金的金额。

至于上市地点，应当根据前文所述，根据公司的需求以及不同的上市地的优势来选择。

2. 了解上市地法律法规与习惯

国际金融中心的基础是法治，热门的境外证券交易所通常法律健全，执法严格。特别是美国，由于美国存在浓厚的诉讼文化，有一些律师事务所专门代理起诉上市公司的案件，任何信息披露的瑕疵都可能成为美国的股民发起集体诉讼的理由。所以企业应当了解上市地当地的习惯，并遵守当地的法律法规。

3. 了解上市地的经济动向与投资方向

上市地的重点投资方向应当符合上市公司自身的经营方向，比如，虽然房地产在我国很火爆，但是在美国，房地产属于夕阳产业，美国投资者并不看好房地产行业，美国也鲜有利用房地产起家的成功例子。因此，房地产公司并不适合在美国上市。与此恰恰相反的是，中国香港由于土地资源匮乏，房地产业空前发达，香港市场上的房地产公司占有重要的份额，也不乏“明星”公司。显然，房地产公司的首选上市地应该在香港市场。

第六篇

法商合规管理

第二十五章　法商合规管理

近10年来，全球型企业强化合规管理成为一个重要趋势。合规大案频发引发关注，中国企业也出现了全面推进合规管理、强化合规经营的新趋势。

2018年年初，中兴通讯被美国监管机构处罚；年中，长春长生因疫苗作假被中国政府严厉处罚；年底，美国执法机构以孟晚舟向某金融机构虚假陈述涉嫌金融欺诈为由，要求加拿大协助拘留过境的华为公司董事孟晚舟。这三个重大事件在中国引起全民高度关注，极大地震动了中国企业以及中国政府有关部门。人们意识到，合规风险不仅存在于外国企业，也存在于中国本土企业；强化合规管理不仅是外国企业的任务，也是中国本土企业正面临的挑战。

2018年12月26日，发改委会同外交部、商务部、国资委、中国人民银行、国家外汇管理局及全国工商联等七部委，联合发布《企业境外经营合规管理指引》。该指引指出，企业应以倡导合规经营价值观为导向，明确合规管理工作内容，健全合规管理架构，制定合规管理制度，完善合规运行机制，加强合规风险识别、评估与处置，开展合规评审与改进，培育合规文化，形成重视合规经营的企业氛围。

2018年11月2日，国资委制定的《中央企业合规管理指引（试行）》正式下发。国资委要求中央企业根据这个指引，“结合实际制定合规管理实施细则。地方国有资产监督管理机构可以参照本指引，积极推进所出资企业合规管理工作”。国资委这个文件要求中国国有企业建立合规管理体系，并且对合规管理重点、合规管理组织架构、合规体系运行机制等几个关键问题做了具体的可操作的指引。目前，越来越多的央企包括地方国企正在积极落实这个指引，全面建设合规管理体系。

2018年，从国有企业到民营企业，从国内企业到海外经营企业，中国企业对于建立合规管理体系防范企业合规风险的重视程度大大加强。强化合规管理成为中国企业发展新趋势。我们甚至可以说，2018年是中国企业强化合规管理的元年。

第一节　合规管理概述

随着经济全球化的不断深入，跨国公司走向全球公司，诚信合规经营成为全球公司的首要责任。中国企业走向世界，需要按照全球公司的标准和要求来运营，才有可能生存和发展。因此，中国企业在全球化的过程中必须遵守本国以及经营所在国的法律法规。显然，中国企业面临的问题已经不是要不要合规，而是如何合规，如何加强企业合规制度建设的问题。

一、合规与合规管理的内涵

在推进企业合规的工作过程中，首先要明确合规的含义。

（一）合规的含义

"合规"一词是由英文"Compliance"翻译而来。合规就是要遵守和履行企业全部合规义务。按照国家标准委制定的《合规管理体系指南》所述，合规义务来源于企业的合规要求与合规承诺。合规要求主要来自外部的监管要求，包括法律法规、监管机构发布的命令、条例或指南，法院判决或行政决定以及条约、管理或协议等。合规义务还来源于企业自身的合规承诺。合规承诺包括与社会团体或非政府组织签订的协议，与公共权力机构和客户签订的协议；自愿性标志或环境承诺；相关组织的和产业的标准等。

合规通常包含以下三方面内容：（1）遵守法规，即公司总部所在国和经营所在国的法律法规及监管规定，既包括国际通行的规则，也包括非国际通行规则，例如经营所在国独特法律法规；（2）遵守规制，即企业内部规章包括企业的商业行为准则，特别是响应合规监管与体现合规承诺的制度准则等；(3)遵守规范，即职业操守和道德规范，如诚信守约等。

从遵守法规角度来看，合规就是企业要遵守经营活动所在地的规则性法律，确保企业的经济活动符合“公共利益”。如果企业能按照法律的规范要求行事，那么企业在投资所在地的经营就有了合法性，企业的经营行为也受当地的法律与法规的保护。

从遵守规制角度来看，合规就是企业要遵守内部的规章和制度。不同的企业会根据外部环境和内部管理的需要，制定出企业内部的规章和制度，以此来约束企业的商业行为，引导企业的各层级员工按照规制开展经营活动，促使其各项行为达到企业规制的要求。

从遵守规范角度来看，合规就是企业在遵守法规与规制的同时，还要求员工遵守相应的职业操守和道德规范。这对企业的员工行为提出了更高的要求，即要求员工在工作中形成规则意识，做到行为自觉，形成很好的自律。

现实中在谈论合规时，人们往往与反腐败联系起来。合规与反腐败确实密切相关。西门子公司重建合规管理体系就是因为违反了美国《反海外腐败法》而遭受了处罚。反腐败往往成为企业强化合规的切入点，合规体系的建立与完善有助于企业遏制商业腐败。事实上，腐败是导致企业合规体系被破坏的根本原因。

但需要注意的是，合规不等于反腐败。合规涉及企业整个业务流程的各个环节，涉及企业方方面面的制度建设，涉及企业全面的文化发展。合规还包括遵守社会责任、环境责任的规则，遵守竞争规则（反垄断）、金融规则（反洗钱）、贸易规则（贸易制裁），遵守知识产权保护的规则以及个人数据保护的规则，等等。正因为如此，企业建立合规体系需要在反腐败合规的基础上走向全面合规，也就是从“小合规”走向“大合规”。

（二）合规管理的含义

合规管理是指企业通过制定合规政策，按照外部法规和企业自身经营目标的要求，统一制定并持续修改内部规范，监督内部行为规范的执行，以实现增强内部控制，对违规行为进行持续监测、识别、预警，同时及时地对合规管理制度进行修订和完善，达到防范、控制、化解合规风险等一整套管理活动和机制。有效的合规管理有助于企业应对不确定性、风险并发现机会，有助于保护和增加股东价值，降低未及预期的损失和声誉损失的可能性。

合规管理工作有合规政策制定、合规管理制度建设、合规咨询、合规审查、合规检查、合规监测、法律法规追踪、投诉举报处理、监管配合、信息隔离墙（监视清单与限制清单）、合规报告、合规文化建设、合规信息系统建设、合规考核、合规问责等。

二、全球企业强化合规管理的发展趋势

当中国企业推进合规管理时，我们应该看到，强化企业合规管理在全球范围内已经成为现代企业发展的一个潮流。

（一）国际组织推动合规管理的举措

强化合规管理与经济全球化密切相关。1991 年年底，苏联解体，冷战结束，全球市场出现。传统跨国公司走向全球公司，开始了全球化经营。随着市场营销全球化、制造组装全球化、研发设计全球化以及资本运作全球化的发展，全球型公司打造了全球价值链，吸纳整合全球最优资源，极大地增强了全球竞争力。经济全球化带来了全球财富的迅速增加，与此同时也带来了贫富差距扩大和环境污染等种种问题。经济全球化带来的问题引起全球有识之士的关注。

1999 年 1 月，在达沃斯世界经济论坛年会上，时任联合国秘书长科菲・安南向全世界企业领导呼吁，遵守有共同价值的标准，实施一整套必要的社会规则，即“全球契约”。“全球契约”的目的是，动员全世界的跨国公司直接参与减少全球化负面影响的行动，推进全球化朝积极的方向发展。2000 年 7 月，在联合国总部正式启动“全球契约”，几十家世界著名的跨国公司共同发布了在人权、劳工标准、环境方面的 9 项

基本原则。全球契约使得各企业与联合国各机构、国际劳工组织、非政府组织以及其他有关各方结成合作伙伴关系，建立起一个更加广泛和公平的世界市场。2004 年 6 月，全球契约增加了第十项原则，即企业应反对各种形式的腐败，包括敲诈勒索和行贿受贿。目前，全球契约已经有近一万个企业成员。全球契约事实上成为全球范围推进企业合规经营的滥觞。

2014 年，国际标准化组织出台了 ISO 19600《合规管理体系指南》。这个指南虽然目前仅仅是推荐性标准而不是强制性认证标准，但是在全球强化合规管理的潮流中颇具影响力。不少企业参照这个标准建立了自己的合规管理体系，不少国家也引进此标准来促进本国企业强化合规管理。中国国家标准化委员会就在 2017 年年底正式发布了与该标准等同应用的国家标准 GB/T 35770《合规管理体系指南》，于 2018 年 7 月 1 日开始实施。鉴于合规管理的重要性，各国专家在致力于修订这个标准，争取把合规管理体系指南上升为强制性认证标准。

（二）发达国家推动合规管理的举措

在联合国等国际组织推动企业合规之时，发达国家政府也加强了对企业的监管，从监管角度积极推进企业合规。

早在 1977 年美国出台《反海外腐败法》，就已经开始规范美国企业在海外经营中的合规行为。这个法律真正引起全球企业关注始于 2008 年的西门子被处罚案。2008 年 12 月，西门子公司因违反美国《反海外腐败法》被处空前的 16 亿美元巨额罚金，同时被监管 4 年。此案例成为全球企业合规发展的一个里程碑事件。西门子案后，许多全球型企业纷纷强化合规管理，有的企业建立和健全合规制度体系，有的企业建立和加强合规管理组织体系，有的企业创新和完善合规考核体系，有的企业全面强化合规文化建设。强化合规管理、防范合规风险成为越来越多全球型企业管理创新的重要内容。2010 年，美国通过立法加大《反海外腐败法》的执法力度。美国新法案创新检举奖励机制，鼓励举报企业违规，大大加强了打击企业腐败的力度。

2011年开始实施的英国《反贿赂法》，将企业在预防贿赂问题上应尽的职责上升到法律义务的层次。该法律要求公司不仅自身要合规经营，而且须对其供应商、合作伙伴、代理等的合规负责。该法律还提出了针对公司的新罪名——未有防止贿赂，对那些没有足够的程序预防贿赂的商业机构进行处罚。企业如果未有防止贿赂行为，将承担法律责任，除非企业证明自己具备“足够的程序”预防贿赂发生。

2016年12月8日，法国宪法委员会批准通过俗称的《萨宾第二法案》。新设立法国反腐局，其职能之一在于监督企业按照《萨宾第二法案》第17条的规定建立合规制度，并评价合规制度的有效性。如果企业未按《萨宾第二法案》第17条的规定建立有效的合规制度，处罚委员会有权对企业及其高管进行行政处罚。

显然，美、英、法等发达国家都从反商业贿赂入手，越来越强化对企业的合规监管。这种监管越来越要求企业防患于未然，要求企业建立完善的合规管理体系。

各国政府及国际组织加大了合规监管力度，给全球型公司保障全球价值链的坚强和稳定带来极大挑战。过去，为了保障全球价值链的稳定和坚强，全球型公司往往从技术层面做出努力，例如，选择两个供应商，或者要求供应商在自己制造组装厂所在地建立零部件生产厂。由于合规监管强化会导致像中兴通讯那样的瞬间“休克”，甚至导致企业死亡，因此，现在全球型企业必须通过强化全价值链合规，包括供应商的合规，来保障全球价值链的稳定和坚强。

综上所述，自2000年全球契约发布以来，全球范围内众多的全球型公司开始强化合规管理。2008年西门子案发生以来，国际组织与各国政府加强合规监管，越来越多的全球型企业进一步强化合规管理，强化合规管理成为全球企业发展的新潮流。

三、中国企业需要持续推进合规管理

中国企业向全球公司转型的过程中，必须适应合规管理这一全球公司带来的竞争新规则。中国企业如何通过自身调整发展应对国际规则和标准，以便在更大范围内、更高层次上，直接参与国际竞争，寻找在全球发展的新机遇，是中国企业需要面对的重要问题。为此，中国企业需要强化合规管理、建设合规文化，这对于促进中国企业走向海外、向产业链高端升级和持续发展具有重要意义。

（一）中国企业面临日益严峻的合规挑战

中国企业于 2008 年开始大规模走向世界之时，面对着的是已经或正在改变的企业全球竞争的新规则。那些著名的全球型企业往往有着数十年甚至上百年的全球化经验，它们从过去不合规到现在强化合规有一个发展和提升的过程。中国企业刚刚走向世界，既缺乏全球经营的管理经验与能力，也缺乏对正在形成或已经改变了的全球规则的理解，更缺乏强化合规管理的经验。但是，全球市场对于后来者的合规要求与先到者是一样的严格。那些全球市场的先行者往往把合规作为新的竞争手段来对付后来者。显然，中国企业面临着严峻的挑战。

近 10 年来，中国企业已经遭遇多种合规风险，并且为之付出沉重的代价。

中国的金融企业包括中、农、工、建四大国有银行的海外机构，几乎都因为涉及“洗钱”或反洗钱不力而被当地监管机构处罚。

有 100 余家中国海外工程企业，由于违反世界银行或其他国际银行制定的规则特别是采购规则而被处罚。到 2018 年年底，仍有 98 家企业或个人在世界银行的黑名单上。

前面提及的中兴通讯公司，因违反美国出口管制规则而于 2017 年和 2018 年两次被美国执法机构处罚。2018 年的处罚使中兴通讯公司一度陷入生死存亡的危机。

这些企业面临的主要风险是不熟悉但又危害极大的合规风险。

（二）中国企业强化合规管理的重要意义

为防范和化解合规风险，中国企业必须从别人“要我合规”，转变到“我要合规”，即从被动合规转变到主动合规。只有清楚强化合规的重要意义，才能从因应对外部监管压力而被动地接受合规，上升到自觉主动地推进合规，即从“要我合规”上升到“我要合规”。

第一，强化合规，有助于企业化解合规风险。

巴塞尔银行监管委员会最早推动金融企业合规。该委员会认为，所谓的合规风险是指企业因未能遵循法律、监管规定、规则、自律性组织制定的有关准则，而可能遭受法律制裁或监管处罚、重大财务损失或声誉损失的风险。合规管理是现代企业的一项核心的风险管理活动。事实上，全球化时代中，企业遭遇的风险已经不仅限于传统的商业风险，企业还面临地缘政治风险、社会责任风险、环境责任风险以及合规风险等大量非传统的风险。其中，合规风险是企业面临的一项核心风险。近年来中国企业走向世界所面临的风险恰恰证明了这一点。遭遇传统商业风险，使企业经营陷入困境，但是往往还可以拖延几年而不垮，甚至还有机会改善经营转亏为盈。但是，一个企业如果涉及严重违规，那么往往一朝覆亡。

第二，强化合规，有助于企业管理体系再造。

合规首先要有规，即制定规则，然后按照规则行事，即“合规”。广义的合规涉及企业业务的方方面面和业务流程的各个环节。合规管理包括产品质量、生产安全、环境标准、社会责任标准等各个方面。企业需要从合规角度梳理业务各个方面和业务流程所有环节，考察相关规定是否健全和完善，特别是人们的行为是否符合这些规定，即这些规定是否得到执行。合规的核心或侧重点在于“规”是否“合”。通过这样的梳理和整合，事实上是完成对企业管理体系的再造与提升。

第三，强化合规，有助于企业文化的重构。

我们所说的企业文化并不是一般的企业文化活动，而是指企业经过长年培育和积淀，形成的一种看不见摸不着的行为规范。就以合规制度而言，任何合规制度都不可能十全十美，即使当时制度完善了，随着时间的迁移，企业经营环境的变化也会使原先的制度体系出现新的问题。拥有良好合规文化的企业，其员工不仅不钻企业制度的漏洞，还会帮助企业堵漏洞，从而帮助企业抵御严峻的合规风险。因此，持续不断地强化企业合规体系建设，必将使企业的文化得到重构，形成良好的合规文化。

第四，强化合规，有助于中国企业成功地“走出去”。

随着中国企业的不断“走出去”，遭遇合规风险的案例也越来越多。有的银行在国外涉及洗钱而被查处，有的企业涉及行贿而被调查，有的企业因为违反出口管制规定而被罚款，有的企业因为违反采购指南而被世界银行处罚。推进“一带一路”倡议，需要有大批中国企业参与。但是“一带一路”数十个国家中不少国家法制环境不佳，中国企业面临大量合规风险。在这种情况下，中国企业只能通过强化合规管理体系来防范合规风险，从而成功地走向世界。

四、中国企业应建立有效的合规管理体系

随着政府部门合规监管力度的加强，对于企业而言，合规已经不仅仅是一种愿望和要求，而是成为一个系统的管理提升活动和全面的文化建设过程，其目的是建立有效的合规管理体系。

（一）学习和借鉴中外跨国公司强化合规经营的经验

建立有效的合规管理体系，首先应当学习和借鉴先进企业的成功经验，并汲取一些企业的惨痛教训。

按照英、美等发达国家反商业腐败的司法实践，都强调企业要建立健全的合规管理体系，一旦企业某个部门或个人出现问题，企业只有举证自身建立了“完善的合规管理企业制度”才能免责。这个思路值得中国企业借鉴。

一些著名的中外跨国公司正在进行从不合规到合规经营的转型，提升诚信与合规等道德水准，并投入资源进行合规制度建设，以此作为企业竞争软实力建设的重要组成部分。中外跨国公司强化合规经营的经验值得开展海外投资的中国企业借鉴。

2008 年西门子公司经历反商业腐败的危机，开启了重建合规管理

体系的历程，通过异乎寻常的努力树立合规标杆，成为“公认的领导者”。美国司法部高度评价西门子“建立了最先进的‘超一流的’合规体系”。西门子在重建合规管理体系时，遵循了“立即行动”“执行”“成为领导者”三个阶段。在行动阶段，包括任命独立的调查机构和外部顾问；指派全球特派调查员采取行动调查舞弊情况；高层表明反腐态度，并通过员工大会和CEO致信等方式向全球员工传达；监控和审查案例；限制商业顾问；对付款和银行账户采取集中化管理。在执行阶段，西门子编制并创建了以防范、监察、应对为核心的综合合规体系；建立有效的全球合规管理组织和流程，在董事会内新设立一个负责法律与合规事务的部门；任命集团首席合规官和区域合规官，并在全球配备了600名全职合规专员；对领导层和敏感职位进行合规培训。在成为领导者阶段，西门子逐步消除重要控制弱点；简化合规工具和流程；完善合规激励系统；与非政府组织协作，并联合公众开展廉洁行动；与美国司法部和证交会达成和解以及任命督查官；扩大合规范围，建设正直诚信的企业文化。

通用电气公司（GE）可以存续百年，不仅仅是因为该公司拥有先进的技术和管理，更是因为公司优秀的企业文化，其中最重要的是，以诚信（Integrity）与合规作为公司的文化。GE将合规作为企业发展的基石。首先，GE将诚信合规定义为企业的文化。GE的核心价值观就是诚信，GE要求公司的领导层不仅要为自己的行为负责，还要为企业培育合规诚信的文化负责。其次，GE将诚信作为合规的主要含义。GE并不满足于遵守法律法规，还要以诚信为原则开展业务。除了遵守法律法规外，GE还要求员工不能欺骗商业伙伴或违反商业道德，即使这些商业道德并不属于法律管辖的范围。再次，GE永远要走在法律法规管制的前面。GE不是简单地应对法律法规，不是被动地守法，而是更加主动地超越法律的要求来要求自己，而不是触犯了法律被惩罚以后才去做合规。另外，作为一家在全球开展业务的公司，GE面临着来自全球不同国家和地区的法律法规的监管，必须以最高的标准来要求自己，不会因为某个国家或者某个地区的标准低就降低公司在该国家或者地区的合规标准。最后，GE 把主动合规作为合规工作的主要目标。GE 强调合规经营，不仅仅是为了避免相应的处罚，更是为了在全球竞争下打造企业的核心竞争力，不做只会赚钱的公司。GE 把主动守法当作合规管理的主要目标，因此，对合规经营的认识就比一般的公司更为深刻。

我们也发现，已经有一批中国企业越来越重视强化合规管理。这些中国企业的经验对于中国其他企业而言更具有可借鉴性。

中国石油天然气集团公司曾发现存在严峻的合规风险。2014 年秋天，为有效防控合规风险，保障公司依法经营、健康发展，中石油制定了“中国石油天然气集团公司合规管理办法”。按照这个办法，集团公司和所属企业开展经营管理活动，必须严格遵守适用的法律法规、规章制度以及职业道德规范，将落实合规管理要求作为业务开展的前提条件，融入生产建设和经营管理全过程，纳入考核，严格兑现，确保依法经营管理。集团公司和所属企业主要领导是合规管理的第一责任人，对合规管理负总责。人事部负责将合规培训纳入培训计划，将合规评价结果作为干部任免、考核奖惩的依据之一。中石油合规管理体系建设的经验成为央企推进合规管理的一个标杆。

著名的民营企业吉利公司，通过一系列跨国并购迅速成长为源于中国的全球公司。吉利公司董事长李书福意识到，走向世界的吉利需要构建一种跨越国界、跨越宗教信仰 、跨越语言的，完全自由的，追求商业成功的全球型企业文化。2014 年，吉利公司开始建立合规管理体系，培育合规文化。公司从识别和评估企业存在的合规风险入手，建立了合规管理制度体系、合规管理组织架构，完善了合规运行机制。强化合规文化为实现企业构建全球型企业文化的目标奠定了基础，也为吉利软实力的提升创造了条件。2017 年以来，吉利公司成功收购美国飞行汽车公司和德国戴姆勒公司近 10% 的股份，都得益于其建立的有效的合规管理体系。

国外跨国公司以及中国企业的经验表明，各个公司的“一把手”重视企业全面责任和合规体系建设，对于企业强化合规是必要条件。中石油和吉利的案例也告诉我们，中国企业在全球企业强化合规管理的潮流中，完全可以依据自身条件实现合规管理，构建合规文化，从而促进企业合规经营水平的提升，增强企业全球竞争的软实力。

（二）建立和健全企业合规管理体系

根据中国国家标准委发布的 GB/T 35770—2017《合规管理体系指南》（以下简称《指南》）和国资委发布的《中央企业合规管理指引（试行）》等合规管理指引的要求，结合国内外企业推进企业合规体系建设的实践经验，我们认为，一个有效的企业合规管理体系应包括制度体系、组织体系、运行机制和企业文化建设等四个支柱，而要建立这个体系，可以从以下几个步骤入手。

第一，调查研究，识别合规风险。合规风险识别、分析、评估是有效的合规管理体系不可或缺的组成部分。根据业务开展所在国家的法律和监管环境规范自身生产经营行为至关重要。识别、评估合规风险，是企业建立合规管理体系的核心工作内容和工作基础，合规风险识别、评估工作的质量决定合规管理体系的整体水平。企业要将经营的重点业务地区，特别是地缘政治冲突地区和腐败高发区，作为调查研究的重点地区；将经营的重点业务领域，特别是与政府审批监管密切相关的业务领域，作为调查研究的重点领域；将经营的重点业务部门，如财务部、销售部、采购部等部门，作为调查研究的重点部门；将经营中的重点业务环节，如礼品赠送、招待、慈善捐助等，作为调查研究的重点环节。值得一提的是，企业在调查、研究、识别合规风险时，应该特别关注自身的“存量合规风险”。由于缺乏合规管理意识和合规管理经验，企业可能在过去已经有了违规经营行为。以中兴通讯为例，2017 年美国执法机构查处的是中兴 2011 年前后的违规行为。如果企业自己不能主动发现、识别以及化解这些存量合规风险，那么一旦被监管机构发现并被查处，这些风险就会像地雷一样被引爆。

总之，企业需要把经营中合规风险大的地区、领域、部门和环节作为调研的重点。在调研基础上进行识别与评估，发现企业存在的合规问题以及蕴含的合规风险。

第二，风险导向，健全合规制度。合规管理制度为组织及其成员提供行为上的指引和规范，是落实合规管理措施的基础和依据。针对合规反腐重点业务地区、重点业务领域、重点业务部门涉及的风险，制定专门制度，例如，制定销售和采购等部门、高冲突国家等腐败风险高发区的合规制度。针对合规反腐重点业务环节，制定具体制度并将其纳入公司员工行为守则，比如，制定关于好处费、加速费、礼品、招待费、促销费、慈善捐助等方面的规定。针对利益输送的风险制定避免利益冲突的制度。总之，对企业原有制度进行完善，对还没有的制度进行补充。

第三，管理协调，强化合规职责。在建立合规管理制度的基础上，协调管理职能和资源配置、强化合规职责及其组织领导是组织建立合规管理体系的必然要求。合规职责涵盖合规治理、合规管理机构、合规管理协调、领导者的作用等多方面内容。强化合规职责首先要依据合规治理原则，明确决策层和最高管理层在合规管理方面的职能，解决合规管理工作中的权利配置问题。合规职责的落实，需要以合规部门与组织内、外部机构的有效沟通协调为保障。当然，领导者作为“关键少数”，其示范带头作用是加强合规职责的关键，对于树立合规管理理念、推动合规管理体系的建立和运行起到关键作用，领导者在履行各项合规要求时应作出表率。

第四，保障运行，完善合规机制。很多企业已经建立了各项合规制度，然而没有真正实施，其原因在于缺乏合规运行机制。对于推进合规体系而言，有四个方面的运行机制不可或缺，即全面的培训沟通机制、严格的责任考核机制、通畅的举报查处机制、有效的改进优化机制。培训、考核、举报和改进这四种机制是否能顺利运行，在很大程度上取决于企业最高负责人是否以身作则地推进合规。换言之，保证合规机制运行的核心是，企业领导者以身作则地推进合规。

第五，效果评审，推进持续合规。企业的合规体系需要不断完善，不仅要适应变化中的合规环境以及企业自身业务发展的变化，还要通过操作层面的效果评审评价，发现并纠正贯彻执行中可能存在的问题，从而不断地改进和优化。在开展效果评价时，管理层亦应考虑组织面临的合规义务的变化情况，不断调整组织的合规管理目标，督促组织根据合规管理目标，对组织的合规风险管理措施进行更新，以保障组织满足内、外部合规管理要求。通过不断地重复风险评估、风险控制、效果评价的过程，查找组织合规风险管理的漏洞，纠正不合规行为，促进合规管理体系螺旋上升。

第六，持之以恒，形成合规文化。中国企业形成合规文化的一大挑战在于如何战胜潜规则文化。中国的传统文化讲究人情和关系，人们的处世习惯讲究变通。从积极方面看，讲人情和关系、注重变通，可以使企业在面对问题时灵活应变。但是从消极方面看，这些习惯极易使人们超越底线而违规。考虑到中国在不少地方存在事实上的人治，例如，政府权力运行中存在人治因素，使人们崇拜权力而不遵守法规。传统文化和行事习惯中的消极因素与权力运行中的人治因素结合，必定导致潜规则，而潜规则是合规的天敌。中国企业在海外投资经营时也容易把这种潜规则带到海外，这种潜规则的存在给中国企业强化合规经营带来挑战。只有战胜潜规则，持之以恒地坚持合规管理，一个企业才有可能构建合规文化。

总之，“六步法”是建立合规管理体系的一整套工具。企业在实践中分步骤、分阶段地推进合规管理体系的建设，逐渐建立有效的合规管理制度体系、合规管理组织架构以及合规管理实施机制，最终形成合规文化，才能逐步提升合规管理水平，更好地应对全球新的规则。

第二节　合规管理制度

合规管理最初只是企业内控的一个重要方面，同时也是企业风险管理的一个关键环节。但随着企业的经营活动日益综合化、国际化，业务和产品越来越复杂，企业对合规风险管理的要求也越来越高。企业需要遵循的法律、规则和准则越来越广泛，不仅包括法律、行政法规、部门规章，还包括监管机构发布的相关指引以及其他规范性文件、市场交易规则、自律性企业制定的相关标准和行为准则，既涉及具有法律约束力的文件，也涉及更加广义的诚实守信和道德行为操守。这意味着，企业合规管理包含的内容在不断扩大，以应对风险为核心的合规管理已经不能满足企业的要求。

20 世纪 90 年代以来，以全球公司为代表的现代企业逐渐认识到合规管理的特殊性、专业性和重要性，纷纷整合内部资源，创新管理方式，逐渐形成从合规管理制度、管控机制到文化理念的一整套的合规管理办法。其中，合规管理制度作为有效的合规管理体系的一个重要支柱，是企业进行合规管理的基础和依据。

一、合规管理制度概述

合规管理制度为组织及其成员提供行为上的指引和规范，是落实企业合规管理措施的基础和依据。企业合规管理制度是员工在企业生产经营活动中需要共同遵守的行为指引、规范以及制度规定的总称。一般包含企业合规经营目标和理念，以及各业务职能领域活动的制度性规定和要求。

企业合规管理制度的表现形式或内容组成一般包括合规行为准则、制度规范、各项合规专项管理办法、合规管理的工作流程、管理表单等管理制度类文件。从制度设计角度出发，合规管理制度与企业的其他管理制度并无不同，大部分适用于其他类型管理制度的原则和做法也同样适用于合规管理制度。

越来越多的企业认识到保持合规经营的重要性。而要确保合规，企业首先需要明确“规”的内容和范围，即企业必须确定哪些标准是其应当遵守的。

第一，任何一家企业都需要拟定行为准则和运作规范以明确公司价值观，确定符合公司期望的商业道德要求。拟定这些行为准则和运作规范的首要目的是防范违法、违规和不道德行为发生。事实上，这些行为准则和运作规范不仅能防范不道德的行为或欺诈行为的发生，还可以引导员工积极地工作，例如，有关创新的实践。然而，并不是每个员工都了解最新的法律状况，并知道按照法律应该怎样去做，因为建立行为准则和指南，不仅意味着企业应当起草一份关于公司价值观、道德指引或类似的文件，更重要的是，还应将其纳入企业战略发展规划，适用于所有雇员及商业合作伙伴，以使所有员工明白怎样做才符合法律规定。

第二，在当前企业全球化的大环境下，企业首先应想到的是东道国所有适用的法律和法规，这些法律法规是企业首先必须了解并遵守的。因为不遵守法律可能会导致受罚，对公司、员工、股东和其他利益相关方产生不利的影响。但同时，跨国企业还会通过追求国际公认的标准，来提高其国际经营的能力。这将有助于企业遵守东道国的法律法规，尤其是吸收了国际标准的法律法规；也有助于企业在法律还不完善的国家，甚至在法律还不够充分或未得到有效执行、监管薄弱的区域更有效地开展经营。

第三，企业通过建立合规管理制度，可以明确企业所支持和反对的行为模式。由于合规管理制度多以书面形式呈现，因此具有自然的严肃性和稳定性。当遇到相关方询问时，书面的合规管理制度是企业履行合规承诺的直接证据，除非有其他证据证明企业的合规管理制度实际并未被执行。合规管理制度还是审计和改进的基础。实践中的做法可能偏离书面的制度，但只有在书面制度存在的情况下才能确定偏离的发生，并相应地纠正实践中的偏离，或者修改制度以适应实践的发展。

二、合规管理制度的原则和框架

企业合规管理制度的内容与范围应与企业的经营活动密切相关，即与企业所处的行业与经营的范围都有很大关系，而且许多国际组织，如联合国、OECD 等，出台的企业行为准则通常也是企业制定政策标准的范本。因此，在设计和制定合规管理制度时，企业应全面考虑所处国家（或地区）、所属行业、企业自身三个层面的风险特征、要求和现实情况，从而制定出一套既能保障企业履行合规义务，符合相关合规要求，又能帮助企业用正确的方式运营、发展、实现企业目标的合规管理制度。

（一）制定合规管理制度的基本原则

为确保合规管理制度在企业的日常运营活动中得以贯彻落实，就必须把合规要求与企业内部的其他管理政策、流程紧密结合起来，使合规管理制度不仅现实可行，而且贯串于企业的日常业务活动之中。制定健全的合规管理制度，可以参考以下几项原则。

第一，风险导向原则。合规制度应根据已识别的合规风险，有的放矢，重点针对中、高风险领域制定具体、清晰的政策要求。特别要注意避免合规制度“大而全”的模式，合规管控的范围如果过大过细，反而会失去重点，起不到真正的风险防控作用。

第二，公正、公开原则。任何好的管理制度都应该做到对成员一视同仁，作为行为规范和标准的合规制度更应如此，公正、公开是其最基本的原则。在合规标准面前，不应该有特权或例外，任何人的违规行为都应该有公正、一致的评判和处罚标准。此外，本着权利与义务对等的原则，层级越高或对人、财、物、技术、机密信息有控制权的岗位，合规要求应该更严格。

第三，实用有效原则。合规管理制度要想行之有效，就必须融入企业的日常运营、管理活动之中，并与其他管理制度有机地结合起来。在对业务活动、流程、合规风险环节有清晰认识的前提下，广泛听取员工和管理层的意见，甚至邀请不同部门的员工参与到合规管理制度的制定过程中。这样既可以保证合规管理制度的有效性和实用性，也更容易得到员工的认可和遵守。同时，合规管理的要求与其他部门（如财务、采购、人力资源等）的衔接和配合也很重要。

第四，适度合理原则。任何风险管理制度都很难彻底消除潜在风险，制定合规管理制度的意义在于将企业的合规风险控制在一个适度、合理的范围，而不是盲目地、不计成本地制定过于严苛的管控标准。更要避免形成“草木皆兵”的合规管控文化，这样容易导致员工产生对合规管理的抵触和排斥，甚至会导致合规变成一部分员工不作为的借口。

（二）合规管理制度的框架

合规管理制度需要明确企业实现合规的总体原则和行动承诺，明确企业的职责和绩效水平，以及行动评估标准。合规制度不应是孤立的文件，而应是由不同层次的管理制度文件支持的一套制度体系。

通常来说，可以从三个层次搭建合规管理制度的框架：合规纲领或者准则、合规管理规范、合规管理工具和程序。

第一，合规纲领或者准则。企业的合规纲领主要是指企业的行为准则，其中规定了企业合规经营的大政方针、企业每一个员工都必须遵守的合规基本原则，是最重要、最基本的合规制度，是其他合规制度政策的基础和依据。

一般来讲，董事会负责制定公司合规的大政方针并监督合规风险管理。董事会审批公司的合规政策，包括有关组建常设有效的合规部门的正式文件。董事会或董事会下设的委员会对公司有效管理合规风险的情况每年至少进行一次评估。董事会有责任确保公司制定适当的政策以有效管理公司的合规风险。董事会监督合规政策的实施，包括确保合规问题由高级管理层在合规部门的协助下得到迅速有效的解决。有些公司中的董事会也将这些任务委托给董事会下设的相关委员会（如审计委员会）。

企业合规大政方针一般体现在内部的行为守则中。董事和所有的管理者及员工都需要在他们所签署的劳动合同中包括一项特殊条款，即承诺遵守公司行为守则。守则往往以公司宪章的价值观为基础，对商业诚信做出无条件的承诺，即坚持道德的商业行为。守则适用于整个集团公司，包括所有工作场所和工作职位。守则大部分内容来源于公司内部制定的相关政策、标准和程序的核心内容，为员工行为的基本规范。许多守则中指出，遵循守则可能与赢取或保住业务目标相矛盾，但任何时候都不能置守则及合规诚信原则于不顾，无论是出于生产的需要、竞争的天性还是出于主管的命令。守则指导中一般包括：员工不知如何行事时应主动咨询，对违反守则的行为应有广泛关注和监督，每位员工都有报告违规行为的义务，对举报人实施报复是不可容忍的，等等。

第二，合规管理规范。这类制度主要是为企业日常运营活动中的主要合规风险领域提供具体的指导原则和标准，包括针对特定主题或特定合规风险领域制定的具体的合规要求和规范，适用于全体员工或特定业务单位。

合规管理规范一般不仅体现强制性法律法规的要求，而且体现非强制性的国际相关导则、行业标准及商业道德标准。内容包括但不限于：商业行为的举报，商业行为举报的处理，违规行为，健康与安全，酒精、药物和烟草的管理，就业平等，人身骚扰，个人信息及隐私，与政府合作，与社区协作，政治捐献及政治活动，环境与管理，行贿与贿赂，利益冲突，礼物与招待，出差，竞争与反垄断，商业合作伙伴合规管理，聘用第三方，贸易管理，保护公司财产，记录和报告的准确性，信息系统，内部交易，外部沟通，知识产权等合规问题的一系列制度。

除此之外，不同行业或地区的合规标准千差万别，企业需要根据相对应的国家或地区的法律法规、行业监管要求等，结合企业自身的特点和发展需要，制定相应的合规风险管理制度。例如，金融行业的反洗钱政策，银行、通信、医疗等行业的个人信息保护政策，等等。

第三，合规管理工具和程序。这类制度是对前两类制度的补充和提升，并为员工提供评估具体合规问题的参考和工具。

评估一个企业合规政策的有效性，必须保证合规政策中的相关规定有相应的执行措施，并将相应的要求和标准融入到企业现有的业务流程中去。另外，必须针对企业识别出的特定风险，在流程中设立合理的管控。在实践中，各个企业的合规政策可以不同形式来落实。可以针对政策制定相应的标准操作流程（SOP），也可以将具体的标准和要求融入到现有的相关业务流程中。

合规政策告诉员工什么是应该做的、什么是不该做的或是企业禁止做的。标准操作流程（SOP）则告诉员工具体该怎么去做、标准是什么、由谁来决定等等。比如，企业的捐赠捐助政策提出了相关的捐赠要求和原则，包括企业会对什么样的事件进行捐赠，捐赠应注意的原则；又比如，捐赠不能和现有的业务进行挂钩。对应这些要求，企业可以制定捐助捐赠的标准操作流程，包括具体的捐赠标准、审批的流程、具体需要提供的相关文件、审批人、支付形式等。相关的权利、义务和合规原则也应清晰地在捐赠合同中体现。

如果企业已经有相应的业务操作流程，也可以选择将相关政策的具体操作融入到已有的业务操作流程中。例如，企业的合规政策中规定，员工的商务用餐，每人每餐不得超过 300 元。超过 300 元小于 500 元，需要部门经理审批；超过 500 元，需要企业首席财务官（CFO）审批。企业可以将这些审批要求和具体审批流程融入到现有的差旅报销流程中。

企业应建立记录、实施和维护程序，为合规政策提供支持，并将合规义务转变为实践。在制定这些程序时，应考虑以下方面：

（1）将合规义务纳入程序中，包括计算机系统、表格、报告系统、合同和其他法律文件中；

（2）与企业中的其他审查部门和控制职能部门不冲突；

（3）持续地监控和考评；

（4）评估和报告（其中包括管理监督），以确保员工遵守程序；

（5）具体地安排，以发现、报告和逐级上报不合规案例和不合规风险。

另外，企业还应当在业务操作流程中加入相应的控制措施。根据《指南》：企业应采取有效的控制措施以确保对合规义务的履行以及对不合规行为的预防、发现和纠正。应精确设计控制措施的类型和层次，以实现企业的活动和运营环境所涉及的合规义务。在可能的情况下，这些控制措施应融入企业的常规流程中。这些控制措施包含审批、风险警示和异常报告。针对相应的政策要求和合规风险，企业可以在操作流程所使用的系统中设立审批人、风险警示（Red Flags）和异常报告。例如，在报销系统中设立相应的审批控制，即对不同的报销金额设立不同级别的审批人。当报销金额超出标准范围，系统就会给申请人或审批人提出警示，以提高和保证相关的合规政策得到有效执行。

此外，不同层次的合规管理制度都应以简单易懂的语言编写，并整理为文件化信息，便于所有员工理解其原则和目的；如果有必要，应翻译成其他语言。在此基础上，企业还应明确传达合规管理制度的要求，确保所有员工能够随时获取到该政策；如果适当，应确保相关方能够随时获取合规政策，同时及时根据需求更新合规政策，确保其相关性。应根据企业的价值观、目标和战略制定合规政策，并得到治理机构的批准。

第三节　合规管理的组织架构

在建立合规管理制度的基础上，协调管理职能和资源配置、强化合规职责及其组织领导，是建立有效的合规管理体系的第二个重要支柱。合规职责涵盖合规治理、合规管理机构、合规管理协调、领导者的作用等多方面内容。

一、各部门的合规管理角色及职能

合规治理以保证公司合规经营为目的，通过原则性的制度设计，解决合规管理工作中的权利配置问题。合规治理保证股东和股东代表特别是公司董事会，能够准确了解公司内部各级职业经理人和员工的履职情况，能够及时发现和纠正公司内部的不合规问题，针对各级管理人员的合规履职情况设计监管职能、责任和义务，保障公司价值观、目标、战略的顺利实现。

（一）董事会的合规管理角色与职能

董事会应确定合规的基调，确立全员主动合规、合规人人有责、合规创造价值等合规理念，在公司上下推行诚信与正直的职业操守和价值观念，提高全体员工的合规意识，促进公司自身合规与外部监管的有效互动。

董事会应当履行的职责主要包括以下几方面。第一，审议批准公司的合规政策，监督合规政策的有效实施。第二，审议批准高级管理层提交的合规管理报告，对公司合规管理的有效性做出评价，使公司经营管理中的合规缺陷得到及时有效的解决。第三，授权董事会下设的风险管理委员会、审计委员会或专门设立的合规管理委员会，对公司合规管理进行日常监督，任命合规团队并授予必要的权利，给予一定的支持和资源。第四，确保最高管理层的岗位职责中包括合规责任，确保公司在经营过程中坚持合规承诺，适当处理不合规行为。

（二）监事会的合规管理角色与职能

作为公司内部的监督机构，监事会的角色定位就是防范董事会、管理层滥用职权，损害公司和股东利益。监事会的合规管理职能就是，监督董事会和高级管理层对合规管理职责的履行情况。

（三）最高管理层的合规管理角色与职能

最高管理层即以经理为首的高级管理团队，统一领导各个层次的经营管理活动。其主要职能是制定经营目标、方针、战略，制定利润的使用、分配方案，制定、修改和废止重大规章，指挥和协调各组织机构的工作和相互关系，确定它们的职责和权限。

作为公司经营管理的执行者，最高管理层根据岗位分工对公司合规管理负相应的管理职责，对公司违规或员工违规给股东造成的损失，应承担具体的责任。

最高管理层应全面推进公司合规管理，有效管控合规风险，一般应履行以下合规管理职责。

第一，制定书面的合规政策，并根据合规风险管理状况以及法律、规则和准则的变化情况适时修订合规政策，报经董事会审议批准后传达给全体员工。

第二，贯彻执行合规政策，确保发现违规事件时可以及时采取适当的纠正措施，并追究违规责任人的相应责任。

第三，任命合规负责人，并确保合规负责人的独立性。

第四，明确合规管理部门及其组织结构，为合规管理部门履行职责配备充分、适当的合规管理人员，并将责任和权利分配给相关角色；确保建立高效而及时的报告系统，在组织内部进行传达沟通，并确保合规管理部门的独立性。

二、合规管理机构的职责

（一）合规管理机构的层级

通常情况下，公司的合规管理组织架构分为三个层级。

第一个层级，在决策层（即董事会）中设立合规委员会。合规委员会作为公司合规管理体系的最高负责机构，制定合规管理的目标、方针和政策，审阅报告和决议，统领全公司合规管理工作。

第二个层级，在合规委员会之下设立合规管理协调委员会，主要由与合规管理相关的职能管理部门组成，例如，人力资源部、法务部、审计部、财务部等。协调委员会主要负责职能部门之间的工作分工和协调，保证公司内部各种风险管理和监督资源的有效协同。

第三个层级，在合规管理协调委员会之下设立合规管理部门，负责合规管理的日常工作。根据公司规模和实际工作量，合规管理部门的规模可大可小，岗位人员数量并不固定。绝大多数公司会任命最高管理层中的一员为合规管理部门的总负责人，全面负责合规管理工作；同时任命一系列专职的合规官，负责日常合规工作。对于一些规模较小的公司，也可以考虑把合规管理任务外包给合规专家。

（二）合规委员会的角色与职责

公司可在董事会中设立合规委员会，由具备法律、财务、人事管理背景的董事组成。在不设董事会的公司，合规委员会应由执行董事牵头，领导法务、财务、人事管理方面的最高管理层成员。在不设董事会也没有执行董事的公司，合规委员会可由公司总经理、党委书记、其他党组成员、最高管理层成员组成。

合规委员会的主要职责，是负责公司合规管理的总体部署、体系建设及组织实施。一般情况下，合规委员会应履行的主要职责如下。

第一，制定公司合规管理基本政策，或贯彻落实上级公司的合规管理基本政策，制订公司合规管理战略、目标和工作要求。

第二，建立和完善公司合规管理体系，审定公司合规管理工作部署和年度合规管理工作计划。

第三，听取合规管理工作汇报，指导、监督、检查合规管理工作。

第四，研究解决公司加强合规管理工作中的重大或突出问题，指导、监督、检查合规违规问题整改。

（三）合规负责人的职责

合规负责人是公司合规管理工作具体实施的负责人、决策者和日常监督者，对公司合规管理工作负具体管理责任。根据公司性质、规模、合规管理工作的业务量，合规负责人可以有专人担任、兼职或外包三种安排。

公司可以任命专职的“首席合规官”，或由总法律顾问担任合规负责人，首席合规官或总法律顾问可以进入董事会；可以由首席财务官兼职担任合规负责人，统一负责内部风险管理、审计和合规工作；还可以由外部专家担任合规负责人，领导外部团队进行合规管理工作。

一般情况下，合规负责人应履行的主要职责如下。

第一，贯彻执行公司董事会、监事会和最高管理层对合规管理工作的各项要求，全面开展并具体实施合规管理的各项工作。

第二，协调合规业务与公司各项业务之间的关系，监督各个业务部门、公司所属各个机构执行公司合规管理要求的情况，及时解决合规管理中出现的重大问题。

第三，领导合规管理部门，完善组织队伍建设，做好人员选聘培养，监督各级合规管理部门认真有效地完成工作任务。

（四）合规部门的职责

合规部门的职责根据企业性质、规模等不同会有所不同，通常包括以下主要职责。

第一，持续关注公司总部所在地（国）和经营所在地（国）的法律法规、行业监管要求以及国际准则的最新发展，正确理解法律法规、监管要求和国际准则的规定及精神，准确把握法律法规、监管要求和国际准则对公司的影响，及时为最高管理层提供合规建议。

第二，利用相关资源，识别合规职责，并将其转化为可行的方针、程序和流程，并及时将新识别出的合规职责融入现有方针、程序和流程。

第三，制定并执行“风险为本”的合规管理计划，包括特定政策和程序的实施与评价、合规风险评估、合规性测试、合规培训宣贯等。

第四，审查评价公司各项政策、程序和实施细则的合规性，组织、协调和监督各业务线及内控部门对各项政策、程序和实施细则进行梳理和修订，确保公司各项政策、程序和实施细则符合法律法规、监管要求和国际准则的要求。

第五，配合公司人事部门或培训部门为员工提供（或组织）持续的合规培训，包括新员工入职合规培训，各级管理人员、各类业务员工的定期合规培训，确保全部相关员工按规定接受培训。

第六，组织制定合规管理程序以及合规手册、员工行为准则等合规指南性文件，评估合规管理程序和合规指南性文件的适当性，为员工恰当执行法律法规、监管要求和国际准则提供指导。

第七，积极主动地识别和评估与公司生产经营活动相关的合规风险，并管理与供应商、代理商、经销商、咨询顾问和承包商等商业相关的合规风险。同时，为新产品和新业务的开发提供必要的合规性审查和测试，识别和评估新业务方式的拓展、新客户关系的建立以及客户关系的性质发生重大变化等所产生的合规风险。

第八，推动将合规责任纳入岗位职责和员工绩效管理流程。建立合规绩效指标，监控和衡量合规绩效，分析绩效，识别改进行动的需求。

第九，建立合规报告和记录系统，制定实施资料管理流程，例如，投诉反馈热线、举报系统和其他机制。

第十，确保按计划周期评估合规管理体系，实施充分且具有代表性的合规风险评估和测试，包括通过现场审查对各项政策和程序的合规性进行测试，询问政策和程序存在的缺陷，并进行相应的调查。

第十一，建立并保持与监管机构日常的工作联系，确保在建立、实施和维护合规管理体系流程中能够获得适当的专业建议。同时，跟踪和评估监管意见与监管要求的落实情况。

三、合规管理部门之间的协调

（一）合规部门与业务部门的分工协作

合规管理并不是合规一个部门的事情，而是需要合规部门和业务部门的密切配合。这是由合规管理的特点决定的：因为合规部门并不能直接接触到业务，对与业务相关的监管动态的了解并不如业务主管部门及时。

因此公司的业务主管部门应当及时跟踪法律法规变化及监管动态，并及时向合规部门报告监管新变化。还应结合业务管理情况分析识别合规风险，按不同类别评估风险发生的可能性和危害的大小，制定并落实本业务涉及的合规风险防范措施，修订相关业务管理制度。

合规部门与业务部门的关系主要体现在以下方面。

第一，业务管理部门对本业务的合规风险进行识别，并将合规风险评估报告提交给合规部门。

第二，合规部门综合业务主管部门对合规风险的分析评估和监察、审计、内控测试等情况，对不同领域的合规风险进行综合分析、评估，发布风险警示。风险警示应当明确风险类别、发生的可能性、危害大小、风险防范措施以及责任部门等。

第三，业务主管部门根据风险警示，严格落实防范措施，有效防控风险。合规部门及时跟踪业务主管部门的落实情况，并给予指导帮助。双方配合合规调查，督促对本业务系统的违规问题进行整改。

（二）合规部门与监督部门的分工协作

监督部门通常包括审计部门、监察部门和内控部门，合规部门与监督部门要分工协作、协调配合，形成管理合力。

1. 与审计部门的分工协作

审计部门主要负责经营管理合规审计，对合规管理体系的运行状况实施监督。其主要职能是对公司合规管理的执行情况，单独或结合常规审计项目进行检查，评价合规管理体系的健全性和有效性，并提出整改建议。

审计部门与合规部门的关系如下：

第一，合规部门与审计部门相对独立，合规部门接受审计部门定期和独立的检查。

第二，审计部门负责公司各项经营活动的合规性检查。

第三，合规部门为审计部门的合规性检查提供方向和重点。合规部门可请求审计部门复查合规风险的特定领域，审计部门应将这些特定领域作为年度内部审计的一部分。

第四，审计部门的合规性检查结果，是合规部门识别和收集合规风险信息、合规风险点的重要来源和依据。审计部门在检查结束后，应将有关合规性检查的情况及结论抄送给合规部门，为合规部门识别和收集合规风险信息、合规风险点提供有效的信息来源和依据。合规部门可喻为公司内部的非现场监管部门，而审计部门则一直担负着稽核审计工作，相当于公司内部的现场检查部门，其工作具有“事后”特征。公司内部包括合规部门在内的所有组成部门，都需要受到审计部门的监督和定期、独立的检查。

2. 与监察部门的分工协作

在中国，国有企业会有纪委监察部门，同样可以在公司合规管理中起到相当重要的作用。一般情况下，监察部门负责违规举报受理、违规案件调查、违规责任追究。还可以负责建立、完善各种监督机制和反舞弊工作机制，确保合规管理体系的执行到位、措施有效、保障有力。

公司应当建立统一的举报平台，鼓励员工、交易相对人及社会人士对公司、员工的违规问题进行举报。

一般情况下，监察部门和合规部门的关系如下。

第一，监察部门按照公司有关规定负责举报的登记和受理。一般情况下，商业贿赂方面的举报调查，由监察部门负责；而反垄断、反不正当竞争方面的举报调查，由合规部门负责，二者各有侧重。

第二，监察部门和合规部门应相互通报调查情况，调查结果应向举报人反馈。接受举报和进行调查的相关人员，应对举报人的身份和举报事项严格保密，不得擅自对外泄露，并要求任何单位和个人不得采取任何形式对举报人进行打击报复。对实名举报的事项，经查证属实并及时纠正违规，为公司挽回直接经济损失的，按公司有关规定对举报人可给予奖励。

3. 与内控部门的分工协作

一些公司还设有内控部门，内控部门的主要职责是风险管理。美国银行将风险管理分为三大部分：市场风险（Market Risk），主要是指由于宏观经济因素（如利率、汇率等）的变化，对银行经营产生的影响；营运风险（Operation Risk），主要是指银行在自身业务经营中因管理疏忽造成的风险；合规风险（Compliance Risk），主要是指银行未能完全符合法规的要求进行经营所带来的风险。由此可见，合规管理是内控管理的一部分，应各有侧重，互相配合。合规管理实际上是内部控制中合规性目标的直接保证，是在风险评估及控制活动中涉及的风险管理的前提和实施工具。

四、企业领导者的作用

（一）领导者要处理好合规与业绩的关系

合规操作是一切发展和业绩的前提。在日常工作及决策时，领导者应当做好企业发展与合规经营的统筹兼顾。合规与业绩，两者之间是相辅相成、辩证统一的关系，统一于企业的发展目标。在合规管理过程中，要坚持为业务发展服务的理念；在促进业务发展的基础上，要正确平衡风险与收益；在业务发展过程中，要严守合规风险底线，对于风险把握不准、风险未经评估和风险认识不清的业务，坚决不做。

现实工作中常常会有业绩与合规制度的“冲突”，这个时候就需要领导者具备较强的合规风险防范意识，保持应有的职业谨慎，严格自身对制度的执行，并立足于合规操作这一大前提，将合规操作与日常工作结合起来，坚持不以牺牲合规要求为代价换取短期发展的利益。企业领导者要认识到，只有合规才能创造价值，只有合规才是企业健康有序发展的重要前提，只有合规能让企业在风险中获得更大的收益，从而使员工为企业创造更多的价值，也使企业为社会创造更多的价值。

（二）领导者要承担起推动企业实现合规管理的责任

企业的本质是追求利润，合规管理作为一项防控类的管理措施，是对企业和员工行为的约束，难以自发形成一项制度。合规管理就好像追求利润的快车的刹车装置，除非遇到危险或强制停车的命令，否则是不会踩下刹车的。因此，自外而内、自上而下推动合规管理就显得尤为重要。

除了外力的驱使，对于一个企业来说，一项约束性制度的建立，领导层自上而下地推动是最为有效的建立方式之一。也就是说，领导者的重视和声音直接影响到企业合规管理的实现。合规管理必须从高层推动、从高层做起。

因此，领导者对于合规文化、制度的建设以及合规管理的推广运行都起着至关重要作用。合规管理能在一个企业中立足、发展并融入企业经营的各个环节，与领导者自身的价值理念、重视程度、制度设计、管理方法等是紧密相关的。

（三）领导者要在具体工作中对合规管理给予支持

管理层应根据合规管理的制度及要求，负责其职责范围内的合规事务。

（1）就合规管理与其所负责的领域的相关事项给予支持配合。

第一，与合规团队合作并提供支持，鼓励员工效仿。比如，带头并督促本部门员工完成合规培训、登记、评价等合规管理工作。

第二，将合规义务纳入其责任领域内的现有商务实践和程序中。

第三，如果有本部门或本领域作为用户的外包业务，须审查外包业务承担方，确保其重视合规义务。

第四，识别并传达、沟通经营活动中的合规风险。

第五，与合规团队协调行动，确保纠正措施能够落实。

第六，积极参与合规相关事件和事项的管理与解决。

（2）对其管辖范围内的员工进行合规指导和培训。

作为一个领域的管理者，应承担起鼓励、教导、辅导、监督员工行为合规，促进其管辖领域或部门员工行为合规的职责。首先，应鼓励员工关注合规问题，让员工从思想上树立合规理念、对合规管理足够重视，发动集体的力量去识别日常工作中的合规风险点，努力探索防控方案；其次，帮助员工认识自身的合规义务，指导他们满足培训和能力的要求；最后，确保将合规纳入岗位职责，并将合规绩效评价纳入员工绩效评价，例如，KPI 指标，目标和晋升标准，等等，以从考评的角度督促员工遵守合规要求。

（四）领导者要发挥表率作用

加强合规管理，关键在领导者。各级领导者特别是主要领导，要带头依法守纪，切实担负起合规管理的重要责任，发挥好示范表率作用。

第一，按照能合规、会合规的要求选好人。

第二，提升自身的素质能力、人格魅力。

第三，从合规制度设计上体现领导者的带头作用。

综上所述，严守合规要求的关键在依法治"官"、依法治权，领导者要在遵守法律、规定及各项准则上严而又严，受更多的约束，负更重的责任；做到用权依法不出格，廉洁不出轨；始终心有所畏，言有所戒，行有所止；带头维护合规的严肃性和权威性。抓住领导这个"关键少数"，从公仆本色、行使权利、品行操守、良好家风等方面，确立领导者应当身体力行的自律准则。

第四节　合规管理实施机制

企业虽制定了合规管理制度，但更重要的是确保这些政策制度真正地贯彻下去并有效地执行开来，而不是只停留在纸面上。要把企业的合规风险管理真正落实到业务操作层面，就必须把政策制度上的规定转变为可执行的流程，这就涉及建立有效的合规管理体系的第三个重要的支柱——建立合规管理实施机制。一方面要确保各项业务的操作符合外部法律和内部政策的要求，另一方面要使合规政策的要求与实际的工作实践衔接一致，并落实到企业管理的每一个层面、每一个岗位和每一环节。

一、合规培训与沟通

合规管理制度的培训和沟通是合规管理体系的重要组成部分之一，对合规管理体系运行的有效性起到至关重要的影响。

企业需要建立和实施一个整体的合规培训机制。这个合规培训机制最好在企业建立之初就建立并持续实行。通常而言，合规培训由企业专门负责培训管理的部门来协调实施，如果没有专门的培训部门，则可由合规管理体系的运营部门来制订和实施。无论采用哪种方式，企业的培训项目都应列入企业的年度培训计划之中。合规年度培训计划在制订时，应综合考虑以下因素：

（1）企业当年或上一年的合规风险评估结果；

（2）企业的生产经营现状及目标；

（3）企业机构及人员调整计划；

（4）股东及管理者的合规培训建议；

（5）以往合规培训效果评估；

（6）企业可利用的培训资源；

（7）其他因素。

在企业的日常经营过程中，年度培训计划可进行相应的调整。企业的年度合规培训计划的制订和调整的根本原则是，满足企业合规风险防范的需求。同时，随着企业群体合规意识的提高，合规培训企业部门随时可能接收各类业务部门和人员的培训需求，这时就需要合规培训部门根据各种需求，基于主要合规风险设计制订专门的、量身定制的合规培训计划。

第一，合规培训的内容应与员工角色和职责所涉及的合规风险及任务相符合。第二，在可能的情况下，合规培训应基于员工认知和能力的不足而设计。第三，合规培训内容应现实可行，并且易于被员工理解。第四，合规培训应与员工日常工作相关，并且符合工业特点、企业特点和产业特点。第五，合规培训的形式应足够灵活，综合运用各种培训技术，满足企业和员工的不同需求。

总之，合规培训的内容和形式应根据最新的企业情况和要求持续更新。一个运行良好的合规培训机制是一个持续改善的过程。衡量一个合规培训是否有效，不仅要看培训的内容是否充分贴合实际，还要衡量培训内容是否深入人心，是否被受众接受和消化。

合规宣传与沟通以及合规培训，都是合规意识形态和合规文化建设的重要方法。合规宣传和沟通的对象是不定的，这与合规培训固定的培训对象有所区别。合规宣传与沟通的内容形式比培训要更加灵活多样。不仅如此，通常的合规宣传活动不以传授大量的理论知识或技能为目的，而是旨在提升内、外部人员的合规意识和道德水平，或仅在某一个具体领域内，就某些有代表性的情况所需掌握的合规知识或技能进行宣传和普及。

根据受众群体的不同，可以把合规宣传和沟通类活动分为内部沟通与外部沟通两类。内部沟通是指对企业内部员工群体进行的宣传与沟通活动；外部沟通是指对企业外部相关机构或价值链体系的商业伙伴及其员工群体进行的合规宣传与沟通。相对合规培训而言，合规宣传与沟通的形式更加不拘一格，在进行活动设计时需要进行充分的构思，如网站、邮件、媒体传播、广告、时讯、年度（或其他周期类）报告、信息讨论、公开日、特别群体、社区对话、社区活动、电话热线等。

总而言之，合规培训与沟通宣传是合规管理体系的重要内容之一。两者相辅相成，缺一不可，共同承担着企业对内、外部合规意识形态、合规知识与技能推广、提升的任务。通过持续进行的合规培训与沟通宣传类活动，企业的整体合规文化能够不断得到夯实与深化，企业内部员工的合规意识将得到加强，外部企业机构和人员能够及时了解企业对其的合规期待，从而进一步约束价值链体系的行为。通过企业的对外宣传活动，企业的品牌形象和声誉也会得到提升。

二、合规考核机制

企业可以制订单独的合规绩效考核机制，也可以将合规考核标准融入到总体的绩效管理体系中。通过有效的合规绩效考核机制，对有重大合规贡献的员工，应该给予表彰或奖励；对有合规问题的员工，应该给予积分扣分或相应的处罚。

考核机制可以采取各种形式，例如，矩阵式、九宫格、计分卡（Scored card）等，而且需要制订详细的合规考核标准，考核内容可以包括：

（1）按时完成或参加所有的合规培训；

（2）严格执行企业的合规政策和流程；

（3）无任何违反合规的行为；

（4）积极支持和配合合规职能部门的工作；

（5）及时汇报违规行为或合规风险以避免或减少因合规风险给企业带来的损失和负面影响。

三、合规举报与调查

为保障合规管理机制的有效运行，企业应建立完善的举报体系，具体可以从以下几个方面进行。

第一，建立正确的举报信息收集理念。在举报信息收集工作中，要只关注信息本身，不考虑举报人的动机。在处理信息时应排除其他因素的干扰，只就信息所涉及的问题和线索进行调查核实。

第二，拟定举报信息的规范格式。举报信息资料要尽量规范化，以提高信息收集整理和展开调查的效率。企业可根据自身情况拟定举报信息的规范格式和体例，内容应客观翔实，主要包括被举报人的基本信息、涉及的项目信息、客户情况、违规情况及分析、涉及的金额及已造成或将导致的经济损失、证据资料（如不能获得证据，可提供获取证据的途径）、其他知情人等。需要注意的是，不应禁止举报人根据自己所掌握的情况自行编写举报信息内容。

第三，配置信息收集举报岗位的人员。为保证举报网络的监控效能，应结合企业规模配置信息收集举报岗位人员，根据具体情况，岗位人员可以是兼职或是专职，同时还应考虑企业员工分布人数的性别特点。

第四，对举报信息进行跟进。举报信息要全部登记在案。收到举报信息后，企业应有专人对举报信息进行评估分析，并决定进一步的行动，譬如是否进行调查，是否移交给其他相关部门处理。如果决定调查，则必须按规定的流程启动并进行内部调查。企业应告知投诉方企业已收到相关投诉并已在积极跟进。

第五，举报信息的分类和分享。对于举报信息，要按风险类别整理编辑，并按照企业制定的分享渠道和范围，按职责仅仅分送给“需要知道的人”，分享信息者应承担保密义务。从保密原则出发，企业应建立规避制度，严格限定或监督企业领导及具有相应权利的人员调取举报信息。

一旦建立了完善的举报系统和机制，企业就有可能收到各种违规违纪的举报。此时，企业就要开始对举报的内容进行调查。每一个与合规有关的调查，都应该有一个相应的调查方案。调查方案须根据举报中提到的问题的性质、复杂程度、牵涉面等来制订。调查方案通常由负责调查的部门或其指定的人员制订。调查方案中要尽可能写明被调查人的姓名、职务（以防同名同姓），证人和可能有助于调查的人员的名字，由哪个部门或由谁来执行调查，要调查的问题，调查的方向，可能用到的方法，等等。调查方案要根据新掌握的情况及时补充更新。

在调查结束后，无论是否得出结论，调查人员都要及时地写出调查报告。书写调查报告的原则是，在调查了解情况、掌握证据的基础上叙述事实，尽量详细描述出事件的时间、地点、人物、起因和发展过程。调查报告的结论应该是建立在所掌握的事实和证据基础上的，报告不应做出法律性的结论，也不应建议管理层如何处理有关的违纪人员。由于调查人员具有在调查了解事件的过程中掌握比较全面的情况的优越条件，而且调查人员应该具备职业的敏感性来发现发生问题的漏洞。因此在调查结束后，应该及时地向管理层提出漏洞所在，并尽可能提出改进预防措施的建议以利于企业今后的良性发展。

四、合规处理和改进

任何企业都会遇到员工违规违纪的情况。对违规行为人或未能对违规行为采取防范措施的人，企业应该对其进行纪律处分。违规行为一经查实，企业应立即对违规行为人采取纪律处分。这些处理方式包括训诫、口头或书面警告、降级、降职、调职、最终警告、解雇。企业还可向执法部门报告违法情况，以及向违规者提起民事诉讼。

当确定某一员工违反内部政策规定时，企业应查明导致违规行为的根源。例如，是制度设计的缺陷，还是执行中的不到位？是没有为员工提供足够的培训和交流，还是违规者故意为之？或者是上述情况的合力导致？

一旦查明根本原因，企业需要采取适当的措施来解决问题。企业需要审视、改进、重新设计以及监督其合规和管控方案，以防范和及时发现类似的情况。企业对发现的根本原因的反应，表明企业对待合规方案的重视程度。知道自身合规管理存在漏洞，但是没有采取适当措施的企业，可能会比对此不知情的企业受到更为严厉的处罚，特别是在涉及政府调查时。

纠正和改进对企业来说是合规管理的重要组成部分。纠正和改进可以将某些负面事物转化成对风险识别、流程优化、风险管控有利有益的信息和机会，为合规管理中的预防和监督部分提供有价值的内容，为合规培训提供活生生的案例，并帮助企业提升其自身的合规和道德文化。

第五节　合规文化的培育

中国国家标准化管理委员会发布的 GB/T 35770—2017《合规管理体系指南》中对“合规文化”的定义是：“贯穿整个组织的价值观、道德规范和信念，与组织的机构和控制系统相互作用，产生有利于合规成果的行为准则。”国务院国资委发布的《中央企业合规管理指引（试行）》第二十七条规定，中央企业应“积极培育合规文化，通过制定发放合规手册、签订合规承诺书等方式，强化全员安全、质量、诚信和廉洁等意识，树立依法合规、守法诚信的价值观，筑牢合规经营的思想基础”。可见，企业形成的合规文化是该企业长期传承、沉淀出来的以规则导向的行为规范、思维方式和价值观念，也是建立有效的合规管理体系的第四个重要支柱。

一个企业之所以重视合规，是因为该企业认可合规以及与合规具有相同性质的要素（如诚信）的价值和作用，从而树立了正确的合规价值观以及道德准则和信仰。企业的合规价值观、道德准则和信仰与组织的结构和控制系统相互作用，从而产生导致合规结果的行为规范。

首先，具有合规文化的企业会以合规作为企业的价值观。价值观是人基于一定的思维、感官而做出的认知、理解、判断或抉择，也是人认定事物、辨定是非的一种思维或取向，体现出人、事、物一定的价值或作用。合规价值观是合规主体对合规所做出的认知、理解、判断或抉择，并就是否要合规、合规是否有价值等大是大非问题所做出的判断和抉择。不同的合规主体具有不同的合规价值观。如果一个合规主体认可合规有用、有价值，那么这个合规主体对于合规的反应就是正向的、积极的，对于合规制度的执行就是自愿的、主动的，合规工作就会事半功倍。否则，合规主体对于合规的反应就是反向的、消极的，这个主体就会疏于合规管理。即使该合规主体有合规制度，这个制度也是“聋子的耳朵——摆设”，从而导致合规工作事倍功半。

其次，具有合规文化的企业会以合规作为企业的信仰。致力于长远发展的企业需要维护诚信和合规文化，并考虑利益相关方的需求和期望。因此诚信和合规不仅是企业成功和可持续发展的基础，也是机遇。企业应以合规为信仰，当不合规时就是合规信仰缺失，而我们平常所看到的种种不合规、违规以及违法等现象，其实就是不诚信或者欺骗的集中表现。当一个企业私底下向另外一个公司的经理人员行贿，促使该公司的经理罔顾该企业产品的质量和价格，一味地从该企业进货，从而导致该经理（作为雇员）违背了其对该公司（作为雇主）所负有的勤勉、尽责、诚信的义务，那么行贿的这个企业的行为，不仅让该经理违法甚至犯罪，同时也让自己走上了一条与诚信背道而驰的道路。当这个企业习惯用行贿的手段去获取或维持业务时，它的合规文化便会因为其诚信的缺失而荡然无存。

最后，具有合规文化的企业会树立合规道德准则。价值观、道德准则和信仰在整个企业中存在着，并与企业的结构和控制系统相互作用，从而产生符合合规结果的行为规范。事实上，合规文化就是鼓励道德行为和符合法律规定的承诺的组织文化。

总之，随着经济全球化的不断深入，跨国公司走向全球公司，诚信合规经营成为全球公司的首要责任。中国企业走向世界，需要按照全球公司的标准和要求来运营，才有可能生存和发展。因此，中国企业在全球化的过程中必须遵守本国以及经营所在国的法律法规。

我们希望越来越多的中国企业了解什么是合规，什么是合规风险，从而了解企业管理当代发展的新趋势。我们希望越来越多的中国企业关注其所面临的严峻的合规风险，从而明白为什么要强化合规管理体系建设。我们也希望越来越多的中国企业了解先进企业如何建立合规管理制度，如何健全合规管理组织架构，如何完善合规管理机制，如何培育合规文化，以便尽快建立完善自身的合规管理体系，融入强化合规管理的新潮流。我们还希望越来越多的中国企业在强化合规管理的过程中相互学习，相互促进，开展合规的联合行动。

第二十六章　境外投资中的税务筹划与合规

自 2001 年 12 月加入世界贸易组织（WTO）以来，中国与世界的关联越来越密切。中国充分利用自身的劳动力优势和人口红利，逐步成为世界的制造业中心。一方面中国越来越需要国际市场来出口自己生产的制成品，另一方面也越来越需要从国际市场上获得原材料和资源。所以在 2003 年前后，中国政府提出了“充分利用国际、国内两个资源、两个市场”的号召。当前，中国与世界各地的制成品出口市场和原材料进口来源地市场已经密不可分。

虽然中国的对外贸易依存度（也就是进出口额与 GDP 的比值），在中国加入世贸组织以来逐步从 65% 左右回落并平稳在 45% ~ 50%，但是工业制成品出口占全部出口的比例一直维持在 95% 左右，初级产品的进口占全部进口的比例逐步由 20% 左右提高到 35%。反映在中国对外投资上，中国首要的投资目的地是非洲、欧洲以及美国、澳大利亚、加拿大；从投资的产业上看，主要的标的产业是能源与矿产，然后是制造业。我们不难得到这样的结论：中国的对外投资主要是为了获取资源、获取市场，或者是为了得到先进的技术、知名品牌。

近几年来，中国对外投资的格局也在悄悄发生着变化，从过去单一以国有企业对外投资为主体，到国有企业与民营企业各分天下；从单一的能源矿产领域投资，逐步拓展到制造业、医疗、保健、食品、农业、房地产等其他领域。虽然国家外汇管理局在 2016 年 11 月份出台了限制外汇出境措施，但是这个新政更多的是有保有收，对于国家鼓励的行业的对外投资仍然保证外汇的供给，对于国家限制的房地产、俱乐部、非实体经济的投资则开始限制。总体而言，中国对外投资的趋势一定会随着国际交往和国际贸易的往来而继续增长。

第一节　税收与税法概述

税收与税务的依据来源于税法。税法，税收的法律制度，是国家权力机关和行政机关制定的用于调整税收关系的法律规范，是国家法律的重要组成部分。它是以宪法为依据，调整国家与社会成员在征纳税上的权利与义务关系，维护社会经济秩序和税收秩序，保障国家利益和纳税人合法权益的一种法律规范，是国家税务机关及一切纳税单位和个人依法征税的行为规则。

按立法目的、征税对象、权益划分、适用范围、职能作用的不同，税法可做不同的分类。按照职能作用的不同，税法可分为税收实体法和税收程序法两大类。

一、税法的类型

（一）税收实体法

税收实体法主要是指确定税种的立法，具体规定各税种的征收对象、征收范围、税目、税率、纳税地点等。包括增值税、消费税、营业税、企业所得税、个人所得税、资源税、房产税、城镇土地使用税、印花税、车船税、土地增值税、城市维护建设税、车辆购置税、契税和耕地占用税等。《中华人民共和国企业所得税法》（以下简称《企业所得税法》）、《中华人民共和国个人所得税法》（以下简称《个人所得税法》）都属于税收实体法。

（二）税收程序法

税收程序法是指税务管理方面的法律，主要包括税收管理法、发票管理法、税务机关法、税务机关组织法、税务争议处理法等，如《中华人民共和国税收征收管理法》。

（三）税收征税法理

根据《中华人民共和国宪法》（以下简称《宪法》）第五十六条“中华人民共和国公民有依照法律纳税的义务”的规定，制定税收征收管理的相关法律。税收法律关系，体现为国家征税与纳税人的利益分配关系。在总体上税收法律关系与其他法律关系一样，也是由主体、客体和内容三方面构成。

二、税收和税收法的基本要素

（一）主体

主体是指税收法律关系中享有权利和承担义务的当事人。在中国税收法律关系中，主体一方是代表国家行使征税职责的国家税务机关，包括国家各级税务机关、海关和财务机关；另一方是履行纳税义务的人，包括法人、自然人和其他组织。对这种主体的确定，中国采取属地兼隶属人原则，即在华的外国企业、组织、外籍人、无国籍人等凡在中国境内有所得来源的，都是中国税收法律关系的主体。

（二）客体

客体是指主体的权利、义务所共同指向的对象，也就是课税对象。如所得税法律关系的客体是生产经营所得和其他所得，流转税法律关系的客体就是货物销售收入或劳务收入。

（三）内容

内容是指主体所享受的权利和应承担的义务，这是税收法律关系中最实质的东西。它具体规定了主体可以有什么行为，不可以有什么行为，如果违反了税法的规定，应该如何处罚等。

（四）税法构成要素

税法构成要素是税收课征制度构成的基本因素，具体体现在国家制定的各种基本法中。主要包括纳税人、征税对象、纳税地点、税率、税收优惠、纳税环节、纳税期限 、违规处理等。其中，纳税人、课税对象、税率三项是一种税收课征制度或一种税收构成的基本因素。

（五）纳税义务人

纳税义务人简称纳税人，是指法律、行政法规规定的直接负有纳税义务的单位和个人，包括自然人和法人，是缴纳税款的主体，直接同国家的税务机关发生纳税关系。与纳税义务人相联系的另一个概念是扣缴义务人，是指依照法律、行政法规规定负有代扣代缴、代收代缴义务的单位和个人。

（六）税务居民个人

《个人所得税法》（主席令第四十八号）第一条定义，中国的税务居民个人是指“在中国境内有住所，或者无住所而在境内居住满一年的个人”。《个人所得税法实施条例》进一步解释，“在中国境内有住所”是指“因户籍、家庭、经济利益关系而在中国境内习惯性居住”。

（七）税务居民企业

《企业所得税法》（主席令第六十三号）第二条定义，中国的税务居民企业是指“依法在中国境内成立，或者依照外国（地区）法律成立但实际管理机构在中国境内的企业”。

《企业所得税法实施条例》（国务院令第 512 号）第三条规定，“依法在中国境内成立的企业，包括依照中国法律、行政法规在中国境内成立的企业、事业单位、社会团体以及其他取得收入的组织”，“依照外国（地区）法律成立的企业，包括依照外国（地区）法律成立的企业和其他取得收入的组织”。第四条规定，“实际管理机构，是指对企业的生产经营、人员、账务、财产等实施实质性全面管理和控制的机构”。

（八）征税对象

征税对象也称课税对象，是指针对什么样的标的物进行课税。这是划分不同税种、区别一种税不同于另一种税的主要标志。

（九）税率

税率是税法规定的每一单位课税对象与应纳税款之间的比例，是每种税收基本法构成的基本要素之一。税率是国家税收制度的核心，它反映征税的深度，体现国家的税收制度。一般来说，税率可分为比例税率、累进税率、定额税率三种。

（十）税法特征

税法特征表现为，税收立法权限的多层次性和表现形式的多样性，税收结构的规范性，实体性规范和程序性规范的统一性，税法规范的技术性，税法的经济性。

根据中国《立法法》的有关规定，目前有权制定税法或者税收政策的国家机关主要有：全国人民代表大会及其常务委员会、国务院、财政部、国家税务总局、海关总署、国务院关税税则委员会等。

税收法律由全国人民代表大会制定，如《中华人民共和国个人所得税法》《中华人民共和国企业所得税法》；或者由全国人民代表大会常务委员会制定，如《中华人民共和国税收征收管理法》。有关税收的行政法规由国务院制定，如《中华人民共和国个人所得税法实施条例》《中华人民共和国营业税暂行条例》等。有关税收的部门规章由财政部、国家税务总局、海关总署和国务院关税税则委员会等部门制定，如《中华人民共和国营业税暂行条例实施细则》《中华人民共和国税收征收管理法实施细则》《税务行政复议规则》。其中，有些重要规章要经国务院批准以后发布，如《外国公司船舶运输收入征税办法》。

此外，各省、自治区、直辖市和某些中央直管市的人民代表大会及其常务委员会，可以根据本行政区域的具体情况和实际需要，在不与法律和行政法规相抵触的前提下，按照规定制定某些地方性的税收法规。各省、自治区、直辖市和某些中央直管市的人民政府，可以根据法律、行政法规与本省、自治区、直辖市和某些中央直管市的地方性法规制定税收规章。中国香港和中国澳门两个特别行政区实行独立的税收制度，中央政府不在这两个特别行政区征税。

三、中国税法体系及主要问题

目前，中国已初步建立了一个适合中国国情的多层次、多税种、多环节的税法体系。但由于中国经济体制改革中的复杂多变和不稳定性以及税收立法的滞后性，现行税法体系还存在与经济发展不相适应的一些问题，还没有最终达到建立一个完善、科学的税法体系的目标。

第一，作为税法立法依据的《宪法》的规定过于简单，难以为中国的基本税收立法提供直接的宪法根据。现行《宪法》只规定，“中华人民共和国公民有依照法律纳税的义务”。该规定仅仅是宪法对公民的基本义务方面的规定之一，没有规定纳税人的权利，也未规定征税主体更应依法征税。

第二，税法原则体系尚未确立。在现代国家，凡属税收活动都必须遵循的一般原则，应当以法律形式加以肯定，税法基本原则的缺失将全面影响税法体系的建设。

第三，税收立法权限体制不尽合理。中国目前涉及税收立法权的法律主要有《宪法》、《立法法》和《税收征管法》，但由于规定的内容过于原则，缺乏操作性和协调性，由此导致的突出问题是，立法机关和行政机关在行使税收立法权方面存在很大的随意性。

第四，税法体系的内容不完整，相关法律规范缺失。中国没有一部税收基本法，税收实体法和税收程序法也不完备。这就无法有效消除平行的独立税法之间的不协调等问题，因而对税收立法和税收执法都会产生不利影响。税收实体法中主体税种不够完善，同时，被各国税收实践证明了的一些优良税种（如遗产税、社会保障税等）仍然缺位，应当适时开征。税收程序法仍有待改进，需要完善税务责任、纳税人权利救济等法律制度。

第五，税收法律与税收行政法规、规章比例失衡，立法技术不高。除上述极少数税法是由全国人民代表大会及其常务委员会制定的以外，税法中的实体法基本上是由国务院及其主管行政部门制定的。行政法规和部门规章的效力层次低，权威性不高，内容难免重复、交叉。特别是没有效力层次高、权威性较大的税收基本法，税收法制的统一难以实现，在部门利益和地方利益保护主义倾向的驱使下，法出多门，极易产生法律规范相互冲突、矛盾的现象。同样，由于法出多门，也极易产生立法上的技术问题。概括起来主要是，名称混乱、内容表达不规范以及缺乏系统化。

第二节　中外税务实务比较

税务与税收的依据是税法，中国与英美法系在税法与其他法律体系上最大的区别是，中国采用的是大陆法系的成文法，英国、澳大利亚、加拿大、新加坡等英联邦国家以及美国采用的是英美法系的案例法。

一、全球不同法律体系概述

大陆法系，又称为民法法系，是指以古罗马法特别是以19世纪初的《法国民法典》为传统产生和发展起来的法律的总称。由于该法系的影响范围主要是欧洲大陆国家，特别是法国和德国，所以又称为大陆法系、罗马－德意志法系；主要法律的表现形式均为法典，故又称为法典法系。

英美法系，又称为普通法系或者判例法系，以判例法为法的主要表现形式。普通法系是指以英国中世纪的法律特别是以普通法为基础和传统产生与发展起来的法律的总称。它来源于公元11世纪到12世纪英王赋予法官的解决纷争的权力。随后遵守先例的原则，即按照过去的判例来判断现在的争端的办案原则，就在英国的法律思想中树立了牢固的地位。因此，英国的法律并不来自立法，而主要是法官在不断审判中所树立的先例。英美法系产生于英国，后扩大到曾经是英国殖民地或附属国的许多国家和地区，包括美国、加拿大、印度、巴基斯坦、孟加拉国、马来西亚、新加坡、澳大利亚、新西兰以及非洲的个别国家和地区。英美法系是西方国家中与大陆法系并列的历史悠久和影响较大的法系，注重法典的延续性，以传统、判例和习惯为判案依据。

大陆法系与英美法系的区别如下。

（1）在法律思维方式方面：大陆法系属于演绎型思维，英美法系属于归纳式思维，注重类比推理。

（2）在法的渊源方面：大陆法系中法的正式渊源只是制定法，英美法系中制定法、判例法都是法的正式渊源。

（3）在法律的分类方面：大陆法系国家一般将公法与私法的划分作为法律分类的基础，英美法系则以普通法与衡平法为法的基本分类。

（4）在立法技术方面：大陆法系国家的立法一般采用法典的形式；英美法系国家的立法一般采用单行的法律、法规的形式，而不采用法典的形式。后来，英美法系也开始逐步采用法典的形式，但从本质上讲，其主要是判例法的规范化。

二、中外税务的主要区别

中国的税法与英美以及英联邦国家税法的根本性区别是，中国的税法采用的是条文法以及相应的成文执行条例，而英美及英联邦国家采用的税法是案例法。落实到税务与税收实务上，案例法的最大优势是，任何税收过程中的漏洞都可以通过法院及税务当局的判例进行弥补，而条文法则需要立法过程，很多税法的条文规定经常会落后于税务的实践。

表 26–1 所示为中国的税率与其他经济体的税率的比较。

表 26–1　中国与其他经济体税率比较

国家	企业所得税	个人所得税	增值税
中国	25%	3%~45%	3%、6%、11%、13%、17%
美国	15%~39%（联邦） 0~12%（州）	0~35%（联邦） 0~10.3%（州）	0~10.25%（州和地方）
英国	23%	0~50%	0、5%、20%
澳大利亚	30%	0~45%	10%
加拿大	29.5%~35.5%	15%~29%（联邦） 4%~24%（省）	5%（货物与服务税） 0~10%（省销售或增值税）
瑞士	13%–25%	0~3.2%（联邦）	3.6%、2.4%、7.6%
中国香港	16.5%	0~17%	0
新加坡	17%	0~22%	7%（GST）
马来西亚	26%	0~28%	0
德国	29.8%（平均）	0~45%	19%，某些特定商品为 7%（如食物）
印度	30%~40%	10%~30%	12.5%
新西兰	28%	10.5%~45%	15%（GST）
俄罗斯	20%	13%	18%，10% 和 0 （某些特定商品减税）

续表

国家	企业所得税	个人所得税	增值税
法国	33.33%	21%（社会费用） 0~50%（所得税）	19.6%，某些特定商品为5.5%（如食物）
印尼	30%	5%~35%	10%
泰国	30%	5%~37%	7%
日本	30%	5%~40%	8%（消费）
韩国	13%、25%	9%~21.375%	10%

另外一个显著区别是，在中国，企业是纳税主体，与企业相关的税收占全部税收收入的大部分；而在英美及英联邦国家，个人是纳税的主体，个人所得税税收占全部税收收入的一半左右。而且，在英美及英联邦国家，每个税务居民都有个人税号，这个个人税号与养老金、基金、股票、银行、保险等金融机构，以及房地产、物业产权登记等部门共享，税务当局对每个人的信息都非常了解。

相对而言，中国的个人所得税起征点比较低，但是相对宽松，有一定的空间来做安排。而英美及英联邦国家，对个人所得税方面盯得很紧，给员工提供的很多福利都会按照个人所得税最高税率课以重税，所以雇主与其给员工变相提供福利，还不如直接发薪酬，所以个人所得税的税基一直保持着一定规模。

税务问题，更多的是所在国家的税法的实施与实践。中国企业到其他国家投资时，一定要做好功课，入乡随俗，千万不能借用、套用中国的税务经验，以免给税务合规造成隐患，影响投资。

第三节　投资前的税务尽职调查

不论是什么样的项目，不论投资方在哪个时点介入（投资），项目本身都有其自身的规律和生命周期，如图 26-1 所示。投资方在投资之前，一定要对目标标的做好充分的尽职调查，对潜在风险和可能的增长前景进行充分分析，形成价值判断，从而与卖方谈判，达成一致后再进行交易。

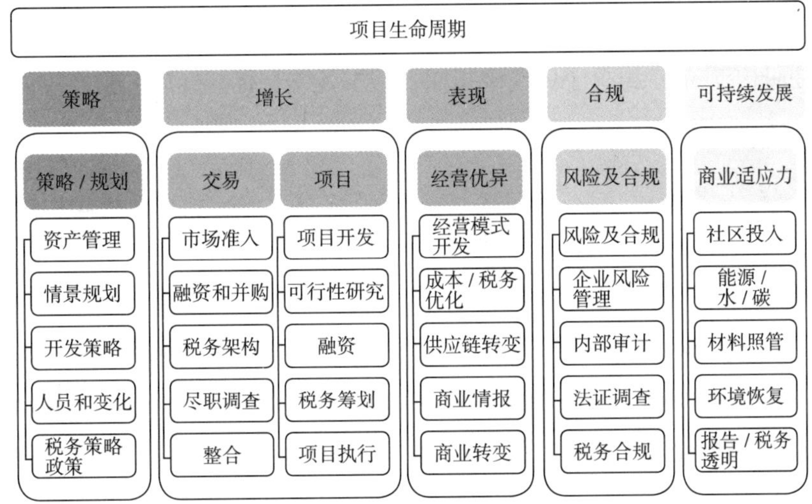

图 26–1　境外投资项目周期

通常一个交易的流程包括但不限于：市场与商业尽职调查、技术尽职调查、法律尽职调查、财务尽职调查、税务尽职调查、环境及影响尽职调查、劳工及职业安全尽职调查、估值、出价与谈判、交易架构、融资安排、退出机制筹划、投资及并购后的整合。

本节仅就税务尽职调查部分着重进行说明。投资前的税务尽职调查应该关注、考虑但不限于下述问题。

1. 折旧

折旧资产：资产有一个有效使用期限，并且可以合理地预期，随着使用时间的推移，资产价值将会下降（土地和一些无形资产不会折旧）。购买方可以使用合理的方法计算折旧，这样在一个项目开始时，一家公司在其会计账面上是盈利的，税务上却处于亏损，从而降低税负。

2. 资产层面收购还是股份层面收购

股份收购：收购方将继承目标公司的历史税负问题。股份收购将对赋予标的资产的收购价的可抵扣性产生重大影响，例如，收购支付对价，某些部分在交割后不得进行税务抵扣。折旧资产的税务减记价值将按照股份收购价重置；折旧资产的重置成本，从税务角度来说可能高于或低于目标公司的账面价值。

资产收购：收购方有权抵扣分摊至资产的价值。同样地，分摊至其他折旧资产的价值可予以税务折旧。根据收购目标的性质，公司股份层面收购或者资产层面收购，对税务的影响可能完全不同。

3. 所得税

所得税申报：审阅过往所得税申报表记录，核查存在的重大错报，以避免将来产生税务责任。资产弱化：评估收购项目的融资架构，以确定在收购后是否存在不可抵扣利息费用的情况。税务亏损：子公司脱离税务合并集团时，其税务亏损仍与总公司一起核算，因此在收购股份时，不得将税务亏损作为资产。收购总公司时，有可能可以使用之前的税务亏损。但是，税务亏损的使用须受限于严格的测试。税务分摊协议及税务资金协议：对协议进行审阅以确定目标是否能从目标税务合并集团安全退出（即买方是否需要承担在收购前发生的目标合并集团的税务负债）。

4. 印花税

审阅目标公司印花税的情况，包括审阅期内的争端详情，以及重大未决评估情况。评估收购相关的印花税事项，如收购“应税财产”应支付一定税率的印花税。

5. 增值税 / 商品与服务税（GST）

股权收购中，收购方需就目标公司增值税 / 商品及服务税报税。集团对收购前的应税期应支付的增值税承担持续连带责任。因此，须审阅目标公司增值税 / 商品与服务税的状况，以查找重大潜在的增值税 / 商品与服务税风险（包括审阅目标的业务活动报告）。对于直接收购资产的情况，收购方不继承目标的任何增值税 / 商品与服务税缴纳义务。

6. 转让定价

关联方交易必须符合公平交易原则，没有规定确定的公平交易定价方法。

7. 反避税规定、税收治理和税务透明度

需要考虑一般反避税规则，监管当局则更加关注加大税务合规以及税务支付和流程的透明度。

8. 国家税务 / 财政机关

考虑是否与税务当局有重大未解决问题。

9. 研发费用抵扣

一些国家为了鼓励研发，允许将研发费用在税前列支，从而降低税负。

10. 税务合并

收购方需要考虑并查证 100% 拥有的目的地公司是否可以选择形成一个合并纳税集，即整个集团是否可以被视为一个企业所得税的纳税申报实体。如果可以，集团内一个成员的利润可由另一个成员产生的亏损进行抵消。共同承担纳税义务须签订税务分摊协议 / 税务资金协议。

11. 资本弱化

资本弱化制度规定和限制下列实体的资本充足率：由外国居民控制的实体，外国居民的分公司，目的地国家实体控制的外国企业或者常设机构。概括地来说，资本弱化规则强制实施了一个被允许的安全的股本与负债比率。

12. 外资企业的资本利得税

要进行持股比例测试、应纳税的不动产测试等。

第四节　投资前的税务筹划

在进行海外投资决策时，税务筹划非常重要。税务筹划是基于商业考虑，对可能触碰的税务、法律、技术、环境、劳工与雇佣等问题进行有预见性的梳理，趋利避害、避重就轻。我们可以通过一定的方式来合理进行税务筹划，降低公司的潜在税务负担，提高回报率：利用合理的投资主体、利用双边税收协定、利用合理的控股架构、选择合适的投融资方式、合理安排公司上市及投资退出战略、合理安排公司业务流程及商业实质、合理制订转让定价方案等。

一、税务筹划的基本内容

投资目的地和中国的税收政策与管理措施的区别，直接关系到企业的对外投资回报水平，是对外投资过程中、投资后无法回避的问题。所谓税务筹划，就是要降低或者递延税负。税务筹划需要考虑以下几个方面的内容。

一是投资目的地的税收制度。投资目的地是企业境外经营所得收入的来源地。尽管各国税制有所差异，但都会非常重视对源自本国收入的税收管辖。投资目的地，或者说东道国，作为投资所得来源地，其对税收的管辖权是优先的。

二是中国鼓励对外投资的税收优惠政策。各国大多有支持企业对外投资的税收规定，例如，对本国产品境外加工后重新进口免征关税；对本国公司从外国子公司收取的股息免税；国内法规定对本国居民在外国享受的税收优惠给予减让抵免；本国公司从外国取得的所得延期纳税等。中国为促进企业对外投资，在计征企业所得税时，对居民企业境外所得在境外已纳税额实行直接和间接抵免。

三是税负较低的第三国，以及相关国家和地区之间国际税收协定所构成的税收优惠空间。当投资东道国所征预提所得税和资本利得税税率较高时，对外投资企业往往考虑在自身税负较低、具有较大税收协定空间，且能同时从投资东道国和母国获得相对税收优惠待遇的中转国，设立中间控股公司，间接持有境外实体股权，如图 26–2 所示。当然，中间控股公司设立和维持的成本，如所在国对公司注册资本、当地董事人数的要求，设立的费用和时间，年度审计要求，所在国的国际声誉等，又成为对外投资企业需要重点考虑的因素。

可以看到，任何一个架构的设立和维持都是有成本的。我们应该充分考虑收益与成本的平衡问题，如果收益无法大过成本，而且长期看还存在违规风险，那么这个架构可能就完全没有必要了。直白地讲，税不能不交，不交税肯定会出问题，但是可以摊薄或者递延。简单地说就是，应纳税等于应纳税所得额乘以税率，所以我们可以调整的是应纳税所得额和税率。

例如，可以通过股东贷款给公司，公司偿还股东贷款还本付息计入成本，在税前列支。通过股东贷款收利息的时候，提前收回投资。关于税率，可以考虑在一些低税率的国家设立架构，利用好它的低税率及优惠。这些安排仍然取决于整体的商业考虑，例如，交易的发生频率、交易的内容、现金流的方向，而且要考虑退出的时候用什么样的结构，是不是有必要，或者是不是一定得这么做。

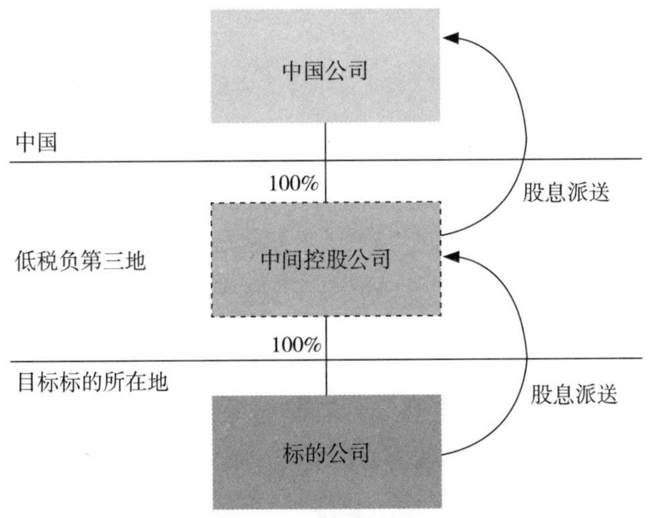

图 26-2　股权架构示意图

实际的股权架构需要根据可能潜在的税负要求进行调整，例如，进行海外投资时，可能需要中间控股公司（见图 26-2）作为投资平台（选择控股管辖区很重要）；股息派送过程中的企业所得税；派发完税股息时无须上缴预提所得税；派发未完税股息时须上缴预提所得税；避免双重征税协定是一个重要考虑因素，直接涉及完税股息的预扣税；税务合并考虑；未来处理股份的退出战略，可能产生资本利得税。

还需要考虑的是融资的架构（见图 26–3），融资架构本身也是一个税务问题。例如，股东贷款给项目公司，然后项目公司还给股东利息，提前拿回收益。这里需要考虑资本弱化的规定，不能全部利用股东贷款，不同国家对于融资注资的比例都有相应的要求，一是融资额度，二是股东贷款的利息不能背离市场，例如，银行正常贷款利率是 8%，如果股东贷款利率超过 20%，那么税务局肯定会关注这个股东贷款。

采用融资架构也需要根据可能潜在的税负要求进行调整，例如，支付给贷方的利息是否须上缴预提所得税，以及是否可予以豁免；只有负债权益比不超过限定范围时才准予抵扣，即融资过程中的资本弱化规定；负债 / 权益定义，可考虑一些混合工具（如可回购优先股）以使税项收益最大化；同时还应考虑利息汇回到中国后的税务问题。

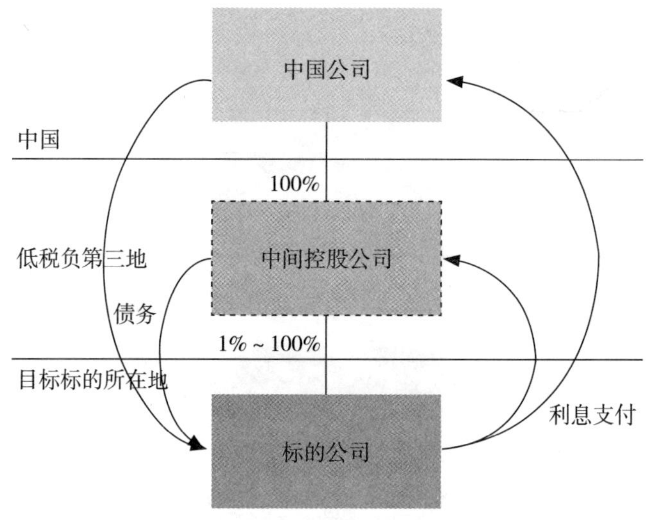

图 26–3 融资架构示意图

二、税基侵蚀和利润转移

在进行各种税务筹划的同时，各个国家的税务当局也正在做“反筹划”研究，以及打击通过筹划来规避税负。这个应该引起我们重视的问题是所谓的“税基侵蚀和利润转移（Base Erosion and Profit Shifting，BEPS）”。它是当前全球最热门的税务议题之一，在经济全球化的背景下，BEPS 愈演愈烈，引起了全球政治领袖、媒体和社会公众的高度关注。

所谓税基侵蚀和利润转移，是指跨国企业利用国际税收规则存在的不足，以及各国税制差异和征管漏洞，最大限度地减少其全球总体的税负，甚至达到双重不征税的效果，造成对各国税基的侵蚀。跨国企业利用不同税收管辖区的税制差异和规则错配进行税务筹划，目的是人为造成应税利润"消失"或将利润转移到没有或几乎没有实质经营活动的低税负国家（地区），从而达到不缴或少缴企业所得税的目的。从整体上看，税基侵蚀和利润转移扭曲了竞争，跨境经营的企业可以从 BEPS 中获利，从而相较国内经营的企业更具竞争优势；BEPS 也导致了资源配置的低效率。BEPS 的收益可能扭曲投资决策，使资源流向税前回报率低而税后回报率高的经营活动；BEPS 也影响公平。包括普通自然人在内的纳税人，如果发现跨国企业都在避税，那么全体纳税人的税务合规意愿都会降低。

为此，2012 年 6 月，G20 财长和央行行长会议同意通过国际合作应对 BEPS 问题，并委托 OECD 开展研究。2013 年 6 月，OECD 发布 BEPS 行动计划，并于当年 9 月在 G20 圣彼得堡峰会上得到各国领导人背书。近年来，中国在国际税收征管协作方面取得快速进展，2013 年 8 月 27 日，中国签署《多边税收征管互助公约》（以下简称《公约》），成为该公约的第 56 个签约方。

2015 年 10 月，BEPS 行动计划最终报告发布后，相关国家随之调整其国内税收制度，修订国际税收协定，结合本国情况和自身诉求陆续实施防止税基侵蚀和利润转移的政策与措施。近年来的国际税收征管氛围为之一变，跨境企业面临新的国际税收环境，企业对外投资的税务问题遇到新挑战。

传统避税港将难以为继，这是我们在进行税务筹划时应该考虑的因素之一。

将利润转移到"避税天堂"、低税率区，以达到不缴税、少缴税或者延迟缴税的目的，是过去很多对外投资企业或跨国公司常用的避税手法。自 OECD 推进 BEPS 项目以来，打击这种完全没有经济实质的行为已成为全球共识，而传统避税地，包括“避税天堂”和税率偏低国家等，也成为明确的打击对象。

一些国家和国际组织已经公布了避税港清单。2009 年 4 月，OECD 在 G20 伦敦金融峰会期间公布了全球避税港黑名单、灰名单和白名单，以是否执行国际通行税务准则交换信息为标准，将哥斯达黎加、马来西亚纳闽岛、菲律宾和乌拉圭列入黑名单，将比利时、文莱、智利、荷属安地列斯、直布罗陀、列支敦士登、卢森堡、摩纳哥、新加坡、瑞士、巴哈马群岛、百慕大群岛、开曼群岛等 38 个国家和地区列入灰名单，将英国、中国（特别行政区除外）、法国、德国、俄罗斯和美国等 40 个国家和地区列为白名单。

列入黑名单的国家和地区迅速承诺，遵守国际标准而晋级为灰名单，瑞士等国做出实质履行国际标准行动而晋级为白名单。一时间，避税港已成为“过街老鼠”，相关国家和地区不断调整和让步，以适应国际税收体系改革要求，如瑞士、卢森堡、安道尔等国逐步放宽曾经固守的银行保密制度。2017 年，欧盟也发布“避税天堂”清单，继续对避税港施加沉重压力。

同时，单纯通过避税港避税的行为较易受到限制，各国可通过调整国内法的方式，如收紧利息扣除政策，出台转让定价、受控外国公司（CFC）等方面的监管措施等来实现监管目标。曾有人预言，按照目前的趋势，“避税天堂”很有可能在 5 年内消失。

三、后 BEPS 时期的税收筹划

尽管 BEPS 问题往往源自跨国企业税收筹划，但并不意味着在后 BEPS 时期，跨国经营和对外投资的企业要弱化甚至放弃税收筹划。一方面，政府税收的源泉是企业经营利润，各国推动和落实 BEPS 行动计划并非要制约和妨碍企业盈利，不是“涸泽而渔”，而是要确保利润与价值创造相一致，保障企业实质性经营所在税收管辖区的税收权益。另一方面，企业税收筹划的根本目的是降低整体税负，提高盈利水平，这一点在此前和后 BEPS 时期都不会改变。

首先需要改变的是，企业税收筹划要摒弃“逃税”思维，更加重视对跨国税务风险的分析研判，特别要关注母国适用的有关 CFC 税收规则，包括对“控制”的法律界定和执法实践。CFC 规则要求利润即使未汇回国内也要征税，但这一要求不是绝对的，而是相对于“控制”的实质而言的。换言之，只要不触及母国有关 CFC 规则的控制标准，企业源于东道国的收入仍可实现避税或延迟纳税。例如，中国企业在所得税实际税负低于 12.5% 的其他国家或地区设立机构，如果整体股权表决权未超过 50% 或者没有形成实质控制，其基于合理的经营需要而不分配或少分配的利润，可以不计入境内的当期收入。

其次是中间层架构的经济实质要求。过去，企业对外投资设立的中间层架构更多表现为没有实质性经营或者管理活动的空壳公司，很多低税率国家也允许甚至鼓励空壳公司存在。在后 BEPS 时期，各国包括过去的“避税天堂”，均加强了对居民企业的经济实质要求。因此，中间架构要变“空”为“实”，在跨国经营中切实发挥必要的经营或管理职能，新设特殊目的机构（SPV）则需要直接从事适当的经济实质活动，起码要有人员、场所等，这在一定程度上也将增加对外投资成本。

第五节　投资后的税务合规

企业在对外投资完成后，一定要遵从当地法律进行纳税申报与税务合规工作。当前，除了当地法律规定的税务合规问题，更加值得我们重视的是前文所讲的 BEPS（税基侵蚀和利润转移）问题。OECD 推进 BEPS 行动计划，出发点是改革现有国际税收框架，“以重拾各界对国际税收体系的信心，并确保利润在经济活动发生地和价值创造地征税”。初期的共识是打击通过传统避税地避税的行为，此后又进一步涉及不同国家（特别是发达国家）之间的税制矛盾问题，关注有害税收实践、择协避税，强调各税收管辖区域之间的税收信息交换和监管协同。2015 年 10 月，OECD 向全球发布 BEPS 15 项行动计划和 1 份解释性声明，随后又通过了 G20 财长和央行行长会议的审议。这意味着国际税收体系改革从 2016 年开始转入后 BEPS 时代。此后，包括中国在内的约 100 个国家和地区，在 2016 年年底前签署了《多边工具》协定，标志着 BEPS 行动计划的各项要求和建议，包括最低标准、共同方法和最佳实践，将在各国推进税制改革的进程中不断落地和实施，现有国际税收协定将陆续调整和升级。企业对外投资面临的国际税收环境、涉及的东道国和母国税收风险以及税收规划等，与此前相比都将有不小变化。其中，比较重要的方面如下。

第一，人为规避常设机构的规则。企业跨国销售既可利用当地销售渠道，也可自行设立境外销售机构，随着跨境电子商务的发展，境外的物流支持或售后服务也更加重要。BEPS 行动计划有关“人为规避常设机构”的部分建议，各国将更多地从收益权而非从股权和设立机构等角度判断是否为居民企业，即从本税收管辖区经营活动对销售收入、经营所得的实质性贡献，判断是否将相关收入（或特定比例）作为应纳税所得额。企业从事跨国经营，规划跨国销售，需要注意适用东道国相关规定，避免被双重征税。

第二，数据信息报告义务。BEPS 行动计划对解决各国间涉税数据的信息不对称问题投入了巨大精力，也形成了操作性很强的实质性成果，并将在未来几年陆续付诸实施。例如，满足一定条件的跨国经营企业集团，不仅需要按时向本国税务机关提交主报告，向东道国税务机关提交当地报告，还需要及时向本国税务机关提交国别报告，披露其主要价值的创造因素（如人员、经营实体、业务活动、资产等）和在各国当地的纳税情况。而且，这种国别报告还将通过自动情报交换，被企业投资经营所在国的税务机关获取，从而给税务机关评估跨国企业的转让定价和国际避税风险提供有力依据。

第三，税收信息透明度和确定性。OECD 认为，不能及时、全面获取恶意税收筹划方案的相关信息，是当前世界各国税务机关面临的主要挑战之一。这也是转让定价、人为规避常设机构、混合错配、择协避税等 BEPS 行为存在的充分条件之一。为此，BEPS 行动计划从数据统计、强制披露、转让定价资料等方面提出建议，以提高企业对税务机关以及各国之间税务数据的透明度。例如，“转让定价文件和国别报告”要求跨国公司向相关国家税务机关提供主文档、本地文档，并按年度申报国别报告，而各国税务机关将根据多边公约、双边税收协定或税收信息交换协议等，在相关税收管辖区之间自动交换信息。这些要求作为最低标准，具有较高的遵从约束力，OECD 将监督参与 BEPS 行动计划各国的执行情况。

OECD 在 2014 年发布金融账户涉税信息自动交换标准（AEOI），内容针对个人和企业银行账户信息，通过统一报告标准（CRS）规范各国金融机构收集和报送外国税收居民个人和企业账户信息的要求与程序，通过主管当局间协议范本（CAA），规范各税务管辖区之间自动交换金融账户涉税信息的操作细节，进一步提高了国际税收数据信息的透明度。在 G20 大力推动下，到 2016 年年末已有 105 个国家和地区签署多边公约，接受并执行 AEOI 标准，包括开曼群岛、英属维尔京群岛、百慕大、卢森堡、荷兰、中国香港、新加坡等企业对外投资常设中间层机构的国家和地区。中国在 2017 年 1 月 1 日开始实施《非居民金融账户涉税信息尽职调查管理办法》，自 2018 年开始与相关参与国家进行第一次金融账户信息自动交换。

BEPS 行动计划坚持税收与经济实质发生地和价值创造地相一致的原则。尽管目前对经济实质的概念和要求尚无一致性界定，但经济实质要求已具体化到 BEPS 行动计划的每个核心环节，BEPS 项目报告对部分交易和商业存在提出了经济实质判断的建议。无论是对于交易还是商业存在，重点关注其是否从事核心业务并取得直接相关收入的经济实质，判断方式可采用关联法（Nexus Approach）。

在交易的经济实质方面。对于转让定价有关无形资产（IP），将支出作为衡量实质性经济活动的指标，纳税人仅在其自身发生符合条件的研发支出并取得相关的 IP 收入的情况下，才能享受有关的 IP 税收优惠。对于数字经济，可以通过“实质经济存在测试”（Substantial Economic Presence Test）检验经济活动主体是否与另一辖区产生关联。对于利息扣除，可以对所有在经济实质上等同于利息的费用支出同样适用基准净利息 /EBITDA（未计利息、税额、折旧及摊销前的利润）的固定扣除率。对于基金管理，实质性活动是基金经理创造收入的活动，包括对持有或卖出做出决策，计算风险和储备，对汇率或利率波动以及对冲做出决策，以及为政府机关和投资者准备相关文件或报告等。

在商业存在的经济实质方面。CFC 规则要求从人员、场所、资产及风险等指标，判断 CFC 所得是否与其经济实质相分离，关键是有无独立经营能力，不能独立经营的，其收入即使没有汇回国内，也要视同汇回征税。对于持有多种资产并取得利息、租金等多种收入的控股公司，其实质性活动主要体现为该公司直接从事与其收入类型相关的核心业务活动。对于仅持有股权投资，取得股息和财产收益的控股公司（如直接投资的中间层架构），至少该企业应执行该税收管辖区对所有公司适用的法律申报要求，并具备参与持有股权管理活动所必需的实质条件（如证明具备开展相关活动的人员和办公地点等），这就限制了邮箱公司和空壳挂牌公司。因此，后 BEPS 时期，世界范围内税收规则的一致性将得到增强。

第四，国际税收规则一致性。BEPS 项目成果具有软法性质，对 OECD 成员有共同遵从的要求，对 G20 成员起码有政治和道义约束，对既非 OECD 也非 G20 成员的其他国家和地区有参考意义。

一是现有的国际通用的税收制度文本得到更新和修订。包括修订了 OECD 的国际税收协定范本，修订了转让定价指南，明确了转让定价同期资料的要求，并对包含多个经济活动指标的国别报告模板达成共识。

二是通过提出共同方法、最佳实践等建议，明确了构建有效受控外国企业税制的关键要素，提出了制订利息扣除方面的通用方法，并推荐了有关强制性披露制度的最佳实践等。

三是通过谈判和签署多边工具，相关国家将修订并增强现有双边税收协定的一致性。涉及理顺争端解决机制，规定多边和双边相互协商程序（MAP）机制的最低标准、最佳实践和强制仲裁措施；使用应对双重居民身份的一般性反滥用措施，提高各国税收政策消除混合错配安排的能力，防范税收协定的优惠政策被不恰当授予，等等。

第五，国际税收征管从紧，跨国税收争议将有所上升。BEPS 行动计划会不可避免地带来全球范围税收征管从紧的趋势。一是现有税法覆盖面扩大，适应性增强，如 BEPS 项目报告专门就“数字经济”发展，对国际税收的影响进行分析，并提出了监管建议。二是随着各国税法一致性增强，各国间税收征管的协调性也将进一步加强，而 BEPS 行为很大程度上就是利用了各国税收政策和监管差异所形成的“木桶效应”。三是各国间涉税数据信息交换的力度加大、频度提高，特别是金融涉税数据，已接受 AEOI 标准、执行 CRS 规范的 100 多个国家和地区之间于 2018 年实现金融涉税信息自动交换。四是各国涉及非居民的税收优惠将受到一定约束，为防止有害税收竞争，避免竞次效应，BEPS 行动计划强化了经济实质的要求，增强了有害税收实践论坛（FHTP）的功能。

随着各国增大税收征管力度，跨国税收争议将有所上升。特别是 2016 年以来，美国特朗普当选总统和英国公投退欧等“黑天鹅”事件频出，各国民粹主义倾向有所增强，贸易保护主义有所抬头，全球产业链面临重构，经济全球化趋势出现分歧。在此背景下，旨在确保税收与价值创造相一致的 BEPS 行动计划很可能会导致国际税收体系“超调”，在部分国家发展成为带有“重商主义”色彩的税收征管措施，国家间税收争议可能进一步扩大。尽管 BEPS 行动计划也预见到并有针对性地形成争端解决机制，但触发和完成“同行审议”（Peer Review）或“强制仲裁”毕竟旷日持久，对企业而言，时间成本很大，所得收益却可能很有限。

当然，BEPS 行动计划的推行，对跨国企业或者对外投资企业而言有挑战必然有机遇。随着各国陆续落实 BEPS 行动计划的要求，各国的税收政策将更为透明和统一，国际税收体系的确定性增加，国际化经营的企业将面临更为一致和公平的竞争环境，税收遵从成本会有所降低。在后 BEPS 时期，企业要善于在透明度更高、管理更协调的国际税收环境中寻找管理差异和比较优势，因势而动，实现效益最大化。

第六节　中国境外投资管理的最新规定

2017 年 12 月 26 日，国家发展和改革委员会（以下简称“国家发展改革委”）官网正式发布《企业境外投资管理办法》（国家发展和改革委员会令第 11 号），对已执行 3 年多的 2014 年 5 月起施行的《境外投资项目核准和备案管理办法》（国家发展和改革委员会令第 9 号）予以废止，11 号令从 2018 年 3 月 1 日开始执行，可以称为史上最严的境外投资办法。

国家发展改革委于 2014 年 4 月发布的 9 号令，将境外投资管理方式由逐项核准改为备案为主、核准为辅，对促进和规范境外投资发展发挥了重要作用。与此同时，中国对外投资快速发展，中国跻身对外投资大国前列。同时，境外投资发展也出现了一些新问题，例如，制度性交易成本，中国企业在对外投资过程中的审批环节，对于投资接受方是一个审批风险，这个批准与不批准的风险往往需要中国企业支付一定的溢价来补偿。再如，原来管理制度的短板，导致企业事先、事中、事后的报告，往往脱节于实践。

针对新问题新诉求，国家发展改革委按照推动形成全面开放新格局、创新对外投资方式的要求，顺应境外投资发展需要，总结境外投资管理实践，吸纳各界意见建议，在 9 号令基础上形成了 11 号令。新办法作为境外投资管理的基础性制度，在“放”“管”“服”三个方面统筹推出了 8 项改革举措，对于境外投资的定义、备案和核准要求等都做了修正，力图加强境外投资宏观指导，优化境外投资综合服务，完善境外投资全程监管，促进境外投资持续健康发展，维护中国国家利益和国家安全。

一、新办法在事先监管方面的改革

（1）取消了项目信息报告制度。

按 9 号令规定，中方投资额在 3 亿美元及以上的境外收购或竞标项目，投资主体在对外开展实质性工作之前，应向国家发展改革委报送项目信息报告；国家发展改革委收到项目信息报告后，对符合国家境外投资政策的项目，在 7 个工作日内出具确认函。新办法取消了该项规定，进一步简化事前管理环节，从而降低了制度性交易成本。

（2）取消了地方初审、转报环节。

按 9 号令规定，地方企业向国家发展改革委申请核准的材料由省级政府发展改革部门提出审核意见后报送，向国家发展改革委申请备案的材料由省级政府发展改革部门报送。新办法取消了地方初审、转报环节，属于国家发展改革委核准、备案范围的项目，地方企业通过网络系统直接向国家发展改革委提交有关申请材料，从而让企业好办事、少跑腿。

（3）放宽了投资主体履行核准、备案手续的最晚时间要求。

按 9 号令规定，投资主体实施须国家发展改革委核准或备案的境外投资项目，在对外签署具有最终法律约束效力的文件前，应当取得核准文件或备案通知书；或可在签署的文件中明确生效条件为依法取得核准文件或备案通知书。新办法将投资主体履行核准、备案手续的最晚时间要求从签约前（或协议生效前）放宽至实施前：属于核准、备案管理范围的项目，投资主体应当在项目实施前取得项目核准文件或备案通知书。这样有利于企业更加从容地安排交易节奏。当然，放宽投资主体履行核准、备案手续的最晚时间要求，并不是说企业只能等到项目实施前的最后一刻提交核准、备案申请。事实上，企业可以在备齐项目核准、备案材料后及时提出有关申请，以便及早取得核准文件或备案通知书。

新办法既在上述关键环节做出了改革，也在许多细微之处做出了改进。和9号令相比，新办法对核准和备案的程序、时限、变更、延期等做出了更加明确和具体的规定，对流程也进行了优化，如两个以上投资主体如何确定申报单位、受理的程序和凭证、变更和延期的程序与时限等。这样的改革既增强了制度的可操作性，也减少了核准和备案机关的自由裁量空间，提高了管理的透明度和确定性。

二、新办法在规范企业境外投资方面的改革

（1）补齐管理短板，将境内企业和自然人通过其控制的境外企业开展的境外投资纳入管理框架，采取精准化的管理措施。

近年来，随着境内企业国际化程度的提高，境外投资方式也更加多样化，一些境外投资活动游离于现行管理边界之外，存在一定的风险隐患。按照实质重于形式的管理原则，新办法将境内企业和自然人通过其控制的境外企业开展的境外投资纳入管理框架。

需要特别指出的是，纳入管理框架不意味着一律纳入核准、备案管理范围。对于完全是投资主体通过其控制的境外企业开展的境外投资项目（不涉及投资主体直接投入资产、权益或提供融资、担保），新办法采取“事前管理有区别、事中事后全覆盖”的管理思路，既补齐短板，又更加精准。对其中的敏感类项目实行核准管理。对其中的非敏感类项目，中方投资额在3亿美元及以上的，投资主体应当将有关信息告知国家发展改革委，无须备案；而中方投资额在3亿美元以下的，无须备案也无须告知。境内自然人通过其控制的境外企业开展的境外投资参照执行。

（2）创新监管工具，改进协同监管和全程监管。

针对境外投资监管的薄弱环节，新办法提出建立协同监管机制，通

过在线监测、约谈函询、抽查核实等方式，对境外投资进行监督检查。同时，新办法引入项目完成情况报告、重大不利情况报告、重大事项问询和报告等制度，改进对境外投资的全程监管，从而更好地维护国家利益和国家安全。

（3）完善惩戒措施，建立境外投资违法违规行为记录。

针对恶意分拆、虚假申报、通过不正当手段取得核准文件或备案通知书、擅自实施项目、不按规定办理变更、应报告而未报告、不正当竞争、威胁或损害国家利益和国家安全、违规提供融资等违法违规行为，新办法明确了惩戒措施，加大了惩戒力度。同时，新办法提出了建立境外投资违法违规行为记录，实施联合惩戒。

新办法改进事中事后监管，目的在于促进境外投资持续健康发展，保证国家利益和国家安全。比如，引入重大不利情况报告制度，主要政策意图不是追究有关企业责任，而是为了及时获取有关信息、及时采取应对措施，使政企协同，将有关不利情况对国家利益和国家安全的影响降到最低。随着监管更加精准有效，市场在资源配置中的决定性作用将得到更好的发挥，真实合规的境外投资将从中受益。

本次新规新增了“追溯至最终实际控制人的投资主体股权架构图”的要求，这一穿透性的要求甚至高于了央行“反洗钱”规定的标准。对境内投资主体以及被收购标的企业，都要求提供追溯至最终实际控制人的股权架构图。如果涉及通过控制的境外企业开展投资，则还须披露境外企业的股权结构。也就是说，发改委境外投资的穿透要求是“境内 + 境外”全方位的，既包括境内投资主体，也包括海外收购标的，如果通过境外平台开展收购，那么境外的平台也须披露相应信息。

三、新办法下申请境外投资项目的具体要求

在报国家发展改革委的境外投资项目的申请报告中，需要披露以下主体的股权结构情况。

（一）境内投资主体

（1）穿透追溯实际控制人。

对于开展投资的境内投资主体，要求披露持股比例在前五位的股东和持股比例在10%及以上的股东，并且“逐层穿透”，向上追溯至最终实际控制人。这个披露要求之高可以说是前所未有的，不但要求披露前五大股东，还包括控股10%以上的股东，并且穿透至实际控制人。为什么这里披露的条件设置在了10%呢？如果是按照我国《公司法》的规定，拥有十分之一以上表决权的股东拥有“提议召开股东会临时会议”的权利。如果是按照国际货币基金组织的《国际收支和国际投资头寸手册》（BPM 6）中的定义，则10%及以上的表决权视为具备直接投资关系。

（2）披露社会信用代码和近两年的信用情况。

须披露投资主体及其控股股东直至其最终实际控制人的统一社会信用代码和近两年的信用情况，包括是否被列入境外投资违法违规行为记录、企业经营异常名录、严重违法失信企业名单、全国法院失信被执行人名单、重大税收违法案件当事人名单等，如果被列入，则需要进一步说明情况。也就是说，在整个股权架构中，如果实际控制人或者控股股东有过违法违规或者失信的情况，就有可能会影响境外投资的核准、备案。

（3）协议控制、信托等控制方式均须披露。

在向上追溯实际控制人的过程中，如果是通过协议（包括管理协议等）、信托或其他方式实现控制的，也须标明控制方和控制方式，其中，控制方也应向上逐层追溯，直至其最终实际控制人。最终实际控制人是自然人的，应标明其国籍；最终实际控制人是国有控股实体的，应标明履行相应出资人职责的政府部门。因协议控制在实务中较难界定，此前中资企业为了海外上市而构建的VIE模式，在其合法性上一直处于灰色边缘的模糊地带，监管大多是以默认的方式认可其存在。

（4）多个投资主体联合开展的，每个均须追溯。

多个投资主体联合开展境外投资的，应提供各个投资主体追溯至最终实际控制人的投资主体股权架构图。

（二）境外收购标的企业

对于并购类项目，需要披露境外收购标的的情况和收购方案。

其中，对于收购标的企业，须披露其在收购前和收购后的追溯至最终实际控制人的股权架构图。如果难以追溯，则须做出合理充分的说明。

如果项目涉及投资主体通过其控制的境外企业开展的，还应提供境外企业成立证书或类似文件（类似内保外贷中的境外主体合法性要求），并披露境外企业的前五大股东的基本情况（名称、国籍或注册地、持股比例等）。

（1）基本信息。包括名称、注册地、注册资本、法定代表人（如有）、类型、成立日期、经营范围、主营业务等。

（2）股权结构。包括前五大股东（境外企业为合伙制企业的，则为普通合伙人和前五大有限合伙人）的基本情况（名称、国籍或注册地、持股比例等）。

（3）投资主体和境外企业的控制关系。比如，投资主体以何种方式控制该境外企业。

（4）经营情况。近两年主要业务情况，资产、负债、收入、利润等主要财务指标。

（5）近两年是否受到所在地行政、刑事处罚（如有，则说明有关情况）。

国家发展改革委在《境外投资项目申请报告》和《境外投资项目备案表》中，均要求提供追溯至最终实际控制人的投资主体股权架构图，并提供了追溯至最终实际控制人的投资主体股权架构图示例供参考（详见后文进一步分析）。

国家发展改革委审核境外投资“境内＋境外”全方位追溯实际控制人的要求，或将使各种为转移境内资产，通过设立层层公司包装成虚假“境外投资”的非法行为无处遁形。通过企业在申报时提供的股权架构图，整个境内外的投资架构将一览无遗。

本次境外投资管理办法特别对内保外贷、VIE、个人特殊目的公司、金融机构境外投资都做出了明确规定。其中包括取消“小路条”，取消“20 亿美元以上的国务院审批”，发布“敏感行业目录”；要求增加投资均须报发改委审批，包括 VIE 协议或信托方式控制；将金融机构境外投资囊括在内，个人特殊目的公司纳入境外投资管理等。增加投资均须报发改委审批，包括 VIE 协议或信托方式。

在新办法中，规定本办法所称的投资活动，主要包括但不限于下列情形：新建境外企业或向既有境外企业增加投资；通过协议、信托等方式控制境外企业或资产。

新办法重新定义了境外投资的适用范围，其中第六条对内保外贷的影响非常大。因为之前无论是内保外贷还是跨境直贷，都不能绕开对外直接投资的审批，也就是不能通过内保外贷的形式绕开国家境外直接投资主管部门的审批。在原来的框架里，无论是商务部还是外管局，境外投资都只登记第一层的企业。如果内保外贷境外的债务人，原来已经取得商务部发改审批的，其实就不算绕道，那么他之后再做股权投资的时候，只要做商务部的一个再投资备案即可。

而现在的新办法明确了这一问题：哪怕给境外的企业增加投资或是新建投资，或者如第八条所述的通过协议、信托等方式增加投资，都要报发改委审批。也就是说，都要重新审一遍，而非原先只需商务部的一个备案即可。所以说，这个规定其实非常严格，尤其是对于存量项目里的通过 VIE 搭建、没有备案的企业，现在通过内保外贷的形式再进行境外投资的时候，都要重新报发改委。因为内保外贷的实际控制人是境内的，所以需要发改委做境外投资备案或者核准。此外，对于原先登记过的特殊目的公司（SPV），做内保外贷视同追加境外投资，也需要发改委审批。

（三）交叉类审批问题

新办法所称的企业，包括各种类型的非金融企业和金融企业。

本次境外投资新办法的发布，目的是规范企业境外投资，而国家对于境外投资，是区分企业和金融机构的。此前一般认为，发改委对境外投资审批是通过项目形式，而商务部是通过境外设立机构的维度，也就是说，审批集中在企业层面。但是，如果是涉及境外设立的金融机构，就要分几种情况。第一种是国内的企业到境外购买金融机构，第二种是国内的金融机构到国外设企业或金融机构。对于此类交叉的情况，是不是需要"一行三会"主管部门审批，原来的法规是空白的，并未明确规定。所以发改委此次将金融机构和非金融机构都囊括在内，即无论是哪种情况，都要报送发改委审批。

（四）对于控制的定义

新办法所称的控制，是指直接或间接拥有企业半数以上表决权，或虽不拥有半数以上表决权，但能支配企业的经营、财务、人事、技术等重要事项。

这里定义的控制，把 VIE 等各种协议都包括在内，即通过协议的形式达到类股权的控制，达到财务控制的目的。而"能够支配企业的经营、财务、人事、技术等重要事项"，则类似于反洗钱对于实际受益人识别的要求。但事实上，这一项在实践中是相当难以识别的。

（五）个人特殊目的公司

境内自然人通过其控制的境外企业或香港、澳门、台湾地区企业对境外开展投资的，参照本办法执行。境内自然人直接对境外开展投资的，不适用本办法。境内自然人直接对香港、澳门、台湾地区开展投资的，不适用本办法。

境内自然人直接或间接控制的境外企业，也要纳入境外投资管理。此前商务部和发改委并未明确，只有外管局的汇发［2014］37 号文中有"境内居民境外设立特殊目的公司及返程投资"的相关规定，主要适用于已经上市的企业，给他们一个补登记的机会。外管局在汇发［2005］75 号文中，率先留出一条口子，之后逐渐简化流程，这是针对境内的自然人到境外设企业的问题的。但汇发［2014］37 号文中明确，国内自然人到境外设立企业可以投资或融资为目的，但由于没有发改委和商务部的文件支持，造成只有外管局一个文件中提及，所以目前的现状是，境内自然人只有到境外以融资为目的设立的企业，才有可能在外管局或银行通过特殊目的公司的登记（新设在银行，补登记在外管局），并且该融资之后一定要回到境内，即一定要有返程投资。也就是说，一定要有回流，即企业的目的是境外融资，通过在境外上市或境外借钱，用于国内的实体经济。所以说，新办法仍没有放开个人境外直接投资，而是针对存量的补充规定，并不是说境内个人可以到境外设立企业。

第七节　共同申报准则下的税务问题

共同申报准则（CRS）是经济全球化的必然产物，其实质是税务当局跨国之间的税收情报交换制度，即通过跨国之间的金融账户涉税信息的自动交换，打击纳税人通过在别国藏匿资产和收入以逃避本国税收的行为。大家往往对 CRS 下的“全球反避税”存在一些误解。

（1）共同申报准则是不是要全球征税？

所谓全球征税（Worldwide Taxation），是指纳税人如果是某国的税收居民，则其在全球的收入都应当在该国申报和缴纳所得税。纳税人担负的这种全球纳税义务也称为“全面纳税义务”或者“无限纳税义务”。全球征税本质上是所得税范畴的一个概念。而共同申报准则实施的目的，就是通过跨国之间的金融账户涉税信息的自动交换，实现一国纳税人在海外所持有的账户的“透明化”，以便该国税务机关能准确把握其税收居民在海外的收入是否在本国依法履行了纳税义务。但是，这并不等于一国纳税人在海外的资产都要被全球征税。因为从所得税尤其是个人所得税的角度看，其征税对象是该个人的所得或者收入，并非纳税人所拥有的资产本身。如果只是持有资产但并没有所得，那么自然也不会存在所得税上的全球征税问题。

（2）企业账户余额小于 25 万美元不会被交换信息？

对于企业账户或者机构账户来说，金融机构应当按照存量机构账户和新增机构账户分别进行尽职调查。而“存量”和“新增”的划分时间节点，通常是金融机构所在国家开始执行 CRS 的日期。对于存量机构账户来说，如果其在该时间节点的账户余额或价值小于 25 万美元，那么金融机构可以选择豁免对其进行尽职调查和申报，但是需要对其进行持续监控；如果该账户的余额或价值在其后的申报期末超过 25 万美元，那么该金融机构需要对该账户进行尽职调查，识别其是否属于需要申报的账户。

对于账户持有人来说，其是否可以享受 25 万美元的豁免，首先要考虑金融机构所在国家的法规是否有关于该豁免门槛的规定；其次，由于该豁免门槛并非强制性规定，金融机构可以根据其实际需要来决定是否适用该 25 万美元的门槛［参见经济合作与发展组织《统一报告标准实施手册》（*CRS Implementation Handbook*）第 14 页第 9 项规定］。在实践中，一些金融机构为了避免对豁免门槛下的账户进行持续监控而带来的合规麻烦，可能会考虑不适用 25 万美元的门槛，而选择将所有的存量机构账户进行尽职调查和信息申报。

（3）只有个人账户余额在 100 万美元以上的才会被尽职调查并进行申报吗？

在共同申报准则下，对于个人持有的账户，不论是新增账户还是存量账户，也不论账户余额是多少（包括余额为 0 或负数的情形），均需要进行尽职调查，并没有规定 100 万美元以上的账户才需要申报。

对于具有申报义务的金融机构来说，通常其管理的存量个人账户数量庞大，强制要求金融机构采取统一的标准进行账户的尽职调查，合规成本较大。鉴于此，CRS 规定以 100 万美元为界点，将个人持有的存量账户区分为高价值个人账户和低价值个人账户，而且分别适用不同的尽职调查程序。对于存量低价值个人账户，金融机构可以选择适用相对简化的尽职调查程序（如适用“居住地址测试”等），以减轻金融机构的合规负担。同时，对于存量低价值个人账户的尽职调查时限，通常要比高价值个人账户晚一年，让金融机构有更多的时间去完成存量低价值个人账户的合规义务。

但需要注意的是，金融机构也可选择不适用上述以减轻其合规负担为目的的程序规定，而是选择对所有的账户采用统一的适用于高价值个人账户的合规程序（即更高要求的合规程序），而且有可能在 CRS 的第一个申报期内即可完成所有存量高、低价值个人账户的尽职调查和信息申报。实践中应当以金融机构的内部政策为准。

（4）房产、古董字画和珠宝等非金融资产是否需要申报？

在共同申报准则下，金融账户涉税信息自动交换的核心是“账户”，也就是说，跨国之间共享的信息是金融账户信息，并非金融资产信息，因为一个金融账户有可能同时涉及金融资产和非金融资产。其中，金融资产的概念与金融机构的身份属性以及金融账户类别的判定密切相关，单从金融资产本身无法判定其是否需要申报。一个金融账户如果属于需申报的账户，那么该账户下所持有的所有资产，不论是金融资产还是非金融资产，均需要申报和交换信息。

（5）共同申报准则实施以后，设立离岸信托是否还有意义？

离岸信托在资产分离和保全、税收优化以及信息隐秘性上具有其他投资架构不可比拟的优势，因此在资产配置方面受到世界上很多高净值个人和家庭的青睐。在 CRS 下，信托也有可能因被判定为金融机构而需要对其账户持有人（如委托人和受益人等）进行尽职调查；或者被判定为消极非金融机构，如果其在金融机构持有账户，则会被要求提供信托实际控制人（如委托人和受益人）的信息。

但是信托被纳入 CRS 下的申报体系，并不会导致信托丧失其本身具有的资产分离和保全、税收优化以及信息隐秘等优势。从中国的角度看，尽管 CRS 实施后，理论上中国税收居民在海外所设立的信托的相关金融账户信息会被申报和交换到中国税务机关，但是这并不代表信托就失去了隐秘性。因为，CRS 下的所谓的“资产曝光”只是相对税务机关来说的，而且 CRS 下跨国之间交换的信息具有十分严格的保密性要求，信托本身的隐秘性仍然存在，并不会被公之于众。

（6）既然共同申报准则是申报“非居民”的信息，那么把钱存在中国境内是不是最“安全”？

有一些观点认为，CRS 实施以后，对于中国税收居民来说，只要把钱存在中国的金融机构就可以高枕无忧了，不会受到 CRS 下信息申报的影响，中国税务机关也不会知道这些账户的信息。的确，根据中国的 CRS 法规，金融机构只需要申报非居民（非中国税收居民）所持有的账户的信息，但是不妨试想一下，非居民的信息都需要申报了，居民的信息申报还会远吗?

国务院法制办公室于 2015 年 1 月公布的《中华人民共和国税收征收管理法修订草案（征求意见稿）》，专门增设了第四章有关涉税信息披露的问题。其第三十二条就规定：“银行和其他金融机构应当按照规定的内容、格式、时限等要求向税务机关提供本单位掌握的账户持有人的账户、账号、投资收益以及账户的利息总额、期末余额等信息。对账户持有人单笔资金往来达到五万元或者一日内提取现金五万元以上的，银行和其他金融机构应当按照规定向税务机关提交相关信息。”金融资产的账户信息与税务机关纳税征管信息的互联互通机制，在西方发达国家早已开始实施。如今在 CRS 下，国外金融机构与国内税务机关的信息互动机制已在建立之中，笔者有理由相信，国内金融机构与国内税务机关也会很快建立互联网络。世界上没有所谓的“安全”之地，唯有合法、合规才是最大的“安全”。

（7）美国不是共同申报准则参与国，是不是把钱放在美国最“安全”?

美国的确不是 CRS 参与国，但这是否意味着钱都放到美国就绝对“安全”了呢?

尽管美国没有加入 CRS，不属于 CRS 参与国，但是美国与中国在 2014 年已经就《海外账户税务合规法案》（FATCA）的政府间协议达成一致。虽然中美 FATCA 政府间协议目前只是属于草签状态，但是中国已经被美国财政部列入“作为存在有效政府间协议”的国家名单。基于此，中国的金融机构不实际进行 FATCA 下的合规工作，仍然可以不受 FATCA 下对于不合规金融机构 30% 预提所得税的处罚。此外，基于美国财政部和国税局 2016 年 7 月发布的《税收程序规定（2016–27 号）》，美国政府已经开始“催促”草签 FATCA 的国家正式签署 FATCA 协议并予以实施，同时要求这些国家必须在 2016 年 12 月 31 日之前向美国财政部提交有关 FATCA 实施的具体安排和解释，否则从 2017 年 1 月 1 日起将会把该国从“作为存在有效政府间协议”的国家名单中除名。根据目前美国财政部网站的信息，中国仍属于“作为存在有效政府间协议”的国家，因此可以推断，中美之间签署正式的 FATCA 协议指日可待。

此外，有关 FATCA 下双边信息互换的问题，根据美国财政部和国税局的《税收程序规定（2016–56 号）》，美国的金融机构已经开始收集包括中国在内的相关国家居民在美金融机构的存款利息信息。同时根据美国财政部和国税局 2017 年 9 月发布的《税收程序规定（2017–46 号）》，外国居民在美金融机构开户和填写 W8 表格时，必须提交其纳税人识别号等信息。笔者认为，这一系列的规定，都是为 FATCA 下美国与 FATCA 伙伴国的双边对等涉税信息自动交换进行铺垫和准备的。

（8）设立在“避税天堂”的离岸壳公司属于积极非金融机构，是不是不需要被“穿透”？

金融机构在识别机构账户持有人时，如果该机构账户持有人属于消极非金融机构（即不属于金融机构类别，不从事积极的经营活动，且大部分的收入都来源于利息、股息等消极收入），那么金融机构需要“穿透”该机构账户持有人，识别其实际控制人。

实际上，设立在“避税天堂”的离岸壳公司大多属于上述消极非金融机构。因为这些公司设立的目的大多是避税或者逃避外汇管制，通常不会有实质性的经营活动。尤其是很多设立在离岸避税地的外贸公司，其主要的功能就是“与境外签合同”和“收款”，公司本身并没有任何雇员和经营场所，仅仅持有能够产生消极收入的资产（如现金存款）。因此，在CRS下，这样的公司应当属于消极非金融机构，是需要被“穿透”的。

当然，有些公司设立在离岸避税地并非出于单纯的避税目的。例如，红筹上市架构中，有些上市公司的上市主体就设立在开曼群岛等离岸避税地。对于这类公司，在CRS下通常应当按照积极非金融机构来处理，因为此类上市公司会定期对外披露其财务信息，其被个人用来进行跨国避税的可能性很小，识别其实际控制人并无实质意义。

（9）投资移民获得小国护照和税收居民身份就可以规避CRS？

由于CRS下的账户信息交换，是以账户持有人的税收居民身份为基础进行的，因此一些人考虑，可以通过改变国籍和税收居民身份来达到规避CRS的目的。的确，如果一个人将其税收居民身份从CRS须申报国（如中国、加拿大等）转到非CRS参与国或者转到低税率国家和地区，便可以做到不受CRS影响，或者所受影响很小。例如，中国税收居民搬到非洲或者加勒比海地区的非CRS参与国居住，并成为当地的税收居民，同时也不作为其他任何CRS参与国的税收居民，那么其在CRS参与国金融机构所持有的账户就不会受到CRS的影响，因为他们作为非CRS参与国税收居民，不属于CRS下的须申报对象。

然而，现实生活中，让意图规避CRS申报的富豪们举家搬到非洲或者加勒比海地区的非CRS参与国实际居住，从而成为当地的税收居民，显然不太现实。于是，像塞浦路斯、马耳他以及一些太平洋岛国开发了一种专供富人规避CRS的所谓的“居民投资计划”（Residence By Investment Scheme），即富豪在当地购置房产或者投资并满足相关条件后，即可获得当地的国籍以及税收居民身份，有的岛国甚至可以提供当地的居住地址证明，但富豪本人大部分时间仍生活在中国或者其他CRS须申报国家。这些人在CRS参与国持有金融账户时，可以直接出示其在“居民投资计划”下所获得的税收居民身份和居住地址，同时隐瞒自己的中国税收居民身份，试图“完美”地规避CRS。

这种想象中的“完美”方案实则有两个巨大的潜在风险。首先，在

CRS下，账户持有人需要在其提交给金融机构的《税收居民身份自我声明》中，申报其所有的税收居民身份所在国。也就是说，如果一个中国居民通过参与“居民投资计划”获得了小国的护照和居民身份，但是其本人大部分时间仍然居住在中国境内且构成中国的税收居民，则仍须对中国居民身份信息进行申报。如果故意隐瞒，则可能面临金融机构所在国家CRS法规下的民事或者刑事处罚；其隐瞒和伪造身份的行为，甚至还会触发反洗钱法律中的洗钱等金融犯罪条款。其次，经济合作与发展组织作为CRS全球执行的“总协调人”，早已经注意到这类“居民投资计划”的规避方案，并且已经着手进行协调和处理。2016年12月，经济合作与发展组织税务中心主任帕斯卡尔·阿曼在接受英国《金融时报》采访时就曾表示：“我们目前正在处理（‘居民投资计划’），它不会存在太久。”

（10）全球102个CRS参与国和地区之间都会进行CRS下的账户信息自动交换吗?

截至2017年10月，已经有95个国家和地区签署了有关实施CRS的多边国际法律准则——《多边主管当局间协议》（MCAA），但这并不意味着金融账户信息一定会在这么多国家之间自动进行交换和传递。各国之间进行CRS下的账户信息自动交换，在具备了多边国际法律条约以及相关数据安全制度等的基础上，还需要一个额外的“激活”程序，即各国在提交给经济合作与发展组织秘书处的“愿意交换国家名单”中列明伙伴国。只有那些相互交换关系被“激活”成功的国家之间，才会切实进行CRS下的账户信息交换。根据经济合作与发展组织在其官方网站公布的信息，截至2017年8月7日，全球已经有超过2000个CRS下的交换关系被“激活”。其中，中国已经与包括加拿大、根西岛、泽西岛、列支敦士登和马耳他在内的47个国家和地区“激活”了CRS下的交换关系。当时笔者就推断，到2018年5月31日中国金融机构的第一次CRS信息申报截止日期之前，还会有更多国家与中国之间的交换关系被激活。

【案例】

王先生是中国税务居民，其在开曼群岛设立了一家私人投资公司（Private Investment Company，PIC）A公司。A公司持有的资产中，80%为金融资产，20%为非金融资产。在《共同申报准则》下，该A公司属于金融机构（如投资机构）。目前A公司正在申报其金融账户（即投资机构的股权权益或者债权权益），王先生认为自己只需要申报账户中的金融资产部分，该部分资产的信息将会交换给中国税务当局。

【思考问题】

王先生的做法符合共同申报准则的规定吗？他应当将其所持有的金融资产和非金融资产的价值全都作为账户余额进行申报吗？

第二十七章　垄断与不正当竞争的法律规制

微观市场的良性运行，离不开市场中适度的竞争与健康的竞争。适度的竞争禁止了限制竞争行为，创造了良好的市场环境，维护了合法竞争的自由性，促进了经营者积极参与市场竞争；健康的竞争禁止了不正当竞争行为，规范了合法竞争的市场秩序，维护了合法竞争的公平性，保护了经营者的合法地位。只有反竞争的危害性达到一定程度时，才涉及法律的介入。正确理解垄断与不正当竞争以及相关的法律制度，既是微观市场秩序的要求，也是经营者利益保障的基础，更是市场中经营者的活动的基本法商观念。本章将从竞争、不正当竞争与垄断三个层面介绍经营者法商观念的价值与意义。

第一节　竞争与反竞争的法律规制

自古典经济学以来，经济学对竞争的研究始终没有间断。竞争的经济学解释告诉人们，什么是好的竞争，什么是坏的竞争，竞争的样态，国家制度对竞争的基本态度等，这为竞争立法提供了充分的理论基础。

一、竞争的含义和要素

竞争是内涵丰富的经济学中的概念，有人将竞争作为利益实现的方式，认为竞争是经济主体在市场上为实现自身的经济利益和既定目标而不断进行角逐的过程。有人认为竞争是一种追求交易的过程：市场参与者为了达成交易做出了努力，而同一市场的其他参与者也进行着同样的努力[①]。也有人将竞争作为一种获取信息的渠道，认为竞争是市场中买方和卖方相互交往的演化性过程。此外，还有人将竞争作为一种发现的过程，等等。

在此，我们将产生竞争力的源泉称为竞争要素。竞争要素在竞争关系中发挥着关键作用。从一定意义上讲，竞争要素运用是否合理，恰是竞争法是否发挥评价作用的目标指向。

传统认为，竞争要素主要来源于生产要素。经济学家萨伊认为，生产要素主要是劳动、资本和土地。农业经济时代，财富的创造主要依赖于土地。土地在早期的农耕经济中是重要的竞争手段，但在工业经济和知识经济时代，土地作为竞争力的基础性作用已经被大大地削弱了。

近现代以来，竞争要素被极大地挖掘出来。技术、组织、商业标志等超越了传统生产要素，积极地彰显企业的形象和商品的竞争力。另外，区别于传统，现代竞争要素发挥作用的方式是联合式的，而不是单打独斗式的。这种变化带来的影响是，每一种竞争要素的积极作用或消极作用都不可忽视。

概括而言，新的竞争要素有两个方面：市场主体的规模、产品的内在品质。

第一，市场主体的规模。马歇尔在萨伊的生产三要素基础上，提出了第四生产要素——组织。在《经济学原理》中，马歇尔借用生物组织机能之于自然竞争的对比，演绎了经济组织在社会竞争中的原理，“在社会组织——特别是工业组织——与高等动物的身体组织之间有许多奇妙的相似点”，大规模组织在竞争中能够取胜，理由包括两点。（1）规模竞争力。“大企业大量采购，因而价格低廉；它的运费支出是低的，而运输上有许多方面也是节省的——特别是在有铁路侧线直通厂中的情况下；它往往大量销售，同时还可以有很好的售价；大企业的声誉使顾

① 迪特尔·格罗塞尔．德意志联邦共和国经济政策及实践［M］．晏小宝译．上海翻译出版公司，1992：46.

客对它有信心；它能支付巨额广告费用。”（2）成本降低形成的竞争力。有组织地采购和销售，是使同一工业或行业中许多企业合并成为一个大的联合组织的主要原因之一，也是包括德国的卡特尔和集中的合作组织在内的各种同业联合的主要原因之一。组织集中增强竞争力的原因是外部成本内部化。

第二，产品的内在品质。产品价格、技术含量、质量标准、商业标识等对产品竞争力具有重要影响。一般市场条件下，会存在不同厂商生产的不同价格的同种产品，价格不同，市场竞争力也不同。亚当·斯密的“看不见的手”的理论就是以价格为中心展开论述的；马克思所揭示的资本主义经济发展规律，即价格围绕价值波动的规律、供求关系规律等，也是建立在价格基础上的。

技术在竞争中的广泛应用发生于20世纪50年代以后。第二次世界大战以后的经济恢复时期，西方主要资本主义国家空前重视技术的开发、引进，和新技术在生产中的应用，并取得了良好的社会经济效果。自此，企业对技术的认识发生了根本性的变化：由重视对新技术产品的模仿转变为注重技术开发利用。产品竞争力与产品科技含量的关系越来越紧密。工业革命以后，财富的创造主要依赖资源和货币；知识经济的发展，对资源的依赖逐渐减弱，知识在产品价值构成中的比例逐渐上升。相应地，产品竞争力的内涵发生了转化，即由产品中物化成本的降低，转为科技含量的提高。

商业标识是工业社会文明的标志之一，也是现代产品竞争力的主要方面。随着商品的极大丰富、流通频率的提高、流通范围的扩大，经营者要想在同类商品中突出自己的特色，须借助商品各种的标识来实现，这种标识包括商标和其他商业标志。起初，这些商业标识的功能是“表彰商品来源”，即一般消费者据此可确定商品是否由同一生产主体所生产制造的。随着消费支出比例的增大，消费者不仅仅关心商品的出处，更关注商品的品质。当商业标志的功能由“来源”转向“品质”后，商业标志就成了代表企业竞争力的要素了。

产品标准能够作为竞争力的标志，是由于标准的垄断性和达到标准的渐进性决定的。标准分为国家标准、行业标准、地方标准、企业标准等，不论哪种标准，对于未达到该标准的企业来说都是一种合法的壁垒，而对于已经达到该标准的企业来说，就构成了一种技术上的暂时垄断。在非国家垄断的情况下，高标准产品的替代性小，竞争力强。

二、竞争的两面性特征

经济学上将竞争划分为有效竞争和无效竞争、正当竞争和不正当竞争。基于法律建立在一定价值判断的基础上，竞争法所关注的只是上述每种分类中的后者，即将其作为调整对象来设置相应的法律规范。表面上看，竞争法调整对象确定的范围比竞争概念本身的外延小，但实际上，竞争法所调整的关系，在某些情况下超出了经济学所认定的竞争关系范围。例如，经济学上，上下经济环节之间一般是合作关系，而非竞争关系，但上（或下）游经营者的行为在危害第三者——竞争者或消费者——的情况下，上下游企业之间的联合行为可能成为限制竞争法律关系，纵向限制协议即如此。因此，虽然都是建立在经济关系的基础上，但经济学和法学因评价标准不同，研究的客体范围也不一样。

现代社会中，一个选择了竞争关系的国家，也就意味着选择了调整竞争关系的法律制度。将竞争关系上升为竞争法律关系的目的是排除对竞争的不当限制。承认并尊重竞争关系是制度选择的前提，发现并揭示限制竞争的类型是制度选择的基本条件。竞争和反竞争是事物内在矛盾的两面，在不同的生产关系下，两方面各自所发挥的影响不同。历史表明，最初的竞争表现为一种积极进取的力量，一座通往财富之路的灯塔；之后，竞争成为积累财富的权柄和引发经济激烈冲突的大棒。在西方，竞争曾一度被神化，竞争机制被认为是可以解决市场中的一切问题的“灵丹妙药”法。其实，竞争是创造财富的力量，也具有摧毁财富的危险，竞争具有两面性。竞争最初表现为积极的一面，达到一定程度后，其消极的一面便会显现出来。历史证明，竞争消极性的一面比积极性的一面迟滞地显露出来。于是，除了古典经济学派和新古典经济学派外，凡理论涉及竞争的经济学派和经济学家都承认并在竞争的分析上自觉地运用如下分类——有效竞争和无效竞争（或有效率竞争和非效率竞争）。有效竞争和无效竞争各自有诸多表现形式。

历史表明，在西方文明中，竞争曾扮演着多种角色：在自由资本主义向垄断资本主义发展的过程中，竞争由拯救封建经济的天使变成了扼杀自由经济活力的魔鬼。在这一历史进程中，“它许诺并提供了财富与经济进步；它也改变了财富的分配，动摇了共同体的根基，（但同时也）向道德规范发起挑战”[①]。这个变动的过程是缓慢的，其消极的一面也是渐进地显现出来的，这使得人类在对待反竞争的态度上，曾经犹豫过、徘徊过，并曾经以最大的善意期待竞争能够自我觉醒并回归。在其负面影响充分展露出来，并不断地对经济发展施加阻碍时，人们对其进行规制的态度便逐渐坚定起来。

通常，影响市场有效竞争的因素有三方面：来自国家的，如关税等各种税收、知识产权的垄断等；来自市场主体的，如企业之间的限制价格协议、规模企业独占经营、垄断销售渠道等；来源于政府的，如发布文件给予个别企业享有垄断经营某种产品的特权。第一个方面涉及的是国家主权，其不合理之处只能通过政治制度的完善来改进；第二方面是市场主体蓄意改变市场规则并使之有利于自己，它涉及的是个体利益与公共利益的对抗；第三方面是政府不恰当介入经济关系并依据行政力量改变市场规则，这种行为往往有利于相关政府人员的团体利益和个别市场主体的利益。在不涉及或不可能涉及国家安全和社会公共利益的前提下，上述第二、三种情形便是竞争法所力图消除的“坏的”竞争。被认为是“坏的”竞争包括两种形态，即不正当竞争行为和限制竞争（垄断）行为。

① 格伯尔．二十世纪欧洲的法律与竞争．冯克利，魏志梅译．中国社会科学出版社，2004：1.

第二节 不正当竞争及其法律规制

反不正当竞争法的真正独立表现为两个方面：新观念的产生，形成了完整的规范方法和对象结构。本章通过梳理反不正当竞争的行为与相关法规制定的推进，分析不正当竞争行为的制止以及法律规制的对象、方法与机制。

一、不正当竞争的法律观念

自由资本主义经济条件下，最伟大的立法成就是《拿破仑法典》。它确认了从封建地域的、专制的直接羁绊下解脱出来的自由和平等的商品生产者的主体地位，并成为近代社会区别于传统社会的一个重要标志。这一时期的法学理论所崇尚的是私法的三大原则，即所有权神圣、契约自由和自由竞争，这也是当时法律制度的支柱。随着社会经济的发展，自由资本主义时期所崇尚的这些法律原则，都产生了消极的社会后果。于是产生了对抗自由放任主义的新思想，其中最为重要的是社会连带思想和干预主义思想。

（一）社会连带思想

社会连带思想最初是由法国实证主义哲学和社会学的创始人孔德提出的，后经法国社会学家涂尔干和狄骥的进一步深化发展，成为一个比较完备的理论体系。构成社会连带思想的核心内容主要有三个：（1）人人有求生和减轻痛苦的本性、需要与愿望，必须通过相互协作才能解决；（2）基于社会联系中的人类协作需要社会规范；（3）国家的任务就是加强社会连带关系，确保社会连带关系下每个成员都有公平的生存和发展机会（狄骥）。这是从政治学和社会学的视角宏观地描述社会连带思想的，也是社会连带思想的第一个阶段。

从法律的视角来阐述社会连带思想的，是麦克尼尔在《新社会契约论》所表达的关系契约的观念，这是社会连带思想的第二个阶段。这个阶段的社会连带思想与竞争法的关联更加密切。

麦克尼尔提出了关系契约的概念，并用它阐述自己的社会连带思想。关系契约是针对传统契约而提出的一个概念，也是针对传统契约在社会转型中所表现的局限性而提出的。传统契约具有如下两个特点。（1）关系的封闭性。通常由两个主体各自表达其允诺构成契约，其效力并不延及其他人，如《法国民法典》第1134条规定："依法成立的契约，在缔结契约的当事人间有相当于法律的效力。"（2）合意是效力的中心。合意发挥契约订立并约束当事人的功能。关系契约则突破了这些特点，例如，买卖合同结束后，因产品存在缺陷，卖方还需要进行"三包"；劳动者因工作年限的原因，雇主一方不可以随意解除合同等。关系契约通过检讨传统契约的一次性、封闭性、合意的核心特点，将"私人领域"与"公共领域"的"隔离墙"贯通，强调"私法"的扩张以及与公法的关联。

比较而言，早期的社会连带思想建立在人类生存需要的基础上，建立的是社会关系中的人的生存联系；麦克尼尔的关系契约以传统契约为基本视角，只是拉长了契约存续的生命线。有别于此，竞争法中的社会连带思想是以观察视角进行了一百八十度移位后形成的关系连带性，即不是以当事人为基础向外看，而是从外部来看当事人之间构建的关系"小圈子"。之所以要从外部看这个"小圈子"，是因为小圈子关系具有外部性，尤其是负外部性。另外，调转视角观察后形成的"连带"的内容性质也是不同的。关系契约中的"社会"是当事人对他人的依赖形成的积极性的确认关系；竞争法所依赖的社会连带关系中的"社会"，是他人对以当事人为中心的警觉而形成的消极性的排除关系。

在19世纪末20世纪初，社会连带思想和公共利益保护观念作为新的立法资源，以其蕴含的强大能量将传统契约（法）撞击成了若干个碎片，分化出如消费者契约（法）、劳动契约（法）等，这一过程被学者形象地描绘成"（传统）契约的死亡"和"（新型）契约的再生"。事实上，传统契约并没有死亡，只是被部分瓦解。只用"死亡"和"再生"来描述这一时期的契约变动也不够全面，因为还有部分契约发生了变异，如商业贿赂。在立法者的态度上，“再生”的契约如“阿拉丁神灯”一样被高高地挂起——被视为一种“主权”或人权；而变异的契约则被谨慎地放入“潘多拉盒子”——“规制限制交易的原则以契约法的一部分开始”，只是在公共利益观念深化以后，限制竞争才逐步成为契约效力的正当阻却要素。

在反不正当竞争法中，几乎所有的制度都是建立在这种社会连带思想的基础上的。例如，假冒商业标识的问题，它涉及社会连带关系——假冒人和权利人——构筑起一个“小圈子”，因为假冒，相关公众会产生误认误购，由此产生“社会”——相关公众，“连带”——基础的外部性，这是假冒行为构成了不正当竞争的基本法理。传统法是将假冒人与权利人作为一个封闭的关系来处理，如假冒商标，按照商标法处理；假冒字号，按照字号的法律制度来解决纠纷，且主导主体是权利人。竞争的法律关系是转换视角后形成的复合性关系，主导主体是购买人（相关公众）。同理，商业贿赂的连带关系：在行贿人和受贿人关系（交易或拟交易关系）的基础上连带行贿人的竞争者；商业诋毁的连带关系：在诋毁人和被诋毁人关系的基础上连带潜在的购买者；有奖销售的连带关系：在销售者和购买者关系的基础上连带销售者的竞争者；如此等等。

（二）干预主义思想

市场经济发展初期，市场主体之间的经济实力基本均衡，不存在经济强制和超经济强制的社会条件，民事主体之间在自愿的前提下以意思自治为基础，通过设定权利、义务来维持经济流转，因此人人自愿、人人平等、人人自主的理想社会似乎已经展现在人们的面前。但随着市场经济的进一步发展，供需环境、技术创新、企业重组等导致市场主体之间的经济实力的差异越来越大，而经济实力直接转化为交易中的市场力量。市场力量使意思自治背后的缔约自由往往带有强制性、依附性（雇佣合同、格式合同），由此，传统法所宣扬的契约自由往往是一方制定条款的自由和另一方要么接受全部条款、要么拒绝全部条款的自由。一方获得的权利不断扩大，另一方不得不背负过多的义务。这导致民事流转关系中的平等关系难以落实。

市场力量打破了市场交易的自然均衡，一定程度上也改变了经营者的行为方式。如经营者为了生存而搭借他人的便车，或者采取诱导式的营销方式。这类行为不针对特定的对象，但危害竞争秩序。

在应对上述问题时，传统民商法所崇尚的平等因其静态性、表面性而难以与变动的经济生活相适应。受到侵害的私人主体因自身能力或动力的欠缺，难以与加害者通过私下协商而得到自救，这种关系因涉及公共利益，故需要公权力的介入。

二、反不正当竞争的规制对象与调整机制

（一）对象的类别

不正当竞争行为可以大致分为以下两种类型。

（1）搭借他人的竞争优势，获取不当竞争利益。如擅自使用他人商品的知名商标、包装、装潢或有关标记，假冒他人的字号或商品质量标志，侵害他人的商业秘密等。

（2）通过不正当方法为自己谋取竞争优势，如有奖销售、商业贿赂、虚假广告、商业诋毁等。

（二）方法与机制

在方法上，反不正当竞争法确立了三种调整工具，并由此形成了一系列的调整机制。

首先是列举条款。列举条款即明确表达哪种行为和什么条件下为不正当竞争行为的条款。列举条款有完整的结构，能够较为明确地表述某类事实状况及法律后果。列举条款在形式上占据竞争法条文的绝对份额，实质上也是一定经济状态下反竞争行为的主要控制力量。一国反不正当竞争立法成熟、稳定与否，是以列举条款能否做到基本控制市场行为为主要标志的。

其次是一般条款。一般条款被奉为“整个竞争法领域之帝王条款”。

在条款的构成上，列举条款一般有完整的规范结构，能够清晰地预见某类事实状况及法律后果。一般条款形式上也包含规范结构中的“假定”、“处理”和“制裁”，但“假定”部分代之以模糊的概念。一般条款相当于立法机关给予司法机关和行政执法机构以一定的授权，允许他们依此进行扩张性调整。

最后是原则条款的辅助调整和补充调整。所谓辅助调整，是指通过原则指导，帮助列举条款和一般条款发挥调整功能的过程。所谓补充调整，是指在一国竞争法律制度中，因没有设置一般条款，对于法律规范限定的行为之外的反竞争行为，原则条款所具有的调整功能。

第三节 反垄断法中的垄断与防范

为达到适度和健康的竞争，反竞争行为——垄断行为——是市场和整个社会经济环境下所要禁止的。并不是市场中所有的有关垄断的行为都是需要抑制的，有些垄断现象或反竞争行为能够提升经济效益并维护社会公平，这就要求政策的制定者和执行者以及企业家明确什么是合理的垄断、什么是“坏的”垄断——反垄断法中的垄断。在具有了相关的对垄断的认知以后，才能合理地规避垄断行为，主动维护良性竞争环境，以保持利润获取的可持续化，在垄断防范的环境下实现法商运营。

一、法律所允许的垄断

不同国家的经济基础和国民经济发展的制约因素有所不同，或同一国家不同时期影响经济安全的因素有所不同，这会影响法律调整的适用除外的范围。同样，一个行业在一国属于适用除外的，在另一国不一定如此。在划定的范围上，适用除外具有一般性和特殊性。下文所言的适用除外的范围是指一般适用除外。

（一）合法的垄断

竞争给市场带来好处的同时，也导致了公共产品投资的社会性匮乏。于是，人们渐渐地认识到，竞争并不是万能的。从产业特性和社会稳定性出发，市场经济中的某些行业不实行竞争经营可能会更合理，自然垄断行业就是典型形式。

1. 自然垄断行业的特点要求反垄断法适用除外

（1）从行业特点上看，自然垄断行业的投资大，回收投资的时间长。自然垄断行业向社会提供的产品或者服务，都是通过固定的管道或者线路进行的。因铺设管道或者线路的成本很高，从经济的合理性角度出发，从供应场所到用户的管道或者线路应当只有一条。如果在这些设施上引进竞争机制，可能就会重复铺设管道或线路，增加重复性投资。从社会整体经济效益衡量，必然造成资源的浪费，不利于社会福利最大化。

（2）从行业的生产和消费的关系上看，自然垄断行业的生产和销售需要同时进行且不宜中断。"以销定产"是这些行业区别于竞争性产品产业的最大特点。不存在消费需求，不宜进行生产，否则就会造成社会财富的浪费。其市场需求在一定时间里相对稳定，一般不存在明显的产品销售"淡季"或"旺季"，也就是产品需求增长的空间相对平稳，在现有生产设备的连续运行能够保障需求的情况下，若再重复建设同类行业，必然使整个行业承受开工不足的困扰，造成投入的财产大量沉积，抑制整个行业的经营效率。因此，如果现有特定企业提供的产品能够满足社会需求，就应该阻止其他企业进入，以保护现有特定企业的垄断经营。

（3）从经营特点上看，自然垄断行业需要保持长期稳定的经营业绩。自然垄断行业面向全社会，服务于各行各业和千家万户，并要求提供稳定的首尾相接的服务。它们经营上的稳定性、产品的安全性、价格的合理性等，直接关系到民众福利，也关乎国民经济的运行和发展。该行业需要保持长期稳定的经营。

许多国家的反垄断法都对自然垄断行业网开一面，将其放置于反垄断法适用范围之外。只是由于各国市场本身以及各国社会政治的原因，豁免的自然垄断行业的范围有所不同而已。

在理解自然垄断行业反垄断法适用除外时，应该注意两个问题。一是自然垄断适用除外是个历史性问题。传统上，美国规定了对各种公用事业和电信、航空、铁路、广播电视、洲际输油管道等自然垄断行业给予适用除外。日本《禁止垄断法》第六章第 21 条（自然垄断所固有的行为）也明确规定，本法规定不适用于铁路事业、电力事业、煤气事业，以及其他性质上为自然垄断事业的经营人所实施的其事业所固有的生产、销售或者供应的行为。由于这些国家在经济发展中存在产业政策的优先适用时期，所以在反垄断法上存在上述规定。但是，随着竞争政策的普及，上述行业逐渐被纳入反垄断法适用范畴。二是在中国，自然垄断行业不属于反垄断法的适用除外。在普遍适用的前提下，存在如何适用的问题。对于自然垄断行业的经营者，其行为均适用反垄断法，这属于实质性适用；对于自然垄断行业的经营者集中，尤其是自然垄断行业中国有企业间的经营者集中，形式上仍然适用反垄断法的规定，达到条件的需要申报、审查等。但实质上，发挥作用的仍主要是产业政策，不是竞争政策。国务院将“南车”和“北车”合并为“中车”，同样要走经营者集中的审查程序，但很难想象，审查会不通过。所以，对于国有企业间的集中，带有明显的形式审查的色彩。

2. 知识产权的行使行为

知识产权是一种无形财产权，也是一种合法的垄断权。知识产权之所以被专门法律直接确认为垄断权利，是由知识产权的非物质性决定的。智力成果的内容在使用前是一种系统性思想形式，但不是纯粹的观念，而是和生产经营有紧密的关系。智力成果的价值在于应用，即将其在产品上体现出来，而产品一旦销售又容易被他人擅自仿冒。因此，作为公开的对价，法律给予智力成果特别的保护，独占性或垄断性是知识产权共有的特性。

以专利法为例，1624 年英国颁布了世界上公认的第一部正式而完整的专利法——《垄断法规》，该法明确规定了发明是发明者的一种财产，发明者可以在一定时间内享有使用该发明的垄断权。现代国家禁止私人垄断，但专利法却积极地允许垄断，从而在反垄断法上开了一个大洞。专利制度通过授予发明创造人以垄断独占和使用的权利，以促进发明创造的推广和应用，进而推动科技进步和经济、社会发展。

除了垄断状态，反垄断法予以尊重外，一些知识产权行使的行为，也属于适用除外。例如，知识产权排他许可或独占许可。从形式上看，排他许可类似限定交易，独占许可类似独家交易，但这些行为属于知识产权法中的权利人的权利范畴，而不是反垄断法中的权利（权力）滥用。当然，如果许可的知识产权属于核心设施，则排他许可或独占许可可能涉嫌违反反垄断法。

3. 农业和农业合作团体

农业受自然条件的影响大，依赖自然条件会导致农业生产不稳定。另外，农业对工业的基础性作用和对国民经济稳定发展的基础地位要求突出了农业的特殊性。

一些国家从卡特尔角度规定农业团体的例外。德国《反限制竞争法》第 28 条第 1 款规定，本法第 1 条不适用于农业生产者企业，也不适用于农业生产者企业的联合组织以及这些联合组织联盟做出的有关以下内容的协议或决议：农产品的生产、销售；储藏、加工或处理农产品的共同设施的协议。但以不包含价格约束并不排除竞争为限。

也有的从国家援助和补贴的角度对农业予以特殊待遇。欧共体竞争法、俄罗斯反垄断法等均将农业列为国家援助的范围。

还有的国家从法与法的关系的角度排除与农业有关的事业团体适用反垄断法。日本于 1996 年颁布的《关于〈禁止私人垄断及确保公正交易法〉的适用除外的法律》规定了 35 种豁免的团体，涉及农业的有农业合作社、农业灾害合作组织、烟草耕种组织等。

（二）合法性垄断的发展趋势

20 世纪 70 年代末期，西方传统属于反垄断法适用除外的自然垄断行业和特许垄断行业，开始引入竞争机制，实行混合经营。不论是垄断状态还是其垄断行为，均被纳入反垄断法的规范之列，这使得反垄断法适用除外的范围逐渐缩小。英、美、日等国的适用除外的变动最明显。

1981 年，英国政府对电信业进行改革，颁布了一部《电信法》，将英国电信公司从邮政局中分离了出来，并且取消了其在通信网络运营、通信网络服务、供应大部分通信设备等方面的法定垄断地位，使之成为一个独立经营的市场主体。不仅如此，为促进竞争，英国政府授予莫克瑞电信公司经营全国性通信网络的特许权，其和英国电信公司相互竞争，从此开始了英国电信业的“双寡头”竞争。1984 年，配合英国电信公司的股份制改造，英国又颁布了新的《电信法》，该法的目标确定为：(1)促进在英国的消费者、购买者和其他使用者的利益；(2)促进高效率的竞争；(3)促进效率与经济性；(4)促进研究与开发；(5)促进海外电信企业在英国开展通信业务；(6)促进提供国内通信服务；(7)通过提供通信服务和设备，促进英国企业的国际竞争力的提升。

英国的电信改革产生了良好的效果，1992 年电信管制办公室的年度报告中称，国内电话一次性通话失败率从 1987 年的 4.3% 下降到 1992 年的 0.3%；在两个工作日内，通信故障的排除率由 74% 上升了到 98%。[①]

除了电信，在英国，煤气、自来水、电力等都是在 20 世纪 80 年代开始社会化改革的，英国也因此制定了相应的立法。[②] 此处不再赘述。

美国电信市场通过肢解电信巨头——美国电话电报公司(AT&T)——的办法，形成了长途通信领域的竞争。1983 年以前，AT&T 控制了 95% 以上的各类长途电话业务。从 1984 年开始，AT&T 被分割为 7 个地区性的电话公司并各自独立运行。在萨缪尔森看来，大

① 王俊豪．政府管制经济学导论［M］．商务印书馆，2001：210.

② 1986 年制定《煤气法》；1989 年制定《自来水法》《电力法》。2001 年废止电力联合体制，实行新电力交易制。

公司被肢解并不一定是坏事，美国正是因为对电话电报公司的分割，才促进了电信技术的发展和电信市场的繁荣。①

日本20世纪70年代末期开始探索国有企业改革，着手改革是在80年代中期，主要针对三家非公司制国有企业（即日本电信电话公社、日本烟草专卖公社、日本国有铁路公社）进行民营化改革。对于放开电信市场，政府有意识地维持一个寡头垄断的电信市场结构，使日本电信市场的竞争保持一个相对稳定的格局。1985年废除了烟草专卖制度，又出售了政府改制后的日本烟草产业株式会社50%的股权。1987年，日本国有铁路正式实行民营化和股份化，日本把全国国有铁路分割为6个区段，并分别设立6家民营客运铁路公司和一家货运公司。在美国的影响下，日本于1997年进一步开放市场，并对电信企业NTT再次进行改组，目的是使日本能够跟上全球电信市场的步伐，推动NTT进入国际电信市场。

转型国家中，俄罗斯反垄断法适用除外的范围也在短期内明显缩小。俄罗斯1992年实施的反垄断法只规范生产流通及劳动力市场的垄断行为，没有涉及保险、金融和社会保障等领域。1995年，俄罗斯颁布实施了《国家保护中小企业免受垄断和不正当竞争的法律》和《反自然垄断法》。《反自然垄断法》的政策目标是在垄断化了的部门中鼓励和发展竞争，刺激在这些部门建立新企业，鼓励其他部门的企业生产垄断性产品，放宽外资进入垄断市场的限制等。2001年颁布的《关于在对外经贸活动中保护消费者利益的法律》，规定了外经贸领域的合理竞争，竞争范围进一步扩大。

国有企业从垄断行业中部分退出，是由一系列经济、技术因素造成的。基本原因如下。

第一，产业结构的变化使国有企业的地位和作用发生了变化。战后西方发达国家的国有企业的形成和发展，都是建立在必要的经济技

① 萨缪尔森．大公司被肢解，焉知非福［N］．光明日报，2000—06—14.

术基础上的。在一段相当长的时间内，世界上许多国家都将重要的原材料、能源等基础工业实行国有化。这和战后经济恢复的特定任务密不可分。但是，随着科技进步，产业重点发生了变化，一些传统产业失去了昔日的作用，变成了夕阳产业。新型能源的开发，使能源结构迅速发生了变化；新材料的出现，使传统的钢铁工业的重要地位降低；现代交通工具的增加，使传统的交通结构发生了根本性变革。原有的国有企业以单品种、大批量生产为主的生产体制，已不适应现代经济发展的需要。

第二，减轻政府财政负担的需要。由于国有企业体制僵化、规模庞大、机构臃肿、经济激励不足，导致国有企业效率普遍低下，但国有企业不存在破产的压力和改善经营、扭亏为盈的动力。在低效率运转中，国有企业依靠的主要是国家的财政补贴。而随着国有企业亏损额的进一步扩大，财政的压力越来越大。

第三，解决经营效益长期低下的问题。东、西方国有企业普遍存在效益和效率低下的问题。国有企业效率低下的原因大致包括三方面。(1)缺乏明确的利润目标，而这一目标正是私营企业全力追求的。利润最大化意味着成本最小化。如果没有这一目标，对企业的刺激就会大大减弱。(2)国有企业生产经营的目标往往不止一个，这些目标有时相互冲突。出于政治原因，政府要求企业付出经济代价、经营利润来承担一定的社会责任。(3)对国有企业管理人员的激励与企业的经济效益分离，即管理人员的收入和企业的利润没有直接关系，这使得管理者没有动力去提高经济效益。

第四，提升国家竞争力要求企业转变经营理念。全球经济背景下，一国在国际市场上的地位取决于国家竞争力，国家竞争力来自企业的综合竞争力。对于垄断行业或特许经营企业而言，国家不再单纯强调其安全保障职能，而是在强调安全保障职能的基础上，增加了资产增值保值的能力和市场竞争力的要求。其中，后两者是相辅相成的。

在上述趋势的引导下，中国传统的垄断行业亦需要顺势而行。纵观中国电信、能源等行业所遭受的诟病，主要问题在于理念的褊狭，即以垄断状态为支撑的优势地位企业，因能获得稳定的利润而没有将市场和消费者放在应有的位置。在产业结构相对合理、技术能力越来越高的前提下，对社会的自我组织能力和法律的治理能力给予更多的信任，或许是传统垄断行业实现来自竞争的繁荣的必然选择。

二、法律所禁止的垄断

在西方国家，被法律所禁止的垄断行为主要有以下三种：协议限制竞争行为（垄断协议）、滥用市场支配地位、经营者集中，这三者也被称为反垄断法的三大支柱。转型国家的立法还规定了第四种行为：行政垄断。

（一）横向垄断协议（卡特尔）和纵向垄断协议

横向垄断协议与纵向垄断协议的划分，是基于协议的签订者是否处于同一经济环节所进行的划分。属于同一经济环节的，是横向垄断协议；不属于同一经济环节的，是纵向垄断协议。这也是反垄断法及理论研究中最常用的分类。[①]

横向垄断协议，又称水平垄断协议或卡特尔，是指在生产或销售中，处于同一经济环节的、具有相互竞争关系的经营者之间签订的共同控制价格、产量、技术、产品、设备、交易对象、交易地区等内容的协议，或虽没有协议但采取协同一致的行为。根据协议限制内容的不同，横向垄断协议可以分为限制价格协议、限制产量协议、技术标准协议、限定或划分市场协议、共同购买协议、联合抵制协议等。

纵向垄断协议，又称为垂直垄断协议，是指处于不同的经济环节、相互不具有直接竞争关系的经营者之间为了限制竞争而订立的协议。根

---

① 爱沙尼亚《竞争法》（2001 年）第 6 条直接使用了横向协议和纵向协议概念；俄罗斯《竞争保护法》（2011 年修改）第 4 条使用了“垂直协议”，并做了定义。可见，这种类型的划分不仅仅用于理论研究。

据是否以价格为中心，纵向限制竞争协议又分为纵向价格限制协议和纵向非价格限制协议。

横向垄断协议与纵向垄断协议不仅仅反映向性关系的不同，它们之间的主要区别还在于以下几个方面。（1）签订协议的主体不同。前者是处于同一经济环节的竞争者之间的协议，后者是处于不同经济环节的上下游企业之间的协议。（2）对竞争所产生的影响不同。一般情况下，横向垄断协议对市场的影响比较严重，尤其是价格协议、限产协议和地域限制协议，其可能产生某一行业的不竞争状况，即市场失灵的情况；而纵向垄断协议对竞争的影响一般限于某品牌的下游主体，直至形成对该品牌的消费者利益的侵害，但该品牌外在的竞争仍然存在。换言之，横向垄断协议涉及的往往是某个产业（多个替代品）的整体控制，而纵向垄断协议涉及的往往只是某个产品的上下游控制。（3）法律对它们的规制态度不同。横向垄断协议多适用本身违法原则；而纵向垄断协议一般采用合理原则，要考察行为的目的和行为的后果，只有行为的目的是反竞争的，并且对竞争产生恶劣的影响时，纵向垄断协议才被反垄断法规制。

（二）滥用市场支配地位

学理上的分类往往是多视角的分类，形成的分类结果也具有多元性。

1. 剥削型滥用和妨碍型滥用

德国理论界将滥用优势地位划分为妨碍型和剥削型两种。妨碍型滥用，是指具有市场支配地位的经营者为了维护自己的市场支配地位，排挤竞争对手或阻碍潜在竞争者进入市场。剥削型滥用，是指具有市场支配地位的经营者通过剥夺交易对方的利益来获得垄断利润的行为，这类滥用行为主要有垄断高价或低价、价格歧视、搭售或者强加不合理条件等行为。

剥削型滥用侵害的是购买者（潜在消费者）的利益，妨碍型滥用侵害的是竞争者的利益。另外，前者是在不剥夺交易人主体资格的前提下谋取垄断利益，具体而言，侵害的是消费者的成本福利、选择权和公平交易权等；后者是经营者为剥夺竞争者（潜在竞争者）的生存权而采取的限制或阻碍行为，侵害竞争者的生存权和发展权。

这样划分的意义在于，理解不同类型行为的本质及侵害的利益关系，在认定类型行为时能够准确把握判定标准。

2. 单独滥用市场支配地位和平行滥用市场支配地位

单独滥用市场支配地位，是一个具有市场支配地位的经营者依靠其自身力量即可实施的滥用行为。一般情况下，滥用市场支配地位行为大都是单独滥用，因为多个主体滥用的受害面太大，行为违法性表露得太露骨，易受到反垄断执法机构的处罚。

平行滥用市场支配地位行为，是多个主体独立实施且行为具有一致性的滥用支配地位的行动。例如，两个竞争者合计占有市场份额达到2/3以上，且每一个的市场份额都超过1/10，它们在相同的时间内就竞争商品都实施了涨价。

人们习惯将平行滥用市场支配地位叫作联合滥用市场支配地位，其实，“联合滥用”的叫法并不准确，因为“联合”表达的是思想联络基础上的行为一致，而以思想联络为基础的一致行为属于协同行为（卡特尔）。所以用“联合滥用市场支配地位”这个概念将无法在语义和行为性质上与“协同行为”相区分。况且，联合滥用市场支配地位的存在就是为了补充协同行为在认定上的不足。

这样分类的意义在于，突出联合滥用市场支配地位行为的特殊性，并合理处理其与协同行为制度的补充性关系。

3. 价格上滥用市场支配地位和非价格上滥用市场支配地位

前者是以价格为工具实施的滥用市场支配地位行为，表现为不公平的价格、掠夺性定价、价格歧视；后者是以非价格工具实施的滥用市场支配地位行为，表现为拒绝交易、限定交易、搭售等。

由于价格在市场中的特殊性，认定中要合理区分价格上的垄断行为和企业价格自主权。因此，认定价格垄断行为需要更充分的理由。

（三）经营者集中

经营者集中源于资本集中。按照马克思的剩余价值学说，资本积累包括资本积聚和资本集中两种方式。资本积聚是剩余价值资本化的结果，资本集中只是社会总资本在各个资本家之间的重新分配。

1. 经营者集中的本质

经营者集中的本质在于控制权的产生或转移，即经营者通过交易取得对其他经营者的控制权，或者能够对其他经营者施加决定性影响。

控制权的集中意味着市场力量的增强，市场力量的增强可能改变市场的竞争状况，尤其是对竞争者所处竞争环境的不利影响会增大。此处所称的“不利影响”源于两方面：一、它是在社会财富绝对量不增加的情况下产生的竞争环境的改变，缺少公益基础；二、它在转瞬间即可形成一个新的市场竞争结构，不会给竞争者适应市场变化的准备。这不同于资本积聚存在一个缓慢的市场力量形成的过程。马克思在对剩余价值问题进行阶级分析时，指出了资本积聚和资本集中所涉及的阶级关系的差异：资本积聚标志着资本所支配的生产资料和劳动力的增加，因而意味着资产阶级对无产阶级统治的扩大；资本集中则是一种资本家剥夺资本家的关系。这种分析告诉我们，控制权的集中涉及的核心问题是外部关系，而不是内部关系。经营者集中对市场的影响程度，既要看参与集中的经营者的资本量的大小，也要评估一定地域和时期内相关市场的合理容积率。这两个因素决定了，不是所有的集中都违背竞争原则，也不是所有的竞争都由当事人意思自治。

经营者集中所指的控制权，包括单独控制权和共同控制权。关于控制权的取得，可由经营者直接取得，也可通过其已控制的经营者间接取得。判断经营者取得控制权，取决于约定和事实，经营者集中协议和（或）章程是重要的判断依据。如果通过合同获得对其他经营者的影响力，则判断依据是合同。另外，如果股权分散等，控制权不限于51%的股权。

2. 经营者集中的类型

按照当事人是否处于相同的生产经营阶段，可将经营者集中分为横向集中、纵向集中和混合集中。

（1）横向集中，又称水平合并，是指在同一相关市场上、同一生产经营环节的经营者之间的集中。横向集中发生在同一相关地域市场上的生产具有替代性产品的企业之间。如在同一地理区域内的两个葡萄酒批发商之间的集中。

一般情况下，横向集中是为了取得规模经济效益和占有更大的市场份额。但是，由于参与横向集中的经营者相互之间是竞争关系，其对竞争的消极作用是显而易见的。横向经营者集中的直接后果是减少市场竞争者的数目，集中后的经营者可能具有市场支配地位。即使最终没有出现一家经营者独占市场的情形，也能出现几家经营者控制整个行业的局面。因此，横向集中是各国反垄断执法机关严格监管的对象。美国、日本、欧盟国家等国（地区）规制经营者集中的重点就是规制横向集中。

（2）纵向集中，也称为垂直合并，是指从事同一产业处于不同市场环节的经营者之间的集中，即同一产业中处于不同阶段且实际上具有买卖关系的各经营者之间的集中。依集中的主动性不同，还可以将纵向集中分为“向前一体化”和“向后一体化”。前者是指某一经济环节的企业对下游企业的集中；后者是指某一经济环节的企业对上游企业的集中。

决定成本、利润的关键经济变量是生产、销售能力。为了保证足够的生产经营能力以获取稳定的利润，企业可以对其主业的上下游环节进行控制。如果某一生产经营环节的原材料供应脱节，企业就不得不考虑进行“向后一体化”以控制上游原材料企业；如果企业的销售渠道不畅或受制于人，企业往往会考虑“向前一体化”。所以，纵向集中是企业形成完整产业链或进一步扩大营销体系的一种常见形式。

（3）混合集中，也称为混合合并，是指同一市场上的非竞争者或非交易人之间的集中。换言之，是同一市场上既不存在竞争关系，也不存在商品买卖关系的经营者之间的集中。

依集中针对的对象不同，混合集中可以分为三种不同类型：（1）市场扩张型经营者集中，即同一经济环节的从事同样经营活动的经营者在不同市场区域的集中；（2）产品扩张型经营者集中，即产品功能互补的生产者之间或经营者之间的集中；（3）纯粹的经营者集中，即那些生产和经营彼此毫不相干的产品或者服务的经营者之间的集中。

混合集中的目的往往不是基于节约成本或稳定经营，而是为了分散企业追求高利润的商业风险，充分利用企业内部的过剩资本。理论上，有经济学家对大型企业以集中的方式分散风险的目的和做法持保留态度，指出，大企业合并自己不太熟悉的行业以后，后遗症十分突出，经营不善的话，很快会陷入困境，最终又会被迫舍弃该部分。[①] 有观点认为，混合合并的优缺点尚无法定论，“没有任何一项研究成果得出混合合并的主要益处或代价”。[②] 也有理论认为，当两个企业进行混合合并时，企业所拥有的雄厚经济实力便对其他竞争对手产生心理压力，使那些潜在的竞争对手望而却步，不利于促进市场自由而有效的竞争[③]。这就是所谓的“阻却竞争理论”。

由上述分析可知，纵向集中和混合集中因为一般不会导致市场上竞争对手的减少，因此，相比之下，横向集中的危险性最大。故有关经营者集中的控制标准主要围绕横向集中展开，各国的反垄断法对其他两种集中采取了较为宽容的态度。但是，纵向集中和混合集中在特定情况下依然有可能对市场的竞争秩序造成损害。从保护市场公平有效竞争的角度看，两者也会成为反垄断执法机关的关注对象。

（四）行政垄断

行政垄断是行政权力违反市场经济规律，限制资源和资源流动的现

---

① 保罗·A.萨缪尔森，威廉·D.诺德豪斯．经济学．高鸿业译．中国发展出版社，1991：917.

② 龚维敬．论企业兼并．复旦大学出版社，1996：203.

③ 王晓晔．企业合并中的反垄断问题．法律出版社，1996：17.

象。由此可见，行政垄断是基于违法性而使用的概念。

1. 性质

理解行政垄断，首先要区分经济学意义和法学意义上的行政垄断。垄断本身是一个经济学的概念，依照西方经济学家的观点，行政垄断即在行政权力适用中形成的垄断。“行政”一般包括国家行政机关和地方行政机关，行政垄断的范围就分为国家行政垄断和地方行政垄断。经济学对问题的分析一般采取“价值无涉”①，即不以“合法”或“非法”对行为加以区分。经济学上的概念要比法学中的概念更为宽泛。法学或法律上的行政垄断需要价值衡量。

其次，行政垄断不同于国家垄断。国家对经济的管理建立在经济规律的基础上，其目的是维护国民经济的稳定和健康发展。行政垄断的实施主体主要是地方行政机关，目的是，通过滥用行政权力，维护地方利益和某个个体的利益。这里的国家垄断是指国家依靠立法维护某行业或某产业的国家经营，排除或限制市场竞争。所以，国家垄断通常是合法的垄断，行政垄断是违法的垄断。

再次，行政垄断是一种资源垄断，它不是凭借经济力量形成的，而是通过行政权力和行政行为实现的。经济垄断是经济力量滥用的结果，经济垄断的形成需要以经济支配力为基础。经济支配力是在市场中渐进形成的，其形成方式有资本的增大、企业合并等。行政垄断是行政权力和资本结合的产物，行政权力通过资本的运作表现出来。这里的资本可大可小，不要求资本具有市场支配力。

最后，行政垄断是行为，也是一种状态。在反垄断立法和执法中，反垄断应该仅针对作为垄断企业的垄断行为本身，还是应该同时针对经营者的垄断状态，这产生了西方国家立法上的“结构主义”与“行为主

① 其中尤以马克斯·韦伯从方法论角度提出的价值无涉的影响最大，具体可参见：马克斯·韦伯：《社会科学方法论》，韩水法、莫茜译，中央编译出版社1999年版，第163—183页。

义”之争。由于西方国家法律没有对行政垄断的规制，因此“结构主义”与“行为主义”之争围绕经济垄断展开。行政垄断也存在“结构”与“行为”之分。“结构型”行政垄断表现为，滥用权力使经营者享有稳定的市场垄断地位、垄断状态和垄断行为；“行为型”行政垄断表现为，行政权力保护下的特殊经营行为。从权力滥用的属性上看，前者属抽象行政行为；后者属具体行政行为。相比较，“结构型”行政垄断更加隐晦，更加稳定，对市场的危害更深。

2. 分类

行政垄断的表现形式有多种，可以根据不同的标准分成不同的种类。

根据行为加害的范围的不同，行政垄断可以分为地区垄断和行业垄断。

地区垄断是指地方政府机关滥用行政权力，实行地区封锁、地方保护主义，以歧视待遇、不同标准等限制和阻止外地经营者或外地产品进入本地市场。其手段包括：对外地的经营者拒绝办理营业执照，对外地产品随意没收，对经营外地产品的行为罚款、限制或禁止外地的原材料和商品输入本辖区，对外地经营者采取其他各种歧视措施。

行业垄断，又称部门垄断，是指政府部门利用行政权力限制部门之外的经营者参与本部门市场竞争的行为。行业垄断的目的在于保护本部门及本部门所属企业的利益。行业垄断成立的前提条件是：首先，行业主管机关拥有涉及行业准入、生存和发展的权力，如投资规划权、资源管理权、财政权等；其次，行业主管机关超越授权的范围行使权力；最后，超越授权行使权力造成了行业垄断的后果。行业垄断的典型形式是行政性公司，如设立具备经营性质并兼具某方面行政管理职能的公司，垄断经营某行业。

根据限制竞争行为的方式的不同，行政垄断可以分为抽象行政行为垄断和具体行政行为垄断。

抽象行政行为，是指行政机关制定和发布具有普遍实施效力的规范性文件的行为。它不针对特定对象，而是规定在一定情况和条件下，行政机关和行政相对人的权利、义务、责任关系，并在一定范围内具有普遍的约束力。通常情况下，来自抽象行政行为的行政垄断以政府规章、命令、决定等形式发布。

行政垄断中的具体行政行为，是国家行政机关、行政机关工作人员、法律法规授权的组织、行政机关委托的组织或者个人，在行使行政职权时，针对特定的主体，就特定的事项，做出的限定经营者权利，形成特定义务的单方行为。

在微观市场层面中，企业杜绝反竞争行为与不正当竞争行为是法商管理以及企业法商运营的重要方向之一，这离不开政策制定者与执行者对于企业的教育，也离不开企业对于合法操作的潜在收益与成本的科学认知。不难发现，健康的微观市场竞争环境对于企业的创新、消费者的认可、有效市场的定位都具有积极的推动作用和可持续效果，而这些效果又能够以正向的结果反馈给企业自身，从而形成企业可持续获取利润的重要手段和路径。因此，企业在了解反竞争与不正当竞争的行为和结果后，主动地、有效地、合理地规避这些行为，一方面能够降低执法所产生的社会成本，另一方面能够主动维护市场秩序，创造法商经营环境，对企业个体、经济环境以及社会福利都具有积极作用和良好效果。

【案例 1】

原告是一家在食品行业久享盛誉的老企业，其主要产品“广合腐乳”创制于 1893 年，带有“广合腐乳”的包装标识已有百年多的历史。该产品在国内外拥有稳定的消费群，也行销海外多国。此外，该产品还曾在国家和省、市获得过多项殊荣。原告经过市场调查发现，被告天城食品公司生产的“广式腐乳”除了使用“天城”注册商标外，使用了与原告“广合”注册商标标识相近的标识，仔细看，除“广式”的“式”与“广合”的“合”字不同外，其余全部相同。广合腐乳公司认为，被告使用的“广式”商标标识与原告“广合”知名商品的包装、装潢极其相似，被告的行为已经构成了侵权和不正当竞争。

【思考问题】

1. 如何认定此类不正当竞争行为?

2. 案例中的保护机制和商标等保护机制有何区别?

【案例 2】

原告孙某挂靠某装饰工程有限公司（以下简称工程公司），并以该工程公司上级单位某建筑有限公司（以下简称建筑公司）代理人的名义，与某包装造纸公司（以下简称包装公司）签订建筑装饰工程施工合同。原告为承揽上述工程，先后向包装公司副总经理刘某行贿合计人民币 67 000 元。被告某区工商行政管理分局(以下简称某工商分局)认定，原告的行为构成无照经营与商业贿赂，对原告孙某做出责令停止经营、没收非法所得并罚款的行政处罚。原告申请复议，复议被维持，原告仍不服，遂诉至法院。

【思考问题】

1. 首先，原告认为，即使自己的行为系挂靠行为，也只是建筑活动中的挂靠行为，应受建筑法调整；其次，原告的贿赂行为系建筑招标活动中的贿赂行为，应受招标投标法的调整。但被告却认为适用《反不正当竞争法》与国家工商总局《关于禁止商业贿赂行为的暂行规定》(以下简称《禁止商业贿赂暂行规定》)，错误认定原告行为系商业贿赂行为并加以处罚，显系适用法律错误。上述理由是否成立?

2. 如何解决反垄断法与有关部门法之间的交叉?

【案例 3】

东星航空公司是刚刚获准从事航空运输的企业，实施薄利多销的战略。在正式开业前，其对外宣传的机票价格比市场同类价格低 30% 左右。但是，就在其开业后不久，诸多城市的机票代理点都拒绝销售东星航空公司的机票。

经查实：南方、东方、海南等6家航空公司，40余家机票代理商，6家旅行社曾联合召开会议。会上他们宣布了4条对东星航空公司的禁令：（1）各机票代理点不准销售东星的机票，否则6家航空公司将终止代理商的销售；（2）不允许东星航空公司机票签转联程；（3）各旅行社不允许帮东星公司订票；（4）6家航空公司实施同一航线统一价格。

【思考问题】

按照反垄断法的规定，分析上述案例中存在哪些违法行为。

【案例4】

内蒙古自治区烟草公司赤峰市分公司在其行政区域内，通过“新商盟”网络销售平台办理订货业务。为完成上级下达的卷烟销售任务，该公司将自己经营的卷烟品种，按照品牌及市场表现分为畅销和平销两个大类，并对客户以零售商“月均购进量和月均条均价”进行分类，分别核定畅销卷烟品种的供货限额。即先按零售商一定时期内月均购进量进行销售规模分类，并分别配以不同数量的畅销烟和平销烟。这种做法致使部分零售商在积压了大量平销卷烟的情况下，为保证畅销卷烟配额不被核减，仍不得不按照当事人的“捆绑”销售政策继续订购平销卷烟，以维持自己依靠“经营品种齐全”吸引消费者的竞争优势和商业形象。

【思考问题】

1. 烟草公司的做法是否违反反垄断法？

2. 如何理解反垄断法和烟草专卖法之间的关系？

【参考文献】

[1] 马歇尔．经济学原理（上）[M]．朱志泰译．商务印书馆，1981.

[2] 格伯尔．二十世纪欧洲的法律与竞争 [M]．冯克利，魏志梅

译，中国社会科学出版社，2004.

［3］基斯·N. 希尔顿．反垄断法：经济学原理和普通法演进［M］．赵玲译．北京大学出版社，2009.

［4］吉藤幸朔．专利法概论［M］．宋永林，魏启学译．专利文献出版社，1990.

［5］保罗·A. 萨缪尔森，威廉·D. 诺德豪斯．经济学［M］．高鸿业译．中国发展出版社，1991.

［6］王晓晔．欧共体竞争法［M］．中国法制出版社，2001.

［7］王俊豪．政府管制经济学导论［M］．商务印书馆，2001.

第二十八章　证券信息披露与违规行为分析

作为资本市场的重要组成部分，证券市场的良性发展至关重要。在证券市场信息不完全、不对称的环境下，由于其信息披露不全面而造成的违规行为频频发生，使投资者的资金缺乏了安全的运行环境。因此，在证券市场制度逐步完善的过程中，信息披露制度是证券市场监管的重中之重，也是一个必然方向。

第一节　信息披露在证券市场监管中的重要性

一、信息披露是证券市场监管的重中之重

首先，投资者对其利益的保障需求呼唤信息披露制度。在中国，由于利率持续下调，越来越多的人进入证券市场成为新的投资者。证券市场为投资者提供了一个新的投资机会，但同时也增加了投资者的风险。投资者们需要更充分的信息来丰富自己的投资经验。在目前存在的众多法律制度中，最为主要的就是信息披露制度，这种制度方式的管理是有效且低成本的，因为它更看重的是将欺诈防患于未然，而不是在投资者被骗走资金之后采取相应的调查与起诉措施。此外，信息披露制度也降低了市场本身的成本，因为从最终结果来看，商业终止或失败产生的费用都会转嫁给其他投资者。

其次，管理者在信息披露中所扮演的双重角色导致的利益冲突，也促使信息披露成为一项必要的制度。一方面，管理者们受股东委托管理公司，肩负着促使股东利益最大化和公司价值最大化的责任。从这一角度来讲，公众不应该期待管理者做出可能对公司绩效和声誉产生负面影响的信息披露行为。但另一方面，管理者承担着披露义务。

不论信息对公司会产生怎样的影响，他们都需要将与发行人及证券有关的、所有可能会影响到证券价格和投资者决策的重大信息，真实、充分且完整地披露给市场和公众投资者。这是一个健全、高效的证券市场和众多理性的投资者对他们的期望。证券市场上，法律制度的功能在于面对这种价值冲突时，要求企业选择主导性价值选项，并用法律规定的方式予以确定。虽然这样的方式有时会显得武断，并且很可能会牺牲某些利益，但这样做是为了维护一种更为广泛、更为深远的利益。

再次，信息披露制度具备了其他制度无法实现的功能。信息披露制度最根本的作用是，要求上市公司将与公众投资有关的信息，公开且公平地传递到市场中。这便意味着这种制度可以保证公众获取到同某一上市公司运营相关的信息，从而使普通投资者也有能力评价该上市公司的运营以及管理状况，也促使上市公司的管理者能够对同样的事实进行客观评价。

最后，披露制度能够实现机会公平。投资者们有权利选择无视所有公开的信息，不利用他们拥有的内幕信息进行投资，但任何主体都不能剥夺或限制投资者公平地获取这些信息的法定权利。信息披露以较小的资源损耗的代价，最大限度地提高资本市场的有效性，因而是中国证券监管制度由事前监管向事中、事后监管发展的具体体现。

二、信息披露的程度

信息披露是政府干预证券市场的重要手段之一，该制度设立的主要目的是消除由于信息不对称所引致的“市场失灵”所引发的金融风险，以及损害投资者利益的负外部效应的影响。然而，政府对证券市场进行干预时所设定的制度性安排也会产生成本，该制度所期望产生的矫正效率亦受“政府失灵”的影响。需要明确的是，信息披露理应只是手段，而非目的。因此，信息披露并非内容越多越好，频率越高越好，在“市场失灵”与“政府失灵”之间，基于相关的成本与收益存在一个最优值。证券市场中的信息披露若与有效信息披露相分离，那么其结果必然是将不必要的成本转嫁给投资者，这与证券市场中资金融通的高效性相违背。因此，证券市场信息披露制度中，政府干预的程度需要理性把握，适度调节。这对于探寻政府干预成本最小化与市场收益最大化的路径，厘定政府行为与市场资源配置的法律边界，以及有效减少“政府失灵”现象，具有重要的意义。

从会计信息的供需关系来看，信息披露的度是供需相符所产生的结果。首先，投资者对会计信息的需求并不是没有止境的，信息披露过量就很好地印证了这个观点。投资者可以借助向投资公司转移投资程序，或者向财务分析师转让信息搜集和处理过程，或者通过获取专业性公开信息、派生信息，来减少对会计信息的直接需求。此外，不对投资者类型、目的、需求等加以考虑，仅单独强调信息披露是没有意义的。其次，上市公司的信息供给能力也是有限的。信息披露的确可以迫使上市公司增加其信息供给，但也会受到披露信息成本、维护公司合法权益的制约，可见，信息披露的作用存在局限性。当信息披露的社会成本高于社会效用时，这种制度就失去了存在的意义。

从资本市场期望的目标来看，信息披露的度是兼顾公平和效率的结果。财务分配和资源配置都主要是依据会计信息披露进行的，因此会计信息在投资者中披露的数量及差异也会影响公平与效率。然而，会计信息的分布本就是极不均匀的，不仅上市公司与投资者之间的信息严重不对称，而且大中小公司拥有的信息的数量也很不平衡，信息披露有利于减少这种会计信息分布不均的状态。信息披露更多的是出于对投资者进行保护的动机，通过规定迫使上市公司将会计信息向投资者传递，信息披露制度所维持的公平是投资者的公平。那些支持信息披露的学者们一直把效率与公平视为评价信息披露合理性的基础，实际经验数据也有力地证明了信息披露的运用会减少证券市场中价值的偏离。

第二节　中国证券市场信息披露制度的现状

一、现有信息披露的法律体系

信息披露制度是现代证券市场的核心内容，其旨在通过披露真实、充分、公开的公司信息，避免公司财务混乱或经营不当，从而维护股东和债权人的合法权益。中国立法及配套监管规则对信息披露制度进行了专门的规定。

当前中国上市公司信息披露的制度体系包括法律、行政法规、部门规章和自治性规范四个层次：第一层次为法律，主要是指《证券法》《公司法》等经由全国人民代表大会或其常务委员会通过的法律，还包括《刑法》等法律中的部分条文；第二层次是行政法规，主要包括《股票发行与交易管理暂行条例》《国务院关于股份有限公司境内上市外资股的规定》《国务院关于股份有限公司境外募集股份及上市的特别规定》等；第三层次为部门规章，主要是指中国证监会制定的适用于上市公司信息披露的制度规范，包括《公开发行股票公司信息披露实施细则》《公开发行股票公司信息披露的内容与格式准则》《禁止证券欺诈行为暂行办法》《证券市场禁入暂行规定》《公开发行证券的公司信息披露编报规则》等；第四层次为自治性规范，主要是指沪、深两个证券交易所制定的上市规则。

目前中国对上市公司信息披露进行监管的部门主要是证监会、两个证券交易所（上交所、深交所）和中国注册会计师协会，但它们各自的职责和权限存在不同。证监会拥有的权力更广泛、更权威，上市公司初次信息披露的监管主要由其负责；证券交易所处于一线监管的地位，权力相对有限，主要负责对上市公司持续性信息披露的监管；中国注册会计师协会对上市公司信息披露的监管主要采取间接的方式，通过对会计师事务所的监管来实现。

二、目前对信息披露的基本要求

根据《公司法》《证券法》《上市公司信息披露管理办法》《首次公

开发行股票并上市管理办法》等法律及其他规范性文件的规定，信息披露的基本要求包括以下五个方面。

（一）真实性

真实性是信息披露完整、准确、公正、及时的前提和基础，也是信息披露的核心意义。真实性具体又包括客观性和一致性两个方面：客观性是指披露义务人所披露的事实必须是在证券市场中真实发生的，而非出于某些目的而编造的；一致性是指披露义务人所披露的事实与真实发生的事实具有同一性。

为保障证券市场信息披露的真实性，中国立法构建了以下法律制度。一是信息披露义务人的保证义务。《证券法》第二十条第一款规定了发行人向国务院证券监督管理机构或者国务院授权的部门报送的证券发行申请文件，必须真实、准确、完整的义务。二是有关证券服务机构的签证义务。《证券法》第二十条第二款规定了证券服务机构和人员保证其所出具的文件的真实性、准确性和完整性的义务。三是证券市场监管部门的实质性审查义务。证券交易所应对定期报告实行“先公告，后审查”和对临时报告实行“先审查，后公告”的制度。四是责任制度。《证券法》第二十六条规定了发现证券发行不符合法定条件或者法定程序时，已经发行尚未上市的，撤销发行核准决定，发行人应当按照发行价并加算银行同期存款利息返还证券持有人，还规定了保荐人的连带责任。第三十一条规定了证券公司发现公开募集文件有虚假记载、误导性陈述或者重大遗漏的，不得进行销售活动；已经销售的，必须立即停止销售活动，并采取纠正措施。此外，刑法和行政法等部门法还规定了披露义务人违反真实性要承担的刑事责任、行政责任。

（二）完整性

完整性是指披露义务人应按照法律规定，对足以影响证券市场价格和投资者判断的重大事项进行全面披露，不得故意隐瞒或有重大遗漏。信息披露的完整性是反身法理论对于信息披露的重要要求。若信息披露义务人可选择性地对重大事项进行信息披露，则几乎所有的信息披露义务人都将通过披露正面事项来促进证券市场价格的提升。此时，信息披露制度促进投资者理性判断的目的将无法实现。《证券法》第十二条、第十四条、第六十五条、第六十七条等分别规定了不同证券市场行为中的信息披露范围。此外，证监会、证券交易所均在立法范围内就信息披露的范围进行了进一步规定。证券服务机构也应协助公司决定其应披露的事项。完整性是信息披露的原则性要求，但对于商业秘密等不适合公示的重大事项，法律、法规也给予了例外保护。

（三）准确性

准确性是指信息披露义务人披露的信息应具体、没有遗漏，即主观表述和客观事实的一致性。证券法语境下，准确性的反义词为误导性陈述。所谓误导性陈述，是指信息披露的事实在客观上虽是真实的，但披露义务人利用文字表达的多样性，使得表达的信息容易被投资者所误解，从而影响投资者的理性判断。证券法将投资者默认为“理性的经济人”，相较于一般的消费者，证券投资者应具有更高的专业水平和风险承担能力。然而，随着互联网投资的兴起，越来越多的投资者进入证券市场，其文化水平、专业素养、语言习惯、投资经历具有较大的差异。因此，信息披露的准确性应以一般证券投资者可理解为标准，而非采用“专家标准”。

（四）公正性

公正性是指信息披露义务人在设置信息披露的场合和途径时，应保证所有投资人可同等地获得信息并利用信息，其具体包括两个方面。一是披露的对象为所有投资人，而非一部分投资人，这就要求披露场合和途径的多样性。《证券法》第七十条规定：“依法必须披露的信息，应当在国务院证券监督管理机构指定的媒体发布，同时将其置备于公司住所、证券交易所，供社会公众查阅。”随着互联网的兴起，网络也成为信息披露的重要平台之一。二是信息的可获得性，即投资者获取信息应是无障碍的。在证券市场中，信息披露的公正性表现为，投资者通过获取和利用信息，形成对证券的社会评价，并通过市场力量影响证券价格，从而实现规范证券市场行为的目的。

（五）及时性

信息披露的及时性是指披露义务人应在法律规定的实效范围内，就可能影响证券市场的重大信息向投资者进行披露，以便投资者及时做出投资选择。证券市场的特征之一是多变性。若不对信息披露的及时性进行要求，则可能产生内幕交易等弊端，妨碍投资人做出合理的选择。《证券法》第六十五条、第六十六条、第六十七条关于中期报告、年度报告和临时报告都有不同的披露时限要求。除此之外，对于其他可能影响证券价格的重大信息，披露义务人也应立即进行披露。

三、信息披露的主要类型

从信息披露的发生时间来看，中国证券市场的信息披露包括初次信息披露和持续性信息披露两种类型。

（一）初次信息披露

初次信息披露包括首次公开发行股票的信息披露和首次发行公司债券的信息披露。公司发行不同品类的证券，应承担不同的披露义务。根据《证券法》及相关规范性文件的规定，首次公开发行股票的信息披露内容，应包括招股说明书及其附录和备查文件、招股说明书摘要、发行公告和上市公告书。其中，证监会发布的《股票发行与交易管理暂行条例》又对招股说明书应包含的公司名称、住所、发起人、发行人简介、筹资的目的等 16 项具体内容进行了规定。发行人应在发行前 2~5 个工作日内对招股说明书进行披露。根据《证券法》及相关规范性文件的规定，首次发行公司债券的信息披露内容应包括公司营业执照、公司章程、公司债券募集办法、资产评估报告和验资报告，以及国务院授权的部门或者国务院证券监督管理机构规定的其他文件。其中，根据《公司法》第一百五十四条的规定，公司债券募集办法中应载明公司名称、债券募集资金的用途、债券总额和债券的票面金额、债券利率的确定方式等 10 项内容。发行人应当在公司债券上市交易的 5 日前公告公司债券上市报告、核准文件及有关的上市申请文件。

（二）持续信息披露

持续信息披露是指发行人、上市公司、公司主要股东等信息披露义务人在证券上市交易后，依照《证券法》《公司法》等法律、法规和证券监督管理机构的有关规定，向社会公众继续公开一切与证券交易和证券价格有关的重要信息。持续信息披露是投资人对证券市场价格进行正确判断的基本条件，是维护证券市场秩序的重要保障，是加强披露义务人治理结构和自我提升的重要前提。持续信息披露包括定期报告和临时报告两种形式。

定期报告是指信息披露义务人在法定期限内制作完毕并公告的信息披露文件。《证券法》第六十八条规定了上市公司董事、高级管理人员对公司定期报告签署书面确认意见的义务，以及上市公司监事会对董事会编制的公司定期报告进行审核并提出书面审核意见的义务。定期报告又包括年度报告和中期报告。年度报告是最为重要的定期报告，是指披露义务人在会计年度结束时，依法制作并提交的反映本年度经营状况和财务状况等重大信息的法律文件。《证券法》第六十六条规定："上市公司和公司债券上市交易的公司，应当在每一会计年度结束之日起四个月内，向国务院证券监督管理机构和证券交易所报送记载以下内容的年度报告，并予公告。"中期报告是指披露义务人在每个会计年度的上半年结束之时，依法制作并提交的反映上半年度经营状况和财务状况等重大信息的法律文件。从会计学的角度看，中期报告又包括季度报告和半年度报告。《证券法》第六十五条规定："上市公司和公司债券上市交易的公司，应当在每一会计年度的上半年结束之日起两个月内，向国务院证券监督管理机构和证券交易所报送记载以下内容的中期报告，并予公告。"

临时报告是指披露义务人就发生的可能对证券交易价格产生较大影响，而投资者尚未得知的重大事件所发布的公告。《证券法》第六十七条规定了发生可能对上市公司股票交易价格产生较大影响的重大事件，投资者尚未得知时，上市公司应当立即将有关该重大事件的情况向国务院证券监督管理机构和证券交易所报送临时报告，并予公告，说明事件的起因、目前的状态和可能产生的法律后果。同时，以列举的方式规定了 12 项重大事件。除此之外，上市公司在进行再融资时的信息披露还包括增发申请过程中对董事会决议、召开股东大会的通知、股东大会决议的披露，增发新股过程中对招股意向书，网上、网下发行公告，网上或网下路演公告，发行提示性公告，网上、网下询价公告，发行结果公告与上市公告等内容的披露，以及在发行可转换公司债券过程中，对发行前的董事会和股东大会公告、募集说明书、上市公告书以及持续的信息披露文件（包括定期报告、临时报告等）等内容的披露。

第三节　证券市场违规行为分析

信息披露的主要作用是及时发现并纠正证券市场中存在的违规行为，从而达到保障投资者的交易安全、维护证券市场秩序稳定的目的。而这些则恰恰能成为本书所强调的法商管理框架下的核心要求。目前中国证券市场主要存在以下几类违规行为。

一、违规减持

违规减持的主要表现是，公司控制人利用虚假票据虚增利润，维持较高的股价，然后超比例减持未披露或是限制期内减持。

（一）山东墨龙案

山东墨龙石油机械股份有限公司董事长——实际控制人张恩荣与副董事长——总经理张云三系父子关系，两个人作为一致行动人在内幕信息敏感期间涉及内幕交易，超比例违规减持“山东墨龙”的股票，张恩荣分别于 2014 年 9 月 26 日、2017 年 1 月 13 日减持“山东墨龙”1390 万股、3000 万股，减持比例分别为 1.74%、3.76%；张云三于 2016 年 11 月 23 日减持“山东墨龙”750 万股，减持比例为 0.94%。二人共减持 5140 万股，合计占山东墨龙总股本的 6.44%。

2017 年 10 月 13 日，证监会公布了对山东墨龙两位实际控制人——张恩荣、张云三父子超比例减持未披露、内幕交易违法行为的处罚决定，父子俩共被罚没款 1.22 亿余元。

山东墨龙案中，张恩荣、张云三作为上市公司控股股东，且张恩荣作为董事长、张云三作为总经理，滥用信息优势和控股地位，在上市公司重大亏损内幕信息发布前抛售公司股票，鱼肉市场，情节恶劣，涉及信息披露违法违规、内幕交易、违规减持，属于“吃相”难看的典型案例，严重侵害了中小投资者的合法权益。

（二）华益科技案

华益科技作为上市公司津膜科技持股 5% 以上的股东，分别于 2013 年 7 月 15 日至 22 日、2015 年 6 月 1 日至 2 日、2017 年 5 月 11 日，通过大宗交易或者二级市场集中竞价交易减持“津膜科技”股份，累计减持股份占津膜科技已发行股份的 7.80%。其中，华益科技于 2017 年 5 月 11 日减持“津膜科技”累计达到已发行股份的 5% 后，未按规定履行报告和公告义务，在没有报告、公告的情况下，华益科技没有停止卖出“津膜科技”，违法减持金额为 2.13 亿元。

天津证监局对华益科技超比例减持未披露及限制期内减持的行为，合计处以 1 310 万元罚款；对直接负责的主管人员林晋廉给予警告，并合计处以 10 万元罚款。

二、内幕交易

内幕交易行为，是指在公司资产注入、实施重组计划等重大信息敏感期内，内幕信息知情人将信息出售给其他账户持有人，从而在这种信息不对称的情况下进行非法盈利的行为。如果频繁交易且交易量明显大于日常交易，交易时点与内幕信息形成时间高度吻合，则容易被监管机构判定为内幕交易。

《中华人民共和国证券法》第七十五条规定：“证券交易活动中，

涉及公司的经营、财务或者对该公司证券的市场价格有重大影响的尚未公开的信息，为内幕信息。下列信息皆属内幕信息：（1）本法第六十七条第二款所列重大事件；（2）公司分配股利或者增资的计划；（3）公司股权结构的重大变化；（4）公司债务担保的重大变更；（5）公司营业用主要资产的抵押、出售或者报废一次超过该资产的百分之三十；（6）公司的董事、监事、高级管理人员的行为可能依法承担重大损害赔偿责任；（7）上市公司收购的有关方案；（8）国务院证券监督管理机构认定的对证券交易价格有显著影响的其他重要信息。”

《中华人民共和国证券法》第七十六条规定：“证券交易内幕信息的知情人和非法获取内幕信息的人，在内幕信息公开前，不得买卖该公司的证券，或者泄露该信息，或者建议他人买卖该证券。持有或者通过协议、其他安排与他人共同持有公司百分之五以上股份的自然人、法人、其他组织收购上市公司的股份，本法另有规定的，适用其规定。内幕交易行为给投资者造成损失的，行为人应当依法承担赔偿责任。”

（一）苏嘉鸿内幕交易“威华股份”案

威华股份筹划重大资产重组，计划注入 IT 资产的重大信息敏感期内，苏嘉鸿与内幕信息知情人殷某多次联络后，使用“浦江之星 12 号”等账户，于 2013 年 3 月 11 日至 4 月 12 日期间持续买入威华股份，交易时点与威华股份筹划注入 IT 资产事项形成过程吻合，且苏嘉鸿使用的账户在此之前从未交易过该股。

苏嘉鸿的上述行为构成内幕交易，证监会对苏嘉鸿处以没收违法所得 6 537.62 万元，并处以 6 537.62 万元罚款，罚没金额共 1.3 亿元。

（二）颜玲明内幕交易“利欧股份”案

2013 年，利欧股份筹划收购上海漫酷 85% 股权，转型数字营销领域。利欧股份于 2014 年 2 月 10 日发布停牌公告“筹划资产收购事宜”，2014 年 3 月 17 日发布复牌公告“利欧股份收购上海漫酷 85% 股权”，该事项属于《证券法》第六十七条第二款第（二）项所述：“公司的重大投资行为和重大的购置财产的决定”，构成内幕信息。内幕信息敏感期为 2013 年 9 月 30 日至 2014 年 2 月 10 日。王某荣为利欧股份董事长，决策收购事项，为内幕信息知情人。

自然人颜玲明利用与利欧股份董事长王某荣的私交，在上述内幕信息敏感期内，激活旗下 7 个账户，自 2013 年 12 月 2 日起，单向、集中、大量买入“利欧股份”，频繁交易且交易量明显大于日常交易，交易时点与内幕信息形成时间高度吻合，交易行为与利欧股份公司基本面背离度高，构成内幕交易行为。

颜玲明的上述行为构成了《证券法》第二百零二条所述的内幕交易行为，证监会对颜玲明处以没收违法所得 455.05 万元，并处以 1 365.15 万元罚款。

三、操作证券市场

操作证券市场常通过与上市公司约定择机发布“高送转”“业绩预增”等消息，利用信息优势，在二级市场对上市公司的股票进行连续买卖获利。

（一）徐翔案

2010 年至 2015 年间，曾被私募界誉为“私募一哥”的泽熙投资公司总经理徐翔单独或伙同他人，先后操纵 11 家上市公司股票交易，通过与上市公司约定择机发布“高送转”“业绩预增”等消息，利用信息优势，使用泽熙投资的产品及其控制的证券账户，在二级市场对上述公司的股票连续买卖，拉升股价后再卖出获利。

徐翔因操纵证券市场一案，被判处有期徒刑五年半，罚金 110 亿元。同时，泽熙投资被证券基金业协会撤销私募基金管理人登记，取消会员资格，将徐翔等 3 人和相关机构加入黑名单并对其予以公开谴责，取消徐翔、郑素贞通过认定方式取得的基金从业资格，泽熙投资已经在 2017 年 3 月 20 日被注销。

（二）中鑫富盈、吴峻乐案

私募基金中鑫富盈于 2015 年 7 月 10 日至 8 月 28 日，控制使用“四川信托—宏赢七十三号”等10个信托计划证券账户下挂的11个交易子账户，投资者吴峻乐控制使用“厦门信托—凤凰花香二号”等10个信托计划证券账户下挂的18个交易子账户和“罗某”等4个个人账户，通过集中资金及持股优势连续买卖、在所控制的账户之间交易等方式，合谋操纵“特力A”“得利斯”股票价格，反向卖出获利。

证监会于2016年4月25日做出行政处罚，认定中鑫富盈、吴峻乐通过集中资金及持股优势连续买卖、在所控制的账户之间交易等方式，合谋操纵“特力A”“得利斯”股票价格，违反了《证券法》规定，对相关当事人处以共计约11.11亿元的罚没款。

四、欺诈行为

《中华人民共和国证券法》第五条规定：“证券的发行、交易活动，必须遵守法律、行政法规；禁止欺诈、内幕交易和操纵证券市场的行为。”欺诈行为常见的表现为，存在虚假记载和故意重大遗漏。《证券法》第六十三条明确规定：“发行人、上市公司依法披露的信息，必须真实、准确、完整，不得有虚假记载、误导性陈述或者重大遗漏。”

（一）欣泰电气案

因创业板上市公司欣泰电气报送中国证监会的申请首次公开发行股票并在创业板上市的申请文件中，相关财务数据存在虚假记载；上市后披露的定期报告中存在虚假记载和重大遗漏，构成欺诈发行和重大信息披露违法。2016年7月8日，证监会对欣泰电气启动强制退市程序，并宣布暂停上市后不得恢复上市，退市后不得重新上市。因欺诈发行，欣泰电气成为创业板退市第一股。

同时，证监会对欣泰电气给予警告，并处以832万元的罚款，对欣泰电气总会计师刘明胜以及公司董事长——实际控制人温德乙二人采取终身证券市场禁入措施。

欣泰电气首发上市的保荐机构兴业证券，于2017年6月设立5.5亿元“欣泰电气欺诈发行先行赔付专项基金”，用于先行赔付投资者的损失。目前兴业证券已启动追偿程序，兴业证券起诉会计师事务所、律师事务所、欣泰电气等26名被告，向其他连带责任人追偿超出自己应赔数额的损失226 858 909元。

（二）振隆特产案

振隆特产利用销售客户分布海外，不易调查的特点，虚构销售合同，虚增合同销售单价以虚增出口销售收入和利润；同时通过调节产品出成率，调低原材料采购单价，增加原材料入库数量，未在账面确认已处理霉变存货损失等方式虚增存货和利润；并且虚假披露主营业务模式，通过虚构生产过程的方法进行财务造假，导致招股说明书披露的与主营业务相关的采购原材料种类、工艺流程、生产模式、产品产量和产能利用率等各项重要内容存在虚假。通过上述方式，振隆特产于2012年、2013年、2014年分别虚增利润1 962.43万元、2 863.19万元、2 790.56万元，分别占当年利润总额的34.13%、53.66%、99.76%。

2016年9月，证监会依法对拟上市公司辽宁振隆特产股份有限公司财务造假、虚假报送行为做出行政处罚，振隆特产被处以60万元"顶格"罚款，董事长黄跃等人分别被处以8~10年市场禁入。

（三）龙薇传媒收购案

2016年12月23日，龙薇传媒就收购万家文化与万家集团达成协议，收购成功后占股比为29.135%，总价款约30亿元。公告称资金来源于股东自有资金6 000万元，向银必信借款15亿元，向金融机构质押融资剩余149 990万元。2017年1月23日，龙薇传媒向中信银行杭州分行申请的融资计划未通过中信银行总行审批。之后龙薇传媒未积极与万家集团沟通，也没有再联系其他金融机构寻求融资。2017年2月13日，因无法按期完成融资计划，龙薇传媒对万家文化的股权收购比例降至5.0396%。同年3月29日，双方协商一致，终止交易，互不追究违约责任。

此案件中，龙薇传媒和万家文化均有责任。首先，龙薇传媒在自身资金准备不足，相关金融机构融资尚待审批，存在极大不确定性的情况下，以空壳公司收购上市公司，且贸然予以公告，对市场和投资者造成严重误导。其次，龙薇传媒遗漏重大融资情况，有关融资披露与事实不符，未及时披露与金融机构未达成融资合作的情况等。而万家文化没有对公告中存在的信息披露资料审慎核查。上市公司的信息披露义务不仅限于形式审查、“原汁原味”地披露，还必须对其他信息披露义务人所提供的信息进行审慎核查。

该收购案件涉及以下法律条文。《证券法》第六十九条规定，发行人、承销的证券公司在相关信息披露文件中“存在虚假记载，误导性陈述或者有重大遗漏，致使投资者在证券交易中遭受损失的”，应承担赔偿责任。《证券法》第一百九十三条第一款：“发行人、上市公司或者其他信息披露义务人未按照规定披露信息，或者所披露的信息有虚假记载、误导性陈述或者重大遗漏的，责令改正，给予警告，并处以三十万元以上六十万元以下的罚款。对直接负责的主管人员和其他直接责任人员给予警告，并处以三万元以上三十万元以下的罚款。”

最终证监会对万家文化、龙薇传媒责令改正，给予警告，并分别处以 60 万元罚款；对孔德永、黄有龙、赵薇、赵政给予警告，并分别处以 30 万元罚款。

第四节　中国信息披露制度的完善

一、中国信息披露制度中存在的问题

在实践中，虽然中国大部分的上市公司都能按照法律法规等规范的要求，真实充分地公开披露经营状况和重大事项，但当前证券市场中的信息披露制度依然存在许多不足，这些不足将掣肘中国步入完善的证券市场体系。这些不足可以归纳为以下几个方面。

（一）信息披露不规范

虽然中国证监会近年来逐渐加强了信息披露监管，但部分上市公司故意歪曲、隐瞒信息，披露信息滞后的现象仍十分严重。信息披露违规

事件时有报道，如“银广夏”“蓝田股份”等。信息披露不规范的具体表现如下。

（1）信息披露不真实、不准确。有些公司企图粉饰财务报告，歪曲公司资产负债的真实情况以掩人耳目，这样的信息披露带有明显的欺诈性和误导性。

（2）信息披露不完整。部分公司披露的信息中尚未包含关联交易、对外担保、重大债务和亏损以及其他影响公司的重大事项。

（3）信息披露不及时。《公开发行股票公司信息披露实施细则》中明确规定，年度报告摘要应在年度股东大会召开20个工作日前公布，但部分上市公司的披露时间严重滞后。

（二）存在信息操纵现象

有些机构投资者同相关政府主管部门、券商等存在不正当关系，他们通过这些渠道关系获取一般散户难以比拟的信息优势。甚至还有些投资者暗中与股评人士勾结，试图通过制造种种空穴来风的“利好”消息来影响股价，牟取暴利。此外，部分资产评估机构、会计师事务所、律师事务所等专业机构，因为维护自身利益而丧失行业道德，故意夸大公司资产，或做假财务报告，或出具不真实的尽职调查，同上市公司联合欺诈投资者。

（三）制度建设不完善

虽然中国监管制度的建设和实施取得了一定成效，但是监管制度仍存在需要完善的地方，具体包括以下几点。

（1）部分定性标准不明确。比如，“重大性”应该如何界定、不同部门规定的“关联交易”标准应以何为准。

（2）信息披露的内容还须完善。对如何编制盈利预测资料、机构投资者的信息披露等问题，缺乏相关法律规定。

（3）处罚机制有待健全。虽然《证券法》《公司法》等相关法律法规有规定，但那些未履行信息披露义务的公司，仅会受公开谴责的处分，而对其负责人却并没有实质性的处罚。故一方面应加强执法力度，另一方面应当将“硬监管”和“软约束”相结合，形成多层次的惩戒体系。

（4）保护投资者的法律救济措施有待加强。除却《公司法》关于派生诉讼主体资格的限制以外，中小投资者很少就上市公司的一般违法违规行为提起诉讼，这在一定程度上可以说明投资者采取法律手段捍卫自身利益的成本相对较高，这不利于发挥投资者的监督作用。

二、中国信息披露制度的完善路径

信息披露制度的出台，旨在解决上市公司由于信息不对称所触发的违法、违规行为，而信息披露制度现存的问题又制约了上市公司履行合法、合规义务的发展路径。因此，就需要用本书所提出的法商管理的理论与执行路径，对中国信息披露制度进行全面的完善，以期推动中国上市公司积极履行信息披露义务，远离违法违规行为。基于前文所阐述的信息披露的内涵、特征，并结合法商管理的具体要求，中国信息披露制度的完善路径可以从以下三个方面展开。

（一）优化法人治理结构

上市公司之所以存在虚假信息披露、信息披露不健全等问题，其中一个重要的原因在于，法人治理结构不完善。上市公司多以经理层为中心，相较非公开上市公司，上市公司内部人控制的状况更为严重，且在股权分散的情况下，对于经理层的约束机制相对薄弱。因此，只有进一步完善法人治理结构，建立现代化法人治理体系，完善价格机制对于企业及经理层的激励作用，才能更好地促进经理层履行信息披露义务，减少其利用信息不对称为己谋利的可能性。此外，合理的法人治理结构能够在一定程度上提升公司的经营业绩，从而增加经理层主动披露信息的可能性。

（二）完善信息披露的监管体制

尽管中国目前存在政府部门、交易所、行业协会三层监管体系，但这一监管体系的实质仍是政府主导的。无论是规则的制定还是执行，证监会都毫无疑问地处于主导地位，证券交易所直接接受证监会的指导，而行业协会的作用则非常有限。我国应在借鉴国外经验的基础上，明确证监会、证券交易所、行业协会的分工，争取做到功能互补，对证券市场信息披露行为进行科学化、体系化的监管。证监会应集中精力查处内幕交易及其他违反信息披露法规的案件，产生应有的威慑作用；证券交易所进行信息披露监管的核心是，通过上市规则和上市协议来制约上市公司遵守信息披露规则，负责日常的信息披露工作；行业协会则要充分发挥自身作用，制定内部自律性管理规则，对违规成员进行相应的处罚。

（三）健全信息披露的有关法规制度

中国有关信息披露的法规中，争议较多之处在于缺乏对民事责任的具体规定，投资者无法寻觅到可以借助法律维护自身权益的具体措施。在这一点上，国内可以借鉴美国对虚假信息披露所承担的民事责任的规定，比如，在发行阶段，美国《证券法》明确规定，投资者若因信息虚假而遭受损害，具有解除合同及请求补偿损失的权利。此外，证监会也应该加强对注册会计师职业素养的考核，保持注册会计师的独立性，并建立明确可行的约束机制。

【案例】

银广夏公司，股票代码为ST广夏（000557），于1994年6月上市。该公司曾因业绩突出而被称为“中国第一蓝筹股”，因而被投资者寄予厚望。2001年8月，《财经》杂志发表了《银广夏陷阱》一文，曝光了银广夏虚构财务报表的事实。专家意见用“不可能的产量、不可能的价格、不可能的产品”形容了天津广夏对德国诚信贸易公司出口的货品，从而使银广夏虚报利润事件迅速发酵。

2002年5月，中国证监会对银广夏的行政处罚决定书认定，银广夏公司1998—2001年期间累计虚增利润77 156.70万元。从原料购进到生产、销售、出口等环节，公司伪造了全部单据，包括销售合同和发票、银行票据、海关出口报关单以及所得税免税文件。2001年9月后，因涉及银广夏利润造假案，深圳中天勤这家审计最多上市公司财务报表的会计师事务所实际上已经解体。财政部亦于2001年9月初宣布，拟吊销签字注册会计师刘加荣、徐林文的注册会计师资格；吊销中天勤会计师事务所的执业资格，并会同证监会吊销其证券、期货相关业务许可证，同时，还将追究中天勤会计师事务所负责人的责任。

【思考问题】

1.银广夏公司违背了证券法关于信息披露的哪些要求？为何在法律存在禁止欺诈条款的情况下，银广夏公司仍旧愿意违法？其中的驱动因素是什么？

2.证监会对于银广厦公司、相关中介机构及相关人员的处罚是否合理？

【参考文献】

［1］杨志华．证券法律制度研究［M］．中国政法大学出版社，1995.

［2］周友苏主编．新证券法论［M］．法律出版社，2007.

［3］李东方．证券法学［M］．中国政法大学出版社，2017.

［4］李东方．上市公司监管法论［M］．中国政法大学出版社，2013.

［5］李东方．公司法学［M］．中国政法大学出版社，2012.

［6］丹尼尔，费希尔．公司法的经济结构［M］．张建伟，罗培新译．北京大学出版社，2014.

［7］赵旭东．商法学［M］．高等教育出版社，2015.

［8］中国证券监督管理委员会官网，http: //www.csrc.gov.cn/pub/newsite/.

［9］周缓婷，李栋亮．我国证券市场信息披露制度探析［J］．经济与管理研究，2001（5）.

［10］胡茂刚．证券市场信息披露法律制度研究［J］．华东政法大学学报，2000（3）.

[11] 李冀，杨忠孝．政府干预在证券市场强制信息披露中的边界[J]．南方金融，2017（2）．

[12] 周亚红．国际证券市场监管的信息披露制度[J]．国际金融研究，2000（12）．

[13] 王雄元，严艳．强制性信息披露的适度问题[J]．会计研究，2003（2）．

[14] 王晓青．强制性信息披露是证券监管的主导性制度创新[J]．商业经济与管理，2003（6）．

[15] 廖凡．钢丝上的平衡：美国证券信息披露体系的演变[J]．法学，2003(4）．

[16] 杨郊红．美国上市公司信息披露制度的变迁及启示[J]．证券市场导报，2005（4）．

[17] 张璇，刘春杰．美国证券信息动态披露制度及其对我国的启示[J]．金融与经济，2010（9）．

[18] 刘建红．关于证券市场信息披露制度的若干思考[J]．国际贸易问题，2002（7）．

第七篇

法商风险防范

第二十九章　企业危机公关与紧急风险应对

当今的商业环境越发体现出 VUCA 的特征，即 Volatility（易变性）、Uncertainty（不确定性）、Complexity（复杂性）、Ambiguity（模糊性）。在复杂多变的市场环境中，企业需要时刻警惕瞬息万变的情况所带来的潜在危机的冲击和影响。一旦有意想不到的突发危机事件发生，如果处理不当，就会使组织陷入困境，造成重大的影响。是否能及时识别危机、防范危机，以及在危机产生时第一时间果断采取有效措施，努力消除危机对组织产生的负面影响，已成为考验组织能否可持续发展的重要标准之一。

据相关调查显示，大部分企业对于自身面对的公关风险尚未有足够的重视，中国 100 强企业应用于舆情防范风险的费用仅占总收入的 0.02%，大型国有企业仅投入大型外企约 2% 的资源，来应对相当于他们 50% 的风险。公关危机风险应对能力的不足，使得众多企业在复杂的内、外部环境中，因招架不住突发的危机打击，付出了惨重的代价。2008 年，因“三聚氰胺”导致奶粉被污染，众多喝了三鹿奶粉的儿童得了“肾结石”，造成极其恶劣的社会影响。“三鹿”这家曾经被消费者喜爱的知名品牌，不仅面临巨额的赔偿，也丢失了赖以生存的企业信誉，最终，“三鹿”品牌永远消失。因类似突发负面事件受到沉重打击的企业案例不胜枚举，可以说，危机管理及紧急事件的公关应对能力，与企业的生存和发展息息相关。本章将就危机的相关理论概念与内涵、危机公关的原则与主要机制，以及相关法律资源应用等，对企业危机公关管理进行梳理介绍。

第一节 危机与危机公关概述

一、危机公关的相关概念

“危机”实际上起源于希腊语“Krinein”，本意表示“决定”。危机是具有高度不确定性、信息不充分性，容易导致人价值观破灭，威胁性较大的小概率事件，潜藏着巨大的负面效应，可能对组织、社会团体、企业等社会行为主体造成巨大危害，损害其声誉，影响其正常运作，严重时还可能会导致这些行为主体的发展受阻，需要决策者在短时间内快速做出回应。危机的突发性、风险性、危害性等特点是普遍共识。“危机”概念的核心内涵可以简要概括为，是一种难以预测、具有较大风险的事件，具有高度不确定性、信息不充分性等特征。如果没有采取有效措施及时进行处理，那么该事件很可能会给相关方或行为主体带来巨大损害。不仅如此，危机事件还可能会威胁甚至扭曲行为主体及相关参与者的价值理念与行为准则。因此，为了使行为主体合理避免或将危机带来的损失降到最低，决策者必须在有限的时间内，采取针对性的手段予以及时处理，并在人力、信息、时间等资源的约束下快速、高效地做出回应。

危机管理是指企业在面对危机事件时所采取的一系列手段以及机制的集合，是企业处理危机的能力体现。对于关乎企业生存发展的危机，管理者要有效应对、妥善处理风险，以使企业绝处逢生，获得发展。危机是无法避免的，而且危机是机遇与挑战的结合，既能给行为主体带来失败的可能性，同时也可能化险为夷，给行为主体带来新的成功，行为主体应针对不同危机阶段分别提出危机解决方案与危机管理措施。危机管理是对始料不及、具有巨大影响、威胁性重大的事件进行预防、应对、控制的管理活动，其根本目的是在资源约束的条件下，控制危机事态，并把危机带来的损失降到最小，或者从危机中探索出发展机遇，由此促进组织持续、健康发展。

危机传播是在危机事件发生之前、之中以及之后，在组织和公众之间的传播。只有进行有效的传播管理，才能进行有效的危机管理。在多元化的传播生态和立体的传播场景中，将危机信息以务实的原则进行事实的公开传播，在一定程度上能弱化危机，甚至消弭危机的负面影响力，挽回组织的形象，重拾公众对组织的信心。2003 年“非典”危机发生后，中国学术界开始把研究点聚焦于“危机传播”，该领域的研究也从单纯的危机治理逐渐演变为危机传播与危机治理的综合，对危机的社会属性以及危机传播活动对危机治理的作用亦有了更深入的分析。

危机公关是指某一组织预防潜在危机发生，或危机已经产生时管理已经发生的危机，从而使危机朝着该组织希望的目标发展的一系列公关活动的总称。一般而言，危机公关的主要工作是在危机已经产生的情况下进行的。

二、危机发生的主要动因

对于企业来说，危机的成因主要有以下几种：其一，产品质量，即因生产伪劣产品或生产商以次充好而引发的危机；其二，竞争对手，即同类型竞争企业力量过于强大，导致其他企业面临生存的危机；其三，管理，即公司高层领导人决策不当或管理机制不完善而导致的危机；其四，宣传，即夸张或虚假宣传而引发公众质疑，最终产生危机；其五，品牌或产品受到恶意攻击或诋毁，导致的公众对品牌的好感败坏而产生的危机。

此外，在信息技术发达的当今时代，危机发生的深层次原因还在于，互联网的隐匿性、开放性与快速传播性，加之微博、微信等大量社交平台，加快了危机信息的传播速度，同时也加剧了危机事件爆发的频率。目前，任何人作为自媒体主体，都可以匿名的形式在网络上发布信息并对某一社会事件公开发表意见与态度。在这种情况下，一旦企业爆发出危机事件，便可能引发网民的关注与讨论，在网络上迅速发酵，最终导致危机事件大范围传播开来。因此，经济全球化、文化多元化、个体意识增强等因素，也是导致企业危机发生并加剧传播、加大影响的重要前提背景。

相较而言，虽然一个国家内部法律风险的管理相对简单，但是也不尽然。异地商业交易仍会面临地方法规冲突、地方保护、法律环境差异等困扰，会不同程度地增加风险管理的难度。跨国（跨地区）法律风险的管理难度主要体现在：涉及不同法域的法律冲突；可能适用外国公法、私法或统一实体法；涉及国际公法和国际经济法；涉及诉讼或仲裁管辖的冲突；涉及法院判决或仲裁裁决的跨国执行；涉及法律文化传统冲突；处理跨国法律事务的成本较大等。需要注意的是，国内法律风险与跨国法律风险的区别是相对的，在全球化背景下，企业在通常认为的“纯国内”的业务中被牵扯进跨国诉讼的情形并不罕见。例如，2004 年 11 月发生在包头的东航 MU 5210 号航班空难事件，航空公司、事故地点、航线都在中国国内，遇难者（除一名印尼乘客外）也大多为中国人，却被遇难者家属以事故飞机发动机系由美国通用电气公司生产、东航及飞机制造商加拿大庞巴迪公司在美国均有营业活动为由，根据美国民事诉讼法的“长臂管辖”条款而诉至美国加州法院。

三、法商危机的特征

危机的特征概括为必然性和普遍性、突发性和渐进性、破坏性和建设性、紧迫性和关注性等特点。在全媒体时代，危机表现出与传统媒体时代不同的特征，具体有以下四点。

其一，必然性与普遍性。必然性是指危机是难以避免的，也就是说，在一个社会系统中，只要存在交往或联系，就会产生矛盾，爆发危机。普遍性是指危机随处可见。危机之于组织就好像感冒发烧之于人体一样，是组织在运行过程中因内、外部综合原因所引发的不可控的状态，这种状态迫使组织向更好的方向发展和改进，迫使组织接受来自社会各种群体的监督和“审视”。

其二，突发性和渐进性。一般而言，由外力或不可抗的社会因素所引起的组织危机多表现为突发性，并且在运营过程中难以觉察，但这类危机毕竟属于少数。大多数情况下，危机都有自身的潜伏期、发展期、爆发期、影响期等阶段。危机在爆发之前，多次以不同的信号预警提示组织管理者需要改善产品或服务。如“三鹿奶粉”事件在2008年全面爆发之前，早在多年前就有各地的新闻媒体报道其产品问题，但并未引起三鹿企业自身及相关质检部门的重视，没有对三鹿的产品质量问题进行自查，导致品牌最终走向无法挽回的覆灭。

其三，破坏性和建设性。作为一个全民关注的公共事件，如果组织没有采取有效手段应对危机事件，那么不仅会加剧涉事人员的矛盾，组织也会陷入信任危机，最终面临难以收场的局面。基于此，西方国家为了高效预防各类突发性危机事件，进行了大量的研究实践，并归纳了一套相对合理、完整的危机管理机制。比如，伦敦证券交易公司在其管理规章中明确表示，上市公司必须定期提交危机预测分析报告，把危机管理摆在公司运营活动中的重要位置，尽可能地预防危机产生的破坏性。而当危机爆发时，也给了组织一个反省自我的机会，让其在危机中看到自身发展的短板与管理缺陷，借此不断完善改进，带来新的突破与成长。因此，“危险”和“机会”的破坏性和建设性总是同时存在的。

其四，紧迫性和关注性。公关危机一旦发生，很可能会像“星星之火”，快速在公众中引爆。在给涉事企业带来较大的冲击的同时，还可能破坏社会的稳定和谐。在全媒体广泛应用的时代，对危机应对者也提出了更高的要求。相关组织必须在有限的时间内快速地提出应对措施，进行危机处理，这也正是危机的紧迫性的体现。另外，当公共危机爆发时，一旦该事件牵扯到公众利益或引发公众痛点，很可能会引发社会群众更广泛的讨论，吸引更多人参与到危机事件的议论中，从而将批评对象扩大。如果企业的应对修正动作不够快，只注重自身利益或缺乏真诚，将催化民众因该事件而引发的愤怒情绪。

企业法律风险是在法律运作过程中因某种不规范行为产生的，会给企业带来不利法律后果的负面可能性。企业法律风险无处不在，并且有可能转化为管理者的个人风险。企业法律风险管理应以事前防范、事中控制为主，以事后补救为辅，由内部法务或外聘法律顾问具体负责，同时须在企业法人治理机制内形成全员参与、共担责任的机制。当出现了法律危机时，应该积极寻求法律渠道来应诉，或者通过权威部门来进行技术鉴定，从而查清相应的事实真相。出现危机时才选择积极应诉，虽然能帮助企业解决一些法律风险问题，但是由于现代信息传播速度非常快，再加上覆盖面也非常广泛，还是会给企业带来一些负面的风险的。比如，造成企业的公信力下降，从而影响企业的品牌。企业管理者应当逐步养成讲法律、讲证据、讲程序、讲法理、讲伦理的涉法思维模式。

四、危机公关的相关理论

（一）危机生命周期理论

一般情况下，人们会把给公众带来巨大影响的突发性事件看作危机。值得明确的是，危机并非只是一个社会事件，还可能是具有时间连续性、空间广泛性特点的一连串事件的总和，具有生命周期性。根据“危机生命周期理论”所述，危机如同具有生命力的生物，也具有周期性，会经历从诞生、发展、成熟再到衰亡的一整个生命周期过程。危机的生命周期主要包括以下 4 个阶段。

其一，征兆期。在这个阶段，危机只是出现了苗头，而且有一些信号预示着危机的到来。正如人们生病会出现头晕、脑涨等信号一样，危机在诞生之初也会表现出一些征兆，向众人告知危机即将产生。

其二，发作期。由于人们无视危机传达的信号，加之“量变引起质变”，各种信号的不断累积超过了组织的承受能力，危机也便随即发作了。

其三，延续期。由于企业应对不及时或者其他不可控因素，危机会进入延续期。当然，即便企业处理得当，危机的“余温”也可能促使危机进一步延续，从而阻碍组织发展，破坏社会稳定，损害企业形象。

其四，痊愈期。随着时间的推移或者企业（组织）的妥善处理，危机最终会得以解决，因危机产生的冲击将逐渐消失，而受危机影响的企业或组织也将逐渐恢复正常运作。

（二）议程设置理论

传播媒介虽然难以改变他人的看法，但是可以通过控制议题来引导舆论走向。也就是说，在危机公关处理中，企业可以采取议题设置的形式，控制舆论，并引导舆论走势，以此来转移焦点，最终抑制危机的蔓延。

（三）修辞学理论

亚里士多德曾对修辞学做出如下定义：在任何一个社会情境中，都能充分运用易得或已有的资源来劝服他人的能力，包括修辞权威、修辞人格和修辞劝说等内涵。“新修辞学”提出了“同一”的概念，即“同体”的观点。所谓“同体”，是指虽然个体具有差异性，但其可能存在某种共同的因素，而正是这个共同点，促使这些个体形成了“同体”。因此，在危机公关中，修辞者若具有较高的修辞权威和修辞人格，善于抓住受众的共同点，则能更好地发挥修辞劝说的效果，从而有效地化解危机。

（四）基于系统论的企业危机管理

危机实际上是系统的失控状态。也就是说，在系统内、外部因素的干扰下，系统逐渐从有序状态步入无序，并随着干扰力量的增强，最终达到失控与变态，由此产生危机。当危机发生时，如果企业拥有健全的管理机制、完整合理的组织结构以及妥善分配的资源，便可以有效地将危机化解。首先，相关工作人员把具体信息及时上报给决策者，决策者要尽快通过全面而深入的分析，定位出危机的要害，制定出有针对性的解决方案与应对措施，及时有效地控制危机事态，避免危机蔓延，并把危机带来的损失控制在可承受的范围内。其次，企业管理者还需要全面启动危机恢复工作，对危机造成的损失进行复原，尽可能地带领企业走向正轨，逐渐从失控的状态还原成有序状态。最后，危机管理人员还需要开展心理建设，对那些因危机而产生心理恐慌的职员进行心理辅导，同时针对危机发生时存在的漏洞与不足进行修缮与改进，确保公司上下员工均能以更加昂扬与专业的姿态应对下一次危机。

第二节　危机公关原则与主要机制

一、危机公关的基本原则

作为具有公众性质的法商实体，在遇到危机公关问题时，管理者在处理过程中要严格遵循以下三个原则。

（一）公众利益至上

公众公司等法商实体，在资金来源、融资对象，特别是业务上，往往都具有显著的公众性、涉及一定的公众利益。因此，在危机爆发时，法商实体应抛弃“私利”，站在公众的角度上，维护公众利益。特别是对于公众公司而言，其能够长久稳健发展的关键要素在于“民心”，一旦其失去了公众的支持或信赖，则如同失去了强大的后盾，将处于危险的境地。因此，法商实体在进行危机公关时必须时刻秉持“公众利益至上”的原则，从公众的角度出发，尽可能地弥补投资者与消费者的损失，保障投资者与消费者的合法权益并以此重新赢得消费者的青睐与支持。

（二）全局利益优先

当面对危机时，公司内部必须要万众一心，上下所有员工必须要朝着共同的目标努力。要遵循“全局利益优先”的原则，以此来稳定公司秩序，为后续的危机处理奠定基础。虽然从表面上看，危机的产生范围可能是局部，但是其造成的影响却是全方位的。也正因如此，在危机公关管理中，不能以局部思维处理问题，而应当从全局的角度出发，争取全局利益，最终把危机带来的损失降到最小。

（三）主动面对

在危机全面爆发阶段，企业不应当“缩头乌龟”，而应当积极主动面对。对于公众提出的质疑，企业需要以诚恳、负责的态度一一做出回应。一来安抚公众的不满情绪，二来消除公众的质疑，三来抑制谣言的产生，以便有效控制危机走向。另外，在媒体广泛传播的今天，危机公关管理的时效性尤为重要，作为企业，一旦因为唯唯诺诺或犹豫不决而错失应对良机，则很可能加剧公司与公众之间的矛盾，最终导致公司利益受损。因此，在危机公关过程中，企业必须遵循“主动面对”的原则，当机立断，快速做出回应，以此来最大限度地控制负面舆论的进一步发酵，从而化解危机。如果危机情况较为复杂，短时间内无法查明，企业也应及时表达负责任的态度，安抚民众因突发负面新闻而产生的对于品牌的抵触或恐慌情绪。

如“波音 737MAX 机型埃航空难事件”，就是具有典型负面意义的案例。

2019 年 3 月 10 日，埃塞俄比亚航空公司一架客机起飞 6 分钟后坠毁，机上 157 人无一生还。2018 年 10 月 26 日，印尼狮航一架客机起飞 13 分钟后坠毁，机上 189 人全部遇难。两架客机均为自 2017 年 5 月起服役的波音 737MAX 系列的新机型。“3・10”埃航空难发生后，波音飞机上的“机动特性增强系统”引发重大争议。4 月 4 日，埃航发布的“3・10”空难初步调查报告显示，在发生空难的当次航班上，埃航飞行员执行了波音所推荐的所有操作程序，但最终仍未能控制住飞机，这意味着 737MAX 飞机具有缺陷。在对波音质量问题的巨大质疑声中，除空难当天，波音公司 CEO 丹尼斯・米伦博格在推特上表示，波音正为相关政府及监管部门提供技术支持外，公司官方对各国媒体关注的波音 737MAX 机型的重大问题几乎保持沉默。在埃航空难发生一周内，多个国家及航空公司决定叫停 737MAX 8 在本国执飞，在此期间，波音公司在官方推特上的声明中多次出现“安全”字样以及“我们对 737MAX 的安全性充满信心”等内容。3 月 17 日，波音公司在其官方网站上表示，波音公司正在对之前承诺的软件进行更新并修订对飞行员的培训，目前调查人员还没有对空难原因下最终的定论。第二天（即 3 月 18 日）晚上，波音公司 CEO 丹尼斯・米伦博格发表了一封公开信，同时将在波音公司芝加哥总部录制的一段视频，放在了波音公司的官方网站上，至此，波音公司终于面向大众。从推特到官网声明中，波音表达了对空难遇难者的深刻哀悼，但其中并未涉及赔偿事宜的表态，紧接着提到“安全是波音的首要任务”，“波音公司目前正在采取一切措施保障波音 737MAX 系列的安全”等说辞。据媒体报道，当地时间 4 月 4 日，美国波音公司 CEO 在推特平台发布视频讲话，首次承认波音 737MAX 客机两次失事“是我们的责任”，并向遇难者家属道歉。波音公司在出事后没有积极表态，在事故结果确认前的声明中还多次强调“对安全的信心”等内容，作为上市公司，不乏稳定股价等动机。但面对空难的巨大影响，以及全球民众对于波音飞机飞行安全的巨大质疑，波音的表态显得过于被动且有失诚意。波音公司在寥寥几句声明中提及的“提供技术援助”“对安全的信心”等表达，明显有掩盖事实、声明与事实前后矛盾之嫌。从波音公司在面对这场重大危机事件的应对方式及结果上来看，无论是安抚公众的情绪方面还是消除公众质疑方面，都是相对失败的。

二、重大事故危机公关处理程序

（一）召回问题产品

如果企业所面临的重大事故危机是因为产品质量不合格而产生的，那么为了避免进一步损害消费者的权益，企业必须对已经在市面上出售或即将出售的产品进行紧急召回，以阻止重大事故发酵，使企业陷入更为艰难的困境。1966 年，美国最先提出“产品召回制度”，随着时代的发展，这项机制也逐渐成为大型企业最重要的危机公关处理手段之一。

（二）掌握信息主动权

在互联网快速发展的当今社会，信息呈几何倍数增长，“爆炸性新闻”时常出现。公司在相对“透明”的世界中，一旦出现负面新闻，将迅速在网络世界引爆，形成网络舆情事件，获得受众关注，导致危机不断扩大。此时，如若企业保持沉默或者逃避重要问题，则可能引来公众的猜疑，从而加剧危机的事态。个别情况下，竞争对手还可能会趁机落井下石，散布恶意谣言，进一步扩大危机的负面效应，令涉事企业蒙受更多的损失。针对这种可能性，为了避免谣言散布，同时满足受众的知情权，企业在进行公关管理时，必须及时回应公众质疑并澄清谣言，积极掌握信息的主动权，以此防止事态升级恶化。

（三）加强与各利益相关者的沟通

企业的经营活动牵扯众多，既包含为其带来直接利润的消费者，也包含与其存在合作关系的供应商、金融机构、交易伙伴等，更囊括了与企业价值息息相关的股东与公司员工。因此，重大事故不仅会影响企业本身，同时也将波及企业的利益相关者，从而影响企业的生存与发展。对于经历过危机的企业，如果在之前的危机中没有处理好与利益相关者的关系，在企业后续的发展中又再次爆发危机，那么历史阶段中所形成的影响将会再次累积，让企业在新一轮危机中处于更艰难的境地。为了避免此种情况，企业在面对危机时不能仅仅考虑自身发展，而应与利益相关者保持密切联系，争取在面对危机的第一时间获得他们的信任和支持。

（四）制订产品替代方案

在重大事故发生时，企业要着手调查事故的成因，以此采取针对性措施。如果事故的成因并非产品质量，那么企业必须及时转变思路，制订出产品替代方案，重新找准产品定位，并推出更具有针对性的推介方案与营销策略。当然，如果在调查事故的成因时，所有证据都指向了产品质量，那么企业必须及时推出针对产品的解决方案，还需要对消费者进行心理建设，以消除消费者对产品的错误联想。

三、重大事故危机公关预防机制

（一）树立防范意识

危机防范是指企业在危机爆发之前，所采取的危机监测、识别、预警等一系列活动，以此来降低危机发生的可能性，同时确保危机发生时能够及时应对。不可否认，在众多危机管理活动中，危机防范是成本最低且效果最为明显的方式。在重大事故发生时，企业在应对危机问题的同时，必须广泛树立管理层乃至一线员工对于危机的防范意识，只有这样，才能在具体的经营活动中时刻保持强烈的危机意识，以警觉的姿态、清醒的头脑应对危机并避免后续危机。事实证明，如果企业不重视危机防范，那么当危机到来时，其往往表现出手足无措的姿态。基于此，公司必须牢牢树立防范意识，加强公司危机教育，引导公司员工在日常工作中防微杜渐，尽可能减少危机发生的可能性；同时还需要逐步强化日常危机反馈机制，从而及时发觉、从容应对、妥善处理，尽可能地降低危机带来的损失。

（二）制订危机管理计划

公司在运营过程中不可避免地会面临一些危机，在这种情况下，如果企业缺乏危机管理计划，那么在处理危机时可能无法准确迅速地制订及实施应对措施，这将降低危机公关的效率。因此，在运营活动开始前，企业可根据所处产业、经营业务范围，制定一套适合自身的相对合理的危机公关管理机制，从而在识别风险、诊断危机的基础上，针对不同类型的危机制定出相应的应对预案。只有这样，在危机到来时，企业才能从容不迫地应对，快速做出回应，提高危机公关的效率。

（三）强化质量及安全管理

对于生产型企业来说，产品质量是企业持续发展的根本。换言之，企业只有确保产品质量及生产环节安全，才能赢得受众口碑。基于此，企业必须加强内部生产流程管理，严格遵循“人本、全程监控、体系管理”三项原理，以此来提高产品质量及安全管理，避免出现质量问题及生产安全隐患。

（四）强化法律风险管理

企业法律风险管理由企业法律顾问，即内部法务或（及）外聘律师具体负责。此外，还需要在企业法人治理机制的框架内，形成全员参与、共担责任的机制。

首先，只有从意识上重视法律风险，才能从体制上和管理上重视企业的依法管理措施，从而降低企业的法律风险。加强企业的依法治企意识，关键要从企业的高层开始，从而形成自上而下的宣传，让企业的所有员工都能充分意识到加强依法治企的重要性。这样才能促进企业的诚信建设、合法经营，并使企业具备高度的法律意识。

其次，要从体系上完善对法律风险的防范，也就是说，从企业的部门管理权限、企业管理制度等层面，来制定符合防范法律风险的体系。在企业人员的管理上要遵循法律文化，建立法律风险管理体系，如建立健全的法律风险信息管理系统，建设企业防范法律风险的数据库系统。此外，还要遵循事前防范为主，事中控制和事后弥补为辅的方法，来完善企业的法律风险防范体系。

再次，将企业的管理和法律风险的控制融合在一起，进而制定完整的企业发展战略。战略内容可以包括企业的治理、知识产权的管理以及劳动关系管理，并涉及国内外的商业活动等。另外，企业在进行重大的运营决策时，要充分分析自身所面临的法律风险，争取在经济活动中获得最大的利益。

第三节　新媒体时代的危机公关

一、新媒体时代与公共危机

随着媒体形式的不断创新和发展，新媒体开始不断融合，具体表现在：内容融合、渠道融合、功能融合。随着这种现象的加剧，学术界提出了一个新名词——“全媒体”。作为知识经济时代下一种新的业务运作方式，全媒体主要是综合运用所有的媒体技术与手段来传递信息、发布内容。综合而言，全媒体最突出的特点在于“多平台运作、多形态传播、多功能应用”。在这个庞大的传播体系中，报纸、互联网、电视、广播等都是重要的组成部分，也是核心的媒介工具，更是有效的信息传播载体。从当前的发展形势来看，全媒体超越了其他媒体形式，具有传播手段最多、技术手段最全、载体形式最多样、受众面最广泛等特征。这种媒体舆论传播的网络化效应，在某种程度上又不可避免地提升了公众公司等法商实体的公众属性，使法商实体在公共危机管理面临新的挑战，既考验企业危机公关管理的创新能力与实际应用能力，同时也对媒体的危机传播管理提出了新要求。

目前，以“两微一端”（微博、微信、移动终端）为代表的新媒体飞速发展，为公关危机管理创造了新的条件，同时，在传递信息、引导舆论等方面也发挥着巨大的作用。除“全媒体”外，“新媒体”一词的使用则相对更广泛。首次提出“新媒体”（New Media）这一概念的是美国哥伦比亚广播电视网（CBS）技术研究所所长戈尔德马克，他在1967年发表的一份关于开发EVR（电子录像）商品的计划中，首次提出了“新媒体”的概念。此后，“新媒体”这一提法开始逐步在世界范围内使用。

随着互联网的逐渐普及与移动信息技术的飞速发展，新媒体的应用已渗入人们生活的方方面面。在这个新的时代背景下，人们可以利用手机等移动终端快速浏览并搜索信息，并以图片、视频、音频等多媒体形态对外发布。另外，在泛娱乐化的当代，网络上只要出现有趣的信息，就很容易引起网民的关注，并引起广泛探讨。正因为如此，当个别事件形成并在网络上发酵时，新媒体的快速传播、大范围扩散等特征将会加剧事态，由此引发更多的群众对该事件的关注。换言之，在新媒体与全媒体时代，一件较小的事件也可能引发“蝴蝶效应”，快速发酵成为公众舆论的焦点，最终形成影响力大、破坏性强的公共危机事件。另外，由于互联网具有开放性与跨区域性，公共危机事件的影响范围会日益扩大，甚至会通过网络渠道而引发全世界关注。基于此，在管理并处理公共危机时，企业不能坐以待毙，不能采取传统的处理方式，而应当顺应时代发展，灵活运用新媒体等手段来防范危机、应对危机、化解危机。

危机是多种因素共同作用的结果，在新媒体的背景下，影响因素日益多样与复杂，甚至会因为信息的飞速传播与高速生产而衍生出新的危机，而这也进一步地加大了危机处理的难度。另外，随着新媒体的发展，加之网络信息跨区域甚至跨国家传播的日益普及，意味着公众可以凭借网络的“记忆功能”，挖掘出组织原有的负面新闻，由此进一步恶化公众对组织的印象。

二、网络舆情危机的处理

随着新媒体的迅速发展和网络虚拟社会的逐渐形成，以及微博、微信等即时通信工具的广泛使用，使得许多危机和信息披露是通过微博或微信被引爆从而被广泛转发的，对企业起到了一石激起千层浪的效果，网络舆情危机公关也成为新的热点。网络舆情危机公关主要是指企业运用互联网技术有效阻止危机信息的传播与蔓延，同时借助新媒体平台，消除危机的负面影响，甚至化危机为机遇，为企业带来新的成功。不重视网络舆情风险防范的后果是，企业将丧失互联网信息发布的主导权和制高点，丢失与公众之间最快速有效的沟通渠道。与国际化进程中的挑战和风险相比，未对舆情风险有足够的认识也将成为企业参与国内外竞争的一大短板。

当危机舆情不可避免地爆发后，企业应沉着应战，按照危机舆情的应对计划将相关人员布置到位到点，以最快的速度进行内部人力、财力、物力与外部政府、媒体、社会利益相关者的资源整合，确保交流渠道畅通，各人员协调配合到位，并及时把危机公关处理情况上报给相关负责人，同时要公之于众。具体操作可从以下几方面着手。

（一）成立由高层领导的危机处理小组

高层领导对于事件处理的公开态度能体现企业对危机的重视，加强媒体和公众对于企业积极承担责任的好感。同时，在危机尚未恶化的情况下做出相应的表态承诺，将在改变事态发展方向上起到积极的促进作用，使企业发布的正面信息传播起到更加显著的效应。实践领域，对于企业家应对危机事件的注意事项也有相关要求。环球时报 2018 年 5 月 24 日发表了《陷入舆论危机切莫胡乱出击》一文，就公司负责人在公开表态时的注意事项提出了“危机公关的五度”的总结，即“速度、态度、角度、风度和制度”。提醒企业家及管理者在现实操作中，应对舆情问题时，要以诚恳的态度尽可能地消除人们的抵触情绪。表达角度要准，就事论事，在应对公众提问时，不要答非所问，顾左右而言他。体现风度要雅，必要时设立新闻发言人制度，并且反复演练，严格落地应对方案。

（二）第一时间进行回应

一旦危机舆情爆发，通常消息会像病毒一样在其出现的 12~24 个小时内裂变，快速传播。企业的行为举止将在危机中成为公众关注的焦点。如果企业应对及时、反应快速，同时采取有效手段与公众沟通，回应公众质疑，并在一些权威媒体发布公告，表明自己的立场与态度，则可以迅速控制事态，将危机所造成的杀伤力尽量降到最低。

（三）寻找负面舆论源头

寻找负面信息源头的过程，本身也是帮助企业快速制定应对方案的过程。如果信息源头是个别网民或意见领袖，那么可采取直接对话的政策与信息发布方进行直接沟通，减少通过中介沟通的时间成本。表 29–1 所示为针对不同的负面舆论来源，企业应采取的不同的处理方式。

（四）充分利用媒介资源引导舆论

企业可以通过行业网站、企业微博等发布信息，澄清事实或者承认错误，对负面事件积极处理，对微博评论、论坛回帖等进行正确引导，以此转移并疏导公众的负面情绪，淡化舆论风波。

表 29–1　网络舆情危机处理

负面舆论来源	处理方式	
转载自平面媒体或网络媒体平台等组织机构发布的信息	即时处理	可与相关网站沟通，对负面、不实的新闻进行谨慎撤帖处理，或者对于一些谣言进行官方澄清。同时可以考虑与专业网络公关公司合作，在关键时刻对于一些不实信息进行直接处理，以降低谣传的广泛扩散对品牌产生的负面冲击
贴吧、论坛帖子、博客、微博等个人言论发布的信息	持续处理	处理具有强烈主观意识的负面新闻，可采取以下方式： 其一，与信息发布源进行沟通，消除不必要的误解误会； 其二，对微博、博客发布的不实信息进行谨慎更帖应对，对舆论进行有序引导； 其三，利用广告或其他非重要信息，尽可能让恶意评论或谣言合理下沉； 其四，针对已持续一段时间的负面新闻，可与一些搜索引擎公司进行协商合作，让其根据情节酌情处理，尽可能消除恶意负面新闻的停留时间，减少对企业的品牌损害

（五）借助权威机构的公信力平息危机

找出产生问题的根本原因，通过积极主动配合第三方调查，及时向相关机构及部门说明情况，提交相关证实材料等方式，尽快获知造成的负面影响的调查结果，通过借助权威机构的公信力平息危机亦是关键之一。

第四节　企业危机公关法律资源应用

企业在经营过程中，难免会出现各种各样的状况，有些状况冲击企业的生产经营秩序，有些状况冲击企业的商业信誉。当发生负面情况时，企业的危机处理机制会自然而然地被触发。但是很多有需求的企业还存在一定的认知误区，以为危机公关必须请企业内部的公关部门来做，或者外聘专业的公关公司进行处理。其实不然，近年来律师在危机公关中所起的作用也越来越明显。

一、重视律师行业的公信力

近年来，越来越多的危机公关活动已经出现了律师的身影，例如，“已全权交由律师处理”“保留对此进行法律追究的权利”等话语，纷纷出现在企业做出的公开信中。

2017 年 8 月底，海底捞安全卫生问题爆发，两则行文严谨、直指矛头的公关文章（致歉信 + 事件处理通报）在危机公关黄金 4 小时内迅速发出，海底捞所表现出的不推脱、不逃避、积极认错并配合的真诚态度顺利扭转了舆论态势，为海底捞赢得了广泛赞誉。其中，“黄金 4 小时媒体”概念由人民网舆情监测室提出，主要是指能快速传播舆论的网络媒体，以微博、QQ 群、人气高的 BBS 论坛等为代表。海底捞案例中出自律师之手的公开信一经刊出，受到广泛转载，堪称年度最佳危机公关范本。这也在一定程度上为我们解释了为何企业的危机公关需要一定的法律背景的人才支持。

作为承担无限连带责任的律师行业，因其法律行业的特殊性，在进行危机公关时，做出的应对举措和声明，譬如律师函、法律意见书等文件，较其他普通行业出具的普通说明，更具备公信力以及信服力。

二、发挥律师的专业性

（一）律师的文书起草

做出必要的文书声明系危机公关不可缺少的一项手段，律师的职业特性，使得其通常较其他行业从业者在相关文书措辞的严谨性上要更胜一筹。律师在危机公关中出具的律师函、声明书、法律意见书等文件往往具备思路清晰、条理明确、言简意赅、旁征博引等特点。清晰的事件表达更能获得公众的认可，为企业力挽狂澜。

（二）律师的法律知识背景

企业遭遇冲击需要进行公关时，通常有两种情况。一种是企业侵犯了他人的权益，另一种是他人侵犯了企业的权益。

在第一种情况中，律师可以对企业侵犯他人权益的事宜，做出法律分析，向企业释明企业实施侵害行为的违法程度、即将面临的法律后果，从而有针对性地建议企业做出相应的对策，安抚被侵害者以及社会大众的情绪，以免极端个例影响企业的整体良好形象。而在第二种情况中，律师也会对他人侵犯企业权益的性质做出法律分析，告知企业在此事件中企业享有何种权益，侵害者应当承担何种义务。必要时，可撰写相关的律师函等文件，采取合理的态度表明企业的立场，维护企业的合法利益。

（三）律师的谈判技巧

律师的职业技能之一便是谈判。企业的危机公关除了需要面对社会大众出具相关的声明文件，还需要与事件中的具体人物进行沟通谈判。譬如农民工与房地产企业之间的工资纠纷，房地产企业除了需要回应社会关切，维护自己的良好形象，还需要派相关的人员与农民工进行协商谈判，向农民工阐释分析劳资双方的权利与义务，并敲定稳妥的处理方案，从而解决纠纷。

（四）律师既懂法又懂商业

企业危机发生后的公关方案或策略选择主要考虑三方面因素：一是要对消费者负责，如果是上市公司，则要对广大股民和投资者负责，同时亦要兼顾公众的感受；二是要争取政府及相关方的支持及信任；三是要与媒体保持良好的合伙关系。可以同时解决上述三方面问题的最佳角色应是既懂法又懂商业的专业人士，以便于在清楚法律底线的基础上制订出最适合企业当时状况的危机公关措施。因此，在危机公关过程中，律师的作用亦是不可替代的。律师可以从法律角度帮助企业发现造成危机的原因，分析法律后果，找到解决危机的方案，协助企业实施攻克危机的方案，其中包括提供法律意见，参与方案的研究与制订，担任企业发言人，参与谈判，起草相关文书，成为企业负责人与另一方沟通的桥梁；协调和沟通不同层次相关方的各种关系；代理企业以原告身份提起诉讼或仲裁，抑或以被告身份进行抗辩等工作，从而帮助企业更高效地制订特殊时期的方案措施，积极应对危机。

此外，我们还应该意识到“危机”，尽管意味着“危险”，但妥善处理也可能将其转化为“机会”。网络时代的危机公关工作中，适当地因势利导，借题发挥，以诚心诚意诚恳的态度表明企业解决危机的决心，不但可以恢复民众对企业的信心，还可以在被关注事件中提升企业的知名度和美誉度。因此，法商企业除应合法经营之外，还应该居安思危，充分认识到在充满不确定性的时代，建立危机防范意识与危机公关机制的重要性，在日常生产经营活动中要加强企业自身应对危机的能力建设。正如人们所说的，一个优秀的企业越是在危机的时刻，越能显示出它的综合实力和整体素质。

【案例】

基于质量问题的危机公关案例：海底捞的危机？公关！

2017 年 8 月 25 日上午 10 点，《法制晚报》发表了《记者历时 4 个月暗访海底捞：老鼠爬进食品柜 火锅漏勺掏下水道》的报道，在网络上呈刷屏之势。文章称，海底捞北京劲松店、太阳宫店两家门店卫生环境堪忧，老鼠乱窜，打扫卫生的用品和餐具同池混洗，火锅漏勺掏下水道……相关话题热度不断攀升，凤凰网、北青网、网易、新浪等十几家媒体相继转载发布了“海底捞的食品安全问题”，以优质服务著称的海底捞一时间成为众矢之的。

一、整体事件回顾

8 月 25 日 10 时，《法制晚报》看法新闻曝光了海底捞北京劲松店、太阳宫店后厨老鼠乱窜、打扫卫生的簸箕和餐具同池混洗、用顾客使用的火锅漏勺掏下水道等一系列食品安全问题，引发社会广泛关注。

14 时，海底捞官方微博就“老鼠事件”发表致歉信，承认问题属实，致歉并决定整改。

15 时，《法制晚报》看法新闻官方微博发出海底捞后厨视频。

17 时，海底捞官方微博再次发布处理通报，称将对涉事门店进行停业并全面彻查处理。北京市食药监局立即对两家门店进行立案调查，对海底捞位于北京地区的 1 家中央厨房和 26 家门店开展全面检查，第一时间责任约谈该公司北京地区负责人，并启动对全市餐饮服务单位为期两周的专项检查。

8 月 26 日，北京市食药监局再次责任约谈“海底捞”，限其一个月内完成后厨可视化、信息化等全面整改。

8 月 27 日，海底捞官方微博再次发布声明，称将积极落实整改措施，实现阳光工程，全国门店将实现后厨操作可视化，主动接受社会监督。

二、公关处理的关键举措

2017 年 8 月 25 日上午 10 点，事件经报道产生危机，2017 年 8 月 25 日 14：46，海底捞发布了《关于海底捞火锅北京劲松店、太阳宫店事件的致歉信》，因为反应迅速、道歉态度诚恳而平息了不少消费者的怒火。

2017 年 8 月 25 日 17：16，海底捞发布了关于《海底捞北京劲松店、北京太阳宫店事件处理通报》，诚恳道歉，并表示会停业排查，同时安抚了店内员工。海底捞的危机公关被网友总结为一句话："这锅我背；这错我改；员工我养"，被不少人指出是"极为成功的危机公关"，很多网友直接在微博下面评论"继续支持海底捞"，原谅之声盖过了批评之声。

8 月 27 日，北京市食药监局发出申明：8 月 25 日已经对海底捞立案侦查，并两次约谈海底捞北京地区负责人，要求"海底捞"北京地区所有门店一个月内实现后厨公开，接受社会监督。同时，将上述检查发现问题的门店记入北京市企业信用信息平台，并在第二年度餐饮服务单位量化分级中实施减分降级。

8 月 27 日 15：04，海底捞发布了第三份公告——《关于积极落实整改，主动接受社会监督的声明》，表示将积极参加北京市正在倡导的阳光餐饮工程，主动将北京市及全国所有门店实现后厨操作可视化，接受媒体和广大消费者的社会监督。

北京烹饪协会也在 8 月 28 日上午 7：19 表态，将开展全市餐饮检查，确保食品安全万无一失。

8 月 28 日，海底捞事件热度下降，处理结果基本尘埃落定，此次海底捞危机事件基本平稳度过。

三、后续发展

自事件发生后，海底捞公司统一安排所有门店对设备设施和卫生情况进行检查整改。各门店还成立了质检小组，内容涉及食品安全质检、卫生质检和餐具质检。海底捞还组织全体员工学习食品安全制度，对后厨人员进行包括机器清洗、下水道清洗，以及不允许打扫卫生的工具接触食品等相关培训。

同时，海底捞公司还完善相关制度，实行四色卡制度。红卡代表服务，黄卡代表菜品质量，蓝卡代表环境卫生，绿卡代表食品安全。门店领班会监督员工，员工一个月如果出现一定次数的食品安全不规范的行为，将会被开除，如果因此出现重大问题，即使首次出现也会被开除。另外，公司每个月会对门店进行检查并进行排名。名次处于末尾的会按照相关制度处理，员工也会受到相应惩罚。

四、事件评价

总体来说，从民众对于海底捞的态度及网上的评价来看，海底捞此次的危机公关还是非常成功的。

第一，大众通常都对饭店的后厨卫生缺乏信心，海底捞有公众的情感基础，它的后厨绝对不是最差的。尽管遇到此次“老鼠事件”以及食品安全隐患的重大危机，但是平时的好服务为海底捞打下了坚实的群众基础，长板补了短板。群众还是愿意多花些时间看看海底捞打算如何解决该事件的，这为企业赢得了宝贵的时间制订具体的解决方案。

第二，从反应速度来看，暗访新闻曝光后，海底捞大约在 4 小时内发布道歉声明，基本符合舆情处理的“黄金 4 小时”原则，并在最短的时间内确定处理方案并公之于众。海底捞公关不抵赖、不狡辩，快速、坦率回应，为其赢得了不少客户的感情分。顾客感受到了这家企业在面对重大危机时的担当和责任感，网上的舆论已经少了许多“咄咄逼人”的质疑。

第三，打温情牌，这也是把最坏局面瞬间扭转的最为关键的一点。海底捞公关通报的第六点，“涉事停业的两家门店的干部和职工无须恐慌”“主要责任由公司董事会承担”。海底捞的公关完美利用了同理心的作用，从客户角度，从员工角度，既解决问题又打好了感情牌。重心在于彻底解决问题，让公众心里舒服，将原本的重大危机成功地转变成一次彰显企业重视顾客、爱护员工、主动担责的机会。海底捞由单一城市的整改自发推广到全国门店的后厨可视化，积极接受社会监督，借由此次事件体现出自律表率的决心，重新树立了良好的企业形象。整个团队通过此次危机公关的妥善处理，为企业打了一个漂亮的翻身仗。

【思考问题】

1. 企业危机公关的主要手段有哪些？

2. 海底捞食品卫生事件中，危机公关成功的关键点是什么？

【参考文献】

[1] 波音公司，前途未卜 [OL]. https: //baijiahao.baidu.com/s? id=1628311758163709671&wfr=spider&for=pc-，创业邦传媒，2019-03-18.

[2] Charles F. Hermann.（1972）. *International crises: insights from behavioral research* [M]. New York: Free PressUriel Rosenthal.

[3] Charles Michael T.ed. *Coping with Crises: the management of disaster*, riots and terrorism [M]. Sprinfield: Charles C.Thomas, 1989 ：78.

[4] 岑丽莹. 中外危机公关案例启示录 [M]. 北京：企业管理出版社，2010.

[5] 陈文娟. 向海底捞学习餐饮企业的留人机制 [J]. 大众文艺，2009(13)：30-31.

[6] 程宵. 从危机公关 5S 原则看"海底捞事件" [J]. 视听，2018(2).

[7] 假如波音公司来找你做危机公关. http: //tech.ifeng.com/c/ 7mA7JwL70gu. 凤凰网科技，2019-04 25.

[8] 丁邦杰. 企业危机公关中的媒体攻略. 江苏人民出版社，2015-02.

[9] 丁光梅. 媒体公关和危机管理理论与实务 [M]. 北京：经济管理出版社，2015.

[10] 黄铁鹰. 海底捞的秘密 [J]. 中国企业家，2011：48-67.

[11] 黄沛."海底捞事件"的危机公关与舆情观察 [J]. 传媒观察，

2017(10)：18–19.

［12］利嘉敏 . 互联网 + 企业公关案例与策略 . 北京：北京时代文化书局 .

［13］廖为建，李莉 . 美国现代危机传播研究及其借鉴意义 . 广州大学学报（社会科学版），2004（8）.

［14］泷泽正雄 . 企业危机管理［M］. 高宝国际有限公司，1999.

［15］罗子明，张慧子 . 新媒体时代的危机公关——品牌风险管理及案例分析［M］. 北京：清华大学出版社，2016.

［16］吕珊珊 . 中国国际公共关系协会会员行为准则 2009［OL］. http: //www.cipra.org.cn/templates/ T_Second/index.aspx? nodeid=2&page=ContentPage&contentid=102 ，2009–04–06.

［17］潘国锦 . 企业危机公关理论与方法初探［J］. 南方经济，2005(7).

［18］迈克尔・里杰斯特 . 危机公关 . 上海：复旦大学出版社，1995.

［19］蒲红果等著 . 如何应对舆情危机？新媒体时代的企业生存之道［M］. 北京：新华出版社，2015.

［20］孙玲 . 新媒体时代突发事件应急管理——危机公关案例与启示 . 北京：人民出版社，2014.

［21］VUCA 时代，想要成功，这些原则你一定得明白 .《哈佛商业评论》增刊 . 哈佛商业评论，2018.

［22］王永 . 陷入舆论危机切莫胡乱出击 . 环球时报国际论坛版，2018–5–24.

［23］危机公关：你不可不知的几件事 .《哈佛商业评论》增刊 . 哈佛商业评论，2016.

［24］赵麟斌主编 . 危机公关（下）［M］. 北京：北京大学出版社，2010.

［25］张运来，范姝君 . 海底捞“后厨事件”危机公关触动了消费者的哪根弦？［J］. 公关世界，2017(19).

［26］中国产业信息网 .2017 年中国互联网网民规模及增速、网民普及率分析［OL］.https: //m.chyxx.com/view/542037.html，2017-07-08.

［27］中国公共关系协会网站，http: //www.cpra.org.cn/.

［28］曹海俊 . 企业法律风险管理：一名常年法律顾问的思考［J］. 法制与社会，2015（36）.

［29］邓金彪 . 论依法治企与企业的法律风险［J］. 劳动保障世界，2015（S2）.

［30］北京京创律师事务所法律顾问团队 . 企业：应将法律危机杜绝在发展之外［N］. 中国改革报，2013-01-15（008）.

第三十章　法务会计与舞弊风险管理

法务会计是最能体现法商融合与法商管理特色的会计新学科。源于英美法系国家的法务会计（Forensic Accounting），是从20世纪末进入中国的。20年来，法务会计从最初的不为人所知，不为人所认可，备受少数人的误解与非议，到如今已经成为会计学的一个新的领域与新的分支，在反舞弊、反经济犯罪的斗争中扮演着越来越重要的角色。越来越多的会计师事务所拓展了法务会计与司法会计鉴定服务领域，越来越多的法务会计专业人士作为“有专门知识的人”，出现在中国的诉讼法庭之上，在推动诉讼法庭对作为证据的司法会计鉴定意见进行有效质证，促进司法会计鉴定意见质量的提高，保护当事人合法权益，维护司法公正，深化依法治国实践，推进以审判为中心的诉讼制度改革等方面做出了重要贡献。

舞弊风险管理是法务会计衍生出的新领域。舞弊风险管理是指社会组织或者个人用以降低舞弊风险以及减轻舞弊的负面结果的一系列管理过程。舞弊风险管理主要研究舞弊的识别与侦测、舞弊风险的评估、舞弊的防范对策、反舞弊政策的制定、舞弊风险防控制度的设计与运行。其主要目标是，预防舞弊、发现舞弊、应对舞弊，降低舞弊风险，减少舞弊带来的损失。舞弊风险管理被认为是中国各类公司企业“最需要得到改进”的领域。

第一节　法务会计概述

一、法务会计的定义

法务会计标准的英文译法是Forensic Accounting。“Forensic”一词

按照Webster词典的解释，是指“属于、用于或适于法庭辩论或公开讨论与辩论；运用科学知识以解决有关法律问题”[①]。据此，字面上的“Forensic Accounting”就是指与法庭有关或用于法庭的会计。鉴于此，我们可以这样来初步定义法务会计：法务会计是一门涉及将会计资料用于法庭做证或辩论，以解决有关法律问题的科学。

如果要给法务会计下一个完整的定义，法务会计可以这样定义：法务会计是特定主体综合运用会计学、审计学、诉讼法学、证据法学等学科的相关知识与技术，以舞弊与经济犯罪活动所引起的资金非正常流动为研究对象，旨在通过对会计相关资料的调查获取有关的证据，并将其以法庭能接受的形式提交给法庭并接受诉讼参与人的质证，以解决有关的法律问题的一门融会计学、审计学、诉讼法学、证据法学、侦查学等学科的有关内容为一体的边缘学科。

法务会计也会涉及非诉讼领域，主要针对组织内部的舞弊与不当行为进行调查取证。法务会计通常包括五个方面的内容：调查会计、诉讼支持、损失计量、专家证人和舞弊风险管理。其中，调查会计、损失计量和舞弊风险管理会涉及非诉讼领域。

二、法务会计的特点

结合上述法务会计的定义，法务会计具有以下特征。

（1）法务会计是多属性边缘学科。所谓边缘学科，主要是指“两个或两个以上的学科相互交叉、渗透而在边缘地带形成的学科，是交叉学科的一种主要类型”[②]。法务会计是一门横跨多种学科的边缘学科，其边缘性明显体现在它分别涉及会计学、审计学、法学、证据学、侦察学和犯罪学等学科领域，需要综合运用这些学科的理论与知识、观念与意

---

① “Forensic”, according to the Webster’s Dictionary means, “Belonging to, used in or suitable to courts of judicature or to public discussion and debate” “Relating to or dealing with the application of scientific knowledge to legal problems.

② 刘仲林．跨学科学导论［M］．浙江教育出版社，1990.

识、技术与手段来解决有关的法律问题。

（2）法务会计的目的是通过调查获取有关会计证据资料，并以法庭能接受的形式给予陈述或解释，以解决有关的法律问题。法务会计的核心问题是，研究如何为解决有关法律问题提供有用的会计证据。

（3）法务会计的对象是舞弊与经济犯罪活动所引起的资金非正常流动及其结果。舞弊和经济犯罪分子实施经济犯罪与舞弊的目的是，"想方设法将钱装到自己的口袋"。舞弊和经济犯罪活动只要涉及"钱"，一般都会在相应的会计资料中留下痕迹。法务会计的主要任务就是查找并分析那些存在于会计资料中的能够证实经济犯罪等活动已经发生的证据。

（4）法务会计的手段具有多元性和灵活性。法务会计会综合运用财务分析的方法、审计的技术与方法、证据调查的方法和侦查学的方法。而且在针对不同类型的具体业务时，法务会计采取的方法也比较灵活，没有固定遵循的模式。

（5）法务会计的主体具有独立性与专业性，一般是具有舞弊检查执业资格的资深会计师。由于法务会计主要从事的是舞弊调查、诉讼支持和专家证人等业务活动，而这些业务活动又具有很强的专业性，因此决定了其从业人员必须具有一定的执业资格。在美国，法务会计执业的主体主要是注册舞弊审核师（CFE）和注册法证师（CFF）。在欧美其他国家，法务会计的业务大都是由资深的注册会计师来担任，与一般注册会计师不同的是，从事法务会计业务的注册会计师一般都会经过专门的法务会计组织或协会培训与资格认证。在中国，目前法务会计的业务主要由具有司法会计鉴定资格的注册会计师担当。

（6）法务会计是涉及诉讼领域的特殊"会计"，是会计学科的新领域。法务会计之所以能被称为会计，一方面是因为法务会计同样是一个信息系统，这样的信息系统是为法官、检察官、律师以及其他相关人士提供相应会计证据信息的信息系统；再一方面是因为，法务会计主要的任务是运用会计审计的技术方法在会计资料中查找相关证据。但是法务会计与诸如财务会计、管理会计、成本会计等传统的会计门类有显著不同，它不是服务于某一特定单位的以向内部或向外部信息使用者报告财务信息的微观会计，而是涉及诉讼领域的特殊会计。法务会计通常会涉及舞弊的调查与审计、诉讼支持、损失计量、专家证人等方面的内容，与一般意义上的会计的最大区别在于，法务会计主要是为法庭服务，要解决有关的法律问题。

三、法务会计在中国的产生与发展

法务会计大约是在 20 世纪 90 年代末从美国传入中国的。天津财经大学会计学院的盖地教授，在 1999 年第 5 期《财会通讯》中发表的中国第一篇有关法务会计的论文《适应 21 世纪的会计人才——法务会计》中指出："市场经济需要既懂会计又懂法律的会计人才——法务会计人才。随着大陆市场经济的不断发育和确立，法制建设的不断健全和完善，法务会计的环境会越来越好，法务会计的重要性将会日益被社会所承认、被人们所认识，法务会计也必将成为中国 21 世纪的最热门职业。为适应新世纪的要求，高等会计教育要顺应潮流，培养大批法务会计专业人才。"①

全国性的法务会计学术交流活动始于 2006 年。首届法务会计学术研讨会在北京人民大会堂举办，开启了法务会计在中国学术研究的序幕。2010 年，一群热衷于法务会计理论与实务研究的学者，自发组织成立了"中国法务会计研究会（筹委会）"。在该筹委会的领导下，大家克服重重困难，使得全国性的法务会计学术研讨活动基本没有间断（除 2008 奥运之年外）。截止到 2018 年年末，该筹委会已经成功地举办了十届法务会计学术研讨会，累计参会人数达 1 117 人次，会议论文集累计收录论文 344 篇。

---

① 盖地．适应 21 世纪的会计人才——法务会计．财会通讯，1999（5）．

四、会计师事务所提供法务会计实践

法务会计的服务主要由会计师事务所及注册会计师来提供，不论是“四大”国际会计师事务所（以下简称“四大”）还是内资会计师事务所。

1.“四大”提供法务会计服务的情况

“四大”国际会计师事务所都在中国建有分支机构。“四大”无一例外地在中国提供了全面的法务会计服务。“舞弊调查、舞弊风险管理、计算机取证和反腐败咨询四类业务”，是“四大”在中国的分支机构提供的主要法务会计业务。“四大”提供的法务会计业务树立了由注册会计师和会计师事务所提供法务会计服务的典范，代表着法务会计服务的潮流与趋势。

2. 内资会计师事务所提供法务会计服务的情况

为了了解中国内资会计师事务所提供法务会计服务的情况，张苏彤教授以 2018 年按照业务收入排行前 100 位的内资会计师事务所为调查对象，通过访问其网站，调查了解了会计师事务所提供法务会计服务的情况。统计结果表示，2018 年业务收入排名前 100 位的会计师事务所中，只有 34 家会计师事务所提供了法务会计或司法会计相关业务。在这 34 家会计师事务所中，除了致同会计师事务所提供了类似“四大”较为全面的法务会计业务之外，其余的 33 家会计师事务所只提供了单一的司法会计鉴定业务。由此可见，中国的会计师事务所的法务会计业务还有很大的发展空间。我国的会计师事务所应该借鉴“四大”的有益经验，在舞弊调查、舞弊风险管理以及计算机取证等非诉讼领域拓展新的业务类型。

五、法务会计在中国的法律环境分析

众所周知，源于大陆法系的司法会计在中国的出现与发展始于 20 世纪 50 年代。而源于英美法系的法务会计是从 20 世纪末开始进入中国并得到较大程度的发展的，这样目前就形成了法务会计与司法会计并存的局面，尽管各方面对法务会计的质疑与争议的声音不断。人们会问：

为什么法务会计能够在中国这块土地上出现？法务会计为什么会有如此强大的生命力，饱受争议却仍能得到初步的发展？

本书认为，源于英美法系国家的法务会计之所以能进入中国并在中国得到发展，主要是由以下四个方面的法律环境因素促成的。

（1）中国传统的司法会计不能适应市场经济的新环境。

长期以来，源于计划经济时代的司法会计一直封闭在司法机关相对狭小的空间内，其主要功能是接受司法机关的委托，出具司法会计鉴定意见。改革开放的浪潮以及随之而来的会计理论与实务的变革，对司法会计的影响很小。在传统的司法鉴定管理体制的保护伞下，从属于各级司法机关的司法会计鉴定机关和司法会计鉴定人员与市场隔绝，享受着“自侦自鉴”“自诉自鉴”“自审自鉴”带来的惬意与满足。

但是，面对21世纪初层出不穷的中国上市公司财务造假案，人们看到的是中国传统的司法会计的功能缺失与不作为。21世纪初中国的上市公司财务造假甚嚣尘上，琼民源、蓝田股份、银广夏、东方锅炉、红光实业、大庆联谊、天津磁卡、西安达尔曼等一系列的上市公司财务舞弊案件层出不穷。面对众多的上市公司财务造假案，人们几乎看不到传统的司法会计有大的作为。典型的案例是，中国的司法会计在面对类似大庆联谊案所涉及的上市公司虚假陈述，给投资者造成的损失的计量问题上无所作为，致使多起证券市场虚假陈述所引发的民事侵权案难以获得赔偿。

法务会计具有舞弊调查、诉讼支持、损失计量与专家证人四大基本功能，能够满足市场经济环境下发生的众多涉及复杂会计问题的诉讼案件与非诉讼事项对会计提出的要求。法务会计服务主要由社会中介机构来提供。除了当事人双方都可以聘请法务会计人员，让法务会计人员以专家证人的身份介入诉讼活动外，大量非诉讼活动也会涉及法务会计，比如，公司董事会可以聘请法务会计人员参与公司内部的舞弊调查，由法务会计人员对公司内部控制制度进行评价等。法务会计的这些特征是中国传统的司法会计所不具备的。

由此可见，法务会计进入中国与中国的传统司法会计的功能缺失，无法满足中国市场经济发展需要不无关系。

（2）中国诉讼制度的变革为法务会计提供了适宜的外部环境。

法务会计之所以能在中国得到认同与发展，与中国的诉讼制度自20世纪末开始从传统的职权主义向职权主义与当事人主义相互融合的转变密不可分。当事人主义是英美法系国家赖以解决纠纷的诉讼原则，在这种模式下，诉讼请求的确定、诉讼资料、证据的收集和证明主要由当事人负责，注重发挥原、被告和控、辩双方的诉讼主体作用，让他们在诉讼中积极主动地提供证据、调查证据并相互对抗争辩，法官超然其间，作为严格的中立者进行裁判，就事实做出法律上的判断。职权主义是大陆法系国家的诉讼原则，这种诉讼模式注重充分发挥侦查机关、检察机关和审判机关在诉讼中的职能作用。在法庭审判中，法官不是消极仲裁者，而是指挥者，法官要讯问被告人、询问证人以及调查核实证据。

自改革开放以来，中国的诉讼立法取得了有目共睹的成就，中国诉讼制度的改革明显呈现出两个趋势：一是职权主义与当事人主义相互融合；二是追求在最大程度上实现惩罚犯罪与保障人权的统一。

比如，1991年中国颁布了新民诉法，标志着中国在计划经济体制下形成的法院包揽诉讼的职权主义诉讼制度，开始向尊重当事人权利的诉讼制度转变。中国新民诉法与1982年颁布的民诉法（试行）相比较，在起诉、上诉及再审等方面均注重了当事人的处分权，扩大了当事人的诉讼权利；将原先的民诉法（试行）第五十六条规定的人民法院应按法定程序，全面客观地收集和调查证据，修改为人民法院在法庭上主要负责审查审核证据，因而强化了当事人的举证责任（新民诉法第六十四条）。从法院包揽诉讼到扩大当事人的处分权，以当事人举证为主，法院只审查核实证据。这些都是中国诉讼制度在改革过程中借鉴英美法系的有益经验与做法的结果。

再比如，2011年8月，全国人民代表大会常务委员会首次审议并公布征求意见的中国刑诉法修正案（草案），也在较大程度体现了职权主义与当事人主义相融合的特点。这次修正案草案共 99 条，涉及完善证据制度、强制措施、辩护制度、侦查措施、审判程序、执行规定、特别程序等 7 个方面，堪称“大修”。这次刑诉法修正最为重要的亮点是，在公民权利保护方面，充分体现了英美法系国家一贯倡导的尊重和保障人权的原则，这一亮点在草案中主要体现在律师制度、证据制度、严禁刑讯逼供机制的构建等方面。

事实上，中国的刑诉法在 1996 年修正后所体现的无罪推定精神、疑罪从无原则，以及刑诉法修法后将体现的“非法证据排除规则”“不得强迫自证其罪”等原则，无一不是来自英美法系的当事人主义的诉讼原则与证据规则，充分体现了中国诉讼制度与国际规则的接轨。在这样学习和借鉴英美法系国家诉讼制度的大环境下，源于英美法系国家的法务会计制度进入中国就是顺理成章的事情了。

（3）中国司法鉴定管理体制的改革，为法务会计在中国的发展提供了适宜的土壤。

长时间以来，中国传统的司法鉴定管理体制所存在的“自侦自鉴”“自诉自鉴”“自审自鉴”“多头鉴定”“重复鉴定”“虚假鉴定”的弊病，一直是理论界和实务界口诛笔伐的焦点问题之一。为了根除司法鉴定制度的固有弊端，完善对鉴定人和鉴定机构的管理，实现诉讼的实体公正和程序公正，2005 年 2 月 28 日，第十届全国人民代表大会常务委员会第十四次会议通过了《全国人民代表大会常务委员会关于司法鉴定管理问题的决定》（以下简称《决定》），自 2005 年 10 月 1 日起施行。《决定》的出台实施，标志着中国司法鉴定管理体制改革取得了重要成果。《决定》最引人瞩目的地方在于，第七条明文规定，人民法院和司法行政部门不得设立鉴定机构。而侦查机关根据侦查工作的需要设立的鉴定机构，不得面向社会接受委托从事司法鉴定业务。

《决定》的出台标志着中国长期由“公、检、法、司”垄断的司法会计鉴定业务的终结，从制度上铲除了“自侦自鉴”“自诉自鉴”“自审自鉴”的弊端，为中国注册会计师参与诉讼活动创造了必要的条件。《决定》的出台也是中国诉讼制度改革，借鉴学习英美法系的有益经验与做法，职权主义与当事人主义相互融合，寻求诉讼程序中惩罚犯罪与保障当事人诉讼权利、维护司法公正的必然结果。

尽管改革以后的中国司法鉴定体制依然带有深刻的大陆法系的烙印，但是这样的改革改变了多年来沿袭的多头管理体制，解决了困扰人多年的问题，进一步解放了人们的思想，使得更多的人开始有机会深入思考中国诉讼制度的改革的深层次问题，为法务会计在中国的发展提供了必要的土壤。

（4）“专家辅助人”制度的建立，助推了法务会计在中国的发展。

中国的“专家辅助人”制度的建立，是以2002年最高人民法院发布的两个关于诉讼证据的若干规定的实施为标志的。

2002年4月1日起实施的《最高人民法院关于民事诉讼证据的若干规定》第六十一条规定：“当事人可以向人民法院申请由一至两名具有专业知识的人员出庭就案件的专门性问题进行说明。人民法院准许其申请的，有关费用由提出申请的当事人负担。

“审判人员和当事人可以对出庭的具有专门知识的人员进行询问。

“经人民法院准许，可以由当事人各自申请的具有专门知识的人员就案件中的问题进行对质。

“具有专门知识的人员可以对鉴定人进行询问。”

2002年10月1日实施的《最高人民法院关于行政诉讼证据的若干问题的规定》第四十八条规定：“对被诉具体行政行为设计的专门性问题，当事人可以向法院申请由专业人员出庭进行说明，法庭也可以通知专业人员出庭说明。必要时，法庭可以组织专业人员进行对质。

“当事人对出庭的专业人员是否具备相应的专业知识、学历、资历等专业资格有异议的可进行咨询，由法庭决定其是否可以作为专业人员出庭。

“专业人员可以对鉴定人进行咨询。”

在2002年最高人民法院的“两个规定”颁布实施之后，“专家辅助人”制度开始逐渐被引入中国传统的司法鉴定制度之中，形成了以司法鉴定制度为主，辅以“专家辅助人”制度的混合模式。在此模式下，当事人双方可以根据需要自行聘请专家辅助人出庭，就诉讼案涉及的专业性问题提供说明，法庭也可以根据需要指派或聘请司法鉴定人员出庭，就会计专业问题给予说明。

尽管中国的“专家辅助人”制度与英美法系国家的“专家证人”制度相比还不是很规范，在中国的司法实践中发挥的作用还不大，但是中国的“专家辅助人”制度已经具有了英美法系国家的“专家证人”制度的雏形，是中国借鉴英美法系国家诉讼制度的最直接的例证。“专家辅助人”制度在中国的建立，助推了法务会计在中国的发展，为法务会计及其“法务会计专家证人”制度在中国的进一步发展奠定了制度基础。

鉴于上述分析，法务会计能够进入中国、激起人们研究的热情，并且在中国得到初步的发展绝不是偶然的。一方面是由于传统司法会计的功能缺失，无法满足市场经济与法治经济的需要所致；另一方面是近年来中国诉讼制度改革，充分学习借鉴英美法系国家诉讼制度的有益经验与先进理念，职权主义与当事人主义诉讼原则相互融合、相互借鉴的必然结果。

六、法务会计研究的主要领域

就法务会计的内容而言，国外的学者普遍认为，法务会计涉及的内容广泛，但是其核心内容包括两个方面：一是调查会计，二是诉讼支持。

调查会计（Investigative Accounting）经常与经济犯罪事件相联系，主要是指通过对会计报表以及各类与会计有关的证据的调查与分析，获取犯罪的证据，并将有关证据以法庭能够接受的形式予以提交或陈述。最为普遍的调查会计任务是对白领犯罪的调查、财务报表舞弊的调查，也包括对证券舞弊、保险舞弊的调查和对婚姻资产的追踪等。

诉讼支持（Litigation Support）是指对正在进行的或悬而未决的法律

案件中具有会计性质的问题提供帮助，主要用于解决经济损失量化的问题。最为传统的法律支持指的是计算违约所引起的经济损失。

法务会计研究的内容应该取决于各国的经济、法律环境以及会计、审计、经济法学等学科的发展情况。考虑到中国在转型时期经济犯罪以及舞弊的特点，中国的法务会计研究应该主要围绕财务舞弊、公司舞弊、白领犯罪、证券期货舞弊、保险舞弊、破产舞弊、洗钱犯罪以及计算机与网络犯罪等经济舞弊活动和犯罪活动的调查取证以及相关的诉讼支持展开，对涉案的会计事项进行调查分析，给出科学的鉴定结论，为司法诉讼、审判认定被告的犯罪事实，以及定罪和量刑提供科学证据。本书认为，法务会计应该包括5个方面的主要内容：法证调查会计、损失计量会计、诉讼支持、专家证人和舞弊风险管理。

（一）法证调查会计

法证调查会计是指通过对各类会计资料以及各类与财务数据有关的证据的调查与分析，获取犯罪的证据，并将有关证据以法庭能够接受的形式予以提交或陈述。调查会计与经济纠纷、舞弊和经济犯罪有关。最为普遍的调查会计任务包括：财务报表舞弊的调查、保险舞弊的调查、电子商务以及计算机与网络舞弊的调查、洗钱与金融犯罪的调查、内部雇员舞弊与贪污腐败的调查、藏匿资产的追踪、婚姻财产纠纷的调查、税务舞弊的调查、知识产权保护、破产舞弊的调查、个人与公司背景调查、招投标舞弊的调查等。

（二）损失计量会计

损失计量，也称为损失量化或损失计算，是指运用适当的数学模型对自然灾害、人为事故、违约以及各类损害赔偿案带来的经济损失和损害进行货币计量的过程。这需要确定损失范围、损失的项目内容及影响因素、计算的方法与手段等。损失计量的问题是一个专业性极强的棘手问题，涉及大量的技术方法，如价差法、折扣法、系统风险法、均价法、净值法、机会亏损替代法、机会盈利替代法等。这些技术方法的运用会大量涉及会计信息资料和会计、财务方面的专业技能，法务会计人员在损失计量方面具有得天独厚的优势，可以协助律师解决各类经济赔偿与损失量化的难题。损失计量的具体内容包括：损失与损害量化、个人伤害损失计算、收入损失估算、自然灾害损失估算、环境污染损失计算、事故损失计算、股票及有价证券损失计算、保险索赔损失计量等。

（三）诉讼支持

诉讼支持，也有人称之为诉讼援助，是指在涉及会计专业知识的诉讼中提供法务会计服务，在诉辩、发现、审判、判决和上诉等各个环节中为律师提供会计和财务技术上的支持。具体的工作包括：诉讼前的诉讼风险评估以及胜诉后获得经济赔偿的预测，参与诉讼策略的制定，商业书证的收集，协助律师组织、鉴别和解释有关的会计信息与会计证据，对对方当事人的专家报告和分析意见进行反驳等。

（四）专家证人

专家证人是指由一方当事人委托的具有相应专业知识和实践经验的专家，就某些专门性问题在法庭上运用专业知识发表意见做出推论或结论。随着现代经济活动的日益复杂，涉及会计财务专业知识的纠纷以及须运用会计与财务手段解决的案件与纠纷日益增加，如财务舞弊、贪污腐败、职务犯罪、白领犯罪、医疗事故、交通事故、保险索赔等。但法官只不过是负责解决纠纷的法律专业人员，没有可能也没有必要拥有专业性极强的会计背景。设立法务会计专家证人制度，能扩大法官的感知能力，帮助法官查明有关事项的因果关系，由法官进行事实认定。中国的民事诉讼法并没有关于专家证人制度的明确规定，即使是因专业性很强、涉及的技术领域很广泛而更需要借助专家证人制度的海事诉讼，海事诉讼特别法也未就专家证人和专家证据做出相关规定。直到最高人民法院于 2002 年颁布和施行《关于民事诉讼证据若干问题的规定》后，民事诉讼中才出现了类似于专家证人制度的做法。但是，该司法解释创设的仅仅是专家辅助人制度，还不是典型意义上的专家证人制度。

（五）舞弊风险管理

舞弊风险是指一个行为人或多个行为人实施能够给他人或组织带来

损失的舞弊的可能性。舞弊风险管理主要研究舞弊的相关理论、舞弊的识别与侦测、舞弊风险的评估、舞弊的防范对策、反舞弊政策的制定、舞弊风险防控制度的设计与安排。其主要目标是，预防舞弊、发现舞弊、应对舞弊，降低舞弊风险，减少舞弊带来的损失。

舞弊是威胁到组织目标实现的一种主要风险，不单是威胁到组织的财务状况，更威胁到企业的形象和声誉。舞弊风险管理是企业风险管理一个极为重要的方面。

第二节 舞弊的类型与成因

一、舞弊及其特征

舞弊（Fraud）一词来自于拉丁语，是从拉丁文 Fraudulenta 演变而来的，原指一切欺骗、虚假、使人上当受骗的不法行为。近些年来，人们对舞弊从不同的角度给出了多种多样的定义。在这里我们对一些主要的观点予以综述。

（一）权威词典的定义

韦伯斯特词典（Webster's Dictionary）对舞弊是这样定义的，舞弊是指有意设置骗局、陷阱，以使某个人或某些人丧失财产或某些合法权利。

朗曼词典（Longman Dictionary）对舞弊给出如下定义：舞弊有两层含义，一是以非法的方法从他人处获得钱财，这些方法通常是智慧的和复杂的；二是以欺骗的手法获得他人的财物、信任或友谊。

（二）斯蒂文・艾尔伯特的定义①

美国著名法务会计学者斯蒂文・艾尔伯特（W. Steven Albrecht）认为："舞弊是指由个人所为的，采取人类智慧所能及的各种各样的欺骗手段获取他人利益的行为。"他认为舞弊作为一种骗局，一般包括以下

① Albrecht & Albrecht. *Fraud Examination and Prevention.* Thomson 2004: 5–6.

7个要素：

（1）存在一个描述；

（2）围绕一个物质点；

（3）虚假的（该表述是虚假的）；

（4）故意的或不顾后果的；

（5）被他人所相信与信任；

（6）存在针对受害人的行为；

（7）给受害人带来损害。

舞弊与非故意的过错不同。比如，公司的会计人员不慎将财务报表上的数字搞错了，这样的过失可能会误导报表的使用者并令使用者遭受损失，但这不是舞弊，因为会计人员不是故意的，不是以获取他人财产为目的的行为。但是如果会计人员故意编报虚假财务报表欺骗投资者，那就是舞弊。

（三）约瑟夫·T. 威尔斯的定义

美国著名法务会计学者约瑟夫·威尔斯（Joseph T. Wells）认为："舞弊是指舞弊者为了自己的利益，故意设置骗局，使受害人的财产或合法权益受到损害或分离。这种骗局常常会涉及虚假的或误导性的语言或行为，或存在故意遗漏或隐瞒事实真相。"舞弊的显著特征在于行为出自于故意[①]。

（四）乔治·A. 曼宁的定义

乔治·A. 曼宁（George A. Manning）认为，舞弊是指有意采用偷盗、侵吞、虚假报告、收受回扣与非法佣金、阴谋，以及通过串通安排获得合同等手段，从政府项目或商业合作者处非法获取资金或其他优势与利益的行为。[②]

---

① Joseph T. Wells. *Occupational fraud and abuse*. Obsidian Publishing Co., 1997: 4–5.

② George A. Manning. *Financial investigation and forensic accounting*. CRC 2000: 386.

（五）斯宾塞·皮克特的定义[①]

斯宾塞·皮克特（K.H Spencer Pickett）认为，舞弊是指为了获得不当或非法的利益而故意行骗的活动。对于舞弊调查人员或舞弊审计师而言，要清楚地界定一宗舞弊案，他们必须明确以下要素：

（1）受害人；

（2）受害人的损失；

（3）行骗行动的细节；

（4）行骗者（或嫌疑人）；

（5）行骗人实际诈骗的证据；

（6）行骗人通过舞弊活动获得好处的证据。

通过以上对舞弊的不同定义我们可以看出，舞弊作为一种非法行为，与其他非法行为相比，具有以下特征：

第一，舞弊是一种故意的行动；

第二，舞弊是靠人的智慧能力来策划实施的；

第三，舞弊通常采取欺骗、隐瞒、引诱等隐蔽的手法骗取信任；

第四，舞弊的后果是给受害人带来经济上的损失与精神上的伤害；

第五，舞弊的目的是非法占有他人财产或劳务。

舞弊的核心行为特征是，通过不诚实的手段剥夺他人的经济利益。

综上所述，本书对舞弊的定义为，舞弊是以非法占有他人财物为目的，采用欺骗、隐瞒、引诱等隐蔽的手法，倾尽实施人的智慧能力策划与实施，能够给受害人带来经济上的损失与精神上的伤害的一种故意所为的欺诈的行为。

二、舞弊的主要类型

按照不同的划分标准，舞弊也有许多不同的分类。这里只列举一些有代表性的分类。

---

① K.H Spencer Pickett. *Fraud smart*. John Wiley & Sons, 2012.

（一）杰克·布鲁根的分类

杰克·布鲁根（G. Jack Bologna）认为，舞弊根据针对的对象、触犯的法律等因素的不同，可以划分为以下几类。

1. 刑事舞弊、民事舞弊与合同舞弊

能够导致刑事犯罪的舞弊为刑事舞弊；能够带来民事过错的舞弊为民事舞弊；由于签约一方的舞弊行为而导致合同破裂的舞弊为合同舞弊。

2. 为了公司的舞弊与针对公司的舞弊

舞弊行为的结果使舞弊者所在的组织受益的舞弊为为了公司的舞弊，如价格操作、税收规避、虚假广告、虚假财务报告等。这样的舞弊不仅能使公司受益，也能使公司的领导层从中得到好处。针对公司的舞弊是指公司的雇员自己或与公司外部的同伙合谋，使公司的利益受到损害，而自己从中得到好处的舞弊。

3. 内部舞弊与外部舞弊

发生在公司内部的舞弊为内部舞弊，这类舞弊只涉及公司的内部人员，与公司外部没有关系。外部舞弊是指由与公司有利害关系或经济往来的人，如供应商、顾客、签约另一方等实施的舞弊。这类舞弊往往是内外勾结，由内及外的合谋作案。

4. 管理舞弊与非管理舞弊

发生在公司管理层的舞弊为管理舞弊，这类舞弊主要发生在公司的管理高层中，这些管理人员往往无视公司内部控制制度的存在。发生在公司一般雇员层面的舞弊为非管理舞弊。公司内部的各个层级都有发生舞弊的可能，只是管理舞弊给公司带来的损失更大。

（二）斯蒂文·艾尔伯特的分类

斯蒂文·艾尔伯特（W. Steven Albrecht）在他的著作《舞弊检查与预防》中将舞弊分成 6 种类型：雇员侵吞、管理舞弊、投资骗局、卖方舞弊、买方（顾客）舞弊、混合舞弊（是指无法收入上述 5 种类型，且不是为了财务目的的舞弊）。前五种类型的舞弊的对比如表 30–1 所示。

表 30-1 舞弊的类型

舞弊的类型	受害者	策划者	解释
雇员侵吞	雇主	雇员	雇员直接或间接地窃取财产或金钱
管理舞弊	股东贷款人和其他依赖财务信息决策的人	管理高层	通常是指管理高层在财务报表上提供虚假列报
投资骗局	投资人	个人	个人欺骗投资人，让其将资金投入一个欺骗性的投资项目中
卖方舞弊	购买货物或劳务的组织	销售货物或劳务的组织或个人	组织对货物或劳务索取高价，或在已付款的情况下不发货
买方舞弊	销售商品或劳务的组织	顾客（用户）	顾客欺骗卖方，买方接收货物，但不付款或少付款

1. 雇员侵吞

雇员侵吞（Employee Embezzlement）也就是职务舞弊，这种类型的舞弊主要是欺瞒其雇主，侵吞公司财产。对公司财产的侵吞可以是直接的也可以是间接的。

直接的侵吞是指雇员直接偷窃公司的现金、存款、工具、供应品或其他资产，也可以是由雇员串通他人虚构一家名义公司，由雇员的公司向这家名义公司付款购入不会发送的货物。在这种直接的舞弊活动中，公司的财产不通过第三方便直接进入舞弊者的口袋。

间接的侵吞是指雇员通过贿赂或通过向供应商客户或其他外部人员收取回扣的方式，允许以较低的售价销货，以较高的价格购货、付款不发货或付款发次货的舞弊行为。在这种情况下，雇员获取的好处来自公司外部的组织，而非直接来自本公司的财产。

2. 管理舞弊

管理舞弊（Management Fraud）与其他类型舞弊的显著区别在于，舞弊人的性质与所采取的欺骗方法。在大多数情况下，管理舞弊往往与公司管理高层在公司财务报表上做手脚、提供虚假的财务信息有关，例如，发生在 21 世纪初的大牌上市公司（如安然公司、世通公司、施乐公司等）的财务丑闻。这些公司有的虚增资产，夸大收入与利润，低估负债，在所有这些案例中，管理层总是期望自己的财务报表好看一些，让股东和债权人相信其公司的财务状况比实际情况要好。

3. 投资骗局

在投资骗局（Investment Scams）中，舞弊者常常虚构一个回报率畸高的投资项目卖给没有任何戒心的投资者。为了骗取投资人的信任，舞弊者采用"拆东墙补西墙"方式，将新加入的投资人的投入资金付给最初的投资人，当骗取的资金达到一定数量时，舞弊者会卷款而逃。

投资骗局最为典型的案例是"庞氏骗局"。查尔斯·庞兹（Charles Ponzi）是一位生活在19、20世纪的意大利裔投机商，1903年移民到美国，1919年他开始策划一个阴谋，欺骗人们向一个子虚乌有的企业投资，并许诺投资者将在三个月内得到40%的利润回报。然后，狡猾的庞兹把新投资者的钱作为快速盈利付给最初投资的人，以诱使更多的人上当。由于前期投资的人回报丰厚，庞兹成功地在7个月内吸引了3万名投资者，骗取金额高达1500万美元。这场投资骗局持续了一年之久，直到被利益冲昏头脑的人们清醒过来。后人称这场骗局为"庞氏骗局"。有人估计，美国每三个人中就有一个曾受到此类舞弊的困扰。类似的投资骗局在今天的中国也非常普遍。

4. 卖方舞弊

卖方舞弊（Vendor Fraud）可以分为两种类型：一种是由卖方单独谋划的舞弊，另一种是由卖方与买方串通合谋的舞弊。卖方舞弊通常的做法是，虚增销货价格、发送劣质货物或缺斤少两，或者只收货款不发货。

5. 买方舞弊

在买方舞弊（Customer Fraud）中，受害者是卖方，买方是舞弊的策划与实施者。收到货物的客户要么拒不支付购货款，要么不付出任何代价获得某物。

（三）美国注册舞弊审查师协会的分类

美国注册舞弊审查师协会（ACFE）在其公布的威尔斯报告（Wells'

Report）中将舞弊分为三个类型：资产滥用（Asset Misapplication）、腐败（Corruption）、虚假财务报表（Fraudulent Statements）。

这三类舞弊的发生率以及带来的损失额中位数如图 30-1 和图 30-2 所示。

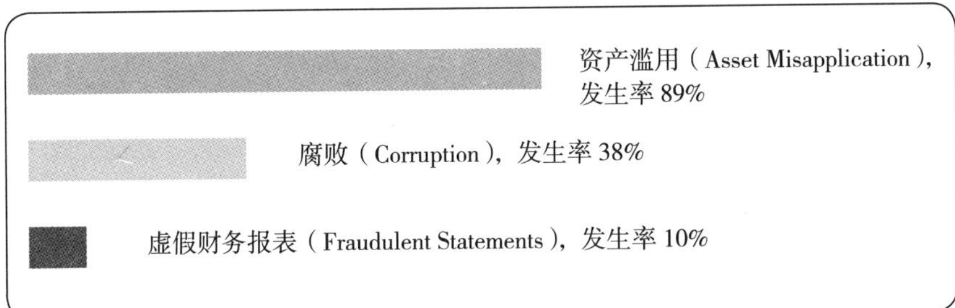

图 30-1　舞弊的类型及发生率

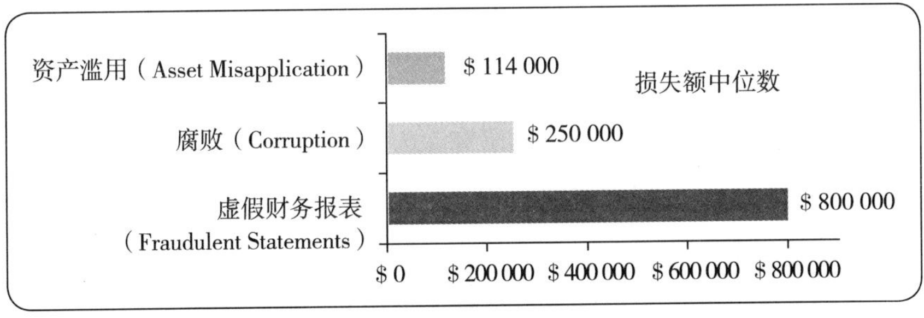

图 30-2　舞弊类型与损失额中位数

由图 30-1 和图 30-2 可知，资产滥用发生率高达 89%；腐败居中，为 38%；虚假财务报表发生率最低，为 10%。而就其造成的损失额中位数而言，虚假财务报表舞弊最高，高达 80 万美元；腐败为 25 万美元；资产滥用舞弊为 11.4 万美元。

1. 资产滥用

资产滥用是指所有涉及盗窃或不正当使用组织财产的舞弊，比如，现金的盗窃、假发票报账、伪造支票、工资单舞弊、侵占实物财产等。

资产滥用可以进一步分成：入账前现金盗窃（Skimming）、入账后现金盗窃（Cash Larceny）、账单舞弊（Billing）、工资单舞弊

（Payroll）、伪造支票（Check Tampering）、费用报销舞弊（Expense Reimbursements）、收银台舞弊（Cash Register Disbursements）、挪用库存现金舞弊（Cash on Hand Misappropriations）、侵占非现金资产舞弊（Non-Cash Misappropriations）。

2. 腐败

腐败是指利用对企业的影响获得与对雇主忠实义务不符的非法利益的舞弊，比如，接受或支付回扣、参与利益冲突的交易等。

3. 虚假财务报表

虚假财务报表是指通过编制虚假的财务报表来虚增资产、虚减负债、虚构收入与利润等，以达到粉饰业绩，骗取投资人和债权人信任为目的的舞弊。

（四）按照舞弊被发现的情况分类

按照舞弊被发现的程度划分，舞弊可以分为以下三类。

1. 已经发现并向公众揭露的舞弊

这是我们唯一能够通过实证研究深入了解的一类舞弊。除了个别例外情况，这种类型的舞弊有四个共同之处：

（1）受害人已发现它；

（2）大部分的此类舞弊是偶然被发现的；

（3）起诉舞弊者的足够证据已经被成功地获取；

（4）这类舞弊已经被原告起诉或已经被媒体披露。

一般认为，这类舞弊只占所有舞弊行为的 20%。这里的 20% 并不是一个绝对的数字，它会有 ±5% 的波动。这意味着不管这类舞弊占所有舞弊行为的 15% 还是占 25%，它都只是整个舞弊世界的一小部分。

舞弊研究者认为，这类舞弊只占所有舞弊行为的 20% 的原因如下：

（1）大多数舞弊是偶然被发现的；

（2）独立审计者并没有采取积极审计或调查措施去主动地发现舞弊行为；

（3）大多数内部审计者并不能积极地通过舞弊检查去发现舞弊行为；

（4）大多数内部审计者没有足够的训练或者经验，去积极主动地发现舞弊行为；

（5）多数组织内部控制制度的安排，对预防舞弊的发生来说是不够的。

2. 仅有少数人知道且尚未公开披露的舞弊

这一类型的舞弊是指那些已经由受害人发现，但出于保密，受害人不愿意对外披露的一类舞弊。

受害人之所以选择保密，是因为在证据还不是十分确切的情况下，如果对外披露案件的详细过程，可能要冒诽谤嫌疑人的风险。一般认为，如果不是为了起诉舞弊嫌疑人而去公开案件的详细情况，是不明智的或不恰当的。事实上，即使是在进入诉讼流程的情况下，对外公开案件的详细情况也会被认为是不明智的，因为诉讼的结果有可能宣告嫌疑人无罪。

在第二种类型的舞弊中，受害人之所以保密的第二个原因是，案情可能会因为受害人掌握的证据的不同而有所变化。这样的证据有时会比较模糊地证明舞弊已经发生，有时会相当确凿地说明舞弊已经发生。在证据不十分确切的情况下就对外公开案件的详细情况会被认为是不明智的。

受害人不愿意公开已发现的舞弊的第三个原因是，顾及声誉和面子。

一般认为，第二类舞弊占到舞弊行为总数的 40%。

3. 尚未被发现的舞弊

这一类型是指那些只被舞弊者本人知道的舞弊，受害人不知道或仅是怀疑存在舞弊。这种类型的舞弊包括所有没有被纳入前两种类型的各种情况。由于除了舞弊者本人以外，无人知晓其真实情况，因此我们也无从确定这类舞弊的性质。

一般认为，第三类舞弊占舞弊行为总数的 40%。

显然，社会公众所能知道的舞弊只是冰山的一角，还有更多的舞弊不为人所知，它们就隐藏在我们的身边，无时无刻不在侵吞公共财产。

三、舞弊的成因理论——舞弊三角理论

舞弊三角理论最初是由美国 ACFE 的创始人——美国会计学会原会长——美国的著名内部审计专家 W. Steven Albrecht 提出的。他认为，尽管影响舞弊形成的因素有很多，但是最为主要的因素可以概括为以下三方面：（1）感受到的压力；（2）舞弊的机会；（3）自我合理化。这三个方面的要素构成了所谓的舞弊三角理论，如图 30-3 所示。

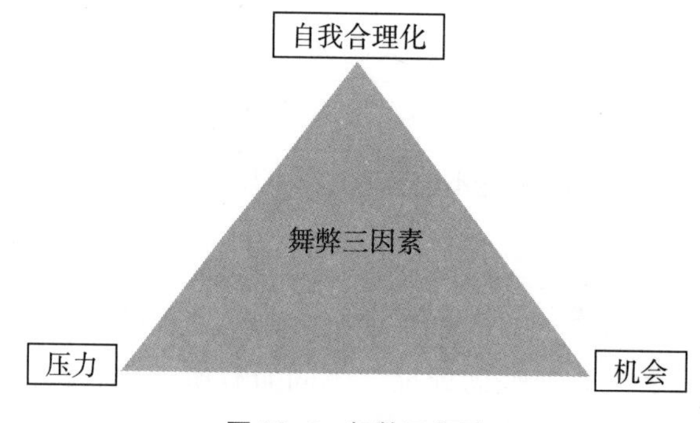

图 30-3　舞弊三角形

这一理论借用了物理学的燃烧理论。我们知道，燃烧能够进行，必须满足三个必要的条件：氧气、燃料和着火点。这三个要素缺一不可，构成了如图 30-4 所示的“燃烧三角形”。

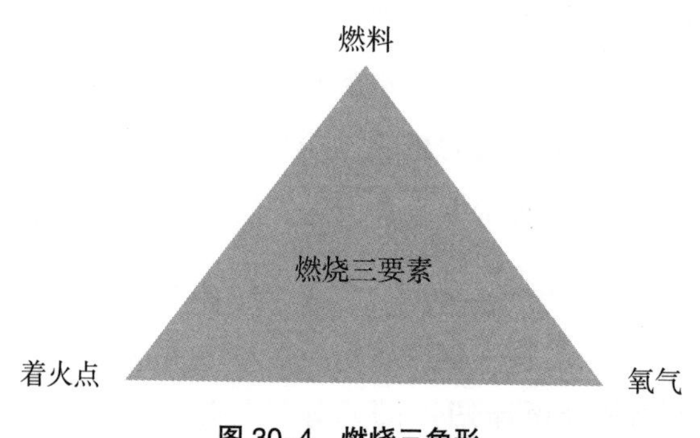

图 30-4　燃烧三角形

消防员都知道，只要去除掉三个要素中的任何一个，就可以达到灭火的目的。消防员可以采用覆盖物或化学制剂，甚至采用引起爆炸的方式来将燃烧物与氧气隔绝开来；可以采用喷射水的方式来降低燃烧物的温度；可以采取构筑隔火线或防火门的方式来切断燃料的供给。

这样的三角形对于我们理解舞弊的影响因素很有帮助。对于燃烧，我们都会有这样的经验，燃料供应得越充足，维持燃烧所需要的氧气就可以越少，需要的热度就可以越低；同样，供给的氧气越纯，维持同样的燃烧所需要的燃料和热量就越少。对于舞弊，我们也可以做同样的分析：舞弊者得到的做案的机会越多，或承受的压力越大，实施舞弊所需要的自我合理化的借口就越少。相反，某人的诚实程度越低，其实施舞弊活动所需的机会与压力就会越小。

我们可以运用这一理论讨论如何才能有效地预防舞弊的发生。人们一般会认为，预防舞弊发生的主要途径是，通过完善公司内部控制来减少提供给舞弊者的机会。较少有人会注意到，其他两个因素也是需要改进的。

下面我们逐一对上述影响舞弊的三个因素进行讨论。

（一）压力（Pressure）

舞弊可以给舞弊者个人或组织带来短时的利益或好处，这样的利益或好处可以有效地缓解或消除舞弊者所承受的各种压力。在这里，我们将讨论驱使舞弊者为了自己的利益实施舞弊活动的各种压力。大部分的专家认为，这些压力可以分为 4 种类型。

1. 财务压力

按照 W. Steven Albrecht 的研究结论，有 95% 的舞弊案与舞弊者面临的财务问题有关。财务问题是诱发舞弊案的最为主要的因素。财务压力问题包括以下 6 个方面：

（1）贪婪；

（2）追求奢侈、豪华的生活方式；

（3）过重的债务负担；

（4）不良的信用记录；

（5）蒙受重大财务损失；

（6）未预料到的财务需求。

上述6个方面当然没有涵盖所有的财务压力，但是研究表明，这6个方面的财务压力与多数舞弊案的发生有关。

2. 恶劣习惯带来的压力

与财务压力紧密相关的压力是人的恶劣习惯所带来的压力。这里所说的恶劣习惯主要是指赌博、吸毒和酗酒三类不良行为。这三种不良行为往往会给人带来严重的财务问题。

与恶习有关的压力被认为是最为糟糕的一类压力。赌博、吸毒和酗酒这三种恶习，经常被人们列为驱动诚实的人开始着手舞弊的"触发器"。

3. 与工作相关的压力

尽管财务压力与不良嗜好可以激发大部分的舞弊活动，但是某些人常常会采用实施舞弊的办法来报复他的雇主，以发泄对雇主的不满。诱发因素包括工作上的良好表现没有被足够认可；对工作的不满意；害怕失业；升职时被忽视；感到工资过低，等等。

4. 其他压力

我们将无法划入上述3种类别，但是仍能激发舞弊行为的其他方面的压力一律归为此类压力。我们生活在一个充满各种各样压力的社会中，我们每一个人都面临着这样或那样的压力。我们有过入不敷出的难堪，做过愚蠢的投资，上过当，受过骗，为长期加班但得不到报酬而气愤，为工作业绩得不到认可而苦恼，为职位得不到提升而恼怒，为别人快速升迁或暴富而心生嫉妒，为失恋而痛不欲生，这些来自生活的各种各样的压力，如果我们没有很好地引导与释放，就很有可能成为诱发舞弊行为的导火索。

（二）机会（Opportunity）

在舞弊三角形中，影响舞弊发生的另一个重要因素是环境给舞弊者提供的机会。

建立一个有效的内部控制架构是减少舞弊机会，预防与发现组织内部的舞弊活动的最为重要的举措。这样的控制架构有三个组成部分：控制环境、会计制度、控制程序。

1. 控制环境

控制环境是指一个组织为其雇员所营造的工作氛围。建立良好和谐的控制环境是预防与阻止舞弊发生的重要环节。与预防舞弊相关的控制环境要素有 5 个。

（1）管理者的角色与榜样。

管理者的角色与榜样是维持良好控制环境的最重要的要素之一。我们可以看到许多管理者不诚信的行为被其雇员所效仿的例子。例如，某公司的管理高层经常授意、指使公司的会计师编制虚假的会计报告，虚增收入与利润，相应地就有公司的雇员虚报差旅费，多领加班费的情况发生。公司领导如果经常有不诚信的行为，就会在公司内部形成一种上行下效的歪风，其下属就会认为，公司领导都可以为之，作为下属，为何不能为之？所以，要建立一个良好的控制环境，组织的领导人必须率先垂范，给下属树立诚信做事的榜样，这样才能在组织内部形成诚实守信的工作氛围，才能有效地预防舞弊的发生。如果一个单位的领导经常有不诚实行为发生，那么这个单位的控制环境就会被污染。类似的，如果单位领导经常不按照规定的控制程序办事，那么这个单位的控制系统的有效性就会受到侵蚀。管理者的榜样作用在预防舞弊的控制环境中是最为关键的因素之一。管理者自己的不当行为，实际上是在鼓励雇员蔑视、忽视内部控制程序。

（2）管理者的沟通能力。

管理者的沟通能力也是有效控制环境的重要因素。这里重要的是沟通的内容以及沟通的方式。一个组织必须清楚地告诉自己的员工，做什么是可以接受的，做什么是不可以接受的，做到什么程度是可以接受的，超过什么限度就不能接受了。要利用各种会议、培训、讨论和其他各种沟通方式，组织员工区分哪些是可接受的行为，哪些是不可接受的行为，并使之成为一项日常性的工作。

为了有效地对舞弊活动施加威慑力，沟通必须是持续的。如果控制规则经常改变，那么不仅会使员工混淆，而且会成为舞弊活动发生的借口。一个破产企业里常常有非常多的舞弊案件发生，就是因为经常性的控制程序没有很好地遵循。罢工、兼并、破产和其他剧烈活动，常常会导致非持续性沟通以及舞弊的发生。

（3）雇员的背景审查。

建立良好的控制环境的第 3 个关键要素是，雇员的背景审查。有研究表明，人群中大约有 30% 的人是不诚实的，另外有 30% 的人是情景性的诚实（即诚实对自己有利时就诚实，不诚实对自己有利时就不诚实），剩余的 40% 的人是真正的诚实①。尽管大部分的组织相信它们的雇员、客户、供应商属于这 40% 的人群，但是真实的情况并不会是那样的。

当一家公司雇用了不诚实的员工，即使这家公司拥有最好的控制制度，也不能阻止舞弊的发生。由于银行是大量接触现金资产的单位，银行的出纳、管理人员、信贷员、保安人员等每天都要接触到大量现金，而现金资产又是最容易被侵吞的资产，完全杜绝银行舞弊几乎是不可能的。因此，银行都有一整套极为严密的内部控制制度，并且会对新雇员进行非常严格的审查与培训。

如果某一组织对求职者没有进行仔细的背景审查而雇用了不诚实的员工，那么这一组织必定会成为舞弊的受害者，不论其内部控制制度有多么完善。为了理解健全的雇员聘用审查制度是如何在预防舞弊方面发挥作用的，我们可以参考美国某公司在招聘员工时所采取的额外审查程序：它们先对通过面试后初步被录用的候选人进行培训，然后对每一个候选人提供的三份背景证明进行彻底的调查。由于这一额外的审查程序，结果有 800 名已经被录取的申请人被判定不合格，占申请人总数的

① Albrecht & Albrecht. *Fraud Examination & Prevention*. Thomson 2004：44–48。

13%。这些申请人大都有未如实披露的问题，如伪造受雇信息、掩盖犯罪记录、脾气难以控制、酗酒、吸毒以及被先前雇主辞退，等等。所以，企业的人力资源部门千万不要被申请人漂亮的简历所迷惑，一定要对所有的申请人进行背景调查。美国有些公司会聘用安全专家对申请人的信用状况、犯罪背景和教育与工作经历进行审查，对预防舞弊起到了很好的作用。

（4）清晰的组织构架。

与控制环境相关的第 4 个要素是清晰的组织构架。如果组织中的每一个人都能准确地知道自己在每一项经营活动中的责任，那么舞弊就很难发生了。这样的构架应该能很容易地对短缺资产进行追踪，并且很难有资产被侵吞而不被发现。由此可见，严密的岗位责任制是良好的控制环境的关键。

（5）内部审计部门与损失预防程序。

控制环境的第 5 个要素是有效的内部审计部门与损失预防程序。尽管有许多研究已经发现，内部审计师只能发现约 20% 的舞弊案件（其余的舞弊案件主要是靠举报，靠警惕性高的雇员发现或靠偶然发现），但是单位内部设有审计部门，对舞弊活动还是会有很大的威慑与抑制作用的。内部审计师可以提供独立的检查，也可以促使潜在的舞弊者因为害怕被发现而有所顾忌与收敛。此外，有效、可见的资产安全监控功能以及损失防止程序，有助于保障舞弊调查工作顺利进行，有助于发现控制的薄弱环节，有助于对当事人进行恰当的处罚。

以上我们探讨了建立一个良好的控制环境需要的 5 个要素。这些要素构成了减少舞弊机会的氛围，可以让雇员看到舞弊活动是不可接受的，也是不可容忍的。放松了其中任何一个要素，就有可能加大舞弊发生的机会。

2. 会计制度

控制架构的第二个组成部分是一套好的会计制度。事实上，任何一个舞弊案件都由三个基本要素组成：（1）偷，即非法占有资产；（2）藏，即试图掩盖舞弊活动留下的证据；（3）转移，即舞弊者总要将偷来或贪污得到的非现金资产转换为现金资产，然后再动用现金资产。有效的会计制度可以提供一个能导致舞弊被发现的审计踪迹，也可以使舞弊难以隐藏。这里我们需要注意到舞弊的一个重要的可辨别要素，就是它的隐蔽性。它与银行抢劫不同，发生银行抢劫，打劫者是完全暴露的，而舞弊者往往有很好的伪装与欺骗性。

舞弊与舞弊者往往会隐藏在会计记录中间。会计记录是根据纸质或电子介质的交易文件来进行的。为了掩盖舞弊，舞弊者往往要伪造或编造会计记录。我们可以通过对照会计分录，看是否能得到合理合法的原始凭证的支持，以及会计报表信息是否合理等办法来发现舞弊与舞弊者。如果没有一个好的会计系统，我们就很难将一般的会计差错与真实的舞弊加以区分。好的会计系统应该能确保交易记录：①有根据；②授权适当；③完整；④分类恰当；⑤及时；⑥估价恰当；⑦汇总正确。

3. 控制程序

控制架构的第三个组成部分是控制程序。对于个体企业而言，一般不需要许多控制程序，尽管他们可能有许多机会欺骗自己的企业，但是个体企业没有舞弊自己企业的动机，他们不可能自己偷自己，他们也不会去舞弊自己的顾客。然而，对于组织而言，情况就不同了。组织有众多的雇员，它必须有一套控制程序，以使每一个雇员的行动与组织的目标保持一致。此外，有了严密的控制程序，还可以减少甚至消除实施舞弊与隐瞒舞弊的机会。任何类型的企业都需要有 5 个基本的控制程序：职责分离与双重监管；授权制度；独立检查；安全保障的物理措施；文件与记录。

尽管我们可以罗列出一个数以千计的企业控制活动的目录清单，但是企业最基本的控制活动或程序应该是上述 5 项。

（1）职责分离与双重监管。

组织的各项活动都可以通过职责分离或双重监管很好地加以控制。职责分离是指将一项工作任务人为地分成两个部分，由两个人分别来完成，这样一个人就不可能完全控制整个工作任务。双重监管是指要求至少由两个人共同完成一项工作任务。这样的控制安排常常用于涉及现金的工作，如公司财务部门的保险柜通常由两个人保管钥匙，会计与出纳的工作岗位一定要分离，管账的与管理实物资产的岗位一定要分离，否则就容易为舞弊的发生提供机会。

当然，这里提到的岗位职责分离、双重监管等控制方法，通常都会带来人工成本的增加。在劳动力成本普遍增高的今天，由两个人共同完成一项工作，的确是有些奢侈的，这也是许多中小企业不愿意接受职责分离与双重监管控制措施的根本原因。这里涉及一个在较高劳动力成本与较低的舞弊风险和机会之间权衡的问题。事实上，只要管理者肯下些功夫，在岗位职责的设置与划分上考虑到内部控制的要求，可以安排让承担某项重要工作的一个人兼做一些其他不相关的工作，比如，可以让出纳兼管固定资产账户，这样就可以在劳动力成本增加得不多的情况下，满足职责分离、双重监管的需要。

除了增加人工成本以外，职责分离与双重监管还比较难以执行。当两个人共同完成一项工作任务时，往往会有相互依赖、相互“扯皮”的情况发生，两个人会心不在焉地将工作放在一边，总觉得还有别人在操心工作。在这种情况下，往往会影响工作效率。

（2）授权制度。

内部控制程序的第二项是，适当的授权制度。授权控制程序可以有许多形式。密码可以授权让某个人进入电脑与数据库；签字卡可以授权让出纳人员打开金融机构的保险箱；付款限制可以授权让采购人员在预算内或领导批准的限度内付款。

当某人在未经授权的情况下进行某项活动时，其实施舞弊活动的机会就会减少。比如，某银行没有授权某人进入放置保险箱的区域，那么这个人就无法打开保险箱，更无法偷走保险箱内的物品。当某人没有被授权购货时，他就不能去订货，也无法让公司的财务人员支付购货款。

（3）独立检查。

实施独立检查的理论在于，如果人们知道自己的工作或活动有人在监控，那么那些原本准备实施舞弊活动的人就不得不有所顾忌与收敛，发生舞弊的可能性就会大为降低。独立检查的类型有很多，比如，有些金融机构会采取雇员轮休制度，安排其雇员每年享有一周的带薪假期（如连续5天）。这项制度表面上看是一项雇员福利，实质上是一项独立检查制度。在该制度下，内部控制部门会突然通知某些岗位上的雇员集体外出休假，被通知的雇员应立即放下手头的工作。在这些雇员度假期间，会由其他人暂时接替他们的工作，并由专人负责检查他们的工作是否存在问题。如果某个职员放下一大堆积压下来的工作，兴高采烈地去度假了，这至少说明，这位职员不惧怕独立检查，工作没有问题。

周期性的岗位轮换、监督复查、雇员热线以及聘请外部的法务会计师实施舞弊专项检查等，都是独立检查的形式。

欧洲的一家大型连锁百货商店，在雇员之外设置了一整套完整的编外工作班子。这些人专门在各个连锁店顶替那些被强制轮休一个月的员工的工作。在某个连锁店的全体员工轮休时，这套工作班子就暂时独立运作连锁店的全部工作。这样做的目的就是，对连锁店雇员的活动进行全面的、独立的检查。如果有人实施了舞弊，在他们被强制离开工作岗位的一个月里，其非法活动就会被发现。

冰激凌店或其他一些零售商店中，最容易发生的舞弊行为就是，销货员从顾客那里收取到现金后，不在收款机上打印收据，而是直接将现金装进自己的腰包。销货员会在售出的每一份冰激凌的锥形容器里少装一些，以弥补那些现金没有通过收款机而形成的亏空。如何解决这样的现金侵吞问题呢？可行的办法是，鼓励顾客索取收据。可以要求顾客收集销售小票，当顾客收集到一定金额的销售小票时，给予顾客适当的奖励，这样顾客就成为独立的检查者了。

（4）安全保障的物理措施。

安全保障的物理措施是指通过诸如设置保险柜、加锁、增加安全防护设施、设置联网的报警装置和监控探头等物理方法来保护资产免于受损的一系列安全措施。例如，将现金锁在保险柜内，就可以有效地预防被偷；将存货锁在货笼或仓库里；将小的工具和消耗品锁在柜子里，等等。

（5）文件与记录。

这项控制程序涉及使用文件来记录交易与审计线索。文件较少直接用于预防控制，但是它通常可以提供很好的侦查工具。比如，银行要求雇员或顾客提供可疑空头支票报告，以及雇员银行账户活动报告。其实，整个会计系统就可以起文件控制的作用。没有文件，就没有会计，没有会计，就容易发生舞弊。

总之，控制环境、会计制度以及控制程序作用在一起，可以有效地消除或减少雇员或其他人实施舞弊行为的机会。良好的控制环境可以建立起这样一种氛围：树立良好的诚实、守信的行为榜样，聘用有诚信的雇员，雇员的职责分明，会计系统提供详细的交易记录，企业设有必要的物理防护设施，舞弊者难以接近重要资产，舞弊行径难以藏身。

（三）自我合理化（Rationalization）

舞弊三角理论的第三个要素是“自我合理化”。自我合理化是指人们在实施舞弊时，通常会找各种借口或理由来说服自己，让自己的舞弊行为成为自我想象中的可接受行为。自我合理化实质上是忠诚性的缺失。忠诚性是自始至终都按照最高的道德价值标准来约束行动的一种能力。忠诚性缺失的员工，在适当的动机和压力下就可能出现舞弊行为，这时忠诚性缺失就转化为自我合理化。自我合理化实际上也是一种个人的道德价值判断。

几乎所有的舞弊都会涉及自我合理化的问题。大部分的舞弊者实施舞弊活动之前，都会找一些貌似合理的借口或理由。以下是舞弊者常用到的自我合理化的理由：

（1）组织有负于我；

（2）我只是借些钱，我将来会还的；

（3）我不会伤害任何人；

（4）这是我应得的；

（5）我的出发点是好的；

（6）只要我们度过财务困难，就会恢复真实的账簿记录；

（7）我这样做是为了大家的利益，我是不得已才牺牲个人的诚信与声誉的。

"法不责众"是舞弊者运用得最多的合理化理由。"我周围的许多人都在贪，我为什么不能贪一点呢？"这是许多贪污者的真实想法。偷逃税款的人通常用的合理化理由包括：

（1）我给政府缴的税比我从政府那里得到的多；

（2）富人没有缴足够的税；

（3）政府在浪费纳税人的钱。

自我合理化与人的教育背景和素质有关。一般认为，员工受教育程度越高，其实施舞弊时所需要的自我合理化的"门槛值"就会越高，越不容易说服自己实施舞弊。

第三节　舞弊风险管理

舞弊是每一个企业都无法回避的话题，只要有不诚实的人存在，舞弊就会无处不在，无时不在。舞弊风险是威胁到组织目标实现的一种主要风险，不单会威胁到组织的财务状况，还会威胁到企业的形象和声誉。舞弊风险管理被认为是企业"最需要改进"的能力领域。只有进一步提升舞弊风险管理的相关知识与能力，建立完善的舞弊风险管理制度，才能从根本上降低舞弊风险，遏制舞弊蔓延的势头，减少舞弊带来的损失。

一、舞弊风险管理的概述

（一）舞弊风险的概念

舞弊可以发生在任何地方，只要该地方有不诚实的人或有人变得不诚实。

所有的组织都不可避免地要面临舞弊风险。重大的舞弊行为会带来整个组织的垮台、巨大的投资损失、重大的法律费用、关键人员的监禁，并且会侵蚀资本市场的信心。公司高管们的舞弊行为的曝光，会对该公司在世界各地的组织的声誉、品牌以及形象造成负面的影响。

（二）舞弊风险管理

舞弊风险管理是指社会组织或者个人降低舞弊风险以及减轻舞弊的负面结果的一系列管理过程。舞弊风险管理作为对舞弊进行控制的关键环节，会引导组织建立起有效的控制计划和反策略，以尽可能地减少舞弊发生的机会。

舞弊风险管理主要包括四项主要内容：舞弊的预防（Prevent）、舞弊风险评估（Fraud Assessment）、舞弊的发现（Detect）和舞弊的应对（Respond）。

舞弊的预防是指运用政策、程序、培训和交流手段等防止舞弊发生。舞弊预防是最为重要的舞弊管理手段，是最具成本—效益的方法。舞弊的预防包括反舞弊治理（Anti-Fraud Govemance）和反舞弊的文化（Anti-Fraud Culture）建设两个方面的主要内容。

舞弊风险评估是采用舞弊风险评估工具对组织内部存在的舞弊风险进行测评，识别组织内部舞弊风险的大小，有针对性地采取相应的措施，以使组织内部的舞弊风险保持在可以接受的水平。

舞弊的发现是指运用适当的技术手段尽早地发现舞弊的存在，在舞弊活动给组织带来较大损失之前就发现舞弊，并将其制止在舞弊活动发展的初期，以尽可能地减少舞弊带来的损失。

舞弊的应对是指对舞弊活动采用有效的方法进行识别，针对已发现的舞弊进行调查取证，以及对舞弊风险管理制度的建立与完善。舞弊的应对具体包括舞弊的识别（Fraud Recognition）、舞弊的调查（Fraud Investigations）和反舞弊制度的完善。

（三）舞弊风险管理的 5 项原则

舞弊风险管理的 5 项原则来自 COSO 舞弊风险管理指南。

原则 1：作为法人治理结构的一部分，任何公司都应该建立舞弊风险管理程序。该程序应包括董事会和高管对舞弊风险的认识所转换的一系列反舞弊政策，表明董事会和高级管理层对治理舞弊的期望，以及他们对管理舞弊风险的诚信和道德的承诺。董事会应独立于公司管理层来监督公司内部控制的发展和绩效。在董事会的监督下，管理层应建立对舞弊实施监控的组织机构、报告渠道以及适当的授权与职责划分。

原则 2：任何公司都应该定期进行舞弊风险评估，以辨认潜在的舞弊事件，评估现有的预防舞弊策略并采取行动以降低舞弊风险水平。公司应首先明确一个目标，以便识别和评估与该目标有关的风险；公司应确定实现该目标所面临的风险并分析这些风险，以此作为决定如何管理风险的基础；公司应关注并评估这些风险中潜在的舞弊风险发生的可能性；公司应确定并评估可能对内部控制系统产生重大影响的变化。

原则 3：公司应该选择、开发、部署预防和检测舞弊的控制活动，以及时发现舞弊行为并减轻舞弊对组织的冲击与影响。公司应选择并开发有助于将风险降到可接受水平的控制活动；公司应选择和开发一般的基于技术的控制活动以支持目标的实现；公司应制定反舞弊政策，并通过部署将这些政策付诸行动，从而控制舞弊活动。

原则 4：公司应建立信息沟通机制，以获取有关潜在舞弊的信息，并采取协调的方法进行调查和纠正，以适当和及时地处理舞弊行为。公司应该获取或生成和使用相关的质量信息，以支持内部控制的其他组成部分的运作。公司应保持内部信息沟通的通畅，包括内部控制的目标和职责，这是支持内部控制运作的必要条件。公司应就影响内部控制的其他组成部分运作的事项与外部各方进行及时沟通。

原则 5：公司选择、开发并进行持续的评估，以确定每个舞弊风险管理的原则都在起作用，从而发现沟通舞弊风险管理信息系统的不足，以便责任方（包括高管层和董事会）能及时采取纠正措施。公司应选择、开发，并进行持续和（或）独立的评估，以确认内部组件控制存在并发挥作用。公司应及时评估和沟通内部控制缺陷，给采取纠正措施的各方，包括高级管理人员和董事会。

二、舞弊的预防

（一）舞弊预防及意义

如前文所述，舞弊的预防是指运用一系列政策、程序、培训和交流手段等防止舞弊发生。舞弊预防是最为重要的舞弊管理手段，是最具成本—效益的舞弊风险管理方法。

预防舞弊的意义在于减少舞弊机会，消除舞弊对潜在舞弊者的诱惑，对预防损失也是有益的，还有助于确保企业的稳定和长久生存。然而，很多组织没有正规的方法来预防舞弊，一旦舞弊发生，恢复资产的可能性会很低。尽管预防舞弊的发生是要投入资源的，但是预防舞弊总好过舞弊发生时再采取措施。根据舞弊三角理论，应对舞弊的其中一种方法是，采取措施以减少动机、限制机会、限定潜在的舞弊者对自己的行为合理化的可能性。虽然防范措施不能保证舞弊不会发生，但它可以将舞弊风险最小化。

（二）舞弊预防的益处

舞弊会给公司带来毁灭性的危机，采用舞弊预防检测措施能有效预防危机的发生。如果不能积极地识别和控制舞弊风险，公司的经营就有可能毁于一旦。即使侥幸逃过一劫，重大舞弊事件也会严重影响公司的声誉，以致公司今后再也没有机会独立获得成功。

舞弊预防检测能够精确查找舞弊因素以节约成本。舞弊会严重消耗公司的财务资源。在现今国际竞争的环境下，没有哪个公司可以对占年收入 5% 的隐性舞弊消耗置之不理。一些公司，如保险公司和信用卡公司，已经识别出自身舞弊成本中最显著的部分，在减少舞弊消耗方面取得了重大进展。如果公司尚未识别并控制舞弊成本，则极易被已经采取措施并降低舞弊成本的竞争对手打败。

舞弊的普遍存在会带来不能被忽视的风险。现在人们对普遍存在的小的舞弊现象已经习以为常，以至于只有大规模舞弊事件才会被人们关注。没有设置预防舞弊风险的有效措施的企业，越来越容易受到舞弊问题的伤害。

舞弊预防检测措施是预防舞弊问题最经济的方式之一。大多数公司在舞弊预防的初始审查中得分很低，因为它们没有既定的反舞弊审查手段。尽早找到预防舞弊的方法，能够使公司免于成为重大舞弊事件的受害者。这就好比你发现自己患了严重的高血压，这可能是坏消息，但如果你没有发现自己患有严重的高血压问题，则可能会导致更严重的后果。

强有力的舞弊预防措施能够增强投资者、监管者、审计委员会成员和普通大众对公司财务报告真实性的信任，有助于公司吸引和维持资本。

（三）积极的预防舞弊的措施与方法

积极的舞弊预防措施包括两方面的内容。

一是营造诚实、开放、互助的公司文化环境。这部分的内容主要包括雇用诚实的雇员，并持续对雇员进行反舞弊教育；创造积极向上、团结互助的工作环境；颁布与实施能够被很好地理解与遵守的操行与道德规范；实行雇员互助基金项目。

二是减少甚至消除舞弊的机会。减少甚至消除舞弊的机会通过以下7种途径实现：建立完善的内部控制制度；阻止共谋串通；制定使供应商和客户保持警觉的反舞弊政策；密切关注雇员生活方式的改变；设置举报热线；对舞弊形成严厉的惩罚预期；积极的舞弊审计。

1. 建立完善的内部控制制度

建立完善的内部控制制度，可以有效地预防舞弊的发生，这是被人们普遍认可的事实。一个组织的内部控制架构应该包括三个方面：好的控制环境；好的会计制度；好的控制程序。

2. 阻止共谋串通

调查数据表明，大约71%的舞弊是由个人单独进行的，剩余29%

的舞弊都涉及共谋。当组织允许某一雇员长时间与同一供应商或客户亲密接触，共谋舞弊的风险就会大大增加。由于共谋舞弊的发展进程比较缓慢，需要时间来了解合谋者是否值得信赖，所以许多共谋舞弊是可以通过简单的要求强制休假与轮岗的办法加以预防的。

3. 制定使供应商和客户保持警觉的反舞弊政策

有时有些清白的供应商和客户也会被迫卷入舞弊之中，因为他们担心如果自己不参与，就会失掉与公司的商业关系。在大多数情况下，这些供应商和客户只有一份或两份订单，他们常常是被那些要求非法赠物或其他类型的非法行为所胁迫卷入的。公司可以采取定期给供应商和客户发信件解释公司没有礼物或赠物的政策，帮助他们理解公司会照章办事、守法经营、公平对待每一位客户的原则，让他们了解公司对员工舞弊行为零容忍的制度，并鼓励知情的供应商和客户举报舞弊者。这样的信件对预防舞弊是非常重要的。供应商和客户在接到这样的信件后，为表达对维护商业关系的关心，常常会有新的举报，让更多的舞弊案暴露出来。

4. 密切关注雇员生活方式的改变

那些通过舞弊取得金钱的人，一般都很难不暴露他们所得的财富。舞弊者总会按捺不住动用那些偷来的钱，以支持他们昂贵的消费与奢侈的生活方式。只要企业密切关注雇员生活方式的改变，就可以在早期发现舞弊的发生。关注雇员生活方式的改变有助于早期发现舞弊，也可以预防舞弊的发生，因为潜在的舞弊者会意识到“有人在盯着我呢，我得收敛着点”。

5. 设置举报热线

借助现代通信技术，舞弊很容易通过举报被发现。有人做过相关调查，结果表明，大约有 33% 的舞弊案是由举报发现的，由外部舞弊审查师发现的舞弊案仅占很小的部分。某公司在一年内经历了超过 1000 起舞弊案，其中 42% 的案件是由于举报以及员工与顾客抱怨而被发现的。为知情的举报者提供举报便利，可以有效地预防舞弊，因为雇员非常了解他周围同事的所作所为，可以很容易地发现并举报可疑的舞弊。当舞弊者看到身边的同事可以方便地举报舞弊活动时，他们的舞弊活动必然会有所顾忌与收敛。

6. 对舞弊形成严厉的惩罚预期

对舞弊形成严厉的惩罚预期，可以有效预防不诚实行为的发生。对已经暴露的舞弊者实行快速、有力、一致的处罚，可以使正在进行或准备进行舞弊活动的舞弊者停下手来思考后果。真正的惩罚包括将不诚实的行为告诉其家庭成员与朋友，因为舞弊者一般都会因为羞耻而不愿意将自己的情况告诉亲朋好友。

对于那些已经触犯法律的舞弊者，要坚决报警，并实行强有力的起诉政策，这样可以加大舞弊的成本，使舞弊者因担心受到严厉法律的制裁而住手，从而有利于预防舞弊发生。尽管起诉舞弊者从短期来看要花费许多金钱与时间，但是以长远的眼光看，它可以给潜在的舞弊者发出强烈的信号：舞弊是不能容忍的，舞弊是要付出昂贵的代价的。

7. 积极的舞弊审计

许多公司并不重视组织内部的舞弊审计，只有在发现舞弊的苗头时才被动地进行舞弊审计与调查。如果公司能定期开展积极的舞弊审计，就可以告诫雇员，他们的行为在任何时候都有可能被舞弊审查师复查，这样可以增加一些人的畏惧感，从而起到预防舞弊的作用。

总之，舞弊可以通过创造诚实、开放和互助的文化环境以及减少甚至消除舞弊机会等方法加以预防。对于舞弊，企业也应该贯彻“预防为主”的方针，这样可以在很大的程度上降低舞弊预防的综合成本。

（四）舞弊预防总结

我们就舞弊的预防总结以下几点。

第一，预防舞弊是减少舞弊损失的最具成本－效益的方法。一旦舞弊发生，就没有所谓的赢家。

第二，一旦舞弊行为被发现，舞弊者就必须承担相应的处罚。他们必须接受指控并承担法律后果，必须退赔非法所得，必须承担财务处罚和其他后果。

第三，舞弊的受害者也会遭受损失，他们的资产会被侵吞，要支付相关的法律费用，要损失时间，要带来负面的影响和其他的负面后果。

第四，设置了积极的舞弊预防措施的组织和个人会发现，这些措施可以带来丰厚的回报，因为舞弊的调查是非常花费人力、物力、财力的，而舞弊的预防则相对较节省。

三、舞弊风险评估

（一）舞弊风险评估的定义

舞弊风险评估是采用舞弊风险评估工具对组织内部存在的舞弊风险进行测评，识别组织内部舞弊风险的大小，有针对性地采取相应的措施，以使组织内部的舞弊风险保持在可以接受的水平。

舞弊风险评估是舞弊风险管理必不可少的一部分，也是对组织存在的弱点、面临的威胁以及由两者综合作用而带来的舞弊风险的评价，是构成舞弊风险管理体系的一项重要内容。为有效地保护企业及其利益相关者免受舞弊侵害，每个组织都应该熟悉会产生直接或间接危害的舞弊风险及舞弊风险的具体类型。根据组织的规模、复杂程度、所属行业和组织目标量身订制的舞弊风险评估系统，应该定期进行舞弊风险评估，并根据评估结果进行及时调整。

就具体的操作而言，舞弊风险评估是指由舞弊风险管理专家和客户或雇主一起，通过回答一系列预设的问题（这些问题旨在帮助公司检查、审视内部存在的舞弊风险），对存在于组织内部的舞弊风险水平进行测度，并就组织内部的舞弊风险水平给出评估的舞弊风险管理过程 。

舞弊风险评估制度作为一种评估工具，应用的关键是，客户或雇主应该选择公司内了解该制度运作的人（如管理人员和内部审计人员），和舞弊调查专家一起完成工作。

（二）舞弊风险评估的目标

舞弊风险评估的目标可以从以下 7 个方面加以考虑：

（1）确定潜在的、内在的舞弊风险；

（2）评估识别舞弊风险发生的可能性；

（3）评估哪些人员和部门最有可能实施舞弊行为，并且识别他们可能会用的舞弊方法；

（4）把现有的预防和检测措施与其控制的舞弊风险一一对应；

（5）评估企业的控制制度是否有效，是否可以高效地运作；

（6）确定并评估由于控制无效或缺乏控制而残留的舞弊风险；

（7）针对残留的舞弊风险提出控制舞弊风险的对策与改进措施。

（三）舞弊风险评估等级

我们一般需要将组织的舞弊风险水平，由低到高地划分为 10 个等级：等级 1 至等级 10。部分舞弊风险等级的重要性水平、提供的舞弊机会的界定以及相应的改进措施如表 30–2 所示。

表 30–2　舞弊风险等级表

等级	重要性水平	界　定	改进措施
1	很低	没有提供明显的舞弊机会	无
3	低	提供了低水平的舞弊机会	无，但是要注意所有薄弱点
5	中等	提供了中等的舞弊机会	改进策略
7	高	提供了高水平的舞弊机会	即时的改进策略
9	很高	提供了非常高的舞弊风险	优先级的改进策略

四、舞弊的应对

舞弊的应对（Fraud Response）是公司在处理确已发生的舞弊事件或疑似舞弊事件时明确各种安排的正式方式，旨在以便于决策的方式提供舞弊证据的收集和整理程序，同时确保收集到的证据适用于可能会采取的任何法律行动。公司对舞弊等违法违规行为进行应对的目的就是，采取恰当的行动以弥补舞弊或不当行为造成的损害。

（一）舞弊应对的公司政策

公司应该明确在处理舞弊问题上的态度和整体政策。一项完善的舞弊应对计划，要求公司在所有的活动中重申其关于法律、伦理道德的高标准承诺，以及处理不符合这些标准的行为活动的方法。其中的重点在于公司员工都应该意识到，舞弊及其他违法违规行为的风险，如财产损失的风险。公司应该明确执行其已经采取的应对类似风险的控制措施，并应该意识到在可能存在舞弊行为时应当如何报告。该舞弊应对计划就是公司将相关信息传递给所有的员工以及其他如客户、供应商、股东等在内的利益相关方的一种方式。

此外，公司需要考虑的一个问题是，关于已被发现的舞弊的公开，这对那些与舞弊行为密切相关却没能被识别出的人来说或许会有些尴尬，也有可能会对公司的公众形象造成负面影响。但完整地公布一项成功的舞弊调查结果也是有好处的，对于那些因被诱惑而进行舞弊的员工和那些对公司进行管理控制的人来说，一项成功的舞弊调查可以作为对潜在舞弊者的尖锐提醒和警告。

受监管的金融服务行业对是否将识别出的舞弊作为内部核心问题别无选择，金融服务行业对金融犯罪负有报告义务，其他的商业机构应该效仿金融服务行业的做法，并明确承诺自己不会对发生的舞弊行为遮遮掩掩。

（二）舞弊应对的职责分工

公司采取的舞弊应对策略应当分配并传达给具体的负责执行的人员。若要舞弊应对计划产生切实的效果，就应当将每个具体行动的责任分配给适当的部门经理，并给每个行动设定清晰的目标和日期。同时，不同职责的人员相互之间的合作也是十分重要的，可以通过正式的沟通、研讨会、行动计划来对舞弊应对的具体措施进行调整。

因公司规模、所处行业、经营状况、公司文化等因素的不同，各个公司的舞弊应对策略的职责分工也存在一定差异。以下是一些适应特定环境的舞弊应对策略责任分工的一般性指导方针，公司可以对此进行参考。

1. 经理和主管

一般来说，经理和主管负责其职权范围内的舞弊和其他违规行为的检测和识别。

2. 财务主管

财务主管通常全权负责公司的舞弊应对，包括协调舞弊调查工作，以及更新舞弊应对计划等。

3. 舞弊检察官

在规模较大的公司中，需要适当指定一名高级管理人作为舞弊检察官以取代财务主管。舞弊检察官负责发起并监督所有的舞弊调查，实施舞弊应对计划，采取后续行动。

4. 人力资源部门

公司人力资源部门通常负责公司内部的所有纪律程序，使这些纪律程序符合并支持公司的舞弊政策声明和舞弊应对计划。人力资源部门关于舞弊应对的建议，往往与公司的人事管理策略、员工职业、关于就业的法律以及平等的就业机会相关联。

5. 审计委员会

由于立法和监管法规的不断变化，审计委员会在预防和识别舞弊方面的作用受到了越来越多的认可。审计委员会应有独立董事和至少一个金融专家，该人员最好有会计背景。审计委员会应准备充分，以评估、应对频繁的、长时间的舞弊风险，因为舞弊行为通常涉及覆盖组织的内部控制。审计委员会的成员负责公司的内部控制和风险管理系统，包括反舞弊计划和控制措施的制定和实施。审计委员会应该对财务报表的完整性进行监督，应评估公司的舞弊预防表现，每年至少审查记录一次，发现的任何重大事项都应该向董事会报告。

6. 内部审计部门（或内部审计人员）

公司若有自己的内部审计部门，调查舞弊发生率的任务就会落到内部审计部门，但公司应该避免让那些在相关领域没有接受过专业培训和没有经验的人来实施舞弊调查，因为这可能不利于舞弊调查。公司应该指定特定的审计人员作为舞弊专家，确保他们有承担任务所需的知识和技能，这样做才是最合适的。

7. 外部舞弊审查师

一个没有内部审计部门的公司，在发现舞弊时可能会考虑咨询外部舞弊审查师，但是当内部审计部门人手不够或是内部审计人员能力无法胜任舞弊调查时，聘请外部的舞弊审查师就是必需的选项。外部舞弊审查师可能是会计事务所的一员，如一个专业的舞弊调查小组。外部舞弊审查师在做决定的时候应该注意，如果遗漏了明显的舞弊警报，受损失的公司最终可能会向舞弊审查师寻求赔偿。

8. 内部或外部的法律建议

当公司出现舞弊报告的时候，无论公司打算采取怎样的应对策略，都应该立即寻求法律专业人士的帮助，具体应该包括对追回资产的民事、刑事以及公司内部处理方式上的法律指导。

9. 信息系统、信息技术人员

信息系统、信息技术人员能够提供保证公司信息技术安全，保障信息系统性能及使用的技术建议。如果舞弊者已经利用了计算机系统进行舞弊活动，就需要从电脑中提取证据，这时候就必须寻求信息系统、信息技术人员的专业技术支持。

10. 公共关系

规模比较大的企业、公共部门公司或慈善机构等，往往更容易引人注目，而简化公共关系能降低这类公司或机构在舞弊行为被公众所知的时候面临的各种压力。

11. 警察

公司内部发生舞弊时，何时向警方咨询是公司应对舞弊的内部策略问题。如果公司的策略是起诉所有涉嫌舞弊的人，就应该在第一时间寻求警方介入调查，因为任何迟延都会减少成功应对舞弊的机会。而在公共机构，一旦发现有舞弊的嫌疑，就应该立即通知警方。当然，在报警前，公司需要初步取得犯罪嫌疑人涉嫌犯罪的证据。

12. 外部顾问

任何公司都可能会考虑雇用诸如法务会计师等外部有专业调查技

能的专家；许多专业公司的存在，就是为了提供与客户期望相一致的谨慎调查或追回资产服务。例如，法务会计师除了具有与会计、审计相关的知识和技能外，还具有民法、刑法、证据学相关的知识，掌握调查和取证技术，具有良好的沟通、表达技巧和职业判断能力，在进行舞弊调查时，法务会计调查手段的多样性、调查范围的广泛性具有明显的优势。

13. 保险公司

许多公司选择购买雇员忠诚保险（即因员工欺骗或不诚信行为导致经济损失的保险）来降低舞弊带来的公司损失。公司应当将舞弊发生之后向保险公司通知的时间以及附加的要求都囊括在公司舞弊应对计划中，并在保险单据中予以明确规定。

（三）舞弊应对的措施

合理应对被发现的舞弊或疑似舞弊的步骤包括：明确举报机制；建立调查小组进行彻底的舞弊调查；追究舞弊者的公司内部责任、民事责任以及刑事责任；追回被窃财产；修改舞弊应对策略以避免类似的行为再次发生。

1. 舞弊举报机制

舞弊举报机制起源于萨班斯－奥克斯利法案证券交易委员会规则，该委员会授权上市公司的审计委员会负责关于会计、内部控制或者审计问题（包括保密、匿名员工的建议等）的接收、保留、和解。然而，这类接受投诉（如热线）的机制并不是一种监管要求，它是卓有成效的舞弊风险管理方案的最佳实践，也是公司风险管理至关重要的一环。舞弊报告机制的目标在于，为所有对舞弊知情的人提供举报不法行为的最大便利。给予本公司知情员工举报舞弊问题的授权，有助于确保这些问题尽早在公司内部得以揭露并得到解决，而不必借助法律的手段，也可以避免最终由社会媒体曝光才发现问题。

投诉和建议一直是发现舞弊最常见的方式。有效的舞弊举报机制能帮助企业创建包括所有员工在内的舞弊检查团队。公司应当有明确而简洁的举报舞弊行为的程序设定，以便员工能及时对发现的疑似舞弊的活动进行举报，舞弊应对计划还应该对该举报程序做出总结性规定。

2. 舞弊调查

舞弊调查包括两种情况：一种是发现性舞弊调查；另一种是证明性舞弊调查。发现性舞弊调查通常是在舞弊行为被发现之前，根据警示信号等线索预先进行的调查，以顺藤摸瓜追查出舞弊者。证明性舞弊调查则适用于那些已经被发现的舞弊，通过舞弊调查取得相关证据。

当舞弊或不当行为确已存在的信息被揭露时，管理层应做好实施综合、客观的内部调查的准备。调查的目的在于，收集可对违规行为进行可靠评估的事实，这样管理层就能据此选定一条可靠的行动路径。

3. 舞弊调查的特征

设计良好的舞弊调查通常包括如下步骤：

（1）整个调查过程应该在公司的审计委员会或特别设立的委员会的有效监督下进行，该委员会必须包含能免受管理层不当压力和干预的独立董事；

（2）由审计委员会选定的外部专家顾问对调查活动进行指导，该顾问基本不与组织的管理团队产生关系，能实施公正、独立且高质量的调查；

（3）聘请外部独立的舞弊审查师对调查活动的审查，防止内部人不公正的干预；

（4）要求被调查对象及相关人员完全配合，不允许任何员工或管理层成员对调查的事实遮遮掩掩；

（5）本着合作透明的精神，在适当的情况下，向外部舞弊审查师、监管者、社会公众告知调查发现的相关信息。

基于各种因素，包括潜在违法行为的性质，涉及的方面人员的不同情况，问题的重要程度等，相关组织可以决定采用上述步骤中的一项或多项。管理层可与恰当的监管部门协商并参考内部章程，以决定能较好地解决舞弊指控的步骤。在一个合格的舞弊调查中，规划是必不可少的。调查小组应建立调查任务，将每个任务分配给合适的团队成员。该计划应按照任务的性质来优先安排，以提供调查结果的临时报告，如果有必要，则修订或计划下一个步骤。在这个阶段，要适当考虑员工和第三方的利益冲突，以获取有关法律问题和制约因素的相关信息，包括寻求法院协助和监督来确保调查结果的完整性，从而最大限度地实现调查活动的成功。

4. 舞弊调查小组的建立

在记录舞弊指控的细节之后，一般由财务总监、首席财务官或舞弊审查官召集、组建舞弊调查小组。调查小组需要不同部门或不同学科的成员来提供相应的知识和技能，这就需要考虑吸收法律顾问、内部舞弊审查师、外部舞弊审查师、会计师或法务会计师、人力资源人员、安全和防损人员、IT 人员、计算机取证专家等人员参与协助调查。舞弊调查的监督责任要赋予比舞弊者至少高出一个级别的人，对于那些涉及公司高级管理人员的指控调查，则应由董事会或董事会指定的专门委员会来进行监督。

舞弊调查应该明确调查所需的资源、调查的范围和调查周期。目标的实现将取决于公司对待舞弊的态度以及处理舞弊的首选措施。调查小组所涉成员的角色和职责都需要依据其技能和经验而定，应该明确指出调查小组中的主导控制人，调查团队中的每一名成员都应该明确权利范围，每个人都应该清楚地了解舞弊报告程序和处理、记录证据的方式。

5. 舞弊调查协议

舞弊调查应按照公司通过的协议进行。按照一致的程序进行调查，有助于减轻公司的损失和管理舞弊调查的风险。在舞弊调查协议中需要考虑的因素如下。

（1）时间敏感性。调查时需要及时地参照法律对时效的规定，以减轻损失或潜在的危害，或者提起保险索赔。

（2）通知。某些指控可能需要通知监管部门、执法部门、保险公司或外部舞弊审查师。

（3）保密。收集信息需要保密，且仅限于那些确定的要求。

（4）法律优先。在早期涉及法律咨询，或在某些情况下的调查之前，这将有助于保障律师及时将工作成果与客户进行沟通。

（5）合规性。调查应遵守有关收集信息和会见证人所适用的法律规则。

（6）证据保全。证据应该被保护，不被破坏，以保证在诉讼当中可以被使用。

（7）客观性。调查小组应该充分地将所调查的问题和个人隔离开，从而保证评估的客观性。

（8）目标。具体问题或疑虑应适当改变重点、范围和调查的时机。

6. 舞弊调查的内容

舞弊调查通常包括证据的搜集和保全，以及面谈、证人陈述、嫌疑人陈述等。

（1）证据的搜集和保全。

舞弊调查中，在嫌疑犯转移、毁灭证据之前控制所有的证据至关重要，诸如人事档案、内部通话记录、财务记录等内部文件，以及供应商信息、媒体报道、私人侦探报告等外部证据材料。因此，在公司的舞弊调查中必须考量的一个关键性因素是，保全舞弊案件中所涉及的证据。公司在舞弊调查的早期阶段就应该搜集实物证据，即在收集目击者证言、展开面谈之前搜集证据。如果舞弊涉嫌犯罪，则应当在公开采取行动、警告嫌疑人之前尽早咨询并听取警察意见。

或许一个人被指控刑事犯罪，并不是最初的调查所能预料到的，但所有的调查以及从这些调查中获取的相关证据都将被公开。因此，重要的是从一开始就保留对所有证据的记录，包括证据获取的时间、地点、来源以及由谁搜集等。警察、法律顾问都能对证据保全的具体方式提出建议。

如果时机合适，则应该在证据有可能被销毁或被删除之前就利用高级管理人的权威，获得相关部门经理或分支机构经理的书面同意，对相关证据予以保全；同样地，电子证据必须在可能被嫌疑人篡改、删除之前就予以保全。

相关的证据主要包括两种：实务证据和电子证据。

①实物证据。

公司有权接触并查阅所有档案资料，若公司正在进行内部调查，则任何试图阻止公司接触到档案资料的员工都可能受到纪律处分。如果实物证据是其他的公司或非本公司员工个人持有的，那么公司要得到相关实物证据，则可能有必要获取法院的授权（或禁令）。公司获取实物证据的确切方法取决于具体案件的特殊环境，以及被提起的是民事诉讼还是刑事诉讼，抑或是两者兼有。

若公司控制了实物证据，值得注意的是，这些实物证据的原始材料是至关重要的，因为复印件往往是不被认可的。在进行舞弊调查的时候，应该记录下获取证据的时间以及证据的来源。如果证据包括好几个项目，如涉及大量的文件，那么应该为每一个文件都做一个可供参考的号码标签，并与书面记录保持一致。此外，对现场（如嫌疑犯的办公室）进行拍照或录像，也可能会对舞弊调查有所帮助。

②电子证据。

为了确保案件证据链条的完整性，并且合乎现行法律法规的相关规定，对电子证据的检索通常也以与对实物证据检索相似的方式进行，尽管两者可能会有一些明显的差异。英国英格兰和威尔士高级警官协会（ACPO）在其发行的实践指南中涵盖了上述内容，而且规定了处理以计算机为基础的电子证据的四项原则。

原则一：执法机构或它们的代理人未经法院的准许或决定，不得私自篡改、删除保持在计算机或其他存储设备、存储媒介上的数据。

原则二：在特殊情况下，若确有必要查阅存储在计算机或存储媒介上的原始数据，申请人必须具备相关授权，并能合理解释查阅原始数据与其采取行动的相关性及影响。

原则三：应该创建并保护适用于计算机电子证据的审计跟踪或其他相关记录，使任何独立的第三方都能查阅这些进程，并能得到相同的结果。

原则四：调查负责人应全面负责并确保在整个舞弊调查的过程中遵守相关规定和以上原则。

（2）面谈。

公司经理有权直接与公司的员工进行面谈，以让员工清点处于其直接控制下的公司资产，同时向员工传达自己监督下或其他部门监督下的员工的外在表现。然而，当经理对一个人有合理怀疑的时候，面谈就应该停止，经理应该告知这个人，他的行为可能会导致他成为公司正式的舞弊调查对象（此时还应当考虑到对疑似舞弊者追究刑事责任的可能性）。任何面谈都应该由接受过专业训练的人员或警察来主持（参见嫌疑人陈述部分），讯问人员应该对提出的问题和疑似舞弊者的回答进行详细的记录；有可能的话，应尽可能对整个面谈和讯问的过程进行录音。

（3）证人陈述。

对于一个受过专门培训、经验丰富的负责人来说，让证人出具一份书面声明是很好的方式，这样一来便可以利用证人的声明进行序时记录。但证人必须是自愿签署声明，以保证其书面声明的真实性。通常独立的第三人介入调查会有助于明确相关事实，但同时也应给予证人得到同事、熟人或工会支持的机会。

（4）嫌疑人陈述。

如果认为疑似舞弊行为有可能会构成犯罪，那么经理在与嫌疑人面谈之前，必须考虑到法律法规的相关规定，因为合法性和合规性将决定证据在刑事诉讼中的适用性。在严格警戒下的面谈开始之前，会见者必须确保他们充分了解法律法规的相关规定，否则会危及关键性证据的适用性，甚至有可能使关键性证据变得毫无用处。因此在实践中，建议在公司的法律顾问或警方的指导下，由经过培训的专业人员进行面谈。

此外，在进行调查的时候，舞弊调查的整个过程都不得违背相关程序性要求，要尊重人权，特别是对个人隐私权的保护，应给予调查对象一个公正的审判或听证。

（四）舞弊的纠正

舞弊调查完成后，调查负责人应当将实际存在或潜在的有重大影响的舞弊或不当行为报告给董事会、审计委员会和外部舞弊审查师，以便对发现的舞弊做出迅速回应，最大程度降低损失。

一套统一且可靠的惩戒系统，是有效阻止舞弊和不当行为的关键控制措施。另外，恰当的惩罚是主要监管框架下的一项要求。管理层通过批准有意义的惩罚措施，能够向内、外部各方发出信号，表明组织将舞弊和不当行为风险管理置于优先考虑位置。毕马威的一项品质鉴证调查显示，受调查的47%的雇员称，违规者会受到公正的处罚，不论其职位高低。

公司在应对舞弊时采取的有关舞弊对象和舞弊行为的方针策略，可能会直接决定舞弊应对的彻底性，但公司针对舞弊者采取的任何行动，都应在适当的情况下适用于所有级别的雇员，包括高级管理人员，在此之前还要与负责此类决定的负责人协商。在对舞弊者进行纪律处分，提起民事诉讼或刑事诉讼前，强烈建议进行管理咨询。可供公司选择的策略包括下列任一或所有的方式。

1. 内部纪律处分

公司发现舞弊并经过调查确认后，应按照公司的人事纪律规范对相关的舞弊责任人员予以内部纪律处分。公司应该设计一套良好的内部惩罚程序，并将其向全体员工传达，同时包括传达全公司性的指南，这些指南能够推动企业：（1）建立与过错行为的性质和严重性相一致的先进处罚措施，如口头警告、书面警告、停职、减薪、调转工作地点、降职、解雇等；（2）采取的处罚措施统一、一致，不因行为者的等级、任职期间的表现或工作能力等因素而有所差异。

一旦有舞弊或不当行为发生，管理层应考虑采取措施弥补损失。例如，在恰当的情况下，管理层可考虑采取以下步骤：

（1）自愿向政府或其他相关主体（如监管者）披露调查结果；

（2）补救舞弊或不当行为造成的损失；

（3）检查造成相关控制失败的根源，保证风险得到降低且控制得到加强；

（4）对那些卷入不当行为的员工及没有阻止或没有发现这些事项的高管给予处罚；

（5）向更广范围内的员工告知管理层已采取恰当、有针对性的行动。

虽然向公众披露舞弊和不当行为可能会令组织感到尴尬，但管理层可能仍希望通过这样的举措来对抗或取代关于公司的负面宣传，从而证明公司有诚意，并且愿意协助平息该事件。

要求经理对其下属的不当行为负责是另一项重要考虑。当经理知道或应当知道舞弊或不当行为可能正在发生而没有采取行动时，或当经理有如下行为时，则要受到处罚：

（1）指示或迫使其他人违反公司准则以满足经营目标，或设定会产生同样效果的不切实际的目标；

（2）不能保证员工接受充分的培训或获得充足的资源；

（3）不能以诚信、正直的方式树立一个积极的榜样，或者存在因疏忽大意而未注意或允许违规行为的先例；

（4）行为与公司准则规定的不一致，或打击报复舞弊的举报者。

2. 提起诉讼

公司因发生的舞弊而遭受损失时，可以通过对舞弊者及相关涉案人员提起民事诉讼的方式挽回损失。若公司出现了舞弊行为，而且舞弊者的行为根据《刑法》及相关法律的规定已经构成了犯罪，则可以对作为由警方主导的调查中的舞弊者提起刑事诉讼。若疑似舞弊者的行为给公司造成损失，并有可能构成犯罪时，则公司可在警方进行调查的同时通过民事诉讼的方式收回被挪用的公司资产。在涉嫌刑事犯罪时，公司可自行决定向执法部门提交证据，这样执法部门就可以获得有助于所涉案件的信息资源。

3. 保险索赔

在公司购买了类似与忠诚保险之类的商业保险时，发生舞弊之后可以提供相关证据材料向保险公司索赔。

（五）扩展调查

对舞弊的发生根据实际情况进行根本原因分析，并进行扩展调查，可能会发现公司的其他舞弊或不当行为。

（六）舞弊应对的后续行动

舞弊发生之后，公司应当及时从每一个被识别出来的舞弊事例中吸取经验教训。事实上，公司从这些案例中学习经验，同制订舞弊应对计划一样重要。规模较大的公司可以考虑建立专门性的小组，以对导致舞弊发生的环境和条件进行审查，并将审查结果向高级管理层报告，以改进公司的相关系统和程序；小型公司则可以考虑与更有经验的企业或是专业人员在共同目标的基础上，就一些具体的问题进行讨论。

已经发生过舞弊案的公司，可能会考虑对公司的内部管理系统和程序进行基本的审查，以确认公司潜在的系统故障或薄弱环节，并尽快落实公司的系统升级或策略改革。

如果公司舞弊管理的薄弱环节已经被识别出来，那么采取适当的补救措施必然会使公司受益。而最新的统计数据表明，多数公司每年发生的舞弊事件都不止一个。

公司应该坚持进行调查记录，年度报告应该提交给调查委员会，包括公司所取得的成果和经验教训。

越来越多的公司会引进强制性的公司政策，强调公司对舞弊行为的零容忍，并明确强调若舞弊行为被发现，公司必然会对那些涉嫌舞弊的人采取适当的舞弊应对行动。例如，越来越多的金融机构热衷于给出处理违规者的承诺，并倾向于公开起诉实施舞弊的员工，而不是对金融机构内部发生的舞弊行为遮遮掩掩。

第三十一章 境外投资中的避税港法律风险防范

第一节 避税港运作与安排的基本原理

一、避税与偷税的概念比较

偷税一般是指“对税法条款的直接侵犯”。另一个广为采用的偷税概念是：“纳税人规避税款支付，但未能免除法定纳税义务，因而触犯税收法律，甚至违反刑事法律。”偷税的属性是天然违法性和可受法律制裁性。违法性产生的原因，一类是未能适当申报一项本属合法交易的可确定税额（如不申报或故意地不适当申报）；另一类是未报税的交易本身是不合法的（如洗钱等）。在偷税范畴内，有的国家将偷税分为相对轻微的漏税行为（如未能递交完整的收入申报表）与更严重的违法行为（如虚假申报或虚假发票）。在英语和其他语种中，后者也被称为“税务欺诈”（Tax Fraud）。

避税在学术界被分为有害的（不可接受的）避税和无害的（可接受的）避税（又称税务筹划）。在绝大多数国家承认纳税人享有“安排自身事务以使纳税义务最小化”权利的前提下，政府会在其中区分出“不可接受”的避税，以使愈演愈烈的避税趋势能够得到抑制。因此，清晰地区分偷税与避税这两个概念，不仅可以稳定政府的财政收入预期和纳税人的纳税成本预期，也便于纳税人降低税务风险。OECD 关于国际避税与偷税的报告是比较权威的法律文本，其中提到了有害的避税和无害的避税：“（有害的）避税……是政府所关心的，因为这种行为有悖财政公平，严重影响预算，而且扭曲国际竞争和资本流动。”该报告同时又指出：“纳税人通过完全可接受的税务筹划（即无害的避税，如在税收减免与激励中选择与正常商业交易相容的最优路径），或是克制消费一种被课税的产品（如戒烟），以减轻或免除纳税义务，这是可以的，显然政府不会打击这种行为。"

报告给出了有害的避税的四个要素：（1）几乎总是呈现不自然的成分，即一项方案中的各种安排都不把商业或经济目的作为其初始目标；（2）秘密性是现代避税的一个特点；（3）经常利用法律漏洞或专有法条以达到立法者本不希望的目的；（4）交易中的主要收益来源于所获的税收利益。明确的定义将使纳税人得以预期法律后果，进而规划自身事务，准确估算相关交易成本。而且，这种"确定性"也惠及政府。如果政府对财政收入的预计较为确切，那么国家财政预算将是稳定的。所以，应当根据具体的商事实践情况和各国的法律法规来确定有害的避税和无害的避税之间的界限，不能一概而论。而本书中所提及的"避税"已经排除了为公权力所不可接受的有害的"避税"，而特指为公权力所接受的无害的合法的"避税"（或者说税务筹划），即采取合法的方式降低在商事实践中的税收成本。

二、避税港的定义与相关概念

避税港又称为"避税地"，多指和其他地区相比实行无税或者低税制度的国家和地区。根据国际财政文献局所编的《国际税收辞汇》的解释，凡符合以下条件的国家或地区，就可以被认定为避税港：不征税或税率很低，特别是所得税和资本利得税；实行僵硬的银行或商务保密法，为当事人保密，不得通融；外汇开放，毫无限制，资金来去自由；拒绝与外国税务当局进行任何合作；一般不定税收协定或只有很少的税收协定；是非常便利的金融、交通和信息中心。从狭义上讲，避税港指的是不课征某些所得税和一般财产税，且税率远低于国际一般负担水平的国家和地区；从广义上讲，避税港指的是能够为纳税者提供某种合法避税机会的国家和地区。本书采取的是广义的定义。

（一）避税港的类型

避税港类型的选择取决于该国或该地区的政治、经济、社会、资源、地理位置等因素。避税港通常分为 3 种类型。

（1）无税避税港。不征个人所得税、公司所得税、资本利得税和财产税，如百慕大群岛、巴哈马、瓦努阿图、开曼群岛等。

（2）低税避税港。以低于一般国际水平的税率征收个人所得税、公司所得税、资本利得税和财产税等税种。具体而言，有些低税避税港是因为提供了税收优惠而使税负低于一般水平的国家和地区；有些低税避税港是完全放弃了居民（公民）税收管辖权，只行使地域管辖权的国家和地区，这类地方有安哥拉、安提瓜、巴林、巴巴多斯、以色列、英属维尔京群岛、列支敦士登、荷属安德列斯、蒙特塞拉特群岛、圣海伦娜、斯瓦尔巴群岛、瑞士、中国澳门、新加坡、中国香港、马来西亚、利比里亚、巴拿马和哥斯达黎加；还有一些低税避税港则是与其他国家签订了大量税收协定的国家和地区，如荷兰。

（3）特惠避税港。在本国国内税法的基础上采取特别的税收优惠措施，这类地方有加拿大、希腊、英国、卢森堡、爱尔兰、荷兰和菲律宾等。这些国家税制完备，税率也不低，之所以称之为避税地，是因为它们对某些行业或特定的经营形式提供了极大的税收优惠条件。例如，希腊对海运业和制造业、英国对国际金融业、卢森堡对控股公司、荷兰对不动产投资公司等提供税收优惠待遇，因而成为特定经营形式的著名的国际避税地。

（二）避税港的优势

跨国公司若注册地在中国，商业实践中将存在不少潜在的问题，如面临政策导向性的经济环境；相较于其他的国家和地区的高税率；复杂的法律体制带来的潜在的法律风险；国家管控商业活动对日常商业运营的灵活性的减损。而在避税港设立离岸公司（离岸公司指的是，在离岸避税地注册，但并不在当地开展实际经营活动的公司），相较而言则具有更大的优势，如避税地在外汇管制上比较宽松；政治及经济环境稳定；立法及司法制度完善；法律法规灵活，方便公司进行灵活操作以满足多种多样的商事实践需要；风险控制制度完善；税制优惠；公司成立程序快捷；公司维持成本较低；具有极强的保密性。

（三）避税港的避税形式

1. 虚设营业的形式

虚设营业是指某国的国际投资者在避税地设置一个子公司，然后把总公司制造的直接推销给另一国的货物，在根本未经过“避税地”子公司转移的情况下，制造出一种经过了子公司中转销售的假象，从而把母公司的所得转移到子公司的账上，达到避税目的。

2. 虚设信托财产的形式

虚设信托财产是指投资者通过采取在避税地设立个人持股信托公司等方式，把他的财产虚设为避税地的信托财产，从而达到避税目的。避税地虚设信托财产通常可以采用两种方式：设立受控信托公司和订立信托合同。

3. 转移定价的形式

转移定价是跨国公司内部的母公司与子公司之间、子公司与子公司之间提供产品、劳务或技术所采用的定价。该形式是跨国公司经常使用的国际资金调度管理的手段，目的是使跨国公司避开一些东道国在资金调度上设置的政治和税收障碍，并降低外汇交易成本。

转移定价的方法有两种：一种是按“成本加价”基础确定；一种是购销双方按“谈判价格”来确定。前者的价格同内部成本有着密切的关系；后者则是广泛的战略性限制占统治地位。在国际交易中究竟使用何种定价，关键取决于买方能否从外部得到该产品。如果外部市场不存在，则流行“成本加价”公式。谈判价格或高于市场价格，或低于市场价格，在最高供应价和最低购买价之间徘徊。实际使用的转移定价制度，必须与子公司的具体预算或利润目标相联系，以保持管理的动力。如果转移定价方法影响了一家特定分公司的利润，那么，必须把利润以外的其他标准作为其经营目标。

第二节　典型的避税港介绍

一、英属处女群岛

英属处女群岛位于加勒比海地区，波多黎各以东，与美属维尔京群岛毗邻；大约由 50 个加勒比海岛屿组成；旅游业和金融服务业为其经济的两大支柱；在英属处女群岛注册的公司可在中国香港交易所上市。其政治经济环境主要包括：（1）属于英国海外领土。（2）行政权力由派驻当地的英属处女群岛总督代行；总督负责防务、治安、外事、司法和部分财政事务，拥有有限立法权。（3）本质上属于一个自治管理、通过独立立法会议立法的、政治稳定的英属殖民地。（4）没有外汇管制。（5）以英国普通法为依据。

在英属处女群岛进行避税港操作，主要有以下限制和要求。

1. 设立公司批准：（1）组建公司不须经政府批准；（2）某些商业活动可能要求许可或注册登记，如商业投资、银行业务、金融业务、保险业务、信托业务、公司管理业务、货币服务业务等。

2. 设立公司程序：只需要向公司注册处提交公司章程大纲、章程细则，以及负责处理公司成立事务的律师或公司注册代理机构出具的证明，以确认该公司的组建完全符合当地公司法的要求即可。

3. 维续费用：只需要每年缴纳年度牌照费用。

4. 注册资本和发行资本：（1）没有最低限度额定注册资本，注册资本一般为 50 000 美元，分为 50 000 股，每股 1 美元。这是最低年度牌照费（450 美元）允许的最高注册资本，若股票发行数超过 50 000 股，则年度牌照费增加至 1 200 美元。（2）须发行至少一股有或没有面额的股份。

5. 股东人数及资格：至少要有一名股东，可以为自然人或法人，没有国籍上的限制。

6. 董事人数及资格：至少要有一名董事，可以为自然人或法人，没有国籍上的限制。

7. 注册代理及注册办事处：（1）必须有一家特许注册代理机构，注册代理机构必须是于英属处女群岛注册并且持有代理牌照的信托公司或注册服务公司；（2）注册办事处须位于英属处女群岛。

8. 公司名称规定：（1）可用英文或/和加上中文注册，必须以Limited、Corporation、Incorporated、Societe Anonyme或Sociedad Anonima或其缩写作为结束语；（2)除非得到特别批准，否则某些字眼不能使用，如Assurance、Bank、Building Society、Chamberof Commerce、Chartered、Cooperative、Imperial、Insurance、Municipal、Royal、Trust等。

9. 税务要求。（1）税收协定：于2009年与中国签订税务信息交换协议。（2）公司的税务要求：a. 不需要缴付的税种包括所得税、资本利得税、分公司利润税、预提税（利息、花红、版税及技术服务费）、资本税、销售税/增值税、印花税（物业交易除外，需要缴付12%的税）；b. 工资税方面，同时符合工资金额不超过150 000美元、营业额不超过300 000美元、雇员不超过7名的情形下，税率为2%，其他情况时，税率为6%（首10 000美元薪酬豁免）；c. 物业税方面，首公顷为10美元，额外的每公顷为3美元，同时须另缴付房屋税，为每年租金收入的1.5%。（3）个人的税务要求：a. 不需要缴付的税种有所得税、资本利得税、资本税、资本取得税、印花税（物业交易除外，需要缴付12%的税）；b. 工资税方面，税率为8%（首10 000美元薪酬豁免）；c. 物业税方面，首公顷为10美元，额外每公顷为3美元，须另缴付房屋税，为每年租金收入的1.5%；d. 社会保障金方面，为每月收入的4.5%。

10. 隐秘性：（1）具有高度的隐秘性，如股东名册及董事名册必须存放于注册办事处，但无须供公众查阅；（2）公开档案仅限于公司大纲和公司章程、公司成立证明；（3）公司可自行决定是否供公众查阅下列档案——股东名册、董事名册、抵押登记册。

11. 年度申报要求：公司不须委任核数师审核财务报表，也不须向公司注册处呈交账目。

二、开曼群岛

开曼群岛位于西印度群岛，由加勒比海的大开曼、小开曼和开曼布拉克 3 个岛屿组成；是世界第四大离岸金融中心；具备一流的配套设施和专业支持服务；在开曼群岛注册的公司可在中国香港交易所上市。其政治经济环境主要包括：（1）属于英国海外领土；（2）由英女王任命的总督行使管辖权，负责外事、防务、内部治安和公共服务事业，其在国内事务上享有更大程度的自主权；（3）没有外汇管制；（4）法律制度以英国普通法为依据。

在开曼群岛进行避税港操作，主要有以下限制和要求。

1. 设立公司批准：（1）组建公司不须经政府批准；（2）某些商业活动可能要求许可或注册登记，如证券投资业务、银行业务、保险业务、信托业务、公司管理业务、共同基金管理及业务等。

2. 设立公司程序：（1）须向公司注册处提交两份经签署的公司大纲；（2）拟担任董事的人士必须向公司注册处提交一份声明，确认该公司的商务活动将基本上在开曼群岛境外进行。

3. 维续费用：只需要每年缴纳年度牌照费用。

4. 注册资本和发行资本：（1）没有最低限度额定注册资本；（2）需要发行至少一股股票；（3）允许不足一股的零碎股票及无面额股票。

5. 股东人数及资格：最少应有一名股东，可以为自然人或法人，没有国籍上的限制。

6. 董事人数及资格：最少应有一名董事，可以为自然人或法人，没有国籍上的限制。

7. 注册办事处及注册代理：（1）注册办事处必须位于开曼群岛；（2）必须有一个注册代理，该注册代理必须为当地的信托公司或持有牌照的企业服务公司。

8. 公司名称规定：（1）除拟注册公司名称不能与已注册公司之名称相同或太相似，没有特殊要求；（2）某些字眼除非经过特许，否则禁止使用，如 Bank、Trust、Mutual Fund、Insurance、Reinsurance、Royal、

Imperial、Empire、Building Society 等。

9. 税务要求。(1)税收协定:于 2011 年与中国签订税务信息交换协议,不须申报或缴纳任何税项,可以获得于注册成立后 20 年内不必缴纳任何税项的豁免保证;(2)公司的税务要求:不需要缴付所得税、资本利得税、分公司利润税、预提税(利息、花红、版税及技术服务费)、资本税、销售税 / 增值税、工资税、物业税、印花税(物业交易除外,需要缴付 7.5% 的税)、资本转移税;(3)个人的税务要求:不需要缴付所得税、资本利得税、资本税、资本取得税、印花税(物业交易除外,需要缴付 7.5% 的税)、工资税、物业税、社会保障金。

10. 隐秘性:(1)具有高度的隐秘性,如股东名册不必保存在公司注册地址,也无须供公众或政府机关查阅,董事名册必须存放于注册办事处,但无须供公众查阅;(2)公开档案仅限于注册地址和抵押登记册(仅对债权人和股东公开)。

11. 年度申报要求:(1)不必提交财务报表和税务报表;(2)须提交一份由公司秘书 / 董事签署的声明,声明的事项包括公司的业务只发生于开曼群岛境外,公司已经完全遵从公司条例的相关要求,不可在开曼群岛经营任何业务,除非该业务对公司发展海外业务有直接帮助;(3)每年需要举行一次董事会议,每年须向政府申报公司股东、董事资料,不论股东、董事是否有变更。

三、毛里求斯

毛里求斯位于印度洋的西南方,非洲第一大岛马达加斯加以东约 900 公里;属于民主共和国;曾是英国和法国殖民地;现为英联邦成员。其政治经济环境主要包括:(1)行政权属于政府,立法权由政府和毛里求斯国民大会共同履行,国家的最高权力由总统和总理分别行使;(2)是经济上最有竞争力的非洲国家之一;(3)离岸业务不受外汇管制;(4)法律制度糅合了英国的普通法系和法国的民法法系。

在毛里求斯进行避税港操作,主要有以下限制和要求。

1. 设立公司批准：组建公司不须经政府批准。

2. 设立公司程序：（1）提交董事同意书、股东同意书、公司章程细则以及由注册代理及律师签发的已经遵守公司法例的证明书；（2）向金融服务委员会（Financial Service Commission）申请全球企业牌照，金融服务委员会需要审查公司的最终实际控制者。

3. 业务限制：（1）不能在当地经营任何业务；（2）不能从事的业务包括银行业务、金融业务、管理集体投资计划、信托业务等。

4. 维续费用：（1）在公司每年的成立注册周年日前向金融服务委员会缴纳年度牌照费用；（2）每年向公司注册处缴付年度牌照费。

5. 注册资本和发行资本：（1）没有最低注册资本的限制；（2）需要发行至少一股有或没有面额的股份。

6. 股东人数及资格：最少应有一名股东，可以为自然人或法人，没有国籍上的限制。

7. 董事人数及资格：最少应有一名董事，可以为自然人或法人，没有国籍上的限制。

8. 注册办事处及注册代理：必须在当地设立注册办事处和注册代理人。

9. 公司名称规定：（1）可以中文名称命名，并且可把中文名称载于公司注册证书中；（2）不能采用与毛里求斯政府有关的字眼；（3）除非得到特别批准，否则不能使用特定字眼，如 Assurance、Bank、Building Society、Chamberof Commerce、Chartered、Co-operative、Government、Imperial、Insurance、Municipal、Royal、State、Trust 等。

10. 税务要求。（1）税收协定：完善的免双重课税协定网络，于1994 年与中国签订双重税务条约；（2）公司的税务要求：不需要缴付所得税、资本利得税、分公司利润税、预提税（利息、花红、版税及技术服务费）、资本税、销售税 / 增值税、工资税、物业税、印花税、资本转移税；（3）个人的税务要求：不需要缴付资本利得税、资本税、资本取得税、印花税、工资税、物业税，需要缴付的所得税税率为 15%，社会保障金为每月收入的 3%。

11. 隐秘性：（1）具有高度的隐秘性，如必须把股东和董事名册备存于注册代理处，但无须接受公众查阅，实际控制者身份不属公开资料；（2）公开档案仅限于注册办事处地址、注册代理的名称和地址。

12. 年度申报要求：需要编制财务报表，但无须向公司注册处或金融服务委员会呈交经审核的财务报表。

四、百慕大

百慕大位于北大西洋，属北美洲；经济繁荣，依靠金融业和旅游业；拥有发达的国际商业经济体系，是世界著名的离岸金融中心。其政治经济环境主要包括：（1）属于英国的自治海外领地；（2）总督由英女王任命，由总督委员会掌管外事、防务和内部治安，外交由英国掌管；（3）注册公司不受外汇管制；（4）法律制度以英国普通法为依据。

在百慕大进行避税港操作，主要有以下限制和要求。

1. 设立公司批准：（1）公司发行或转让股份必须得到百慕大金融局（BMA）批准；（2）拥有 10% 及 10% 以上股份的最终受益人须签署声明并向金融局提供身份证明，最终受益人必须向金融局公开身份；（3）某些商务活动可能要求许可或特别批准，如投资业务、银行业务、保险业务、信托业务等。

2. 设立公司程序：（1）须向百慕大金融局提交组建申请书以及相关资料；（2）公司大纲向公司注册处提交。

3. 维续费用：只需要缴纳年度牌照费用。

4. 注册资本和发行资本：（1）没有最低注册资本的限制；（2）标准的注册资本一般为 12 000 美元，划分为每股 1 美元；（3）最少发行资本为 1 美元。

5. 股东人数及资格：最少应有一名股东，可以为自然人或法人，没有国籍上的限制。

6. 董事人数及资格：最少需有 2 名董事，必须是自然人，没有国籍上的限制。

7. 注册办事处及注册代理：（1）注册办事处必须位于百慕大；（2）必须委任一个于百慕大注册的代理。

8. 公司名称规定：（1）必须以 Limited 或 LTD 作为结束语；（2）除非得到特别批准，否则不能含有特定字眼，如 Bank、Building Society、Trust、Insurance、Assurance、Reinsurance、Fund Management 等。

9. 税务要求。（1）税收协定：于 2010 年与中国签订税务信息交换协议，可申请税项宽免证书，免税至 2016 年 3 月 28 日，没有与任何国家或地区签订任何双重税务条约。（2）公司的税务要求：a. 不需要缴付的税种包括所得税、资本利得税、分公司利润税、预提税（利息、花红、版税及技术服务费）、资本税、销售税 / 增值税、印花税（印花税只适用于物业转让，通常与国际商业无关）、资本转移税；b. 需要缴付工资税，税率为 7.25%~14%（最多可从雇员薪酬扣除 5.25%）；c. 需要缴付物业税，由金融局就个别物业决定。（3）个人的税务要求：a. 不需要缴付的税种包括所得税、资本利得税、资本税、资本取得税、印花税；b. 需要缴付工资税，税率最多为 5.25%；c. 需要缴付物业税，由金融局就个别物业决定；d. 社会保障金为每周 32.07 百慕大元。

10. 隐秘性：（1）必须提供幕后股东的资料给百慕大政府，政府必须保护其私密性；（2）公开档案仅限于注册地址、公司大纲、公司成立证明、抵押登记册、招股说明书、股东名册、董事及高级管理人员名册。

11. 年度申报要求：（1）若全体董事及股东同意，则无须委任核数师审核财务报表；（2）无须向公司注册处呈交账目。

第三节　离岸公司与投资移民

一、离岸公司比较

“离岸公司”这一概念和避税港具有非常紧密的关系，其本身就是选择特定避税港之后进行运作的工具和产物。离岸公司泛指在离岸法区内（主要是避税港）依据其离岸公司法规成立的有限责任公司或股份有限公司。当地（避税港）政府对这类公司具有高度的保密性、减免税务负担、无外汇管制三大特点。同时，所有的国际大银行都承认这类公司，并为这类公司设立银行账号及财务运作提供方便。由此，跨国公司及集团的商事实践中经常使用离岸公司这种形式。表 31–1 所示为在不同的离岸地设立公司的相关事宜的比较，希望能给实务操作者和理论研究者带来一定的启发。

表 31–1　在不同的离岸地设立公司的相关事宜

	中国香港	英属处女群岛	开曼群岛	中国
成立时间	4 个工作日内	24 小时内	5 个工作日内	24 小时内
需要出资	无须实际出资	无须实际出资	无须实际出资	有现金出资规定
股东人数	1	1	1	2
董事人数	1（私人公司） 2（上市公司）	1	1	3
签署方式	只需签字，无须盖章，文件亦能生效	只需签字，无须盖章，文件亦能生效	只需签字，无须盖章，文件亦能生效	以章为准
转让股权时间	大约 2 个小时	大约 8 个小时	大约 8 个小时	视审批时间而定
外汇管制	没有	没有	没有	严格
举行股东年度大会	有要求	没有要求	没有要求	有要求
在当地举行股东大会	有要求	没有要求	没有要求	有要求
在当地举行董事局会议	没有要求	没有要求	没有要求	有要求
在中国香港开立银行账户的可行性	可行	不可行	可行	不可行

二、投资移民及条件

投资移民即非投资国公民作为申请者，采取投资的方式取得投资国永久居留权或者直接取得国籍。申请人可以投资于目标国政府批准的投资基金或合适的商业项目，投资基金一般都有最短时间限制。该类申请人必须愿意将资金投资于目标移民国家，以促进目标移民国家经济发展，增加目标移民国家就业机会，丰富目标移民国家文化生活。而获得的回报是，主申请人和其全家可以获得投资国身份，从而享受等同于投资国国民的福利和保险待遇，进而子女也可享受免费或优惠教育的权利，以及全家可自由进出该投资国。

不同地区有不同的移民条件，本节将做基本介绍。

1. 中国香港

中国香港的移民有三种情形。一是“资本投资者”，现中国香港已暂停此项移民业务，其条件为，在递交申请前两年拥有 1 000 万港元及以上净资产；适用于拥有外国永久居民身份之人士；投资方案：把不少于 1 000 万港元投资在香港特区政府认可的投资资产类别。二是来港投资（即开办或者参与业务），其条件为，拟移民者已取得外国永久居民身份；具有良好教育背景或良好的技术资格，经证明的专业能力、经验和成就；能够为香港经济做出重大贡献。三是“输入内地人才计划”，其条件为，拟移民者具有良好教育背景或良好的技术资格，经证明的专业能力、经验和成就；确实有该职位空缺；薪酬福利与当时香港专才的市场薪酬福利大致相同。

2. 澳大利亚

澳大利亚的投资移民有两种情形。一是“商业天才”（Business Talent），其条件为，至少有 150 万澳元的净资产；在公司有 10% 以上股份，且股份价值要超过 40 万澳元；公司营业额要超过 300 万澳元；家庭总资产要超过 150 万澳元；投资方案为，在所在州投资不少于 100 万澳元的生意（不包括房地产）并参与管理。二是“重大投资者”，其条件为，证明两年前已拥有 500 万澳元以上资产；签证有效期为 4 年，必须满足 160 天居住要求；4 年后可申请绿卡或续签（最多两次，每次两年）；投资方案为，投资 500 万澳元到规定的投资产品。

3. 新加坡

新加坡的投资移民叫作“全球商业投资者”，其条件为，拥有至少 3 年的创业经验；公司最近一年的营业额与最近三年间的年均营业额须超过 5 000 万新元；如果公司属私人企业，则拟移民者必须持有至少 30% 的股权；投资方案为，将 250 万新元以上投资于：（1）新设立或已设立的新加坡私人公司，（2）全球商业投资者计划认可的私募基金。

4. 美国

美国的投资移民需要具备的条件为，最少具有 100 万美元资产；无须学历及英语能力；无须管理经验或商业背景；投资资金来源为合法所得；投资方案为，在境内投资 100 万美元或在经核准的区域中心投资 50 万美元，并直接或间接创造 10 个就业机会。

5. 加拿大

加拿大的投资移民的条件为资产达 1 000 万加元；认识英语或法语；投资方案为，投资至少 200 万加元到规定的基金。

第四节　新形势下避税港运作与安排的风险

一、国际税务透明化的 CRS 背景

税收居民是指在一国居住（或具有一国国籍），依法享有民事权利和承担民事义务的，并受该国法律管辖的自然人或法人。居民或公民通常由于其与某一特定国家的人身依附关系，而被认定在该主权国负有无限纳税义务。在实行居民管辖权的国家，如果自然人满足住所标准、居所标准或停留时间标准这三个判定自然人居民身份的标准的任意一个，就要向居住国政府负无限纳税义务，该自然人在全世界范围内取得的所得都要向居住国政府纳税，这样的居民被称为税收居民或财政居民。

在经济全球化和税务透明的大背景下，一场全球范围内的税收堵漏正在展开。2010 年，美国颁布了《海外账户税收合规法案》（FATCA），要求外国金融机构向美国国内收入局报告美国税收居民（包括美国公民、绿卡持有者）账户的信息，否则外国金融机构在接收来源于美国的特定收入时，将被扣缴 30% 的惩罚性预提所得税。西班牙、法国、意大利、德国和英国等欧洲国家与美国签订这个协议之后，均对实施该制

度表示认可，于是二十国集团（G20）就委托 OECD 开始进行一系列国际税制改革研究，通过多边合作彼此协助，共同打造税务透明的监管环境。2013 年和 2014 年的两次 G20 峰会，分别启动和发布了 BEPS 行动计划（税基侵蚀和利润转移项目）以及金融账户涉税信息自动交换标准——“AEOI 标准”。BEPS 偏重打击企业避税，主要目的是协调各国企业所得税税制，重塑现行税收协定，提高税收透明度，在避免国际双重征税的同时，打击税基侵蚀和利润转移。而属于 AEOI 标准的《共同申报准则》（Common Reporting Standard，CPS）偏重打击个人资产隐匿、洗钱、逃避税，将离岸金融账户信息自动交换给账户持有人税务居民所在国的税务当局，旨在通过加强全球税收合作提高税收透明度，打击利用跨境金融账户逃避税的行为。

二、规避 CRS 的情形

根据 OECD 发布的共同申报准则和共同申报准则释义的要求，各 CRS 参与国在本国制定 CRS 法律或者法规时，必须结合本国的实际情况制定 CRS“反规避”条款，即“Anti-abuse Rules”或“Anti-avoidance Rules”，以保证 CRS 的有效实施，防止账户持有人通过各种架构安排规避 CRS 申报。这类“反规避”措施的具体实施形式可由各国自己决定，也可与各国已有的“反避税”措施相结合来实施。例如，英国、开曼群岛、新加坡等各国和地区发布的 CRS 法规和实施指引中都有相应的“反规避”条款。大同小异的规定就是，如果公司设计的架构的主要目的是规避 CRS 合规义务，那么这些架构安排会被无视，而直接适用 CRS 的强制性义务。这与税法中所讲的“实质重于形式”原则类似。

譬如，英国于 2015 年实施的《国际税务合规条例》（英国版 CRS 法规）规定：“如果（1）任何人参与的任何安排，或（2）其参与此安排的主要目的或者主要目的之一，是规避本规定项下的任何义务，则该规定将此等安排视为未签订而产生约束力。”

根据 OECD 共同申报准则释义的规定，应直接被判定为规避 CRS

的情形如下。

1. 参与国金融机构将客户账户转移到非参与国

参与国的金融机构将账户转移到其设立在非参与国的分支机构或者关联机构，但是客户的关系维护和服务提供仍在参与国金融机构。例如，ABC 银行总部在新加坡，其在非 CRS 参与国有一家分行。为规避 CRS 申报，ABC 银行将客户的账户转移到非参与国的分行，由该分行的名义管理该账户，但实质的客户关系维护和服务工作仍由新加坡方面提供。按照 OECD 的“反规避”规则，新加坡银行仍属于管理该账户的金融机构，必须对该账户进行尽职调查和信息申报。

2. 操控年末账户余额

金融账户的年末账户余额是 CRS 下所需申报的涉税信息中很重要的一项。但是如果账户持有人通过操控年终余额数，譬如在每年年末时将账户余额清空，等 CRS 申报结束又将余额倒回来，以规避 CRS 申报，那么此时应启动“反规避”措施。

3. 将资金囤积在豁免申报的信用卡发行机构

CRS 下有一类豁免金融机构（Non-reporting Financial Institution），叫作“符合资质的信用卡发行机构”（Qualified Credit Card Issuer）。中国国家税务总局发布的《非居民金融账户涉税信息尽职调查管理办法（征求意见稿）》（以下简称《管理办法》）中并没有关于这一类豁免金融机构的规定，但是在意见稿第三十三条第五款规定了与此相关的豁免金融账户类型：“（五）同时符合下列条件的存款账户：（1）因信用卡超额还款或者其他还款而形成，且超额款项不会立即返还账户持有人；（2）禁止账户持有人超额还款三十万元以上，或者账户持有人超额还款三十万元以上的款项应当在六十天内返还账户持有人。”如果账户持有人将其持有的需申报账户（Reportable Rccounts）里的余额在年末临时转移到豁免账户，利用 60 天的“空子”来规避 CRS 申报，则同样属于“反规避”措施调整的对象。

4. 金融机构故意不设置电子记录或不提供电脑系统支持

在 CRS 下，金融机构（如属于投资实体的公司、基金或者信托等）如果故意不设置电子记录或者不提供电脑系统支持，导致存量账户的识别以及账户加总余额等相关 CRS 合规规则无法适用，同样也应视为规避 CRS 申报的不合规行为。

5. 提供虚假的居民身份声明

自我声明表是 CRS 下判断账户持有人是否属于需申报对象的重要依据。如果账户持有人故意提供虚假、误导性或者不正确的信息，不报或者瞒报自己的税务居民身份，那么参与国应当建立相应的惩罚措施，严重的可能还会触犯刑律。例如，在中国香港，对于个人账户持有人的虚假申报行为，可以处 10 000 港元（等级三）的罚款。中国国家税务总局的《管理办法》也有与个人不合规行为相关的惩罚措施，《管理办法》第四十条规定："对于账户持有人的严重违规行为，有关金融主管部门依据相关法律、法规进行处罚，涉嫌犯罪的，移送司法机关进行处理。"

三、CRS 处理的不同对待方式

在 CRS 下，任何公司都会有一个身份分类，要么是金融机构（或实体），要么是非金融机构（包括积极非金融机构和消极非金融机构）。金融机构对于不同身份分类的账户持有人，采取的对待方式也会不同。举例来说，张小姐是中国居民，在离岸避税地 A 国设立了 P 公司（假设 P 只构成 A 国税务居民），P 公司在 B 国的银行持有金融账户。假设中国与 A 国和 B 国之间已经相互达成 CRS 下的信息交换协议，分以下三种情况处理。

1. 如果 P 公司是投资机构

P 公司在 B 国银行持有的金融账户不在尽职调查和申报的范围内，更不需要"穿透"P 公司寻找其实际控制人。也就是说，B 国银行只需要从 P 公司获得真实有效的自我声明即可，无须进行任何其他操作。

2. 如果 P 公司是积极非金融实体

P 公司需要向 B 国银行声明其税务居民身份所在国，即 A 国，此时 B 国银行会将 P 公司的信息申报间接传递给 A 国政府。

3. 如果 P 公司是消极非金融实体

P 公司需要向 B 国银行声明税务居民身份所在国，同时还需要提供 P 公司实际控制人张小姐的信息。此时，P 公司和张小姐的信息分别会被传递给 A 国政府和中国政府。

由上述处理方式可以看出，将 P 公司分类成积极非金融机构还是分类成消极非金融机构，关系到张小姐的信息是否会被披露。这里的关键问题是，判定离岸公司是属于积极的还是消极的非金融机构。OECD 的 CRS 法律规则并没有对消极非金融实体做出定义，只给积极非金融机构做了明确限定，对于不属于积极非金融实体的其他非金融机构，一律视为消极非金融实体，也就是说，需要被"穿透"，识别其实际控制人。CRS 规定了 8 种积极非金融实体，最常见的一类积极非金融机构，其收入和资产水平需要同时满足两点：（1）过去一年内取得的消极收入（股息、利息、租金等不属于积极经营收入）少于总收入的 50%；（2）过去一年内所持有的能产生消极收入的资产少于 50%。若被分类为消极非金融实体，则有可能被金融机构穿透识别其实际控制人，换言之，可能无法实现合法避税的目的。

由于 CRS 参与方众多，几乎涉及所有的发达经济体，以及全球主要"离岸避税地"和"洗钱中心"，CRS 还将实施"自动交换"和全面收集涉税信息，故 CRS 的启动会给境外金融账户及资产带来巨大的合规性风险，如境外收益也要纳税申报、非法离境资产面临补税及滞纳金风险、盲目应对引发的偷逃税法律风险、GRS 与境内纳税人识别号制度和"反洗钱"新规形成合力。当然，CRS 解决的只是涉税信息的收集问题，在具体的实体法判断方面还是要依照国内税收法律的规定。

四、CRS 的中国立法化

2014 年 7 月，OECD 版 CRS 发布。到目前为止，共有 101 个国家和地区分两批加入。作为 G20 的成员国之一，中国是第二批加入 CRS 的国家。

2017 年 5 月 23 日晚，国家税务总局、财政部、“一行三会”六部委共同发布了《非居民金融账户涉税信息尽职调查管理办法》（以下简称《管理办法》），中国内地从 2017 年 7 月 1 日开始实施。该《管理办法》被称为中国版 CRS 的立法。

《管理办法》规定，银行、证券、信托、期货、保险公司等金融机构开展对非居民金融账户的尽职调查。“非居民”是指中国税收居民以外的个人和企业。认定是否为税收居民的标准不仅包括境外身份证明，还包括境外居住地址、电话号码、账户等。也就是说，“税收居民”的概念比身份证明更为严谨，还包括个人居住痕迹。对于新开的账户，上述金融机构在该账户注册时就要区分其是否非居民；对于既有账户，要求在 2017 年 12 月 31 日前完成高净值客户（2017 年 6 月 30 日前账户加总余额超过 100 万美元）的调查，2018 年 12 月 31 日前完成低净值客户的调查。简单来说，就是先捞“大鱼”，一年以后再捞“小鱼”。对于存量的非居民机构账户来说，则要完成 6 月 30 日前账户加总余额超过 25 万美元账户的尽职调查，低于这个金额的无须调查。

需要汇总的信息包括非居民账户的持有人的姓名、现居地址、税收居民国（地区）、纳税人识别号、出生地、出生日期、账号、单个金融账户余额、利息、股息等。2017 年 12 月 31 日前，金融机构需要在国家税务总局网站注册登记，并且在每年的 5 月 31 日前报送上述尽职调查信息。国家税务总局获得这些信息后，将与账户持有人的居民国税务主管当局开展信息交换。首次对外交换信息的时间为 2018 年 9 月。

但是，CRS 在中国国内落地的难度要大于国外，主要是因为中国金融和税收监管制度与西方国家对接上存在挑战。就内部而言，国外金融机构和税务部门之间可以数据共享，而国内税务机关要获取资产信息，须满足一系列条件并经过严格的程序，才可以去查银行存款账户。另一个困难在于，中国金融机构对客户资料的保存非常简单。比如，申报CRS时，电脑系统里看不到客户的海外识别标记，不知道其是否是境外身份。《管理办法》规定，金融机构要开展电子记录和纸质记录的检索，包括过去5年中获取的和账户有关的全部纸质资料，这是需要付出极大的工作量的。但是在国外，个人在金融机构开户时就会填写十分详尽的调查问卷，所以历史资料在电子系统里很完整，易于达到CRS的合规要求。在中国，对于CRS的相关内容和实施方式，银行的工作人员基本不明确CRS的具体操作方式，距离CRS操作体系完善化还有很长一段路要走。

在国际、国内税收透明化形势下，CRS的启动给境外金融账户及资产带来巨大的合规性风险，也给前文所提及的避税港的运行和操作带来了新的风险，需要我们在实践中提高警惕，防患于未然。但是现在只是实施CRS的起点，要想完全利用这套标准建立完善的信息交换机制，利用各个金融机构收集信息从而解放税务局，仍需要一个过程。所以，应当抓紧CRS操作体系还未真正完全落地的过渡期，顺应新形势迅速应变，以调整规划出运作的新模式。

【参考文献】

［1］杨默如 . 偷税、避税与税务筹划——概念界定的国际借鉴及法律建议［J］. 经济视角，2010（07）.

［2］刘荣，李佳男 . 论中国逃税罪主体司法认定的困境与出路［J］. 税务研究，2017.

［3］罗钰 . 论贸易保护与跨国公司转移定价［J］. 经济体制改革，2014（01）.

第八篇

企业家财富管理与风险防范

第三十二章　企业家财富管理

第一节　财富管理

财富管理是通过个人或家族的资产组合，来改善财富所有者未来的现金流，或降低其资产组合风险。尤其是公司的大股东或者高层管理者，从企业中获得财富并将财富转化为私人收入后，进行财富管理就是理所应当的事情了。

随着中国经济的高速发展和居民收入的持续增长，财富管理市场也进入蓬勃发展期。2019 年，中国个人可投资资产总规模达到 190 万亿元，财富管理市场较大的发展潜力，成为大资管时代金融机构着力进入的重点领域。不仅各类传统金融机构积极向财富管理市场进军，一些新型金融机构也在努力拓展财富管理业务。

财富管理是指以客户为中心，为客户设计全面的财务规划和提供金融服务，以优化客户在其生命周期及代际传承要求下的财富投资与消费。

财富管理与资产管理有着较大的不同。资产管理业务是指资产管理人根据资产管理合同约定的方式、条件、要求及限制，对客户资产进行经营运作，为客户提供证券、基金及其他金融产品，并收取费用的行为。资产管理只对客户交付的资产负责，其基本职能是在本资产管理所承诺的投资风险级别下追求优良的投资回报率。而财富管理是对客户在生命周期内的生存质量和后代的财富传承负责，需要将客户的性别、年龄、婚姻状况、子女情况、职业规划、人生梦想乃至心理偏好等因素综合考虑以进行个性化设计。换言之，在财富管理中，如果财富管理师要向客户建议某种资产管理服务，那么这种资产管理合同所约定的方式、条件、要求及限制，正是财富管理师需要向客户建议的。而对资产管理合同的执行，财富管理师并不参与。

财富管理的流程如图 32-1 所示。

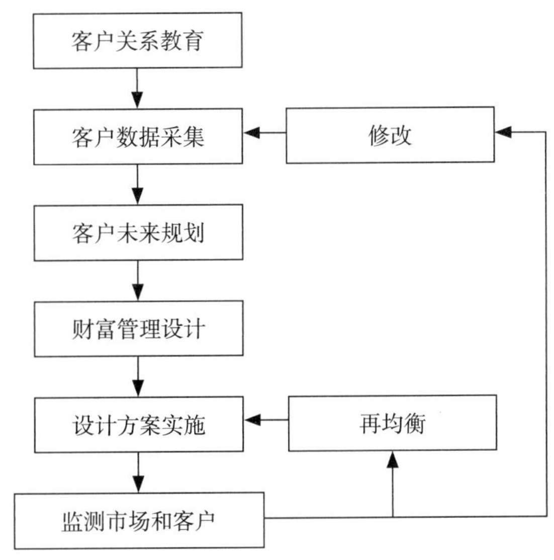

图 32-1 财富管理流程

财富管理的根本目的是提高客户的生存质量。投资组合的资金流贴现有两种：一种是用社会的均衡折现率来贴现，获得社会博弈下的资金流价值；另一种是针对客户的个性化折现率，来获得客户个体对资金流的价值评估。财富管理就是关注客户的个性化价值评估。例如，有的客户渴望在退休后周游世界，但并不在乎退休前有多么辛苦，财富管理师就应为其设计工作时期较为节约、累积财富以供退休后旅游的资产组合方案；有的客户希望在年轻时活得潇洒自在、享受人生，退休后去养老院生活，财富管理师就应为其设计工作时有适当闲暇和消费，并保留足够养老院生活费用的资产组合方案。当然，某些客户对自己的人生安排说不出所以然，此时就需要财富管理师予以适当引导，让客户发现自己的人生安排，或者由财富管理师为其设计较为宽松的资产组合方案。根据对客户资源可否实现人生规划目标的计算，财富管理师进一步为客户提出资产组合调整方案。资产组合调整方案需要考虑以下因素。

1. 国家经济的波动周期

经济周期波动是指总体经济活动沿着经济增长的总体趋势而出现的有规律的扩张和收缩。在经济的复苏和繁荣阶段，经济方面可能出现的一般特征是，伴随经济增长速度的持续提高，投资持续地增长，产量不断地提高，市场需求旺盛，就业机会增多，企业利润、居民收入和消费水平都有不同程度的提高，但也常常伴随着通货膨胀。经济波动的一般原因包括，投资率的变动，消费需求的变动，技术进步的状况，预期的变化，经济体制的变动。经济周期波动，从经济运行总体特征上把握，可以表达为，总体经济不可避免地、超出一定幅度地、有规律地波动性增长。

2. 客户所从事的行业的波动周期

周期性行业分为消费类周期性行业和工业类周期性行业。周期性行业的周期循环常常沿着产业链按一定的顺序依次发生，通常复苏始于汽车、房地产、基础设施建设、机械、装备制造等下游行业，然后传导至化纤、非金属矿制品、有色金属冶炼压延、黑色金属冶炼压延等中游的加工制造业，最后是上游的有色、石油、煤炭、石化等行业。衰退也是从下游行业开始，依次传导至中游、上游行业的。历史背景不同，周期循环并非简单地重复，运行规律也不是一成不变的，不能简单地套用历史经验进行对周期拐点的判断，而应根据经验具体情况具体分析。

3. 客户收入的波动

财富管理师根据国家经济波动周期、客户所在行业的波动周期、客户所在单位在其行业内的地位，以及客户在单位中的地位和发展前景，可以研判出客户未来收入在其生命周期中的可能变化。根据这种收入变化，财富管理师可以设计相应的资产组合方案。

财富管理方案得到客户认可后，财富管理师应当辅助客户实施此方案。资产组合方案的实施并非那么容易，无论是购买外汇还是组合衍生品，甚至购买国债，都常常要经过繁杂的注册、客户资料登记和核验等程序，非金融专业人士对此并无概念。财富管理师需要向客户推荐可靠且性价比较高的交易平台，指导其完成从注册、获得服务权限到购买产品的全流程操作。

任何财富管理方案都是基于制订此方案时的社会经济和客户个体信息来完成的。由于资产组合中各类资产的收益率不同，在较长时间内会改变各类资产的占比，因此需要重新调整资产组合；亦可能存在意料之外的事件，需要重新调整资产组合，这就是再均衡策略。

再均衡是修正投资组合中资产类别配置的行为，把由当前市场力量决定的当前权重，变回原定财富管理方案确定的初始权重。然而，这种再均衡具有概率统计上的弱点。在最初制订财富管理方案时，其决策基础是制订方案时的信息，方案要获得的未来收益是概率分布的，这个概率分布中基本包括未来可能发生的各种事件。如果在之后不断根据实际发生的资产价值变化来保持资产组合比例，就完全否定了未来收益的概率分布，也就不可能获得当初制订资产组合时打算获得的收益。事实上，这种再均衡的结果，通常是不断卖出高成长性的资产，不断买进贬值的资产，其效果常常低于不进行再均衡的情况。

然而，无视社会经济和客户个体的巨大变化，固守起初的资产组合，这显然也是有问题的。那么对资产组合进行调整的规则应该是什么呢？这是一个很简单的问题，但也是所有投资人最困惑的问题。因为倘若人们都知道调整规则，那么人们都可以赚钱了，这显然不可能。但无论如何，坚守制订资产组合时的概率条件，是资产组合调整的底线。

何谓坚守制订资产组合时的概率条件？就是未来再均衡的策略，一定要在当前制订资产组合时就确定下来。在当前制订资产组合方案时，就应当计算好未来再均衡策略包含在内的风险收益。只有这样才可以避免“不断卖出高成长性的资产，不断买进贬值的资产”情况的发生。通常来说，如果可以设定好各类资产的止盈点和止损点，则可以抵御重大经济事件对资产组合的改变。但是如果客户的经济状况或未来人生规划发生了重大改变，则可能需要对资产组合进行大幅修改。

第二节　企业家财富管理

一、企业家财富管理的特点

调查数据显示，截至 2017 年 1 月 1 日，除港、澳、台之外，中国大陆地区千万资产的“高净值家庭”数量达到 147 万，比 2016 年增加了 13 万，增长率达 9.7%；其中，拥有千万可投资资产的“高净值家庭”数量达到 74.9 万。拥有亿万资产的“超高净值家庭”数量达到 9.9 万，比 2016 年增加了 1 万，增长率达 11.6%；其中，拥有亿万可投资资产的“超高净值家庭”数量达到 5.9 万。拥有 3 000 万美元的“国际超高净值家庭”数量达到 6.5 万，比 2016 年增加了 7 600，增长率达 13.3%；其中，拥有 3 000 万美元可投资资产的“国际超高净值家庭”数量达到 3.9 万。中国千万高净值人群主要由四类人构成：企业的拥有者（55%）、金领（20%）、炒房者（15%）、职业股民（10%）。企业家财富管理已经具有巨大的市场前景。

企业家财富管理与一般人财富管理有着较大的区别。一般人财富管理的核心在于资产多样化地分散风险，以及未来资金流与人生规划匹配。而企业家财富已经满足了个人的终生生活需求，其财富管理的重点应在于财富的隔离、保值增值和传承上。特别是，企业家对自己的企业乃至所处行业具有一般人所不掌握的专业知识、内部消息乃至掌控权，这可以大大降低企业家对相关资产的判断风险，从而使企业家对相关资产的配置比重大大高于一般人对此资产的配置比重，这显然是符合资产组合原理的。在一般人看来，由于不掌握专业知识和内部知识，对企业家所在企业或行业的未来资金流评估的风险会比较大，这将使得一般人会减少对此资产的配置比例；而企业家对本企业或本行业未来资金流评估的风险会比较小，这将使企业家增加对此资产的配置比例。从另一个视角来看，如果企业家在自己的资产配置中，对自己企业资产的配置太少，就意味着企业家放弃了自己的企业，也就不再是企业家，而仅仅是富豪，家族企业的传承也就谈不上了。

二、企业家财富管理的资产组合

企业家财富管理具有财富管理的一般属性，但是企业家的财富管理与一般人的财富管理相比，更加重视以下几个问题：资产的保全、税收的筹划、股权的明晰、经营权、控制权、财富的传承。为此企业家财富管理需要重视以下几个工具。

1. 财产隔离

中国目前很多家庭的资产和企业资产并不隔离，回流的现象比较严重。企业赚钱了，家庭财富就多；企业一遇到困难，家庭做抵押回到企业中。一旦企业出现风险，家庭财富也随之削减。因此企业家要建立自己的个人资产安全账户。欧洲对此有著名的“433 法则”（理财法则）：假如企业家有 1000 万资产，那么 400 万做生意，300 万做家庭资产，另外 300 万应是个人资产。

2. 家族保险

也就是高端保险。保险尤其是高端保险的发展，使保险的财富管理功能越来越受到重视。而且高端保险对企业家来说是不可或缺的，它为从家族成员到企业员工的人身保障，以及企业财产和个人家庭资产的财产保障，都构筑了坚实的安全屏障。

3. 家族信托

信托的核心功能是建立一个安全结构，企业家的财产放到信托里就会变得安全，因为信托具有风险隔离功能。《信托法》规定：“委托人不是唯一受益人的，信托存续，信托财产不作为其遗产或者清算财产”，“除因下列情形之一外，对信托财产不得强制执行：（1）设立信托前债权人已对该信托财产享有优先受偿的权利，并依法行使该权利的；（2）受托人处理信托事务所产生债务，债权人要求清偿该债务的；（3）信托财产本身应担负的税款；（4）法律规定的其他情形”。家族信托可以实现有效地规避遗产税、保全财产不被强制执行、指定遗产继承人身份这三大重要目标。所以，家族信托的本质，是把企业家的家庭财产放到信托的架构之下。如果不把财产装入信托，企业家所有的财产都将暴露在各种风险敞口下；而如果放在信托的结构下，企业家的财产就会进行风险隔离，变成独立的财产。

在家族财富管理中，资金信托只占很少的一部分，更多涉及传承的是股权信托。很多人认为，股权信托在中国做不了，实际上这是一个误解。目前在国内，股权是完全可以作为信托财产的，中国目前有一整套法律程序来支持，使股权处于紧锁的状态，不会被分掉，不会落在个别人手中，并且可以实现企业的隔代传承。在家族财富管理中，要善用股权信托，通过股权信托和员工持股信托可以满足企业内部管理层持股需求，既可以让家族企业守家族之道，又能够激发管理层的积极性。

4. 家族银行

家族银行的核心是家庭或者家族自由掌控的现金流。这个现金流构成了企业家的家族银行。家族银行发挥的关键作用包括，第一，保障企业家的生活品质；第二，成为稀缺投资机会来临时储备的子弹；第三，当企业家的家族企业陷入金融困境，所有的银行都向企业家关上门时，家族的自由现金流可以支撑企业发展。尤其是在不确定的金融环境下，自由现金流非常关键。

5. 家族慈善

慈善对于企业家和谐财富及久远财富的实现有着重要意义。现在很多企业家在慈善的问题上是非常纠结的。他们除了有发自内心的朴素慈善观，同时还有一个被动的原因，就是把做慈善作为维护企业品牌、维护政府关系的一个方式。真正把慈善作为财富责任的一部分，企业家还是很纠结的。企业家们需要换一种角度，把慈善当作财富的社会资本，这就不是消耗、不是散财了，而是投资，因为企业家获得了社会资本。这不仅是一种责任的觉醒，也是企业家为自己企业和家族获取社会资本的一种方式。

6. 家族治理

家族财富管理需要委托专门的机构，如家族办公室（Family Office）。企业家的财富如果没有自己的组织去支撑，那么是很难传承下去的。家族办公室是指专为企业家家族提供全方位、菜单式家族服务解决方案并推动组织实施，以使家族资产的长期发展符合家族的预期和期望，并使家族资产能顺利地进行跨代传承和增值保值的专业机构。家族办公室一般由知名注册会计师、注册审计师、注册税务师、律师、投资经理、财务顾问、证券保险经纪、银行、信托等领域资深的专业人士组成，亦可包括与本家族企业所在行业联系密切的专业人士。服务项目包括家族文化整合、资产管理、遗产规划、日常财务管理、税务规划、企业管理、投资管理、慈善捐赠、信托和相关法律事宜。通过家族治理，企业家要建立自己家族的核心价值观，形成家规，最后变成家风。只有这样凝聚并不断地教育家族成员，才能最终实现家族财富的管理和传承。

【案例】

皮特肯恩家族财富管理

1985 年，雀巢并购卡纳森（Carnation）公司，这是当时食品行业之外发生的最大一起并购案。卡纳森家族（也称康乃馨家族）立刻成为美国 400 个最富有家族之一。随着家族业务的消失，家族成员开始因走向各自不同的生活方向而渐渐疏远。因财富增长速度低于通胀速度，以及财富被分割等原因，家族财富的侵蚀过程也在不知不觉中开始了。

20 世纪 90 年代中期，家族成员意识到：自己的子女——这一辈共有 9 个人——可能只能拥有他们父辈 10% 的财富。家族成员协商，将各成员的存款从银行取出来，选择一家家族资产管理公司（Family Office），建立信托投资合作关系。由于选择了专业信托机构，家族资产涉及的投资领域扩大，家族财富得以延续，家族成员的关系也得以维系。

【思考问题】

1.本案例中，为什么要把家族各成员的存款集合起来统一投资？

2.本案例中，家族成员的财富交给家族资产管理公司后，为何就能避免财富被分割？

【参考文献】

［1］Markowitz，H.M.（March 1952）. *Portfolio selection*. The Journal of Finance.

［2］William Sharp.*Capital Asset Prices: A Theory of market equilibrium under conditions of risk*［J］. Journal of Finance，1964.

［3］刘纪鹏 . 资本金融学［M］. 中信出版集团，2016.

［4］2016 中国新贵阶层投资报告 . 投资时报 .

［5］中信银行私人银行与胡润研究院 . 全球视野下的责任与传承——2017 中国高净值人群财富管理需求白皮书 .

［6］诺亚财富研究部 . 家族财富管理的案例和启发 .

第三十三章　企业家传承规划

对于企业家而言，广而言之，对整个社会而言，家庭与企业一样重要。企业的正常经营与发展，是整个社会的福祉，因为企业为企业家、管理层、普通员工家庭提供了生活的来源，为社会的稳定与发展做出了贡献。当然，企业家的家庭更是企业正常经营与发展的最直接与最主要的受益者。

因此，保障企业家，也需要保障企业家家庭，避免家庭的因素影响企业家与企业。企业家需要经营好“企业”与“家”，两个部分都是稳定的，才称得上企业家。整体而言，关于企业家传承的问题，我们可以从三个角度来讨论：

第一，保护企业家的个人利益；

第二，保护企业家家人的利益；

第三，保护企业，避免家庭因素影响企业的稳定性。

本章将从企业家家事与传承的角度，阐述企业家需要关注的常见问题，以期为成长中的及成熟的企业家传承规划做些基础性建议。

第一节　婚姻与家庭

一、同居与事实婚姻

婚姻是家庭的最高形式。现实中，包括企业家在内的多数人选择了缔结婚姻作为家庭的组织形式。但是也有部分人士阶段性地或者决定性地选择不结婚，而是非婚同居。非婚同居与事实婚姻，是一个敏感的话题，同时也是一个不可回避的问题。

1994 年，中华人民共和国民政部颁布了《婚姻登记管理条例》，该条例明确规定了在民政部门登记是缔结婚姻的唯一方式，此后不再承认事实婚姻。2001 年 12 月 27 日施行的《最高人民法院关于使用婚姻法若干问题的解释（一）》则进行了进一步明确了不再承认事实婚姻。该解释第五条规定："未按婚姻法第八条规定办理结婚登记而以夫妻名义共同生活的男女，起诉到人民法院要求离婚的，应当区别对待：（1）1994 年 2 月 1 日民政部《婚姻登记管理条例》公布实施以前，男女双方已经符合结婚实质要件的，按事实婚姻处理；（2）1994 年 2 月 1 日民政部《婚姻登记管理条例》公布实施以后，男女双方符合结婚实质要件的，人民法院应当告知其在案件受理前补办结婚登记；未补办结婚登记的，按解除同居关系处理。"因此，无论同居者是否以夫妻名义共同生活，只要共同生活的时间起点晚于 1994 年 2 月 1 日，在法律上都不能形成任何身份关系。

同居关系，无论是否以夫妻名义自称或者对外说明，都无法形成夫妻的身份关系。但这并不意味着同居不形成任何法律后果。在中国的立法与司法中，同居这一事实关系，还是形成了特定的法律后果。

首先，长期地同居及共同生活，极可能形成共同财产。在解除同居关系时，同居生活期间双方共同所得的收入和购置的财产，按一般共有财产处理。例如，双方共同经营的餐厅，即使登记在一人名下，都有可能被认定为双方的共同财产，只是在举证责任方面比夫妻离婚析产要更严格一些。

其次，同居也有可能形成共同债务。例如，在"陈少山上诉张亚清民间借贷纠纷一案"中，北京第一中级人民法院认为，上述债权债务关系发生于庄映龙与陈少山同居关系存续期间，在陈少山未能举证证明其与庄映龙的财产相互独立、上述债务系庄映龙个人债务的情况下，一审法院判令陈少山就上述债务承担共同连带清偿责任并无不当。

最后，根据《中华人民共和国婚姻法》（以下简称《婚姻法》）第二十五条之规定，非婚同居期间出生的孩子，依法享有与婚生子女同等的权利。非婚生子女的父母，有义务负担其子女生活费、医疗费和教育费，直至子女能独立生活为止。

综上，现行的法律规定下，在民政部门进行登记，是我国缔结合法婚姻的唯一方式。非婚同居虽然不能直接产生身份上的关系，但也并非不产生任何法律后果，因此仍应慎重对待。

二、夫妻的人身关系

如前文所述，夫妻是形成家庭的主要形式，也是最具有法律意义的形式。夫妻之间也因为法律之认可及法律之推定，形成了紧密的法律关系。这种紧密关系，首先表现在夫妻之间的人身关系上。夫妻之间的人身关系，具有实质性意义的主要表现如下。

第一，相互协助、扶养义务。夫妻是紧密的主体，相互之间有相互帮助、互为依靠的义务。此项义务是家庭存在的核心意义。对于不履行夫妻间相互协助、扶养义务者，严重的，可能构成遗弃。构成遗弃行为时，该行为不仅成为《婚姻法》第三十二条中规定的应准予离婚的理由，被遗弃方还可以根据《婚姻法》第四十六条“有下列情形之一，导致离婚的，无过错方有权请求损害赔偿：……虐待、遗弃家庭成员的”之规定，在离婚诉讼中请求损害赔偿。

第二，忠实义务。所谓忠实义务，是指夫妻相互忠实，在婚内相互形成排他性的关系。常见的违反夫妻忠实义务的类型主要有：重婚或者有配偶者与他人同居。根据《婚姻法》第四十六条的规定，一方存在重婚或者有配偶者与他人同居的，在离婚诉讼中，无过错方是可以提出精神损害赔偿的。

此外，在夫妻一方丧失行为能力时，配偶通常属于第一顺位的法定监护人；在无遗嘱继承时，配偶是第一顺位的法定继承人。这也是夫妻人身关系的重要体现。对于这两项内容，我们在下文中会有专门论述。

三、夫妻的财产关系

除了人身关系，更为大家所关注的，是夫妻之间的财产关系。企业往往是企业家最重要的资产，也往往成为夫妻财产关系的焦点。因此，有必要重点阐述一下中国法律对夫妻财产制度的规定，也有助于企业家参考。

（一）推定的共同财产制

所谓推定的共同财产制度，也称作“法定财产制”，是指在夫妻双方未约定财产协议或约定的财产协议无效时，结婚之后取得的财产，除了特定的财产为个人所有，其他财产均为夫妻共有。下文从企业家的角度，阐述几个常见的知识点。

婚前财产固定为个人财产，无论婚姻关系存续多久，都不会转化为夫妻共有财产。并且，根据现行的司法实践，即使婚前财产在婚后转化了形式，但只要还保持独立可以辨别性质，则仍然为个人财产。例如，公司并购中换股，即婚前持有 A 公司的股权，因并购而获得了 B 公司的股权，只要在获得新股时未使用婚后共同财产去支付差额，那么股权仍然是个人财产。因此，婚前设立的公司，并不会因为时间的推移，而导致股权转变为夫妻共同财产。另一方面，如果婚后对公司进行了增资，则增资部分为夫妻共同财产，除非另有明确的约定。

遗嘱或赠与合同中确定只归夫或妻一方的财产，为一方的财产。遗嘱或者赠与，都是无代价地获得财产。根据意思自治的原则，应以当事人的意思表示为准。这一点对于企业家来说，非常重要。对于赠与子女的重大资产，如不动产或者企业股权，应明示是否是对自己子女个人的赠与。如果未明示，则推定属于子女的夫妻共同财产；一旦子女婚姻因故解除，则可能形成对这些房产或者公司股权的分割。从传承的角度看，撰写遗嘱具有现实意义。对于独生子女而言，父母是否撰写遗嘱，资产极大概率都将归独生子女继承。但是如果在遗嘱中有明确约定归继承人个人所有，则属于其个人财产，未来不会因夫妻关系解除而被分割。

（二）约定财产制度

中国现行《婚姻法》第十九条规定：“夫妻可以约定婚姻关系存续期间所得的财产以及婚前财产归各自所有、共同所有或部分各自所有、部分共同所有。约定应当采用书面形式。没有约定或约定不明确的，适用本法第十七条、第十八条的规定。”“夫妻对婚姻关系存续期间所得的财产以及婚前财产的约定，对双方具有约束力。”“夫妻婚姻关系存续期间所得的财产约定归各自所有的，夫或妻一方对外所负的债务，第三人知道该约定的，以夫或妻一方所有的财产清偿。”此条规定为夫妻婚前财产约定的法律基础。

婚前财产协议为夫妻约定财产的主要方式，即夫妻双方在结婚之前就双方既有财产和未来将有的财产所订立的协议。值得注意的是，第一，《婚姻法》第十九条用的主语是“夫妻”，但是实务中包括婚后的夫妻，也包括婚前的准夫妻，甚至以准夫妻更为常见；第二，现行法律并未要求（准）夫妻之间相互穷尽地披露各自所有的财产，而在比较法上很多国家与地区的立法也有类似要求；第三，中国法律并未要求进行公证或者律师见证，但从实务角度看，聘请专业律师起草专业的、符合自己情况的财产协议，是最为正确的选择。

实践中常见的夫妻财产约定模式，有以下几种类型。

（1）约定为完全分别财产制，即婚前、婚后的财产都为各自所有，双方不形成任何夫妻共同财产。这种模式常见于再婚夫妻，他们往往在再婚前都有自己的孩子，同时再婚之后不计划再要孩子了。在各自都有自己的财务能力的情况下，不形成夫妻共同财产，可能会减少未来潜在的家庭矛盾，特别是避免未来潜在的继承纠纷。

（2）约定为改进型的分别财产制，即保持婚前、婚后的财产都为各自所有的前提下，同时约定了一方向另一方“馈赠性”支付财产。这种支付行为，可以是长期持续性的，例如，一方每月提供 3 万元人民币的家庭开支；也可以是附条件的，例如，每生育一个孩子，男方贡献人民币 200 万元整，作为对女方“为家庭牺牲”的补偿；亦可以是终结性的，例如，因为一方过错而导致婚姻解除的，则过错方需要给予一笔特定的补偿费等。这种模式下，夫妻双方的财产不会发生混同，特别是投资类的资产，始终保持为夫妻一方的性质。同时，通过馈赠性的支付，让财务上相对弱势的一方也可以有较好的保障。

（3）约定特定财产个人所有，其他财产共同所有。这种类型特别受上升期的企业家欢迎，例如，双方约定股权归个人所有，包括增资等婚后获得的部分，也包括新投资形成的股权，但是股权的分红等经营收益归夫妻双方所有；用经营所得购买的家庭住房也确定为夫妻共有。这样的模式，保障了企业家经营的独立性，同时平衡了家庭有品质的生活所需。

当然，以上列举的只是常见模式，实践中也有更为复杂的安排。事实上，由于婚前财产协议并不是在小群体中流行的模式，大部分人对此项制度并不熟悉，甚至可以说对婚前协议存在着诸多的误解。例如，部分人自然而然地认为，婚前协议就是AA制，就是财产的完全分开。但是他们可能并不理解，即使签署了婚前协议，也可以在婚前协议中直接约定一些利于财务上相对弱势的一方的保障性条款。还有一个误解是，部分人认为，协议必须经过公证才发生效力，事实上中国现行立法并未要求必须公证。

婚前协议只有在离婚的时候才发挥最大的效应，它简化了离婚时的财产纠纷。因此，如果婚姻圆满，婚前协议对婚姻家庭的“破坏力”事实上并不存在。此外，婚前协议在一定程度上起了“爱我的人还是爱我的钱”试金石的作用。

（三）夫妻共同财产权利的行使

夫妻共有是一种特殊的共有，与普通人之间共有一个供出租的商铺、共同出资入股一家有限责任公司不一样。一方面，中国《婚姻法》第十七条中所规定的“夫妻对共同所有的财产，有平等的处理权”，肯定了夫妻之间的平等性。但是另一方面，夫妻共有，是一种抽象意义上的共有，并不是对每个具体财产都进行共同的决策。因此夫妻一方花自己口袋里的钱，虽然理论上口袋里的每分钱都可能属于夫妻共同财产，但现实中不可能每一笔支出都需要配偶同意。

《婚姻法司法解释一》第十七条第二项规定：“夫或妻非因日常生活

需要对夫妻共同财产做重要处理决定，夫妻双方应当平等协商，取得一致意见。他人有理由相信其为夫妻双方共同意思表示的，另一方不得以不同意或不知道为由对抗善意第三人。”此项规定明确保护交易中的善意第三人，即将交易安全优先于夫妻对共同财产的共同决策权。

事实上，夫妻共有财产在具体的权利行使上，还是根据财产标的之不同而有所不同。例如，对于居住这一保障意义巨大的房产，在现实中，即使登记在一方名下，在出售之时，不动产登记机构仍需要另一方提供书面的确认。因此，夫妻一方擅自出售不动产的情形，在实践中能成功瞒过配偶的可能性并不大。

但是在商事领域，中国的司法实践采用了更保护交易的模式。夫妻一方持有共有的公司股权的情况下，作为非登记股东的一方，事实上对股权相关权利的行使，如查账权、股东会层面的投票权，都缺乏共同行使的可能性。甚至在一方擅自转让属于夫妻共同财产但登记在一方名下的股权时，实务中也有部分案例被法院认定“未经共有人同意而属于无权处分”，从而认定股权转让无效，但是更多的法院认为，股权除了具有财产权益内容外，还具有“与股东个人的社会属性及其特质、品格密不可分的人格权、身份权等内容”，因此股权转让优先适用《公司法》，而不是《婚姻法》。《公司法》确认的合法转让主体是股东本人，而不是其所在的家庭，因此登记为股东的一方未经其配偶同意的转让行为符合《公司法》的规定，系有效。

因此，财产虽为夫妻共有，事实上还是实际占有方、控制方占据着相当大的优势。

（四）小概率事件

马航 307 航班失踪事件、企业家猝死事件，都是小概率事件。在现实生活中，小概率事件虽然发生的概率极小，但是往往给企业家的家庭带来重大影响，如发生“意外”后的财产归属与管理问题、生命健康的照顾问题、重大事项的决定问题等，因此有必要单独讨论一下。根据情况的不同，我们将小概率事件大致分为以下几类。

第一类，失踪、失联。通俗地说，就是联系不上人。《中华人民共和国民法总则》（以下简称《民法总则》）第四十条规定："自然人下落不明满二年的，利害关系人可以向人民法院申请宣告该自然人为失踪人。"而失踪人的财产将由财产代管人进行管理，即本法第四十二条规定："失踪人的财产由其配偶、成年子女、父母或者其他愿意担任财产代管人的人代管。代管有争议，没有前款规定的人，或者前款规定的人无代管能力的，由人民法院指定的人代管。"据此，失踪者、失联者的财产管理人原则上按照法律关系密切程度予以确定，即失踪人的配偶、成年子女、父母，而其他人如其他亲属、朋友或有关组织，则须以其自愿为前提，并须具有代管能力。上述《民法总则》的规定，对普通人可能已经足够，但是对企业家来说，则存在着两个极大的风险点。首先，须满两年才能启动指定程序，但是企业的管理不可能等待两年；其次，法律规定的代管人可能并无知识、能力、经验来管理企业等商业资产。因此，一旦发生失踪、失联，将对企业的稳定性产生极大的负面影响。

第二类，丧失行为能力，通俗地说就是，出现了昏迷、重疾、无法表达等情形，法律上成了暂时的甚至长期的无民事行为能力人。关于无民事行为能力的人，依据《民法总则》第二十一条第一款的规定，"由其法定代理人代理实施民事法律行为"，同时二十三条规定："无民事行为能力人、限制民事行为能力人的监护人是其法定代理人。"此外，《民法总则》第二十八条规定："有监护能力的人按以下顺序担任监护人：（1）配偶；（2）父母、子女；（3）其他近亲属；（4）其他愿意担任监护人的个人或者组织，但是须经被监护人住所地的居民委员会、村民委员会或者民政部门同意。"相比失踪，丧失行为的情况下，监护人的指定程序更为快捷。但是对于企业家而言，依然存在重大风险，即法律规定的监护人可能并无知识、能力、经验来管理企业等商业资产；或者在具体由哪一位担任监护人的问题上，家人之间会产生争议，最终影响企业的稳定性。

第三类，意外身故。从法律上看，如果有遗嘱，则按照遗嘱继承；如果没有有效的遗嘱，则适用法定继承，由配偶等近亲属同比例继承。继承是一个古老的话题，但是在现代社会，对企业家而言，并不是一个轻松的话题。作为移动互联网医疗领域成立最早的公司之一，成立于2011年的春雨医生早在2016年就完成了D轮融资，开始筹划上市。但一切皆因为其创始人兼原CEO张锐先生在2016年10月因心梗突然离世而搁浅。对于企业家的继承来说，无论是否立有遗嘱，企业资产都是一种非常特殊的资产，不仅需要一个新的主人，更需要一个业务上的接班人。

小概率事件的发生，对任何家庭而言，都不是一件愉快的事情。对于企业家而言，小概率事件所形成的对家庭、对企业的“破坏力”，往往是一个无法预知的黑洞。

对于上述第一类、第二类小概率事件，法律规定了相应的代为处理问题的人选，该人选的确定则依据法定顺位或者由亲属自行协商，当事人的意愿无法被考虑。法律推定配偶为最亲密的人有其道理，但个案的差异性以及愈来愈多的监护人与被监护人之间产生利益冲突的案件，警醒人们为了自己的生命、财产利益，应采取事先预防措施，预防在遭遇小概率事件后束手无策，权益被交于自己并不放心的人选之手。而法律也尊重当事人的意思与选择，若小概率事件发生后存在当事人意思表示的安排，法律便不会插手确定相应管理人。人们无法绝对杜绝小概率事件的发生，但是可以采取如下几种防范措施，来降低小概率事件的破坏力。

首先是指定监护，也称为意定监护。《民法总则》第三十三条规定：“具有完全民事行为能力的成年人，可以与其近亲属、其他愿意担任监护人的个人或者组织事先协商，以书面形式确定自己的监护人。协商确定的监护人在该成年人丧失或者部分丧失民事行为能力时，履行监护职责。”即具有完全民事行为能力的成年人对自己将来的监护事务，按照自己的意愿事先进行安排，确保在丧失或者部分丧失民事行为能力时，有符合自己真实意思之人来照顾自己、处理事务。指定监护制度适用的重要前提是“以书面形式确定”，这种行为可理解为，具有完全民事行为能力的人可单方面以书面形式确定他人为自己的监护人。在此情形下，与他人“事先协商”可有效预防被授权的个人或者组织拒绝接受承担监护职责，导致单方面授权落空，但并非必要条件，由此，具有完全民事行为能力的人在情况紧急、难以“事先协商”的情况下，其书面做出的监护人选择应当被认定为具有法律效力。当然，对于本身便意在防范意外的人而言，提早与选定的监护人进行协商、订立书面协议，甚至对涉及特别重大的事项进行公证，是稳妥、理性的做法。

对于企业家来说，可以在配偶、子女、兄弟姊妹或者其他信任的朋友中选择一位或者多位，作为企业家出现失踪、丧失行为能力的情况时的监护人与管理人。这样可以确保企业在这种特殊情况下能顺利运营，公司的股东会、董事会能顺利召开；家人特别是未成年的家人及年长的老人，能获得财务上的保障与照顾。

其次是遗嘱。遗嘱主要针对第三种情况，即意外身故。在没有“遗嘱”文化的中国，很少有企业家“事先”规划遗嘱问题。因企业家意外身故而造成家人诉讼的案例，近些年并不罕见。2014 年，中国著名云南籍企业家郝琳在法国收购红酒庄，在乘直升机视察酒庄时，飞机失事，郝琳及 12 岁的儿子不幸身故。郝琳去世后，他年近 90 岁的老父亲与遗孀刘湘云女士因继承纠纷打起巨额遗产官司。提前在专业人士的指导下书写遗嘱，对企业家而言，是一个重要的风险防范措施。有了遗嘱，能降低家人就继承发生诉讼纠纷的可能性；有了遗嘱，就能为企业找好适合的“接班人”，保障企业的稳定过渡。在特定的情况下，还建议指定遗嘱执行人，保障继承中老人与未成年人等相对弱势之人的利益，保障家人能在专业的遗嘱执行人的帮助下获得财产。

总而言之，作为一个理性人，应提前采取上述措施，防患于未然，确保自己的资产管理有序，保障企业的稳定，保障家人的财产利益，降低家人之间发生纠纷的可能性。人性是经不起金钱的考验的，因此，企业家的身价越高，就越有必要提前做好安排，以防万一，要确保自己所关心的人能得到最好的安排与照顾；确保家庭财产与企业的稳定性。

第二节　股权的分割与传承规划

一、离婚中的股权分割

虽然幸福的婚姻是所有人的美好期盼，但并不是每一个婚姻都能走到最后。因此，企业家往往也会因为离婚而不得不面对股权分割的问题。根据“友好程度”之不同，离婚可以分为协议离婚与诉讼离婚。

当夫妻决定解除婚姻关系时，几乎有半数甚至更多的可能性是双方能和平地对财产分割、未成年子女抚养、经济补偿等诸多事项达成协议，然后和平分手。当然，也有无法达成协议而诉诸公堂的。随着股权在家庭财产特别是在企业家家庭财产中的地位的提升，我们有必要对离婚时的股权分割做专门的论述。

我们先来了解一下协议离婚中的股权分割。根据经验归纳，协议离婚中的股权分割，通常有以下情形。

（1）直接分割股权 / 股份，但是继续由一方经营。直接分割股权，两个人都登记为股东的，一方不参与经营，只享受股东会层面的权利。这在上市公司股东离婚的安排中较为常见。因为上市公司的治理相对透明，公司会计、财务等相对透明且规范，不直接参与经营并不影响股东的利益。而在非上市公司股东离异的情况下，这种模式的分割较为少见：毕竟很少有人继续信任前夫（或者前妻）替自己管理公司。

直接分割股份的优点是，不需要就股权进行直接的、大额的补偿，典型的案例如 A 股上市公司金溢科技。2018 年 1 月 9 日，金溢科技发布公告称：公司近日接到公司实际控制人之一——董事长兼总经理罗瑞发的通知，其已与配偶王丽娟办理了离婚登记手续。在财产分割上，罗瑞发名下的深圳市敏行电子有限公司（下称“敏行电子”）94% 股权归其所有，而其名下上市公司股票中的 660 万股归王丽娟享有。公司表示，本次权益变动前，罗瑞发直接持有公司股份 1320 万股，占公司总股本 11.21%；通过敏行电子间接持有公司股份 2218.4 万股，占公司总股本 18.83%，均为限售流通股；王丽娟未持有公司股份。本次权益变动后，罗瑞发直接及间接持股合计 24.43%，王丽娟持股 5.6%。此后，罗瑞发依然作为实际控制人担任公司的董事长，但是部分股份则由前配偶持有了。

（2）一方获得公司股权，另一方获得经济补偿。这种分割方式，在非上市公司股东离婚之时常见。对登记为股东的一方配偶而言，自然不希望与前夫（或者前妻）一起出现在股东会上、董事会上继续一起经营、管理公司；另一方面，非登记为股东的一方配偶，往往不愿意进入一个其不了解的公司，因为非上市公司，对一个“外人”来说存在着太多的不确定性。因此，在实践中，非上市公司股东离婚之时，比较容易达成协议，一方获得股权而另一方获得相应的经济补偿，典型的如：房子归一方，股权归另一方，然后折算一下之后差额补足即可。

上述两种情形是较为常见的夫妻协议分割股权的方式，但并不是穷尽的列举。现实中也有其他各种安排，例如，将股权出售给其他股东，夫妻二人分割股权出售的对价款。

并不是每个婚姻都会和平、体面地结束，因此立法对夫妻二人无法达成协议而不得不诉诸法院去分割一方持股的情况进行了规范，即《婚姻法解释二》第十六条的规定。[①]

---

① 《婚姻法解释二》第十六条规定：人民法院审理离婚案件，涉及分割夫妻共同财产中以一方名义在有限责任公司的出资额，另一方不是该公司股东的，按以下情形分别处理：

（一）夫妻双方协商一致将出资额部分或者全部转让给该股东的配偶，过半数股东同意、其他股东明确表示放弃优先购买权的，该股东的配偶可以成为该公司股东。

（二）夫妻双方就出资额转让份额和转让价格等事项协商一致后，过半数股东不同意转让，但愿意以同等价格购买该出资额的，人民法院可以对转让出资所得财产进行分割。过半数股东不同意转让，也不愿意以同等价格购买该出资额的，视为其同意转让，该股东的配偶可以成为该公司股东。

作为目前对于离婚诉讼股权分割的唯一针对性的条文，该条文系依据《公司法》关于有限责任公司股权对外转让的相关规定并结合《婚姻法》关于夫妻共有股权的制度而制定，主要针对离婚诉讼股权分割阶段，其他股东的同意权以及优先购买权进行了规定。该条文体现了平衡《公司法》与《婚姻法》在离婚诉讼中的适用问题，虽然存在诸多缺陷，但并不妨碍在实务中的适用。

根据现行立法及司法解释的规定，非登记为股东的配偶一方，即使根据《婚姻法》为该项股权的共有人之一，但是当他 / 她在离婚时通过诉讼期望获得部分共有股权时，从《公司法》角度赋予了其他股东优先购买权，因此非登记为股东的配偶一方往往只能获得股权的对价款，而无法直接获得公司股权。此项规则强调了有限责任公司的人合性特征，视配偶为“公司外部人”，从法人治理及商业角度看，具有一定的合理性。当然，这个规定也有一定的不完整性，例如，在当事人无法达成价格协议时应当如何处理，并未明确规定。但是实践中我们看到的是，很多法院通过指定第三方评估等方式在司法层面解决了这个问题。

实践中，夫妻公司在离婚财产分割的时候，也往往会有较大争议。所谓夫妻公司，是指夫妻双方是公司的全部股东，在此种持股情况下，实践中最大的争议点在于，“夫妻公司”工商登记的持股比例是否应视为夫妻双方对夫妻共同财产份额的约定。此问题没有明确的法律规定，而司法实践中的观点也不尽相同，虽然不少法院在判决中认为，夫妻对于股权投资的比例约定不应视为对共有财产归属的约定[①]，但有部分法院认为，工商登记比例即为双方对夫妻共有财产分割的约定比例。例如，在（2014）浙金民终字第 327 号判决中，法院认为双方为工商登记签订的协议可视为双方对于股权份额的约定，因此工商登记的持股比例即为夫妻对共同财产分割的约定。

① 贾明军主编 . 婚姻家庭纠纷案件律师业务 . 法律出版社，2008：357-358.

股权是企业家的重大资产。即使是在夫妻和平分手的情况下，离婚的股权分割往往也会对法人治理造成不利的影响，更不用说诉讼离婚的情形了。因此，建议企业家们，不管创业是在婚前还是在婚后，都要对企业的股权进行一定的规划。规范的方式有很多种，可以根据夫妻的具体情况来安排。例如，附补偿条件的配偶同意函模式、夫妻财产协定模式、通过有限合伙持股模式等，尽量减少离婚对法人治理及公司稳定性的影响。

二、股权继承中的规划

（一）股权继承概述

作为自然人的股东迟早是要百年而逝的，因此股权的继承是一个不可避免的问题。随着中国改革开放后的第一批民营企业家逐渐进入中老年，股权的继承问题将越来越多。现实中，因为缺乏规划意识，因股权继承产生的纠纷也越来越多。在这个意义上，提前对股权的继承进行规划，是有利于公司稳定，有利于家人保障，也有利于公司其他利害关系人的。

对于股份有限公司而言，股份的继承自然不存在争议，无论理论界还是实务界，都视之为一项普通的财产。但是对于具有人合性质的有限责任公司的股权继承，则存在一定争议，主要有“肯定说”与“否定说”两种不同的学术观点。否定说认为，股权的继承表现的主要是对财产权的继承，股东资格实际上属于人身权。人身权随着自然人股东死亡而消失，因此我们要注意股东身份和财产权之间的区别，它并不属于继承人当然继承的范围。持肯定说意见的学者较多，一是认为股权中的非财产性权利与人身权不同，人身权可以分为人格权和身份权，人格权通常是指生命、身体、健康等保障人的尊严的权利，身份权通常是指配偶权、亲权等基于一定身份关系产生的权利。可见，人身权与股权中的非财产性权利具有明显的区别，人身权是自然人与生俱来的权利，通常情况不因个人放弃而消失，更不能转让给他人。而股权因股东对公司的出资取得，当符合一定条件时，可以转让给其他人。二是股权的财产性与非财产性不可被机械分割，两者相互对应，共同组成股权。虽然财产性权利主要表现为股东所获得的经济利益，非财产性权利主要表现为对公司的管理与经营，两者内容不同，但非财产性权利是实现财产性权利的手段与保障。试图将股权中财产性权利与非财产性权利区别处理的做法，既不利于公司的管理运营，也不利于股东的权利保障，更不利于股东与公司协作关系的持续开展。①

事实上股权的继承包括被动继承和主动继承。被动继承是指通过法定继承将股权传承给继承人；主动继承是指通过遗嘱继承或者遗嘱将股权传承给被继承人指定的人士。对于企业家而言，合理规划股权的主动继承，是保障企业跨代长期稳定的重要前提。

（二）股权继承的限制

法理上股权能被继承，是一个理论问题。但是股权在现实中能否为家人所继承，则存在一定的不确定性。这种不确定性，或者说股权继承的限制，主要分为以下两种情形。

第一种情形，来自公司章程或者股东会决议的限制。虽然最高人民法院在《关于适用〈中华人民共和国公司法〉若干问题的规定（四）》中明确排除了在继承之时其他股东的优先购买权，但《公司法》第七十五条赋予了股东通过公司章程限制继承人继承的可能性，即由其他股东取得股权，保障有限责任公司的人合性，同时继承人可取得相应的经济利益。

常见的安排是，公司章程约定，股东死亡后，其股权中的财产性权利可由继承人继承，而股权中的非财产性权利是否被继承须经公司股东会超过一定比例的表决权表决，若表决通过，则继承人可以继承股权中的非财产性权利，成为公司股东。股东会是公司的重要决策机构，由股东会即时决定是否允许继承人继承，目的在于维护有限责任公司的人合

① 王勇华．有限责任公司股份自由继承的理论基础［J］．法学，2005（10）．

性，既不轻易将股东资格赋予新的主体，又可以保障继承人的财产权利。从公司角度看，在公司发展的不同阶段、继承人的不同选择，均可能影响股东会对继承人可否继承非财产性权利的决策。在股东死亡后，由公司股东会根据公司的经营需要和对死亡股东继承人的认可程度等具体情形表决决定继承事宜，有利于公司做出符合公司运营现状的决定。从继承人角度看，继承人的财产性权利未受损害，是否可以成为公司股东，须经过股东会表决同意具有合理性。从其他股东角度看，对于继承人是否可以成为股东的事宜拥有表决权，若不同意也可投否决票，其利益并未减损。该章程条款未涉及违背强制性法律规定或公序良俗的约定，未损害公司债权人等第三人利益。另外，章程中也需要对表决不通过，继承人无法继承股东资格的情况进行规定，以确保继承人可获得股权的财产性权利。

第二种情形，因继承人特定身份而阻却了继承的可能性。典型的身份如公务员、法官，这些公职身份将妨碍其通过继承成为公司的登记股东。《中华人民共和国公务员法》（简称《公务员法》）第五十九条第十六项和《中华人民共和国法官法》（简称《法官法》）均规定，公务员必须遵守纪律，不得违反有关规定从事或者参与营利性活动，在企业或者其他营利性组织中兼任职务。因此在此类情况下，继承人只能获得该项股权对应的财产价值，无法直接继承股权。

（三）股权继承的规划

从企业家的角度看，股权的传承规划，是一个重大的命题，需要从两个角度来考量：第一，家人是否有能力接过企业的管理权；第二，企业所蕴含的经济利益，如何分配给家人。

如果家人无意接班，或者管理企业超越了家人的能力，那么只有两条路径可供选择。一是提前将企业出售，换成其他类型的资产进行传承，避免将企业放在一个不合适的人手里。这样对企业本身、对家庭财富甚至对整个社会，都是一个好选择。二是完善法人治理，引入合格的职业经理人并完善相关的监督机制，确保家人未来作为股东的利益，设计好未来作为股东的家人与职业经理人之间的利益平衡，确保公司的利益，保障家人的财产性权益。

如果确定且希望家人接班，那么通过遗嘱的方式完成股权的继承，肯定优于法定继承。特别是法定继承人较多时，会形成公司股权的分散，不但容易使家人丧失对公司的实际控制权，更容易形成法人治理方面的不便利，甚至形成公司僵局。

在提前以遗嘱方式对股权的传承进行规划时，也有诸多需要考虑的因素。

首先，考虑股权由一人继承还是由多人继承。在被继承人对公司有实质控制权的情况下，如果由多人继承，并且存在其他股东，那么很可能会形成削弱控制人地位的情况，从而让家族成员丧失单一最大股东的地位，不利于家族企业的传承。

其次，如果由多人继承，则考虑是平均分割还是非平均分割。如果原本是家族企业，并无其他股东，那么由后代继承人继承时，需要考虑下一代的法人治理问题。两个子女或者三个子女平分股权，很可能因缺乏某个人能说了算而形成公司僵局。

再次，如果继承人中有未成年人或者过于年长的人，则需要进一步考虑。因为无论是未成年人还是过于年长的人，都可能无力理解公司经营的具体情况，因为其中的股东会的决策很可能是被其他人引导的，更何况未成年人的股权行使权掌握在其监护人手中，而老年人也往往会被其他子女所影响。在确定需要给未成年人股权时，应兼顾股权的行使等问题。此时需要律师等专业人士的介入，通过相对复杂的协议方案，确保继承人的权益。

相对于房产、现金，股权的继承需要考虑的因素诸多。无论是作为机构投资人的股东，还是作为自然人的股东，都需要考虑公司的稳定性、控制权等经营性因素，充分利用监护制度、协议托管、受益权与经营权分离等现代法律制度，平衡公司的整体利益与家人的经济利益。

第三节　风险隔离及家人的保护

一、常见的经营风险

企业经营中的风险，并不会仅仅停留在企业中，更可能辐射到企业家。这一点所有的企业家都理解，但并不是所有的企业家都有意识地去规范降低这种风险。即使近现代最多的企业形态是有限责任公司，但是考虑到税务因素，通过合伙企业持股的情况也不罕见，而合伙企业中的普通合伙人，即参与经营的合伙人，需要承担的是无限责任。

即使经营的是有限责任公司，在现实中也并不是绝对承担有限责任的。至少在以下情况下，存在股东被公司的债权人追索的可能性。

第一种情况，一人有限责任公司中股东的连带责任。根据《中华人民共和国公司法》第六十二条规定，一人有限责任公司应当在每一会计年度终了时编制财务会计报告，并经会计师事务所审计。第六十三条规定，一人有限责任公司的股东不能证明公司财产独立于股东自己的财产的，应当对公司债务承担连带责任。立法规定的举证责任在股东一方，即股东需要证明自己的财产与公司的财产并无混同，即需要自证清白。从立法与司法实践角度看，一人有限责任公司如果想证明股东财产和公司财产独立，首先必须出具公司财务会计报告并审计报告和相关财务资料。审计报告的形式必须合法，即必须按照会计年度终了时间编制，且格式正确，签章明晰。审计报告的内容必须完整，清楚反映公司的财产状况，对于不符常规的资金流需要做出说明。遗憾的是，实践中，因为财务管理不规范而被法院判决股东与公司向公司的债权人承担无限连带责任的案例比比皆是。例如，浙江省高级人民法院在“北京尤斯隆贸易有限公司与义乌市丽德塑胶工贸有限公司、黄媛丽等财产损害赔偿纠纷案”[（2016）浙民申 2050 号]中认为：至于黄媛丽的责任承担问题，丽德公司系一人有限责任公司，根据《公司法》第六十三条之规定，一人有限责任公司的股东不能证明公司财产独立于股东自己的财产的，应当对公司债务承担连带责任。本案中，尤斯隆公司与丽德公司签订的租赁合同中注明的收款账户系黄媛丽个人账户，相应租金由黄媛丽个人收取，可以表明，丽德公司与黄媛丽的财产在一定程度上相互混同，原审判令黄媛丽对丽德公司的债务承担连带责任，亦无不当。

因此，首先，尽量不要设立一人有限责任公司；其次，一旦设立，则必须规范经营，财务上尽量不与股东或者股东的家人发生不必要的往来。

第二种情况，股东为企业融资提供担保。在债权类融资中，典型的如从银行或者信托公司这样的金融机构贷款，金融机构不但要求股东提供连带责任担保，也需要股东的配偶共同签署担保法律文件。一旦公司偿还债务发生迟延或者无力偿还，那么股东夫妻将不得不共同承担连带责任。在这种情况下，家庭财产将不再安全。

第三种情况，股权融资中商业合同确定的义务。在股权融资的情况下，由于存在对赌、优先清算权甚至回购义务，因此一旦企业经营未如当年进行股权融资时预期的那么好，那么创始股东将承担沉重的经济负担。现行司法中，不乏将此类义务认定为夫妻共同债务的。例如，江苏省高级人民法院在（2016）苏民终 515 号判决中认为：瑞沨合伙的债权成立以及生效的时间均发生于朱立起与李秀香婚姻关系存续期间，《乐园新材增资协议》及补充协议均未载明该债务属于朱立起的个人债务，朱立起与李秀香亦未订立夫妻分别财产制的协议。故在朱立起、李秀香婚姻关系存续期间，朱立起对外负债应当推定为夫妻共同债务。且瑞沨合伙对朱立起的债权是基于其对乐园新材的投资款在合同约定条件成就时转化而来的，瑞沨合伙的投资增加了乐园新材的资本，朱立起作为乐园新材的实际控制人，其因乐园新材的持股而取得的收益与瑞沨合伙的增资款具有明显关联性。朱立起与李秀香应当对夫妻关系存续期间朱立起持有的股份共享收益，共担风险。因此，即使是股权融资，一旦企业发展不顺，原本属于股东家庭的财产，也很可能无法幸免于风险。

因此，虽然有限责任公司制度明确了股东仅就其出资承担公司经营的责任，但现实中，这一制度并不是如其字面意思那样保护股东。严格来说，有限责任公司的股东中，只有不参与经营的股东，往往能获得“有限责任”的事实法律地位；而参与主要经营活动的股东，一旦希望把企业做强做大，融资是一条必然的路。但是融资，一方面有可能走向财务自由的康庄大道，另一方面也有可能对家庭财产形成风险。

上述是企业经营中企业家可能面临的常规风险。事实上，由于中国民营企业经营中往往存在财务制度、企业所得税与个人所得税等方面的不规范行为，导致以获得工资收入为主的人士容易提供完税证明，而企业主往往很难提供与其财产状况对等的完税证明，从而形成了企业家的税务风险。

二、债务与风险隔离制度

对于企业家来说，风险是客观存在的。经营，特别是通过一定的杠杆方式经营，都存在特定的不确定性，更不用说万一碰到“黑天鹅”等难以预估但影响极大的风险。因此，对于持续经营企业的企业家来说，只要人在商界，挣到的钱就不一定真正是自己的，还有可能因为上文所述的担保、对赌、回购等原因而承担高额的债务。

在这样的情境下，实现企业与家庭财产的风险隔离，保障家人的生活，无论中外都是企业家的刚性需求。这种需求是需要特定的法律制度来实现的。

第一种方式，也是最为简单的债务和财产隔离方式，就是将部分家庭财产通过赠与等方式，确定由企业家夫妻之外的人士取得，典型的如房产登记在子女名下。单纯从立法上看，这属于赠与，特别是类似于房产这样的不动产，一旦登记在子女名下，便属于子女的财产，与赠与人即企业家夫妇已经没有法律上的联系了。债权人只有行使《合同法》上的撤销权，即证明债务人赠与子女的时候，存在损害债权人利益（的恶意）的意图，才有可能“追回”这套房产。当然，现实中也存在恶意将资产转移到子女名下的，因此实务中也出现了法院可执行被执行人未成年子女名下无正当来源的大额存款或者房产的案件。如果未雨绸缪，在企业财务状况好的情况下，企业家将部分资产转给子女，则具有充分的正当性，只要保留好相关证据，债权人就很难证明此类“转移财产”的恶意存在，子女获得财产便具有相当大的确定性。这种方式主要是为了应对经营风险，提前给家人准备一定的保障。

第二种常见的方式是，为自己与家人购买保险。人的一生肯定会遇到许多不可控的变故，如身体有恙，发生意外身故，或碰到产业政策调整等“黑天鹅”事件，而导致事业发展受挫。无论概率有多小，但本质上都是可能发生的，这就是保险要解决的“不确定性”。例如，某一天子女想留学却没有足够预算，或是自己因重疾失去了稳定收入，这种不确定性事件发生于超高净值家庭的可能性极低，但对于中产家庭及处于资产上升期的富裕家庭而言，概率相对更高，也更难让人承受。对这些人们普遍不愿多想的“不确定性”，最理想的对冲工具就是保险。所谓对冲，并不是绝对避免这种小概率事件的发生，而是因为发生了也能降低其消极后果。正如开车上高速要系安全带，并不是因为系上了安全带就绝对不发生事故了，而是因为万一发生了事故，系了会比不系损害要小很多。保险也是如此，购买人寿保险，是为了万一发生“不确定性”事件，家人能因保险金而大致维持既有的生活水平，家庭的规划不会因为资金的短缺而发生重大“降级”。一方面保险是为对冲不确定性事件的资产安排，另一方面，保险也是发生灾难时的一笔大额收入。适用于企业家的保险，通常包括个人的重疾保险、定期寿险、终身寿险、给家人的年金保险等。

第三种方式是“家族信托”。家族信托是近些年兴起的一种相对高端的财富传承与管理的安排，其法律依据是《信托法》。关于家族信托在债务隔离、家庭保障、财富传承等方面的功能，下一章将专门予以论述。

【案例 1】

福建易达公司的股东为陈金交和陈金朝。其中，陈金交出资 489.6

万元，陈金朝出资38.4万元，陈金交担任公司法定代表人。

2011年9月，福建易达公司向佳亿公司承建钢结构厂房。2012年1月10日、2012年1月20日，佳亿公司将钢结构工程款汇至陈金交个人账户，陈金交个人出具了收条。后福建易达公司在工程维修过程中发生事故，造成佳亿公司厂房及厂内大部分物品被烧毁。

2013年8月21日，佳亿公司向漳州市中级人民法院起诉，请求判令福建易达公司、陈金交、陈金朝共同赔偿其损失。后漳州市中级人民法院做出生效判决，判令福建易达公司赔偿佳亿公司经济损失6 283 921元人民币。法院在执行过程中，发现福建易达公司没有财产可供执行。

佳亿公司提起诉讼，请求陈金交、陈金朝对福建易达公司的公司债务承担连带清偿责任。佳亿公司向法庭提供了2012年1月10日、2012年1月20日该公司将钢结构工程款汇至易达公司法定代表人陈金交个人账户的汇款凭证，和陈金交个人出具的收条。陈金交确认上述两笔款项是易达公司的工程款，但其未对这两笔工程款为何汇入其个人账户做出合理解释，也未对这两笔款项的去向做出说明。上述事实足以让人对福建易达公司与陈金交财产是否相互独立产生合理怀疑。此种情况下，陈金交作为福建易达公司法定代表人、控股股东，完全有可能也有义务对福建易达公司是独立法人、拥有独立财产，能够独立承担民事责任承担举证责任。一审漳州市中级人民法院判决支持了原告的诉讼请求，即陈金交、陈金朝对福建易达公司的公司债务承担连带清偿责任。陈金交不服，提起上诉，二审福建省高级人民法院判决维持原判。

对于公司的股东而言，规范经营中极其重要的一点是，区分公司财产与个人财产，绝不能因“公司就是我们家”这样的想法而将公司收入或财产直接转入个人账户，否则很可能被认定为个人财产未与公司财产独立。即使随后用个人账户支付了公司应付的开支，并未真正由个人全部消费，也很难在诉讼中说清楚。因企业账户与股东个人账户混同行为或者长期往来，最终判决股东个人须对公司债务承担连带责任的案件比比皆是。

部分民营企业家不重视企业的规范经营，企业困难的时候不拿工资，或者用自己及家人的钱去“帮”企业，但不安排正规的股东借款手续；在自己或者家人需要钱的时候也毫不犹豫地从公司“拿钱”。这种家企不分的行为，给债权人追索股东及其家人埋下了极大的风险。

［案件来源：福建省高级人民法院，陈金交、佳亿（漳州）纸业有限公司股东损害公司债权人利益责任纠纷二审民事判决书，（2016）闽民终983号。部分内容参考了微信公众号“法客帝国”。］

【思考问题】

盈亏同源，经营企业既是家庭财富增长的渊源，也可能是将家庭拉入债务纠纷甚至债务深渊的原因。因此，企业家第一步要做的是规范经营，区分企业与家；第二步是在赚取到财富之后，通过赠与家人、购买保险、信托等方式，将部分资产固定下来给特定的家人，以保障他们的体面生活，避免再次因为经营中的风险而将家庭资产填入债务陷阱。关于企业家处理企业与个人家庭事务，你还有什么更好的建议吗？

【案例 2】

孙先生第一次参与创业取得了成功，其所持股的公司被顺利地出售给了上市公司，他作为创始股东之一，获得了一笔实现了财务自由的钱。但是创业过程中的种种困难，包括签署了无限连带责任担保、借钱给公司、股东自己持续半年不开工资的经历，给孙太太留下了很多的阴影。现在孙太太怀着第二个孩子，而孙先生趁机读了个EMBA，准备过渡一下之后继续二次创业。

经历了创业的孙先生，已经回不到给人打工的状态，也不会坐吃山空，就此退休的。因此，再次创业是必然的选择。孙太太觉得家里马上要有第二个孩子了，开支不小。家里应该有所保障，不能再过胆战心惊的日子了。

经过咨询，在律师的建议下，孙先生夫妇以孙太太为委托人、以两个孩子为受益人设立了信托。在家庭财务正常的情况下，信托不进行分配，只有在特定条件下（例如，孙先生夫妇身体或者财务方面出现了问题）才进行分配。

对于企业家来说，财富的创造与财富的传承都是一场马拉松赛程，在获得一定量的财富之后，走得稳比走得快重要得多。因此，在获得了一定财富之后，需要为自己、为家人做特定的安排。

从现行的法律制度来看，设立家族信托是较为安全的一项风险隔离与长期传承的选择。当然，家族信托效果好的代价则是“一定的痛苦指数”，即不仅要接受设立信托的钱在法律上已经不属于自己可自由支配的钱，还要接受将一笔钱交付给第三方去做管理，并且要支付管理费。

【思考问题】

除了家族信托，你还知道什么方式能保障未成年子女的生活和学习？

【参考文献】

［1］贾东明.《中华人民共和国民法总则》释解与适用［M］. 人民法院出版社，2017.

［2］陈汉. 保险——财富传承中的杠杆之王［M］. 财智生活杂志，2018.

［3］陈汉. 如何让财富永续、儿孙无虞［M］. 财智生活杂志，2018.

第三十四章　家族信托与财富传承

第一节　财富传承有待家族信托

财富的代际传承，事关企业家的财产安全和基业长青，也事关社会经济的健康稳定发展，是企业家和国家立法都必须重视的问题。

据美国著名法学家劳伦斯·M. 弗里德曼在其著作《遗嘱、信托与继承法的社会史》中的介绍："在 21 世纪的前半叶，美国将有大约 41 万亿美元的财富从死者处转移给生者。"中国虽然没有代际财富传承的具体统计数据，但从 GDP 总量来看，2016 年中国的 GDP 为 11.20 万亿美元，美国为 18.57 万亿美元。粗略推算，中国也应有约 20 万亿美元的财富代际的传承。

从中国企业家的成长周期看，改革开放后的第一代壮年企业家，现多在 70 岁以上，正面临家族财富传承的紧迫任务。戴尔家族办公室（亚洲区）预计，今后 5~7 年约有 300 万中国企业家把资产传承至第二代手中，中国可能会成为未来最大的家族信托市场。

对于财富传承问题，中国已经形成了基础性的法律制度体系，重要的法律包括婚姻法、继承法、合同法、公司法、信托法等。其中，信托法独具特色，它是一种更为灵活的法律制度，可以满足各式各样的财富安排的需求。中国 2001 年颁布了《信托法》，但信托主要被运用于金融市场领域，如证券投资基金、信托公司、资产管理计划等，家族财富传承方面的功能尚未得到充分的挖掘，而在欧美国家，信托则是一种历史悠久且被广泛应用的家族财富传承的法律工具，即家族信托。

当然，家族信托不是一个严格意义上的法律概念，它泛指所有用于家庭或家族目的，以家庭财产或家族财产设立的信托。所谓用于家庭或家族目的，主要包括遗产税务规划、对抗债权人的资产保护、企业传承永续、遗产上的复杂财产权结构的设计、家族财富保密等。2018 年，中国银保监会信托部下发了《关于加强规范资产管理业务过渡期内信托监管工作的通知》（简称“37 号文”），对家族信托做了“官方”的定义，内容如下：家族信托是指信托公司接受单一个人或者家庭的委托，以家庭财富的保护、传承和管理为主要信托目的，提供财产规划、风险隔离、资产配置、子女教育、家族治理、公益（慈善）事业等定制化事务管理和金融服务的信托业务。家族信托财产金额或价值不低于 1000 万元，受益人应包括委托人在内的家庭成员，但委托人不得为唯一受益人，单纯以追求信托财产保值增值为主要信托目的，具有专户理财性质和资产管理属性的信托业务不属于家族信托。

其实，中国现在多由小家庭构成，家族概念的社会意义不如封建时代那般突出。当然，现在无从考察，“家族信托”的中文译名源自何处，但应当说明，英文中的 Family Trust 也可以翻译为“家庭信托”。目前，中国信托公司开展的家族信托业务，其正式名称通常为“家庭信托计划”。在英文中，还有相关术语“Dynasty Trust”或“Dynastic Trust”，一般翻译为“世代信托”或“朝代信托”。“世代信托”是美国的一种常见家族信托，是为了筹划高达 40% 的遗产税而设的 。

目前在中国，企业家开始运用家族信托，但是，由于法治环境的差异等复杂因素，相当大比例的家族信托是在离岸法区（Offshore Jurisdiction）设立的，而不是在中国境内设立的。国外的许多律师事务所和律师活跃在中国，帮助中国企业家设立离岸家族信托。

本章将阐述信托的基本原理，以及家族信托的功能和法律结构，并对离岸家族信托做初步的分析。

第二节 信托的基本理论

一、信托的概念

信托从英美法系移植至大陆法系，已经超越法系的界域。各国法律对于信托都有定义，虽存在细微差异，但核心是一致的。《关于信托的法律适用及其承认的公约》中关于信托是这样定义的："信托是委托人创设的一种法律关系，为了受益人的利益或特殊目的，将财产置于受托人的控制中。"这应是世界各国普遍接受的关于信托的权威定义。中国《信托法》第二条也对信托做出了类似的规定："本法所称信托，是指委托人基于对受托人的信任，将其财产权委托给受托人，由受托人按委托人的意愿以自己的名义，为受益人的利益或者特定目的，进行管理或者处分的行为。"

从上述定义可知，信托结构中有三个主体：委托人（Settlor）、受托人（Trustee）、受益人（Beneficiary），客体是信托财产。信托中的人和财产之间的关系简言之就是，委托人将财产转移给受托人，并指定受益人，受托人管理和处分信托财产不是为其自己的利益，而是为了受益人的利益。

二、信托的特征

从法律的视角看，信托具有以下特征。

第一，信托财产应当移转给受托人，即信托财产权必须在受托人的名下，这是信托区别于委托、代理、行纪等制度的重要特征。

信托财产的权属是否移转给受托人，在中国《信托法》起草时，存在争议，但现在已经达成共识：信托财产的权属移转是信托设立的必要前提。当然，中国《信托法》第二条关于信托的定义使用了"将其财产权委托给受托人"比较模糊的表述，但关于此处"委托给"三个字可以解释为"委托——给"，该词组是动词"委托"和"给"的组合，显然包含财产权属移转的含义。

第二，信托财产具有独立性特征。简单地说，虽然信托财产在受托人名下，但是信托财产不能用于清偿受托人个人的债务。具体说来，信托财产的独立性包含以下内容：

（1）信托财产独立于受托人的固有财产，不能以信托财产清偿受托人的个人债务；

（2）受托人的固有财产独立于信托财产，不能以受托人的固有财产清偿信托债务；

（3）各信托计划之间的财产独立，债权债务独立，不可相互清偿。

近年来，涉及信托财产独立性的案例越来越多，中国的法院逐渐通过诉讼意识到信托的独立性是一个现实的法律问题。随着司法实践的发展，这种独立性获得了越来越多的认可。

第三，受托人对受益人具有法定的信义义务（Fiduciary Duty）的特征。所谓的信义义务，也译为受信义务、诚信义务，它包括忠实义务（Duty of Loyalty）和注意义务（Duty of Care）。所谓忠实义务，是指受托人不可损害信托受益人的利益，而使自己获益。所谓注意义务，也称勤勉义务，是指受托人应当像处理自己的事务一样注意标准，处理信托事务。

第四，受益人具有法定的请求权的特征。这是信托与第三人受益合同的不同之处。在第三人受益合同中，作为受益人的第三人无权起诉违约方，因为受益人不是合同的当事人。根据合同相对性（Privity）原则，仅合同的签署人才有诉权。但是，信托不同，信托合同仅由委托人和受托人签署即可，无须受益人签署，但是，根据信托法的规定，受益人具有诉权。

信托的类型很多，按委托人是否是受益人可以分为自益信托和他益信托，按用途性质可以分为民事信托、营业信托和公益信托，按效力来源可以分为意定信托和法定信托。

三、信托的起源

信托法的历史非常悠久，是一门古老的法律。有学者认为，伊斯兰法中的 Waqf（信托）比英国信托法早了 500 年。但是，现代信托法的基本概念和制度起源于英国，信托最初的形式是中世纪英国的用益（Use）制度，或称“尤斯”制度。

所谓用益（Use），是指土地主将土地在名义上转让给受托人，受托人管理土地，收益归土地主指定的人。它一般用于规避法律的目的。

在中世纪，英国教会没有向国王纳税的义务，而土地上的税负是国王最重要的财政收入。教徒将自己的土地捐赠给教会，土地集中于教会，国王流失了大量的税收，导致国王财政危机。13 世纪后期，英国王亨利三世颁布了《没收条例》，规定凡把土地赠与教会团体的，要得到国王的许可，擅自出让或赠与者，要没收其土地。为规避该法，教徒采用了用益（Use）方式，将土地转让给第三人，土地权利在第三人的名下，但是，要求第三人为教会的利益管理该土地，这就是信托的雏形：教徒是委托人，第三人是受托人，教会是受益人。之后出现了 Trust（信托）一词，代替了 Use（用益）。

除宗教捐赠外，用益（信托）还出现于其他领域，举例如下。

13 世纪中期，欧洲大陆著名的基督教组织方济会来到英国，方济会的教旨是恪守贫困，不得拥有任何财产。虔诚的捐助者就将土地转让给一个合适的人，通常是僧侣所居住的城市的市政当局，由他持有，但供方济会使用。

十字军东征时，参战教徒将自己的家产信托给自己的朋友，朋友照顾参战教徒的家人和财产。

再如红白玫瑰战争（1455—1485 年）时，参战贵族将自己的家产信托给朋友，以防战争失败，财产被没收。

最初，英国普通法不承认用益（信托）的效力，在英国衡平法承认信托的效力之后，信托受益人的权利获得保护。在衡平法的一系列判例中，信托法不断地发展，成为一门系统而完备的法律。信托法也构成了衡平法的主要内容。

英国法学家梅特兰对信托的评述堪称经典总结，他说：“如果有人要问，英国人在法学领域取得的最伟大、最独特的成就是什么，那就是历经数百年发展起来的信托理念，我相信再没有比这更好的答案了。这不是因为信托体现了基本的道德原则，而是因为它的灵活性，它是一种具有极大弹性和普遍性的制度。”

四、家族信托的早期形式——遗产信托

早在中世纪时期，英国的用益（信托）就已经被运用于家族财产的安排和传承上，可以说，这是家族信托的早期形式。

在1540年遗嘱法（Statute of Wills）颁布之前，英国法律规定遗产仅由长子继承。但被继承人通常希望其他人也可以继承其遗产，于是，被继承人生前将财产转让给某个人，采取信托的方式，以实现特殊的财富传承的目的。

中世纪时，英国的法律不仅规定了长子继承制，而且规定了高额的土地继承税。许多人不仅希望继承人能依靠遗留的土地为生，还希望能逃避高额的税收，于是采用了信托（用益）的方式。

其实，更早的家族信托还可以追溯到古罗马。据古罗马法法学家盖尤斯在《法学阶梯》一书中的介绍，古罗马已经出现遗产信托（Fideicommissum）。遗产信托是古罗马帝国中的异邦人的遗产继承的一种形式。在古罗马帝国，异邦人积累了大量的财富，但依法律，异邦人不能立遗嘱将自己的财产留给后人，他们的后人也没有继承的资格。于是，异邦人采取了遗产信托的方式规避上述规定。

《法学阶梯》描述了遗产信托的操作细节。异邦人先将财产转让给受托人，在签署文件时，异邦人写：“财产转让给L.提兹”，接着写：“我要求并且请求你L.提兹，一旦接受了我的遗产，就把它退交给C.赛尤。”提兹是受托人，而赛尤就是异邦人的子女，是受益人。

由于受托人背信弃义的事件经常发生，公元56年古罗马元老院决议：“异邦人的子女可以根据遗产信托，向受托人请求归还遗产。”但之后，受托人由于得不到任何或者起码的好处，因此他们拒绝履行。公元

69 年，元老院又规定："受托人可以从遗产信托中扣除四分之一作为佣金。"这就非常类似于中国信托公司的通道业务中的通道费了，但信托公司通道费的金额不过千分之四而已。

五、信托的传播发展

虽然信托是英国法的产物，但是，由于信托具有独特的优势，信托也逐步传播至欧洲大陆和世界其他民法法系的国家和地区。

当然，欧洲大陆的一些主要的民法法系国家一直拒绝引入信托法，如法国。法国不接受信托，在法理上主要有两个原因。第一，《法国民法典》遵循绝对所有权的概念，其第 544 条将所有权定义为"对于物有绝对无限制地使用、收益及处分的权利"。而在信托法中，受托人与受益人对于信托财产的分割所有权（Split Ownership）显然与此相悖。第二，信托财产的独立性是信托法的基本原则，但是，《法国民法典》第 2092 条规定："负担债务的人，负以现在所有或将来取得的一切动产或不动产履行其清偿义务的责任。"它排除了基于特定目的的财产独立性的效力。德国和荷兰不接受信托法，也是因为相似的原因。

法国 2006 年 3 月 23 日担保法改革，决定在《民法典》中增设第四卷《担保》（Livre Ⅳ）；此前的第三卷（Livre Ⅲ）第十四编《保证》的规范全部迁至新增的第四卷中。11 个月后，该编被命名为《信托》。但法国的信托法本质上是一种让与担保，而非英国法制中的信托。

一个国家是否引入信托法，除了由法理上的因素决定，还由政治和政策上的因素决定。目前，民法法系传统的国家或地区之所以引入信托法，主要是基于政治和政策的因素。有的国家和地区是在英美法系国家主权的直接影响下而接受信托法的，如加拿大的魁北克省、美国的路易斯安那州等；有的国家和地区是出于创设一种有效的金融工具，提高金融系统的效率的目的而引进信托法的，如哥伦比亚、厄瓜多尔、日本、秘鲁、俄罗斯等；有的国家和地区是由于种族因素的影响而引进信托法的，如南非；有的国家是为吸引外资而引进信托法的，如列支旦士敦，它被称为“欧洲的特拉华”。

虽然信托最初运用于宗教，但后来被广泛运用于各个领域，形成了民事信托、公益信托和营业信托三大类型。其中，信托在商事领域运用得最为广泛。1720 年，英国《泡沫法案》颁布，取缔了合股公司和股票市场，在 1720 —1844 年，正值英国海外扩张的黄金时代，英国企业家采用了信托（Deed of Settlement）替代合股公司，发挥了社会融资的功能。

此外，19 世纪马萨诸塞州信托将信托运用于投资基金，成为现代证券投资基金的先驱。马萨诸塞州信托创设了双受托人制度（Fiduciary Officer），以便互相监督、防止腐败。中国的证券投资基金设管理人和托管人（银行），该“双受托人”制度就是起源于美国马萨诸塞州信托。

六、信托引入中国

中国在 2001 年颁布并实施了《信托法》，其目的与日本相似，在于引入并完善一种金融工具。实施《信托法》最急迫的原因在于，为整顿混乱的信托业提供全面系统的法律基础。立法者的本意重点在于规范和发展商事信托，但是，由于“信托公司的经营活动和其他信托活动中出现的不少问题，也与缺乏信托关系的基本规范有关，因此，先行制定调整信托基本关系的法律是必要的”（出自《中华人民共和国信托法释义》），所以，信托作为一项基本的私法制度被“捆绑式”地引入中国，对中国的民法制度产生了重要影响，也为家族信托奠定了法律基础。

《中华人民共和国信托法》是第九届全国人民代表大会常务委员会第二十一次会议于 2001 年 4 月 28 日通过的，自 2001 年 10 月 1 日起施行。本法共有七十四条，分为七章，依次为总则、信托的设立、信托财产、信托当事人、信托的变更与终止、公益信托、附则；调整范围确定在对信托关系做出了规定，没有对信托公司进行规定，原因在于“规定信托关系的基本规范对建立信托制度的实际需要有重要作用，同时，信托公司的经营活动和其他信托活动中出现的不少问题，也与缺乏信托关系的基本规范有关，因此，先行制定调整信托基本关系的法律是必要的。今后可根据信托实践的发展和积累的经验逐步制定有关信托业方面的法律”（出自《中华人民共和国信托法释义》）。

但是，国务院办公厅下发的《关于〈中华人民共和国信托法〉公布执行后有关问题通知》（国办发［2001］101 号文）规定：营业信托的受托人采取信托机构的形式，其设立和经营信托业务的资格需要获得相关金融监管部门的批准。该文将营业信托主体仅限于信托公司。但是在实践中，个人担任民事性质的信托的受托人，获得了司法审判实践的充分认可。

实践中，和信托公司一样，银行、信托、证券、基金、期货、保险资产管理机构等金融机构也接受投资者委托，对受托的投资者财产进行投资和管理的金融服务，出现了“大资管业”，其本质都是信托业。

第三节　家族信托

家族信托是一种信托类型，其设立和法律结构均遵循《信托法》的基本原理和规则。下面谈一下家族信托的设立。

一、家族信托设立的方式

家族信托是一种意定信托，必须通过当事人的意思表示而设立。家族信托的设立方式有两种，一是信托合同；二是遗嘱，通过遗嘱而设立的信托即“遗嘱信托”。

《信托法》第八条对信托合同进行了规定：“采取信托合同形式设立信托的，信托合同签订时，信托成立。采取其他书面形式设立信托的，受托人承诺信托时，信托成立。”信托合同由委托人和受托人签订，无须受益人签署，甚至在受益人不知情的情况下，信托合同也可以成立生效。例如，委托人为自己的私生子设立信托，约定信托收益作为私生子 18 岁后的大学教育费用，而之前，私生子对此毫不知情，这也是英美国家小说和电影中的常见的故事情节。《信托法》第十三条对遗嘱信托进行了规定："设立遗嘱信托，应当遵守继承法关于遗嘱的规定。"

除信托合同和遗嘱外，信托的设立还有一种特殊的方式，就是宣言信托，即财产所有人以自己为受托人，通过单方的意思表示——宣言，而设立的信托。这在比较法上是比较常见的安排，但是中国《信托法》没有规定宣言信托。

二、家族信托的信托财产

既然是家族信托，信托财产自然应当是家族所有，这是家族信托的基础。但是，无论是家族还是家庭，都不是法律上的独立主体。所谓家族财产，一般上是夫妻个人财产或夫妻共同财产，也可能是家庭成员的共同财产。

财产是法律上的一个比较宽泛的概念，何种财产可以成为信托财产呢？只有具有可转让性的财产方可成为信托财产，因为信托的设立需要将财产权利从委托人转移至受托人，不可转让的财产无法设立信托。

在家族信托中，货币、公司股权、动产、不动产、知识产权均可以成为信托财产。在实务中，以信托财产的类型为标准，常见的家族信托有：资金家族信托、股权家族信托、不动产家族信托、艺术品家族信托、保险金家族信托。保险金家族信托是以保险金或人寿保险单作为信托财产设立的信托，在保险赔付或满期保险金给付时，保险公司将保险赔付或满期保险金交付给受托人管理，信托终止后，受托人再将信托财产和收益交付给受益人。

依据法律规定，部分财产需要登记，如不动产、有限责任公司股权、专利权、商标权、车辆等，这些财产在设立信托时须经过信托登记程序。

三、家族信托登记

信托财产的独立性是信托关系的核心，然而，受托人既然是所有权人，按照大陆法系通常的物权制度，除非有公示的所有权限制，否则受托人就享有对财产进行充分支配的权利，信托财产的独立性也就无从谈起。因此，要实现信托财产的独立性，依据大陆法系的物权制度，必须将信托财产加以特别的公示。而通常的公示方法，按照财产权的不同，分为占有和登记。

中国《信托法》第十条规定："设立信托，对于信托财产，有关法律、行政法规规定应当办理登记手续的，应当依法办理信托登记。未依照前款规定办理信托登记的，应当补办登记手续；不补办的，该信托不产生效力。"现行的家族信托登记，主要是由中国信托登记有限责任公司登记与不动产登记、工商登记共同完成的。

中国信托登记有限责任公司（以下简称"中国信登"）是经国务院同意，由中国银监会批准设立并原由银监会实施监督管理，现由中国银保监会实施监督管理、提供信托业基础服务的非银行金融机构，于2016年12月26日对外宣告成立。中国信登注册地为中国（上海）自由贸易试验区，注册资本为30亿元人民币，由中央国债登记结算有限责任公司控股，中国信托业协会、中国信托业保障基金有限责任公司、国内18家信托公司等共同参股。2017年9月1日，中国信登信托登记系统在中国银监会发布的《信托登记管理办法》生效当日上线运行，开始全面提供信托登记服务，其中包括家族信托的登记。

对于家族信托中的信托财产为不动产或者股权/股份的，则有既有的法定登记体系，即不动产登记处、工商局及中国证券登记结算有限公司。

因此，虽然中国没有完全独立的信托登记体系，但是既有的法定登记体系也能满足家族信托。近些年来，国内家族信托的顺利推出，也离不开信托登记制度的逐步完善。

四、信托当事人

家族信托的当事人包括委托人、受托人、受益人和保护人等，下面就当事人的定义进行解释。

（一）家族信托的委托人

委托人（Settlor）设立信托，该行为的核心是对财产进行处分，将财产权从委托人处转移至受托人。因此，委托人必须具备两个条件：一、该财产的权利人；二、有能力处分该财产。在家族信托中，委托人应当是家族中具有完全民事行为能力的成员。

在英美法系的信托法中，在信托运营过程中，委托人几乎没有法定权利介入信托运营，除非信托文件保留委托人的权利。但是中国信托法赋予了委托人与受益人相同的权利，除无信托受益权外，委托人的法定权利主要有：知情权、信托财产管理方法调整权、信托财产处分行为撤销权、对受托人的解任权、受益人的变更权和受益权的处分权等。

（二）家族信托的受托人

中国《信托法》第二十四条规定："受托人应当是具有完全民事行为能力的自然人、法人。"在实践中，家族信托的受托人（Trustee）一般是专业机构，属职业受托人，主要是信托公司或其他金融机构。

在信托法律关系中，受托人负有信义义务（Fiduciary Duty），信义义务又可以具体细分为谨慎义务和忠实义务。其中，谨慎义务要求受托人以善良管理人的标准管理信托财产，做到亲自管理、分别管理、保存记录、信托清算等。忠实管理要求受托人不得利用信托财产为自己或第三人牟利。

家族信托持续时间长，特别是世代信托（Dynasty Trust），会持续几代人，甚至无期限，这种情况下，受托人信义义务中的投资义务就更为突出了。信托法发展早期，禁止受托人用信托财产投资，因为投资风险太大。但是，随着资本主义的发展，通货膨胀成为资本社会化的一个必然结果。通货膨胀使得全社会共同承担投资的风险，进而促进了投资活动，促进了资本主义发展。通货膨胀对家族信托产生了深刻的影响，增加了受托人的投资义务和责任，以保证家族资产不缩水。

受托人的审慎投资者规则起源于1830年马萨诸塞州的Harvard

College v. Amory 判例。判例认为，受托人对外投资只要遵循审慎原则，则不违反信义义务。这一原则突破了之前禁止受托人投资的保守规定。

（三）家族信托的受益人

家族成员都可以成为家族信托的受益人（Beneficiary）。但是，特殊的问题是，胎儿能否成为受益人？对此国外争论颇多，一般认为，胎儿可作为受益人时，胎儿生下来并成活，信托生效。根据中国《继承法》第二十八条的规定："遗产分割时，应当保留胎儿的继承份额，胎儿出生时是死体的，保留的份额按照法定继承办理。"因此，应当认为中国是允许胎儿作为受益人的，只要胎儿生下来并非死体。2017 年颁布的《民法总则》第十六条规定："涉及遗产继承、接受赠与等胎儿利益保护的，胎儿视为具有民事权利能力。但是胎儿娩出时为死体的，其民事权利能力自始不存在。"可见，胎儿作为家族信托的受益人，在中国没有法律障碍。

另一个特殊问题是，受托人可否同时成为受益人？受托人一般情况下不得作为受益人，但有一种例外情况，即同一信托存在多个受益人时，受托人可以是其中的共同受益人之一。

家族信托可否以宠物或家族祠堂等物为利益对象？虽然物不是人，无法成为受益人，无法设立普通信托，但可以设立目的信托（Purpose Trust）。遗憾的是，中国《信托法》没有规定目的信托，今后《信托法》修订时，应予以弥补。

受益人同委托人享有同样的权利；可监督和介入信托的管理，如知情权、撤销权、解任权、变更权等，此外，还享有信托受益权。

（四）家族信托的保护人

在传统信托法中，只有三个信托当事人，即委托人、受托人和受益人。但是，许多离岸法区的信托法中增加了一个新的当事人，即信托保护人（Protector）。信托保护人有许多称谓，如监护人（Guardian）、指示人（Appointor）、顾问（advisor）、管理委员会（Management Committee）。一些国家和地区的立法赋予了信托保护人很大的权利，如对受托人决策的批准权和否决权，对受托人的任命权和解任权等。

中国《信托法》没有规定信托保护人，但赋予了委托人很多权利，实际上是将委托人作为信托保护人看待了。

五、家族信托的功能

信托因为其独特的结构，可以实现其他法律工具不可能实现的功能。简而言之，家族信托之所以被认可，特别是被企业家们广泛采用，是因为它可以实现如下功能。

（一）规避债务风险的资产保护功能——信托财产的独立性

企业家在经营过程中，极易产生对外债务，而经营债务的产生，又会威胁到企业家的家庭财富的安全。如何保护家庭财富的安全呢？

在英美法系中，家族信托是一个有效的办法，因为家族财富被设为信托后，成为信托财产，而信托财产具有独立性。信托财产的独立性使得其可以对抗委托人的债权人，也可以对抗受托人的债权人，使得家庭财富处于安全港中。

为保护资产不受债权人追索而设立的信托，被称为“资产保护信托”（Asset Protection Trust，APT）。家族企业从事风险大的投机活动或危险行业时，通常设立此种信托，以提前隔离风险。

但是，在特定的情形下，资产保护信托是可以被法院撤销的，以保护委托人的债权人。该撤销制度可以追溯到中世纪，当时英国女王伊丽莎白的法令就形成了成熟的规则，一直影响至今。直布罗陀、马恩岛（Isle of Man）、澳大利亚的现行有关法律都是以伊丽莎白法令为模板而制定的。

中国《信托法》也设立了类似的债权人保护规则，第十二条规定：“委托人设立信托损害其债权人利益的，债权人有权申请人民法院撤销该信托。”在实践中，要避免资产保护信托因为委托人的债权人而撤销，就要未雨绸缪，在债务发生之前筹划设立资产保护信托；反之，在债务发生之时或之后才设立资产保护信托的，该信托必然触发《信托法》第十二条的适用而被撤销。

如果家族企业是在欧洲大陆，那么除列支敦士登和卢森堡外，欧洲其他国家和地区均无信托法，无法设立资产保护信托。但有类似制度可以应用，例如，《意大利民法典》第 167—171 条规定的家庭财产基金（Fondopatrimoniale）。第 167 条规定："任何一方配偶或配偶双方或第三人，均可以根据家庭的需要，以公证文书方式、遗嘱方式将在公共登记簿中登记的特定的不动产、动产或债权证书设立为家庭财产基金。"第 170 条规定了家庭财产基金的独立性，与英美法系中的家族信托中的信托财产独立性效力一样，它规定："债权人明知契约并非为满足家庭需要而订立的，不得请求以家庭财产基金及其孳息偿还债务。"

（二）家族企业基业长青的保障——家族信托的职业受托人

在中国的民营企业中，子女在继承父辈企业时，由于管理能力有限而导致经营失败，令企业陷入困境的实例比比皆是，如山西海鑫家族公司的案例。

2003 年，山西闻喜县海鑫钢铁集团公司董事长李海仓遇害，其子李兆会中断学业回国。家族在李兆会爷爷李春元的主持下，敲定了海鑫钢铁的股权和管理权的继承方案。李海仓持有的超过 90% 的海鑫钢铁股份，由于李海仓妻子以及其他继承人的放弃，最后几乎全部给了李兆会。在海鑫掌门人人选上，当时李海仓的五弟——海鑫钢铁总经理李天虎被看好，但李春元坚持让孙子来继承。然而仅仅过了 5 年，海鑫集团便因李兆会经营不善而轰然溃败了。

众多类似的案例表明，中国家族企业若拘泥于"血缘"继承，则易走向衰败。家族企业常见的兴败周期是，第一代家境贫寒、创业维艰；第二代的兴致和志向可能不在家族企业，或选择从政，或选择其他职业，例如，日本优衣库的接班人柳井正当年从早稻田大学毕业时，其父亲就想方设法让其进入大型商社锻炼，但他却志不在此，碰壁后方回归家族企业；第三代则肆无忌惮地挥霍财富，尽情享受，走向败落。如何避免家族企业兴败的周期律呢？日本的经验可资借鉴。

日本是一个“家族企业大国”，历史超过100年的家族企业达3万家，日本的家族企业继承的成功在于，注重“家族”的延续，而非狭隘的“血缘”继承。当然，日本家族企业选择优秀的女婿以传承家业是普遍的方式。但是，家族企业超越血缘的传承，除选择女婿外，更为现代的方式则是家族信托，将家族企业和财富交给职业的信托受托人管理经营。

（三）控制子女败家的功能——禁止挥霍的信托

在家族财富传承中，子女败家是常见的现象。家长为子女设立信托，以保障子女未来的经济基础，败家子女却转让信托受益权，套取现金挥霍，或因债务而导致信托受益权被强制执行，使得家族信托的目的落空。禁止挥霍信托（Spendthrift Trust）则可以避免上述问题，该信托的文件中明确禁止受益人转让受益权。

中国《信托法》第四十七条规定：“受益人不能清偿到期债务的，其信托受益权可以用于清偿债务，但法律、行政法规以及信托文件有限制性规定的除外。”第四十八条规定：“受益人的信托受益权可以依法转让和继承，但信托文件有限制性规定的除外。”可见中国《信托法》承认禁止挥霍信托的效力。

英美法系中还存在与禁止挥霍的信托相似的其他信托，如教养信托和保护信托。

教养信托（Support Trust）规定受托人须依受益人“教育及生活”的需要配发信托利益。由于信托利益专属受益人的特殊性质，禁止转让信托受益权。

保护信托（Protective Trust）一般与自由裁量信托联合使用，可达到趋近禁止挥霍信托的效果，保护信托在不承认禁止挥霍信托的地区（如英国及美国少数州）设立。英国在1925年的受托人法案（The Trustee Act）中明文承认了保护信托。保护信托的特征在于“没收条款”（Forfeiture Provision）。该条款规定，如果受益人企图转让其信托利益，或其信托利益为债权人追及时，受益人在信托下的信托利益乃立即终止，该信托自动转换为“自由裁量信托”，受托人有权没收该受益人的受益权。

（四）家族财富的多层次的用益安排——信托财产的分割所有权

通过现行的继承制度，无论是法定继承还是遗嘱继承，只能解决遗产所有权的归属问题，而无法在遗产上设立多层次立体化的用益结构。例如，一位老人立遗嘱，房屋遗产由儿子继承，但嘱咐房屋先由病床前照顾老人的保姆居住，保姆去世后，由儿子收回。但遗嘱中规定的保姆的居住权是没有法律效力的，因为儿子因继承取得所有权，这是绝对所有权，儿子有权驱逐保姆，仅承担道义上的谴责。但是，如果在房屋上设立遗嘱信托，结果则不同，儿子成为信托受托人，保姆成为信托受益人，受信托法的保护。遗产信托使得遗产可以进行权益分割，使多人受益，满足被继承人的复杂意愿，增加遗产的使用效益。这正是英美法系的信托中的分割所有权制度优越于大陆法系财产法中的绝对所有权制度的所在。

（五）作为家族宪章的遗嘱信托

家族宪章本质上是家族财产宪章。许多家族都有家族宪章，特别是拥有大型企业集团的家族，会规定家族财产的管理机制。但是，所谓的家族宪章如果要产生法律效力，则需要法律的载体，是合同还是公司章程，抑或是遗嘱呢？其实，无论是合同还是章程抑或是遗嘱，都有效力上的缺陷。合同仅约束合同当事人，家族中人生生死死，合同就自然失效了。章程仅约束公司内部事宜，并不覆盖家族。遗嘱只解决被继承人死亡后的财产归属，遗嘱对未来的财产管理不具有穿越性的约束效力。

唯有信托可以弥补上述效力缺陷，英美法系称信托为“亡者之手”（Dead Hands），逝者将自己的意志写入信托文件，则具有穿越未来的效力，就像美国的“国父”制定的宪法一样，具有绵延千秋的效力。通过信托文件制定家族宪章，法律效力最为强大。

这里选取一个中国案例：明朝万历年间流传下来两幅画像，距今已经有 400 多年的历史。当时，明朝的兵部尚书许弘纲为了感谢父母的养育之恩，请宫廷画师画了这两幅像。在这个画像上，所有金黄色的部位全部是用真金描绘的。整幅画像画在绢布上，而且更为珍贵的是，画像的上端还抄写着明朝两位皇帝的5道诰封和题词。这两幅画对于许氏家族来讲是非常珍贵的。画像完成后，许弘纲就在整个许氏家族立下了一条规矩：画像归许家的后世子孙共同所有，今后由子孙们按照辈分顺序轮流保管，逢年过节的时候，将这两幅画像悬挂到大堂里供全家人祭拜瞻仰。许弘纲的后代现在都住在浙江省东阳市画水镇的紫薇山村，约400余人，他们可否分割此画?

在法律上，许弘纲的家规或遗嘱关于画像世代不可分割的规定是没有法律效力的，其后代可以主张分割。但是，假设在信托法的背景下，许弘纲为画像设立遗嘱信托，在信托文件中规定画像不可分割，规定家产的管理机制，则具有法律效力。

（六）遗产税筹划——世代信托

在美国的信托实务中，世代信托（Dynasty Trust）是指为规避家族财富在代际传承中应缴纳的代际移转（Generation-Skipping Transfer，GST）税而设立的信托。该信托可将家族财富世世代代传承下去，而无须交税，所以深受欢迎。由于中国尚未征缴遗产税，所以，家族信托规避遗产税的优势未显示出来。

此外，世代信托还具有财产权益移转和再分配的便捷优势。在一项财产（如不动产或公司股权）上设立信托后，受益人对该信托财产享有信托受益权，信托受益权的转让是非常便捷的，无须登记，无须过户，而不动产和公司股权本身要进行移转，则需要经过非常繁复的手续。所以，家族信托设立后，家族内部如需对财产权益进行再分配和调整，仅通过分割信托受益权即可，可免去复杂的登记过户手续和税负。

在征收遗产税与赠与税的国家，家族信托具有税收筹划功能，这也是境外高净值家庭采用家族信托作为财富传承工具的原因之一。

家族信托的税收筹划功能，主要体现在将遗产税转并递延为可能的所得税，并且通过长期、摊薄支付模式，降低单次或者年度支付的数额，降低适用的税率。举例说明：如果遗产是 8000 万元人民币，适用的遗产税税率可能是 40%，则意味着要一次性缴纳 3200 万元人民币的遗产税。如果将此 8000 万元人民币设立信托，分摊到 40 年甚至更长时间分配给后代。那么，首先不再属于遗产，不再需要缴纳遗产税；其次，因为分散分配，每次分配的金额都不大，适用的税率可能不到 15%，大大降低了税务负担。

国外用家族信托来进行遗产税的税务筹划的基本前提是，财产被置入信托之后，便不再属于遗产。中国《信托法》第十五条也有类似的规定："委托人不是唯一受益人的，信托存续，信托财产不作为其遗产或者清算财产。"因此，我们的结论是，如果未来中国开始征收遗产税，依据《信托法》设立的家族信托也有遗产税税收筹划的功能。当然，具体的筹划方式，需要根据遗产税的具体规则来设计。无论如何，现行信托法已经有了这个筹划的基础。

（七）被继承人生前安排财产的安全方式

信托的设立需要履行财产的移转程序，所以，比纯粹的遗嘱具有确定性，而以遗嘱安排财产易引发纠纷。例如，亚洲女首富——香港华懋集团主席龚如心女士于 2007 年 4 月去世，自称龚如心密友的风水师陈振聪宣称，其拥有龚如心 2006 年立下的遗嘱，遗嘱承诺所有财产全部送给陈振聪，引发一场世纪争产案。再如，台塑集团创始人——台湾首富王永庆，2009 年在新泽西参观工厂时突然猝死，后引爆家族争产案，激化家族矛盾。

生前以信托的方式安排遗产，可使遗产归属明确，避免身后纠纷，甚至可以避免人身安全风险。被继承人因遗产而引发人身安全风险是有可能的，在英国 Riggs v. Palmer 案中，孙子为了提前取得遗产，杀害了爷爷。该案因著名法学家德沃金在著作中作为重要案例引用而广为人知。日本曾经发生过多起杀害老人的案件，均是因为遗产纠纷所引发的。据日本律师协会介绍，现在越来越多的日本老人在律师的帮助下，于生前设立财产信托，财产安排和移转提前完成，避免晚年风险。

（八）家族财富的隐名——信托代持

有些家族因政治原因，寻找“白手套”代持家族财产，意图掩盖非法财产的来源，这是非法且无效的。当然，在实践中，财产代持也有特殊的合法的原因，是有效的，受法律保护的。

在实务中，以公司股权为例，代持有两种方式：一种是通过代持合同；另一种是通过信托代持。前者受合同法调整，后者受信托法调整。合同代持无法充分保护隐名股东，因为根据《公司法》第三十二条规定，隐名股东无法对抗挂名股东的债权人，该代持股权是可能被强制执行，用于清偿挂名股东的个人债务的。2016 年，最高人民法院对长春市中汇小额贷款有限公司股权执行案的裁决就明确了该规则。但是，采用信托代持的效力则不同，它对隐名股东（即股权信托的委托人）具有强大的保护效力。典型案例如，2006 年，国发资本市场研究中心委托浙江省五环氨纶实业集团有限公司持有正德人寿保险股份有限公司 20% 的股份，共 1 亿股。2008 年 9—10 月，多家企业以借贷纠纷为由向浙江省杭州市、绍兴市人民法院起诉五环氨纶，五环氨纶所持有的正德人寿的 20% 的股份被查封。国发资本市场研究中心以股权信托为由对查封提起异议，异议成立。

（九）实现家族的慈善意愿——慈善信托

中国 2001 年实施的《信托法》和 2016 年实施的《慈善法》分别规定了“公益信托”和“慈善信托”，但两者含义是一样的。慈善信托的设立必须有慈善目的，所谓的慈善目的包含两个要素：一是慈善目的在法定的目录中，如扶贫、教育、医疗、环保等；二是受益人不特定。在实践中，一些家族企业虽有慈善之心，但明确特定的受益人，例如，山区某希望小学。在法律上，这仍然是私益信托，无法享有慈善信托的待遇，如免税等。

可担任慈善信托的受托人的只有信托公司和慈善组织。在设立慈善信托时，委托信托公司和慈善组织（如基金会），作为共同受托人是普遍的做法，因为将两者的各自优势结合在一起了，基金会可开具公益捐赠发票，享受免税待遇，信托公司则具有投资专业优势，使信托财产保值增值。慈善信托可设监察人，监督慈善信托的运营。

（十）信托功能的实现——信托目的与家族信托功能的正当性

上述家族信托的功能是否能够实现，首先取决于信托目的的合法性，这是家族信托实务中面临的一个非常重要的法律问题。

尽管从制度的发轫期来看，信托是被当作一种规避僵化或者不合理的制定法的工具出现的，但是现在，世界各国信托法均对信托目的的合法性提出了要求。如中国《信托法》第六条规定："设立信托，必须有合法的信托目的。"至于信托目的是否合法，则取决于其实现是否有违公共政策。目前被广泛承认的非法的信托目的，包括但不限于：欺诈债权人、专为诉讼或者讨债、规避强制性法律规定。

《信托法》第十一条规定："有下列情形之一的，信托无效：（一）信托目的违反法律、行政法规或者损害社会公共利益……（四）专以诉讼或者讨债为目的设立信托。"此外，认定信托无效时，还可适用《合同法》第五十二条，该条款规定了合同目的非法、以合法形式掩盖非法目的、恶意串通、违反法律和行政法规的强制性规定等无效情形。

家族信托的资产保护功能、避税功能、规避法律功能、财产多层次安排功能等，都需要进行合法性检测，才能保证法律效力，在这一点上，最高人民法院的相关判例值得重视。例如，2018 年 4 月，最高人民法院第三巡回法庭审理的君康人寿两股东——福建伟杰投资有限公司与福州天策实业有限公司——之间的股权信托纠纷案，裁判认定股权信托协议无效，理由是该信托协议规避保监会《保险公司股权管理办法》关于单个股东持股不得超过 25% 的比例的强制性规定。

第四节　离岸家族信托

一、离岸法区与离岸信托：概念与起源

"离岸信托"和"离岸公司"都是在"离岸法区"设立的。所谓的

离岸（Off Shore），是相对于在岸（On Shore）而言的，意即离开岸边。“离岸”一词始于1930年，原指那些离开美国口岸的岛屿。当时，在这些岛屿上进行国际贸易，税务较轻，管制宽松，吸引了大批商人，这就是“离岸”的起源。

之后，许多国家和地区出台了宽松的税收政策，并放宽了管制，有的甚至就在本土范围内，如欧洲大陆的瑞士、美国的特拉华州，虽未离岸，但也称为“离岸”和“离岸法区”（Off Shore Jurisdiction）。它们主要依赖外来的投资者发展经济。

“二战”以后，世界又陷入冷战，私人财产的安全令人担忧。担忧财产安全的人将资金存放在瑞士银行，但是，瑞士太靠近东欧“铁幕”（Iron Courtain）。于是，百慕大、巴哈马、维尔京、开曼群岛（Cayman Islands）、海峡群岛（Channel Islands）、泽西（Jersey）等地的地理优势就凸显了出来，并且这些法区属于英美法系，有信托法等灵活的法律机制，更适合保护家庭财产的安全。所以，这些地区最终成为离岸法区的中心，离岸信托也因此发展起来。

当然，设立离岸信托的另一个重要动机是避税。但是，欧美的部分国家对税法进行改革，挤压了通过离岸信托避税的空间和机会。特别是美国20世纪70年代初期的税法变革，影响极大，加拿大、澳大利亚和英国的税法改革紧随其后。对于这些国家的投资者，离岸信托的避税功能减弱。但这也是一件好事，它导致了离岸信托产业的结构性转型，发挥出了离岸法区另一方面的优势。这些离岸法区曾经是英联邦的殖民地或附属国，完整继受了英国的普通法和衡平法，有成熟的信托法制度，并且，政治稳定、法制健全、信托服务专业化，依然吸引了大量的外国投资者。

2018年3月，美国著名的《外交事务》（*Foreign Affair*）杂志发表了一篇题为《如何打击“避税天堂”》（*How to Crack down on Tax Havens*）的文章。根据该文介绍，仅2004年，瑞士银行的经理们访问美国客户达3800人次，仅瑞士银行帮助美国客户隐藏的资产总额在200亿美元以上。根据经济学家 Gabriel Zucman 估算，在离岸法区隐藏的财富总额达 8.7 万亿美元，相当于全球 GDP 总额的 10%。

离岸法区的立法极力保护投资者，原因在于，这些地区的立法机构议员多数是普通职业的民众，或是渔夫，或是宾馆服务员，他们的利益依赖外来投资者。如果本地的法律不能保护外来投资者，那么本地的经济亦将遭受打击。目前，受投资者欢迎的离岸法区主要有开曼群岛、维尔京群岛、泽西岛、百慕大等。

二、家族信托：离岸法区的法律优势

离岸法区之所以吸引外国投资者设立离岸信托和离岸公司，在于其法律上的优势，简而言之，优势表现在以下几个方面。

（一）税负较低

在离岸家族信托中，财产所涉及的税收一般发生在离岸法区属地，税率极低或是免税。以大不列颠维尔京岛（BVI）为例，信托收益免所得税，离岸信托的外籍受益人免信托利益分配的所得税，且无房地产税、遗产税、赠与税。

（二）委托人的权利保留

投资人在设立离岸信托时，不满于将财产的控制权全部给予受托人，希望保留权利，所以，离岸法区的立法就进行了改革，主要内容涉及期望函（Letter of Wishes）、侥幸条款（The Lucking Clause）、委托人保留权利（Reserved Powers）、委托人更换受托人的权利（Power to Change Trustees）等。新加坡信托法走得更远，允许委托人保留在信托下的资产控制权和投资决定权。

当然，委托人保留过多的权利，可能会使信托的性质发生变化，令信托成为虚假信托（Sham Trust），而被认定无效。

（三）私人信托公司

在家族信托中，委托人将身家交付给受托人，对受托人无法信任，也难以放心。为满足委托人的意愿，部分离岸法区除允许委托人保留权利外，还创设出一种特殊的信托公司——私人信托公司（Private Trust Company）。所谓私人信托公司，是专门为某个离岸信托而成立的有限责任公司，并担任该离岸信托的受托人。委托人可控股私人信托公司，并担任董事，增强委托人家庭对离岸信托的控制。

私人信托公司不需要获得信托许可证，其信托业务仅包括无偿信托业务，不涉及公众信托业务，其成立的唯一目的是担任某些特定家族信托的受托人。但是未来保障必须遵从监管等要求，往往需要聘用法律、税务等方面的专家，整体成本是相对较高的，只适用于部分资产类极大的企业家群体。

（四）信托保护人

信托保护人是离岸法区信托法的一个重要特色，它强化了对信托的保护，同时也体现了信托的控制权。

信托的保护人是信托的实际控制人，保护人可以是委托人，也可以是委托人之外由委托人任命的自然人或者机构（如家族办公室）。信托设立之后，为了与信托的委托人保持一定的距离，往往会弱化委托人在设立信托之后的权限，而强化保护人的权限。

（五）隐秘性

设立离岸家族信托可以将财产置于社会公众的视线之外，以离岸信托的名义购置不动产，持有公司股份，公众无法知悉信托背后的受益人。否则，无论是财产的转让还是财产的继承，都将履行公开的登记或公证手续，家族秘密会尽显露于天下。

为了增强财产的隐蔽性，实务中还普遍采用离岸信托与离岸公司相集合的框架：离岸信托→（控股）→离岸公司→（控股）→中国境内公司。据统计，截至2018年年中，中国香港216家上市家族公司中约有30%的企业以家族信托形式控股，通常采用“离岸公司+信托”的基本结构，由企业创始人成立家族信托基金，家族信托控制离岸公司，离岸公司持有家族公司的股份，从而实现对家族企业股权的控制。该结构的优势在于，多层隔离，信息隐秘，并且可实现完全控制。

【案例 1】

信托原理

刘汤姆，中国公民，2001 年 6 月毕业于美国加州大学洛杉矶分校，获经济学博士。之后，在中国香港工作。2004 年 9 月，刘汤姆考察北京房地产市场时，与北京汉斯公司签订了一份房地产买卖协议。正式协议约定：刘汤姆购买汉斯公司在北京朝阳公园与红领巾公园之间建造的公园大道住宅区内一套高级公寓，价值 330 万元，该公寓将在 2006 年 12 月竣工并交付给刘汤姆；补充协议约定：刘汤姆应在正式协议签订后的一个月内，办理银行按揭贷款，并由按揭银行向汉斯公司一次性以美元或人民币交清全部房款，否则逾期按每日万分之一的比例承担违约金。刘汤姆选择了以美元贷款，主要有两个原因：一是美元贷款的利率比人民币贷款的利率低，如汇丰银行，人民币按揭利率是 5.76%，美元按揭利率是 3.25%；二是刘汤姆坚信，在未来的 5 年内，人民币必将升值 30%。但是，刘汤姆在协议签订之后，与汇丰银行北京分行联系美元贷款时获知：根据中国银行监督委员会的规定，美元贷款只能面向外籍人士和中国香港永久居民，刘汤姆尚未获得香港永久居住权，所以，尚无资格申请美元贷款。此外，汇丰银行还告知：申请贷款者必须是房屋的购买者。刘汤姆左思右想后，决定以其好友胡约翰（美国国籍）的名义申请美元贷款，但不知如何操作，是否能得到法律保护。刘汤姆于是向李卡尔律师咨询，李卡尔律师建议刘汤姆运用信托的方法。

【思考问题】

在本案中，委托人、受托人、受益人是谁？信托财产是什么？

【案例2】

潘石屹SOHO地产家族信托

2002年，SOHO中国为了在海外上市，搭建了红筹架构。潘石屹和妻子张欣通过私人公司控制了SOHO中国（Cayman）股权；之后，SOHO中国（Cayman）设立了7家BVI公司，控制其境内7家地产项目公司。其中，潘石屹透过Boyce（BVI）控制SOHO中国（Cayman）47.39%的股权，张欣透过Capevale（BVI）控制SOHO中国（Cayman）47.39%的股权，夫妻二人的股权共计94.78%。此时，潘石屹和张欣分别拥有SOHO中国（Cayman）的均等股权。2005年11月14日，潘石屹将其在Boyce（BVI）的全部股份以馈赠方式转让给了张欣。

SOHO中国的信托持股设计模式如下：张欣把Boyce及Capevale（BVI）的全部股份转让给Capevale（Cayman）（特意为成立信托而注册的公司）；之后，张欣把Capevale（Cayman）的全部股份授予汇丰信托。张欣在信托条款中设计了信托财产不可撤销条款，张欣是该笔信托的授予人、保护人及全权受益人。潘、张二人作为Boyce及Capevale（BVI）的董事，通过对Boyce及Capevale（BVI）的控制，实现了将资产转移至国外和对SOHO中国的控制。

【思考问题】

分析潘石屹和张欣所设立的家族信托中的离岸公司和离岸信托的集合模式。

【案例3】

2014年10月底，“90后”女孩纪凯婷以80亿元身家登陆胡润富豪榜，迅速成为舆论焦点。同时，年仅24岁的她取代了Facebook的联合创始人达斯汀·莫斯科维茨，成为全球富豪榜上最年轻的富豪。纪凯婷的父亲是龙光地产董事长纪海鹏，纪凯婷通过设立多层离岸信托，持有了龙光地产 85% 的股份，成为龙光地产第一大股东。

龙光地产控股于 2010 年 5 月 14 日在英属开曼群岛注册成立。公司成立当天，纪凯婷受让持股 1 股。随后，公司增发 999 股，通过向纪凯婷本人以及其全资拥有的三家注册地在英属维京群岛的投资公司配发，纪凯婷拥有了龙光地产控股的全部已发行股本。

2013 年 4 月 16 日，纪凯婷在英属维京群岛注册成立英属维京群岛控股公司，其本人持有该公司 100% 的股权。同年 5 月 15 日，纪凯婷又通过在根西岛注册成立的信托公司，设立了一项家族信托。该信托公司收购了英属维京群岛控股公司的全部权益，此时，龙光地产控股由这家信托公司 100% 持有。10 月 31 日，纪凯婷又分别以零代价向上述三家离岸投资公司以及英属维京群岛控股公司转让了股份。同年 12 月，龙光地产控股以信托持股方式在中国香港上市。家族信托的受益人是纪凯婷及其家庭成员（不包括纪海鹏）。信托的标的是纪凯婷及其家庭成员于上市公司的权益。家族信托拥有信托公司的全部权益，而信托公司则持有英属维京群岛控股公司的全部权益。

这是一个典型的设立两层离岸公司的构架，信托公司是第一层离岸公司的控股方，子女是第二层离岸公司的股东。在财产全部转入信托以后，从法律上讲，这部分财产的法定所有权被转移到了受托人的名下，同时子女又是信托的受益人。此外，信托公司作为第一层离岸公司的控股方，既符合信托公司作为受托人持有并保管相应资产的法律规定，又避免了参与公司日常经营决策。

在这一案例中，纪凯婷通过多家公司和家族信托，持有了龙光地产 85% 的股份，是龙光地产的最终股东，同时声明全权委托父亲纪海鹏管理这部分股权。也就是说，纪海鹏将资产转移给纪凯婷后，在实现了财富传承的同时，仍对龙光地产实施着有效控制。

【思考问题】

根据上述案例，分析该家族信托的功能。

【参考文献】

［1］Geraint Thomas，Alastair Hudson. *The law of trusts*（Second Edition）. Oxford University Press，2010.

［2］Graham Moffat. *Trust law*（Fourth Edition）. Cambridge University Press，2002.

［3］Hartley Goldstone，James E. Hughes，Jr.，Keith Whitaker. *Family trusts*. Bloomberg Press，Wiley，2016.

［4］Paolo Panico. *International trust laws*. Oxford University Press，Great Clarendon Street，Oxford，2010.

［5］Sara Collins，Steven Kempster，Morven McMillan，Alison Meek. *International trust disputes*，Great Clarendon Street，Oxford，2012.

［6］Lawrence M. Friedman. *Dead hands*. Stanford Law Books，2009.

［7］劳伦斯·M. 弗里德曼 . 遗嘱、信托与继承法的社会史 . 沈朝晖译 . 法律出版社，2017.

第三十五章　企业家刑事风险防范

企业家是创新的主体，是创造社会财富最核心的组织者。在传统社会经济向法治市场经济转型中，企业家面临政治、经济、社会等环境的复杂性和不确定性，承担着较之常人更为复杂凶险的各类风险（尤其是刑事风险），不仅容易身负“原罪”，也容易入罪。推动国有企业和民营企业发展，需要激发和保护企业家精神。

企业法律风险，系指因外部法律环境变化、实施法律行为或发生法律事件而给企业造成不利后果的可能性。法律风险可能发生而非必然发生；法律风险可能引发的后果不利于企业，亦有违企业家意愿。法律风险因涉及领域的不同和违法性质的差异，包括刑事法律风险、民商事法律风险与行政法律风险。

企业家的刑事风险系指因本人或他人出现刑事违法犯罪行为，从而给企业及企业家带来不利后果的可能性。因治理不善、经营不轨或其他原因，企业和企业家都可能陷入刑事风险或遭遇不测。刑事风险不仅可能导致企业财产的巨大损失，还可能导致企业家及其家族成员丧失财富、自由乃至生命，因而是企业及企业家最致命、最需要有效防范的法律风险。

改革开放以来，中国对民营经济和民营企业家的法律保护不断加强。但是，中国企业家特别是民营企业家的法律风险特别是刑事法律风险仍较高。法律风险特别是刑事法律风险成为民营经济发展遇到的困难和问题的突出表现之一。中国现阶段企业家面临的法律风险主要是刑事法律风险，主要是由以刑法为主导的经济控制模式导致的，具有较大的计划经济时代的特点。刑事法律风险已经成为企业特别是民营企业在发展过程中需要面对的最大风险，因此本章以民营企业为中心介绍企业家刑事风险防范问题。

第一节　企业及企业家个人刑事风险的特点与成因

刑事风险与本人或他人犯罪直接相关，而企业和企业家本人都可能构成犯罪，二者所面临的刑事风险具有极大的关联性。

一、企业家个人犯罪与企业单位犯罪

企业犯罪在《中华人民共和国刑法》（以下简称《刑法》）中称为单位犯罪，指的是公司、企业、事业单位、机关、团体为本单位谋取非法利益，经单位集体研究决定或者由有关负责人员决定实施的危害社会的行为。《刑法》第三十条规定："公司、企业、事业单位、机关、团体实施的危害社会的行为，法律规定为单位犯罪的，应当负刑事责任。"第三十一条规定："单位犯罪的，对单位判处罚金，并对其直接负责的主管人员和其他直接责任人员判处刑罚。"但是，企业家个人为进行犯罪违法活动而设立的公司、企业实施犯罪的，或者公司、企业设立后以实施犯罪为主要活动的，不以单位犯罪论处，而是直接追究行为人个人刑事责任。

企业家个人犯罪与企业单位犯罪常常紧密交织在一起。企业犯罪基本上都意味着，企业家作为主要负责人甚至直接责任人要受到刑事追究；企业家犯罪又通常与其经营管理企业过程中所实施的行为密切相关。值得关注的是，一旦一项犯罪行为被认定为系企业所实施，则企业家个人所承担的刑事责任一般要比企业家个人直接实施该项犯罪要轻得多。例如，单位行贿数额在 20 万元以上的，应予立案；而个人行贿罪的追究数额起点是 1 万元。自然人行贿 10 万元以上不满 30 万元的属于"情节严重"，应判处 5 年以上 10 年以下有期徒刑；而单位行贿数额在 20 万元以上才属于"情节严重"的立案标准。

如果仅仅是企业家个人构成犯罪，则无权对相关企业施以刑罚。企

业家个人构成刑事犯罪，并不意味着必然剥夺其对企业的财产权乃至控制权。国美集团创始人黄光裕个人构成犯罪，必须承担刑事责任，但不可因黄光裕个人的犯罪而对国美集团予以处罚。因此，区分企业家个人犯罪与企业法人犯罪非常有必要，有些时候甚至显得格外关键。

二、企业及企业家刑事风险成因

企业及企业家刑事风险的成因主要有以下三方面。

（一）法律环境变更

国家法律规定的变化无疑直接影响企业及企业家某一行为的具体定性和法律责任。2018 年，演员范冰冰逃税案最终以税务机关责令范冰冰补交税款及罚款共计人民币近 9 亿元结案，而没有追究范冰冰公司及其本人的刑事责任。但是，在 2001—2002 年间，演员刘晓庆则因偷逃税收被刑事羁押了 400 余日。为何会出现如此大的差异呢？原因在于，2009 年 2 月出台的《中华人民共和国刑法修正案（七）》对《刑法》第二百零一条进行了修改。修改后的法律增加了初次违法免罪规定，即规定行为人经税务机关依法下达追缴通知后，补缴应纳税款，缴纳滞纳金，已受行政处罚的，不予追究刑事责任。范冰冰认错认罚且无“前科”，对其逃税行为免予追究刑事追究是有法可依的。而刘晓庆涉案时法律并无此项规定。二者所处法律环境不同。从程序上讲，这是刑事处罚的前置要件；从实体上讲，此乃刑事处罚的阻却事由。

国家刑事政策的变化也直接影响企业及企业家的法律责任。典型者如国家对“红帽子”企业的不同政策，直接影响到对那些由自己出资，“挂靠”在国企名下，名为国资实为民企的企业法律性质的认定，也就直接影响到这些企业家对企业资产的处罚，究竟是依法处罚自身权益，还是构成贪污、挪用的犯罪。江西省新大地实业发展总公司创始人涂景新，因经营及融资需要，将公司“挂靠”于海南机械进出口公司而戴上“红帽子”成为“国有企业”。而海南机械进出口公司只是出具了验资证明及其他手续，所有资金均由涂景新个人筹措。后来，涂景新被海南反贪人员从江西抓捕至海口，一审以贪污挪用罪判处死缓、剥夺政治权利终身并处剥夺个人全部财产。2012年年底，经海南省高级人民法院二审，以证据不足不构成犯罪宣告涂景新无罪，判决同时认定涉案财产仍属“国有资产”，堪称具有时代特色之判决。

与之形成对比的是李宁公司。著名运动员李宁退役后加盟广东健力宝集团，创立了“李宁”体育用品品牌，开创了中国体育用品品牌经营的先河。李宁和李经纬联手策划，决定“以健力宝推动李宁牌，以李宁牌促进健力宝”。1994年，李宁偶遇资本运营专家刘纪鹏教授。刘纪鹏教授一针见血地告诫李宁，要是不脱离健力宝，今后会出大事，因为体制机制制约李宁公司的成长。刘纪鹏教授还拿出了“组织与管理及股份制规范化、集团化”方案，指明李宁集团的目标模式应该是混合控股公司。“脱钩”涉及两个核心问题：第一，要把“李宁牌”商标从健力宝拿出来；第二，进行股份制改造。从健力宝脱钩并没遇到什么阻力，李经纬相当大度，完全支持李宁自立门户。1994年年底，只是在股份和品牌方面采取了一些变动措施，李宁公司就顺利脱身了。健力宝历年的1600万元投入，李宁后来也分三次用现金偿还了。2004年，李宁公司在香港联交所主板成功上市，销售额创下历史新高，成为第一家在境外上市的中国体育用品企业。同样是“红帽子”企业，李宁却通过构建符合法律规范的组织体系，不仅为企业基业长青奠定了制度基础，而且避免了自己身陷囹圄的风险。

（二）法律行为实施

法律行为系指企业或企业家主动或被动、积极实施或消极地做出某些行为，从而引发某些法律后果需要承担特定法律责任的行为。根据不同标准，法律行为通常可以做以下分类。

其一，犯罪行为实施者，即主动实施犯罪行为；刑事犯罪受害者，即被他人实施的犯罪行为所伤害。

其二，合法行为与非法行为。前者如签合同被骗，后者如倒卖国有土地，都可能引发刑事风险。

其三，素质风险与道德风险。前者如员工不慎泄露重大商业机密乃至国家秘密，或误将重要资料当成废纸；后者如职业经理人掏空公司，以及职务侵占、挪用资金等。

其四，理性行为与非理性行为。前者是指经过对成本、效益、抗风险能力、应对措施等综合考量后做出的行为，即使承担刑事责任，也值得去做，如某些新型的涉及集资的业务类型可能触犯刑律，但立法相对模糊，且在被追究责任之前有足够的机会积聚足够的财富。后者则属“天若使其亡，必先使其狂”的“狂者必亡”行为。

（三）法律事件发生

法律事件是指不受当事人的意志支配的一种事实，跟当事人的意思表示无关。法律事件包括自然事件和人为事件。自然事件与人的意志完全无关，如打雷、刮风、下雨、地震、海啸。人为事件与人的意志有关系但是当事人控制不了，如战争、罢工、动乱等，即非因人力因素出现的客观情况，导致出现刑事风险。例如，在自然灾害或战乱环境下，企业家为求自保而严重伤害他人人身安全、经济利益，构成紧急避险而免除自身刑事责任。

现实生活中，一旦发生重大利益冲突，部分品行低下的当事人首先想到的往往是，找出对方违法犯罪的事由，使对方得到刑事惩罚，同时避免被对方攻击——通过刑事方式攻击对方，成为商业竞争的一个“杀手锏”。

新旧体制转轨时期，有可能会出现“立法过严，违法普遍，执法必松，法外特权”的特殊环境，民营企业家尤其容易出现所谓的“原罪”或持续的违法犯罪。

三、对原罪的反思

“原罪”一词来源于宗教，其含义并非犯罪，而是犯罪的原因。在中国，所谓的“原罪”是指许多人认为民营企业家的初始财富的积累过程存在一定的不规范性甚至不合法性。对民营企业加以“原罪”，使民营企业家阶层对自己的人身安全和财产安全感到不安，对未来社会发展趋势感到迷茫，对国家政策和法律的权威性产生怀疑，其结果就是民营企业家的观望不前甚至大量资本外逃。没有民营经济就没有市场经济。

“原罪”的概念在法价值上不符合公平价值，构成对民营企业的歧视，也违反法的效率价值，不利于社会生产力的发展，同时违反法的和谐价值，也就是社会合作的价值。道德是法律的重要思想来源，但是不能直接以道德判案。法律既是道德的底线，维护整个社会的一般道德水平，又在一定条件下弘扬高尚的道德，但主要是倡导性的。对于民营企业的“原罪”，必须界定为法律意义上的“原罪”，“道德性原罪”不宜继续使用。对于“法律性原罪”则应按罪刑法定原则来处理。对于民营企业存在的违法犯罪问题，该追究的必须追究，但不能不分青红皂白地谓之“原罪”。

“原罪”根本上涉及企业行为与法制体系的匹配，不仅需要反思企业行为的合法性，还要考虑法治体系本身的历史变迁。如果法治滞后于改革，则面临良性违法、良性违宪等问题。改革开放以来，由于非公有制和市场经济的发展，中国法律体系不断面临修改的压力，确实在某些领域或方面曾有“好的改革”与“差的法治”并存的社会实态。在与现行《宪法》不相符合的情况下，安徽小岗村率先实施土地承包责任制，温州先行允许私营经济发展，深圳先行实行土地使用权有偿转让等，它们不仅为后来的事实证明这样做是正确的，也为后来的《宪法》修改和法律制定所肯定。1978 年，安徽凤阳小岗村实行“大包干”，正式揭开了中国农村从单纯的集体所有制向集体所有、家庭经营的两权分离模式转变。但这次改革违反 1978 年《宪法》“总纲”第七条——“农村人民公社经济是社会主义劳动群众集体所有制经济”。事实上，即便是 1982 年制定的《宪法》仍然没有承认家庭承包制。1993 年，第二次《宪法修正案》第八条才明确承认家庭承包制的宪法地位，肯定了早在 10 年前没有宪法授权的条件下完成的既定事实。产生于计划经济的“投机倒把罪”在1997年才取消,《投机倒把条例》于2008年1月撤销，而改革开放以来的市场行为显然不能被界定为“原罪”。

弘扬企业家精神，保护企业家人身安全和财产安全是基本保障。加大反腐败斗争力度，坚决反对和纠正以权谋私、钱权交易、贪污贿赂、吃拿卡要、欺压百姓等违纪违法行为，甄别纠正一批侵害企业产权的错案冤案，有利于为民营经济发展创造健康环境。纪检监察机关在履行职责过程中，需要企业经营者协助调查的，要保障企业经营者合法的人身权益和财产权益，保障企业合法经营。对民营企业历史上曾经有过的一些不规范行为，要以发展的眼光看问题，按照罪刑法定、疑罪从无的原则处理，让企业家卸下思想包袱，轻装前进。

第二节　企业和企业家刑事风险的表现形式和常见罪名

一、企业和企业家刑事风险的表现形式

企业和企业家面临刑事风险，通常有以下两种表现形式。

（一）犯罪行为实施者

既包括有计划、有预谋、有组织地犯罪，也包括因无知、狂妄而不自不觉地犯罪。前者如四川汉龙集团负责人刘汉兄弟（涉嫌犯组织、领导、参加黑社会性质组织罪以及故意杀人罪被判处死刑），三鹿集团原董事长田文华（因为三鹿牌婴幼儿配方奶粉被发现含有三聚氰胺，导致全国大量婴幼儿患肾结石，涉嫌生产、销售含有三聚氰胺的婴幼儿配方奶粉、液态奶制品，被判处无期徒刑）等。后者如河南某全国知名种业专家闫某某，原本只是委托某融资平台为解决自身发展需要进行融资，但出于好大喜功的本性，却与该P2P融资平台公司签署了所谓的战略合作协议。负责融资的P2P平台公司以闫某某名义对外非法募集了3亿元人民币，为种业公司仅提供了6000万元资金，其他资金不知去向。最终，融资平台负责人因集资诈骗被判处无期徒刑；该企业家则被以非法吸引公众存款被追究刑事责任。

（二）犯罪行为受害者

有的企业家自身惨遭不幸，如山西海鑫钢铁集团董事长李海仓（2003年1月22日被刺杀于办公室）；有的企业家家族成员被害，如李嘉诚的公子被绑匪所绑架勒索。

有的企业被外部犯罪伤害，如企业遭受诈骗、被索贿、被严重侵害商誉，典型者如伊利以自身商誉受损为由报案，要求抓捕相关批评者。

有的企业被内部犯罪伤害，如在力联集团法定代表人协助有关机关调查期间，职业经理人通过低价贱卖公司资产等方式非法掏空公司资产。

二、企业和企业家的常见罪名

民营企业家涉嫌犯罪问题有一个变迁过程。最早期的民营企业家刑事纠纷，集中于偷逃税收、行贿及诈骗。此后，随着2009年2月《刑法修正案（七）》的出台，追究企业家涉税犯罪，需要经税务机关多次处理而“屡教不改”才构成刑事责任。此后相当长的时间里，虚报注册资本、抽逃出资成为各地抓捕企业家最常见罪名之一。而随着2014年5月《最高人民检察院、公安部关于严格依法办理虚报注册资本和虚假出资抽逃出资刑事案件的通知》的出台，对此类问题，原则上不允许各地随意以此为由抓捕企业家。

北京师范大学中国企业家犯罪预防研究中心、刑事法律科学研究院以“中国裁判文书网”上传的刑事案件判决书、裁定书为检索对象，对2016年12月1日至2017年11月30日上传的所有刑事案件判决书、裁定书，按照设定的统计变量进行系统检索，从中筛选出符合企业家犯罪定义的案例2319件作为分析样本，制作并发布了《企业家腐败犯罪报告》《2017企业家刑事风险分析报告》。年度企业家犯罪2481次。其中，国有企业家犯罪数为375，约占企业家犯罪总数的15.1%；民营企业家犯罪数为2106，约占企业家犯罪总数的84.9%。共涉及犯罪企业家2292人。其中，犯罪的国有企业家共308人，约占犯罪企业家总人数的 13.4%；犯罪的民营企业家共 1984 人，约占犯罪企业家总人数的 86.6%。该报告显示：国有企业家犯罪的涉案人数以及犯罪频次虽然远远小于民营企业家犯罪的涉案人数以及犯罪频次，但国有企业家腐败犯罪占其犯罪总数的比例却始终高于民营企业家腐败犯罪占其犯罪总数的比例。国有企业家腐败犯罪的数量较大，且呈现出逐年上升的趋势。2017 年，国有企业家犯罪排前五位的罪名是受贿罪、贪污罪、挪用公款罪、私分国有资产罪、行贿罪。一方面说明了如今中国的反腐败斗争在国企这一领域取得了较大的成果，另一方面也表明国有企业中预防腐败犯罪的机制体制仍有待完善。从具体罪名及触犯频次分析，2017 年国有企业家共涉及 29 个具体罪名，触犯频数共计 375 次。触犯频次最多的三个具体犯罪分别为受贿罪（136 次）、贪污罪（77 次）以及挪用公款罪（46 次），其中，受贿罪的触犯频次及其所占比例远高于其余犯罪。而民营企业家共涉及 75 个具体罪名，触犯频数共计 2106 次。高频率罪名包括非法吸收公众存款罪（414 次）；虚开增值税专用发票，用于骗取出口退税、抵扣税款发票罪（334 次）；单位行贿罪（181 次）。

现在中国企业的法律风险主要来自传统经济控制模式下的刑事法律风险。对企业来说，只要不违法，就不存在风险。法律是企业安身立命的保障，严格依法经营，不但不会有法律的风险，还会受到法律的保护。

第三节　刑事风险防范与刑事危机化解

一、企业家化解刑事危机的基本要求

企业和企业家需要在日常经营管理中绷紧法律这根弦，与专业律师团队保持应有的密切沟通，做好日常的合规管理与风险应对。而一旦出现刑事风险，则需要第一时间至少做好以下 10 项工作。

第一，企业家意识到刑事风险之际，就应当“第一时间”主动与律师分析事件性质、责任风险，制订相应的“应急方案”。

第二，企业家接受调查和讯问之际，就应当“第一时间”与律师商量应对方案。

第三，企业家被采取强制措施之时，安排律师“第一时间”与办案机关沟通，“第一时间”争取会见，“第一时间”向侦查机关提出法律意见。

第四，企业家被限制人身自由之后，要安排律师“第一时间”争取取保候审。

第五，企业家被侦查机关要报“批捕”时，就要安排律师“第一时间”与检察机关沟通，争取不要批准逮捕。

第六，即使企业家已经被刑拘甚至被逮捕，也要安排律师“第一时间”对羁押的必要性问题提出法律意见。

第七，企业家被检察机关审查起诉，就要安排律师“第一时间”争取阅卷并就是否应该起诉发表法律意见，争取不起诉或撤销案件。

第八，企业家如果发现可能存在对自身有利的证据，就要安排律师“第一时间”以合适的方式调查取证。

第九，如果案件确实“疑难复杂”，就应安排律师“第一时间”邀请专家“会诊论证”，乃至争取人大代表、政协委员及社会各界的广泛关注与支持。

第十，企业家如果遭遇刑讯逼供，就要“第一时间”向有关机关提出控告，必要时通过媒体、自媒体等渠道曝光相关违法行为。

所谓“第一时间”，既是最快最及时的“第一时间”，也可能是现实可能性允许的“第一时间”，还可能是辩护律师与相关方面经过精心研究选择的最恰当的“第一时间”。总之，企业家自身的安排及辩护律师的辩护工作应贯穿刑事案件处理的全过程，应采取法律要求和职业伦理所允许的一切方式。如果到了法庭才开始着手上述工作，那么很多情况下只怕为时已晚。例如，广东某上市公司举报前股东——前 CEO 职务侵占、挪用资金案件，该上市公司新的实际控制人与被告人（公司创始人）一方正在博弈的是案件管辖权——当下中国，案件在作为被害人的公司所在地法院审理，还是由被告人主要活动区域所在地法院管辖，结果或许会有相当大的差异。

此外，企业家面对社会复杂矛盾，需要掌握和理性认识刑事立法与司法当中，对于类似行为刑事处罚现实存在的轻重差异，对此总结出 8 条类似行为的法律后果的轻重对比，可供了解。第一，盗窃较重，贪污（职务侵占）较轻；第二，强奸较重，嫖娼较轻；第三，抢劫较重，盗窃较轻；第四，诈骗较重，冒充国家工作人员招摇撞骗较轻；第五，盗窃诈骗较重，故意毁坏财物较轻；第六，个人行贿较重，单位行贿较轻；第七，贪污较重，私分较轻；第八，抢劫较重，聚众哄抢较轻。企业家掌握前述刑事立法、司法领域的特殊情况，有利于更好地约束自身行为。

二、有效应对刑事风险的理性措施

除了日常的法律风险管理，当下民营企业与地方势力产生冲突后，有些地方政府习惯性采用以下三种方式处理相关企业及企业家。

（1）刑事立案：即对“不听话”的投资人立案追究刑事责任，再根据事态进展需要决定是否实际羁押。

（2）民事查封：一旦投资人“不听话”，当地与之有业务往来的公司或个人，很容易被暗示甚至被起诉，然后无论起诉的标的额多大，都可以此为由将投资人资产全部冻结。

（3）刑事追赃：因涉及抽逃、转移涉案款项，公安机关可顺着资金走向，对与投资人有业务往来的关联企业均采取相应措施。

因此，企业需要建立风险管理机制与有效的应急预案。一是学会识别刑事风险，掌握企业不同阶段容易出现的问题；二是学会控制刑事风险，如某省部级官员贪腐案中，当事人积极配合案件调查，并积极与执法机关多次沟通，让被变相羁押的企业家有条件地获得人身自由，从而为拯救企业提供了有利条件，有效地避免了企业的倒闭；三是要妥善处置刑事风险，尤其要有刑事风险应急预案，其内容至少须包括家族梯次决策程序及启动条件。

此外，应对风险的各种资源不仅包括内部的人力资源、财富资源，还包括外部的公共资源，如政府部门、智库、媒体、“白衣骑士”和律师等专业人士。

三、刑事自救的三大资源

在企业发展过程中，需要不断积累刑事自救的三大资源。一是道义资源，这是企业家安身立命和占据社会资源的正当性基础。拥有道义资源，就不会给无良对手试图从舆论上道德抹黑企业留下机会。二是人力资源与资金资源，就当下中国的营商环境与法治环境来看，家族企业尤其要注意，务必做到尽可能保证资产的流动性与安全性，务必打通国内外财富的多样配置，务必注意积累“外脑”（专家、智库）和外嘴（记者、媒体）。三是社会公共资源，比如，与政府部门适当搞好关系；与其他企业家组成关联企业或利益共同体；与媒体、科研机构等开展交流与合作；与其他国际组织和机构（如联合国、世界银行、世界卫生组织）开展对话与互访等。

企业家应对刑事风险要坚持“一个中心、两个基本点”。一个中心是指以“法律正当性”与“道义正当性”为中心。刑事自救，最核心的问题是要有“法律正当性”与“道义正当性”，前者是在法律上要站得住脚，后者是在道义上要站得住脚。这样，刑事自救才可能具备坚实的基础。两个基本点包括媒体关注（既包括作为内部媒体的“内参”，也包括作为社会公共媒体的“新闻”）和领导支持，二者均系作为弱者在与强势一方博弈时的“造势”技巧。盖因在强大的公权力面前，任何拥有财富的个体都是弱者。而因为缺乏有效的监督，权力极易被滥用。故以公众关注或上级关注，迫使动用权力一方“讲理”，遵守程序正义。在此过程中，如果有各级人大、政协等的共同关注和参与，则效果会更为不同。当然，前提是“有效沟通，做通工作”。

四、以多元方式化解刑事危机

任何商业的、非商业的风险最终都将戴着法律的面具出现，都表现为权利的灭失或义务的增加。而刑事风险常常是各种矛盾极度尖锐的产物，需要采取包括但不限于社会的、政治的、商业的各种手段，有效控制刑事风险的深化或蔓延，也包括积累和有效调度各种社会资源，做好刑事案件的有效辩护或刑事风险的有效化解。总之，刑事手段是方法，不是目的，虽然限制对方当事人人身自由，会使己方主动得多。企业和企业家所需要的是，行之有效的“综合解决方案”，或综合各种手段、凝聚各种资源，有效化解当事人的刑事风险，或通过刑事手段达到当事人期望达到的目标。

例如，通过商业方式化解刑事风险。某国有控股上市公司老总因公司财务危机爆发被抓。即使并没有查实这个老总有多大的违法犯罪事件，但公司亏损或困难问题得不到解决，必须有人承担责任，否则事件无法平息。所以，当事人一方面安排律师与侦查机关积极沟通；另一方面，律师也通过各种路径帮助当事人引进战略投资人。最终，国内某大型集团收购了该上市公司，极大地改善了公司财务状况，公司股价大涨，这就从根本上把套解开了。在此基础上加强与纪检、检察机关的沟通，也可以在一定程度上化解当事人的刑事风险。而吉林某纸业企业投资危机处置中，整体思路便是通过司法宣告企业破产的方式使上市公司“净壳”，然后引进有实力的南方企业，借壳重组上市公司。既解决了投资危机，也化解了企业家刑事风险，还使企业焕发出了全新活力。

再如，通过刑事司法等方式消除并购障碍。在某起公司控制权争端中，新的大股东拥有公司超过 60% 的股权，但始终无法实际控制公司。后来他通过某种方式取得了原股东——公司实际控制人涉嫌违法犯罪的证据，进行谈判后，通过由其他上市公司收购该股东的股份令该股东退出公司的方式解决了问题。此外，并购案件中，并购方通过支付部分费用控制公司，进而“倒查”出对方在财务方面涉嫌违法、犯罪问题，再逼对方协商谈判，迫使对方就范的案例也不罕见。

总之，处理刑事问题往往涉及刑事辩护、民事诉讼、谈判斡旋、媒体沟通、政府协商、群体对话、引入第三方等种种方式，需要不拘一格，灵活运用。

五、企业家刑事风险应对机制

（一）调动社会各界资源

企业家应保持开放、包容的心态，加强与社会各界的广泛合作。2017年，浙江某企业家因陷入“非法吸收公众存款罪”风险，同时资金链发生危机，遂聘请负责刑事业务、互联网金融业务、私募股权投资业务的七八名律师组成律师团，联手渡过了难关。2011年，江苏某企业家因国企改制而引发的贪污、挪用资金案件，案件一审、二审，企业家均被处有期徒刑16年，后经一再申诉，最高人民法院指令江苏省高级人民法院再审，最终认定当事人不构成巨额贪污，仅以企业家自认的收受2万元定罚量刑。该案件最为核心之处便是，企业家联合全国优秀的律师、财务专家、法律专家，从财务专业上论证，所谓的被贪污的财产根本不构成国有资产，纯属改制后的公司资产，从而有效地对当事人贪污进行了辩护，同时成功地帮助当事人继续控制公司。

2010年，某企业家因将地产公司股权转让给他人而得罪了当地某些势力，被以合同诈骗为由逮捕，最终外来投资人被以所谓的“名为股权转让、实为倒卖土地”为由起诉。企业家及其辩护律师当时邀请国内著名的权威学者仗义执言，成功取得了国内诸多高端媒体的高度关注，以及全国人大代表、政协委员的全程监督，最终在上级法院关注下，当事人重获人身自由。自由的学者、独立的媒体、专业的律师是企业家维护自身权益的主要参谋与辅助力量，充当着企业“外脑”与“外嘴”的功能，能帮助企业厘清思路、有效维权，也可充分调动社会各界资源，形成一种强大的社会关注与公众意志，制止公共权力的滥用。

（二）妥善处理政商关系

企业家应保持内心的平淡、镇定，妥善处理政商关系与社会矛盾。有一种社会文化往往具备浓重的“官本位”与“仇富”情结。人们往往容易崇拜并仇恨强者，同情且鄙视弱者，认可而尊重智者，在这种氛围下，狂妄、霸道招祸，克制、内敛安全。

在政商关系处理问题上，企业家一要关心政治，学习国家文件和会议精神。执政党的党代会报告往往正是整个社会下一阶段的工作重点，社会资源重点投放领域，企业发展的重要机遇和软环境。二要审慎处理与官员的关系。企业家需要借助依附官员来利用公共资源，把企业做大做强，但过度与官员形成利益共同体，会是企业最大的风险。企业家与官员一要“亲”，保持友好与合作；二要“清”，遵守规矩，守住底线。

（三）律师团队支持

企业家应该提前规划，与靠谱的律师（团队）建立联系。企业家要与自己相匹配的律师成为合作者，既要有“法律保姆”负责日常事务，又要有“法律保镖”解决重大或专门事项。什么样的律师才是“靠谱”的呢？三个基本判断标准：专业精，头脑灵，人脉广。如果一个律师总能让你不得不在意他的存在，让你期待或信任，让你本能地重视和尊敬，而且既尊重你又不刻意讨好你，那么基本上他就属于“靠谱”律师了。

合适的律师团队可以为企业家提供法律专业技能上的服务，可以提供解决问题的思路、方法等人生智慧上的服务，还可以帮助企业家有效获取权利、资本、市场、专家权威等各种社会公共资源的服务与帮助。

当下中国正处于向法治经济转型期。如果公共权力不受到有效制约，那么企业家们无不行进在通往监狱的道路上；如果公民权利得不到有效保护，那么任何财富都不过是“浮云”。所谓“自由在高处”，企业家的视野需要立意高远一些。当下，推进依法治国方略和社会法治进程，是企业家们的历史责任，也是防范刑事风险最有效的途径。

【案例 1】

顾雏军案再审的“生死手”

2009 年 3 月，广东省高级人民法院做出终审裁定，认定顾雏军犯虚报注册资本罪，判处有期徒刑 2 年，并处罚金人民币 660 万元；犯违规披露、不披露重要信息罪，判处有期徒刑 2 年，并处罚金人民币 20 万元；犯挪用资金罪，判处有期徒刑 8 年；决定执行有期徒刑 10 年，并处罚金人民币 680 万元。

2012 年 9 月 6 日，顾雏军提前获释出狱并向最高人民法院提出申诉。2017 年 12 月，最高人民法院宣布，顾雏军提出的申诉符合法律规定，决定提审此案。2018 年 5 月 18 日，原审被告人顾雏军等虚报注册资本，违规披露、不披露重要信息，挪用资金再审一案，合议庭组织检、辩双方召开庭前会议，就与审判相关的问题了解情况、听取意见。2018 年 6 月 13 日，深圳市最高人民法院第一巡回法庭公开开庭审理原审被告人顾雏军等虚报注册资本，违规披露、不披露重要信息，挪用资金再审一案。

最高人民检察院明确表示，虚报注册资金，违规披露、不披露信息以及两起挪用资金行为中的一起 6300 万元均不构成犯罪，控、辩双方就原审认定的 2.9 亿元资金是否构成挪用资金罪最终展开了辩论。此外，本案中检察机关对顾案中的部分行为认为不构成犯罪，是在认定基本违法、违规事实存在的前提下，基于法律规定变化、法律适用不当、情节显著轻微等原因不再作为犯罪处理。而顾雏军及其辩护人则主张，本案所谓的犯罪事实根本不存在，适用法律完全错误，本案纯属公权迫害所致的冤案。这二者不仅对顾雏军的社会评价不同，对其后续申请国家赔偿、追究行政机关及相关官员责任、维护名誉权及各项商事权利的法律意义也完全不同。

【思考问题】

1. 请通过查询案件详情，回答顾雏军再审案中控、辩双方的争议焦点。

2. 你如何看待顾雏军案与中国式改革？

【案例 2】

《法制日报》：转让地产公司股权即构成非法倒卖国有土地？！

2009 年，某地产公司股东陆某某向朋友薛某某借款 1.46 亿元人民币购买该公司其他股东全部股权，同时约定了 20% 的年利率。陆某某完成收购后，以 40% 的年利率连本带息归还了借款。因陆某某未能开发涉案地块，而是加价数千万元人民币，将地产公司股权悉数转让给了费某某。薛某某主张其是委托陆某某代为收购股份而非借款，便向公安机关举报陆某某诈骗，因理由过于牵强，公安机关未予立案；后又以“侵占”为由向当地基层人民法院提起刑事自诉，法院立案受理并拟对陆某某采取强制措施。因“侵占”犯罪的前提是，所有权属明确无争议，而本案的前提是，需要对涉案股权进行确权，在权属尚不明确的前提下即以刑事自诉的方式既追究对方刑事责任，又将系争股权归于自己名下，显然有违法律的基本原理。最终，一审法院驳回了原告的刑事自诉。然而，2010 年 3 月，当地公安机关在该案二审过程中以“合同诈骗”为由将陆某某由北京带至江苏，先后实施监视居住、刑事拘留、逮捕。之后检察机关以“名为股权转让，实为倒卖土地”为由提起公诉。

陆某某于 2011 年被取保候审，本案于 2013 年年初以检察机关撤回起诉结案，整个事件最终得以回归到法治的正常轨道上。《法制日报》分别刊登于 2010 年 3 月和 8 月的两篇报道，比较全面地介绍了本案及相应案件的背景和法律意见。

【思考问题】

1. 隐名股东纠纷在走向刑事诉讼，到底经济纠纷与经济犯罪的边界在哪里?

2.查阅南京刘有贵案，回答“名为股权转让，实为土地使用权转让”的合同是否有效。

【案例 3】

管理者收购（MBO）所涉及的企业家犯罪问题

国企改制往往分为两大基本路径：一类是引入新的战略投资人（因战略投资人系国有或非国有，其博弈特色又有区别），在战略投资人和原资产出让方公司（背后是政府及相关领导）之间进行利益分配与再分配；另一类发生在原经营者接盘成为改制后的经营者后，新经营者与原国资代表机关、当地党委、政府机关及其领导人之间，因各种矛盾与利益分配而引发冲突。随改制后公司发展境况之不同，往往因地方政府换届等原因，在改制后公司控制权问题上存在一定的“国企改制回头看”现象。

苏南地区王某炜贪污、受贿案，同样是将“保护国有资产”的矛头直指改制后的企业家个人，以贪污、受贿将企业家个人判刑。同时，试图通过仲裁的方式，收回王某炜等人对改制企业的股权。处理此类案件，必须将其置于国企改制的大背景之下，必须将其置于犯罪构成的基本原则之中。该案被告人一、二审均被以贪污、受贿判处有期徒刑 16 年。辩护律师一直为当事人做无罪辩护：核心问题在于，案件证据存在重大矛盾与瑕疵，更重要的是，所谓的被贪污的款项理应归属改制后的公司，而非所谓的“国有资产”。经法庭内外两年多的不懈努力，该案经最高人民法院指定江苏省高级人民法院再审，最终认定：王某某依法不构成贪污罪；受贿金额亦由 11 万余元改为 2 万元，仅以 2 万元定罚量刑。

【思考问题】

1.由国企完成改制后上市的公司，其分红款的性质与归属，你是怎么认为的?

2.如何预防国企改制中的“不规范”行为?

【参考文献】

[1]吕良彪.“我反对!”——宪政维度下律师的价值[M].北京:法律出版社，2007.

[2]吕良彪.控制公司——基业长青的大商之道[M].北京:北京大学出版社，2018.

[3]张智辉.论贿赂犯罪的刑罚适用[J].中国刑事法杂志，2018(04).

[4]徐芳.论终身监禁制度的适用及救济[J].刑法论丛，2017，50(02).

[5]张远煌.企业家犯罪分析与刑事风险防控报告(2017卷)，北京大学出版社，2018.

[6]北京师范大学中国企业家犯罪预防研究中心课题组，张远煌.2017中国企业家刑事风险分析报告[J].河南警察学院学报，2018，27(04).

[7]姜翰，金占明，焦捷，马力.不稳定环境下的创业企业社会资本与企业“原罪”[J].管理世界，2009(06).

[8]陈甦.构建法治引领和规范改革的新常态[J].法学研究，2014，36(06).

[9]蒋德海.将民营企业家从刑事法律风险中解放出来[J].统一战线学研究，2019，3(01).

后 记

世界上第一本《法商管理学》的诞生，既意味着法大商学院“一主两翼”发展战略的“两翼”，即资本金融系和法商管理系有了《资本金融学》和《法商管理学》的理论基础作为支撑，同时对理论与实践相结合的融合型商学院特别是立格联盟的中国9所政法类大学的商学院，构建法商管理学科体系也有抛砖引玉之作用。

写作《法商管理学》的指导思想是，“法律要为经济服务，理论要为实践服务，规范要为国情服务”。这本书是跨越哲学、伦理学、管理学、经济学、金融学和法学而成的综合交叉边缘学科，内涵广，视角新，跨度大，我不得不动员我重要的社会专家资源，荟萃了我近30年在教学实践活动中所积累的颇多研究成果。

这本书的完成要感谢的人很多，首先是感谢我的几位老朋友，有相识了28年的史密夫斐尔律师事务所高级合伙人邹兆麟律师、全国企业合规委员会副主席王志乐和他的助手郭凌晨博士、毕马威澳大利亚业务前总监吕天禹先生、南开大学商学院前副院长齐善鸿教授和他的博士生李宽、中国基金业协会的洪磊会长、北京大成律师事务所高级合伙人吕良彪律师和国务院国资委企业改革局前副局长周放生。他们或结合自身从业数十年的实践经验，或从监管部门行政管理者的角度，提出了对企业经营实践大有裨益的理论观点。感谢邹兆麟律师写作了企业境外上市和避税港的内容；王志乐教授和郭凌晨博士完成了法商合规管理的内容；吕天禹先生写作了境外投资中的税务合规与税务筹划的内容，尽管他已经离开会计界，到一家矿业私募基金任总裁，但仍出色地完成了我恳请下的使命；齐善鸿教授完成了工商伦理部分的初稿，他的博士生李宽则查阅文献梳理了“公司”一词的出处；洪磊会长对基金部分进行了补充；吕良彪律师完成了企业家刑事风险防范的内容；周放生局长和慧聪网董事局主席郭凡生先生对共享分润制做出了理论贡献。

当然，也要感谢中国政法大学民商院的四位教授，他们是我的朋友加兄弟。民商院副院长刘继峰教授完成了公司垄断与不正当竞争一章的初稿，王涌教授百忙之中写作了家族信托与财富传承一章，陈汉副教授写作了企业家传承规划一章。我要特别提到的是李建伟教授，最早想把他请来做法商系主任，和我一起主编这本书。由于种种原因未能如愿，但我仍要感谢李建伟教授，他最早编写的大纲对本书有重要的启迪作用。

特别需要指出的是，在这本书的写作过程中，我的学生也与我教学相长，互相切磋。在这里我要特别感谢我的博士生刘彪和博士后胡历芳，如果没有他俩的陪伴，没有他俩与我数不清多少个昼夜的奋战，很难想象这本书能面世。

还要特别感谢商学院的熊金武、程碧波两位副教授，熊金武对法商哲学和伦理做出了突出贡献，特别是考证了公司法人的起源；程碧波则和我反复地推敲法商管理学的研究对象，区分了广义法商主体和狭义法商主体，并明确了把狭义法商主体作为全书的研究对象，这是全书的关键性突破。

同时，感谢与我一同集中研讨法商管理学十余次的几位教师和专家：刘志雄、孟令星、许恒、华忆昕、唱小溪、杨俊峰，他们都与我一起，不辞劳苦地日夜奋战。感谢商学院MBA主任胡继晔教授对广义法商激励——企业年金制度的探讨，商学院学术委员会主席、院长助理王霆教授对劳资矛盾、法商激励机制等内容所提出的宝贵建议，以及工商管理系主任王玲教授对法商知识产权管理的专业见解。感谢我的学生刘志强、马天一、杨璐、张智婷，他们做了对我的演讲稿进行系统整理以及案例收集等大量基础工作。

我还要指出，无论如何都不能忘记商学院杨杰副院长在这本书写作的组织工作中默默无闻做出的卓越贡献。

此外，李建伟、李东方、李欣宇、柴小青、于文轩、马志英亦曾参与本书大纲的论证并提供相关资料，对本书写作亦有贡献，在此一并鸣谢。

还要感谢东方出版社的编辑李烨和袁园，她们为出版本书付出了很多艰辛的劳动。

最后，要特别感谢中国政法大学发展规划与学科建设处、研究生院、教务处、科研处等部门对本书的编著、法商结合创新课程的设置以及课题的立项都给予了一贯的支持，在此一并致谢。如果这本书在出版后能够得到社会的认可，那必将是属于中国政法大学集体的智慧结晶和努力成果。

本书重在提出法商、法商管理的概念，并初创法商管理学的学科体系。我寄希望于，这本书不仅能作为立格联盟的中国9所政法类大学商学院的教材，还能推广到海内外的融合型商学院，并且能像一只有灵性的燕子，从高校的象牙塔飞入企业和企业家手中，给人以貔貅的财富和獬豸的守护，行稳致远，学以致用。

刘纪鹏

2019年8月20日